DESSINER POUR BÂTIR

le métier d'architecte au XVIIe siècle

Ce catalogue a été réalisé dans le cadre de l'exposition *Dessiner pour bâtir. Le métier d'architecte au XVIIe siècle* présentée du 13 décembre 2017 au 12 mars 2018 à l'hôtel de Soubise, musée des Archives nationales.

ÉDITION

Archives nationales

Chargée de mission pour la diffusion scientifique
Claire Béchu

Suivi éditorial
Éric Landgraf, Sabine Meuleau

Recherche iconographique
Ambre Massot

Le Passage

Directrice
Marike Gauthier

Suivi éditorial
Yann Briand

Maquette
Barthélemy Chapelet

Communication
Vincent Eudeline

EXPOSITION

Françoise Banat-Berger, directrice des Archives nationales

Ghislain Brunel, directeur des Publics

Pierre Fournié, responsable du département de l'Action culturelle et éducative – musée des Archives nationales

Commissariat scientifique
Alexandre Cojannot, conservateur en chef du patrimoine, Minutier central des notaires de Paris, direction des Fonds, Archives nationales
Alexandre Gady, professeur d'histoire de l'art moderne, université Paris-Sorbonne, directeur du Centre André Chastel

Conseil scientifique
Pierre Jugie, conservateur général du patrimoine, département du Moyen Âge et de l'Ancien Régime, direction des Fonds, Archives nationales
Marie-Françoise Limon-Bonnet, conservateur général du patrimoine, Minutier central des notaires de Paris, direction des Fonds, Archives nationales

Commissariat technique
Sabine Meuleau, département de l'Action culturelle et éducative, direction des Publics, Archives nationales
Avec l'aide de : Ambre Massot et Florie Montier

Scénographie et graphisme
Agence Nathalie Crinière, Taoyu Wang
Agence C-Album, Abla Bennouna, Marco Maione

Agencement
Stand-expo-déco

Impressions
Les Ateliers Demaille

Éclairages
Artechnic

Audiovisuels
La Méduse

Transports
Exp'Art

Assurance
Gras Savoye

Montage des documents et suivi du chantier
Atelier de montage et d'encadrement, département de l'Action culturelle et éducative, direction des Publics, Archives nationales
Jean-Hervé Labrunie et son équipe :
Agathe Castellini, Agata Cieluch, Raymond Ducelier et Christophe Guilbaud

Restauration
Département de la Conservation, atelier de restauration, de reliure et de dorure, direction de l'Appui scientifique, Archives nationales
Éric Laforest, Lucie Moruzzis

Photographies
Département de la Conservation, pôle image, direction de l'Appui scientifique, Archives nationales
Céline Gaudon ; Marc Paturange et son équipe :
Carole Bauer, Nicolas Dion, Pierre Grand, Guillaume Grosjean, Stéphane Méziache

Communication, Archives nationales
Catherine Vergriète, Ratiba Kheniche, Léa Pinard

Contributions, Archives nationales
Faisoil Abdoulaziz, Chay Amozig, Michèle Arigot, Pascale Bailly, Guy Bernard, Pauline Berni, Sylvie Casgrain, Corinne Charbonnier, Guillaume Dinkel, Philippe Donnart, Anne Dumazert, Nadine Gastaldi, Houria Gonzales, Sidney Guez, Alexandra Hauchecorne, Karim Korchi, Marie-Thérèse Lalaguë-Guilhemsans, Régis Lapasin, Nathalie Le Bec, Sylvie Le Goëdec, Hubert Leclercq, Anne Le Foll, Brigitte Lozza, Stéphanie Maillet-Marqué, Maëva Miranville, Marc Morel, Jean-François Moufflet, Marie-Adélaïde Nielen, Samia Otmani, Hugo Pommier, Anne Rousseau, Amable Sablon du Corail, Véronique Salze, Brigitte Schmauch, Sylvie Treille

---

Les Archives nationales sont un service à compétence nationale du ministère de la Culture. Elles sont chargées de la collecte, du classement, de la conservation, de la restauration, de la communication et de la valorisation des archives publiques des services centraux de l'État (hors ministères de la Défense et des Affaires étrangères), des opérateurs nationaux, des minutes des notaires de Paris et des fonds privés d'intérêt national. Dans la perspective de partager avec le plus grand nombre la richesse des fonds dont elles ont la garde et de concourir à leur valorisation tant scientifique que culturelle, les Archives nationales développent, parmi leurs différentes actions, une politique de publication.

© Le Passage Paris-New York Editions et Archives nationales, Paris, 2017
ISBN Le Passage : 978-2-84742-374-7 / ISBN Archives nationales : 978-2-86000-376-6
www.lepassage-editions.fr / www.archives-nationales.culture.gouv.fr

Ouvrage publié avec la participation du Centre André Chastel

DESSINER POUR BÂTIR

le métier d'architecte au XVIIe siècle

Alexandre Cojannot et Alexandre Gady

LEPASSAGE

Remerciements

L'exposition n'aurait pu avoir lieu sans la générosité des prêts des nombreuses institutions suivantes que les Archives nationales souhaitent vivement remercier :

FRANCE

Chartres, musée des Beaux-Arts : Séverine Berger, directrice, Philippe Bihouée

Cherbourg-en-Cotentin, musée Thomas Henry : Louise Hallet, directrice, Franck Lamotte, Brigitte Travert

Clermont-Ferrand, Archives départementales du Puy-de-Dôme : Henri Hours, directeur, Karole Bezut

Lille, musée de l'Hospice-Comtesse : Bruno Girveau, directeur, Hélène Lobir

Lille, Palais des Beaux-Arts : Bruno Girveau, directeur, Patricia Truffin

Paris, Académie d'architecture, bibliothèque : Manuelle Gautrand, présidente, Marilena Kourniati, Jean-Pierre Péneau, Hideko Yamasaki

Paris, Les Arts décoratifs : Olivier Gabet, directeur du musée, Rachel Brishoual, Catherine Gouédo-Thomas, Pauline Juppin

Paris, Bibliothèque historique de la ville de Paris : Emmanuelle Toulet, directrice, Alain Durel, Juliette Jestaz

Paris, Bibliothèque nationale de France : Laurence Engel, présidente ; bibliothèque de l'Arsenal : Olivier Bosc, directeur ; département des Cartes et plans : Eve Netchine, directrice ; département des Estampes et de la photographie : Sylvie Aubenas, directrice, Pauline Chougnet, Rémi Mathis, Jocelyn Monchamp, Vanessa Selbach ; département des Manuscrits : Isabelle Le Masne de Chermont, directrice, Charles-Éloi Vial, Anne Verdure-Mary ; département des Monnaies, médailles et antiques : Frédérique Duyrat, directrice, Inès Villela-Petit ; département des Sciences et techniques : Michel Netzer, directeur ; pôle dédié aux Professionnels de l'image : Franck Bougamont, Maria Serrano ; service des Expositions, bureau des Prêts : Cyril Chazal, Charlotte Servat

Paris, Centre André Chastel : Alexandre Gady, directeur

Paris, École nationale supérieure des beaux-arts : Jean-Marc Bustamante, directeur, Emmanuelle Brugerolles, Christine Delaunoy, Marie-Paule Delnatte, Frédérique Lambert

Paris, Institut de France, Archives de l'Académie des beaux-arts : Laurent Petitgirard, secrétaire perpétuel de l'académie des beaux-arts, Mireille Lamarque

Paris, Institut de France, Bibliothèque : Françoise Bérard, directrice, Sylvie Biet, Yoann Brault, Michèle Moulin, Agnès Rico

Paris, Institut national d'histoire de l'art : Éric de Chassey, directeur, Anne-Élisabeth Buxtorf, directrice de la bibliothèque, Nathalie Muller, Muriel Riochet

Paris, musée Carnavalet : Valérie Guillaume, directrice, Christiane Dole, Valérie Fours, José de Los Llanos, David Simonneau, Soon Ee Bourdeix

Paris, musée d'Histoire de la médecine : Marie-Véronique Clin, directrice, Sonja Poncet

Paris, musée du Louvre : Jean-Luc Martinez, président-directeur ; département des Objets d'art : Jannic Durand, directeur, Laurent Creuzet, Frédéric Dassas, Florian Meunier, Carole Treton ; département des Arts graphiques, Xavier Salmon, directeur, Christel Winling

Toulouse, Archives départementales de Haute-Garonne : Anne Goulet, directrice, Bruno Venzac, Marie-Astrid Zang

Versailles, musée national des châteaux de Versailles et de Trianon : Laurent Salomé, directeur, Frédéric Lacaille

ROYAUME-UNI

Yarlington, Drawing Matter Collections : Niall Hobhouse, Susie Dowding, Craig Stevens

SUÈDE

Stockholm, Nationalmuseum
L'exposition a bénéficié du soutien particulier du Nationalmuseum de Stockholm. Une vingtaine de dessins issus des collections Cronstedt et Tessin-Harleman ont été exceptionnellement prêtés.
Les Archives nationales adressent leurs remerciements particuliers à Berdt Arell, directeur général, Magnus Olausson, directeur des collections, Martin Olin, directeur adjoint des collections, Wolfgang Nittnaus, ainsi qu'à Anna Jansson, Audrey Lebioda, Rikard Nordström et Karin Wrestwrand.

Enfin, les Archives nationales remercient l'ensemble des prêteurs particuliers qui ont souhaité garder l'anonymat.

Cette exposition et ce catalogue n'auraient pu voir le jour sans le travail, l'aide, le soutien et les conseils de nombreuses autres personnes. Qu'elles soient ici également profondément remerciées :

Leila Audouy, Jean-Pierre Babelon, Basile Baudez, Estelle Bègue, Dominique Brême, Célia Cabane, Raphaëlle Cartier, Robert Carvais, Laurence Caylux, Marianne Cojannot-Le Blanc, Jessica Degain, Pascal Dubourg-Glatigny, Étienne Faisant, Nicolas Fauchère, Guillaume Fonkenell, Agathe Formery, Bénédicte Gady, Marta Garcia-Darowska, Akiko Issaverdens, Perrine Latrive, Fatima Louli, Bertrand Meaudre, Claude Mignot, Marie Monfort, Sophie Payet, Emmanuel Pénicaut, Valérie Nègre, M. et Mme Perrin, Stéphane Pinta, Élodie Remazeilles, Patrick Rocca, Aurélia Rostaing, Éliane et Jean Roullier, Agata Rutkowska, Thierry Verdier.

Préface

Vingt ans après la grande exposition *François Mansart, le génie de l'architecture* qui s'était tenue à l'hôtel de Rohan-Strasbourg à l'occasion du quatrième centenaire de la naissance de cet architecte, les Archives nationales organisent de nouveau une manifestation d'envergure consacrée à l'architecture française du Grand Siècle. L'exposition *Dessiner pour bâtir, le métier d'architecte au XVIIe siècle* n'a pas de prétexte commémoratif, elle ambitionne de dresser une synthèse sans précédent dans l'un des domaines de la recherche qui a suscité le plus de dépouillements dans les fonds d'archives depuis une cinquantaine d'années. Elle est de nouveau le fruit d'une collaboration fructueuse de notre institution avec le Centre André Chastel.
Légitime en raison de la présence des sources de l'histoire de l'architecture dans les fonds des Archives nationales, la tenue de cet événement à l'hôtel de Soubise correspond à l'esprit même des lieux, au cœur d'un monument et d'un quartier emblématiques de l'Ancien Régime à Paris. Elle s'inscrit ainsi dans la continuité de la mise en valeur du patrimoine architectural des Archives nationales, à l'heure où l'hôtel de Rohan-Strasbourg, actuellement en restauration, s'apprête à accueillir les décors de la Chancellerie d'Orléans et à ouvrir largement ses portes au public.
Alexandre Gady, professeur d'histoire de l'art moderne à la Sorbonne, et Alexandre Cojannot, conservateur en chef au Minutier central des notaires de Paris, nous invitent à la rencontre de quelques dizaines d'architectes représentatifs de leur profession, depuis le temps de Henri IV jusqu'à celui de Louis XIV. Certains sont célèbres et leurs constructions font partie des principaux « lieux de mémoire » de notre nation, à l'instar de Jacques Lemercier, Louis Le Vau ou Jules Hardouin-Mansart. D'autres sont beaucoup plus discrets, comme Henri Noblet, Frémin de Cotte, Gabriel Le Duc ou Thomas Gobert, mais tous ont laissé des écrits, des dessins ou des publications qui permettent aujourd'hui de rendre compte de leur parcours professionnel, intellectuel et artistique.
La moitié environ des quelque deux cents œuvres et documents ici présentés provient des fonds des Archives nationales et beaucoup, parmi eux, sont inédits : c'est la preuve, s'il en faut une, que la recherche demeure bien active et fructueuse. De fait, les sources sur les architectes de l'Ancien Régime paraissent presque inépuisables aux Archives nationales, non seulement concernant les architectes royaux, grâce au prestigieux fonds de la Maison du roi, mais plus généralement sur tous les maîtres d'œuvre actifs à Paris et en Île-de-France, en particulier dans les archives des greffiers et de la Chambre des bâtiments, dans la série topographique et celle dite du « versement de l'Architecture » au département des Cartes et plans, enfin dans les immenses richesses du Minutier central des notaires de Paris.

Rendre compte d'un sujet aussi vaste n'était toutefois pas concevable à partir de nos seuls fonds et des emprunts ont été faits auprès de nombreuses autres institutions et de quelques particuliers, en France et à l'étranger. Le rassemblement et la confrontation des dessins d'architecture, aujourd'hui si dispersés, sont appréciables sur le plan visuel autant qu'intellectuel, surtout pour des documents dont le format et l'état de conservation matérielle rendent souvent la consultation problématique. Aussi convient-il de rappeler qu'une telle manifestation, éphémère, est l'occasion de faire restaurer et numériser des dizaines de pièces, et donc de les sauver de dégâts irrémédiables. Je tiens à remercier ici les équipes scientifiques et techniques qui ont participé avec toute leur compétence à ces opérations, au sein des Archives nationales comme dans les établissements prêteurs.

Ma gratitude s'adresse particulièrement à la direction du musée national de Stockholm, qui a non seulement accepté de prêter à titre exceptionnel une vingtaine de dessins, mais aussi de prendre en charge leur restauration et leur encadrement de conservation, alors même que le musée connaît de grands travaux et s'apprête à rouvrir en 2018. Ces feuilles, dont certaines n'avaient pas été vues en France depuis leur vente aux XVIIe et XVIIIe siècles, manifestent l'admirable complémentarité qui existe entre les prestigieuses collections de dessins conservées en Suède et les archives françaises, appelant à la poursuite à long terme de la collaboration entre nos institutions.

Françoise Banat-Berger
directrice des Archives nationales

Sommaire

Introduction — 9

Prologue. Un cabinet de portraits — 19

Le métier. Être architecte — 33
    Questions de statut — 35
    Un art de bâtir — 53
    Composer et orner — 71
    Le voyage d'Italie — 105
    L'Académie royale d'architecture — 123

Le dessin. Expression du projet — 141
    En quête de dessins, en quête d'auteurs — 143
    La floraison des talents — 171
    À l'ombre de Jules Hardouin-Mansart — 217

Le chantier. À pied d'œuvre — 253
    L'architecte sur le chantier — 255
    Modèles et maquettes — 263
    Devis, marchés et dessins contractuels — 269
    Dessins d'exécution à grande et petite échelle — 283
    L'art du relevé — 299

Épilogue. Le collège Mazarin, un chantier au fil du temps — 307

Bibliographie — 340

Index — 349

Crédits photographiques — 352

fig. 1. Adam-Frans Van der Meulen (attribué à), *Vue du chantier de Versailles*, huile sur toile, vers 1680, détail (fig. 50, p. 338-339), Londres, Buckingham Palace

Introduction

L'histoire de l'architecture est faite d'édifices, d'hommes et de documents, et c'est à travers ce prisme à trois faces que l'on peut appréhender les multiples objets qui relèvent de l'art de bâtir. Il est en effet loisible d'aborder l'architecture par les constructions, à travers leur forme, leur structure, leurs matériaux et leurs usages ; on peut également l'envisager par ses acteurs, que ce soient les concepteurs, architectes, ingénieurs et théoriciens, les bâtisseurs, entrepreneurs, ouvriers et experts, ou encore les maîtres d'ouvrage et les usagers ; enfin, l'architecture produit en abondance des écrits, dessins, maquettes, livres et, depuis une vingtaine d'années, des images numériques, qui sont autant d'objets d'étude en eux-mêmes. Cette définition très large de la discipline est toutefois relativement récente et il a semblé utile de rappeler ici son évolution, qui éclaire en retour l'ambition du présent ouvrage.

En France, l'histoire de l'architecture a d'abord pris forme au XIXe siècle par l'étude des monuments du Moyen Âge, à la fois en réaction aux destructions révolutionnaires, traumatisantes, et par intérêt pour une période fondatrice dans l'histoire nationale, avec son cortège de restaurations identitaires. Portée par une armée d'érudits qui répertoriaient et classaient la France médiévale et son « blanc manteau d'églises », cette histoire-là reposait d'abord sur l'archéologie et l'observation : avec peu d'archives et moins encore de dessins, l'art médiéval obligeait à faire fond sur le bâtiment et non sur des maîtres d'œuvre, sans visage et souvent sans nom[1]. Par la suite, l'intérêt des historiens s'est étendu aux édifices du « beau XVIe siècle », période qui, à l'instar du gothique, servait de source d'inspiration à l'éclectisme alors triomphant, tout en permettant d'affirmer la singularité française par rapport à la Renaissance italienne.

Longtemps exclue, car symboliquement liée au souvenir de la monarchie absolue, l'architecture du XVIIe siècle ne devient l'objet d'études qu'à partir de la IIIe République. Les élites françaises reprennent alors goût à cet « Ancien Régime » que la Révolution avait cru disqualifier, mais dont les monuments passent désormais pour l'expression par excellence de la grandeur nationale. Parallèlement aux premières restaurations d'édifices de la période moderne et au sauvetage *in extremis* du château de Maisons-Laffitte, le chef-d'œuvre de François Mansart (1905), l'*Architecture françoise* de Jacques François Blondel est rééditée en 1904 et les études se multiplient sur le Grand Siècle. De manière significative, le premier titulaire d'une chaire d'histoire de l'art à l'université de Paris, le chartiste Henry Lemonnier, est un historien du siècle de Louis XIV. Suivant les sillons tracés par les générations précédentes sur le Moyen Âge et la Renaissance, la recherche historique emprunte alors deux voies principales. La première, relevant de l'érudition positiviste, repose sur l'exploitation des abondantes sources conservées, ainsi l'édition des *Comptes des Bâtiments du roi* par Jules Guiffrey (1881-1901), puis celle des *Procès-verbaux de l'Académie royale d'architecture* par Lemonnier lui-même (1911-1929), qui posent les bases d'une histoire institutionnelle de l'architecture. En parallèle, la seconde voie est celle de la monographie d'édifice : rappelons les travaux précoces sur le château de Versailles, auxquels Pierre de Nolhac s'est attelé dès les années 1880, ceux de Victor Champier sur le Palais-Royal (1900), de Henry Lemonnier

---

1. Le sommet de ce mouvement est bien le *Dictionnaire raisonné* de Viollet-le-Duc, qui va jusqu'à abolir la frontière entre l'architecte médiéval et son restaurateur.

sur le collège des Quatre-Nations (1921), de Jean Cordey sur Vaux-le-Vicomte (1924) et surtout *Le Louvre et les Tuileries sous Louis XIV* de Louis Hautecœur (1927). Première monographie savante du double palais, cet ouvrage est fondé sur des sources d'archives inédites combinées à l'exploitation d'un riche ensemble de dessins d'architecture, et son auteur, un brillant normalien, va bientôt incarner l'histoire de l'architecture française[1]. Dans une perspective à la fois nationale et stylistique, Hautecœur entreprend en effet de dresser un monument historiographique censé offrir un panorama complet de l'art de bâtir depuis la Renaissance jusqu'aux années 1930, tant à Paris qu'en province : l'*Histoire de l'architecture classique en France*, en sept tomes, publiée entre 1943 et 1966. Fascinante d'ambition, mais aujourd'hui difficilement utilisable, cette somme combinait trois approches, historique, monumentale et biographique, et reposait sur une érudition stupéfiante, dont témoigne un appareil de notes où fourmillent les publications des sociétés savantes de tout le pays.
La publication de Hautecoeur marque en fait la fin d'un cycle, car l'histoire de l'architecture tourne progressivement le dos à l'approche stylistique dans la seconde moitié du XXe siècle, pour s'ouvrir à de nouvelles méthodes. Ainsi, les études érudites et topographiques, qui se sont développées dès l'entre-deux-guerres, comme l'illustrent magistralement les travaux de Maurice Dumolin, connaissent leur plein épanouissement avec les dépouillements massifs des archives notariales parisiennes après la dernière guerre[2]. Elles aboutissent au livre fondateur de Jean-Pierre Babelon, *Demeures parisiennes sous Henri IV et Louis XIII*, paru en 1965, qui associe histoire urbaine, histoire des bâtiments et histoire sociale, dans une perspective transversale[3]. Par la suite, l'ouverture de l'histoire de l'architecture sur les sciences humaines s'est poursuivie, notamment sous l'influence d'André Chastel qui crée le service de l'Inventaire général (1964), puis le Centre de recherches sur l'histoire de l'architecture moderne (1967), ancêtre du Centre André Chastel, ou encore la tradition des colloques internationaux annuels de Tours à compter de 1980, aujourd'hui « Rencontres européennes d'architecture ».

Ce n'est donc que tardivement, dans le contexte de cette multiplication des angles d'approche sur l'architecture française, que l'étude des édifices a progressivement été concurrencée par celle des architectes. Ce mouvement avait été longtemps freiné par plusieurs facteurs historiques. En premier lieu, à la différence de l'Italie, la France de l'Ancien Régime n'a jamais développé de tradition biographique concernant ses architectes, si bien que leurs figures sont restées entourées d'une profonde obscurité : c'est ce qu'avait déjà dénoncé Claude Perrault en 1673, déplorant qu'en France « le nom des grands hommes qui ont travaillé avec un si heureux succès n'était connu de personne, pendant que celui du moindre architecte d'Italie était consacré à l'éternité par les plus excellents écrivains de leur temps[4] ». En second lieu, la grande coupure révolutionnaire a introduit une rupture dans l'histoire des institutions et provoqué des disparitions massives d'archives publiques et privées, souvent aggravées au XIXe siècle dans le cas de l'architecture par des tris et reclassements selon une logique topographique[5]. Or, reconstituer la biographie d'un architecte nécessite des actes originaux, touchant aussi bien à la vie privée que professionnelle, ainsi que des dessins, et la perte ou la dispersion des uns et des autres a lourdement pesé sur l'écriture de l'histoire de l'architecture française jusqu'à nos jours. Si,

---

1. Brucculeri, 2007.
2. Outre les travaux d'Édouard-Jacques Ciprut, citons Rambaud, 1965-1971 (pour les années 1700-1750) et Grodecki, 1985-1986, pour le XVIe siècle. Les dépouillements de Marie-Antoinette Fleury sur la première moitié du XVIIe siècle excluent malheureusement l'architecture.
3. Babelon, 1965 (1991) ; son exemple a été prolongé maladroitement pour la seconde moitié du XVIIe siècle (Le Moël, 1991).
4. Perrault, 1673, préface non paginée ; voir Mignot, 2006.
5. On peut penser à la série N des Archives nationales ou au cadre de classement du Cabinet des estampes de la Bibliothèque nationale.

à partir du milieu du XIXe siècle, les travaux des érudits ont heureusement permis de rassembler de multiples informations ponctuelles concernant la vie de certains artistes, combien de maîtres d'œuvre sont demeurés de simples noms, enfermés dans des notices aux informations approximatives, voire controuvées, par exemple dans le *Dictionnaire* de Charles Bauchal (1887). Les seules figures à avoir précocement bénéficié d'études monographiques concernaient alors la Renaissance et ses prolongements, Jacques Ier Androuet du Cerceau par Henri de Geymüller en 1887, Philibert Delorme par Henri Clouzot en 1910 et Salomon de Brosse par Jacques Pannier en 1911.

Savoureux paradoxe, la monographie d'architecte français du XVIIe siècle n'apparaît qu'au milieu du XXe siècle, en Angleterre, à l'instigation d'Anthony Blunt. Celui-ci publie en effet à Londres, en 1941, la première étude sur François Mansart, qui trouve un prolongement dans les recherches approfondies de ses élèves Allan Braham et Peter Smith sur le même architecte (1973) et dans la monographie de Rosalys Coope sur Salomon de Brosse (1972), tandis que David Thomson reprend le dossier Du Cerceau, en jachère depuis l'étude de Geymüller ; c'est encore un Anglo-Saxon, Robert W. Berger, qui publie en 1969 la première étude sur Antoine Le Pautre. À la même époque, en France, l'intérêt pour les architectes de la période moderne se manifeste par trois importantes thèses de l'École des chartes, dont deux sont malheureusement restées inédites[1]. La parution en 1960, dans une collection intitulée *Les Grands Architectes*, de deux monographies se solde au demeurant par un échec : l'une, consacrée à Jules Hardouin-Mansart, est un travail mondain sans consistance ; la seconde met en lumière la figure méconnue de François d'Orbay, à grand renfort de documents inédits, mais elle est entachée de parti pris et de contresens historiques. Dû à l'architecte Albert Laprade, avec l'assistance d'une jeune chartiste, Nicole Bourdel, ce dernier ouvrage fait néanmoins date, car il s'appuie sur la publication de nombreux plans et dessins d'architecture, non pas utilisés à des fins d'illustration, mais présentés en tant que documents de travail de l'architecte.

L'avènement de la monographie d'architecte, conçue comme une étude biographique assortie d'un catalogue des œuvres, doit beaucoup à l'histoire de la peinture telle que l'a promue Jacques Thuillier à partir des années 1970. Claude Mignot en a donné le premier exemple accompli par sa thèse consacrée à Pierre Le Muet (1991), une figure du « siècle de Louis XIII » se situant au croisement de l'architecture pratique et de la théorie. Ce modèle a permis de sortir d'une démarche archéologique et monumentale pour entrer dans le domaine de l'analyse des idées, des projets et des caractères propres à l'artiste. L'approche monographique a en outre bénéficié des nouvelles ambitions de la recherche, enrichie par l'histoire matérielle et sociale : étude des réseaux et des fortunes ; des bibliothèques et des collections ; du métier et de ses pratiques enfin, permettant de dépasser les considérations fragiles sur le style comme les pièges de l'attributionnisme. Enfin, l'attention s'est déplacée des figures majeures, dont le génie dressé face au monde doit beaucoup au romantisme, vers des architectes de second rang, des grands entrepreneurs, voire des dynasties. La position académique de Claude Mignot lui a permis de développer ce mouvement, aboutissant à des travaux universitaires, parfois suivis de publications, notamment à partir de l'an 2000.

La plupart des figures importantes de l'architecture du Grand Siècle ont ainsi bénéficié de publications dans les trente dernières années, parfois même à plusieurs reprises : Claude Perrault (1988 et 2000), François Mansart (1998 et 2016), Louis Le Vau (1999 et 2012), Augustin Charles d'Aviler (2003), Jacques Lemercier (2005), Jules Hardouin-Mansart (2008 et 2010) et François Blondel (2010), tandis que certains

---

1. La thèse de Bertrand Jestaz sur Jules Hardouin-Mansart en 1962 a finalement abouti à une monographie (Jestaz, 2008), contrairement à celles de François-Charles James sur Jean Bullant (1968) et de Jean-Marie Thiveaud sur Antoine Le Pautre (1970).

travaux doivent paraître prochainement, en particulier sur Pierre Le Muet, Étienne Martellange, Antoine Desgodetz ou Pierre Bullet. Beaucoup d'autres architectes ont été l'objet d'articles ou de longues notices, comme Jacques Gentillâtre, Charles Chamois, Pierre Cottart, Libéral Bruand, François Le Vau, si bien que la galerie des architectes français du Grand Siècle semble aujourd'hui, si ce n'est déjà complète – il manque une étude fondamentale sur Robert de Cotte –, du moins en bonne voie de l'être. Il aura ainsi fallu presque trois générations pour faire mentir le constat amer de Claude Perrault.

Au terme de ce long processus, l'histoire de l'architecture française du XVIIe siècle peut enfin être regardée à travers le prisme de ses principaux acteurs, les maîtres d'œuvre, non plus de manière individuelle, mais collective. De fait, la démarche monographique, malgré ses mérites, a ses limites et ses travers. Suivant une propension forte de l'histoire de l'art, elle a naturellement conduit à rechercher et à mettre en valeur les singularités, réelles ou supposées, au sein du parcours de chaque architecte, au détriment des évolutions longues, des continuités et des convergences. Il existe également un effet de distorsion : ainsi, pour avoir été l'objet du plus grand nombre d'études, dont quatre synthèses majeures en soixante-quinze ans, François Mansart occupe une place centrale dans le paysage historiographique et se trouve, de ce fait, trop souvent utilisé comme point de référence pour l'étude de ses contemporains. Si l'effort de rassemblement et de mise en ordre des données sur la vie et l'activité de chaque architecte doit se poursuivre – le présent catalogue, riche d'informations et de documents inédits, essaie d'y contribuer –, l'analyse qui peut en être faite demeure bridée par les grilles de lecture existantes, reflet des catégorisations disciplinaires traditionnelles. L'ambition du présent ouvrage est différente : d'une part, proposer au public une synthèse des acquis de la recherche sur les architectes français du Grand Siècle ; d'autre part, dégager des perspectives d'étude, suivant des approches plus comparatives ou transversales, croisant l'histoire des sciences, des métiers, du droit, des arts graphiques ou encore de la construction.

Sous le nom d'architecte, nous entendrons ici uniquement la figure professionnelle du maître d'œuvre, qui conçoit le projet de construction, le discute avec le maître d'ouvrage, puis en conduit et en contrôle l'exécution. Cette définition exclut donc, *a priori*, les acteurs occasionnels ou marginaux que sont les amateurs, les théoriciens ou les représentants d'autres activités artistiques, bien que leur rôle ait pu être considérable à l'époque étudiée. Seuls les cas de Claude Perrault et de François Blondel, abusivement qualifiés d'architectes dans la littérature postérieure bien qu'ils n'en aient jamais porté le titre de leur vivant, sont ici pris en considération, pour le rôle particulier qu'ils ont joué dans les Bâtiments du roi durant la surintendance de Jean-Baptiste Colbert. De même, par souci de cohérence, il a été choisi de limiter notre objet à l'architecture civile, qui constitue le dénominateur commun de l'activité des architectes praticiens, en excluant les domaines connexes que sont le décor intérieur, l'art des jardins, le génie militaire ou l'aménagement des villes, dont l'étude s'est développée ces dernières années au point de former des champs disciplinaires quasi autonomes.

À la réserve de ces restrictions, notre projet a été d'aborder la plus grande diversité possible de personnalités et d'édifices depuis le règne de Henri IV jusqu'à celui de Louis XIV ou, pour s'en tenir à des bornes plus signifiantes du point de vue de l'architecture française, de Salomon de Brosse à Jules Hardouin-Mansart. Cette période longue, marquée par l'épanouissement de l'État monarchique et par la centralisation croissante des pouvoirs et des moyens financiers autour du roi, est aussi celle qui a vu la concentration de l'activité architecturale à Paris et en Île-de-France. Ce constat n'implique pas l'absence d'activité architecturale en province, mais le temps n'est pas encore venu, hélas, où l'on pourra écrire une histoire de l'architecture au-delà de l'horizon parisien. En conséquence, une très large place est accordée aux maîtres d'œuvre actifs à Paris, ainsi qu'aux bâtiments de la capitale et de ses alentours, sans exclusive toutefois. En revanche, on a tenu à l'écart la construction du palais et de la ville de Versailles, sous le règne de Louis XIV, qui forme un monde en soi, trop riche et spécifique pour qu'il puisse en être rendu compte de manière satisfaisante dans le cadre d'une approche générale. Il apparaît toutefois, de manière ponctuelle mais récurrente, à travers les documents relatifs au château de Clagny, satellite aujourd'hui disparu du palais de Louis XIV.

Les expositions qui traitent de l'architecture de la période moderne sont plutôt rares, souvent monographiques[1], mais trois au moins ont abordé l'histoire du métier d'architecte, sur des champs chronologiques et géographiques voisins du nôtre. Chacune de ces manifestations, organisées à l'étranger, a donné lieu à la mise en valeur d'un aspect particulier du sujet. En 1984, Ulrich Schütte s'est concentré sur la culture scientifique, technique et artistique des architectes civils et militaires dans l'Allemagne du XVIIe siècle, dans *Architekt und Ingenieur. Baumeister in Krieg und Frieden*[2]. Au début de la décennie suivante, avec *In Urbe Architectus*, Bruno Contardi et Giovanna Curcio ont développé les aspects concrets de l'exercice de la profession à Rome au XVIIIe siècle, à travers notamment de somptueuses maquettes et dessins de projet[3]. Plus récemment, c'est le rôle spécifique joué par les mathématiques dans l'affirmation des architectes en Angleterre à l'époque moderne qu'ont pris pour objet Anthony Gerbino et Stephen Johnson dans *Compass and Rule. Architecture as Mathematical Practice in England (1500-1750)*[4]. Ces trois exemples, adaptés à l'histoire et aux collections patrimoniales de leurs pays respectifs, ont nourri notre réflexion, en nous incitant à embrasser notre sujet de manière large et transversale.

Alors qu'elle sort exsangue des guerres de Religion, la France revient sur le devant de la scène au XVIIe siècle, pour jouer finalement sous Louis XIV un rôle crucial dans le développement de la culture architecturale européenne, suivant le sous-titre d'un important essai de Roberto Gargiani[5]. Tout à la fois acteurs et objets de cette évolution, les architectes ont vu alors changer simultanément leur statut social, leur culture, leur production artistique et leurs pratiques professionnelles. Chacun de ces aspects étant intimement lié aux autres, il a paru souhaitable de n'en écarter aucun ; nous avons au contraire projeté d'embrasser toutes les facettes de l'existence et de l'activité des architectes praticiens en France au cours de la période.

À cette fin, ce sont quelque deux cents œuvres et documents qui ont été choisis, répartis en cent soixante et onze numéros de catalogue. Issus des fonds des Archives nationales, mais aussi empruntés aux collections de musées, archives et bibliothèques en France et à l'étranger, ainsi qu'à des collectionneurs privés, ces dessins, livres, estampes, tableaux et objets d'art sont par nature variés et concernent des architectes et des bâtiments très divers, mais ils forment un ensemble cohérent, au sein duquel de très nombreuses liaisons s'établissent naturellement. Le jeu des continuités historiques ou anecdotiques, des liens humains ou institutionnels, des similitudes formelles et des dissemblances, se trouve souligné, dans le catalogue, par de nombreux renvois de notice à notice.

---

1. Citons, pour la France, celles consacrées aux Gabriel (Michel Gallet, 1982), à Germain Boffrand (Jorg Garms, 1986), à Claude Perrault (Antoine Picon, 1988), à François Mansart (Jean-Pierre Babelon et Claude Mignot, 1998), à Jules Hardouin-Mansart (Jean-Marie Bruson et Alexandre Gady, 2008), ou encore à Jacques Androuet du Cerceau (2010) sous des prétextes commémoratifs. On note que la Cité de l'architecture et du patrimoine, dont le parcours permanent ne comprend pas le XVIIe siècle, joue peu son rôle en matière de mise en valeur de l'architecte de l'époque moderne.
2. Cat. exp. Wolfenbüttel, 1984.
3. Cat. exp. Rome, 1991.
4. Cat. exp. Oxford, 2009.
5. Gargiani, 1998.

Le présent ouvrage est divisé en trois parties thématiques : « Le métier. Être architecte », « Le dessin. Expression du projet » et « Le chantier. À pied d'œuvre », auxquelles s'ajoutent un « cabinet de portraits » en guise de prologue et un dossier sur la construction du collège des Quatre-Nations, en manière d'épilogue. Du fait de la diversité de leurs objets, les trois parties adoptent en outre des approches méthodologiques bien distinctes : la première relève en effet de l'histoire sociale, culturelle et institutionnelle de l'art ; la deuxième, de l'histoire des arts graphiques ; et la troisième, de l'histoire de la construction. Il convient donc de rappeler ici le contexte dans lequel elles s'inscrivent et les principes et objectifs adoptés pour chacune.

En l'absence de définition juridique de leur titre et de leurs fonctions, les architectes forment à l'époque moderne un groupe social hétérogène, de taille sans cesse croissante et aux contours mouvants. Les questions primordiales qu'il est nécessaire de se poser sont donc : qui est architecte en France au XVIIe siècle et comment le devient-on ? De nombreuses études monographiques ayant désormais contribué à éclairer les profils et les parcours individuels, un portrait collectif de la profession émerge peu à peu de la multiplicité des cas particuliers. Claude Mignot a dressé l'état de l'art en deux importants articles, publiés en 1998 et 2009 et complétés par des études thématiques[1]. Dans le prolongement de cet effort de synthèse, notre première partie envisage successivement les questions de statut, de formation, de culture et de reconnaissance institutionnelle de la profession.

Afin de donner chair à quelques personnalités représentatives, elle s'ouvre sur une suite de portraits, peints et gravés, qui reflète de manière sensible l'évolution rapide de l'image sociale des architectes au cours du siècle. À la variété des visages et des attitudes correspond la diversité des carrières, dont les documents d'archives notariales, judiciaires ou institutionnelles permettent parallèlement de rendre compte. Plus qu'à un statut social précis, l'appellation d'architecte correspond à la reconnaissance d'un ensemble de compétences, de connaissances et de savoir-faire, qui sont ici présentés en deux domaines complémentaires, celui de la culture technique d'une part, et de la culture visuelle et artistique d'autre part. L'un et l'autre ont en commun de s'être longtemps développés dans le secret des chantiers et des ateliers, avant de connaître des formes nouvelles d'élaboration et de diffusion au moyen de l'imprimerie et de la gravure. Aussi les carnets, albums, estampes et ouvrages imprimés dominent dans ces chapitres, éclairés par les nombreux acquis de la recherche des dernières décennies sur les traités d'architecture[2]. Quelques remarquables ensembles d'instruments de dessin parisiens, pour certains inédits, rappellent en outre les progrès des pratiques graphiques et de la culture mathématique chez les architectes de l'âge moderne.

Ces dynamiques, en grande partie intrinsèques au milieu de l'architecture française, se nourrissent également des échanges avec les pays voisins, en particulier avec l'Italie, qui continue de fournir des modèles formels et théoriques, même si l'accueil de ces derniers en France se fait progressivement plus critique. L'intérêt des architectes pour la péninsule et pour Rome en particulier se traduit par des voyages plus fréquents, ici illustrés par des relevés, croquis et notes de voyages. Après avoir créé en 1666 l'Académie de France à Rome, où sont hébergés de futurs architectes pensionnés par le roi, Louis XIV consacre finalement la professionnalisation des architectes français en fondant à Paris, en 1671, l'Académie royale d'architecture. Première institution en Europe à être consacrée à l'enseignement et à l'étude de l'architecture, cette académie constitue

---

1. Mignot, 1998-a ; *id.*, 1998-b ; *id.*, 2009-a ; *id.*, 2009-b.
2. Guillaume (dir.), 1988 ; voir le site *Architectura* de l'université de Tours-CESR, sous la direction de Frédérique Lemerle et Yves Pauwels, qui donne accès sous forme numérique à la plupart des livres d'architecture écrits, publiés ou traduits en France aux XVIe et XVIIe siècle, avec des notices critiques.

le point d'aboutissement de cette histoire, examinant à nouveaux frais d'importants documents issus de ses archives, à la suite de la grande exposition Colbert de 1983[1].

Après les aspects sociaux et culturels de son existence, c'est le cœur de l'activité artistique de l'architecte qui est envisagé dans la deuxième partie, à travers l'examen de ses dessins de projet. Au sein des arts graphiques, le dessin d'architecture constitue un domaine à part, longtemps négligé des historiens de l'art. Il a en effet été prioritairement utilisé comme une source visuelle permettant d'illustrer l'état d'un projet ou d'un édifice à un instant précis, d'abord dans la perspective d'une histoire des édifices, puis de celle des architectes. Les dessins eux-mêmes, avec leur matérialité et leurs caractères plastiques propres, n'ont en revanche suscité que tardivement l'intérêt des chercheurs. L'école allemande d'histoire de l'art a joué en cela un rôle précurseur, mais il faut attendre la fin des années 1980 pour voir se multiplier les études, à partir de deux événements fondateurs, d'une part le colloque international *Il disegno di architettura* tenu à Milan en 1988[2], à l'origine de la revue du même nom qui existe toujours, et d'autre part la grande exposition organisée par Roland Recht à Strasbourg en 1989, qui a mis en évidence l'origine médiévale du dessin d'architecture moderne[3]. Peu après, deux expositions ont donné lieu aux premières synthèses d'envergure sur le dessin d'architecture italien, par Christoph Luitpold Frommel pour la Renaissance et Elisabeth Kieven pour les XVIIe et XVIIIe siècles[4]. Parallèlement, les fonds d'architecture britanniques, remarquablement préservés, ont été l'objet de nombreux catalogues et études approfondies, en particulier autour des figures d'Inigo Jones et Christopher Wren[5].

Les dessins d'architecture français de la période moderne, en revanche, sont loin d'avoir bénéficié du même engouement, sans doute parce qu'ils ont le plus souvent été conservés de manière dispersée, et non sous forme de fonds organiques. Les deux principaux ensembles subsistant de façon plus ou moins cohérente sont le fonds Mansart-De Cotte, conservé à la Bibliothèque nationale, et le fonds Bullet-Bullet de Chamblain, au sein de la collection Tessin-Harleman à Stockholm. Ces feuilles ont naturellement suscité des études : celle sur Jules Hardouin-Mansart et ses collaborateurs par Bertrand Jestaz en 1962 ; sur Pierre Bullet et son fils, par Runar Strandberg en 1971 ; sur François Mansart par Allan Braham et Peter Smith en 1973 ou encore un rare article d'analyse comparative par Katharina Krause en 1990[6]. Les expositions sont de même demeurées trop rares : hormis celle des dessins d'architecture du Louvre en 1972, au spectre très large, les manifestations se sont surtout concentrées sur les vastes collections de Stockholm, dans le cadre de l'Institut culturel suédois de Paris[7]. On doit regretter que le fonds Mansart-De Cotte n'ait jamais été l'objet d'une exposition, d'autant plus que l'inventaire publié en 1997 est non seulement rempli d'erreurs et d'approximations, mais encore enfermé dans une approche topographique qui ne rend pas compte de l'intérêt graphique exceptionnel du fonds[8].

La tendance s'est heureusement retournée en France depuis quelques années, à la faveur de plusieurs journées d'études[9] et d'importantes recherches en cours[10]. La présente exposition entend apporter à son tour une

---

1. Cat. exp. Paris, 1983.
2. Carpeggiani et Patetta (dir.), 1989.
3. Cat. exp. Strasbourg, 1989.
4. Cat. exp. Venise, 1994, p. 101-120 ; cat. exp. Stuttgart, 1993, p. 9-31.
5. Harris et Higgott, 1989 ; Geraghty, 1999 ; Geraghty, 2001 ; Geraghty, 2007 ; voir aussi le catalogue en ligne des dessins de l'agence Wren à Saint-Paul de Londres par Gordon Higgott : www.stpauls.co.uk.
6. Jestaz, 1962 ; Strandberg, 1971-b ; Braham et Smith, 1973 ; Krause, 1990.
7. Cat. exp. Paris, 1950 ; cat. exp. Versailles, 1951 ; cat. exp. Paris, 1972-a ; cat. exp. Paris, 1972-b ; cat. exp. Paris, 1985.
8. Fossier, 1997 ; voir à son sujet Jestaz, 1997.
9. Mignot (dir.), 2014-2015 ; Callu et Leniaud (dir.), 2015.
10. Baudez, à paraître.

contribution originale, en présentant pour la première fois un tableau complet de la production graphique des architectes praticiens au XVIIe siècle, les dessins étant envisagés ici comme expression du projet. Cette formule définit naturellement le dessin comme étant la première forme sensible donnée à l'idée née dans l'esprit du maître d'œuvre : ce sont donc des esquisses, des mises au net et des dessins de présentation qui ont été choisis, complétés par quelques dessins contractuels et par une vue sans doute dessinée d'après une maquette. Le dessin d'architecture du XVIIe siècle, dont les formes et conventions ne sont pas encore pleinement codifiées, permet également une « expression » personnelle de la part du maître d'œuvre. Notre ambition est ainsi de mettre en valeur l'évolution des techniques et la variété des manières chez les architectes français de la période, quand règne encore une certaine liberté dans leur pratique graphique avant que celle-ci ne s'uniformise au XVIIIe siècle.

La présentation est organisée de manière chronologique, divisée en trois périodes qui correspondent à des problématiques légèrement différentes : de la fin du XVIe siècle aux années 1620, les dessins sont rares et souvent isolés, donc difficilement attribuables à une main précise ; du règne de Louis XIII au début de celui de Louis XIV, quelques architectes particulièrement importants ont laissé des feuilles en nombre suffisant pour être traitées comme de véritables corpus de référence, permettant de poser la question de l'autographie et des collaborations éventuelles ; enfin, le dernier tiers du siècle voit la multiplication des dessins conservés et des mains identifiables, parallèlement à l'apparition des premières agences d'architecture, qui complique la lecture des feuilles. Chacune des trois sections se conclut par un dossier thématique, autour d'un bâtiment (le palais du Luxembourg, l'église royale des Invalides) ou d'une personnalité (Jean-Baptiste Colbert) représentative des enjeux de la période envisagée.

Pour le dernier volet du triptyque, l'architecte est sur le chantier, à la rencontre du maître d'ouvrage, des artisans et ouvriers, voire des experts. Cette troisième partie s'inspire des développements récents de l'histoire de la construction : ce champ de recherche est en effet particulièrement fécond depuis une vingtaine d'années, permettant de croiser des méthodes issues de disciplines comme l'archéologie du bâti, l'histoire des sciences, de l'économie et du droit, pour s'intéresser à des objets jusqu'alors peu étudiés, tels que les matériaux[1] et les techniques, les métiers, les procédures[2]. Si elles donnent lieu à des publications et des programmes de recherche toujours plus nombreux, ces thématiques sont en revanche plus rarement présentées dans le cadre d'expositions, hormis le domaine toujours actif mais confidentiel de l'histoire du compagnonnage.

Le terme de chantier, qui désigne le lieu de travail des bâtisseurs, est ici entendu au sens figuré, pour évoquer toutes les étapes du processus de construction, depuis la validation du projet par le maître d'ouvrage jusqu'à la réception finale des travaux. Suivant le fil conducteur défini pour l'ensemble du livre, c'est le rôle joué par l'architecte praticien dans ce processus qu'il s'agit de mettre en évidence. Après une évocation de la présence effective de l'architecte sur le chantier, à travers quelques objets et témoignages significatifs, on a choisi de présenter de manière méthodique les principales catégories de documents que le maître d'œuvre fournit à chaque étape du travail : maquette de présentation, dessins contractuels, devis descriptifs des ouvrages et marchés, dessins d'étude technique et dessins d'exécution, dessins de relevé. Une attention particulière a été accordée à l'identification de documents autographes, non seulement parce qu'ils prouvent l'implication personnelle de l'architecte, mais aussi parce que l'identification de son écriture fournit de précieux éléments

---

1. Sur les marbres, voir Julien, 2006. Il manque encore des études de fond sur la pierre, le bois et le fer forgé à l'époque moderne.
2. Becchi, Carvais et Sakarovitch (dir.), 2015.

d'analyse de ses dessins. L'analyse typologique des documents, au plus proche des sources, fait en outre apparaître des évolutions encore mal connues, comme la diversification des formes de dessins techniques, l'invention de nouveaux codes de représentation ou la multiplication des exemplaires. Tous ces phénomènes témoignent de la responsabilisation croissante des architectes et du développement de fonctions spécialisées au sein de la profession.

Le dossier consacré au collège Mazarin, dit des Quatre-Nations (actuel palais de l'Institut), qui conclut le propos, se présente comme une frise chronologique, couvrant toute la construction, depuis la conception du projet initial par Louis Le Vau en 1661 et 1662 jusqu'à l'achèvement du gros œuvre sous la conduite de François d'Orbay au début des années 1670. Cet édifice a été choisi pour la variété et la richesse exceptionnelle des sources qui subsistent, mais surtout pour la proportion remarquable des documents qui proviennent de l'architecte lui-même ou qui le concernent directement : dessins de projet et d'exécution, procès-verbaux de réunions de chantier, documents techniques, contractuels et financiers écrits de sa main, et autres relevés et rapports d'expertise. Permettant de croiser les différentes problématiques successivement abordées au cours des trois parties du catalogue, la vingtaine de pièces manuscrites et graphiques sélectionnées sont analysées de manière approfondie, tant du point de vue de l'histoire de l'art que de l'histoire de la construction. Cette méthode s'est révélée particulièrement fructueuse, puisqu'elle a permis d'établir une chronologie et une interprétation des événements différentes de celles auparavant admises. L'image du maître d'œuvre qui en résulte apparaît en clair-obscur, entre la fulgurance de ses conceptions architecturales et l'ombre de ses malversations financières, tout en étant riche de détails révélateurs sur ses méthodes de travail, son entourage professionnel et ses ambitions artistiques : c'est bien le *portrait* d'un architecte du Grand Siècle.

NOTE SUR LE CATALOGUE

Tous les textes ont été écrits en commun par les auteurs, à l'exception des notices signées par Robert Carvais (cat. 10 à 13), Marianne Cojannot-Le Blanc (cat. 129), Étienne Faisant (cat. 36, 63, 68, 70, 72 et 127) et Patrick Rocca (cat. 28). Nous les remercions très chaleureusement de leurs contributions.

Dans les notices, les dimensions des œuvres, quelle que soit leur nature, sont indiquées dans le sens hauteur par largeur. Pour les cahiers ou volumes reliés, ces mesures correspondent à celles du volume fermé.

Les mesures anciennes sont données en toises, pieds et pouces du roi, avec leur équivalence métrique entre parenthèses.
Jusqu'en 1667, toise de l'Écritoire
1 toise = 6 pieds = 1959 mm
1 pied = 12 pouces = 327 mm
1 pouce = 12 lignes = 27,2 mm

À partir de 1668, toise du Châtelet
1 toise = 6 pieds = 1949 mm
1 pied = 12 pouces = 325 mm
1 pouce = 12 lignes = 27,1 mm

L'unité de compte de la France d'Ancien Régime est la livre tournois, abrégée l. t.

cat. 4, détail

Prologue
Un cabinet de portraits

Phénomène majeur de la peinture occidentale, la réapparition du portrait à la fin du Moyen Âge reflète une nouvelle perception privée et publique de l'homme, qui se regarde et se donne à voir tout à la fois. En s'incarnant sur la toile ou dans la pierre, souverains temporels et spirituels, princes de la guerre et grandes dames illustrent soudain l'histoire de leur temps. Les auteurs de ces précieux portraits, peintres, sculpteurs et graveurs, deviennent bientôt à leur tour des sujets de représentation, se hissant aux côtés des puissants au moyen de l'autoportrait ou du « portrait d'amitié », qu'un artiste laisse d'un autre.

Le portrait d'architecte se rattache à ce mouvement[1], dont l'ambition dépasse celle des figures sculptées de maîtres d'œuvre cachées dans les décors des cathédrales médiévales, comme à Strasbourg. Il souligne en effet l'émergence de la *figure* d'une profession dont il accompagne les mutations qu'enveloppe le beau nom grec d'*architecte*. Comment mieux exprimer la distinction entre le maître d'œuvre et les métiers de la construction, comment mieux afficher sa volonté d'émancipation de la matière pour s'établir dans le monde des idées ? Prince des concepteurs et suzerain des ouvriers, l'architecte pose tel un grand homme devant le peintre et plus tard le sculpteur. Unique et privée, son image peut également se démultiplier par la gravure et devenir publique, offrant une renommée hors de la cellule familiale et professionnelle.

Omniprésente dans le monde médiatique actuel, l'image de l'architecte ne remonte pas, en France, en deçà du milieu du XVIe siècle, où son apparition est aussi lente que timide. Il suffit de songer à ce que l'on observe en Italie : c'est un lieu commun que de souligner l'absence d'un Vasari français et, déjà, Claude Perrault déplorait en 1673 l'obscurité de la vie des architectes français par rapport au moindre maître d'œuvre de la péninsule italienne… Ainsi, dans l'Italie du Quattrocento, on rencontre aussi bien l'incroyable profil à l'antique de Leon Battista Alberti[2] que l'autoportrait de Filarète sur les portes de bronze de Saint-Pierre, ou encore le double portrait peint par Pierro di Cosimo, représentant Giuliano da Sangallo et son père Francesco[3]. Mais c'est véritablement au XVIe siècle qu'on voit se déployer toutes les formes qui vont illustrer le genre. D'abord, le portrait « d'amitié », dans la suite de celui de Cosimo : l'on songe ici au *Michel-Ange* de Daniele da Volterra, au *Sansovino* de Tintoret ou au *Scamozzi* par Véronèse[4] ; une feuille, roulée ou dépliée, plus souvent un compas, y donne la clef et le sens, fixant un type qui va se répandre dans tout l'Occident. Puis, le portrait biographique orné de gravure, dont les *Vite* de Vasari offrent le meilleur exemple. Enfin, le portrait gravé placé dans le frontispice du traité de l'architecte, dont le modèle du genre est donné par Vignole dans sa *Regola* de 1562, ou en tête du recueil gravé de son œuvre bâti, comme le fait Domenico Fontana, un petit obélisque dans les bras, en 1590. On doit ajouter un dernier type, que le XIXe siècle affectionnera au point

---

1. Il manque d'évidence une synthèse sur le portrait d'architecte, absence que ne comble pas, hélas, le catalogue de l'exposition tenue à la Cité de l'architecture et du patrimoine en 2017 (cat. exp. Paris, 2017).
2. Vers 1432-1434, bronze, env. 20 × 13,6 cm, dont il existe plusieurs exemplaires (Paris, Bibl. nat. de Fr., Monnaies et Médailles ; Washington, National Gallery of Art).
3. Vers 1485, huile sur panneau, 47,5 × 33,5 cm, Amsterdam, Rijksmuseum, SK-C-1367.
4. À l'inverse, le visage de Palladio, dont la renommée a franchi les mers et les siècles, nous échappe encore. Voir cat. exp. Vicence, 2016.

d'en abuser : le portrait rétrospectif. Un demi-siècle après la mort de Michel-Ange, ses héritiers mettent ainsi en scène le héros de la famille dans une commande destinée à la casa Buonarroti, à Florence. Dans ce cycle narratif héroïque qui décore la galerie, on voit le grand homme en action, montrant à Léon X *modelli* et dessins pour San Lorenzo et la Laurentienne (Jacopo da Empoli) ou présentant la maquette de Saint-Pierre au pape Paul IV (Passignano). Ce type de portrait, mettant en scène l'architecte et son commanditaire, devait connaître une certaine vogue à partir de la fin du XVIIe siècle.

Rien de tel en France avant le règne de Louis XIII. Les grands maîtres de la Renaissance, pourtant nourris de l'art italien, n'ont pas vu leurs traits fixés, à moins que leurs portraits ne soient perdus ou ne se cachent sous des figures anonymes : ni Pierre Lescot, ni Jean Bullant ne nous sont connus, tandis qu'une rare médaille montre Jacques Androuet du Cerceau de profil[1]. Aussi la gravure posthume de Philibert Delorme, placée dans la première réédition de son traité en 1576, apparaît-elle fondatrice du portrait d'architecte en France (fig. 2). Quant à celui d'Eudes de Montreuil, contemporain de Saint Louis, gravé par André Thevet en 1584, il appartient au type rétrospectif, ici lié à la gloire de la monarchie française plutôt qu'à celle de l'artiste lui-même. Le XVIIe siècle n'échappe d'abord pas à ce constat de pénurie. C'est en vain que l'on a recherché jusqu'ici les traits de Salomon de Brosse, Louis Métezeau, Jacques II Androuet du Cerceau ou Pierre Le Muet, architectes du « siècle de Louis XIII », tandis qu'il faut se contenter d'une gravure pour Clément Métezeau, œuvre de Michel Lasne (fig. 3) : mais celle-ci semble surtout honorer le maître d'œuvre de la fameuse digue de La Rochelle, figurée en dessous, plutôt que l'architecte[2]. Mieux avisés, Alexandre Francini (1631), comme Antoine Le Pautre (1652, cat. 8), auront confié leur renommée au burin, dans la tradition lancée par la *Regola* de Vignole du portrait en frontispice du recueil de leurs œuvres.

---

1. Il y est âgé de 41 ans (Londres, Victoria and Albert Museum) ; voir Guillaume et Furhing (dir.), 2010, p. 24-25.
2. Elle est en effet gravée en dessous. Un habile portrait peint de grand format (106 × 81 cm) en a été tiré au milieu du XIXe siècle pour le musée de Louis-Philippe de Versailles (MV 5275). Un phénomène identique explique le buste en pierre de Louis de Foix dans le phare de Cordouan, son chef-d'œuvre (Guillaume, 2009).

fig. 2. Portrait posthume de Philibert Delorme, estampe, 1576

fig. 3. Michel Lasne, portrait de Clément Métezeau, eau-forte, XVIIe siècle

fig. 4. Pierre Rabon, *Portrait de Antoine Ratabon* (autrefois considéré comme le portrait de Le Vau), huile sur toile, 1660, Versailles, musée national des châteaux de Versailles et de Trianon, MV 4346

Il faut en fait attendre 1644 pour voir le portrait d'architecte faire une apparition spectaculaire en France, avec celui de Jacques Lemercier (cat. 1). Dans cet authentique chef-d'œuvre, comparable par sa qualité picturale à l'*Inigo Jones* de Van Dyck en Angleterre, Champaigne reprend le code de représentation traditionnel, puisque l'architecte tient ostensiblement un rouleau de plans à la main, mais il en ajoute un second, dont c'est, semble-t-il, la première occurrence : l'architecte pose en effet devant la chapelle de la Sorbonne, tout juste achevée, son monument majeur. Cette invention ne fera pourtant guère école : mis à part le portrait de Pierre Lemercier, le demi-frère de Jacques, devant l'église de Richelieu, dont il est l'architecte-conducteur[1], elle n'est pleinement reprise que dans le portrait de Jules Hardouin-Mansart par Rigaud[2] (fig. 6, p. 23). Ce parti entretient à l'évidence une confusion avec le maître de l'ouvrage, qui peut également désirer se faire portraiturer devant un édifice qu'il a commandé : ainsi Champaigne avait-il peint le cardinal de Richelieu devant une aile du Palais-Cardinal et encore devant la Sorbonne (détruit). Une telle confusion s'est reproduite dans le cas de Louis Le Vau, longtemps pris pour son patron, le surintendant des Bâtiments du roi Antoine Ratabon[3], dans un beau portrait de format carré où le maître d'ouvrage pose avec un plan devant un bâtiment du Louvre (fig. 4).

---

1. Tableau de facture moyenne, attribué à Nicolas Prévost (Richelieu, musée).
2. Paris, musée du Louvre, Peintures, Inv. 7510.
3. Pierre Rabon, *Portrait du surintendant Ratabon*, 1660, huile sur toile, Versailles, musée national du château, MV 4346. Bajou, 1998, p. 76-77.

fig. 5. École française, *Portrait présumé de Louis Le Vau père et de son fils cadet François,* huile sur toile, milieu du XVIIe siècle, coll. part.

Le cas de François Mansart est différent : si ses traits ne nous sont connus que par une gravure tardive[1] (cat. 2), c'est en raison de la destruction de son portrait peint dans un incendie accidentel au début du XVIIIe siècle. L'absence la plus troublante demeure celle de la figure de Louis Le Vau : sa carrière exceptionnelle et sa position sociale laissaient imaginer une représentation de grand effet, à un moment où l'école française s'empare avec vigueur du genre du portrait[2]. La récente découverte d'un double portrait de famille est venue plus encore souligner cette absence[3] : la toile montre en effet Louis Le Vau père avec son fils cadet, François (fig. 5), touchant hommage dont le grand architecte de la famille est comme exclu.

La seconde moitié du siècle n'apparaît pas plus riche en portraits d'architecte : si l'on connaît les visages de François d'Orbay (cat. 53), Claude Perrault (cat. 3) ou André Le Nôtre, dont le beau portrait est peint par

---

1. Le double portrait du Louvre, jadis attribué à Champaigne (huile sur toile, 88 × 117 cm, Inv. 1140, copie de même format à Versailles, MV 3544) porte comme indication sous les personnages « Mansart » et « Perrault », ainsi que la date de 1656. Il s'agirait plutôt du président Jean Perrault, et de son beau-frère Girard. Ce tableau mériterait une étude approfondie.
2. Cat. exp. Nantes et Toulouse, 1997.
3. Cojannot, 2012, fig. 150, p. 216. Huile sur toile, milieu du XVIIe siècle, Paris, coll. part.

Maratti durant son voyage en Italie (1679), les traits de Gittard, Chamois, Le Duc, Cottart, D'Aviler, Bullet, Blondel, Desgodetz, Oppenord ou Delamair nous échappent. Dans cette longue galerie clairsemée, on peut désormais ajouter le portrait inédit de Jean-Baptiste Alexandre Le Blond (cat. 4). D'une belle facture, il synthétise tous les poncifs de la représentation de l'architecte : posant devant un bâtiment en construction, avec grue et échafaudages, l'architecte est entouré de tous les attributs de son art, un plan déployé, des instruments de dessin et un livre d'architecture, sur lequel il s'appuie. Sans doute peint au début du XVIIIe siècle, ce portrait trahit, par la perruque et le bel habit, l'influence d'un nouveau type apparu une génération plus tôt avec Jules Hardouin-Mansart (fig. 6), qui joue des codes du portrait d'apparat (colonne, draperie et décoration bien en vue sur la poitrine). L'ascension sociale et l'importance de la position de « Monsieur Mansart », premier architecte du roi (1681), puis surintendant des Bâtiments (1699), que le roi a anobli, explique l'inflation de ses représentations peintes, sculptées et gravées, qui sont les plus nombreuses pour un architecte du Grand Siècle et même de tout l'Ancien Régime[1]. Dans ses derniers portraits, tout signe distinctif lié à la profession a même disparu, pour ne laisser voir que l'emphase du prince de l'architecture royale[2] (cat. 16).

1. Sur le portrait de Hardouin-Mansart, voir Gady (dir.), 2010, p. 69-77.
2. En 1713, Rigaud représentera Robert de Cotte, successeur de Mansart à la charge de premier architecte, dans un somptueux habit et perruque en tête, un livre et des plans posés sur le bureau, dans un équilibre qui annonce le siècle de Louis XV (musée du Louvre). En revanche, il faut attendre le portrait de Soufflot (L.-M. Van Loo, 1767, musée du Louvre) pour voir un architecte en train de dessiner.

fig. 6. Hyacinthe Rigaud, *Portrait de Jules Hardouin-Mansart*, huile sur toile, 1685, Paris, musée du Louvre, Inv. 7510

1.
Philippe de Champaigne (1602-1674)
Portrait de Jacques Lemercier, 1644

Huile sur toile, 100,4 × 77,4 cm
Versailles, musée national des châteaux de Versailles et de Trianon, MV 7545

Entré dans les collections nationales en 1949[1], cet admirable portrait représente Jacques Lemercier à l'apogée de sa carrière : âgé de 59 ans, il porte alors le titre créé pour lui de premier architecte du roi (1639), dirige le chantier du Louvre (cat. 134) et travaille pour la reine mère au Palais-Royal.

Vêtu de noir, l'air grave, l'architecte fixe le spectateur en semblant le prendre à témoin. Tenant un rouleau de plans à la main, il pose devant ce qui est alors considéré comme son chef-d'œuvre, la chapelle de la Sorbonne : on reconnaît sa façade sur la cour, avec son portique de temple hexastyle, premier du genre élevé à Paris. La loggia fictive dans laquelle se tient l'architecte est prétexte à un cadrage reserré de la figure ; on remarque la base attique de la colonne à gauche, d'une précision digne d'un traité des ordres.

Par ses qualités plastiques, la sûreté de son exécution, sa profondeur psychologique enfin, ce portrait, gravé peu après par Jean Morin (fig. 7), apparaît comme la *Joconde* de l'architecture française du siècle de Louis XIII : il n'existe aucun équivalent auparavant et il faut attendre les grands portraits du règne de Louis XIV pour retrouver une telle force démonstrative (cat. 16).

Si l'on peut voir un lien dialectique entre le rouleau de plans que tient Lemercier et le monument qui en résulte, à l'arrière-plan, le choix de la chapelle de la Sorbonne est plus riche de sens. L'édifice a en effet été construit à partir de 1634 pour son ancien protecteur, le cardinal de Richelieu. L'architecte et son portraitiste y ont travaillé ensemble, puisque Champaigne a réalisé le décor de la coupole et des pendentifs : le monument apparaît donc ici comme le tombeau de leur ancien patron et une œuvre commune. Les deux hommes étaient enfin liés par leurs affinités jansénistes, auxquelles la *gravitas* du portrait doit beaucoup.

Né vers 1585 à Pontoise, Lemercier était issu d'une famille de maîtres maçons du Vexin français, réputés pour leurs travaux de voûtements d'églises. Grâce à la protection royale, il peut partir compléter sa formation à Rome en 1605, où il apprend la gravure à l'eau-forte (cat. 44) et se frotte aussi bien à l'antique qu'aux chantiers contemporains, que domine la figure de Carlo Maderno. Rentré en France vers 1611, il devient architecte et ingénieur du roi, parcourant la France où il expertise des ouvrages d'art (ponts, routes et fortifications). Installé définitivement à Paris autour de 1620, il est un maître d'œuvre recherché et bientôt l'architecte favori du cardinal de Richelieu ; celui-ci lui confie tous ses chantiers, tant à Paris (cat. 76) qu'en province, ce qui vaut également à Lemercier de nombreuses commandes de la famille et des « créatures » du puissant ministre (cat. 75)[2].

Remarquable dessinateur, qui manie avec habileté la plume et le lavis (cat. 74 à 77), Lemercier laisse un œuvre bâti de plus d'une soixantaine d'édifices ou parties d'édifices, dont près d'un tiers a disparu, mais à peine une vingtaine de dessins autographes, qui constitue cependant le premier corpus significatif de la période moderne.

---

1. Dorival, 1976, t. II, n° 176, p. 100.

fig. 7. Jean Morin, d'après Philippe de Champaigne, *Portrait de Jacques Lemercier*, estampe, milieu du XVIIe siècle, coll. part.

2. Gady, 2005, *passim*.

cat. 1

2.
Gérard Édelinck (1640-1707), d'après Louis de Namur (1625-1693)
Portrait de François Mansart, dans Charles Perrault,
Les Hommes illustres qui ont paru en France pendant ce siècle,
Paris, chez Antoine Dezallier, 1697, t. I, p. 87

Papier, eau-forte, 24,8 × 19 cm
Paris, coll. part.

Au soir de sa vie, Charles Perrault (1628-1703), fabuliste bien connu et membre de l'Académie française, publie une anthologie des grands hommes français, qui paraît en deux volumes en 1697 et 1703. Destinée à mettre en valeur le « siècle de Louis XIV » qu'il avait déjà salué dans un poème célèbre de 1687, cette somme rassemble des hommes politiques, des militaires, des religieux, des penseurs, des savants, des écrivains et enfin des artistes, placés en fin de volume. Ces derniers sont au nombre de quatorze, sur un total de cent : ce sont surtout des peintres et graveurs, que complètent un orfèvre (Ballin), un musicien (Lully), un sculpteur (Sarazin) et un seul architecte, François Mansart.

Né en 1598 dans une famille de gens du bâtiment, celui-ci a connu à partir des années 1620 une carrière illustrée par de nombreuses commandes, tant religieuses (Feuillants, Visitation, Minimes) que privées (hôtels Scarron, de La Vrillière, de Jars ; châteaux de Berny, de Balleroy, de Maisons). Admiré et redouté pour son caractère et ses caprices, Mansart ne devait jamais travailler pour le roi, mais entreprit pour Gaston d'Orléans la reconstruction partielle du château de Blois (cat. 81) et, pour Anne d'Autriche, posa les bases de l'église du Val-de-Grâce (cat. 122)[1]. À sa mort en 1666, il laissait de précieux dessins de ses œuvres, exécutées ou seulement projetées, comme la « rotonde des Bourbons » à Saint-Denis ou la façade orientale du Louvre (cat. 91), qui forment encore aujourd'hui un corpus d'une quarantaine de feuilles, soit le plus important laissé par un architecte français avant le règne de Louis XIV[2]. Conscients de leur valeur, ses héritiers voulurent en restreindre l'accès en les mutualisant, en vain puisqu'ils servirent à son parent et disciple, Jules Hardouin-Mansart – le « Mansart d'aujourd'hui, premier architecte de Sa Majesté et digne neveu [...] parce qu'il a le même goust que son oncle », précise Perrault.

La « vie » qui accompagne ce portrait contient une liste des œuvres de Mansart, dont la recherche contemporaine a montré la précision, agrémentée de remarques sur le caractère de l'artiste, présenté comme insatisfait et fier de son génie : ce trait expliquerait ainsi son échec au Val-de-Grâce, où il a été remplacé par Lemercier, et au Louvre, dont Colbert renonce à lui confier le projet. Perrault achève son texte par une erreur qui devait avoir une grande postérité : l'attribution à Mansart de l'invention des combles brisés, qui portent encore son nom[3].

cat. 2, p. 87

Pour illustrer ce portrait littéraire, Perrault a choisi la gravure à l'eau-forte réalisée par Édelinck, l'un des maîtres du portrait gravé sous Louis XIV, d'après Louis de Namur, peintre reçu à l'Académie en 1665 mais de médiocre renommée. Le tableau ayant disparu dans un incendie au XVIIIe siècle, seule cette estampe un peu triste restitue les traits du grand homme : elle montre un Mansart au visage marqué par un nez fort, les cheveux longs, un air mélancolique, sans aucun élément illustrant son métier. Durant la Fronde, Mansart avait eu droit à un autre type de portrait, à charge cette fois : la *Mansarade*, qui reprenait les poncifs du mauvais architecte ruinant ses clients par ignorance[4].

---

1. Mignot, 2016-b.
2. Babelon et Mignot (dir.), 1998, p. 262-266.
3. Voir la dernière mise au point de Mignot, 2016-b.
4. Dessin dû à Gilbert Francart. Voir Boyer, 1999.

cat. 2

3.
École française
Portrait de Claude Perrault, s.d. [vers 1685-1688]

Huile sur toile, 91 × 73 cm
Paris, musée d'Histoire de la médecine, Inv. Legrand n° 102

Frère aîné de Charles (cat. 2), Claude Perrault (1613-1688) n'est pas architecte de profession, mais médecin de la faculté de Paris, dont il porte ici la robe blanche. Si la première partie de sa carrière est sans relief, il prend, à partir du règne personnel de Louis XIV, une place importante dans les débats scientifiques du milieu intellectuel parisien, profitant à l'évidence de la position de son frère, premier commis de Colbert puis contrôleur général des Bâtiments du roi. « Médecin, physicien, naturaliste, architecte, latiniste, archéologue, constructeur de machines et rimeur à l'occasion. C'est le plus Perrault des Perrault », selon André Hallays. En 1666, il est nommé membre de la nouvelle Académie royale des sciences. Parallèlement, il prend de plus en plus part aux débats architecturaux du règne, donne des dessins pour plusieurs édifices parisiens, enfin se voit confier par Colbert une nouvelle traduction de Vitruve, qui paraît en 1673[1].

Donné à la faculté de médecine par son cadet en 1692, ce tableau résume bien la complexité du personnage. Perrault y pose entouré de livres et devant un grand dessin suspendu à sa droite. Sorte de portrait-miroir, celui-ci représente trois édifices dont il s'attribuait la conception[2] et que l'on retrouve sur le célèbre frontispice de sa traduction de Vitruve, gravé par Sébastien Leclerc : à gauche, l'arc de triomphe de la place du Trône, projeté en 1666 et resté inachevé ; au fond, l'Observatoire de Paris, réalisé à partir de 1667 (cat. 95), qui subsiste ; enfin, à droite, la Colonnade du Louvre (cat. 93), dans sa version de 1668, sans les attiques à fronton imaginés ultérieurement pour les deux pavillons latéraux.

Parmi les livres de la bibliothèque à l'arrière-plan, on reconnaît les *Mémoires pour servir à l'histoire naturelle des animaux* (1671-1676), le *best-seller* de Perrault, mais encore des *Essais de physique* (quatre tomes parus entre 1680 et 1688), son *Architecture de Vitruve* évidemment, ainsi que *Les Cinq Ordres*, soit son *Ordonnance des cinq espèces de colonnes…*, publiée en 1683. Perrault pose donc entouré de ses œuvres de théoricien, qui composent un second portrait de papier.

Ce tableau anonyme[3] n'a certes pas la puissance de celui qu'a laissé Philippe Lallemant de Charles Perrault, qui pose également devant une bibliothèque. On peut le rapprocher du portrait gravé par Gérard Édelinck d'après Jacques Vercelin en 1690 et publié par son frère dans le premier tome des *Hommes illustres* (cat. 2), où il a l'air plus jeune et le visage moins sévère (fig. 8). Si, au témoignage toujours laudateur de ce dernier, Claude dessinait « avec beaucoup de douceur », l'identification des feuilles de ce « méchant médecin devenu bon architecte » (Boileau) reste toujours délicate (cat. 94 et 95) et soulève, comme la paternité de la Colonnade, une controverse ancienne chez les historiens de l'architecture du Grand Siècle (cat. 93).

---

1. Voir Hermann, 1973 ; Picon, 1988 ; Petzet, 2000.
2. On peut lire dans la partie supérieure : « il a donné les desseins de ces trois édifices ».
3. Cat. exp. Paris, 1983, n° 375.

fig. 8. Gérard Édelinck, d'après Jacques Vercelin, portrait de Claude Perrault, estampe, Versailles, musée national des châteaux de Versailles et de Trianon

cat. 3

4.
École française
Portrait de Jean-Baptiste Alexandre Le Blond, s.d. [vers 1710]

Huile sur toile (rentoilé), 98 × 82 cm
Paris, coll. part.

Inédit, ce grand portrait représente l'architecte et théoricien Jean-Baptiste Alexandre Le Blond (1679-1719) : peint à mi-corps, la perruque longue et le bel habit, il a grand air, comme ses contemporains Hardouin-Mansart (fig. 6, p. 23) ou Robert de Cotte portraiturés par Hyacinthe Rigaud (musée du Louvre). Comme eux, le modèle, qui tient un porte-mine avec pierre noire et sanguine, s'appuie sur un ouvrage in-folio relié en veau, dont la pièce de titre, « Archi[tecture] de Le Blond », renvoie à un projet de volume théorique remontant à 1705, mais qui n'a jamais vu le jour. De son autre main, il présente le plan déployé d'une demeure précédée d'une allée d'arbres, sous lequel sont posés une règle et un compas, les outils de son art. Le Blond semble environné d'arbres, discret rappel de son activité dans l'art des jardins et, à l'arrière-plan à gauche, on distingue un édifice en travaux, que domine une grue à pivot du type de celle imaginée par Perrault au Louvre : sa cour circulaire renvoie d'évidence au plan. Ainsi est admirablement illustré le métier de l'architecte, depuis la théorie et le dessin, jusqu'à l'exécution sur le chantier, dans une chaîne dont le génie de l'artiste fait l'unité.

Fils de l'éditeur et graveur Jean II Le Blond, lié à Jules Hardouin-Mansart dont il avait reçu le privilège de graver les œuvres en 1683, Le Blond fils possédait un « goût excellent pour le dessin » selon Pierre Jean Mariette et fut formé par un menuisier habile, Guillaume Feuillet[1] (cat. 90). En témoignent des ensembles homogènes de feuilles lavées et rehaussées de blanc, conservées à l'Albertina de Vienne, au Nationalmuseum de Stockholm, ainsi qu'au Louvre[2] (fig. 9). Le jeune architecte s'intéresse aux jardins, mais aussi à l'ornement, à la suite de Jean Le Pautre qu'il copie. Auteur de deux demeures à la mode à Paris – les hôtels de Vendôme, devenu le siège de l'École des mines, et de Clermont, rue de Varenne –, mais aussi de la folie Regnault, des jardins de celle de Hogger à Châtillon, ainsi que de travaux à l'évêché d'Auch, c'est enfin un théoricien, qui ambitionnait de faire paraître un vaste traité, dont subsistent quelques fragments manuscrits[3] et des publications éparses : il procure ainsi en 1710 la réédition du *Cours d'architecture* de D'Aviler (cat. 34), augmenté de plusieurs chapitres et de planches nouvelles.

Au printemps 1716, Le Blond est autorisé par les Bâtiments du roi à quitter la France pour cinq ans, afin de se mettre au service de Pierre le Grand, accompagné d'une dizaine de collaborateurs, dont l'ornemaniste Nicolas Pineau[4]. Ce portrait est peut-être lié à ce voyage et à son ambition de devenir le principal maître d'œuvre du tsar. À Saint-Pétersbourg, ville alors en plein chantier, Le Blond est nommé directeur des Bâtiments, poste qu'il occupe jusqu'en janvier 1718 : il donne des plans et des élévations types, correspond activement avec Menchikov, premier gouverneur de la ville, et avec le tsar lui-même, pour lequel il donne également des dessins destinés aux châteaux impériaux de Peterhof et de Strelna. Le Blond meurt cependant l'année suivante, sans avoir pu établir solidement la manière française en Russie[5].

---

1. Medvedkova, 2007.
2. Musée du Louvre, Arts graphiques, album dit Pérelle-Silvestre.
3. Un manuscrit, dédié à l'optique et à la perspective, est conservé à la bibliothèque de l'Académie des sciences de Saint-Pétersbourg ; voir Medvedkova, 2007, p. 43-66.
4. Rambaud, 1965-1971, t. II, p. 104-105.
5. Cat. exp., Versailles, 2017.

fig. 9. Jean-Baptiste Alexandre Le Blond, vue perspective du Trianon de Marbre, graphite, plume et encre brune, lavis brun et rehauts de blanc, vers 1690, Paris, musée du Louvre, Arts graphiques, Inv. 34243

cat. 4

Toscanne   Dorique

Le métier
Être architecte

cat. 8, détail

Questions de statut

En France, jusqu'à la fin de l'Ancien Régime, il est loisible de se déclarer architecte, sans aucune restriction d'âge, d'expérience ou d'appartenance sociale[1]. Dépourvu de définition juridique, ce titre peut donc recouvrir des réalités variées, depuis la simple affirmation d'une compétence graphique ou technique jusqu'à une véritable activité professionnelle dans le domaine de la construction, celle du *maître d'œuvre* qui conçoit le projet et dirige son exécution, suivant l'acception moderne du terme.

Dans la tradition médiévale, le maître d'œuvre était en premier lieu un maître, c'est-à-dire un membre éminent au sein d'une communauté de métier, en général celle des maçons ou des charpentiers. Or, à la différence de celui d'architecte, le titre de maître artisan correspond à un véritable statut social et professionnel, étroitement réglementé dans les grandes villes du royaume à partir du XIIIe siècle. Jusqu'à l'abolition des corps de métiers au début de la Révolution française, il faut ainsi accomplir tout un parcours pour accéder à la maîtrise : plusieurs années d'apprentissage auprès d'un maître, puis un temps d'exercice en tant que compagnon, enfin le passage d'un examen d'entrée par l'exécution du chef-d'œuvre, procédure longue et assortie de frais importants[2]. Même si ces règles peuvent être en partie contournées dans certains cas, notamment pour les fils de maîtres, il s'agit d'un fonctionnement très contraignant, qui garantit à la communauté un strict contrôle de ses membres et de leur activité. En contrepartie, les maîtres bénéficient d'un privilège exclusif : avoir le droit d'entreprendre des travaux, c'est-à-dire de passer un marché avec un client pour l'exécution entière d'un ouvrage relevant de son métier[3].

La distinction entre le statut (maître artisan) et la fonction (architecte) se met en place en France dès la fin du XVe siècle : ainsi, le maître maçon Martin Chambiges est qualifié d'*architectus* ou d'*architector* sur les chantiers des cathédrales qu'il dirige à partir de 1500, ce qui sanctionne sa fonction de concepteur du projet et sa position éminente par rapport aux chefs de chantiers et aux exécutants[4]. Au cours du XVIe siècle, Philibert Delorme ou Jean Bullant sont dans la même situation, mais le titre d'architecte qu'ils portent se charge, à leur époque, de références à la culture humaniste et antique. Avec le développement des études vitruviennes, l'architecte est désormais également un savant, qui maîtrise le langage de l'architecture classique et notamment celui des ordres. C'est au même moment que commencent à apparaître quelques figures d'architectes qui ne sont pas issus des métiers du bâtiment : Pierre Lescot, architecte du Louvre depuis le règne de

---

1. Mignot, 1998-a.
2. Letrait, 1945-1948.
3. Carvais, 1995.
4. Meunier, 2015, p. 71-91.

François Ier jusqu'à celui de Charles IX, appartient à la robe parisienne et au clergé, et Jacques Ier Androuet du Cerceau, dont le père est marchand de vin, dessine et grave l'architecture de son temps ou de fantaisie, mais ne semble pas bâtir lui-même. L'un comme l'autre incarnent l'importance croissante de la culture visuelle et de la pratique du dessin dans la considération accordée aux architectes.

La situation n'est pas fondamentalement différente au début du XVIIe siècle, la grande majorité des maîtres d'œuvre restant issus de familles d'artisans. Ils peuvent donc bénéficier d'une formation dans le cadre traditionnel des métiers, en général sans passer de contrat d'apprentissage, car ils sont souvent fils de maître ce qui les dispense d'être placés chez un tiers. Ayant perdu précocement son père maître charpentier, François Mansart fait exception et devient apprenti auprès d'un maître maçon à l'âge de 13 ans (cat. 6). Clément Métezeau en revanche n'a nul besoin d'un apprentissage en maçonnerie, étant donné son entourage familial, mais il complète sa formation artistique chez le maître sculpteur Mathieu Jacquet (cat. 5). Sans même que nous ayons toujours trace de leur apprentissage ou de leur réception en tant que maîtres, beaucoup d'architectes maintiennent la tradition familiale d'appartenance à une communauté de métier, en général celle des maçons : tel est le cas à Paris de Charles Ier, Mathurin, Charles II et Samuel Du Ry, de Salomon et Paul de Brosse, de Perceval, Henri et Michel Noblet, de François Levé père et fils comme de la dynastie des Delespine, mais également de figures plus célèbres de la seconde moitié du siècle telles que Charles Chamois, Daniel Gittard, Antoine Le Pautre (cat. 8), Jacques IV Gabriel, Jean Beausire ou Robert de Cotte. Cette pratique restera très fréquente jusqu'à la fin du siècle suivant[1].

De plus en plus nombreux sont toutefois les architectes à refuser explicitement le statut de maître, malgré les avantages matériels que celui-ci garantit. Après son apprentissage, Mansart ne devient pas maître maçon, même s'il prend un apprenti à Toulouse en 1618, sans doute de manière illicite (cat. 7). Comme Mansart, Jacques Lemercier, Pierre Le Muet, Louis et François Le Vau, François d'Orbay, Jules Hardouin-Mansart ne portent jamais d'autre titre professionnel qu'architecte ou architecte et ingénieur, et font systématiquement corriger les actes où on les assimile par erreur à des gens de métier. À la fin de la période ici envisagée, on voit même le futur architecte de l'hôtel de Soubise, Pierre Alexis Delamair, être reçu maître maçon en 1694, puis donner officiellement sa démission de ce statut en 1705 pour se consacrer à la profession d'architecte : cette démarche, insolite, démontre l'écart symbolique croissant entre les deux pratiques professionnelles (cat. 10 et 11).

La contrepartie de cette revendication à un exercice autonome de l'architecture est la renonciation à l'activité d'entrepreneur, qui en est la part la plus lucrative. Lemercier s'en abstient tout à fait à titre personnel, mais, comme le rapporte Henri Sauval, « il mourut pauvre »[2]… Son exemple n'est guère suivi que par Le Muet, D'Orbay et quelques autres désintéressés. La plupart des architectes ont partie liée avec l'entreprise, de manière ouverte ou couverte : le moyen le plus simple de contourner le privilège est de s'associer ou d'apporter sa caution financière à un maître, qui entreprend légitimement les travaux. Un autre, très fréquent, est de faire employer un proche parent artisan. Salomon de Brosse le fait avec son fils Paul, Lemercier souvent avec ses demi-frères Pierre et Nicolas, Louis Le Vau avec son beau-frère Charles Thoison, Libéral Bruand avec son père Sébastien ou encore Jules Hardouin-Mansart avec son frère Michel Hardouin : ce qui nous paraît aujourd'hui un risque de collusion majeur était visiblement accepté à l'époque. On voit, enfin, des architectes s'affranchir complètement de la règle et passer des marchés de construction en leur nom propre, sans

---

1. Letrait, 1945-1948, 1re partie, p. 235 et 254 ; Rambaud, 1968.
2. Gady, 2005, p. 74-77.

en avoir le droit. Certains s'en sortent apparemment sans difficulté, d'autres sont poursuivis par la juridiction professionnelle, comme Gabriel Le Duc qui est condamné en 1678 « pour avoir fait acte de maître » (cat. 9). À côté de celles de maître d'œuvre et d'entrepreneur, la fonction d'expert en construction constitue un autre champ d'activité où s'affirme la notion d'architecte praticien au cours du XVIIe siècle[1]. Les expertises, amiables ou judiciaires, sur les chantiers et dans les bâtiments sont traditionnellement réservées aux experts « jurés » issus des corps de métiers, mais ce monopole est contesté par les maîtres d'ouvrage, ce qui aboutit en 1690 à la création par le roi de deux corps d'officiers jurés, les « experts entrepreneurs », dont les charges sont réservées à des maîtres, et les « architectes experts bourgeois » pour les autres (cat. 12 et 13). Ainsi, à partir de la fin du siècle, il existe en France un véritable statut professionnel, certes vénal et limité à une tâche technique, mais qui octroie officiellement le titre d'architecte sur un critère de compétence.

Pour être publiquement connu et reconnu en tant qu'architecte, il existe enfin une voie royale, au sens propre : recevoir le titre d'architecte ordinaire du roi. Comme pour la plupart des artistes et artisans attachés au service de la Couronne, la règle est de se voir attribuer par le secrétaire d'État de la Maison du roi un brevet, acte royal octroyant le port d'un titre et des gages annuels, puis d'être inscrit dans les registres des officiers des Bâtiments du roi pour percevoir ses appointements (cat. 14). À partir de 1676, seuls les membres de l'Académie royale d'architecture sont censés pouvoir se dire architectes du roi (cat. 52), mais cette restriction n'a jamais été strictement appliquée et de nombreux autres architectes ont continué à se parer de ce titre sous le moindre prétexte. Au-dessus des architectes ordinaires, le souverain se réserve d'accorder le titre suprême de « premier architecte du roi ». Seules trois personnes l'ont reçu avec certitude au XVIIe siècle, sans toutefois qu'on ait retrouvé trace d'aucun brevet : Jacques Lemercier à partir de 1639, puis Louis Le Vau à sa suite, enfin, après une vacance de onze ans, Jules Hardouin-Mansart de 1681 à sa mort en 1708. Ce dernier a donné au titre, devenu une charge au XVIIIe siècle, son plus grand éclat, ayant non seulement assumé la maîtrise d'œuvre de toutes les maisons royales, mais en outre été anobli par le roi, gratifié des ordres de Saint-Lazare puis de Saint-Michel, enfin nommé surintendant des Bâtiments du roi en 1699 (cat. 15 et 16).

---

1. Carvais, 2015, p. 48-50.

Les métiers du bâtiment

5.
Contrat d'apprentissage de Clément Métezeau auprès de Mathieu Jacquet, dit Grenoble, sculpteur et garde des antiques du roi, 16 mai 1598

Registre couvert de parchemin, papier, plume et encre brune, 29 × 23 cm
Paris, Arch. nat., MC/ET/XCI/155, fol.158-v

Depuis le Moyen Âge, la formation aux métiers du bâtiment impliquait de passer, à l'adolescence, un temps d'apprentissage auprès d'un maître artisan, excepté pour ceux qui avaient la chance d'être fils d'un maître et de pouvoir être initiés en famille. Clément Métezeau (1581-1652) se trouvait dans ce cas : son grand-père Clément (mort avant 1555) avait été le principal maître d'œuvre à Dreux dans la première moitié du XVIe siècle ; son père, Thibaut (1533-1586), au service du duc d'Alençon puis du roi Henri III, s'était installé à Paris en tant que maître maçon et architecte ; son frère Louis (vers 1563-1615), enfin, avait été nommé architecte du roi par Henri IV en octobre 1594[1]. À compter de cette dernière date, le jeune Clément a donc bénéficié d'un accès privilégié à tous les chantiers royaux, notamment à Fontainebleau, au Louvre et à Saint-Germain-en-Laye, ce qui devait lui assurer la meilleure formation architecturale possible.

Ce n'est que quatre ans plus tard, le 15 mai 1598, que Clément Métezeau a été confié par son frère au sculpteur Mathieu Jacquet, pour être formé à « l'art et science de sculpture et peinture » pendant une durée de trois ans, moyennant une rétribution de 405 livres[2]. Selon la coutume, l'apprenti avait statut de « serviteur » auprès de son maître, mais dans la minute de ce contrat, toutes les occurrences des termes « service » et « serviteur » ont été raturées, ce qui signifie que Clément Métezeau était exclusivement « apprenti » de Jacquet. Son âge, « seize ans ou environ » selon l'acte, plus de dix-sept ans en réalité, était d'ailleurs tardif pour commencer un apprentissage professionnel. Sans doute le jeune homme n'envisageait-il pas de devenir sculpteur, mais avait seulement besoin d'une formation artistique complémentaire, en plus de celle déjà reçue auprès de son frère.

Disciple de Germain Pilon, Mathieu Jacquet était alors l'un des meilleurs artistes actifs à Paris à cette période. À la fois maître sculpteur, sculpteur ordinaire du roi et garde des antiques du roi, il prenait parfois le titre de « sculpteur et peintre ordinaire du roi » ou même de « sculpteur et architecte[3] ». Durant les trois ans de l'apprentissage de Métezeau, il assura notamment l'exécution d'un des plus célèbres monuments de sculpture et d'architecture de la période, la Belle Cheminée du château de Fontainebleau (fig. 10)[4].

Le choix d'un tel maître pour achever la formation d'un jeune architecte témoigne de la place centrale qu'occupait la sculpture dans la culture et la pratique artistiques en France à l'aube du XVIIe siècle. Auprès de Jacquet, Clément Métezeau a en particulier pu approfondir des techniques graphiques comme le dessin de figure et d'ornementation, utile à la conception du décor monumental, ainsi que l'utilisation des « modèles » et maquettes, qui étaient nécessaires dans le processus de création chez les sculpteurs, mais aussi utilisés par les architectes (cat. 124 à 126).

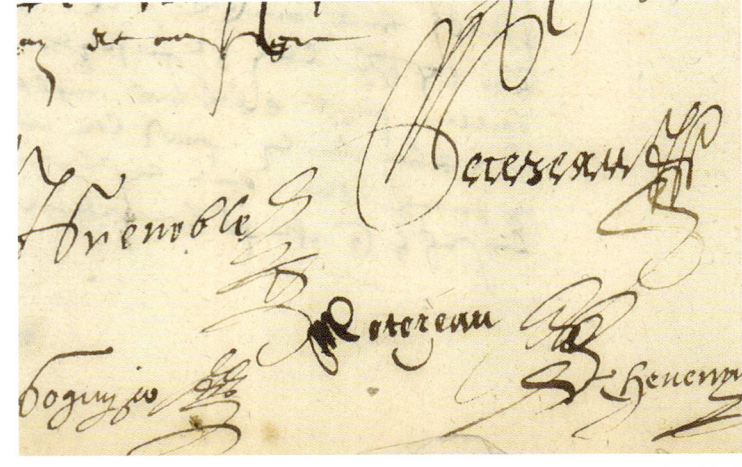

cat. 5, détail

fig. 10. François d'Orbay, coupe du château de Fontainebleau au droit de l'aile de la Belle Cheminée, plume et encre grise, lavis gris et bleu, 1676, détail, Paris, Arch. nat., CP/VA//60, pièce 10

---

1. Babelon, 1965 (1991), p. 270-271 ; Loizeau, 2009.
2. Grodecki, t. II, 1986, p. 84, n° 594 ; Loizeau, 2009, p. 112-115 et 714.
3. Bresc-Bautier, 2016, p. 115-116.
4. Ciprut, 1967-a, p. 54-62 et p. 139-140.

6.
Contrat d'apprentissage de François Mansart auprès de Charles Mouret, maître maçon à Paris, 11 juillet 1611

Papier, plume et encre brune, 31,2 × 20,5 cm
Paris, Arch. nat., MC/ET/CV/310

Fils d'Absalon Mansart, maître charpentier à Paris, et neveu de Jean Mansart, sculpteur ordinaire du roi, François Mansart (cat. 2) est né en 1598 dans une famille bien implantée dans le monde de la construction et des arts, sans compter toutefois de véritables architectes. Ayant perdu son père en 1610 alors qu'il est âgé de douze ans, François est placé en apprentissage un an plus tard auprès d'un maître maçon à Paris, Charles Mouret, pour trois années[1]. Par contrat notarié, le maître s'engage à loger, nourrir et former le jeune homme, à charge pour la mère et le beau-père de le vêtir et de payer une somme de 120 livres, soit moins du tiers du coût de la formation de Clément Métezeau auprès de Mathieu Jacquet (cat. 5). La quittance, passée le 3 septembre 1614, atteste que la durée de l'apprentissage a bien été respectée.

Le contraste entre la notoriété future de Mansart et la figure de Charles Mouret est frappant : celui-ci ne fait pas partie des entrepreneurs les plus importants de la capitale, mais on le trouve associé à certains de ces derniers, Jean Coin, Jean Gobelin et Charles Benoist, qui sont connus pour avoir participé aux travaux du Louvre et des Tuileries sous Henri IV. À travers eux, le jeune Mansart a pu connaître l'organisation des grands chantiers et peut-être côtoyer certains architectes du roi. Pendant la durée de son apprentissage, Mansart a également pu prendre part aux travaux du pont de Bray-sur-Seine, dans le sud-est de l'Île-de-France, dont Mouret est alors l'un des entrepreneurs : l'expérience du chantier d'un tel ouvrage d'art est importante pour sa culture technique, d'autant que ses premiers emplois en tant qu'architecte, à partir de 1618, portent justement sur la construction de ponts, à Toulouse (cat. 7) et à Rouen. De manière plus générale, Mansart a dû apprendre auprès de Charles Mouret les aspects aussi bien théoriques que pratiques du métier de maçon : la connaissance des matériaux et de leur mise en œuvre, notamment la taille de pierre et le tracé d'appareillage ; le relevé de mesures et le calcul de toisé ; la copie de plans et dessins, ou encore la rédaction des devis et mémoires d'ouvrages.

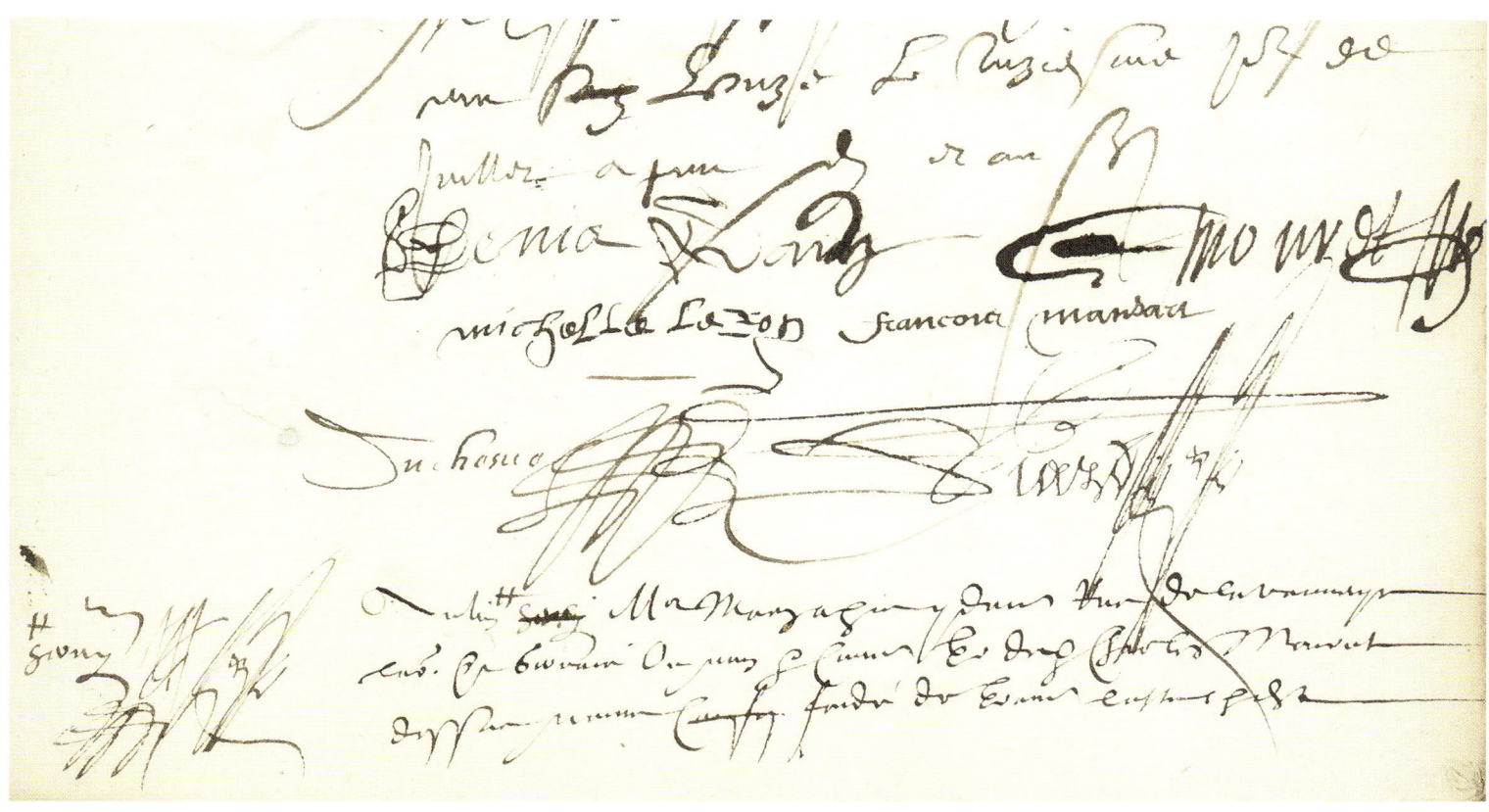

1. Cojannot, 1999 ; Mignot, 2016-b, p. 15-16.

cat. 6, détail

7.
Contrat d'apprentissage de Jean Laqueilhe auprès de François Mansart, 25 octobre 1618

Papier, plume et encre brune, 30 × 25 cm
Toulouse, Arch. dép. Haute-Garonne, 3 E 3050, fol. 418-v

Après la fin de son apprentissage de maçonnerie en 1614, François Mansart a vraisemblablement complété sa formation artistique en famille, auprès de son beau-frère Germain Gaultier, architecte et sculpteur établi à Rennes[1]. À partir de juin 1618, il commence son activité professionnelle en tant que collaborateur et représentant à Toulouse de son oncle maternel Marcel Le Roy, juré du roi ès œuvres de maçonnerie à Paris et l'un des entrepreneurs du Pont-Neuf sur la Garonne, dont l'achèvement a été confié à Jacques Lemercier[2]. Arrivé dans la capitale du Languedoc en juillet 1618, le jeune homme se dit désormais « architecte à Paris », refusant qu'on le qualifie de « maçon ». C'est dans ce contexte que, le 25 octobre suivant, il prend pour apprenti un jeune Toulousain, Jean Laqueilhe, fils d'un maître cordonnier de la ville[3].

Passé par-devant un notaire de Toulouse, le contrat respecte les formes usuelles pour un apprentissage dans les corps de métier, mais le maître est dit « architecte de la ville de Paris » et s'engage à « enseigner l'art d'architecture, massonerye et autres choses dont led. Mansart fait profession ». Mansart serait-il devenu maître maçon entre 1614 et 1618[4] ? C'est peu vraisemblable, car il n'a que vingt ans à cette dernière date, ce qui est bien jeune pour être reçu maître. En outre, l'accès à la maîtrise passe par une procédure coûteuse et n'a d'intérêt que si l'on compte entreprendre des ouvrages, ce que Mansart n'a jamais fait. Se trouvant loin de Paris et du contrôle de ses métiers jurés, le jeune homme a plus vraisemblablement profité de l'ambiguïté entourant son statut professionnel pour s'adjoindre un élève et collaborateur.

---

1. Babelon et Mignot (dir.), 1998, p. 26.
2. Gady, 2005, p. 215-218.
3. Costa, 1994, p. 462.
4. Mignot, 2016-b, p. 16.

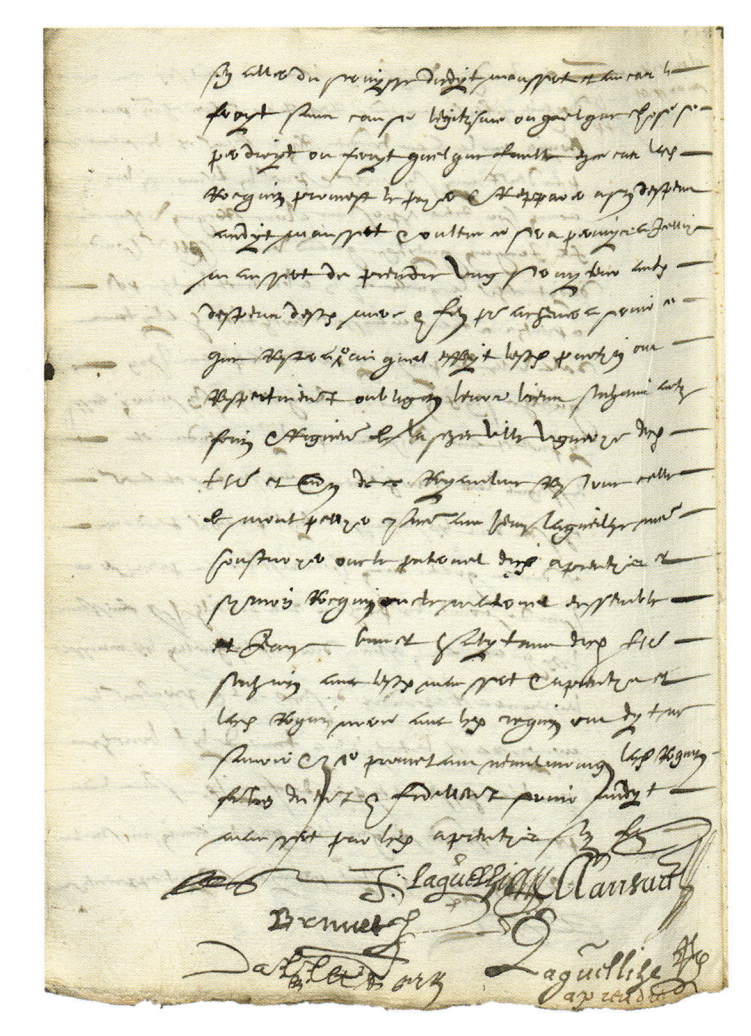

cat. 7

Architectes et entrepreneurs

8.
Robert Nanteuil (1623-1678)
Portrait d'Antoine Le Pautre dans le frontispice gravé
des *Desseins de plusieurs palais*, Paris, 1652

Papier, burin et eau-forte, 25 × 30 cm
Paris, Bibl. nat. de Fr., Est., Rés. ED-55 (E)-Fol

En 1652, l'architecte Antoine Le Pautre publie un recueil de projets, *Desseins de plusieurs palais…* (cat. 41) qui s'ouvre par son portrait, gravé par Robert Nanteuil dans un décor de Jean Le Pautre. Ce mode de représentation est apparu dans les traités de la Renaissance en Italie, avec la *Regola* de Vignole en 1562, repris en France dès 1576 dans la première réédition du *Premier tome de l'architecture* de Philibert Delorme : le portrait de l'architecte est placé en tête de son discours, l'un servant d'introduction à l'autre. Le Pautre, qui fixe le lecteur du regard, apparaît ici comme le bon vivant aimant la chère dont se moque Dezallier d'Argenville[1].

Né à Paris en 1621, Antoine Le Pautre est issu d'une famille de maîtres menuisiers, métier qu'exerce son père Adrien. À sa génération, on observe un changement : son frère aîné, Jean, devient graveur et ornemaniste et laisse un œuvre énorme et fameux ; les autres frères, ses cadets, sont Jean le Jeune, maître maçon et architecte, et Sébastien, « dessinateur », que citent les Comptes des Bâtiments du roi[2]. L'art de la gravure n'est pas étranger à Antoine, qui réalise précocement deux vues à l'eau-forte en coupe, transversale et longitudinale, de la chapelle du Noviciat des jésuites de Paris, planches d'une grande qualité[3] (fig. 33, p. 180). Ses débuts en tant qu'architecte et maître maçon sont mal connus, mais il entreprend des travaux à l'hôtel de Chevreuse dès 1643, puis au château de Limours en 1645 sous la direction de François Mansart[4]. Sa première œuvre d'importance est la chapelle de Port-Royal de Paris (1646-1648, cat. 41), contemporaine de l'hôtel de Fontenay-Mareuil, rue du Coq-Héron (détruit). Après la Fronde, Le Pautre travaille pour les premiers cercles de la Cour ; il conçoit ainsi en 1654 l'hôtel de Beauvais, rue Saint-Antoine (cat. 120), dont le plan habile et les élévations tranchent par leur originalité avec les autres demeures parisiennes de l'époque (subsiste, dénaturé). Contrôleur des Bâtiments de Monsieur, frère du roi, en 1660 (charge qui passera à son fils Claude, né en 1649), il travaille au Palais-Royal et au domaine de Saint-Cloud, où il élève la grande cascade (1665), puis au château lui-même, dont le chantier est supervisé par l'entrepreneur Jean Girard (cat. 102) ; on lui doit encore le château de Saint-Ouen (détruit) pour le trésorier du duc d'Orléans, Seiglières de Boisfranc.

En 1671, Le Pautre figure parmi les architectes choisis pour former l'Académie royale d'architecture (cat. 51). Il connaît cependant un échec retentissant, qui marque la fin de sa carrière, quand il est écarté du chantier de Clagny, demeure des champs qu'il avait commencée pour la Montespan en 1674 : il y est en effet supplanté par le jeune Hardouin-Mansart, qui commence là son ascension (cat. 101). Un siècle plus tard, Jacques François Blondel devait qualifier Le Pautre d'« un de nos architectes, encore trop peu connu parmi nous, et qui mérite de l'être de la postérité » (*Cours d'architecture*, 1772).

cat. 8

---

1. Dezallier, 1787, t. I, p. 396.
2. Berger, 1969 ; Thiévaud, 1970. Sur la famille, *I.F.F. Graveurs du XVIIᵉ siècle*, t. XI, 1993, p. 9-12.
3. Feuilles rares, car gravées sans privilège ; *I.F.F. Graveurs du XVIIᵉ siècle*, t. XI, 1993, p. 14-15.
4. Cojannot et Faisant, 2016, p. 176.

9.
Gabriel Le Duc, architecte poursuivi pour avoir entrepris des ouvrages sans être maître maçon

A – Gabriel Le Duc (1623-1696)
Plans du rez-de-chaussée et du premier étage et élévation principale d'une maison appartenant à l'Hôtel-Dieu, rue du Bouloi à Paris, dessin contractuel joint au marché du 22 octobre 1677

Papier, plume et encre grise, lavis rouge pâle, 36,5 × 49 cm
Paris, Arch. nat., MC/ET/XXXIII/124

B – Sentence de la Chambre des Bâtiments condamnant Gabriel Le Duc pour malfaçons et pour « avoir fait acte de maître », 17 février 1678

Registre de papier couvert de parchemin, plume et encre brune, 37 × 25,5 cm
Paris, Arch. nat., Z/1j/13, fol. 105v

Fils d'un maître maçon parisien, Gabriel Le Duc a fait le voyage d'Italie en 1647-1648 (cat. 45), avant d'être employé en tant qu'assistant de l'architecte Pierre Le Muet pour l'achèvement de l'abbaye royale du Val-de-Grâce de 1655 à 1666. Ces expériences prestigieuses lui ont ensuite attiré une clientèle majoritairement ecclésiastique, en particulier celle des paroisses et couvents parisiens, mais aussi de l'Hôtel-Dieu, dont il est le principal maître d'œuvre au début des années 1670. Pour cette institution riche d'un important patrimoine immobilier, il effectue de nombreuses visites d'expertise[1] et travaux dans des maisons de rapport. Ainsi, en 1671 et 1672, il conçoit et dirige la construction d'un petit hôtel particulier rue Saint-Dominique, gravé par Jean Marot[2]. En juin 1676, il passe marché avec les administrateurs de l'Hôtel-Dieu pour rebâtir une maison de rapport place Maubert[3] et, de nouveau l'année suivante,

---
1. Carpier, 1983, p. 16-17.
2. Hautecœur, 1943-1967, t. II, vol. 1, p. 175 ; Carpier, 1983, p. 41-49 ; cat. exp. Paris, 1984, p. 51-53.
3. Devis et marché sous seing privé du 3 juin 1676, autographes de Gabriel Le Duc, joints à la quittance du 21 mai 1677 (Arch. nat., MC/ET/XXXIII/124).

cat. 9-a

le 22 octobre, pour une autre située rue du Bouloi[1]. Inédits, les plans et élévations qui sont restés attachés à ce dernier contrat sont un rare dessin de projet attribuable à Le Duc (cat. 9-a). Ils représentent un corps de logis double en profondeur, avec deux boutiques entresolées et trois étages carrés sous un comble brisé éclairé de lucarnes. La façade sur rue, à bâtir en pierre de taille, présente une composition simple et élégante, percée de trois travées de fenêtres ornées de tables rectangulaires sur l'allège et d'un claveau saillant dans la plate-bande (cat. 9-a, détail). Seul le rez-de-chaussée se distingue par un traitement plus raffiné, la porte d'entrée, située entre les deux arcades des boutiques et surmontée d'une table circulaire moulurée, présentant un beau chambranle à fasces et crossettes d'inspiration toute italienne.

Comme le montrent les marchés conservés, Le Duc a lui-même entrepris tous les ouvrages de construction en bloc, c'est-à-dire qu'il s'est engagé à fournir les matériaux et à faire exécuter les travaux de maçonnerie, charpenterie, couverture, menuiserie, serrure, gros fer, pavé et peinture, moyennant un prix forfaitaire. Cette pratique est doublement répréhensible, parce que, d'une part, chaque corps de métier est en théorie responsable des ouvrages relevant de son art et que, d'autre part, Le Duc n'a pas le droit de contracter de marché de travaux, n'étant maître d'aucun métier. On n'est donc pas surpris de voir l'architecte poursuivi et condamné par la Chambre des Bâtiments, juridiction royale établie au Palais depuis le Moyen Âge pour enquêter et juger sur tous les litiges et irrégularités relatifs à la maçonnerie dans la ville, faubourgs et banlieue de Paris.

Sous l'autorité du « maître général des Bâtiments, ponts et chaussées de France », cette institution reçoit les plaintes des professionnels ou des particuliers, mais effectue aussi des visites de police sur les chantiers, afin de vérifier la qualité des ouvrages et la conformité des travaux avec la réglementation en vigueur. Le registre des sentences de police pour les années 1674 à 1680 signale ainsi plusieurs procédures concernant Gabriel Le Duc (cat. 9-b). Les deux premières fois, les 3 mai et 12 décembre 1675, aucune charge n'est retenue contre lui grâce aux déclarations faites en sa faveur par les représentants de l'Hôtel-Dieu, concernant les travaux d'une maison située rue Saint-Denis[2]. En revanche, en janvier 1678, la Chambre des Bâtiments est informée que l'architecte a « faict marché avec mess[rs] de l'Hostel-Dieu passé par-devant Chuppin », faisant sans nul doute référence au contrat notarié du 22 octobre 1677 pour la maison de la rue du Bouloi, et le 17 février suivant Le Duc est auditionné et condamné à 30 livres d'amende pour quelques malfaçons, mais surtout « pour avoir faict acte de maistre », avec « deffences de rescidiver et de continuer de travailler ausdictz ouvrages » sous peine d'emprisonnement et de saisie des outils, échafaudages et équipages[3]. Les travaux ont néanmoins été achevés par Le Duc, comme le montre sa quittance finale de paiement du 20 mai suivant, mais ce sont apparemment les derniers qu'il ait exécutés pour l'Hôtel-Dieu[4]. Sans doute échaudés par la condamnation de l'architecte-entrepreneur, les administrateurs ont en effet confié le même jour la reconstruction d'une autre maison, rue Planche-Mibray, à un maître maçon, sur les dessins et sous la conduite cette fois de Jacques Bornat, architecte bourgeois de Paris[5].

Gabriel Le Duc n'est pas le seul architecte-entrepreneur à avoir été l'objet de poursuites de la part de la Chambre des Bâtiments, qui semble défendre les privilèges des maîtres maçons de manière particulièrement acharnée pendant ces années-là. Dans le même registre, on relève ainsi des procédures similaires intentées contre Charles Chamois[6], qui construit alors le couvent des Visitandines de la rue du Bac (cat. 99), Thomas Gobert[7], Jean Boullier de Bourges[8], Nicolas Delespine[9] ou Pierre Delisle-Mansart[10], ce dernier se voyant qualifié de « compagnon maçon soy-disant architecte » pour souligner qu'il n'est pas maître. À deux reprises, des informations sont même ouvertes contre des architectes royaux, Antoine Le Pautre le 28 mars 1678 et Jules Hardouin-Mansart « faisant travailler aux Invalides » le 7 avril suivant[11], apparemment sans suite.

cat. 9-a, détail

---

1. Arch. nat., MC/ET/XXXIII/124, devis, marché et dessin joint, 22 octobre 1677. Située sur la rive orientale de la voie, la maison a été démolie à la fin du XIXe siècle (voir La Monneraye, 1981, p. 407, notice 1939 et p. 418, notice 1989, qui signale un dossier sur cette maison et sa voisine aux Archives de l'Assistance publique, fonds de l'Hôtel-Dieu, layette 51, liasses 297 et 298).
2. Arch. nat., Z/1j/13, fol. 57v et 80.
3. *Ibid.*, fol. 103, 104 et 105v.
4. Arch. nat., MC/ET/XXXIII/125, quittance du 20 mai 1678.
5. Arch. nat., MC/ET/XXXIII/125, devis et marché du 20 mai 1678.
6. Arch. nat., Z/1j/13, fol. 12v et 117.
7. *Ibid.*, fol. 9v, 10, 12 et 59v.
8. *Ibid.*, fol. 8 et 125.
9. *Ibid.*, fol. 106v, 109 et 124.
10. *Ibid.*, fol. 12v et 117.
11. *Ibid.*, fol. 113 et 114v.

10.
Acte de réception de Pierre Alexis Delamair en tant que maître maçon de Paris, 9 septembre 1694

Registre de papier couvert de parchemin, plume et encre brune, 32 × 21 cm
Paris, Arch. nat., Z/1j/170, fol. 51

11.
Pierre Alexis Delamair (1676-1745)
Supplique autographe pour l'enregistrement de son « abdication » de la profession de maître maçon, déjà donnée en septembre 1705, au profit de celle d'architecte, 19 mai 1724

Papier, plume et encre brune, 25 × 18,5 cm
Paris, Arch. nat., Z/1j/221

Dépourvue de toute définition juridique d'ensemble, la profession d'architecte commence seulement à se structurer en France à la fin du XVIIe siècle, lorsque les membres de l'Académie royale d'architecture se voient réserver le titre d'architecte du roi en 1676 ou qu'un corps d'« architectes experts bourgeois » est créé pour la première fois en 1690-1691 (cat. 12 et 13). Aucun statut spécifique n'existe toutefois pour la grande majorité des maîtres d'œuvre, tous ceux, comme pourra encore l'écrire Antoine Chrysostome Quatremère de Quincy un siècle plus tard, « qui ne sont ni de l'Académie, ni de la communauté des experts, mais qui exercent l'architecture librement comme art libre[1] ».

Né en 1676, Pierre Alexis Delamair est un bel exemple de ce dernier groupe. Fils du maître maçon Antoine Delamair, il passe sa maîtrise le 9 septembre 1694 devant Claude Tricot, « maître général des bâtiments, ponts et chaussées de France, juge et garde de la juridiction royale de ses bâtiments », sans réaliser de chef-d'œuvre car fils de maître, mais en payant une contribution sous forme de jetons[2] (cat. 10). À cette occasion, en présence de ses quatre parrains – Jacques de La Joue et Jean d'Orbay, jurés, Jean Pillon et Charles Lemoyne, maîtres maçons –, il prête le serment accoutumé de « garder et observer les ordonnances, statuts, arrêts de règlements et obéir à justice ». Il pourra ainsi jouir « de privilèges, libertez, franchises et immunitez audit art appartenant ainsi que les autres maîtres dudit art », exercer librement son métier d'entrepreneur et figurer sur le tableau des maîtres maçons « bachelliers à Paris suivant l'ordre de sa réception ».

Dans la supplique autographe qu'il adresse trente ans plus tard, le 19 mai 1724, au maître général François Jomard, Delamair explique qu'« il a remply [sa] fonction [de maître maçon] avec honneur pendant huit ans » avant de la quitter en 1702 « pour s'attacher à l'étude de l'architecture, ne professant plus alors que l'ordonnance de cet art » (cat. 11). Si sa décision est alors prise, c'est seulement trois ans plus tard qu'il choisit de formaliser son changement de statut : « en septembre 1705, il fit signifier, par Ledoux huissier à cheval au Châtelet de Paris, un acte judiciaire contenant l'abdication de sa première profession et l'option de la seconde au sindic des maîtres massons, lors en place, ainsy qu'au procureur de leur communauté » et « pour rendre la chose plus authentique, il prit même la précaution » de le faire signifier au magistrat de la Chambre des Bâtiments. En 1724, déclarant avoir « adhiré », c'est-à-dire égaré, les preuves originales de ses « abdication » et « option » de 1705, Delamair sollicite du grand maître l'octroi d'un certificat de réception de ses actes, « pour luy servir et valoir ce que de raison ».

La date de la procédure originelle n'est pas anodine, puisque l'année 1705 est précisément celle où Delamair s'est rendu célèbre en devenant l'architecte des hôtels de Soubise et de Rohan-Strasbourg à Paris. Fort de ce succès éclatant, il pouvait légitimement espérer vivre dès lors de la seule profession d'architecte, mais sans doute espérait-il plus encore entrer à l'Académie royale d'architecture, où il était de rigueur d'avoir renoncé à toute forme d'entreprise, du moins hors des Bâtiments du roi. Cet acte, qui n'a pas d'équivalent connu[3], symbolise bien l'état d'esprit du métier d'architecte se détachant de ses origines entrepreneuriales à la fin du Grand Siècle.

Robert Carvais

---

1. Quatremère de Quincy, 1788-1825, t. II, p. 108-109.
2. Letrait, 1945-1948, 1re partie, p. 236 et 242. Le paiement des droits de maîtrise vient alors de donner lieu à une grande affaire judiciaire qui a abouti à en réglementer strictement la pratique ; voir Carvais, 2001, t. I, p. 177-203 et t. III, p. 831-862.
3. Letrait, 1945-1948, 1re partie, p. 254.

cat. 11

12.
Liste des membres du corps des experts jurés du roi à Paris en 1699

Papier, affiche imprimée, 64 × 49 cm
Paris, Arch. nat., MC/PA/23, pièce 4B3-15

13.
Pierre Le Pautre (1652-1716)
Liste des membres du corps des experts jurés du roi à Paris en 1707

Papier, eau-forte, 51,6 × 35,4 cm. Au verso, liste de l'année 1709
Paris, coll. part.

L'expertise dans le domaine de la construction était une fonction dévolue aux gens des métiers du bâtiment depuis le Moyen Âge. Dès le XIIIe siècle, des spécialistes d'une technique se voyaient élus par leurs pairs pour représenter leur savoir, lorsque cela était requis, soit à l'amiable, soit à l'occasion d'un contentieux devant le juge. En prêtant serment, ils devenaient « jurés » et étaient reconnus comme faisant partie d'une élite de leur profession. Par édit de 1574, ces fonctions de juré ont été érigées en offices royaux, que l'on se procure moyennant finances, mais dont seuls les gens de métier, maçons et charpentiers principalement, peuvent être titulaires[1].

---

1. Delamare, 1705-1738, t. IV, p. 59-60 ; Carvais, 2009 ; Nègre, 2017, p. 61.

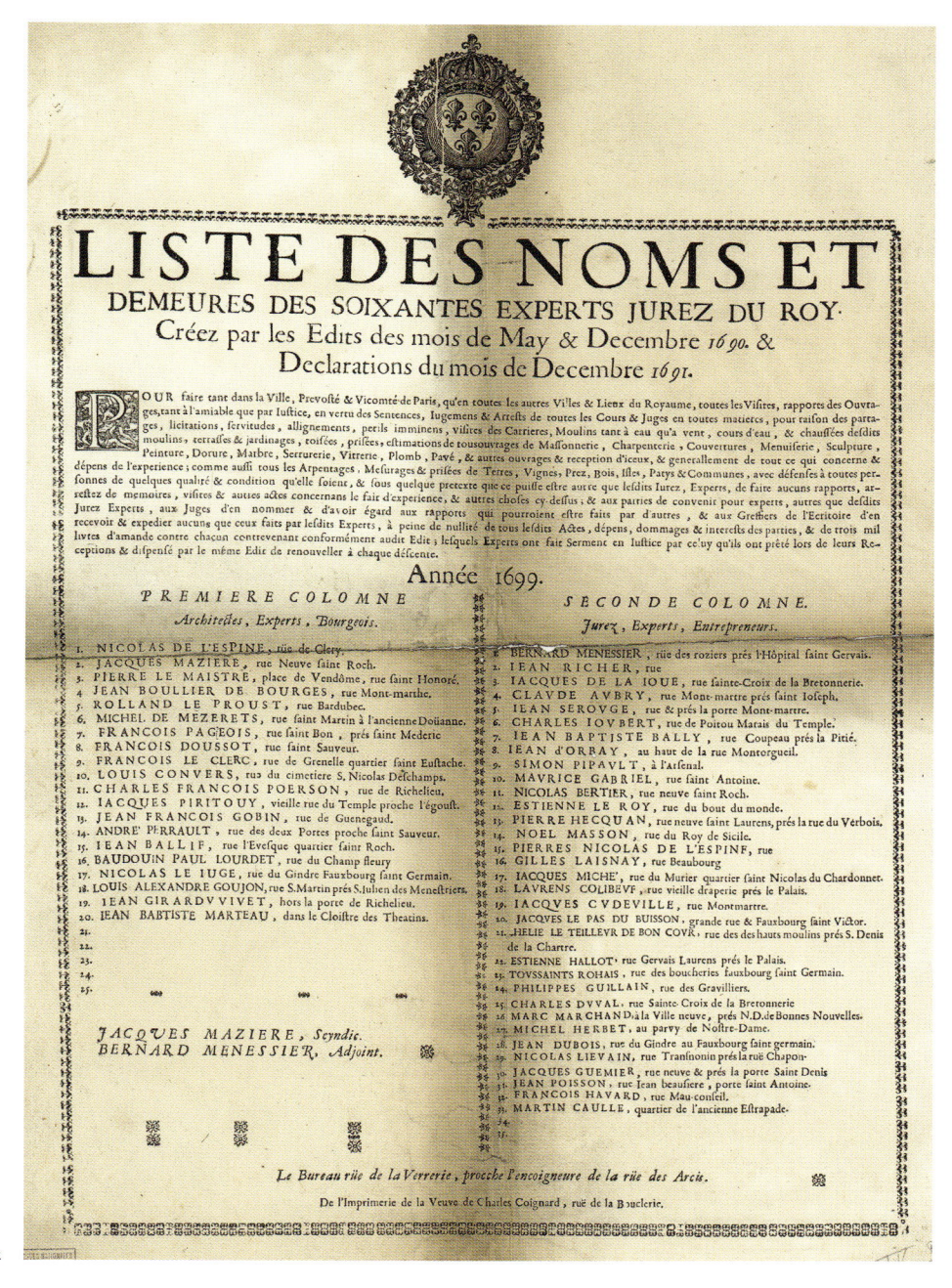

cat. 12

Dès le début du XVIIe siècle, ce monopole commence à être dénoncé, contesté et ébranlé. Pourquoi un maître d'ouvrage, lorsqu'il met en cause le travail réalisé par son entrepreneur, le plus souvent un maître maçon, devrait-il être représenté par un expert juré issu de la même communauté que celle de son opposant? Le risque de conflit d'intérêts est flagrant. C'est la raison pour laquelle une série de contestations avec les différentes communautés de métiers, jurés ou non, ont cherché à faire reconnaître aux particuliers le droit de choisir un tiers à la place d'un juré. Cette liberté est défendue par le Parlement de Paris à de nombreuses reprises, mais longtemps contestée par des arrêts du Conseil du roi, rendus en faveur du monopole des entrepreneurs jurés[1]. Elle est finalement reconnue par le roi, qui l'insère dans son *Ordonnance touchant la réformation de la justice civile* d'avril 1667. L'article 11 du titre XXI, traitant des visites ou « descentes sur les lieux », dispose ainsi: « Les juges et les parties pourront nommer pour experts des bourgeois; et en cas qu'un artisan soit intéressé en son nom contre un bourgeois, ne pourra être pris pour tiers expert qu'un bourgeois. » Les procès-verbaux d'expertises réalisées sur le territoire de la prévôté et vicomté de Paris de 1610 à 1792, conservés aux Archives nationales, permettent de constater que l'usage est bien établi dès le début de la période, car on dénombre entre 1610 et 1643 12 % de non jurés parmi les experts, généralement de simples bourgeois et parfois des architectes[2].

À la différence des jurés du roi qui sont des officiers, les architectes et les bourgeois ne disposent encore d'aucun statut juridique pour pratiquer leurs missions d'experts. Cette situation est corrigée par l'édit de mai 1690, qui réforme le corps des experts jurés. Il est alors créé « vingt-cinq bourgeois architectes, qui auront expressément et par acte en bonne forme, renoncé à faire aucunes entreprises directement par eux, ou indirectement par personnes interposées, ou aucunes associations avec des entrepreneurs, à peine de privation de leurs dites charges; et vingt-cinq entrepreneurs maçons ou maîtres ouvriers sans que le nombre puisse être augmenté, sous quelque prétexte que cela puisse être ». Les experts jurés du roi continuent ainsi de former un seul corps d'officiers royaux, mais répartis désormais en deux catégories, la première des bourgeois architectes, la seconde des entrepreneurs[3].

Aussi la liste des membres du corps est-elle disposée en deux colonnes dans les affiches ici présentées: la première, en date de 1699, est simplement composée en caractères typographiques (cat. 12), mais la seconde, de 1707, est une planche entièrement gravée dans un riche cadre d'architecture dû à Pierre Le Pautre[4] (cat. 13). Dans cette dernière, les noms et adresses des jurés experts du roi sont en effet inscrits sur une draperie suspendue à un piédestal portant les armes de France et la devise du roi, le tout étant placé sous un baldaquin d'ordre ionique au-devant de bâtiments caractéristiques de l'architecture à la française. La différence de longueur entre les deux colonnes de la liste montre que les offices d'architectes experts bourgeois n'ont pas toujours trouvé preneur[5], mais cette catégorie a néanmoins longtemps travaillé à parité avec celle des entrepreneurs, avant de prendre le pas sur celle-ci à la fin de l'Ancien Régime.

La définition des architectes experts bourgeois n'est pas claire, puisqu'elle repose avant tout sur l'exclusion des entrepreneurs, et l'on peut donc se demander ce que recouvrait exactement le titre d'architecte qui leur est donné. À la lecture de ces affiches, on reconnaît aisément dans la première colonne quelques maîtres d'œuvre réputés, dont certains entreront à l'Académie royale d'architecture comme Pierre Lemaistre en 1698, Nicolas II Delespine en 1699 ou Germain Boffrand en 1709. On y trouve également d'autres figures qui mériteraient d'être mieux connues, ainsi Jean Boullier de Bourges, à qui l'on attribue la conception de l'hôtel Salé (cat. 146), Jacques Mazière, Jean Girard dit Vuiet, Roland Leproust, Michel de Mezerets, etc. La seconde colonne contient les noms d'architectes-entrepreneurs non moins intéressants, comme Bernard Menessier, auteur d'une traduction de Vignole en 1665 (cat. 33), ou Pierre Levé, alors architecte attitré du ministre Chamillart[6].

Si la position des noms dans chaque colonne, correspondant à la date d'acquisition de la charge et donc à l'ancienneté dans les fonctions, marque l'ordre d'intervention dans le choix du juge, l'indication de l'adresse devait faciliter le choix d'experts habitant à proximité du lieu à visiter.

Robert Carvais

---

1. Carvais, 2001.
2. Calcul réalisé d'après Krakovitch, 1980.
3. Carvais et Nègre, 2015.
4. Nègre, 2017, p. 60-61.
5. En 1690, on compte 16 architectes bourgeois pour 33 entrepreneurs; en 1699, 20 pour 33; en 1709, 23 pour 29.
6. Pénicaut, 2004, p. 344-351.

NEC PLURIBUS IMPAR

Les Soixante Experts Jurez
du Roy Créez en 1690. et 1691. pour faire les
Raports de tout ce qui concerne les Batim.ts
et Heritages à Paris et par tout le Royaume.

1707.

PREMIERE COLONNE.	SECONDE COLONNE.
Architectes Experts Bourgeois.	*Experts Entrepreneurs.*
M. DE L'ESPINE rue de Clery	M. MENESSIER rue des Rosiers près l'hopital S.t Gervais
MAZIERE rue neuve des petits Champs vers les Capucines	RICHER
LE MAISTRE rue S.t Honoré vis à vis les Capucines	DE LA JOUE rue des Hautes Moulins près S.t Denis de la Chartre
DE BOURGES rue Montmartre vis à vis S.t Joseph	SEROUGE a la porte Montmartre
LE PROUST rue Bardubec	JOUBERT rue de Poitou marais du Temple
DE MEZERETS rue S.t Martin près la Fontaine Maubué	BAILLY rue Coupeau près la Pitié
LE CLERC	BERTIER rue neuve S.t Roch
CONVERS rue S.t Sauveur	LE ROY rue du bout du monde
POERSON	HECQUAN rue neuve S.t Laurens près la rue de Barbois
PIRETOUY vieille rue du Temple proche l'Egout	DE L'ESPINE rue S.t Marc porte Richelieu
GOBIN rue de Guenegaud	MICHE rue du Murier près S.t Nicolas du Chardonnet
PERAULT rue des Gravilliers	COLIBEUF DESJARDINS dans les Bernabites
BAILLIF rue l'Eveque quartier S.t Roch	CUDEVILLE rue Montmartre
LOURDET rue des cinq Diamans	HALLOT rue S.t Martin vis a vis la rue Grenier S.t Lazare
LE JUGE rue du Gindre Faub.g S.t Germain	ROBAIS rue des Boucheries Faub.g S.t Germain
GOUJON rue de la Verrerie	GUILAIN rue des Gravilliers
GIRARD VUIET dans le Temple	DUVAL rue Sainte Croix de la Bretonnerie
MARTEAU dans le Cloistre des Theatins	MARCHAND a la Villeneuve près N.D. de Bonnes Nouvelles
BOFFRAND rue et près le petit S.t Antoine	HERBET au Parvis Nostre Dame
FROSNE rue Thibault aux Dez	DUBOIS rue du Gindre Faub.g S.t Germain
CAULLE sur les fossez de l'Estrapade	LIEVAIN rue du Cimetiere S.t Nicolas des Champs
QUIROT rue de la Verrerie	LEVÉ rue neuve des petits Champs vis à vis la rue Viviene
	CHASTELAIN rue de la vieille Monnoye près S.t Jacques de la Boucherie
	JU Cloistre S.t Honoré
	LAISNAY rue des francs Bourgeois
	LOIR rue S.t Germain
	HAVART rue Monconseil
JACQUES PIRETOUY Sindic	FOURIER rue Couture S.te Catherine
NICOLAS BERTIER Ajoint	
ISIDORE CHASTELAIN Receveur	

Le Bureau rue de la Verrerie proche la
rue de la Poterie.

le Pautre Inv. et Sculp.

Les architectes du roi

14.
État annuel des officiers des Bâtiments du roi, avec leurs gages et gratifications, 20 mai 1656

Original signé par Louis XIV, contresigné par Henri de Guénégaud Du Plessis, secrétaire d'État de la Maison du roi, corrigé et annoté en marge par Antoine Ratabon, surintendant des Bâtiments du roi
Cahier relié dans un registre couvert de chagrin rouge, papier, plume et encre brune, 37 × 25 cm
Paris, Arch. nat., O/1/2387, fol. 100-120 [161-201]

Lorsque le souverain donnait par brevet le titre d'« architecte ordinaire des Bâtiments du roi », il octroyait aussi les « honneurs, privilèges, gages et droictz » qui y étaient attachés. Les gages, dont le montant est généralement précisé dans le brevet, étaient accordés comme une faveur à titre perpétuel, non comme la rétribution d'un service précis. Toutefois, pour que ceux-ci soient effectivement versés, il fallait que le surintendant des Bâtiments inscrivît chaque année le bénéficiaire dans « l'état des officiers des Bâtiments du roi », liste nominative soumise à l'approbation du roi et conditionnant les ordonnances de paiement au trésorier en exercice. Rares sont les « états » annuels à avoir été conservés dans les archives de la Maison du roi[1], mais ils fournissent un précieux tableau de la situation des architectes royaux dans la première moitié du XVIIe siècle. Si le premier exemplaire conservé, daté de 1608, n'est qu'une liste des employés chargés de l'entretien des maisons royales classées par ordre topographique, les suivants, de 1618 à 1656, commencent tous par une rubrique relative aux personnes susceptibles de « servir généralement en toutes les maisons et bastimens de sa Majesté ». Par une forme de préséance implicite, les architectes y occupent toujours la première place, devant les peintres, sculpteurs, jardiniers, ingénieurs hydrauliciens et autres artistes ou artisans privilégiés. Ces documents montrent que les gages n'étaient payés entièrement qu'aux artistes bénéficiant de protection ou effectivement employés sur les chantiers royaux, les autres devant se contenter de versements réduits, « attendu la nécessité des affaires de Sa Majesté ». En 1656, Louis Le Vau, gagé depuis quelque deux ans seulement, a ainsi touché 3 000 livres, tandis que François Mansart et Pierre Le Muet, qui étaient architectes du roi depuis près de quarante ans, ont vu leur rétribution divisée par deux.

Il ne convient pas, au demeurant, d'avoir une lecture trop restrictive de ces « états », car ceux-ci ne correspondent qu'aux « despenses ordinaires des Bastimens du roy », comme il est indiqué sur certains des exemplaires. Le surintendant pouvait également rémunérer des architectes au titre des dépenses « extraordinaires », c'est-à-dire de manière ponctuelle et non reconductible d'une année sur l'autre. Sans doute est-ce la raison pour laquelle de si nombreux hommes de l'art, qui n'apparaissent pas dans les « états » généraux conservés, se proclamaient néanmoins « architectes des Bâtiments du roi ». Par ailleurs, les architectes pouvaient également recevoir des gages ou des gratifications royales sur d'autres caisses que celle des Bâtiments. En marge de l'état de 1656, le surintendant Ratabon a ainsi noté que Mansart et Le Vau touchaient alors chacun 1 200 livres supplémentaires sur la Chambre aux deniers.

---

1. Le registre O/1/2387 contient onze originaux d'états annuels des gages des Bâtiments du roi: cinq sont des états particuliers, relatifs à Saint-Germain-en-Laye (1605) ou à Fontainebleau (1635, 1646, 1647, 1648), et six, des états généraux, correspondant aux années 1608, 1618, 1625, 1636, 1645 et 1656.

15.
Lettres patentes d'anoblissement de Jules Hardouin-Mansart, septembre 1682

Parchemin, plume et encre brune, détrempe et dorure, sceau pendant sur lacs de soie, 68 × 44 cm
Paris, Arch. nat., MC/ET/XXVIII/257 (MC/RS//189)

16.
**Gérard Édelinck (1640-1707)
d'après Hyacinthe Rigaud (1659-1743)**
Portrait de Jules Hardouin-Mansart, comte de Sagonne,
1704 ou 1706

Papier, eau-forte et burin, 43 × 37 cm
Paris, Bibl. nat. de Fr., Est., Na 64, fol. 111

Entré au service du roi en 1675 sur les chantiers du Val et de Clagny (cat. 133), bientôt à la tête de ceux des Invalides (1676, cat. 116 à 118) et de Versailles (1677), Jules Hardouin-Mansart a connu une carrière exceptionnelle jusqu'à sa mort en 1708, devenant en quelque sorte le maître d'œuvre en chef du règne de Louis XIV. Son ascension est triple : administrative, sanctionnée par les titres d'académicien (1675), premier architecte du roi (1681), intendant des Bâtiments (1684), inspecteur général (1691), enfin surintendant des Bâtiments du roi (1699) ; financière ensuite, avec la constitution d'une belle fortune ; sociale enfin, avec son entrée dans l'ordre des chevaliers de Notre-Dame du Mont-Carmel et Saint-Lazare en février 1682, suivie quelques mois plus tard de son anoblissement. L'architecte reçut à cette occasion des armes parlantes, « d'azur à la colonne d'argent, soutenue d'une base et

cat. 15

sommée d'un chapiteau d'or, surmontée d'un soleil de mesme, la colonne accostée de deux aigles aussy d'or[1] ». Il lui faudra cependant attendre août 1699 pour pouvoir acquérir un fief dans le Bourbonnais, à Sagonne, qui lui permettra d'être « comtifié » (selon le mot de Saint-Simon).

Cette extraordinaire réussite s'accompagne d'une mise en image exceptionnelle, puisque pour la première fois tous les médias servent la représentation de l'architecte : quatre portraits peints (Hyacinthe Rigaud par deux fois, François de Troy et Joseph Vivien), dont deux sont repris par la gravure (Gérard Édelinck, Charles Simonneau), deux bustes en marbre (Antoine Coysevox, Jean-Louis Lemoyne), enfin une médaille (Roussel) composent un portrait multiple[2], que Saint-Simon, qui détestait Mansart, s'est évertué à ruiner en quelques phrases assassines dans ses *Mémoires*.

Si trois des quatre portraits peints repérés de Mansart sont conservés dans des collections publiques[3], le dernier, peint par Hyacinthe Rigaud en 1702, est aujourd'hui en mains privées[4]. Il est connu par de méchantes copies peintes, et surtout une somptueuse feuille commandée par Robert de Cotte, l'assistant et beau-frère de Mansart, au graveur Édelinck, ami de Rigaud[5]. Assis dans un imposant fauteuil, sous un grand rideau à la Van Dyck, l'architecte apparaît la figure empâtée, sous la perruque immense, avec un riche habit de soie et de dentelle, tourbillon de tissus d'où surnage habilement la croix de l'ordre de Saint-Michel, qu'il a reçue en 1693 en même temps qu'André Le Nôtre. Au centre de la lettre, les armoiries de Mansart séparent en deux le texte en latin dans lequel les beaux titres masquent quasiment l'architecte : d'un roturier génial armé d'un porte-mine, Louis XIV a fait un prince.

---

1. Bibl. nat. de Fr., Mss., nouv. acq. fr. 22 936, fol. 145, cité par Jestaz, 2008, vol. 1, p. 209.
2. Il faut y ajouter le portrait dessiné par Michel II Corneille ; voir Gady (dir.), 2010, p. 69-77.
3. Rigaud, 1685 (Paris, musée du Louvre) ; Vivien, vers 1695 (Saint-Pétersbourg, musée de l'Ermitage) et De Troy, 1699 (Versailles, musée national du château).
4. James-Sarazin, 2016, t. II, p. 263, p. 778 (quatre copies de facture moyenne de ce portrait sont répertoriées, dont trois en mains privées et une au musée des Augustins de Toulouse).
5. Il existe deux états de la gravure d'Édelinck, le plus ancien gravé avant la mention « offerebat Robertus De Cotte » ; voir Jestaz, 2008, vol. 1, fig. 327.

cat. 15, détail

Hiacinte Rigaud pinxit · · F. Edelinck Eques Sculpsit

Julius Hardouin Mansart

Sancti Michaelis Eques comes
supremus Regiorum

Sagonensis Regi ab intimis consiliis
Ædificiorum Præfectus.

Offerebat Robertus Decotte. Regi a consiliis · Regiorum Ædificiorum præfectus.

cat. 16

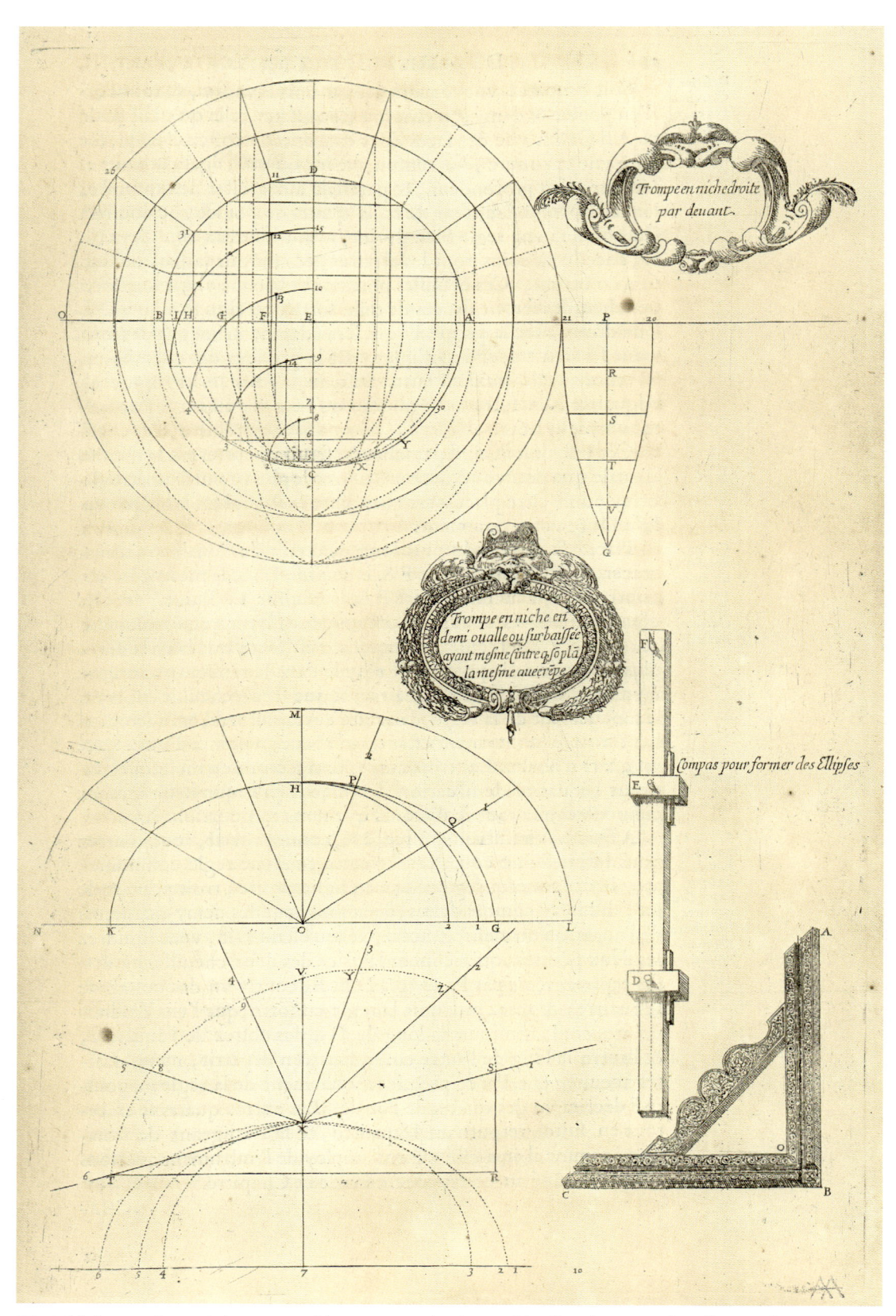

cat. 19, détail, p. 295, épures de trompes en niche accompagnées des modèles d'une équerre et d'un ellipsographe

Un art de bâtir

Les connaissances techniques relatives à la construction sont, au début du XVIIe siècle, encore très largement détenues par les métiers du bâtiment, chacun conservant jalousement les « secrets » de son art. Ceux-ci se transmettent par l'exemple et la pratique, dans le cadre des apprentissages professionnels ou en famille. Ce qui est vrai pour les artisans doit *a fortiori* l'être pour les futurs architectes, qui passent nécessairement une grande partie de leur formation sur les chantiers, auprès des praticiens, pour acquérir une maîtrise transversale des savoirs et savoir-faire propres aux différents corps de métier. La culture technique reste ainsi enracinée dans des pratiques et traditions encore largement orales et locales.

Les traités de la Renaissance relatifs à l'architecture se sont étendus sur les questions formelles, notamment sur celle des ordres, mais fort peu sur les aspects techniques de la construction. Si Alberti, Palladio ou Scamozzi décrivent les matériaux et leur mise en œuvre dans leurs livres, c'est surtout pour se conformer au modèle antique fourni par le traité de Vitruve. Seul un Français, Philibert Delorme, se démarque nettement de ses contemporains en consacrant aux questions constructives des développements importants et novateurs[1]. Ses *Nouvelles inventions pour bien bastir et à petits fraiz*, parues à Paris en 1561, dévoilent ainsi une technique inédite d'assemblage de charpenterie « à petits bois », tandis que son *Premier tome de l'architecture*, de 1567, inclut le premier exposé sur l'« art du trait » ou stéréotomie, c'est-à-dire l'art de couper les pierres pour construire des voûtes ou autres ouvrages appareillés complexes. Son exemple constitue un précédent fondateur pour le développement d'une littérature technique en France au XVIIe siècle.

Comme Delorme, des auteurs de plus en plus nombreux s'emploient en effet à mettre en ordre et à publier des pans entiers de la culture constructive détenue jusqu'alors par les seuls gens de métier. Ce mouvement s'inscrit en réalité dans un large phénomène intellectuel et éditorial en Europe que l'on nomme la « réduction en art » et qui a progressivement touché, depuis la Renaissance jusqu'au XVIIIe siècle, tous les savoirs pratiques, mécaniques ou artistiques, dans une perspective pédagogique[2]. Son application au domaine de l'architecture a été particulièrement fructueuse en France. Le manuel de Jacques Gentillâtre, rédigé dans le premier quart du XVIIe siècle, constitue une tentative précoce de mise en ordre des savoirs livresques et des expériences techniques accumulés par un architecte et ingénieur au cours de sa carrière de praticien itinérant, mais il est resté manuscrit (cat. 17). Un maître serrurier de La Flèche, Mathurin Jousse, fait figure de pionnier en publiant successivement trois traités relatifs à la charpenterie (cat. 18), à la serrurerie et à la stéréotomie, entre 1627 et 1642, suivis de près par l'*Architecture des voûtes* du jésuite François Derand, en 1643 (cat. 19).

---

1. Delorme, 1561 (1988) et Delorme, 1567 (1988).
2. Dubourg-Glatigny et Vérin (dir.), 2008.

La création des institutions académiques royales, dans la seconde moitié du siècle, rejoint cet effort de classification et d'illustration des savoirs techniques, comme le montre bien la publication en 1676 des *Principes de l'architecture, de la sculpture, de la peinture et des autres arts qui en dépendent* d'André Félibien, où l'architecture se trouve presque réduite aux matériaux, outils et procédés de construction (cat. 20). À la fin du siècle, alors que l'Académie royale d'architecture s'intéresse toujours plus aux questions mathématiques et juridiques, Pierre Bullet consacre en 1691 la majeure partie de son célèbre traité de l'*Architecture pratique* au calcul du toisé, complété par un commentaire des articles relatifs aux bâtiments dans le droit coutumier parisien (cat. 22). Ainsi, en l'espace de quelques décennies, tous les champs de connaissances techniques nécessaires aux architectes praticiens ont été couverts par des publications de synthèse, ouvrant la voie aux sommes encyclopédiques des Lumières.

La leçon originelle de Delorme ne se borne pas à la « réduction en art » des pratiques existantes, mais porte également en elle le germe de l'innovation technique, comme le souligne si clairement le titre de ses *Nouvelles inventions pour bien bastir*. Une telle approche de l'art de construire est bien présente au cours du siècle suivant, mais elle ne s'affirme pas sans réticences ou résistances, dans un monde dominé par la révérence due aux autorités du passé. L'exemple le plus célèbre en est certainement la querelle qui agite Paris au début des années 1640, quand Girard Desargues, mathématicien de génie, propose une méthode géométrique nouvelle pour remplacer les pratiques traditionnelles des tailleurs de pierre (cat. 23). Son approche mathématique suscite une opposition virulente de la part de l'architecte et entrepreneur Jacques Curabelle, qui conteste publiquement le droit à un théoricien de donner des leçons aux praticiens (cat. 24). La tension persistante au cours du siècle entre hommes de sciences et hommes de l'art sera une des motivations pour la création d'un enseignement dans le cadre de la nouvelle Académie royale d'architecture en 1671, significativement confié au professeur de mathématiques François Blondel[1]. L'innovation ne porte pas seulement sur les procédés constructifs, mais aussi sur le détail des commodités, auxquelles les architectes français ont prêté beaucoup d'attention à l'époque moderne et dont témoigne la célèbre querelle entre Colbert et Bernin en 1665 à propos des appartements du Louvre. C'est ainsi que l'on voit l'architecte Pierre Bullet vanter un dispositif mystérieux pour éviter la pestilence des latrines (cat. 25), ou l'ingénieur Jean Deshayes chercher à garantir par un privilège royal son invention pour empêcher les cheminées d'enfumer les logements, à une époque où les brevets et le droit de la propriété intellectuelle n'existent pas encore (cat. 26).

---

1. Voir ci-après le chapitre sur l'Académie royale d'architecture, cat. 51 à 60.

La « réduction en art » des savoirs pratiques

17.
Jacques Gentillâtre (1587-vers 1623)
Manuel à l'usage de l'ingénieur et de l'architecte,
s.d. [vers 1615-1623]

Cahiers (13 × 9,5 cm, 594 fol.) montés sur onglets et reliés dans un carnet couvert en parchemin (1978), papier, plume et encre brune, 14 × 13 cm
Paris, Bibl. nat. de Fr., Mss., fr. 14727

Jacques Gentillâtre se distingue des architectes de son temps pour avoir laissé deux importants recueils de dessins autographes. Ces volumes ont permis de reconstituer sa biographie de manière très précise, depuis sa formation parisienne auprès de Jacques II Androuet du Cerceau entre 1597 et 1602 jusqu'à son activité d'architecte itinérant aux confins du royaume de France et des terres d'Empire, notamment en Champagne, en Lorraine et en Franche-Comté[1].

Le premier manuscrit, conservé à la bibliothèque de l'Institut royal des architectes britanniques à Londres et publié en 1972 par Rosalys Coope, contient quelque trois cents feuillets présentant diverses dates comprises entre 1600 et 1623, sans ordre apparent et certainement montés de manière posthume[2]. Portant principalement sur des façades et détails d'architecture et de sculpture représentés en élévation, rarement complétés de plans, ces dessins sont souvent des copies d'après le fonds graphique de la famille Androuet du Cerceau. Certaines feuilles reproduisent en outre des œuvres de la Renaissance italienne, mais aussi de nombreux bâtiments conduits par Gentillâtre lui-même au cours de sa carrière. Le volume se présente ainsi comme un recueil de modèles très personnel, dessiné et « ramassé par m^re Jacques Gentilhatre, né à Ste-Menehould le 6 aoust 1578 », tout au long de sa vie et jusqu'à son décès survenu sans doute à Lyon au milieu des années 1620.

Le second volume, identifié par Liliane Châtelet-Lange parmi les manuscrits de la Bibliothèque nationale, est de nature très différente[3]. Comptant près de six cents feuillets, mais avec de nombreuses pages restées vierges, il est parvenu tel que son auteur l'a composé, vraisemblablement dans les dernières années de sa vie. Bien qu'il soit dépourvu de titre, il apparaît comme un projet de traité méthodique des savoirs mathématiques et techniques nécessaires à l'architecte et à l'ingénieur. Après quelques chapitres introductifs consacrés à la définition des mathématiques et aux bases de l'arithmétique, il se divise en une dizaine de livres, entrecoupés d'insertions plus ou moins cohérentes. Les six premiers livres traitent de la géométrie classique, depuis les définitions générales (l. I) et le tracé des figures (l. II) en passant par la mesure des superficies (l. III) et des volumes (l. IV), pour finir par des éléments de mécanique (l. V) et de trigonométrie (l. VI). Ce plan méthodique recouvre en réalité une approche extrêmement pragmatique, car les sujets sont abordés sous l'angle de la pratique professionnelle et illustrés par des exemples concrets. Le calcul des superficies se résume ainsi aux techniques et instruments d'arpentage, de même que la trigonométrie à ceux du relevé topographique.

Le propos se concentre ensuite sur les objets du travail de l'architecte et de l'ingénieur. Après quelques cahiers de notes et dessins copiés de traités de génie militaire imprimés (Albrecht Dürer,

---

1. Châtelet-Lange, 1987 et 1989.
2. Coope, 1972-b ; Châtelet-Lange, 1988, p. 402-403.
3. Châtelet-Lange, 1988, p. 397-402 et http://architectura.cesr.univ-tours.fr/traite/notice/Bnf14727.asp.

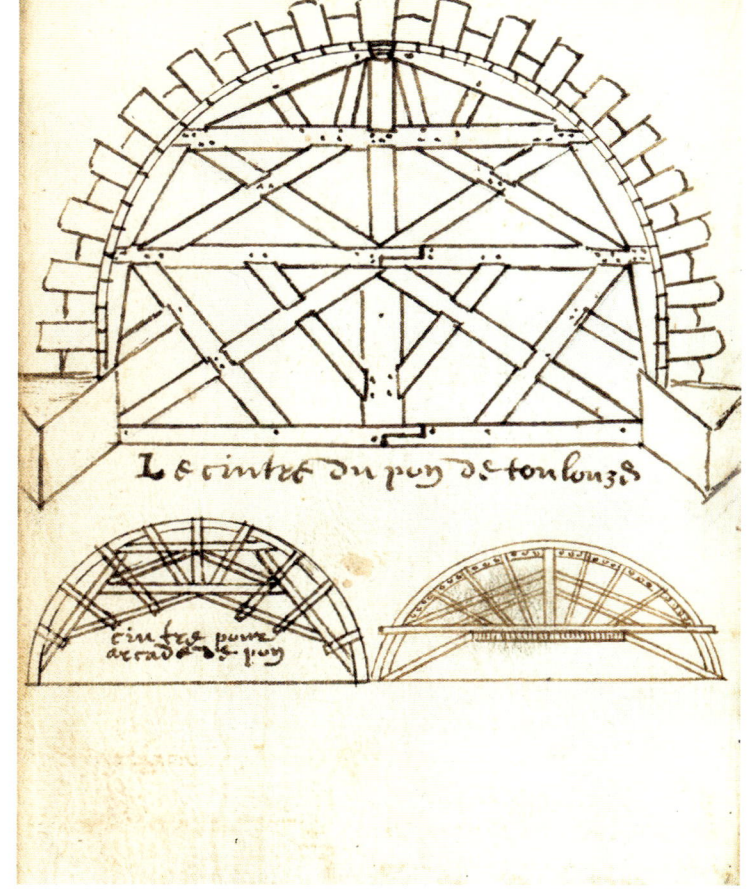

cat. 17, fol. 465v

Samuel Marolois, etc.), le livre VII propose une synthèse sur la construction des fortifications et le livre VIII, un catalogue de machines de guerre, « tant pour assalir que pour defandre ». Il n'y a pas de livre IX, mais un livre X consacré à l'architecture civile, avec des éléments relatifs à la distribution des demeures, quelques notions de toisé, puis des planches sur les ordres copiées de Vignole et complétées par des colonnes baguées suivant Delorme. Un onzième et dernier livre porte sur la stéréotomie ou « traict de masongnerie […] », mais la suite du carnet contient encore de très nombreux dessins, répartis thématiquement : perrons et escaliers (fol. 441v-446), charpentes (fol. 465v-472), ponts (fol. 473-474), mais aussi représentations perspectives (fol. 490v-502), cadrans solaires et astronomiques (fol. 509-533), engins de transport et de levage (fol. 549-577), pompes et machines hydrauliques (fol. 578v-594), entre autres.

Le petit dossier relatif à la charpenterie commence par une double page très représentative de la démarche de Gentillâtre. Faisant suite au livre sur la stéréotomie et à quelques pages consacrées aux arcs et platebandes de pierre taillée, l'auteur choisit en guise de transition de présenter quelques modèles de cintres de charpenterie servant à la construction des voûtes, avant de passer aux charpentes de toiture. Sur la page de gauche (fol. 465v), le dessin est intitulé « le cintre du pon de Toulouze » et représente donc un ouvrage contemporain, que l'auteur a pu soit examiner lui-même, soit connaître à travers un dessin. Le Pont-Neuf de Toulouse, commencé en 1543, n'a en effet été achevé qu'au début du XVIIe siècle, suivant le projet final donné par Jacques Lemercier en 1614[1] (cat. 7). L'arche représentée par Gentillâtre est en plein cintre, il ne peut donc s'agir que de la première ou deuxième du côté de la ville, dont le voûtement a été exécuté entre 1614 et 1619, car les suivantes sont en anse de panier[2]. Sur la page de droite, en revanche, le dessin principal, non titré, ne concerne pas un pont, mais une voûte en berceau, bandée au-dessus d'un entablement d'ordre corinthien. Le modèle en est célèbre, puisqu'il s'agit du cintre de charpenterie conçu par Antonio da Sangallo pour le voûtement de la nef de Saint-Pierre du Vatican, suivant le projet de Bramante. L'ouvrage a été gravé en 1561 par Jacob Bos pour faire partie du somptueux recueil du *Speculum Romanae Magnificentiae* publié par Antoine Lafréri et l'on est assuré que c'est cette estampe que Gentillâtre a copiée, puisque non seulement la figure est identique mais également l'échelle d'une canne, légendée en italien « cana partita in palmi 10[3] » (fig. 11). De la même manière, dans les pages suivantes, on trouve juxtaposés un relevé de la charpente de la Grande Galerie du Louvre (fol. 466v), à la construction de laquelle il a dû assister, des plans et coupes d'ouvrages qu'il a conduits lui-même à Châlons-sur-Marne et à Cormatin (fol. 468, 470) ; et des copies d'après les modèles de charpentes publiés dans le *Settimo Libro* de Sebastiano Serlio (fol. 468, 470v-472).

À l'évidence, Gentillâtre a produit un important effort de compilation et de synthèse, pour rapprocher et mettre en ordre les connaissances et la documentation qu'il avait rassemblées au cours de sa carrière. Son projet de répartition en livres thématiques, où le savoir était censé être « démontré et réduit en art[4] » (fol. 268) ou « déduit par ordre et par figure » (fol. 340), n'est cependant guère abouti et son recueil continue de ressembler, par bien des aspects, aux carnets de compilation de la tradition médiévale. Malgré son caractère éclectique, le manuel de Gentillâtre de la Bibliothèque nationale s'oppose clairement à l'approche formelle de son recueil de dessins aujourd'hui conservé à Londres et constitue l'un des premiers jalons, en France, de la « réduction en art » des savoirs et techniques utiles à l'architecte et à l'ingénieur.

---

1. Gady, 2005, p. 215-218.
2. Lotte, 1982, p. 109-114 ; Mesqui, 1993, p. 149, fig. 143.
3. L'estampe est reproduite et commentée par François Blondel dans son *Cours* en 1683 (Blondel, 1675-1683, t. I, p. 404-405).
4. Conclusion du livre VII : « Fin de la fortification démonstré et réduit en art », qui souligne la dette de Gentillâtre à l'égard du traité de Jean Errard, *La Fortification démonstrée et réduicte en art*, 2e éd., Paris, 1620.

fig. 11. Antoine Lafréri et Jacob Bos, assemblage du cintre de charpenterie inventé par Antonio da Sangallo pour le voûtement de la basilique Saint-Pierre de Rome, estampe, 1561, Los Angeles, Getty Research Institute

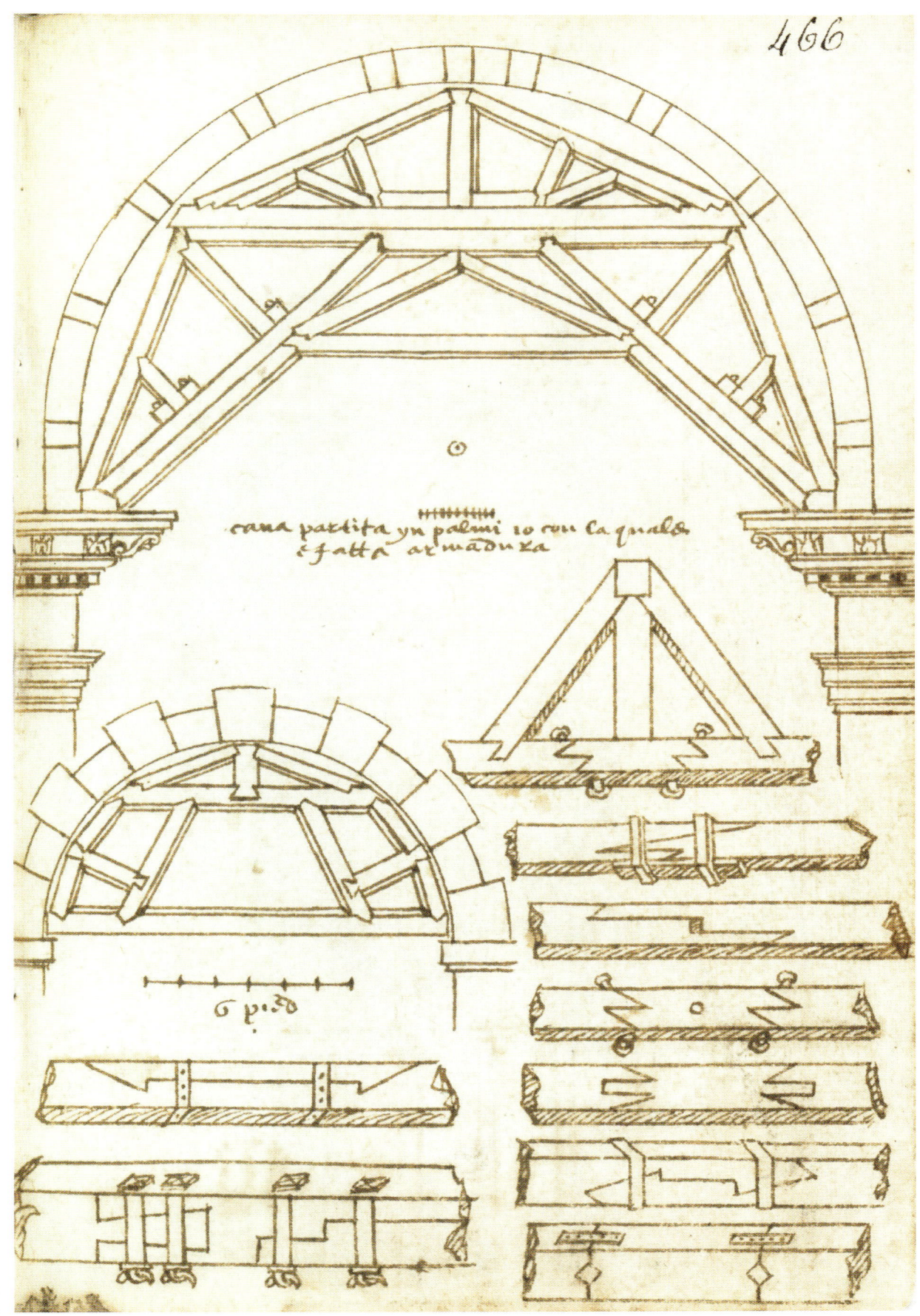

cana partita yn palmi 10 con la quale
e fatta armadura

18.
Mathurin Jousse (vers 1575-1645)
Théâtre de l'art de charpentier, enrichi de diverses figures avec l'interprétation d'icelles,
La Flèche, chez Georges Griveau, 1627

Livre imprimé, reliure du XIXe siècle signée Niédrée en veau olive, frontispice gravé à l'eau-forte et planches gravées sur bois, 30 × 19,5 cm
Paris, École nationale supérieure des beaux-arts, LES. 1250

Si le nom de Mathurin Jousse, auteur de trois traités, est familier aux historiens de l'architecture, le personnage a longtemps été mal évalué, et même confondu avec son fils homonyme, Mathurin II, maître orfèvre. Né vers 1575, Jousse père est maître serrurier à La Flèche, près du Mans, où il effectue toute sa carrière et meurt en mars 1645. Son activité locale n'a pas laissé de trace, comme souvent, mais deux éléments vont le sortir d'une vie de labeur anonyme : sa curiosité, dont témoigne une bibliothèque de plus de 110 ouvrages[1], et surtout le milieu intellectuel stimulant créé par le collège jésuite établi sous Henri IV à La Flèche[2], dont on connaît l'importance pour le siècle de Louis XIII. La première publication où on rencontre Jousse est justement liée à une figure majeure de l'architecture de l'ordre jésuite, Étienne Martellange (cat. 78 et 119) : *La Perspective positive de Viator traduite de latin en françois augmentée et illustrée, par Maistre Estienne Martelange*. Jousse grave les planches de l'ouvrage, qui paraît chez un imprimeur de La Flèche, Georges Griveau, en 1626[3].

L'année suivante, Jousse fait paraître sous son nom, chez le même imprimeur auquel il est lié, deux traités : le premier est directement lié à sa pratique professionnelle, *La Fidelle ouverture du serrurier* ; le second est le *Théâtre de l'art de charpentier*, dédié à un seigneur local, le marquis de La Varenne. L'ouvrage, un volume in-quarto de 170 pages, est illustré de 125 gravures sur bois assez grossières, dues à l'auteur ; il est complété par un « Brief traicté des cinq ordres des colomnes » de 14 pages, petit supplément inspiré de Hans Blum qui démontre son intérêt pour l'art de bâtir en général, sans se renfermer dans les parties techniques qui étaient sa spécialité. Ce goût le poussera, en 1642, à faire paraître, toujours chez le même éditeur, un *Secret d'architecture*, qui est un traité de stéréotomie : c'est donc le premier ouvrage de cette nature, paru un an avant celui de François Derand, père jésuite qui a enseigné à La Flèche (cat. 19). Les deux hommes se connaissaient sûrement, Jousse fabricant des « machines » pour le collège jésuite où Derand enseignait. Ce dernier s'agace d'ailleurs dans sa préface de cette parution qui l'a en quelque sorte « doublé », pointant avec hauteur le provincialisme et les erreurs de son auteur.

« Je t'en ay mis tout ce qui m'a semblé nécessaire à l'apprentissage de cet art », dit Jousse au « lecteur candide » de son *Théâtre*.

L'ouvrage s'ouvre sur une partie technique de six pages consacrée aux outils, aux choix et traitement des bois, aux assemblages de base (tenons et mortaises) et au piquage et marquage du bois. Puis se succèdent des commentaires thématiques des figures, illustrant le mur en pans de bois, la charpente civile et religieuse, avec deux exemples de flèches encore médiévales, le cintre, l'escalier et enfin un pont de bois. Les exemples choisis sont d'invention, à la réserve de la planche CXI où l'on reconnaît un des combles du collège de La Flèche, confirmant son importance dans l'univers de Jousse. Premier traité français de charpenterie, le *Théâtre* est édité de manière assez rustique et souffre de quelques obscurités. Il enregistre un état de l'art qui sera rapidement dépassé, moins techniquement qu'esthétiquement puisqu'une génération plus tard, les combles brisés et en dôme seront à la mode, tandis que le pan de bois apparent disparaîtra des rues des villes françaises sous le coup d'interdictions liées aux incendies, au profit de la construction en maçonnerie. L'ouvrage devait connaître malgré tout un réel succès, qu'attestent ses trois rééditions, en 1650, 1659 et 1664, auxquelles s'ajoute une édition corrigée et augmentée par Philippe de La Hire en 1702.

---

1. Le Bœuf (P.), 2001.
2. Voir Le Bœuf (F.), 2001, ainsi que sa notice en ligne sur le site Architectura de l'université de Tours (2006).
3. Il le reprendra et le publiera, chez le même Griveau, en 1635, sous le titre *La Perspective positive de Viator latine et françoise. Reveüe augmentée et réduite de grand en petit par Mathurin Jousse.*

cat. 18, frontispice

19.
François Derand (1591-1644)
L'Architecture des voûtes ou l'art des traits et coupe des voûtes, traicté très util voire nécessaire à tous architectes, maistres massons, appareilleurs, tailleurs de pierre et généralement à tous ceux qui se meslent de l'architecture, mesme militaire, Paris, chez Sébastien Cramoisy, 1643

Livre imprimé couvert en veau, 42,5 × 30 cm
Ex-libris « Menessier, 1654 », sans doute l'architecte et voyer de Paris Bernard Menessier ou son père
Paris, Académie d'architecture, bibliothèque

En maçonnerie, « l'art du trait » ou stéréotomie est l'ensemble des procédés géométriques qui permettent de concevoir et d'exécuter une structure clavée, c'est-à-dire de couper les pierres en voussoirs et de les assembler pour former un arc, une platebande, une voûte, une trompe ou toute autre structure de pierre de taille composée à partir de ces éléments[1]. Élaborés par les tailleurs de pierre à partir du XIIe siècle et transmis par oral dans le cadre de l'apprentissage professionnel, ces procédés fort complexes étaient le secret des maîtres maçons et des appareilleurs, aussi est-ce naturellement à un homme du métier qu'il est revenu de les dévoiler pour la première fois : Philibert Delorme, aux livres III et IV de son *Premier tome de l'architecture* en 1567. Précurseur, le traité de Delorme est resté isolé en son temps et il faut attendre trois quarts de siècle pour voir de nouvelles publications sur le sujet.

En 1642 paraît à La Flèche le *Secret d'architecture* de Mathurin Jousse, premier ouvrage à traiter exclusivement de stéréotomie ; dès l'année suivante, François Derand publie à Paris *L'Architecture des voûtes ou l'art des traits*, véritable somme qui s'est imposée comme une référence majeure pour les architectes jusqu'au XVIIIe siècle[2]. Jousse et Derand s'inscrivent tous deux dans la continuité de Delorme, car ils proposent comme ce dernier un répertoire de formes : chaque type d'arc, de voûte et de trompe est l'objet d'un dossier technique composé d'une représentation géométrique par projections, ou épure, et d'un texte de description. En fait de traités théoriques, il s'agit donc plutôt de livres de recettes pratiques, tous conçus sur le même modèle, mais toujours plus développés et mieux édités. Par rapport à ses prédécesseurs, l'ouvrage de Derand gagne notamment en clarté et en précision grâce au passage de la gravure sur bois à la gravure sur cuivre. Il comprend en outre des modèles d'escaliers suspendus à jour, qui sont parmi les ouvrages appareillés les plus prisés de son temps (fig. 12, p. 60).

À la différence de Delorme, maître maçon, et de Jousse, maître serrurier, Derand n'est pas un homme de l'art, mais un père jésuite. Entré au noviciat de Rouen en 1611, il enseigne les mathématiques de 1618 à 1621 environ au collège de La Flèche, et supervise ensuite plusieurs chantiers importants au nom de la Compagnie, notamment la chapelle du collège de Rouen, aujourd'hui lycée

cat. 19, page de titre

Pierre-Corneille[3], et l'église de la maison professe à Paris (actuelle église paroissiale Saint-Louis-Saint-Paul)[4]. À défaut d'être pleinement architecte, Derand est ainsi mathématicien et expert en construction, ce qui explique son intérêt pour la stéréotomie. Dans l'introduction de son traité, il affirme que cet art relève bien des mathématiques, mais prend position contre les « géomètres délicats » qui voudraient réformer la pratique sur des bases « purement spéculatives ». Ne prétendant à aucune invention ou innovation à titre personnel, mais seulement à une présentation méthodique et exhaustive du savoir des praticiens, Derand apparaît donc comme un parfait exemple de la « réduction en art » dans le domaine de l'architecture.

1. Pérouse de Montclos, 1982 (2013), p. 79-224 ; Sakarovitch, 1998.
2. Pérouse de Montclos, 1982 (2013), p. 96-99.
3. Duthion, 2015.
4. Voir en dernier lieu Gady, 2004.

fig. 12. Paris, hôtel de la Châtaigneraie, escalier suspendu à vide central sur voûtes en arc-de-cloître, 1642

cat.19, p.431, épure d'un escalier suspendu à vide central sur voûtes en arc-de-cloître

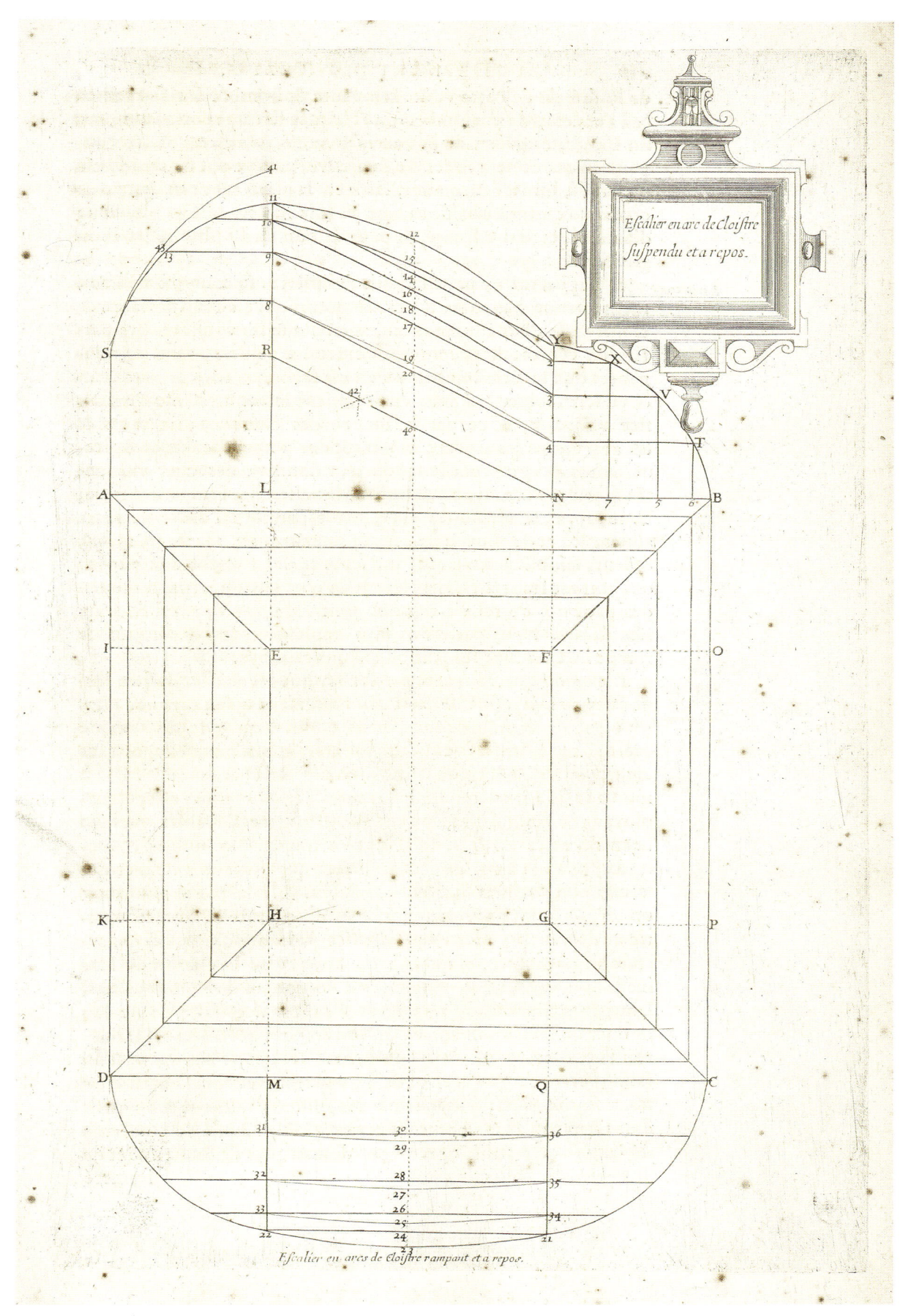

20.
André Félibien (1619-1695)
Des principes de l'architecture, de la sculpture, de la peinture et des autres arts qui en dépendent, avec un dictionnaire des termes propres à chacun de ces arts,
Paris, chez Jean-Baptiste Coignard, 1676

Papier, relié en veau, volume in-quarto, XXIV-795 p., 27 × 20 cm
Paris, Académie d'architecture, bibliothèque

21.
École française
Portrait d'André Félibien, s.d. [fin du XVIIe siècle]

Huile sur carton, 34 × 25,6 cm
Chartres, musée des Beaux-Arts, inv. 915

Né à Chartres en 1619, établi à Paris à l'âge de 14 ans, Félibien a reçu une formation dans les cercles lettrés de la capitale, avant de partir pour Rome en 1647 avec le marquis de Fontenay-Mareuil, envoyé spécial du roi auprès du pape Innocent X. Ce voyage forme son goût et lui donne une légitimité qui va, à son retour deux ans plus tard, asseoir sa réputation de critique et théoricien de l'art[1]. D'abord au service de Nicolas Fouquet, comme son ami Charles Le Brun, il passe sans heurt à celui du roi, dont il est rapidement l'un des principaux panégyristes. Membre de l'Académie des inscriptions et belles-lettres (1663), historiographe du roi (1666), garde des antiques (1673), il ne cesse d'occuper une place centrale dans le système Colbert au sein des Bâtiments du roi. Secrétaire de l'Académie royale de peinture et de sculpture, il se rend fameux en publiant, entre 1666 et 1688, dix *Entretiens sur les vies et les ouvrages des plus excellents peintres*, qui s'écartent du modèle vasarien.

En 1671, il devient le secrétaire de la nouvelle Académie royale d'architecture, ce qui en fait naturellement le collaborateur le plus assidu de la jeune institution. Cinq ans plus tard, il publie ses *Principes de l'architecture, de sculpture, de peinture et des autres arts qui en dépendent* (cat. 20). Ce fort volume, qu'accompagnent 65 planches sur cuivre, est organisé en trois livres suivis d'un dictionnaire des termes techniques. Ambitieux, l'ouvrage rassemble et organise tout le savoir théorique et pratique des trois arts majeurs. L'architecture, qui forme le premier livre, comprend le plus grand nombre de chapitres, soit vingt-deux, onze pour la théorie et onze pour la pratique (298 pages); mais le déséquilibre entre les deux apparaît en considérant la partie consacrée aux ordres, ornements et typologie (43 pages) et celle qui aborde les aspects matériels et techniques (255 pages).

Pour le dictionnaire, l'auteur a procédé à une clarification des termes de l'art, puisant aux auteurs anciens et modernes, mais encore en ayant recours aux témoignages des ouvriers et à des visites sur le chantier, témoignant d'une remarquable curiosité. Parlant de l'art de bâtir plus que de l'architecture, Félibien se montre pragmatique et renvoie fréquemment à la pensée de Claude Perrault sur les mesures et la relativité des modèles antiques, auxquels les ouvriers devraient préférer « la force de leur esprit et la lumière de leur jugement[2] ». Il choisit d'ailleurs, pour la planche XXI, de montrer la grue du même Perrault « inventée pour élever des fardeaux[3] ». L'ouvrage, qui appartient au mouvement de codification des savoirs caractérisant la France de Louis XIV, rencontra un grand succès et devait connaître trois nouvelles éditions, en 1690, 1697 et 1699. À sa mort, à Paris en 1695, Félibien laissait deux fils, dont aucun n'allait avoir son importance institutionnelle et sociale, mais qui devaient poursuivre son œuvre intellectuelle : Jean-François, qui lui succède dans ses charges d'historiographe du roi et de secrétaire de l'Académie royale d'architecture; et Michel, savant bénédictin, qui rédige une *Histoire de l'abbaye royale de Saint-Denys en France* (1706) et surtout une grande *Histoire de la ville de Paris*, complétée par dom Lobineau (1725).

Félibien a été portraituré par Charles Le Brun, mais la toile, perdue, est seulement connue par une gravure de Drevet. Le petit tableau du musée de Chartres (cat. 21) est donc précieux : sans avoir la qualité picturale que l'on prête volontiers au premier, il est touchant par la figure du modèle, représentée sans artifice, et l'insistance à l'identifier par son œuvre la plus fameuse, au moyen de la feuille sur laquelle il est en train d'écrire.

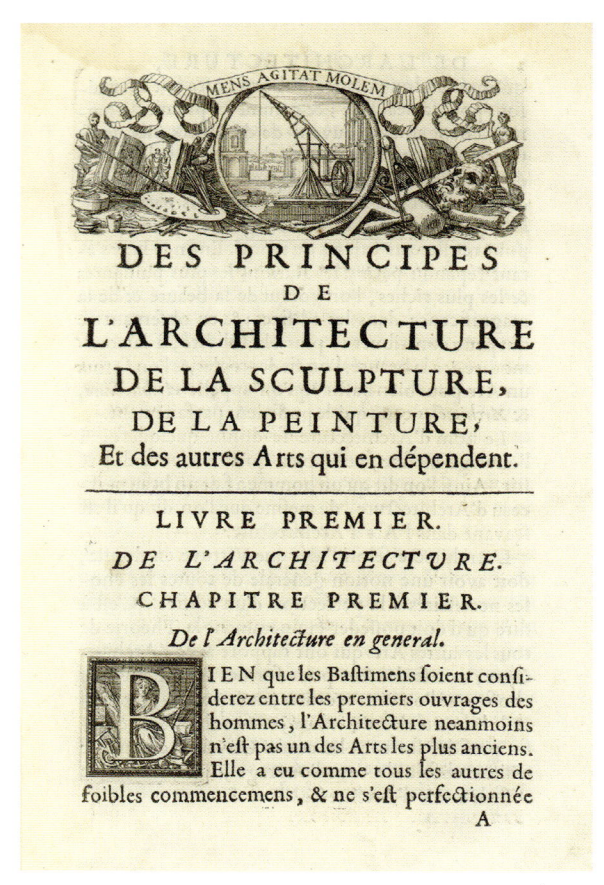

cat. 20, page de titre

---

1. Germer, 1997 (2016).
2. *Ibid.*, p. 373.
3. Sur la grue de Perrault, voir Gargiani, 1998, p. 190 et n. 43.

LIVRE PREMIER. 141

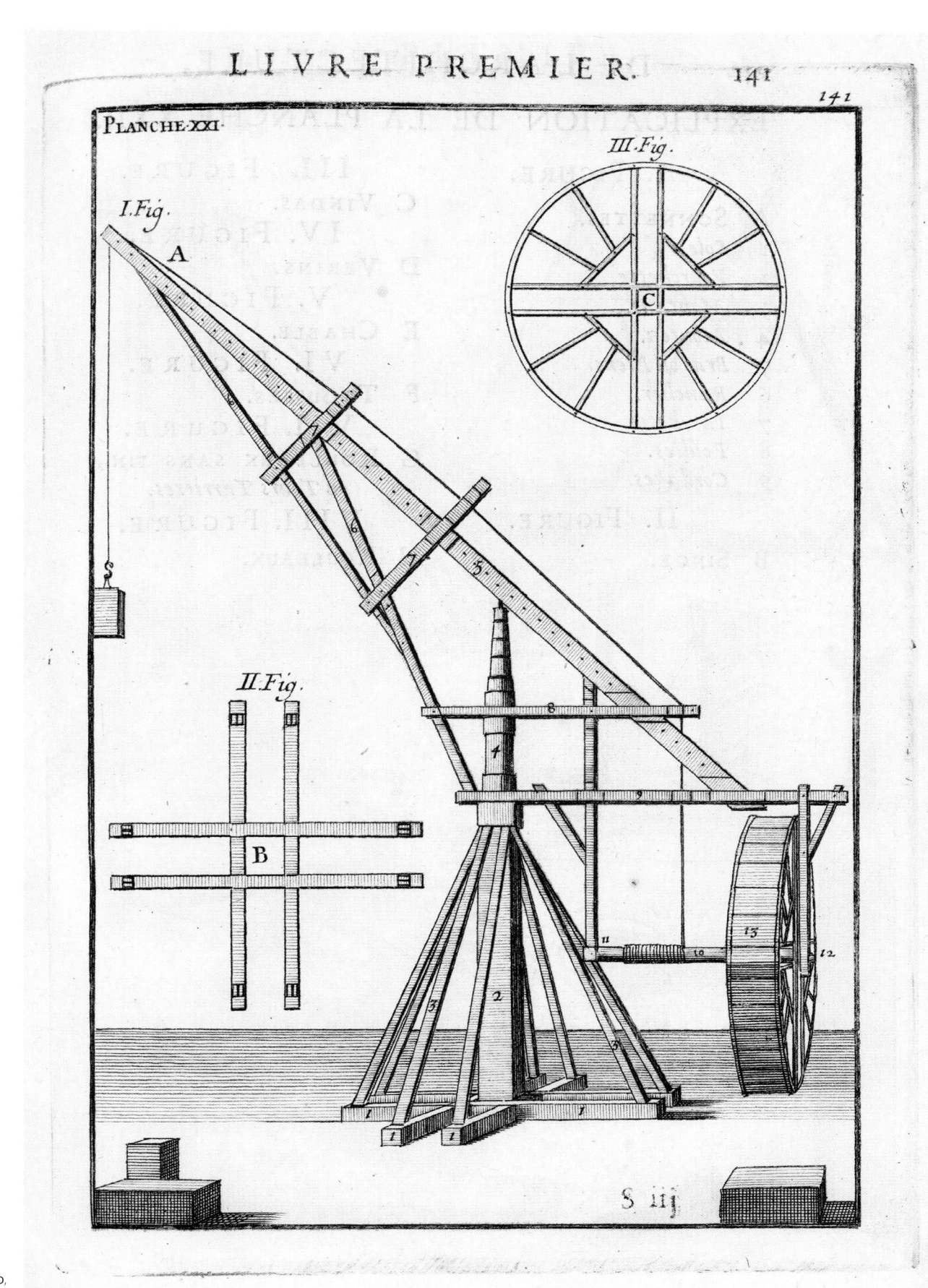

Planche XXI.

I. Fig.

II. Fig.

III. Fig.

cat. 21

22.
Pierre Bullet (1638-1716)
L'Architecture pratique, qui comprend le détail du toisé et du devis des ouvrages…, Paris, chez Étienne Michallet, 1691

Livre imprimé, reliure d'époque couverte en veau moucheté, 20 × 12 cm
Paris, Centre André Chastel

L'année où D'Aviler publie son fameux *Cours d'architecture* (cat. 34), paraît un ouvrage au propos technique austère et peu illustré, destiné aux gens du bâtiment : l'*Architecture pratique* de Pierre Bullet. Ce livre va connaître un grand succès, puisqu'on compte dix-sept rééditions jusqu'en 1838[1]. Il ne s'agit pas d'un énième traité des ordres, ni d'une réflexion théorique sur l'art de bâtir, encore moins d'un cours de stéréotomie, mais d'un ouvrage qui répond à un besoin d'explication et de clarification des règles en usage dans le bâtiment, à destination des architectes et des maîtres maçons – règles dont la méconnaissance était source de chicanes infinies entre eux et avec leurs clients. L'auteur entend donc y remédier en rassemblant tout le savoir technico-juridique de son temps, exposé méthodiquement et illustré de rares gravures qui s'apparentent parfois à des croquis. Le livre, fort de 392 pages de texte, est muni d'un index très détaillé montrant l'esprit de clarté qui a présidé à sa rédaction ; son format maniable permettait éventuellement de l'emporter avec soi. Le texte s'ouvre par un rapide exposé de géométrie, qui passe en revue le vocabulaire et les différentes figures. Suit un gros chapitre intitulé « géométrie pratique » (p. 48-297), soit un exposé de l'art du toisé, qui s'achève par une étude des différents types de pierre. Viennent ensuite une « explication des articles de la coutume de Paris touchant aux bâtiments » (p. 298-341), en l'occurrence les articles 184 à 219 ; puis un exposé sur l'alignement (p. 342-350) ; enfin, un exposé sur la manière d'établir les devis (p. 351-392).

L'*Architecture pratique* a assuré la gloire du nom de Bullet, qui reste une figure cependant délicate à saisir[2]. Né à Saint-Germain-en-Laye en 1638, ce fils d'un tailleur de pierre exerce d'abord le même métier, ce dont témoigne un acte de 1662. Dix ans plus tard, sans qu'on sache le secret de sa formation, il est devenu appareilleur, mais surtout un dessinateur remarquable. S'il n'a pas été l'élève de François Blondel, comme on le répète souvent, il devient de fait son collaborateur dans les années 1670, tant à l'Académie royale, comme « dessinateur », que pour la levée du plan de Paris qui porte leurs deux noms (1676) et les travaux d'urbanisme de la capitale : le nouveau cours rive droite et ses portes (cat. 96 à 98) ou le quai Le Peletier (1673). Il est reçu à l'Académie royale d'architecture en 1685, où il intervient fréquemment en soumettant des projets et des réflexions théoriques (cat. 56). Parallèlement, il développe une activité de bâtisseur qui en fait un des maîtres du grand style Louis XIV : couvent des Dominicains de Paris (Saint-Thomas-d'Aquin, 1682), palais épiscopal de Bourges (inachevé), château d'Issy (1684-1686, détruit), ainsi qu'une série d'hôtels dans le Marais (Le Peletier et Tallard) et place Vendôme, où il spécule. Son architecture est marquée par une certaine austérité, qui pousse au bout le goût français pour une forme de dépouillement des façades, « froide et monotone » dira Jacques François Blondel (*Cours d'architecture*, 1772), austérité qui est l'autre visage architectural du Grand Siècle.

cat. 22, page de titre

---

1. Charon, 2008.
2. Hernu-Bélaud, 2015, t. v.

Innovations et résistances

23.
Abraham Bosse (1602-1676)
d'après Girard Desargues (1591-1661)
Exemple d'une manière universelle du s^r G[irard] D[esargues] L[yonnais] touchant la pratique du traict à preuves pour la coupe des pierres en l'architecture, Paris, s.d. [1640]

Estampe à l'eau-forte reliée dans un recueil composite d'œuvres de Girard Desargues couvert de veau, 40 × 28 cm
Paris, Académie d'architecture, bibliothèque

24.
Jacques Curabelle (?-après 1671)
Dessins de stéréotomie déposés chez le notaire Claude Chaperon le 10 mars 1643 pour preuve qu'ils sont « de son industrie »

Papier, plume et encre brune, 31,5 × 66 cm
Paris, Arch. nat., MC/ET/CV/611 (RS//665)

Dans les mêmes années où Mathurin Jousse et François Derand font paraître leurs sommes sur la stéréotomie (cat. 18 et 19), le milieu de l'architecture française est secoué par une vive querelle suscitée par un simple fascicule de quatre pages et cinq planches gravées, le *Brouillon project d'exemple d'une manière universelle […] pour la coupe des pierres en l'architecture* de Girard Desargues, publié à Paris en 1640[1]. Né à Lyon en 1591 dans une famille de marchands, Desargues n'est pas un homme de l'art, mais un mathématicien et un ingénieur reconnu. En 1639, il a fait paraître son œuvre majeure, un essai sur les sections coniques qui est considéré par les historiens des sciences comme fondateur d'une discipline nouvelle : la géométrie projective. Paru l'année suivante, son fascicule de la coupe des pierres découle directement de cet essai théorique, dont il propose une application pratique. Desargues entend en effet démontrer que, pour chaque voûte, il est possible de déterminer un plan unique dans l'espace sur lequel les projections géométriques rendent le calcul de l'appareillage plus simple et plus rapide. Pour ce faire, il développe un cas précis, regroupant diverses difficultés : celui d'une voûte en berceau rampant, qui est à la fois biaise (non perpendiculaire au mur qu'elle traverse), en descente (non horizontale) et percée dans un mur en talus (non vertical), comme le montre la première planche du fascicule (cat. 23).

Le *Brouillon project* de 1640 n'est pas destiné en premier lieu aux praticiens, dont Desargues écrit qu'ils « pourront attendre à en parler après qu'ils l'auront souvent mis en exécution », mais surtout aux « excellents hommes en géométrie », qu'il « supplie d'examiner » sa proposition. Il refuse d'ailleurs d'employer le vocabulaire traditionnel des ouvriers et invente sa propre terminologie pour décrire le procédé stéréotomique, laissant à d'autres le soin d'en assurer plus tard la vulgarisation : « s'il n'est pas conçu tout-à-fait aux termes dont les maçons usent en leur manière de trait, ceux qui le verront à fond […] pourront après l'exprimer en autres termes à leur volonté ». C'est ce que fait dès 1643 son ami et disciple Abraham Bosse, en publiant un traité didactique intitulé *La Pratique du trait à preuves de M. Desargues, Lyonnois, pour la coupe des pierres en l'architecture*.

La méthode proposée par Desargues ne connaît presque aucune application et essuie même des critiques violentes de la part des professionnels de la construction. Raillée par François Derand dans la préface de son traité de 1643, elle est attaquée avec une extrême virulence par un architecte et entrepreneur de maçonnerie, Jacques Curabelle, qui travaille à la même période sous les ordres de Jacques Lemercier sur le chantier de la Sorbonne[2]. Curabelle multiplie les pamphlets et affiches contre son adversaire. Dans un

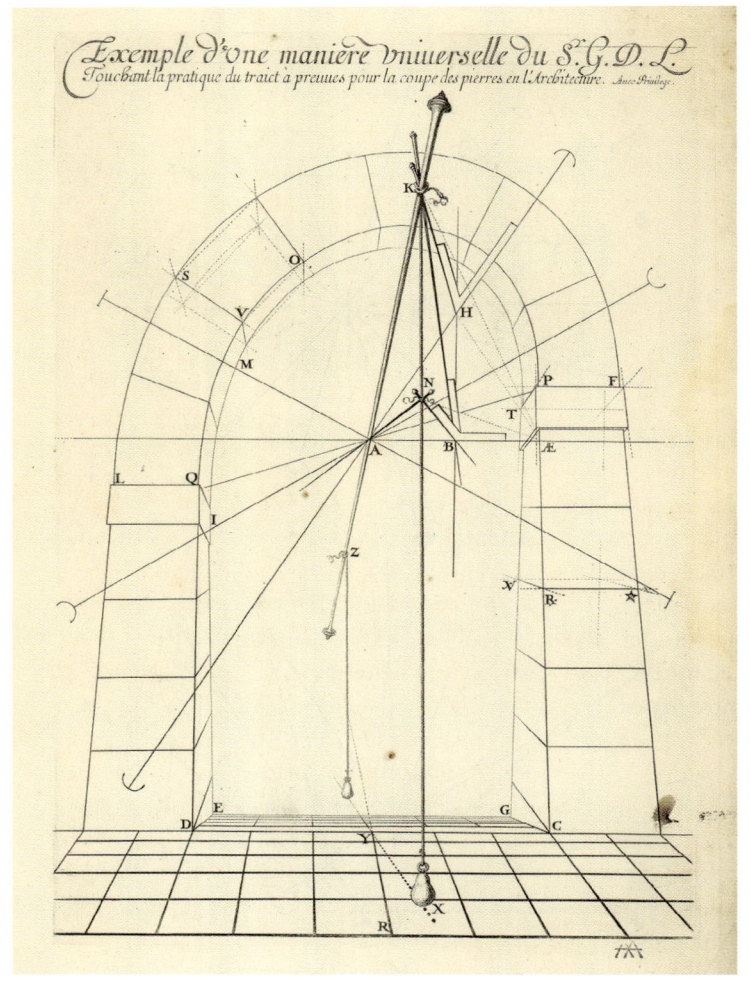

cat. 23

---

1. Voir Dhombres et Sakarovitch (dir.), 1994 ; Sakarovitch, 1998.
2. Gady, 2005, p. 309-326, 406-408.

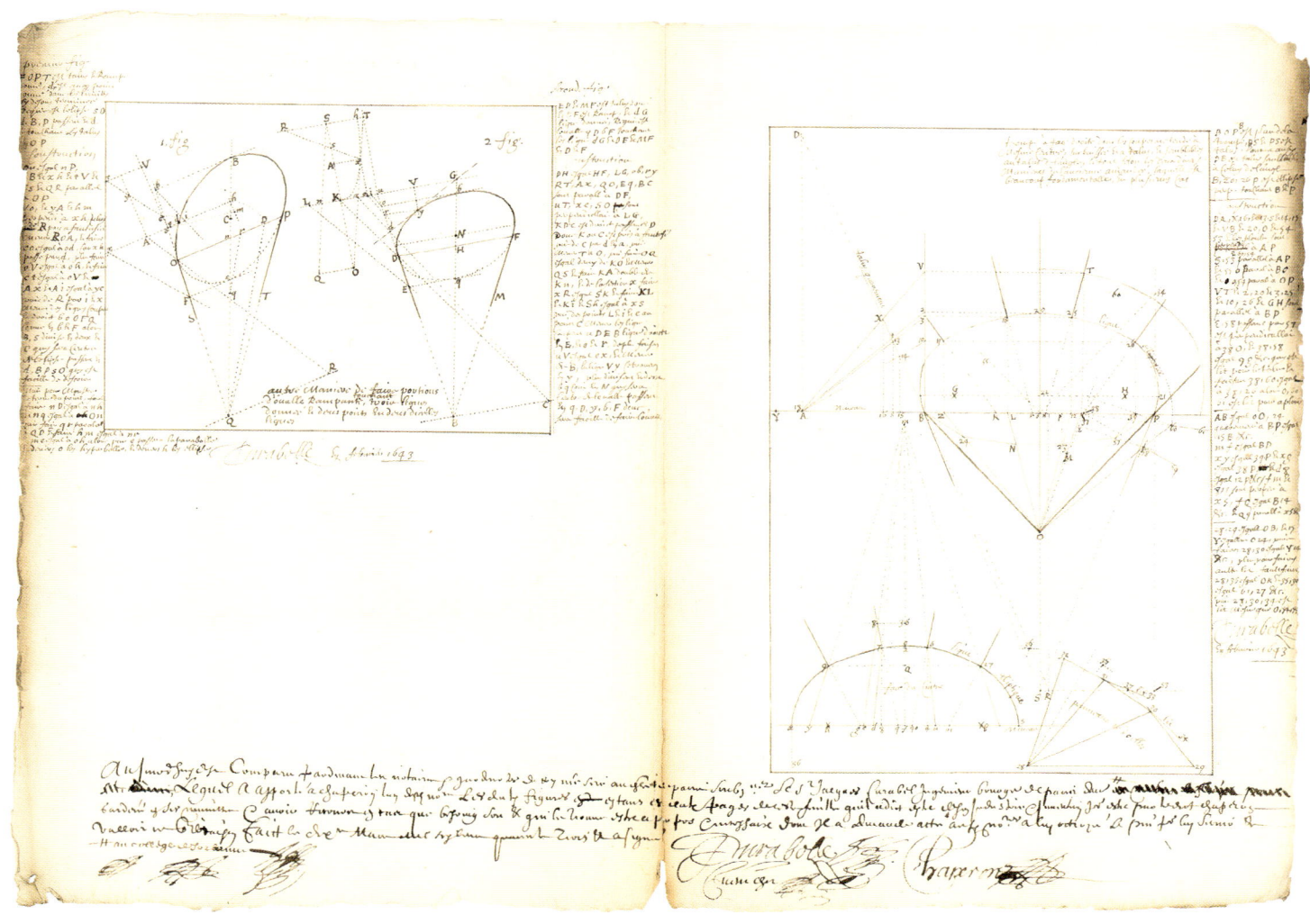

cat. 24

fascicule de 88 pages intitulé *Examen des œuvres du sr Desargues* et daté de décembre 1643, Curabelle ne se limite pas à dénoncer les erreurs prétendues, l'obscurité du style ou le caractère supposé impraticable de la « manière universelle ». Il expose quelques tracés de voûtes et épures de son invention, annonçant avoir le projet de publier lui-même un ambitieux *Cours d'architecture*, dont le plan, en quatre tomes, est donné par son privilège d'impression du 4 décembre 1643 : stéréotomie, optique, mécanique, enfin ornements et proportions. Ce projet éditorial, dont le titre sans précédent annonce les publications de François Blondel et d'Augustin Charles d'Aviler à la fin du siècle, n'a jamais vu le jour.

La querelle prend rapidement un tour procédurier, les deux partis s'accusant de mentir ou de déformer leurs propositions respectives. Afin de protéger ses propres démonstrations, Curabelle se rend à deux reprises chez le notaire pour y déposer des documents avant leur publication[1]. Le 10 mars 1643, il apporte ainsi une première feuille comportant deux dessins signés et datés du mois de février précédent (cat. 24). Dans sa moitié gauche, elle représente une « autre manière de faire portions d'ovalle rampante touchant trois lignées donnée[s] et deux points en deux d'icelles lignes », c'est-à-dire une construction géométrique permettant de tracer une ellipse inclinée passant par plusieurs points donnés, opération nécessaire pour profiler l'intrados d'arcs ou voûtes rampants. Dans sa moitié droite, la même feuille montre deux exemples d'une « trompe à face droite dont les coupes ne tende[nt] à mesme centre, surbaissée et à talus […] ». La trompe est une forme de voûte permettant de porter un ouvrage en surplomb et Curabelle propose ici une épure, c'est-à-dire un dessin de structure permettant de déduire l'appareillage des pierres adapté au cas particulier envisagé. Aucune de ces deux constructions n'a semble-t-il été finalement publiée. L'année suivante, le 10 février 1644, Curabelle confie à un autre notaire un tirage de deux planches gravées décrivant différents procédés pour tracer des ellipses droites ou inclinées (fig. 13), que l'on retrouve dans son pamphlet intitulé *Faiblesse pitoyable du sieur G. Desargues*, imprimé à Paris le 16 juin suivant. Le dépôt notarié est ainsi pour l'auteur une garantie juridique, au cas où son adversaire lui contesterait la paternité de ses productions.

---

1. Publiés par Michel Le Moël dans Dhombres et Sakarovitch (dir.), 1994, p. 389-392.

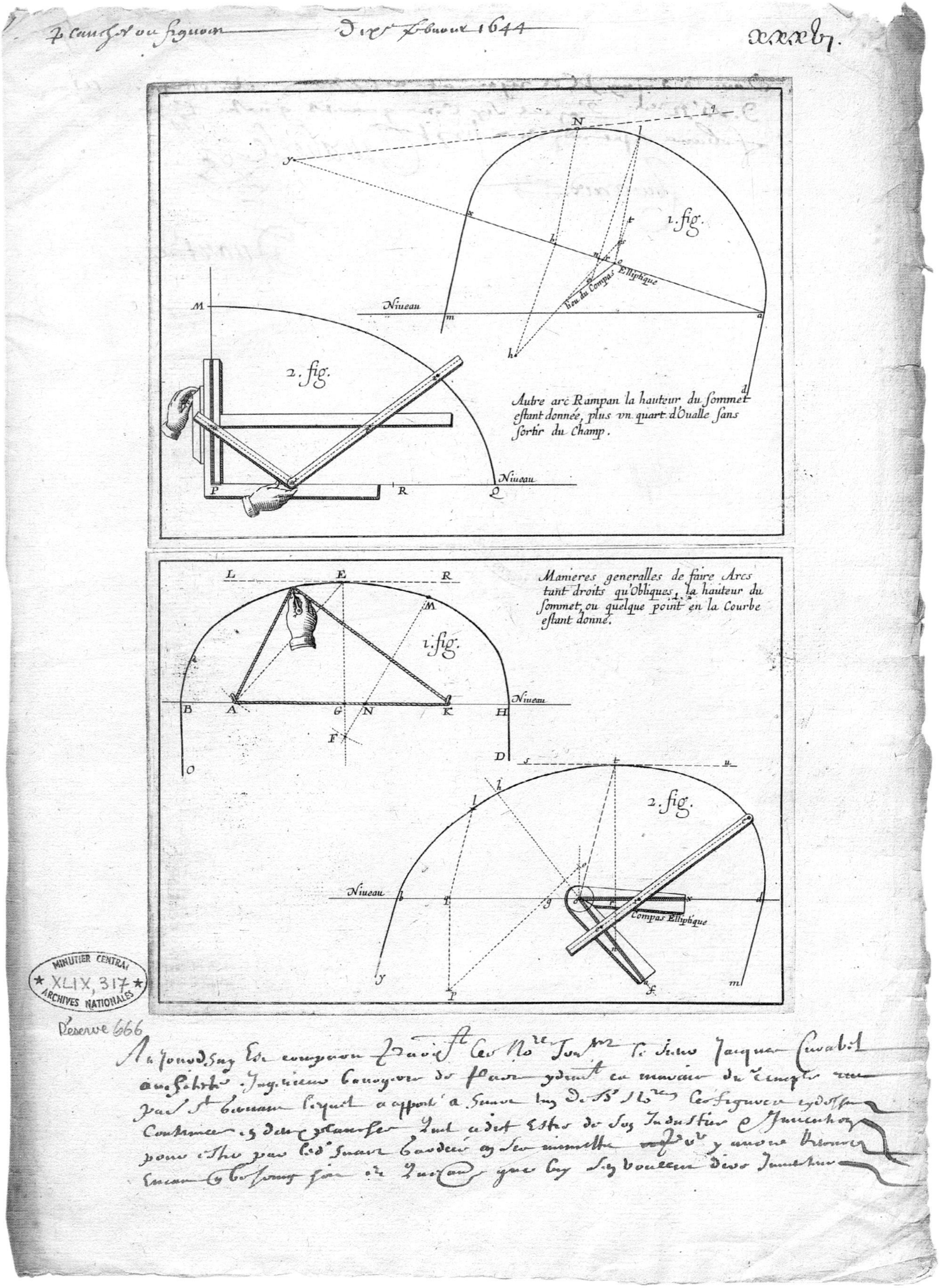

fig. 13.
Jacques Curabelle, différents tracés d'arcs, eau-forte, 1644, Paris, Arch. nat., MC/ET/XLIX/317

25.
Acte de société pour l'exploitation d'un nouveau procédé pour empêcher les cheminées de fumer inventé par Jean Deshayes, 18 mars 1690

Papier, plume et encre brune, 33 × 22 cm
Paris, Arch. nat., MC/ET/CIX/313

26.
Pierre Bullet (1638-1716)
Observations sur la nature et sur les effets de la mauvaise odeur des lieux ou aisances et cloaques et sur l'importance dont il est d'éviter cette mauvaise odeur pour la conservation de la santé, s.l.n.d. [Paris, vers 1696]

Fascicule imprimé de 24 p. dans un recueil composite, 14,5 × 9 cm
Paris, Bibl. nat. de Fr., Impr., FB-19926

Tant que les savoirs professionnels étaient transmis dans le secret des communautés de métiers, la faculté de faire évoluer les techniques ou d'en inventer de nouvelles appartenait aux praticiens. Dès lors, en revanche, que ces savoirs ont commencé à être diffusés sous forme de manuels et de traités imprimés, dans le cadre de leur « réduction en art » (cat. 17 à 22), un public plus large a pu s'en saisir, les critiquer et proposer des innovations. Certains, comme Girard Desargues, l'ont fait dans un esprit de pure recherche scientifique, sans autre bénéfice qu'intellectuel (cat. 23). Beaucoup d'autres y ont vu la possibilité de profits plus substantiels, à condition de réussir à s'en réserver l'exploitation commerciale.

En l'absence de toute réglementation sur la propriété intellectuelle et les inventions jusqu'en 1791, le régime qui prévaut en France est celui du privilège : le roi peut accorder à un particulier un monopole d'exploitation pour une durée déterminée, en général par arrêt du Conseil[1]. La décision est gracieuse, mais elle suppose qu'on ait accès au souverain, soit directement, soit par l'intermédiaire d'un ministre ou d'un membre de la Cour. C'est ce que cherche à faire l'ingénieur Jean Deshayes en 1690, en créant une société afin de valoriser son invention pour empêcher les cheminées de fumer dans les logements (cat. 25).

Deshayes n'est pas un homme de l'art, mais un savant : il se dit « ingénieur du roy et professeur de mathématiques, hydrographe cy-devant entretenu pour le service de Sa Majesté au port royal de Rochefort », et s'est rendu célèbre en faisant en 1685, pour le compte de l'Académie royale des sciences, le premier relevé du fleuve Saint-Laurent, en Nouvelle-France[2]. Par acte notarié du 18 mars 1690, son épouse et lui s'associent avec Étienne Dariffon, « chirurgien ordinaire de Monsieur le comte de Sceaux », pour « faire demander au roy par led[it] sieur Dariffond soubs le nom dud[it] sieur Deshayes le droit du don et privilège de pouvoir par des moyens nouveaux qui n'ont point esté usitez, lesquelz estans appliquez sur touttes sortes de cheminées feront qu'elles ne fumeront point dans les chambres où l'on fera du feu et qui, encore par ce moyen, empescheront que les grands vents qui repoussent d'ordinaire la fumée dans les cheminées, n'y entre[nt], ce qui cause souvent que les chambres sont sy froides et que l'on ne les peut facilement habiter et qui les font entièrement abandonner ».

Le document ne dit rien de plus sur l'invention, si ce n'est que ces « moyens nouveaux ont esté trouvez par led[it] sieur Deshayes » et que ce dernier se charge de les expliquer aux ouvriers qui les mettront en œuvre. Il est bien compréhensible qu'un mathématicien et hydrographe s'intéresse aux questions de mécanique des fluides. Dariffon en revanche n'apporte qu'une contribution sociale : étant le chirurgien du comte de Sceaux, c'est-à-dire de Charles Édouard Colbert, frère du secrétaire d'État de la Marine, il a accès aux cercles politiques susceptibles d'obtenir du roi le privilège espéré. On ignore si celui-ci a été accordé, mais la mort du comte de Sceaux peu après, à la bataille de Fleurus, n'a pas dû faciliter la démarche.

Architecte de la Ville de Paris, membre de l'Académie royale d'architecture depuis 1685 et auteur de plusieurs traités techniques (cat. 22), Pierre Bullet est un architecte accompli, mais il semble sortir de son domaine de spécialité lorsqu'il publie, vers le milieu des années 1690, un opuscule « sur la nature et sur les effets de la mauvaise odeur des lieux ou aisances et cloaques et sur l'importance dont il est d'éviter cette mauvaise odeur pour la conservation de la santé » (cat. 26). Plus de la moitié du texte est en effet consacrée aux maladies causées par les miasmes des fosses d'aisances, cette « vapeur infecte », chargée « de soufre et de sels », qui s'insinue dans les organes par la circulation sanguine : Bullet fait approuver ses dires par une autorité, publiant à la fin de son texte une lettre de Jean Adrien Helvétius, médecin ordinaire du roi et introducteur en France de médicaments contre la dysenterie. L'architecte rentre ensuite dans son champ de compétence, en critiquant les moyens employés dans les constructions « pour remédier à cette incommodité, mais assez inutilement ». L'exposé aboutit à une annonce : « on avertit le public que le seul et infaillible moyen d'empescher cette mauvaise odeur pour toujours a enfin esté trouvé », mais l'auteur n'en dira rien de plus et conclut : « L'adresse est chez Monsieur Lay, marchand de fer, rue de la Verrerie, au bout de celle du Cocq. » Ce qui se présentait comme un essai théorique se révèle ainsi un fascicule commercial !

On ignore la nature du procédé vanté par Bullet, mais qu'il soit mis en vente par un marchand de fer laisse à penser qu'il devait s'agir d'un mécanisme de fermeture ou de ventilation des chausses de privés. Bullet en était l'inventeur et en a obtenu le privilège d'exploitation pour trente ans. L'acte en date du 31 mai 1695, imprimé à la suite du texte, précise que l'architecte « avoit trouvé le secret d'empêcher la mauvaise senteur des lieux vulgairement appellez communs ou aisances […] par le moyen d'une machine qu'il avoit inventée » et que le roi en a « fait faire l'épreuve par des personnes expérimentées », qui ont reconnu « l'utilité de cet établissement et l'avantage que nos maisons royales et le public en pouvoient recevoir ». Cette mise à l'épreuve par des experts, souvent issus des académies royales, est caractéristique de la procédure française en matière de privilège d'invention et garantit qu'il ne s'agit pas seulement d'un monopole lucratif, mais aussi d'une innovation d'intérêt public.

---
1. Sur cette question, voir en dernier lieu Hilaire-Pérez, 2000.
2. Publié à Paris par Nicolas de Fer en 1702.

cat. 27, détail

Composer et orner

La connaissance de l'art de bâtir permet à l'architecte de répondre aux deux premières exigences vitruviennes de solidité (*firmitas*) et de commodité (*utilitas*), mais c'est sur la troisième, celle de la beauté (*venustas*), qu'il est le plus souvent jugé par ses contemporains et qu'il se distingue des simples maîtres d'œuvre. À l'échelle de la France du XVIIe siècle, les critères d'appréciation de l'architecture ont beaucoup changé suivant les dates, lieux et milieux sociaux. Une culture artistique commune s'impose néanmoins progressivement, par la diffusion européenne des formes et conceptions issues de la Renaissance italienne et par le développement, dans le cadre national, d'une « architecture à la française[1] ». Les modalités de transmission de cette culture demeurent très diverses, en l'absence, jusqu'au dernier tiers du siècle, de toute institution d'enseignement de l'architecture.

Depuis les mutations techniques et professionnelles survenues sur les grands chantiers gothiques au XIIIe siècle, le dessin occupe une place centrale dans la pratique des architectes en Europe[2]. L'acquisition des savoir-faire graphiques constitue donc une étape primordiale dans leur formation, mais au début du XVIIe siècle, il s'agit encore d'une compétence assez rare en France. Si beaucoup d'artisans du bâtiment ont une pratique du dessin et de la géométrie, experte même lorsqu'il s'agit de la taille des pierres et de leur appareillage, la représentation géométrale et perspective de l'architecture et de ses ornements, telle qu'elle s'est développée depuis la Renaissance au XVe siècle, reste le privilège de quelques artistes et érudits. L'expansion du recours au dessin, pour des raisons artistiques, techniques, juridiques ou administratives, va bouleverser en quelques décennies cet état de fait. Si la transmission des techniques graphiques, dans le cadre familial ou de maître à disciple, a laissé peu de traces, de rares contrats d'apprentissage témoignent de son enseignement croissant au cours du siècle, au moment où sont apparus en France les premiers dessinateurs d'architecture professionnels (cat. 29). Parallèlement, la fabrication des instruments de dessin connaît de grands progrès, au point que Paris s'est imposé, à partir des années 1650, comme l'un des principaux centres de production en Europe, réputé notamment pour ses précieux instruments en argent (cat. 28).

Élaborée à la Renaissance à partir de l'étude du traité de Vitruve et des vestiges de l'Antiquité, la théorie des ordres constitue la pierre angulaire de la culture des architectes à l'âge classique. Elle leur fournit un vocabulaire formel et une syntaxe de composition, que ceux-ci se doivent d'apprendre comme un langage décoratif à part entière. Les éléments fondamentaux en sont bien établis, avec ses membres constitutifs (piédestal, colonne, entablement, fronton, etc.) et ses principales catégories stylistiques (toscan, dorique, ionique, corinthien et composite romain), mais l'uniformisation s'arrête là. Pour le détail des proportions et

---

1. Hautecœur, 1943-1967, t. I et II ; Pérouse de Montclos, 1982 (2013).
2. Cat. exp. Strasbourg, 1989 ; Recht, 1995.

de l'ornementation, les traités du XVIe siècle ont proposé quantité de modèles différents, sous forme de relevés archéologiques, de propositions de synthèse normatives ou au contraire de compositions libres[1]. Dans un esprit de rationalisme croissant, les auteurs français du XVIIe siècle se sont employés à mettre en ordre et à critiquer cette abondance, ainsi Roland Fréart de Chambray dans son *Parallèle de l'architecture antique avec la moderne* en 1650 (cat. 30). Les architectes praticiens, pour leur part, adoptent en majorité le système de Vignole, jugé le plus équilibré et commode à mettre en application, et publient de nombreuses traductions de son traité, progressivement augmenté d'additions et de commentaires pour l'adapter au goût français (cat. 31 à 34).

Concevoir un projet de bâtiment à l'époque moderne, c'est au moins autant jouer de citations et de variations à partir de modèles connus et reconnus que faire preuve d'invention autonome. De même que les hommes de lettres se nourrissent des « lieux communs » tirés des auteurs classiques, les architectes doivent s'approprier un vaste corpus de références visuelles, qui va des vestiges de l'Antiquité romaine jusqu'aux constructions françaises les plus récentes, en passant par les œuvres de la Renaissance italienne. Une pratique fréquente, notamment au début du siècle, semble avoir été de constituer des recueils personnels de copies, pour servir de répertoire formel. L'album de Charles Du Ry rassemble ainsi des élévations de façades ou de portails, des dessins d'ornements et des plans représentant principalement des bâtiments contemporains, à la construction desquels l'architecte a lui-même pu assister ou participer (cat. 35). En complément à cette expérience directe sur le chantier, les livres imprimés de la Renaissance italienne fournissaient des motifs en abondance, c'est ainsi le cas du recueil des œuvres de Domenico Fontana paru à Rome en 1590, largement copié dans un célèbre carnet de dessins d'architecture conservé au musée du Louvre, désormais attribuable au sculpteur parisien David de Villiers (cat. 36).

Après avoir connu des heures fastes au temps des Delorme, Du Cerceau et Bullant jusqu'aux années 1570, l'édition française en matière d'architecture connaît une période de net repli au début du XVIIe siècle. Il faut attendre la décennie 1630 pour voir de nouveaux auteurs offrir au public des traités et recueils de modèles, avec l'aide de quelques graveurs, imprimeurs et éditeurs d'estampes particulièrement entreprenants. Cette vogue de publications allait s'amplifier au fil du siècle, reflétant la fertilité de l'architecture française (cat. 39 à 43). Le graveur et architecte Jean Marot s'est ainsi fait une spécialité de la représentation des constructions de ses contemporains, principalement à Paris et en Île-de-France, contribuant à la célébration et à la diffusion d'un corpus de modèles nationaux (cat. 37). Dans une perspective plus individuelle, des architectes praticiens, tels que Pierre Le Muet (cat. 40), Antoine Le Pautre (cat. 41) ou Pierre Cottart (cat. 42 et 43), profitent de ce contexte favorable pour mettre en valeur leur œuvre, en reproduisant ou faisant reproduire par l'estampe leurs dessins exécutés comme ceux restés à l'état de projets. À la fin du siècle, une part majeure de la culture visuelle nécessaire aux praticiens est désormais disponible sous la forme de publications, constituant une « bibliothèque idéale » de l'architecture française[2].

---

1. Pauwels, 2013.
2. Mignot, 2009.

La pratique du dessin

27.
Jean Guillaume Carlier (1638-1675), attribué à
Portrait d'architecte, s.d. [milieu du XVIIe siècle]

Huile sur toile, 102,5 × 79 cm
Lille, musée des Beaux-Arts, inv. P.418

Entré dans les collections du musée avant 1795, ce grand portrait « compte parmi les chefs-d'œuvre de Lille[1] ». Attribué à la fin du XIXe siècle à Sébastien Bourdon, nom sous lequel Benjamin-Louis-Auguste Damman l'a gravé en 1877, il est donné depuis 1980 au Liégeois Jean Guillaume Carlier[2]. Élève de Bertholet Flémal, avec lequel il se rendit à Paris en 1670, celui-ci est en effet un peintre de sujets religieux, mais encore un beau portraitiste, amateur d'effets caravagesques.

Plus que l'auteur, c'est le sujet qui intrigue ici : représenté à mi-corps dans une loggia dont on aperçoit la base des colonnes à l'arrière-plan, un homme vêtu d'une grande cape marron tient de la main gauche une feuille posée verticalement sur une planche de bois ; de l'autre, il serre un grand compas pointé vers lui, dans un geste étonnant qui s'apparente à une auto-désignation, dont on voit un exemple précoce dans le portrait de Sansovino du Tintoret (Florence, musée des Offices). Le dessin représente une porte en plein cintre encadrée de deux colonnes ioniques que couronne un fronton curviligne, motif évidemment trop courant pour proposer une identification, mais on remarque que l'échelle présente une mesure à dix subdivisions : cela ne peut correspondre à la toise et pose évidemment la question de la nationalité du modèle.

On a cru récemment reconnaître dans cette figure l'entrepreneur et ingénieur Simon Vollant, dont on sait le rôle capital dans l'administration et les travaux de Lille après la conquête française[3]. Cette identification ne repose cependant sur rien de solide[4]. Le nom de cette figure locale glorieuse aura donc été associé *a posteriori* avec un beau tableau anonyme, suivant un phénomène courant de confusion *enjolivante*. Le tableau de Lille n'en demeure pas moins une remarquable illustration du portrait d'architecte, où le dessin et son instrument accompagnent dignement, sinon métaphysiquement, la figure de l'artiste.

cat. 27

---

1. Thuillier, 2000, p. 492.
2. Cat. exp. Dunkerque-Valenciennes-Lille, 1980, p. 28-29.
3. Brejon, 1989.
4. Nous remercions Nicolas Faucherre de son aide.

28.
Instruments de dessin français du XVIIe siècle

A – Jean Choizy (?-1682)
Compas et demi-pied de roi, s.d. [vers 1660]

Argent et acier, 10,2 cm (compas), 8,7 cm (demi-pied)
France, coll. part.
Descriptif : Le demi-pied de roi est composé de deux bras rectangulaires pivotant autour d'une charnière et ouvrant à 180° pour former une règle de 6 pouces. Une face porte la signature « Choizy à Paris », l'autre l'échelle d'un « demy pied de roy », divisée en 6 pouces. La charnière est ornée de chaque côté d'une rosace stylisée, accompagnée de feuilles d'acanthe.
Le compas, en argent et acier, est de type primitif et présente des branches droites à pans reliées entre elles par une charnière à cinq feuilles. C'est un modèle à pointe changeante gravé au niveau de la charnière, de la vis et près de cette dernière le long de l'une des branches. Les rosaces, différentes sur chaque face, sont identiques à celles du demi-pied.
Instruments dépourvus de poinçon de décharge, car antérieurs à 1672.

B – Michel Butterfield (vers 1643-1724)
Nécessaire de mathématiques, s.d. [1681-1684]

Argent et acier, étui recouvert de chagrin noir clouté d'argent, 13 × 6,5 × 2 cm
France, coll. part.
Descriptif : L'étui contient cinq instruments au format de 4 pouces :
– une règle pliante en argent formant deux tiers du pied de roi, constituée de deux bras pivotant autour d'une charnière et pouvant former aussi équerre grâce à une languette mobile située à l'intérieur des bras ; les deux faces, gravées d'un somptueux décor de feuilles et fruits exotiques, portent respectivement la signature « Butterfield à Paris » et l'inscription « pouces du roy », sur une échelle de 8 pouces, subdivisée en 12 lignes aux extrémités ;
– un rapporteur semi-circulaire gradué d'une échelle double de 0 à 180°, et gravé de la signature « Butterfield à Paris » ;
– un grand compas à pointes sèches en argent et acier ;
– un porte-crayon à poussoir en argent de section cylindrique gravé d'une échelle de 4 pouces, avec le premier pouce divisé en lignes ;
– un petit compas à pointes sèches en argent et acier dit à tête-boule, venant se visser sur le porte-crayon à poussoir ;
Poinçons de charge Paris 1681-1684 sur tous les instruments.

C – Nicolas Bion (vers 1655-1733)
Nécessaire de mathématiques, s.d. [vers 1700]

Or et acier, étui rectangulaire recouvert de chagrin noir clouté d'or, 10 × 4,5 × 2 cm
Paris, musée du Louvre, inv. OA 10832
Descriptif : L'étui contient sept instruments ou accessoires au format de 3 pouces :
– un compas de proportion en or formant équerre à niveau et gravé de sept échelles ; du côté de la signature « N. Bion à Paris », trois échelles : « poids des boulets », « les cordes pour les angles », « les métaux » ; sur l'autre face, trois autres échelles : « demy pied de roy », « les parties égales », « les poligones » ; enfin, une échelle en degrés gravée sur la traverse centrale ;
– un rapporteur semi-circulaire en or gradué d'une échelle double de 0 à 180° et signé « N. Bion à Paris » ;
– un compas à pointes changeantes en or et acier (porte-crayon et pointe sèche) ;
– un tire-ligne en or et acier ;
– un porte-crayon en or à bague coulissante ;
– un petit poids en or formant fil à plomb ;
Instruments dépourvus de poinçon.

D – Nicolas Bion (vers 1655-1733)
Nécessaire de mathématiques, s.d. [1697-1704]

Argent et acier, étui rectangulaire recouvert de chagrin noir clouté d'argent, 9,8 × 4,8 × 2,5 cm
France, coll. part.

Descriptif : L'étui contient huit instruments ou accessoires au format de 3 pouces, presque identiques au nécessaire précédent, mais en argent :
– un compas de proportion en argent formant équerre à niveau et gravé de sept échelles ; du côté de la signature « N. Bion à Paris », trois échelles : « les cordes », « les métaux », « calibre et poids des boulets » ; sur l'autre face, trois autres échelles : « demy pied de roy », « les parties égales », « les poligones » ; enfin, une échelle en degrés gravée sur la traverse centrale ;
– un rapporteur semi-circulaire en argent gradué d'une échelle double de 0 à 180° et signé « N. Bion à Paris » ;
– un compas à pointes changeantes en argent et acier (porte-crayon, porte-fusain et pointe sèche) ;
– un tire-ligne en argent et acier ;
– un porte-crayon en argent à bague coulissante ;
– un petit porte-mine/porte-plume en argent à coulisse ;
Poinçons de décharge Paris 1697-1704 sur trois instruments.

Sous l'Ancien Régime, les outils destinés aux activités graphiques font partie de la catégorie, plus générale, des instruments dits « de mathématiques[1] ». On désigne par instruments de dessin ceux qui servent à la prise de notes techniques, à l'esquisse, au tracé préparatoire et à la mise au net de plans et dessins, ainsi qu'à la prise de mesures et aux calculs géométriques. Il s'agit essentiellement de compas de formes variées, de règles (simples, parallèles, pliantes ou encore du compas de proportion), de rapporteurs, de porte-crayons et de tire-lignes. À cela s'ajoutent des encriers, godets à peintures, pinces à papier et piquoirs pour le tracé au poncif. Les instruments de mathématiques regroupent, en plus de ceux décrits, des objets plus élaborés et souvent destinés à des mesures plus précises, comme des graphomètres, cercles entiers, hausses d'artillerie, compas à calibres et cadrans solaires mais aussi des globes.

Longtemps fabriqués en fer et en laiton, les instruments de dessin commencent à apparaître en métal précieux à Paris vers le milieu du XVIIe siècle[2]. Les modèles en argent, parfois même en or, sont de taille réduite par rapport à la production ordinaire et présentent souvent un riche décor gravé. Ils correspondent à une production de luxe, destinée à une riche clientèle de géomètres, architectes, ingénieurs et peintres qui se développe alors. Grâce au titre des alliages employés, à la qualité de la finition et à des innovations techniques fréquentes, la production parisienne en argent s'impose comme la plus importante d'Europe pendant le règne de Louis XIV et jusqu'à la fin du XVIIIe siècle, par rapport à celle qui existe en Grande-Bretagne notamment, et, dans une moindre mesure, en Allemagne, en Italie ou dans les Pays-Bas.

À l'origine, les fabricants parisiens appartiennent tous à la communauté des « maîtres fondeurs en terre et en sable », mais ils prennent souvent le titre d'« ingénieur du roi pour les instruments de mathématiques », qui n'est pas officiel, mais leur permet d'afficher clairement leur spécialité. Originaire de Limoges et actif à Paris à partir de 1649, Jean Choizy est le plus ancien fabricant d'instruments de dessin en argent identifié à ce jour et fait figure de véritable précurseur. Seules trois pièces de sa production

---
1. Frémontier-Murphy, 2002.
2. Rocca, 2012, et *Précieux instruments de dessin français et leurs fabricants, 1650-1850*, à paraître en 2018.

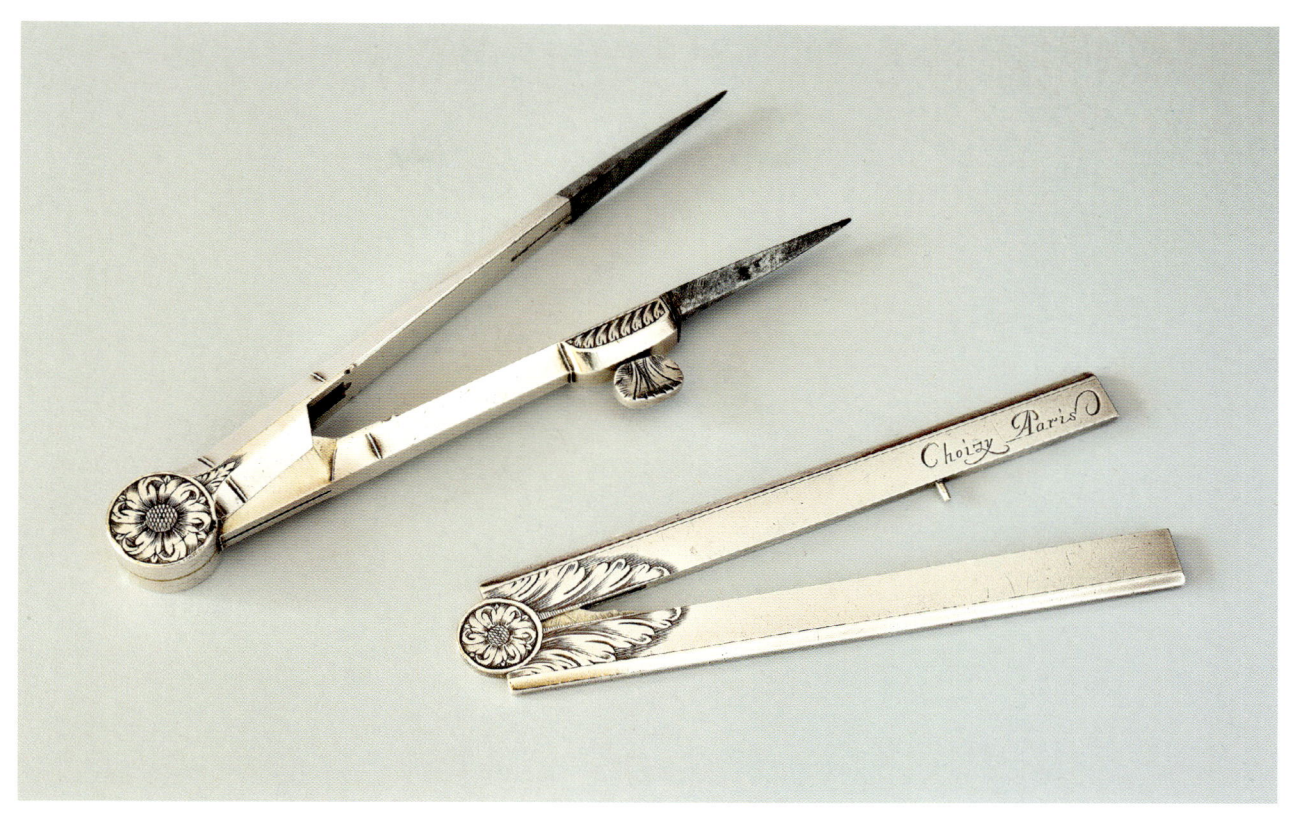

cat. 28-a

cat. 28-b

cat. 28-c

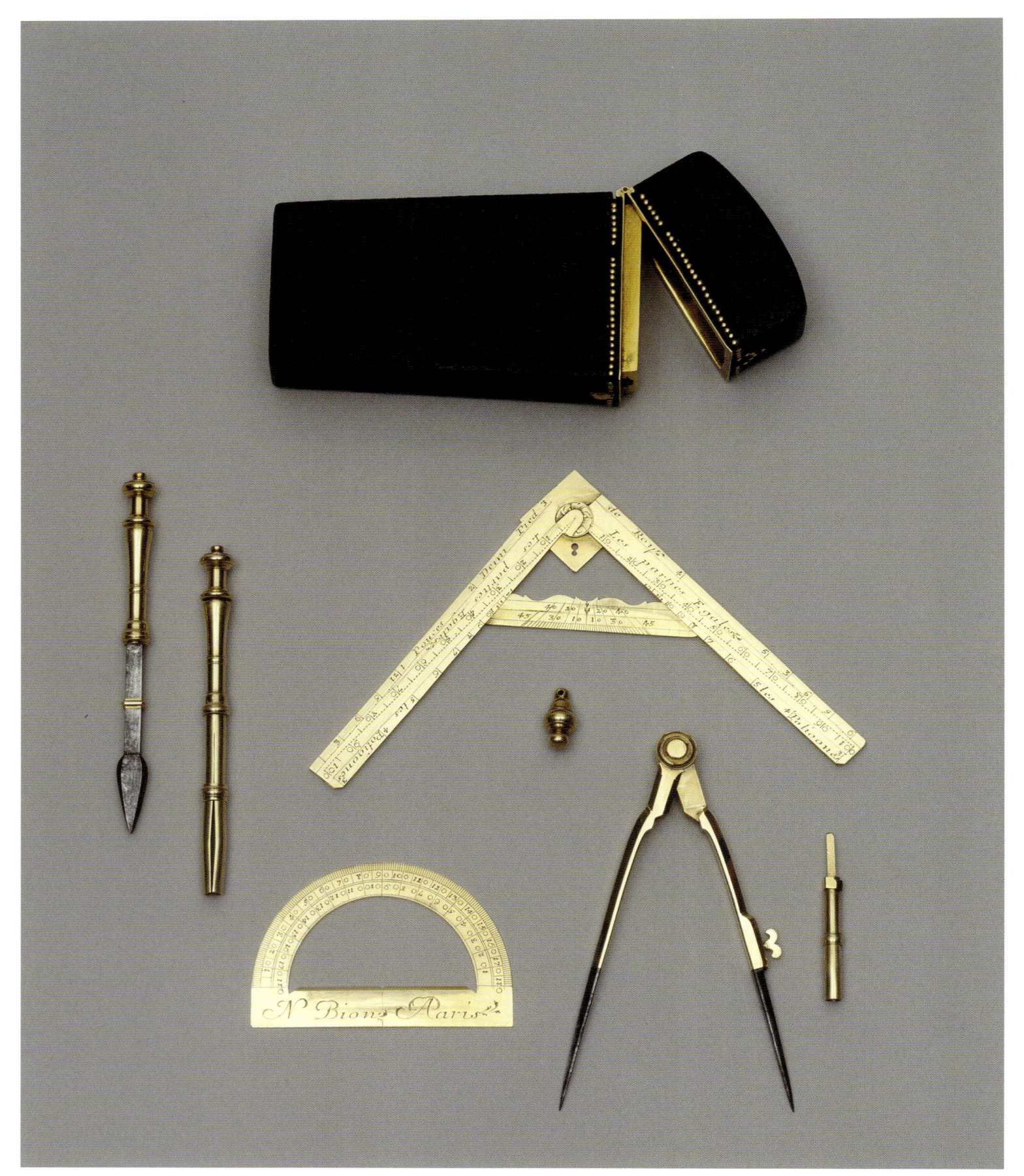

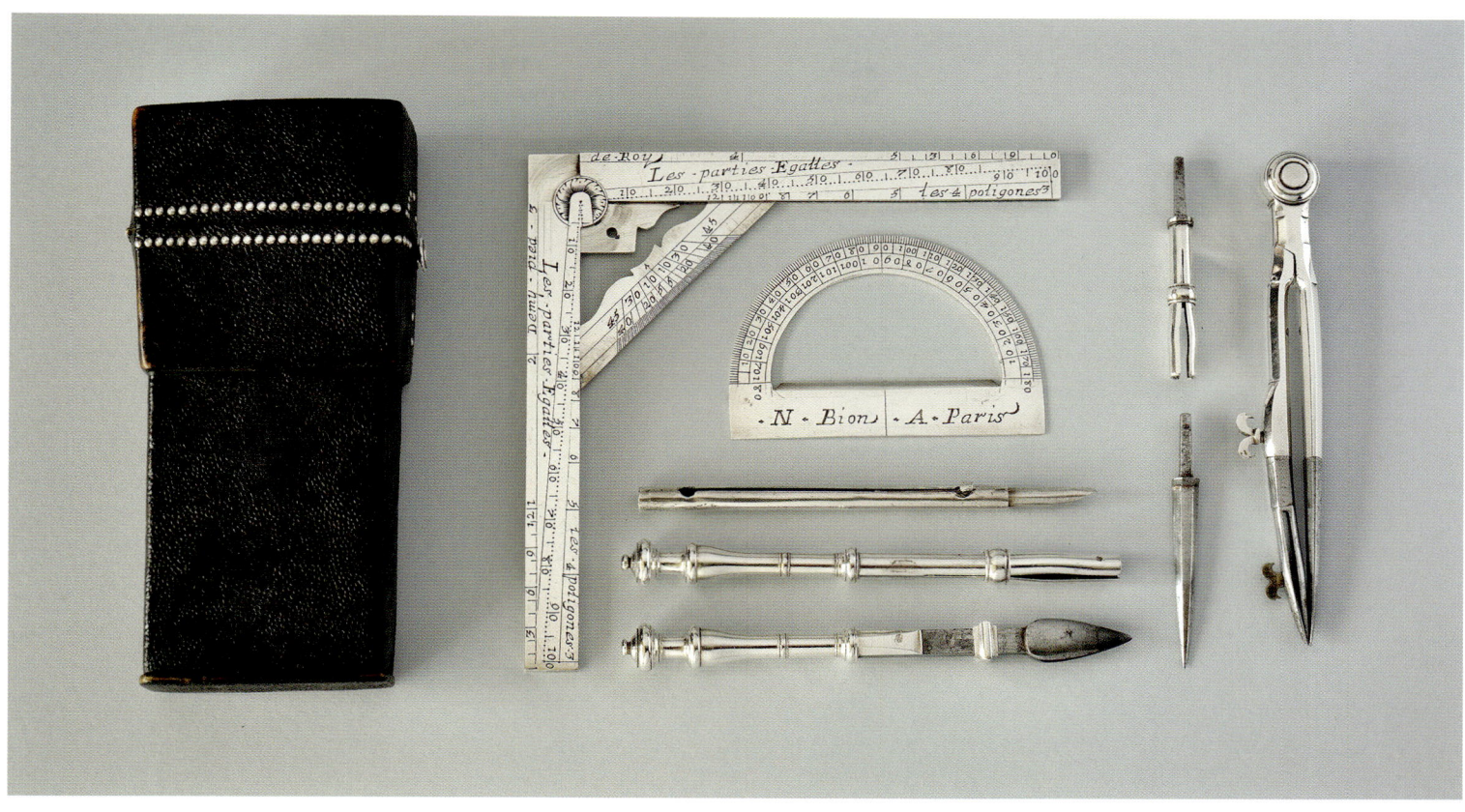

cat. 28-d

sont actuellement connues : un compas de proportion en argent[1] et les deux instruments ici présentés (cat. 28-a). En 1665, Choizy prend pour apprenti un jeune homme natif de Londres, Michel Butterfield, qui va devenir l'un des plus importants représentants de la profession sous Louis XIV. Ayant obtenu des lettres de naturalité en 1672, Butterfield fabrique et commercialise de nombreux instruments de dessin et de mathématiques, parfois magnifiquement décorés (cat. 28-b), et son nom est resté attaché à un modèle de cadran solaire portatif qui a rencontré un très grand succès commercial. C'est toutefois à Nicolas Bion qu'il est revenu de consacrer la réputation d'excellence de la production parisienne. Établi dès la fin des années 1670 quai de l'Horloge, à l'enseigne du Quart-de-cercle géométrique comme le rappelle une belle carte commerciale conservée au musée Carnavalet (fig. 14), Bion publie en 1709 un *Traité de la construction des instrumens de mathématiques*, bientôt traduit en allemand (1717) et en anglais (1723). L'ouvrage décrit notamment la fabrication et l'utilisation de ses précieux nécessaires de dessin, dont on conserve de rares exemplaires complets, en argent et même en or (cat. 28c et 28d). Preuve de leur renommée internationale, Butterfield et Bion recevront tous deux la visite du tsar Pierre le Grand en 1717 lors de son voyage en France[2].

Patrick Rocca

fig. 14. Carte commerciale de Nicolas Bion, estampe, fin du XVIIe siècle, Paris, musée Carnavalet

---

1. Musée du Louvre, inv. OA 10804.
2. Cat. exp. Versailles, 2017, p. 105.

29.
Contrat d'enseignement du dessin d'architecture entre Simon Pierretz et Augustin Huillasme, au profit de son fils Gérard, 21 septembre 1654

Papier, plume et encre brune, 34,5 × 21,5 cm
Paris, Arch. nat., MC/ET/XLII/142

On ne sait rien ou presque de l'enseignement du dessin d'architecture au XVIIe siècle, qui, à cette époque, a pour cadre l'atelier. Dans les métiers jurés issus de l'organisation médiévale du travail, les maîtres pouvaient prendre des apprentis en passant contrat par-devant notaire, mais ces actes ne font presque jamais mention du contenu de la formation dispensée à l'apprenti. En règle générale, le maître promet seulement de « luy monstrer et enseigner led. mestier », sans plus de précision (cat. 5 à 7). Ne constituant pas un corps de métier à part entière, les architectes ne peuvent en principe prendre d'apprenti au sens juridique de l'époque. Il est d'autant plus précieux de découvrir qu'en 1654, un nommé « Simon Pierretz, architecte à Paris, y demeurant rue Saint-Martin » a passé marché avec le maçon Augustin Huillasme pour enseigner à son fils, Gérard, « l'art de designer en ce qui concerne l'architecture et bastimens », moyennant une rétribution de cent livres. La durée de cet enseignement n'est pas fixée, mais le contrat précise que le paiement serait acquitté par le père sous six mois « quoyque led. Huillame son fils ne fust pas encore assez advancé » et que les cours se poursuivraient ensuite « jusques à lad. perfection ».

Simon Pierretz appartient à une famille d'artisans et d'artistes de religion réformée, qui demeure mal connue. Son père, Guillaume Pierretz, était maître menuisier et tailleur en bois actif à Paris pendant la première moitié du siècle. Si quelques marchés et contrats d'apprentissage, portant sa signature accompagnée d'un compas et d'un rabot, prouvent qu'il exerça bien l'activité de menuisier, il se déclare sur le tard « architecte en desseing », titre professionnel sans aucun équivalent connu à Paris[1]. L'aîné de ses fils, Jean, né vers 1609, a été mis en apprentissage en 1626 avec Claude Sallé, maître peintre à Paris et peintre ordinaire du roi[2], et a pour témoin à son contrat de mariage, en 1645, le peintre tourangeau Simon François. Un mémoire d'ouvrages de décor exécutés en 1654 chez l'intendant des finances Jacques Paget montre qu'il est alors peintre de décors et de plafonds aux sujets allégoriques et mythologiques[3]. Simon était le cadet, né vers 1616-1618 et mort le 8 avril 1683, enterré le lendemain au cimetière protestant de Paris[4]. On sait seulement de lui qu'il a toujours vécu rue Saint-Martin avec l'état d'architecte, s'est marié une première fois en 1648[5], puis une seconde

cat. 29

en 1676[6]. Un troisième frère, prénommé Abraham, a commencé par un apprentissage auprès du maître menuisier Claude Barrois en 1644[7], mais il se dit par la suite tantôt peintre, tantôt architecte, établi lui aussi rue Saint-Martin, et se marie en 1653[8].

Il faut rattacher à cette même famille deux mystérieux graveurs connus sous le nom d'Antoine Pierretz, dits le Vieux et le Jeune, qui publièrent des planches d'ornements et d'architecture. On attribue au premier plusieurs recueils de motifs, dont un *Livre d'architecture de portes et cheminées* daté de 1647, où il évoque son emploi auprès de l'architecte Pierre Ier Lemaistre, maître des œuvres et garde des fontaines de la ville de Paris (fig. 15)[9]. Il pourrait aussi être l'auteur de l'élévation de la Visitation de la rue Saint-Antoine

---

1. Arch. nat., MC/ET/XIII/41, contrat de mariage de Jean Pierretz, 12 février 1645.
2. Arch. nat., MC/ET/CV/575, contrat d'apprentissage du 30 juin 1626.
3. Arch. nat., MC/ET/CXII/71, quittance du 16 avril 1657, à la suite d'un mémoire d'ouvrages de peinture et dorure.
4. Herluison, 1873, p. 348-349.
5. Haag, 1846-1859, t. VII, p. 174 : mariage en 1648 de Simon Pierretz, architecte, avec Catherine, fille de Honoré Métayer, sculpteur et peintre. Son frère Abraham épouse en 1653 la sœur de celle-ci, Judith (*Ibid.*).
6. Arch. nat., MC/ET/I/169, contrat de mariage de Simon Pierretz, architecte, avec Guillemette Breton, fille de Denis Breton, maître maçon à Mantes.
7. Arch. nat., MC/ET/L/10, contrat d'apprentissage du 16 juin 1644.
8. Haag, 1846-1859, t. VII, p. 174.
9. Fuhring, 2014-b, p. 121.

d'après François Mansart, « dessigné et gravé par Pierrets[1] ». Parmi les publications traditionnellement données au second, on note plusieurs recueils publiés « chez l'auteur rue Saint-Martin », et en particulier une suite de *Trophées inventez et gravez par Pierrets le Jeune* dédiée au sculpteur et architecte Thibaut Poissant, sous la conduite duquel il affirme avoir travaillé[2]. Le prénom d'Antoine, retenu par les historiens de l'estampe, n'est toutefois donné que par Michel de Marolles dans son *Catalogue* de 1666 et il pourrait s'agir d'une erreur[3]. Sachant que les planches ne portent jamais que « A. Pierretz », « Pierretz le Jeune », « Pierrets le Jeune », « Pierrets » ou « Pieret », il est tout à fait possible que les deux Antoine supposés ne soient autres qu'Abraham et ses frères, voire qu'il n'y ait eu en fait qu'un seul graveur dans la famille, Abraham, qui serait dit le Jeune par opposition à ses aînés peintre et architecte.

À la génération suivante, Théodore Pierretz, fils de Simon, se dit également architecte, mais meurt à 28 ans, en 1684[4]. Il est le cousin germain du « Louis Pierretz, demeurant à Paris rue Saint-Martin », fils de Jean, qui est embauché en 1669 « en qualité de dessignateur » par Michel Hardouin, architecte des Bâtiments du roi et frère de Jules Hardouin-Mansart, pour travailler « en tous ses hastelliers pour les desseings et pour le soing de tailler et faire taillier la pierre[5] ». On constate ainsi, sur une cinquantaine d'années, l'évolution d'une famille issue de l'artisanat parisien traditionnel vers une spécialisation dans tous les métiers du dessin : représentation de l'architecture, peinture de décors, gravure d'ornement, mais aussi dessin technique et d'appareillage, manifestant par là de manière exemplaire la cohésion croissante des arts graphiques dans la culture artistique du XVIIe siècle.

1. Babelon et Mignot (dir.), 1998, p. 15.
2. Cat. exp. Paris, 2015, n° 37.
3. Marolles, 1666, p. 128. Charles Antoine Jombert consacre une notice à « A. Pierretz, peintre » (Jombert, 1765, t. I, p. 12) et Désiré Guilmard s'abstient aussi de lui donner un prénom (Guilmard, 1880, p. 94).
4. Herluison, 1873, p. 348-349.
5. Jestaz, 2008, t. I, p. 196, et t. II, p. 225. Une fille d'Abraham Pierretz épouse en 1673 Pierre Faucher, maître charpentier à Paris, dont deux neveux Jean et Étienne Faucher se disent également architectes (Arch. nat., MC/ET/L/131, 13 février 1673).

fig. 15. Abraham Pierretz (ici attribué à), élévation d'un portail rustique, eau-forte, 1647, Institut national d'histoire de l'art, bibliothèque

Des ordres classiques ou modernes

30.
Roland Fréart de Chambray (1606-1676)
Parallèle de l'architecture antique et de la moderne avec un recueil des dix principaux autheurs qui ont écrit des cinq ordres, Paris, chez Edme Martin, 1650

Reliure d'époque en veau marbré, gravure à l'eau-forte, 37 × 26 cm
Paris, Centre André Chastel

Dans l'abondante littérature relative à l'architecture qui a vu le jour en Europe à la Renaissance, la question des « ordres d'architecture » a connu un développement particulier, au point de former un genre éditorial à part entière dès le milieu du XVIe siècle[1]. Alors que les premières publications l'ont principalement abordée à travers l'exégèse du traité de Vitruve, Sebastiano Serlio innove en 1537 en lui consacrant pour la première fois un volume entier, les *Regole generali di architettura sopra le cinque maniere de gli edifici*, abondamment illustrées de gravures sur bois. Serlio n'utilise pas encore la notion d'ordre, mais répartit les formes et proportions tirées de Vitruve ou des vestiges antiques en cinq catégories stylistiques – toscan, dorique, ionique, corinthien et composite romain – qui vont désormais constituer le fondement de toute architecture « régulière ». De très nombreux auteurs lui emboîtent le pas et proposent, dans leurs propres traités ou recueils de planches, tantôt des systèmes concurrents, tantôt des variantes, compléments et extensions plus ponctuels, mais en respectant désormais le cadre des cinq ordres antiques tenus pour canoniques.

Au XVIIe siècle, les livres parus depuis le temps de Serlio ont fini par constituer une « bibliothèque idéale », sans cesse augmentée de nouveaux titres, dont les inventaires après décès d'architectes donnent une idée précise[2]. Les praticiens y trouvent les systèmes de proportions et répertoires de formes qu'ils se doivent de maîtriser pour utiliser les ordres dans leurs propres constructions[3]. Face à l'abondance toujours croissante des références, les Français développent toutefois une approche critique, notamment sous l'impulsion de certains cercles d'amateurs et d'artistes attachés à l'idée d'une perfection de l'art issue de principes intangibles. Dans les dernières années du règne de Louis XIII s'affirme ainsi le groupe dit des « Intelligents », réunis autour de François Sublet de Noyers nommé surintendant des Bâtiments du roi en 1638. L'érudit Roland Fréart de Chambray, cousin de Sublet, en est la tête pensante et accorde une attention particulière à l'architecture, dont son parent entend réformer la pratique en France.

Le *Parallèle de l'architecture antique et de la moderne* est publié à Paris en 1650, au beau milieu de la Fronde et cinq ans après la mort de Sublet de Noyers, mais c'est l'aboutissement d'un projet conçu et élaboré avec ce dernier, comme le souligne Chambray dans sa préface[4]. Le propos de l'ouvrage est d'une extrême clarté et son traitement éditorial d'une remarquable efficacité. Chambray entend démontrer au public français que tous les modèles connus pour les ordres d'architecture ne se valent pas et propose d'établir une hiérarchie entre eux, fondée à la fois sur un discours critique et sur une pédagogie par l'image. La première distinction qu'il introduit consiste à « séparer en deux branches les cinq ordres de l'architecture » antique, en isolant d'une part les trois ordres grecs (dorique, ionique et corinthien), qui « contiennent non seulement tout le beau, mais encore tout le nécessaire de l'architecture », et d'autre part les deux ordres inventés par les Romains (toscan et composite), jugés superflus, voire nocifs puisqu'ils ouvrent la voie

---

1. Thoenes, 1985 (1998).
2. Mignot, 2009.
3. Guillaume (dir.), 1992 ; Pauwels, 2013.
4. Lemerle, 1997 ; Chambray, 1650 (2005), introduction, p. 21-39.

cat. 30, frontispice

à de nouvelles inventions. Cette opposition se traduit dans le plan du livre, qui ne respecte pas la progression conventionnelle entre les cinq ordres, mais comporte une première partie sur les ordres grecs, la plus fournie (p. 6-83), et une courte seconde partie sur les ordres latins (p. 85-109). Chacun des ordres grecs est l'objet d'une analyse méthodique, reposant sur la présentation de quelques-uns des meilleurs vestiges antiques et la confrontation des modèles proposés par les principaux auteurs modernes, répartis deux à deux : Andrea Palladio et Vincenzo Scamozzi ; Sebastiano Serlio et Jacopo Barozzi da Vignola, dit Vignole ; Daniele Barbaro et Pietro Cataneo ; Leon Battista Alberti et Giuseppe Viola ; et enfin deux Français, Jean Bullant et Philibert Delorme. Ainsi, par son organisation même, le traité est entièrement démonstratif, instaurant une triple hiérarchie, entre ordres d'origine grecque ou romaine d'abord ; entre vestiges antiques et auteurs modernes ensuite ; enfin entre les auteurs eux-mêmes, les Vicentins Palladio et Scamozzi étant jugés supérieurs à tous autres.

Le chapitre XVII, ici présenté, est exemplaire de la démarche de Chambray et de ses limites, concernant les auteurs modernes. La planche, disposée sur la page de droite, présente l'ordre ionique selon Palladio et Scamozzi sous forme de deux demi-colonnes avec leur entablement, le tout réduit au même module pour permettre d'en comparer les proportions. Le texte, sur la page de gauche, émet quelques critiques envers Palladio, parce qu'il a donné les mêmes proportions d'ensemble aux ordres ionique et corinthien et qu'il a placé des modillons dans la corniche en lieu et place des denticules jugés propres à l'ordre ionique. Scamozzi surtout s'est rendu coupable d'une innovation presque sans précédent antique : il a composé un chapiteau à volutes en cornes, c'est-à-dire disposées en diagonale sur l'angle, alors que la volute classique présente des faces rectilignes et des enroulements en forme de balustre sur les côtés. Et Chambray de conclure qu'un ordre moderne, même « excellent » comme celui de Palladio, « ne peut pas être repris tout à fait », mais doit être amélioré par un retour à l'exemple des Anciens. La démonstration n'a pas eu l'effet escompté auprès des Français, car l'ordre scamozzien, moderne par excellence, a été adopté avec passion par les architectes de la seconde moitié du siècle, au point de devenir l'ordre royal sous Louis XIV[1].

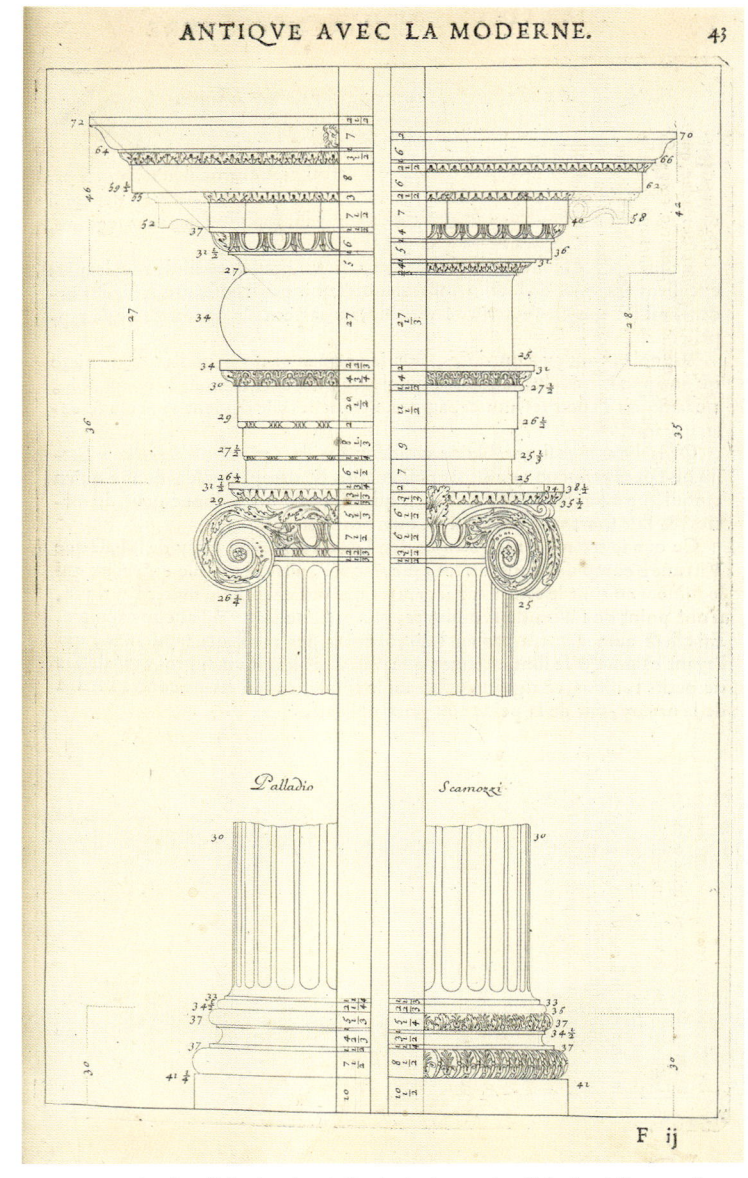

cat. 30, chapitre XVII, planche de l'ordre ionique selon Palladio et Scamozzi, p. 43

---

1. Gady, 2010.

31.
Pierre Le Muet (1591-1669)
Règles des cinq ordres d'architecture de Vignole revues, augmentées et réduites de grand en petit,
Paris, chez Melchior Tavernier, 1632

Reliure en parchemin, 16 × 10 cm
Paris, École nationale supérieure des beaux-arts, LES 916

De tous les livres sur les ordres d'architecture qui ont vu le jour à la Renaissance, aucun n'a eu un succès et une postérité comparables à la *Regola delli cinque ordini d'architettura* publiée en 1562 par Jacopo Barozzi da Vignola, dit Vignole[1]. Le traité se distingue tout d'abord par son titre : c'est une *Règle*, au singulier, c'est-à-dire pour la première fois la proposition d'un système cohérent et autonome, émancipé de la doctrine vitruvienne et des exemples archéologiques. Les proportions générales suivent ainsi des définitions arithmétiques simples : quel que soit l'ordre envisagé, la hauteur de l'entablement équivaut au quart de celle de la colonne, et celle du piédestal, au tiers ; le diamètre de la colonne correspond au septième de sa hauteur pour l'ordre toscan, au huitième pour le dorique, au neuvième pour l'ionique et au dixième pour les ordres corinthien et composite. La seconde innovation propre au traité de Vignole est sa conception éditoriale, presque exclusivement graphique. Dans son édition *princeps*, le livre consistait en trente-deux planches gravées sur cuivre au format in-folio et le texte se limitait à une courte préface et quelques commentaires succincts intégrés aux planches. L'exposé adoptait un plan simple, suivant la progression des ordres (du toscan au composite) et allant du général (ordre entier en colonnade et en arcade) au particulier (piédestal, base, chapiteau et entablement).

Avec ses deux caractères de simplicité et de lisibilité, le traité a été rapidement adopté par les architectes praticiens comme étant le plus commode à appliquer, notamment à Paris à partir des premières années du XVIIe siècle[2]. Les Français n'ont d'abord accès à lui que par les nombreuses éditions italiennes, publiées à Rome et Venise, jusqu'à ce qu'une première traduction ne paraisse à Amsterdam en 1617, dans une édition quadrilingue[3]. Cette traduction a servi de base à la publication par Pierre Ier Firens d'une première édition parisienne, sans date, mais restée confidentielle[4]. Tel n'a pas été le sort de la nouvelle version du traité conçue par l'architecte Pierre Le Muet et sortie des presses de Melchior Tavernier en 1632, car celle-ci remporta un succès éditorial immense et connut de nombreux tirages et rééditions, ainsi que des traductions en allemand, anglais et néerlandais.

Une première raison de cette réussite est le choix d'un format de poche. Le Muet a pris le parti de réduire le traité « de grand en petit » comme l'indique son titre, en adaptant les planches in-folio

cat. 31, frontispice

au format in-octavo, plus commode pour les praticiens. Pour ce faire, les textes ont été extraits des planches et placés en vis-à-vis, ce qui donne à l'ouvrage l'apparence d'un traité plus classique. La seconde raison du bon accueil reçu par le « Petit Vignole » de Le Muet est l'addition de planches adaptées au goût parisien du temps[5]. Dès l'édition *princeps* de son traité, Vignole avait ouvert la voie à cette possibilité en publiant en guise de dernière planche un entablement de son invention, ne ressortissant à aucun ordre précis, et les éditions suivantes avaient vu les additions se multiplier progressivement jusqu'à une *Nuova et ultima aggiunta* de portails de Michel-Ange dans l'édition romaine de 1602. Parmi les planches supplémentaires retenues par Le Muet pour son édition de 1632, certaines respectent bien des compositions originales, mais le portail rustique à entablement toscan de Vignole a été remplacé par une variante couronnée d'un fronton, telle qu'elle avait été construite une quinzaine d'années plus tôt par Salomon de Brosse à l'hôtel de Bénigne Bernard à Paris[6]. Neuf planches sont en outre ajoutées, représentant des portails entièrement nouveaux, certainement dus à l'imagination de Le Muet lui-même.

---

1. Thoenes, 1983 (1998) ; Thoenes, 1988.
2. Mignot, 2003.
3. Lemerle, 2008 ; *eadem*, notice en ligne : http://architectura.cesr.univ-tours.fr/traite/notice/vignole1617.asp
4. *Ibid.* ; http://architectura.cesr.univ-tours.fr/traite/notice/vignole-sd.asp
5. Mignot, 2010-a.
6. Coope, 1972-a, p. 66-68 ; Mignot, 2010-a.

32.
Frémin de Cotte (1591-1666)
Explication facile et briefve des cinq ordres d'architecture,
Paris, chez l'auteur, 1644

Papier, dix planches gravées à l'eau-forte, 19,5 × 23 cm à la cuvette, sauf la planche n° 4 : 23 × 38 cm
Paris, Bibl. nat. de Fr., Est., HD-121

L'*Explication facile et briefve des cinq ordres d'architecture*, qui paraît en 1644 à Paris à l'adresse de l'auteur, est sans doute l'un des livres d'architecture les plus rares et méconnus du XVIIe siècle français[1]. Son auteur, Frémin de Cotte, se dit pour l'occasion « architecte ordinaire du roi » et il dédie son ouvrage à Jean Antoine de Mesme, membre d'une importante famille de la noblesse de robe parisienne, qui lui avait témoigné une « singulière inclination » pour l'architecture à l'occasion de travaux non identifiés. Grand-père du futur architecte de Louis XIV Robert de Cotte, Frémin est avant tout maître puis juré maçon à Paris et son activité est connue par les ouvrages auxquels il a participé en tant qu'entrepreneur, en particulier l'église de l'Oratoire du Louvre en 1622-1623 et l'hôtel de Liancourt sur les dessins de Jacques Lemercier[2].

---
1. L'exemplaire du département des estampes de la Bibliothèque nationale de France, prêté pour l'exposition, est incomplet des planches 2 et 3, et les planches 6, 8 et 10 ont été coupées à la reliure. Pour la notice, nous nous référons donc à l'exemplaire de la réserve du département des Imprimés (V-1998).
2. Babelon, 1965 (1991), p. 250 ; Gady, 2005, p. 83, 230-231, 331-333.

De fait, l'auteur ne fait pas mystère de son statut de praticien, le revendiquant même hautement. Dans l'épître dédicatoire, il s'excuse ainsi de la médiocrité de son compliment, par « sa profession, toute employée dans l'entreprise et le soing des hauts et superbes ouvrages et qui n'a aucun commerce avec l'estude de l'éloquence » : le choix des mots n'est pas fortuit, quand De Cotte parle d'entreprise et d'ouvrages, il fait bien allusion à son statut d'entrepreneur de maçonnerie. De même, dans l'avis liminaire qu'il adresse « au lecteur », il se défend de se croire « plus habille que tant d'architectes » ses contemporains ou devanciers, mais prétend seulement que « le temps et l'expérience » peuvent lui avoir « donné des lumières que personnes peult-estre n'a encores exposées en public ». C'est en homme de l'art, et non en théoricien, qu'il s'exprime et son propos s'adresse à ses collègues plutôt qu'aux amateurs et aux savants.

Si l'on exclut le frontispice, l'épître et l'avis au lecteur, la matière de l'ouvrage tient en seulement sept planches, dont une grande planche synthétique représentant les cinq ordres en entier et alignés (n° 4), trois planches de texte (n°s 5 à 7) et trois planches pour le détail des piédestaux, bases, chapiteaux et entablements des ordres (n°s 8 à 10). Aucun auteur n'est cité de manière explicite, mais le modèle suivi se reconnaît sans peine : c'est la *Regola* de Vignole, dont les proportions et les membres sont respectés en tout point par De Cotte, à de rares détails près. On note par exemple qu'il s'est

cat. 32, planche 4, présentation synoptique des cinq ordres réduits à la même hauteur suivant Vignole

conformé au second modèle d'ordre dorique proposé par Vignole pour le chapiteau et l'architrave, mais à son premier modèle pour la corniche à denticules et cimaise en gorge ; l'architrave de l'ordre ionique se voit simplifiée à deux fasces, contre trois chez Vignole ; enfin, l'ordre composite est doté d'un chapiteau nouveau, avec un seul rang de feuillage, une corbeille creusée de canaux et des festons suspendus depuis un masque emprunté au chapiteau ionique de Michel-Ange au palais des Conservateurs du Capitole.

L'intérêt de la publication n'est évidemment pas à rechercher dans ces infimes modifications apportées à la règle de Vignole, mais réside dans la présentation et « l'explication » nouvelles qui sont proposées de cette dernière. Dans son avis liminaire, De Cotte écrit en effet s'être « mille fois estonné comme, dans un si grand nombre de beaux esprits qui ont escript de l'architecture avec tant de soing et d'industrie, il n'y en aye point eu qui, dans le traicté des colomnes, nous aye fourny des moiens pour nous en faciliter l'usage ». Or c'est un fait bien connu que le principal défaut de la *Regola* de Vignole est de n'avoir pas su mettre en évidence la simplicité révolutionnaire du système proportionnel qu'elle propose[1]. Ainsi, le rapport constant qu'instaure Vignole entre piédestal, colonne et entablement n'est jamais exposé de manière globale, mais seulement par incise dans les didascalies des planches. Frémin de Cotte répare cette erreur dès le début de son explication : « Ce qui suit est commun à tous les ordres. Il fault diviser la haulteur donnée, quelle qu'elle soit, en dix-neuf parties, puis en donner douze au tronc de la colomne y compris sa baze et son chapiteau ; sept au piedestail et au couronnement, à sçavoir quatre au piedestail et trois au couronnement, c'est à dire à l'architrave, la frise et la corniche ensemble ; de sorte que le piedestal est le tiers de la colomne, l'architrave, la frise et la corniche ensemble le quart. » De même, Vignole n'avait pas pris la peine de proposer de planche synoptique pour comparer les cinq ordres et celle qui a été ajoutée à son traité de manière posthume, vers 1572, ne rendait aucun compte de son système proportionnel, mais elle a été systématiquement reprise dans les éditions et traductions ultérieures (cat. 34). Le seul moyen d'expliquer par l'image la logique du système était de réduire tous les ordres à la même hauteur et c'est ce que fait Frémin de Cotte dans sa grande planche n° 4.

Ses reproches ne sont pas dirigés contre Vignole lui-même, dont les proportions sont implicitement reconnues pour seules valables, mais contre les architectes qui, quoique « véritablement sçavans », voient leurs « cognoissances […] enfermées dans leurs livres, de sorte qu'à moins de traisner toujours avec eux ces précepteurs muets, qui leur servent de règle, ils ne sçauroient rien faire qui soit dans la justesse requise ». Peut-être faut-il lire dans ce passage et dans l'emploi de l'adjectif « muet » comme une pique discrète contre Pierre Le Muet, car son édition de 1632, en français et au format de poche, avait rendu la *Règle* de Vignole certes accessible et très commode de manipulation pour les praticiens, mais pas plus intelligible que l'original (cat. 31).

1. Thoenes, 1983 (1998), p. 81-86.

33.
Bernard Menessier (?-après 1717)
Règles des cinq ordres d'architecture de M. Jacques Barozzio de Vignole. Traduction nouvelle et augmentation de ses œuvres, Paris, chez Pierre Mariette, 1665

Livre imprimé couvert de parchemin, planches à l'eau-forte, 15,5 × 10 cm. Au verso du plat supérieur, don du volume à la Société centrale des architectes par Alfred Tessier, 31 mai 1865
Paris, Académie d'architecture, bibliothèque

En 1665 paraît à Paris chez Pierre II Mariette une édition de la *Règle* de Vignole en français, sous-titrée « traduction nouvelle et augmentation de ses œuvres ». L'épître dédicatoire, signée « B. Menessier », permet d'identifier son auteur, Bernard Menessier, architecte-entrepreneur qui a fait une belle carrière à Paris sous le règne de Louis XIV en tant que voyer de la Ville, puis juré expert-entrepreneur[1]. De manière évidente, la nouvelle édition de Vignole se présente comme un prolongement de celle de Le Muet de 1632, dont elle reprend le format réduit et la mise en page. Le volume, achevé d'imprimer le 1er février 1665, porte d'ailleurs le privilège accordé à Pierre II Mariette le 18 octobre 1657 pour la réédition de la traduction de Le Muet, dont le premier privilège était échu depuis plusieurs années.

Menessier ne s'est toutefois pas contenté de regraver à l'identique l'édition de 1632, il a corrigé la traduction, allégeant un peu le style et modernisant le vocabulaire technique qui avait vieilli[2]. La qualité de gravure est très inférieure à celle de l'édition de 1632, mais Menessier rétablit tout de même quelques détails qui avaient été supprimés par Le Muet[3]. Enfin, il a modifié les planches supplémentaires, en supprimant toutes les planches françaises ajoutées par son prédécesseur et en réintroduisant les *aggiunte* de portails de Vignole et Michel-Ange des éditions italiennes, qu'il complète par quatre « desseins du Vignole qui n'estoient encore en lumière » : ce sont des élévations du monastère de l'Escurial, édifice pour lequel Vignole avait envoyé des projets à la fin de sa vie[4].

Le contexte du travail de Menessier est éclairé par deux curieux textes placés en tête de l'ouvrage. Le premier est l'épître dédicatoire adressée par Menessier à un architecte qu'il présente comme son maître, mais dont il cache l'identité par une métaphore : « M. de l'Addresse marine, architecte très célèbre ». Peut-être est-ce Le Muet lui-même qui est ainsi désigné, car ce dernier pourrait avoir confié le soin de la nouvelle édition à un élève ou jeune

1. Arch. nat., MC/ET/LXXXVII/217, contrat de mariage du 19 avril 1672 ; MC/ET/XIX/618, décharge du 5 mai 1717.
2. Le « portraict » est remplacé par « dessein », le « listeau » par « listel », « gueule » par « gorge », « baston » par « baguette », « loges » par « portiques », etc. En 1632, Pierre Le Muet avait largement repris la traduction proposée en 1617 par l'édition polyglotte d'Amsterdam.
3. Menessier restitue les lignes de correspondance en pointillé, le tracé en profil de la base attique et l'élévation de l'arcade corinthienne avec piédestaux, que Le Muet avait étrangement gravée de manière schématique.
4. Sur Vignole et l'Escurial, voir en dernier lieu : Marías, 2011. Ces planches supplémentaires dérivent des estampes de Pedro Perret, comme l'indique la présence de la custode eucharistique de Saint-Laurent, appelée « tabernacle » par Menessier.

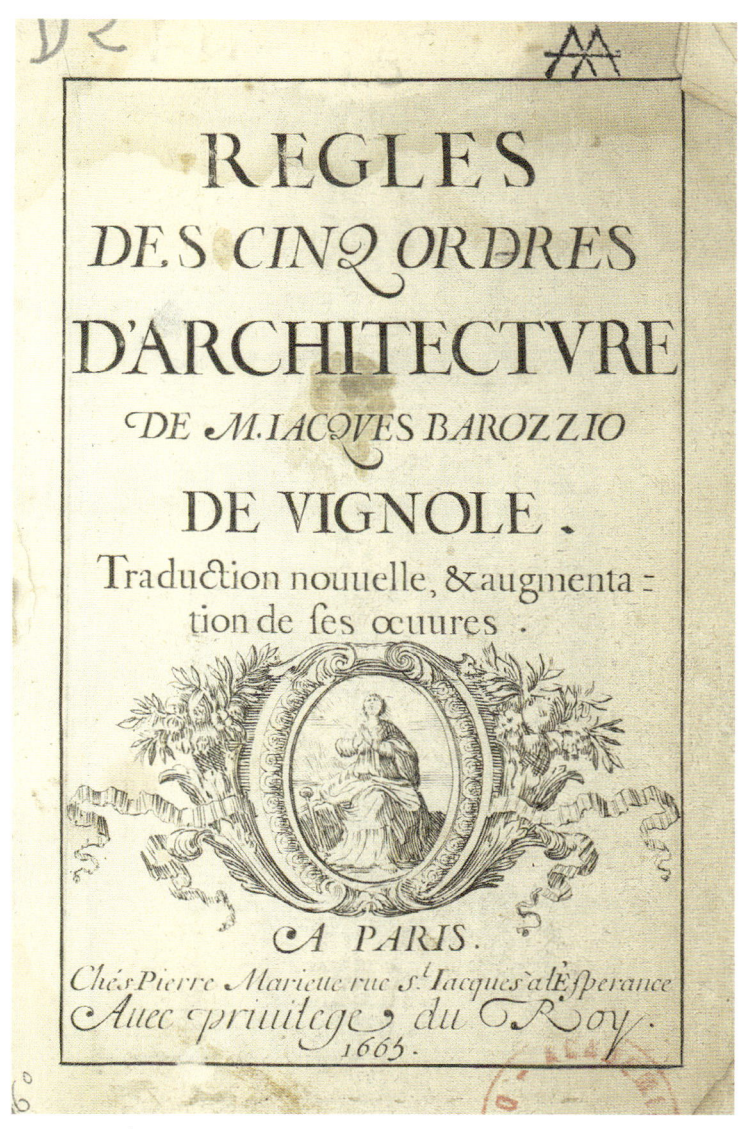

cat. 33, page de titre

cat. 33, planche synoptique des cinq ordres

collaborateur[1]. Le second texte original de Menessier est un « avis au lecteur », où il s'excuse des défauts de son édition « venant des mains d'un apprentif » et ajoute : « Cette traduction m'ayant servi de leçon très utile, je convie par là les escoliers de cet art d'en faire de même, le meilleur moyen d'apprendre estant celuy d'enseigner. » C'est là un beau témoignage sur la vertu pédagogique des exercices de copie et de traduction, ici appliqués à un véritable classique de l'architecture[2].

---

1. L'épître file la métaphore : « Parmy les escueils de cette mer et la noirceur de ces ténèbres, me conduisant par vostre adresse marine, je trouve mon éman redressé dans toutes ces variations, tellement que par cette bonne conduite, j'espère arriver à bon port. » Une clef possible pourrait être la boussole, parfois assimilée à un « guide muet ».

2. Oechslin, 2003, p. 383-384.

34.
Augustin Charles d'Aviler (1653-1701)
Cours d'architecture qui comprend les ordres de Vignole […],
2ᵉ éd., Paris, chez Jean Mariette, 1710

Reliure d'époque couverte de veau marbré, planches à l'eau-forte, 20 × 13 cm
Paris, Centre André Chastel

Augustin Charles d'Aviler est un architecte à la biographie particulièrement bien connue[1]. Né à Paris en 1653, il n'est pas issu d'une famille d'artisans ou d'artistes, mais d'une lignée d'officiers de justice et sa vocation pour l'architecture, inhabituelle dans ce milieu, a été permise par les nouvelles institutions artistiques mises en place au début du règne personnel de Louis XIV. En 1674, il est envoyé à Rome pour étudier en tant que pensionnaire du roi (cat. 46 et 47). De retour en France en 1679, il fréquente de nouveau l'Académie royale et est finalement recruté à la fin de l'année 1684 en tant que dessinateur des Bâtiments du roi auprès de Jules Hardouin-Mansart. L'emploi de dessinateur d'architecture, laborieux et peu gratifiant, ne lui convient guère et il poursuit son travail académique. En 1685 paraît un premier ouvrage sous son nom, une traduction abrégée du livre sur les ordres d'architecture de Vincenzo Scamozzi. En 1691, au moment où il publie son *Cours d'architecture qui comprend les ordres de Vignole*, il a déjà fait le choix de quitter l'agence des Bâtiments du roi pour tenter sa chance en tant qu'architecte praticien dans le Languedoc, établi à Montpellier[2] (cat. 112).

Le point de départ du projet de D'Aviler est une nouvelle fois de proposer une édition française de la *Regola delli cinque ordini* de Vignole[3]. L'épître dédicatoire adressée au surintendant des Bâtiments Louvois explicite son intention : « L'architecte dont je vous présente les ouvrages s'est acquis une réputation au-dessus de tous les autres par la facilité de ses règles et le bon goût de ses profils, qu'il a tirés des plus parfaits modelles de l'Antiquité […], c'est pourquoy j'ay crû qu'il seroit avantageux pour les ouvriers et pour tous ceux qui les employent, non seulement de le remettre au jour avec une nouvelle traduction, mais encore d'y joindre, comme j'ay fait, des remarques qui pussent confirmer ses préceptes et en faciliter l'usage. » À la différence de ses devanciers Le Muet et Menessier, D'Aviler ne s'est pas contenté de proposer une version française de la *Regola* dans un format de taille réduite, il lui a ajouté une glose très abondante, composée en plus petits caractères à la suite de la traduction. Il a également inséré la planche synoptique des cinq ordres, empruntée aux éditions italiennes posthumes de Vignole, mais corrigée par la réduction des colonnes au même module.

D'Aviler est toutefois allé bien au-delà d'une édition commentée du traité sur les ordres, il l'a augmentée au point d'en faire une véritable somme de l'art de bâtir en France au XVIIᵉ siècle. Toujours dans l'épître, il précise ainsi : « Parce qu'on ne pratiquoit pas de son temps [*i.e.* du temps de Vignole] beaucoup de choses qui se sont introduites dans le nôtre pour la commodité et pour la décoration de toutes sortes d'édifices, principalement sous vostre surintendance, je les ay insérées dans ce livre avec quantité de figures et une explication en forme de dictionnaire. » Pour ce faire, D'Aviler a pu s'appuyer sur la tradition des *aggiunte*, qui est inhérente à l'histoire de la *Regola* et consiste à ajouter au fil des éditions des planches supplémentaires à la suite de l'exposé sur les ordres, mais il a dépassé cette logique additive pour lui donner une portée nouvelle. Ainsi, les planches relatives aux portes et portails de Vignole sont dissociées pour former un chapitre thématique, intitulé « Des portes en général », où D'Aviler développe un discours critique sur les modèles italiens et présente des exemples français contemporains. Et l'auteur de poursuivre au chapitre suivant : « Comme les fenestres ne sont pas moins nécessaires que les portes dans la composition des édifices, j'ay crû qu'il estoit aussi utile d'en expliquer les espèces différentes et les proportions. » Suivant le même principe, toutes les parties de l'architecture et de la construction sont abordées ensuite de manière thématique, même celles qui sont tout à fait absentes chez Vignole, et illustrées par des planches gravées de Pierre Le Pautre.

Le choix de désigner cet ouvrage composite du nom de « cours d'architecture » est un peu surprenant. François Blondel avait déjà utilisé ce titre, mais son *Cours*, paru à Paris de 1675 à 1683, correspond à un véritable enseignement dispensé à l'Académie royale d'architecture (cat. 57). D'Aviler ayant été son élève, il n'est pas impossible que la reprise du titre soit un discret hommage à son premier maître, dont il empruntait apparemment la méthode en partant d'un texte classique pour construire son propre discours. Une critique implicite du cours académique paraît néanmoins plus vraisemblable, car son propos déborde très largement le programme de Blondel, sans se limiter aux sources archéologiques et théoriques. De manière significative, le chapitre qu'il consacre à Michel-Ange, développé à partir de la *Nuova et ultima aggiunta* des éditions italiennes, se signale par des commentaires bienveillants, parfois même admiratifs[4]. Comme l'a souligné Pierre Jean Mariette en s'appuyant sur le témoignage du frère de l'auteur, D'Aviler a bénéficié de l'aide et des conseils de François d'Orbay, qui était comme lui un praticien et qui avait lui aussi connu Rome et l'Italie[5].

À l'instar du traité de Vignole qui avait également été écrit à l'intention des hommes de l'art, le *Cours* de D'Aviler devint un véritable manuel ou « bréviaire » pour les architectes et connut de nombreuses mises à jour, augmentations et traductions jusqu'au XIXᵉ siècle.

---

1. Verdier, 2003 ; sur D'Aviler, voir également ci-dessous, cat. 47, 48, 59, 61 et 110 à 112.
2. Sournia et Vayssettes, 1992.
3. D'Aviler, 1691 (2002) ; notice en ligne de Jean-François Cabestan : http://architectura.cesr.univ-tours.fr/traite/notice/ENSBA_LES223.asp.
4. Verdier, 2003, p. 198-199 ; Garric, 2004, p. 64-68.
5. Mariette, 1853-1862, t. III, p. 65-66.

L'ARCHITECTURE
DE
VIGNOLE
AVEC LES
COMMENTAIRES
DE S.r DAVILER

A PARIS
Chez P. MARIETTE Avec Privil.

GIACOMO BAROZZIO DA VIGNOLA

Dessiné par L. Boulogne. Gravé par L. Langlois.

cat. 34, frontispice

La transmission des modèles

35.
Charles Du Ry (avant 1600-1655)
Carnet de dessins, s.d. [entre 1613 et 1631]

Registre couvert de parchemin, papier, tracés préparatoires à la pointe sèche et à la pierre noire, plume et encre brune, lavis gris, 35 × 25 cm
Paris, musée du Louvre, Arts graphiques, RF 5946 [œuvre non exposée]

Le carnet de Charles Du Ry, passé par les collections de l'architecte Henri Labrouste puis du baron de Bethmann avant d'entrer au musée du Louvre en 1923, est l'un des très rares exemples conservés de document de travail personnel d'un architecte français du XVIIe siècle. C'est peut-être même le seul à nous être parvenu dans un état presque intact, tel que son propriétaire l'a laissé à la fin de sa vie. Le volume se présente sous la forme d'un registre souple au format in-quarto, contenant quarante-neuf feuillets de papier fort sous une couverture en parchemin qui se fermait à l'origine au moyen de lanières de cuir, aujourd'hui brisées. Sur le plat supérieur et son verso, on lit plusieurs mentions d'appartenance concordantes : « Ce présent livre apartient à Charles Du Ry », qui se disait tantôt « demeurant à Verneuil sur Oyse », tantôt « à Coulommiers en Brie », et même plus précisément « travail[lant] pour madame la duchesse de L[ongueville] à son chasteaux de Coulom[miers] en Brie en l'ennée que ledict chasteaux a esté commencé, l'en 1613[1]. » Malgré ces indications répétées, le carnet a longtemps été attribué à l'architecte Salomon de Brosse, beau-frère de Charles Du Ry[2], car la reliure portait anciennement : « Je suis à De Brosse, mil six cent sept », inscription grattée et corrigée en surcharge : « Je suis à Du Ry[3]. » Ainsi Jacques Pannier, qui a donné la première analyse détaillée du volume, pensait que les folios 1 à 30, presque entièrement couverts d'élévations et décors d'architecture, avaient été dessinés par De Brosse entre 1607 et 1613, tandis que Du Ry aurait complété le restant du registre avec des figures et ornements de sculpture[4]. Cette proposition reposait notamment sur le constat que de nombreux dessins de la première partie représentaient des éléments du château de Coulommiers, dont Du Ry assura la construction à partir de 1613 suivant le projet de son beau-frère : le carnet aurait ainsi contenu les esquisses du concepteur, transmises pour servir de modèles d'exécution à l'entrepreneur des travaux[5]. Comme l'a démontré Rosalys Coope, une telle interprétation est en fait impossible, car plusieurs dessins figurent des ouvrages postérieurs à la mort de Salomon de Brosse, en particulier la terrasse et les pavillons d'entrée de Coulommiers, qui furent construits par Du Ry sous la direction de François Mansart en 1631[6]. Au demeurant, la distinction que faisait Pannier entre deux groupes de dessins au sein du même carnet ne paraît pas pertinente non plus du point de vue graphique, car la technique et la manière sont très homogènes dans l'ensemble. On note en particulier l'exécution des ombres, mêlant ou alternant un lavis gris pâle avec des hachures cursives à l'encre brune, effilées et croisées à la manière des tailles d'un graveur. S'il a bien été offert par De Brosse à son beau-frère entre 1607 et 1613, le carnet devait alors être vierge et c'est sans nul doute Charles Du Ry lui-même qui l'a rempli de ses propres dessins.

Souvent dotés d'une échelle, mais jamais cotés, les dessins de l'album ne sauraient avoir servi à l'exécution comme le supposait Pannier. Leur facture extrêmement propre, même pour ceux qui sont restés inachevés, montre que ce ne sont pas non plus des esquisses, mais des mises au net soignées. Dans bien des cas, les projets ou ouvrages représentés ont été identifiés et leurs concepteurs sont variés, mais tous ont un rapport familial ou professionnel direct avec Charles Du Ry : le château de Coulommiers susmentionné, d'après Salomon de Brosse (fol. 2, 20v, 21) et François Mansart (fol. 25v, 26v, 27-29) ; le portail de l'hôtel de Soissons,

cat. 35, fol. 18, élévation du portail de l'hôtel de Bellegarde à Paris

---

1. Deux autres mentions d'appartenance tardives sont également présentes : « Binet architecte » au verso du plat supérieur et « Barbot propriétaire place du Pilory » au fol. 1.
2. Coope, 1972-a, p. 9, n. 25.
3. Read, 1881, p. 29-30. L'inscription, sans doute effacée par l'application de réactifs chimiques au XIXe siècle, n'était déjà plus lisible en 1911 (Pannier, 1911, p. 138).
4. Pannier, 1911, p. 138-142.
5. *Ibid.*, p. 44-45 et 138.
6. Coope, 1972-a, p. 219-220 ; Mignot, 2016-b, p. 40-43.

cat. 35, fol. 11v

fig. 16. Verneuil-en-Halatte, portail de l'église Saint-Hubert, cliché antérieur à 1980

également par Salomon de Brosse (fol. 12v et 13v); ou encore un pavillon du château de Verneuil, probablement bâti sur les dessins de Jacques Ier Androuet du Cerceau (fol. 14). Au folio 18, on reconnaît le portail de l'hôtel de Bellegarde, par la suite hôtel Séguier, probablement conçu par Jean Androuet du Cerceau[1].

Ce dernier dessin présente un intérêt particulier, car il est le seul du carnet à être l'objet de deux versions, une première inachevée au folio 17 et celle complète au folio suivant (cat. 35, fol. 18). La comparaison des deux feuilles est troublante à première vue, car le niveau inférieur, d'ordre dorique, est presque identique, mais le couronnement présente des différences de proportions assez importantes, l'élévation inachevée montrant un niveau d'attique nettement plus bas et une corniche plus massive que celle achevée. Serait-on ici en présence d'une esquisse ou étude, témoignant d'un travail d'invention de la part du dessinateur ? L'examen graphique conduit à répondre par la négative. L'inachèvement du folio 17 offre en effet la possibilité de voir les tracés préparatoires, qui sont constitués de très nombreuses lignes horizontales et verticales, réglées à la pointe sèche et complétées ponctuellement de quelques contours et ornements exécutés à la pierre noire et à main levée. Les réglures parallèles, incisées à la surface du papier, sont de lecture difficile et fournissent uniquement des intervalles pour servir de trame au dessin. Or on constate que ces intervalles sont bien les mêmes dans le dessin achevé au folio suivant et que la différence se situe au niveau de l'encrage. Le dessinateur s'est trompé la première fois, en traçant la cimaise au niveau où devait se situer l'astragale de l'attique. Il ne s'agit donc pas d'un changement d'idée, mais d'une erreur de mise au net.

Les dessins qui représentent des ouvrages effectivement construits ne sont certainement pas des relevés, mais des copies d'après les dessins originaux auxquels Du Ry pouvait avoir accès par ses liens de famille ou sur le chantier. Ainsi le pavillon du château de Verneuil (fol. 14), reprenant des codes de représentation de Jacques Ier Androuet du Cerceau avec des éléments en perspective dans les baies, reproduit sans doute un dessin du maître, car on n'en connaît pas de version gravée exactement identique. De même, le portail dorique figuré en plan et élévation (fol. 11v), puis en coupes (fol. 15v), semble correspondre à celui de l'église de Verneuil, attribué à Salomon de Brosse[2]. Or cet ouvrage n'a jamais été achevé (fig. 16) et le dessin présente deux partis différents pour les pilastres, si bien qu'il doit avoir été copié sur le projet initial de l'architecte. Du Ry a-t-il également utilisé son carnet pour y dessiner des compositions de sa propre invention ? Ce n'est pas impossible, mais l'usage principal qu'il en faisait était d'y copier des modèles issus d'architectes de son entourage, pour en garder trace tout en exerçant son propre savoir-faire graphique.

---

1. Voir ci-dessous, cat. 70, et l'étude d'Étienne Faisant à paraître.

2. Sur le portail de Verneuil, voir Coope, 1972-a, p. 68 et fig. 84. Les pierres épannelées pour les figures et le cartouche prévus dans le dessin n'ont jamais été sculptées et celles situées sur le fronton ont été arasées à une période récente, mais apparaissent encore sur les photographies anciennes. L'élévation dessinée par Du Ry présente un pilastre lisse à droite et un à bossages à gauche, avec le détail caractéristique d'une assise non rustiquée sous le chapiteau, comme cela a été exécuté à Verneuil.

36.
David de Villiers (?-après 1629)
Album de dessins d'architecture et de sculpture, entre 1603 et 1622

Papier, plume et encre brune, dessins montés dans un registre moderne, 43 × 30 cm
Paris, musée du Louvre, Arts graphiques, RF 2027 [œuvre non exposée]

À la vente de la collection d'Hippolyte Destailleur en 1896, le musée du Louvre a fait l'acquisition d'un volume in-folio de soixante-sept feuillets, contenant des dessins de « détails d'ordre, modèles de portes monumentales, fenêtres, cheminées, façades d'églises, autels, tombeaux, etc. » supposés être de la main de l'architecte jésuite François Derand[1]. Reprise par Jean Guiffrey et Pierre Marcel[2], cette attribution reposait sur la signature récurrente au bas des dessins, qui avait été déchiffrée « Der », ainsi que sur les dates portées sur certains feuillets, s'échelonnant de 1603 à 1622. Comme l'a ensuite fait valoir Pierre Moisy, tout un faisceau d'arguments chronologiques et biographiques interdisent en fait de penser que le père Derand ait pu exécuter ces dessins aux dates indiquées[3].

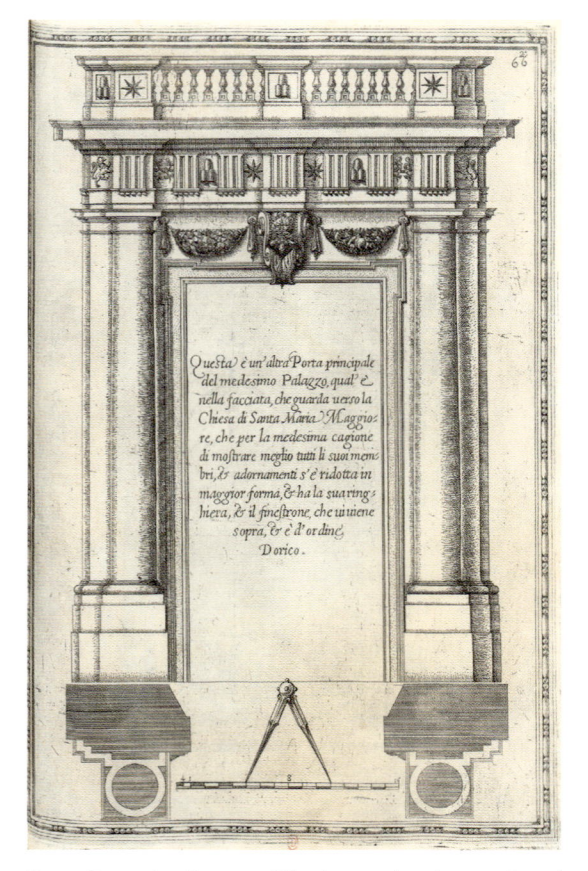

fig. 17. Domenico Fontana, élévation et plan du portail nord du palais du Latran à Rome, estampe, 1590,
Paris, Institut national de l'histoire de l'art, bibliothèque

Le recueil se présente aujourd'hui sous la forme d'un gros registre couvert en veau brun, où les feuillets sont montés sur onglet depuis une restauration moderne[4]. La foliotation, inscrite à la plume et à l'encre brune, est ancienne, mais ne correspond pas exactement à l'ordre originel des documents, qui devaient être libres dans un portefeuille, car certains dessins au crayon se trouvent reproduits par contre-épreuve sur des feuillets aujourd'hui distants[5]. Cela explique que l'organisation actuelle du volume soit discontinue. Après un feuillet non folioté portant des esquisses et un grand frontispice daté du 1er mars 1603, les folios 2 à 15 constituent une suite relativement cohérente de portes, portails et édicules, souvent dotés d'une échelle en palmes romains et napolitains. Beaucoup sont signés, avec indication des lieux et dates d'exécution, à Paris en 1613 (fol. 2) ou à Blérancourt en 1614 et 1615 (fol. 3 à 8, 15), ce qui suggère que le dessinateur travaillait alors sur le chantier de ce château sous la direction de Salomon de Brosse[6]. Suivent les feuillets 16 à 29 qui comportent des relevés détaillés d'architecture de Michel-Ange, représentant pour la plupart la bibliothèque Laurentienne (cat. 36, fol. 27) mais aussi le portail du couvent de Sant'Apollonia à Florence (fol. 16) et le tambour du dôme de Saint-Pierre (fol. 21). Ils portent quelques légendes en italien, des échelles en brasses florentines et à plusieurs reprises la date de 1616. Les folios 30 à 39 prolongent la première suite de portes et portails, avec une facture identique à celle-ci et de nouveau des échelles en palmes (fol. 34, 38, 39) ou une datation à Blérancourt en 1614-1615 (fol. 33, 38, 39). Une quatrième section est constituée de relevés et croquis au graphite d'après des monuments romains, principalement antiques (fol. 40 à 48). Enfin, tout le restant du volume contient des élévations de monuments funéraires et de manteaux de cheminées, avec des échelles en pied et quelques mentions de destination en français, faisant penser qu'il s'agit de projets, peut-être plus tardifs, la seule date indiquée se trouvant sur un dessin de chapelle funéraire « fait le 15 aoust 1622 » (fol. 62)[7].

Si le dessinateur n'a pas été identifié, c'est sans doute parce qu'on a pensé qu'il s'agissait nécessairement d'un architecte de profession. Le frontispice placé en tête du volume fournit les clefs nécessaires à l'élucidation du mystère. Présentant une composition macabre très élaborée mêlant squelettes, cercueil ouvert, Parques, allégories du Temps et autres vanités, le dessin suggère que son auteur envisageait alors de publier un recueil de monuments funéraires, tels que ceux représentés dans la suite du volume (fol. 41, 49 et 62). La remarquable qualité d'exécution des figures et des ornements se retrouve d'ailleurs dans les projets de cheminées et de tombeaux, qui semblent avoir été la spécialité de l'artiste.

---

1. Morgand (éd.), 1896, p. 22.
2. Guiffrey et Marcel, 1910, p. 8-19.
3. Moisy, 1950, p. 150-152.
4. La reliure actuelle est contemporaine. De nombreux dessins présentent des traces de colle au verso, ce qui indique qu'ils devaient être collés en plein dans le registre acquis par le Louvre en 1896.
5. Le plan au graphite du fol. 36 (RF 2027.37) se trouve reporté en contre-épreuve sur le fol. 12 (RF 2027.13) ; les croquis du fol. 41 (RF 2027.40) sur le fol. 24 (RF 2027.25) ; l'élévation de cheminée du fol. 58 (RF 2027.54) sur le fol. 55 (RF 2027.51), etc.
6. Coope, 1972-a, p. 79.
7. Au sein de cette dernière section du volume, deux feuilles de plus grand format présentent une facture nettement différente et pourraient être des dessins italiens, aux fol. 50 (RF 2027.47) et 66 (RF 2027.62).

cat. 36, fol 15, élévation et plan du portail nord du palais du Latran à Rome, d'après Domenico Fontana

De plus, le monogramme DV porté au bas du frontispice suggère que le paraphe des dessins suivants ne doit pas être lu « Der », mais « Dev ». Ces trois lettres forment en effet le début de la signature du sculpteur David de Villiers, comme le montre la comparaison avec d'autres documents où celui-ci a écrit son patronyme en entier (fig. 18).

Les quelques étapes connues de la carrière de cet artiste concordent en outre avec les indications données par ses dessins. En 1609, il soumissionna sans succès pour l'exécution de quatre fontaines dans les jardins de Fontainebleau[1] et réalisa trois ans plus tard des figures pour le cadran de l'horloge de l'hôtel de ville de Paris[2]. L'année suivante, en mars 1613, il fut chargé, conjointement avec Pierre Biard, d'une importante cheminée sculptée pour la grande salle du même hôtel de ville[3]. En 1615, c'est associé avec Pierre Collot qu'il s'engagea à réaliser le monument funéraire de René Baillet, dit le « président de Sceaux », commandé par sa fille, Charlotte Baillet[4]. Cette dernière était la mère de Bernard Potier, qui faisait alors construire le château de Blérancourt où, comme l'indique son carnet, David de Villiers a dû aussi travailler. Il fut d'ailleurs un collaborateur récurrent de Salomon de Brosse, puisqu'on le retrouve de 1619 à 1629 œuvrant sur un autre de ses grands chantiers, le château de Coulommiers[5]. Il y travailla avec son gendre Jean de Bréquigni, ou Brétigny, époux de sa fille Anne, dont le fils David fut baptisé en 1622 par un pasteur protestant[6]. Il eut au moins une autre fille, Mathurine, qui fut la seconde épouse du père de Jean Marot, Girard. Celui-ci était très lié à deux parents de Salomon de Brosse, Jean Androuet du Cerceau et Charles Du Ry[7], ce qui confirme que David de Villiers évolua dans ce petit cercle. Parmi les dessins exécutés par De Villiers à Paris et Blérancourt de 1613 à 1615, ceux qui comportent une échelle en palmes doivent nécessairement avoir un modèle italien. On peut en trouver la source dans le recueil des œuvres de l'architecte Domenico Fontana, publié à Rome en 1590 à la mémoire du pape Sixte Quint[8]. On y reconnaît en effet de nombreuses planches copiées par De Villiers à l'identique, à l'exception des ornements héraldiques qu'il a systématiquement ignorés : ainsi le portail nord du palais du Latran (cat. 36, fol. 15 et fig. 17) et celui du palais de la Chancellerie (fol. 38), ainsi que les portes rustiques de la Vigna de Sixte Quint, dites porta Exquilina (fol. 7) et porta Quirinalis (fol. 39), ou encore le plan de la chapelle Sixtine de Sainte-Marie-Majeure (fol. 36) et les plan et élévation de son tabernacle (fol. 1 verso et 2bis). D'autres portes et portails dessinés par De Villiers ne sont pas des copies aussi exactes, mais dérivent néanmoins des planches du même recueil gravé, en proposant diverses variations sur le modèle des fenêtres du palais du Latran (fol. 9, 10, 31, 32).

Les enseignements que fournit l'étude du recueil désormais attribuable à David de Villiers sont particulièrement importants et nombreux. Ses dessins rappellent en premier lieu que l'étude de l'architecture n'était pas l'exclusivité des maîtres d'œuvre, mais incombait également aux sculpteurs, dont la profession nécessitait une excellente maîtrise du répertoire formel et des règles de composition de l'architecture. Ils montrent en outre l'importance primordiale des recueils gravés dans la diffusion et l'assimilation des modèles italiens en France, en complément éventuel de l'examen des monuments sur place. L'étude approfondie du livre de Domenico Fontana de 1613 à 1615, passant par la copie et le dessin de variations d'après les estampes, semble ainsi avoir précédé un séjour en Italie en 1616, au cours duquel De Villiers put exécuter des relevés précis de la bibliothèque Laurentienne, une œuvre de Michel-Ange qui avait la particularité de n'avoir pas été gravée et publiée. Le choix de ces modèles peu classiques, fait par un sculpteur et collaborateur régulier de Salomon de Brosse, fournit un éclairage nouveau sur le développement de la culture architecturale en France au cours du premier quart du XVIIe siècle.

ALEXANDRE COJANNOT ET ÉTIENNE FAISANT

fig. 18. Signature de David de Villiers

---

1. Arch. nat., MC/ET/XIX/361, 13 janvier 1609.
2. Arch. nat., KK//432, fol. 62.
3. *Registres…*, 1883-1986, t. XV, p. 240-241.
4. Arch. nat., MC/ET/CXVIII/826, 4 novembre 1615.
5. Bibl. de la Société de l'histoire du protestantisme français, Ms. 816/10.
6. Arch. dép. Seine-et-Marne, 5 Mi 3241, 22 février 1622, baptême de David de Bréquigni, présenté par son grand-père David de Villiers.
7. Destailleur, 1863. La parenté de David et de Mathurine de Villiers est établie par la présence de son neveu Jean-Baptiste Marot à l'inhumation d'Anne de Villiers en 1668 : Herluison, 1876, p. 57-58.
8. Fontana, 1590.

cat. 36, fol. 27, élévation, plan et profil d'une niche du vestibule de la bibliothèque Laurentienne à Florence

37.
Jean Marot (vers 1619-1679)
« Portal de St**-Gervais à Paris du dessein du s**r **de Brosse »,**
élévations et plan de la façade de l'église Saint-Gervais à Paris,
s.d. [après 1670]

Papier, eau-forte, 28,6 × 21,6 cm
Paris, Centre André Chastel

Construite entre 1616 et 1621 sur les dessins de Salomon de Brosse[1], la façade de l'église Saint-Gervais a été immédiatement considérée comme un chef-d'œuvre – Sauval y voit l'ouvrage « le plus excellent d'Europe » –, aussi bien par la correction de son dessin que par son audacieuse élévation, qui amena la fabrique à prendre des précautions exceptionnelles (cat. 124). Devant parachever un édifice médiéval préexistant, l'architecte a choisi de maintenir la hauteur qu'entraînait le haut comble de l'édifice flamboyant : sa composition s'éloigne donc de la formule traditionnelle de la Contre-Réforme, à deux niveaux coiffés d'un fronton, au profit d'une façade à trois niveaux, dont on trouve quelques exemples français à la fin du XVIe siècle. De Brosse peut ainsi déployer sa science des ordres, dans un hommage sensible au château d'Anet de Philibert Delorme : dorique vignolesque, ionique et corinthien savamment dessinés escaladent le vide dans un élan vertical qui, paradoxalement, renvoie à l'esprit de l'architecture médiévale.

Imitée dès 1623 aux Feuillants, où François Mansart n'en conserve que les deux niveaux supérieurs, et surtout par François Derand à l'église Saint-Louis des jésuites du Marais, sans nécessité autre que de singer un modèle prestigieux, la façade de Saint-Gervais est gravée, un demi-siècle après sa réalisation, par Jean Marot. Architecte et graveur protestant très actif à Paris, celui-ci publie peu avant sa mort un recueil appelé « Grand Marot » en raison de son format[2]. Prolifique, mais réputé dès son époque pour ses rapidités et inexactitudes, il a représenté le chef-d'œuvre de son coreligionnaire De Brosse en une planche qui combine l'élévation principale, le plan en dessous et une élévation latérale qui trahit le « placage architectural » de la façade sur l'édifice gothique ; un petit groupe de trois personnages avec un chien donne l'échelle. On observe une assez grande fidélité de Marot dans le détail des ordres (mutules, fasces), à la réserve de la proportion de la clef de la grande baie du dernier niveau, ainsi que des modillons à feuilles du fronton sommital. Cependant, l'échelle indique une hauteur totale de 24 toises, soit 46,8 mètres, contre 40,5 en réalité…

Pierre Le Pautre donnera plus tard une élévation meilleure et plus fidèle de Saint-Gervais[3], attestant le renom de la formule de Salomon de Brosse, qui n'aura pourtant plus de postérité après le règne de Louis XIV.

cat. 37

---

1. Brochard, 1938 et Coope, 1972-a, p. 135-146. L'attribution à Clément Métezeau est une erreur ancienne, celui-ci étant intervenu en tant que caution et associé de l'entrepreneur.
2. Deutsch, 2015.
3. Bibl. nat. de Fr., Est., Ed 73 (avant la lettre) et Hd 9 b (avec la lettre). *I.F.F. Graveurs du XVIIe siècle*, t. XIII, 2008, n° 287.

38.
Jacob II van Oost (1638-1713), attribué à
Portrait de Thomas Joseph Gombert, s.d. [v. 1704]

Huile sur toile, 129,5 × 94 cm
Lille, musée de l'Hospice-Comtesse, inv. P.874 (dépôt du musée des Beaux-Arts de Lille)

Ce portrait d'assez grand format, jadis donné à Arnould de Vuez, ne manque pas d'intérêt malgré sa maladresse : il représente l'architecte Thomas Joseph Gombert (1672-1724), issu d'une famille de maçons lillois, peint « âgé de 32 ans » comme l'indique une inscription sur le tableau. Debout, il présente au spectateur une élévation dessinée sur une planche ; sur la table se voit un autre plan d'une demeure privée, qui montre des traits modernes (logis double en profondeur, escalier à vide central), ainsi qu'un compas, deux règles pliantes et un porte-crayon, trahissant l'activité de l'architecte.

Outre des maisons dans le quartier neuf de la Citadelle, Gombert a reçu la commande de l'église des carmes déchaussés, destinée à devenir « le principal ornement de la plus belle de vos conquêtes » comme le dit un placet au roi ; la première pierre en est posée le 9 août 1701. L'édifice à nef unique et campanile élevé au chevet devait ainsi offrir une spectaculaire façade à trois ordres superposés, disposition rare dans l'architecture religieuse française, mais plus courante en Flandre. Le motif en est évidemment justifié par le modèle prestigieux de la façade de Saint-Gervais de Paris, chef-d'œuvre de Salomon de Brosse (cat. 37).

Interrompue dès 1703, la construction de l'église des carmes devait reprendre vingt ans plus tard, pour être achevée au milieu du siècle sous la direction du petit-neveu de Gombert, François Joseph (1725-1801) : celui-ci simplifiera le projet en revenant au parti canonique de la Contre-Réforme, soit une façade à deux ordres superposés. L'édifice est devenu l'église paroissiale Saint-André en 1784[1].

1. Cat. exp. Lille, 2000, p. 330-331.

cat. 38

Diffuser ses inventions

39.
Anonyme
Plan et élévations du nymphée du château de Chilly,
s.d. [milieu du XVIIe siècle]

Papier, eau-forte, 28,5 × 18,7 cm
Paris, Bibl. de l'Institut national d'histoire de l'art, coll. Jacques Doucet, 4 RES 100, pièce 34

Après plusieurs décennies d'atonie, l'activité éditoriale en matière d'architecture connaît un vif essor en France à partir des années 1630. Se multiplient alors notamment les recueils de modèles gravés, proposant des variations sur les beaux morceaux d'architecture que sont les portails, retables d'autel et cheminées monumentales. En 1631 paraît ainsi le *Livre d'architecture contenant plusieurs portiques de différentes inventions* de l'ingénieur hydraulicien Alexandre Francine, suivi en 1633 par le *Livre d'architecture d'autels et de cheminées* du maître maçon et architecte Jean Barbet et par les *Pièces d'architecture* du sculpteur Pierre Collot[1]. Entièrement gravées en taille douce et pouvant prendre la forme de volumes reliés ou de feuilles libres, ces publications connaissent un vif succès et une diffusion européenne.

La pièce ici présentée appartient à une suite peu connue de douze estampes, publiée sans titre ni date par l'imprimeur en taille douce Herman Weyen et aujourd'hui montée à la suite du traité de Jean Barbet dans un recueil de la collection Jacques Doucet[2]. Un autre tirage de cette planche rare et non signée est conservé à la Bibliothèque nationale, dans l'œuvre de Jean Marot, qui pourrait donc en être le graveur[3]. Elle se distingue d'emblée des autres planches de la suite, ainsi que des recueils de Barbet, Collot ou Francine, car son objet est un véritable corps de bâtiment, et non une simple composition décorative. Elle figure en effet un pavillon rustique dont la face principale, de trois travées pour une largeur totale de cinq toises deux pieds (10,5 m) d'après l'échelle, est traitée en bossages plats continus et couverte d'une toiture droite recoupée en terrasse. Le niveau inférieur abrite une fontaine jaillissante inscrite dans une niche surbaissée en forme de gueule monstrueuse, tandis que l'étage est ouvert en loggia et dessine une forme de serlienne, avec une grande arcade avançant en balcon au centre et deux baies latérales rectangulaires encadrées de colonnes toscanes. Trop singulière et cohérente pour correspondre à un modèle imaginaire, cette représentation se rapporte de toute évidence au projet ou au relevé d'un édifice réel, qui a été identifié par Liliane Châtelet-Lange : le nymphée du château de Chilly[4]. Les vestiges en place, situés au bord de l'ancien canal, montrent qu'il s'agissait d'une fabrique de jardin servant à la fois de belvédère et de grotte. Les rares mentions concernant sa construction permettent de la dater de 1632-1633 parmi les derniers travaux exécutés pour Antoine de Ruzé d'Effiat, fidèle du cardinal de Richelieu et surintendant des Finances de Louis XIII[5]. Sa conception peut être attribuée soit à Clément Métezeau, soit à Jacques Lemercier, les deux architectes s'étant succédé sur ce chantier sans que leurs responsabilités puissent être distinguées avec certitude. La date tardive de sa construction comme sa parenté évidente avec la célèbre « grotte de rocaille », dite de la Baleine, construite vers 1639-1640 par Lemercier dans les jardins du cardinal de Richelieu à Rueil (fig. 19), plaident toutefois en faveur du second architecte.

Cette estampe est remarquable par sa composition, d'un type rare dans le genre de la gravure d'architecture tel que pratiqué en France au milieu du siècle. Combinant une élévation complète de la façade principale, un plan partiel en partie basse et une élévation tronquée de la façade latérale, délimitée par un trait ondulé, la planche offre une représentation synthétique du bâtiment, semblable à celle que l'on trouve dans de nombreux dessins d'architectes de la période, notamment de Lemercier (cat. 75). On relève en outre quelques distorsions par rapport à la représentation géométrale pure, puisque le plan du premier étage figure également la conque de la fontaine située au niveau inférieur, tandis que l'élévation latérale montre le profil du balcon et de la niche monstrueuse, qui devraient être masqués par les colonnes adossées. Isolée dans une suite de planches de nature beaucoup plus ordinaire, cette feuille est peut-être l'interprétation gravée d'un dessin original de l'architecte qui a conçu le nymphée de Chilly.

fig. 19. A. Pérelle, d'après Israël Silvestre, *Vue de la grotte de Rueil*, eau-forte, XVIIe siècle, Paris, Bibl. nat. de Fr., Est., Va 92

---

1. Fuhring, 2003 ; Pauwels, 2011.
2. La première planche porte seulement l'adresse « À Paris, de l'imprimerie d'Herman Weyen, rue S. Jacques à l'enseigne S. Benoist près la poste », dont l'activité est attestée à cette adresse à partir de 1645 ; voir la notice d'Yves Pauwels, http://architectura.cesr.univ-tours.fr/Traite/Notice/INHA-4R100.asp.
3. Bibl. nat. de Fr., Est., Ha 17, pièce 15 ; Mauban, 1944, p. 200 et 205 ; Châtelet-Lange, 1961 ; Deutsch, 2015, p. 506.
4. Châtelet-Lange, 1961.
5. Ciprut, 1961 (1962) ; Gady, 2005, p. 430-432 ; Loizeau, 2013, en particulier p. 20.

cat. 39

40.
Pierre Le Muet (1591-1669)
Augmentations de nouveaux bastimens faits en France,
Paris, chez François Langlois, 1647

Papier, estampe à l'eau-forte, 28,8 × 50,4 cm
Paris, Centre André Chastel

Né à Dijon en 1591, Pierre Le Muet a été sans doute formé sur le chantier du Luxembourg, dont il réalise en 1616 la maquette du projet. Devenu architecte ordinaire du roi, il parcourt dans les années 1620 la frontière nord du royaume, où il lève des plans de ville comme « conducteur des desseins des fortifications en la province de Picardie »[1]. Mais c'est comme théoricien, alors qu'il n'a encore rien bâti, qu'il va d'abord connaître le succès.

En 1623, il publie en effet chez Melchior Tavernier un des *best-sellers* de la littérature architecturale française, la *Manière de bastir pour toutes sortes de personnes* : l'ouvrage, « prêt-à-porter architectural » suivant l'expression de Claude Mignot, propose une suite de plans et d'élévations de maisons, classés en fonction de la taille du terrain, soit treize parcelles[2]. À la fois synthèse de l'état de l'architecture domestique de son temps et recueil de modèles accessibles à différents maîtres d'ouvrage, l'ouvrage orné de 53 planches gravées connaît un grand succès. Après avoir donné une traduction de Palladio « habillé à la française » en 1645, dont les planches sont dues au jeune graveur Jean Marot, Le Muet réédite deux ans plus tard sa *Manière de bastir*, avec un supplément, baptisé *Augmentations* : l'architecte y ajoute en effet une suite de planches gravées par le même Marot représentant ses propres constructions, soit trois hôtels et trois châteaux. Le Muet est alors au sommet de sa carrière : après avoir donné de nombreux plans pour des hôtels à la mode à partir de 1642, et quelques châteaux en province (Pont, Chavigny, Tanlay), il achève le palais parisien du cardinal Mazarin, en attendant de reprendre le chantier du Val-de-Grâce en 1655, qu'il portera à perfection pour Anne d'Autriche.

On ne connaît aucun dessin autographe certain de Le Muet, aussi les planches gravées de son œuvre constituent-elles un témoignage majeur, d'autant plus que la plupart de ses constructions ont été altérées ou détruites. C'est le cas du château de Pont-en-Champagne, dans l'Aube, élevé entre 1638 et 1645 pour Claude Bouthillier, surintendant des Finances de Louis XIII[3]. Le Muet a conçu un édifice en U, selon la tradition française des logis articulés, bien conforme aux prescriptions du médecin Louis Savot en 1624. Marot en a gravé sept planches, en plans et élévations, auxquelles s'ajoutent trois élévations alternatives qui n'appartiennent pas aux *Augmentations*. La façade sur cour gravée par Marot montre la richesse du décor de bossages, mais ne peut révéler la polychromie des façades : le château a en effet été élevé suivant le parti rustique en brique et pierre, à cette date toujours vivace. Combiné aux logis simples en profondeur et aux toitures découpées, ce parti symbolise bien l'esthétique du « siècle de Louis XIII ». La demeure a disparu en 1814.

---

1. Mignot, 1991.
2. Le Muet, 1623 (éd. 1981).
3. Mignot, 2005. L'auteur propose de voir dans une élévation du château de Pont conservée au Centre canadien d'architecture de Montréal (DR 1964:012) un autographe de Le Muet, mais sa qualité paraît bien faible.

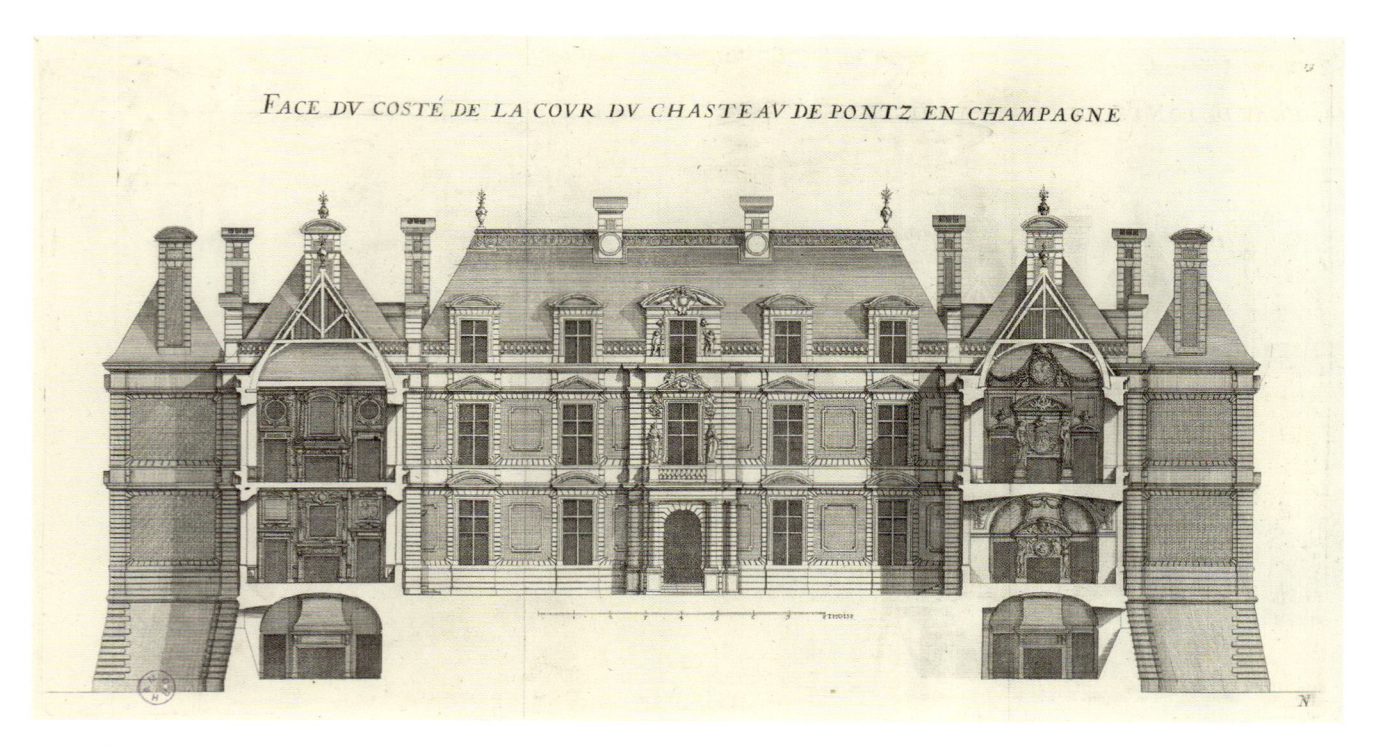

cat. 40, élévation sur cour du château de Pont-en-Champagne et coupe des ailes en retour

cat. 41, planche 55, vue perspective du portail et du dedans de l'église de Port-Royal à Paris, projet non exécuté

41.
Antoine Le Pautre (1621-1679)
Desseins de plusieurs palais, plans et élévations en perspective géométrique […], 2ᵉ éd. augmentée, Paris, chez Jombert, s.d. [après 1679]

Livre imprimé, reliure en veau moucheté du XVIIIᵉ siècle, 39 × 26 cm
Paris, École nationale supérieure des beaux-arts, 941 A ter

Alors que la Fronde s'achève, le cardinal Mazarin se voit dédier un somptueux livre d'architecture, intitulé *Desseins de plusieurs palais, plans et élévations en perspective géométrique, ensemble les profiles élevez sur les plans, le tout dessiné et inventez par Anthoine Le Paultre, architecte et ingénieur ordinaire des bastimens du roy*[1]. Le volume, qui s'ouvre par le portrait de l'architecte (cat. 8), comprend trente planches gravées par Jean Le Pautre et Jean Marot, représentant six projets de grandes demeures urbaines et aux champs, dont la typologie oscille entre le château et la villa. L'inspiration qui domine est nettement italienne dans les plans, souvent symétriques, et les élévations, marquées par de forts bossages, mais les toitures et la distribution renvoient à la culture architecturale française de l'époque. Après la mort de l'architecte, en 1679, le libraire Jombert a donné une nouvelle édition du traité, dédiée au prince de Conti et non datée, sous le titre d'*Œuvres d'architecture d'Anthoine Le Pautre*. Elle comprend deux suites supplémentaires consacrées à deux édifices qui sont parmi les premiers que l'architecte ait bâtis : l'hôtel de Fontenay-Mareuil, grande demeure située rue du Coq-Héron, détruite au début du XIXᵉ siècle, et la chapelle de Port-Royal de Paris. Dédiée à l'origine à Mˡˡᵉ de Longueville, la suite de cinq planches comprend le plan, deux coupes et deux élévations de la façade projetée, dont une est mi-partie avec un écorché de l'intérieur, ici exposée[2].

Commandée en 1646 et exécutée en deux ans, la chapelle de Port-Royal s'inscrit dans la suite d'églises parisiennes de la Contre-Réforme avec celles du Noviciat des jésuites (cat. 78), de la Visitation rue Saint-Antoine (cat. 82) ou de la Sorbonne, où se trouvent combinées les formes savantes issues de la Renaissance italienne avec le traitement minéral lié à la stéréotomie qu'affectent les

---

1. *I.F.F. Graveurs du XVIIᵉ siècle*, t. XI, 1993, p. 15-34.
2. *I.F.F. Graveurs du XVIIᵉ siècle*, t. XI, 1993, n° 59.

Français. Orienté, l'édifice est bâti sur un plan centré, avec une nef carrée couverte d'une coupole sur pendentifs, que prolonge à l'ouest le chœur des religieuses. Occupant l'angle nord-est du cloître, la chapelle devait présenter au nord, sur le « champ des Capucins » – futur boulevard de Port-Royal –, une façade latérale, que Le Pautre traite comme le portail principal. La gravure le montre en perspective et en écorché, parti qui explicite cette curiosité et permet de comprendre les volumes. Le Pautre avait imaginé un portique tétrastyle sans fronton, couronné de statues au-devant d'une grande baie thermale éclairant la nef, suivant un parti où l'on sent la forte influence de la façade sur cour de la Sorbonne de Lemercier (cat. 1). Ce portique, dont l'ordre ionique devait être scamozzien, fut jugé trop somptueux par l'abbesse de Port-Royal, la mère Arnaud, et abandonné à la réalisation, au profit d'une façade dépouillée, moins en relief, qui a été gravée par Jean Marot : c'est celle qui subsiste. La vue écorchée montre à droite la moitié de l'église, avec ses maçonneries et sa charpente en comble brisé. On en reconnaît le plan et l'ordre de pilastres ioniques, mais pas le riche décor des écoinçons et de la coupole, laissés lisses à la réalisation ; sur la droite, la gravure se fait plus pittoresque, en montrant le chœur des religieuses et les trois niveaux au-dessus, le dernier à usage de lingerie.

cat. 41, planche 56, détail

42.
Pierre Cottart (vers 1623-vers 1700)
Receuil des plus beaux portails de plusieurs églises de Paris,
Paris, 2ᵉ éd. chez Van Merle, 1660

Livre imprimé, planches gravées à l'eau-forte, 28,5 × 21,5 cm
Paris, coll. part.

43.
Pierre Cottart (vers 1623-vers 1700)
Recueil des œuvres de Pierre Cottart, architecte,
s.l.n.d. [Paris, 1686]

Livre imprimé, gravure à l'eau-forte, reliure d'époque en parchemin, 44 × 31 cm
Paris, École nationale supérieure des beaux-arts, 353 fol.

Architecte ayant peu bâti, Pierre Cottart est aujourd'hui connu grâce à un édifice, l'hôtel Amelot de Bisseuil rue Vieille-du-Temple à Paris, ainsi qu'aux recueils et planches d'architecture imprimés dont il est l'auteur[1]. On suppose généralement qu'il est né à Paris vers 1630, mais sa date de naissance est certainement antérieure à 1623, car en 1648 il a déjà une épouse et une fille, baptisée le 30 septembre à Saint-Eustache[2] ; l'enfant a pour parrain l'architecte François Le Vau et pour marraine Marie Curabelle, fille de l'architecte et maître maçon Jacques Curabelle. Ce dernier ayant construit en 1647 le bâtiment des Écoles extérieures de la Sorbonne, c'est sans doute là que Cottart avait pu se lier avec lui, car un dessin atteste que la conduite des ouvrages y a été assurée « par le sieur Cottart » sous la direction de Jacques Lemercier[3].

Cottart a ainsi commencé sa carrière en tant qu'architecte praticien, mais a entrepris très tôt de publier des planches gravées, sans doute pour se faire connaître et montrer son habileté graphique. Les plus anciennes repérées datent de 1649 et 1650 et sont trois vues perspectives de châteaux appartenant au comte de Rostaing, qui devait être son protecteur ou l'un de ses premiers commanditaires. En 1650, il fait encore paraître un recueil de onze relevés de façades d'églises modernes, également dédié au comte de Rostaing. Ce petit volume, publié à compte d'auteur sous le titre de *Recueil de plusieurs pièces d'architecture*, n'a eu qu'une très faible diffusion, mais il est réimprimé avec plus de succès en 1660 par l'éditeur d'estampes Jacques Van Merle, sous le titre de *Receuil des plus beaux portails de plusieurs églises de Paris*.

La première édition du volume, en 1650, était assez précoce par rapport à la mode des publications consacrées à l'architecture française contemporaine (cat. 37). Cottart, qui n'est pas un professionnel de l'estampe, en a gravé lui-même les planches, avec une maladresse certaine, assemblant tant bien que mal les plans et les élévations en fonction de leur format. Sur les onze édifices représentés, trois n'indiquent aucun nom d'architecte dans leur légende (Sainte-Élisabeth, Saint-Louis des jésuites et Saint-Nicolas-des-Champs),

---

1. *I.F.F. Graveurs du XVIIᵉ siècle*, t. III, 1954, p.182-188. Notice biographique par Jean-Pierre Babelon dans Turner (dir.), 1996, vol. 8, p. 31 ; Courtin, 2014, p.37-52.
2. Bibl. nat. de Fr., Mss., nouv. acq. fr. 12072, fiche Laborde 13726.
3. Gady, 2005, p.406-408 ; voir ci-dessous, cat. 79 et 100.

Portail des Peres de la Mercy, acheué de l'inu.^{on} de P. Cottart.

10

cat. 42, planche 10, plan et élévation du portail de l'église conventuelle de la Merci à Paris, projet non exécuté, s.d. [1650]

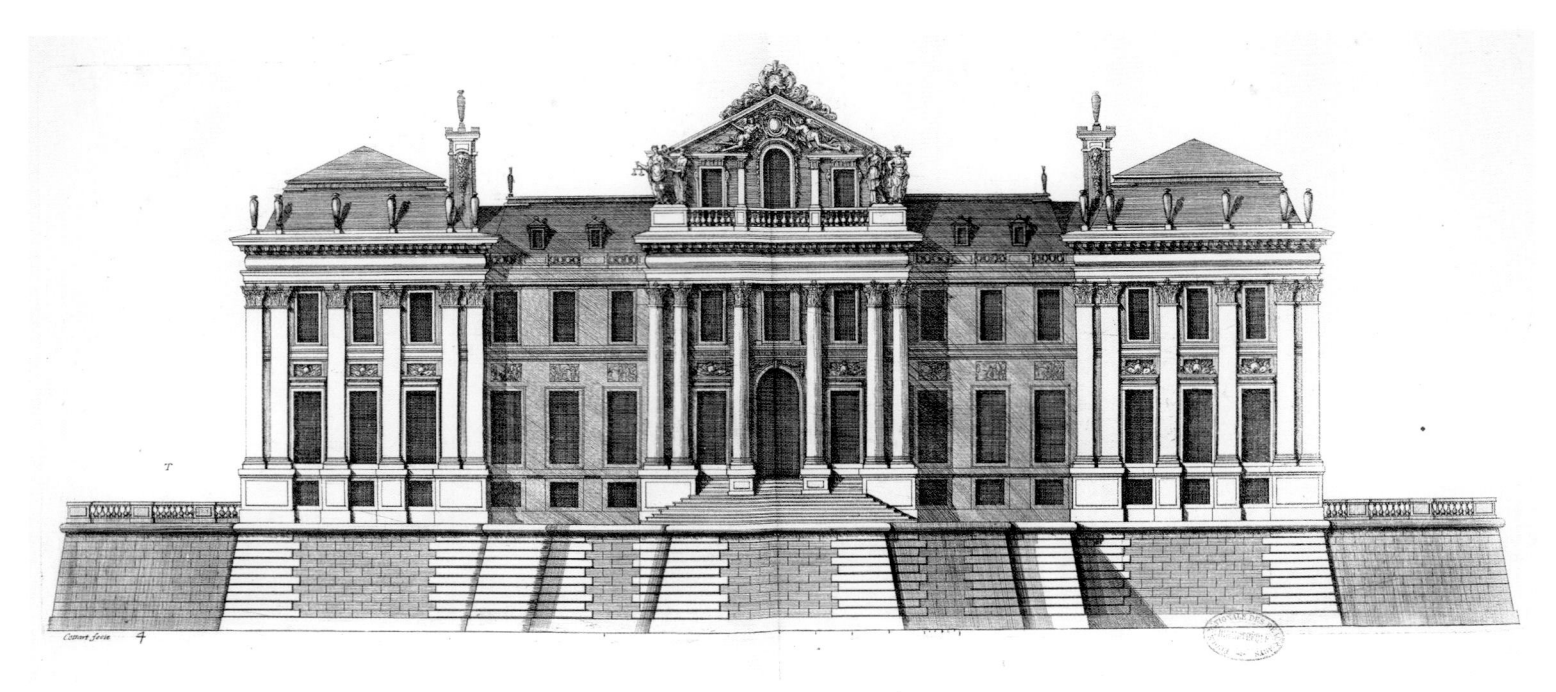

cat. 43, élévation d'un château pour Henri de Forbin-Maynier, baron d'Oppède, projet non exécuté, s.d.

trois sont attribués à Jacques Lemercier (la Sorbonne, le Noviciat des jésuites et l'église paroissiale de Rueil), deux à François Mansart (les Feuillants de la rue Saint-Honoré et la Visitation de la rue Saint-Antoine) et une à Salomon de Brosse (Saint-Gervais). Une seule porte le nom de Cottart, mais dans une formulation un peu ambiguë, qui a longtemps fait croire que cette façade avait été bâtie suivant ses dessins (cat. 42). En réalité, la reconstruction de l'église du couvent de la Merci, aujourd'hui disparue, avait été confiée en 1646 à l'architecte Charles Chamois, qui avait alors seulement commencé à élever le niveau inférieur, et la façade, laissée inachevée après une seconde campagne de travaux de 1654 à 1657, ne fut complétée qu'au début du XVIIIe siècle par Germain Boffrand[1]. L'estampe de Cottart, parue en 1650, montre le premier ordre tel que venait de le bâtir Chamois et un projet de second ordre « de l'invention de P. Cottart », qui ne connut jamais d'exécution.

En 1650, Cottart est sans doute à peu près inconnu à Paris et publier une élévation de son cru au milieu des œuvres de Lemercier, Mansart et De Brosse est un moyen discret d'accroître sa notoriété. Quelque trente-cinq ans plus tard, il a eu le temps de se faire un nom et montre plus ouvertement son intention de se mettre en valeur en choisissant de graver un recueil de ses propres œuvres d'architecture. Le contenu de l'ouvrage est toutefois éloquent sur la carrière de l'auteur, car les exemplaires les plus complets contiennent seulement cinq dossiers, portant sur des projets pour la plupart non exécutés : le premier regroupe les propositions de Cottart pour l'achèvement du Louvre sous Louis XIV ; le deuxième porte sur le château de Villacerf en Champagne, partiellement construit pour Édouard Colbert ; le troisième, sur l'hôtel Amelot de Bisseuil à Paris ; les quatrième et cinquième sont enfin deux projets de châteaux, l'un en Provence pour le président d'Oppède, seulement « commencé à bastir » de l'aveu même de Cottart, et l'autre prétendument conçu pour un « prince d'Allemagne » (cat. 100). L'architecte ne précise pas quel est le « président de Loppède » pour qui fut dessiné le projet ici présenté, mais c'est très certainement Henri de Forbin-Maynier, baron d'Oppède (1620-1671), premier président du parlement d'Aix à partir de 1655. Ce dernier a acquis en 1668 la seigneurie de Peyrolles, qui est peut-être le lieu où il envisagea de faire bâtir un grand château, peu avant de mourir[2]. Suivant son propre récit, Cottart a reçu la commande de ce projet grâce à la recommandation d'André Le Nôtre : « Monseigneur de Lopède, estant à Paris, avoit apporté les mesures et le plan du lieu où il vouloit faire bastir, qui est en Provence ; il consulta Monsieur Le Nostre, ce beau et excellent génie, qui voulut bien faire le dessein pour son jardin, et me faire l'honneur de me nommer pour faire le dessein du bastiment[3]. »

Les plans, coupes et élévations publiés par Cottart montrent un château de plan massé, composé d'un corps de logis double traversé par un pavillon central et flanqué de deux pavillons transversaux, le tout établi sur une vaste plateforme fossoyée (cat. 43). Le parti général de l'édifice est inspiré du château de Vaux-le-Vicomte, construit par Louis Le Vau pour le surintendant Fouquet entre 1655 et 1661. Comme à Vaux, les grands appartements se développent de part et d'autre d'un vaste salon central à l'italienne et sont établis à un niveau de rez-de-chaussée surélevé, au-dessus des offices situés en soubassement. La ressemblance est renforcée, en élévation, par l'ordre de pilastres colossaux qui orne les pavillons extrêmes, à

---

1. Ciprut, 1954 (1955), p. 203-209 ; Férault, 1990, p. 135-136.
2. Courtin, 2014, p. 43.
3. Cette anecdote rappelle celle selon laquelle ce fut aussi Le Nôtre qui aurait recommandé Hardouin-Mansart à Louis XIV pour la reconstruction du château de Clagny en 1674 ; Jestaz, 2008, vol. 1, p. 95 ; Gady (dir.), 2010, p. 18.

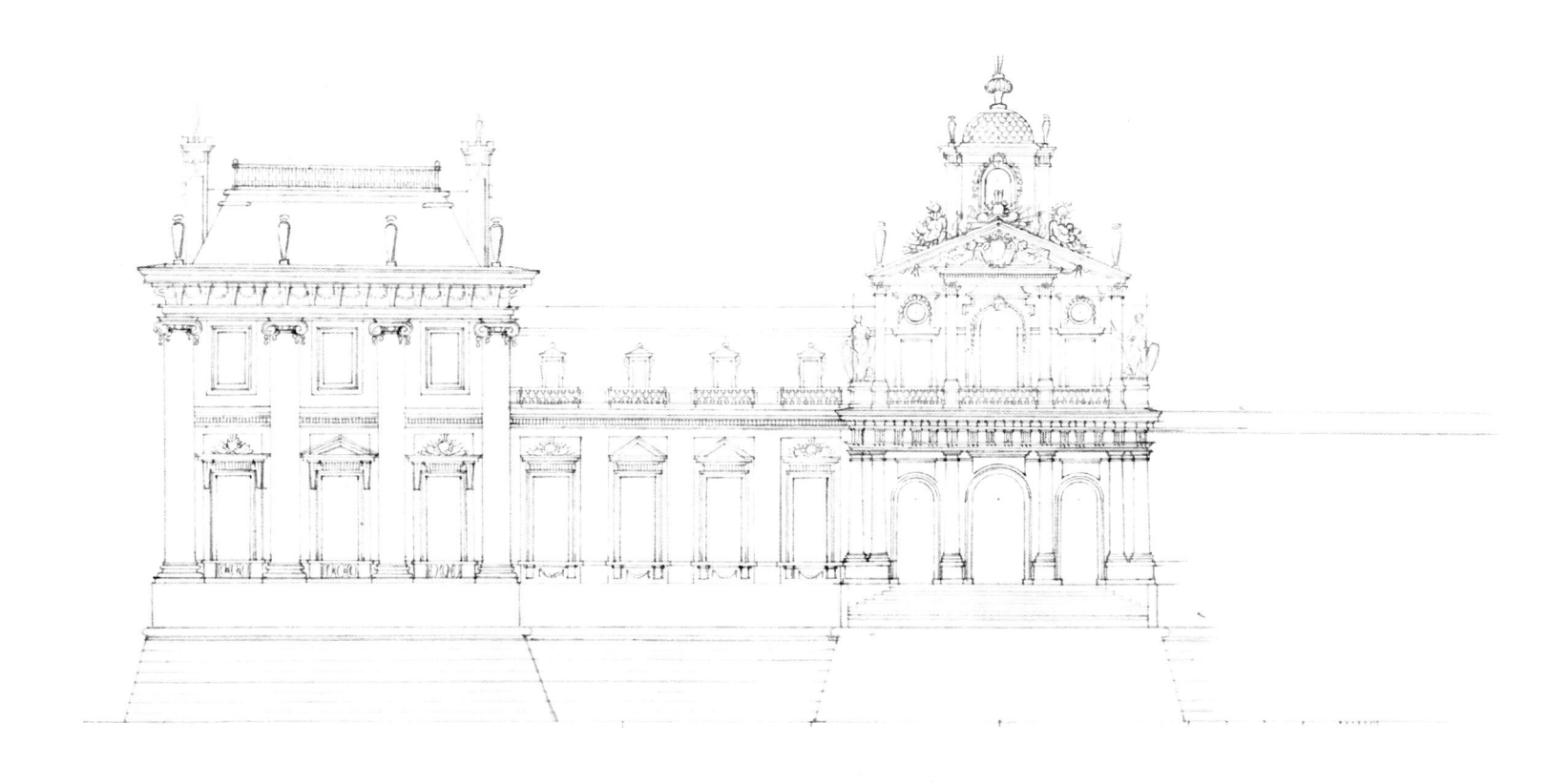

fig. 20. Pierre Cottart (ici attribué à), étude pour le projet de château du président d'Oppède, papier, graphite, plume et encre, Stockholm, Nationalmuseum, CC 2089

trois travées, combiné avec des tables rectangulaires au-dessus des fenêtres du rez-de-chaussée, trait caractéristique des façades de Vaux[1]. Le projet de Cottart comporte en outre des citations bien reconnaissables d'autres œuvres de Le Vau, un peu postérieures à Vaux : la composition des pavillons latéraux, à six pilastres couronnés de grands pots-à-feu, reprend celle des pavillons du collège Mazarin, construits entre 1662 et 1665 (cat. 157), tandis que le frontispice central, à six colonnes colossales portant une balustrade et des statues au-devant d'un étage attique, correspond à l'élévation du pavillon central du Louvre sur la Seine, bâti entre 1661 et 1663. Plusieurs esquisses conservées à Stockholm sont attribuables à Cottart et peuvent être rapprochées de ce projet. La feuille CC 2089 montre ainsi une élévation plus proche encore de Vaux-le-Vicomte que celle finalement publiée par Cottart : les pavillons latéraux sont ornés de quatre pilastres colossaux d'ordre ionique, tandis que le pavillon central présente deux ordres superposés (fig. 20). Au verso de la feuille CC 1424, on reconnaît le plan sommaire du même château, où le pavillon central abrite un vestibule carré côté cour et un salon ovale saillant sur jardin, comme à Vaux. D'autres dessins, CC 866 et CC 866v, étudient en revanche des variantes où Cottart a essayé de marier le plan de Vaux avec les élévations du château de Maisons, chef-d'œuvre de François Mansart. Profondément marqué par les maîtres de la génération précédente, Cottart semble ainsi avoir eu quelque peine à développer une invention propre. Il se distingue surtout par un effort pour rendre ses plans plus symétriques, donnant à ses projets un air théorique et un peu scolaire. En dédiant le recueil de ses œuvres au marquis de Louvois, surintendant des Bâtiments du roi de 1683 à 1691, l'architecte souhaite sans doute s'attirer sa faveur. La date du volume correspondant à une période où disparaissent plusieurs des premiers membres de l'Académie royale d'architecture, Antoine Le Pautre en 1679, François Blondel et Daniel Gittard en 1686, on peut supposer que Cottart espérait être nommé à leur place, mais cet honneur ne lui a jamais été accordé.

---
1. Cojannot, 2002, p. 31-32.

fig. 21. Michel Noblet, projet de catafalque dessiné à Rome, Stockholm, Nationalmuseum, THC 2009

Le voyage d'Italie

Tout au long de la période moderne, l'Italie a exercé sur le reste de l'Europe une véritable fascination et la France, pour des raisons aussi bien politiques et religieuses que culturelles, fut parmi les nations les plus profondément marquées par cette admiration, une admiration non dénuée de rivalité ni d'esprit critique cependant. Du point de vue artistique, la péninsule est célèbre pour ses monuments antiques, hérités de la période impériale principalement, aussi bien que pour les œuvres de la Renaissance, mais au début du XVIIe siècle c'est surtout Rome, capitale des papes après avoir été celle des césars, qui concentre l'intérêt des étrangers[1]. Du règne de Sixte Quint (1585-1590) à celui d'Alexandre VII (1655-1667), les souverains pontifes et tous les acteurs de la Réforme catholique ont en effet conjugué leurs efforts pour métamorphoser la ville et en faire le plus brillant foyer artistique du continent, bénéficiant pour cela de l'émulation des plus grands maîtres de l'architecture, de la peinture et de la sculpture. Ainsi, pendant près d'un siècle, les chantiers d'urbanisme, de construction et de décoration, aussi bien publics que privés, ont attiré des artistes et artisans de tous les pays, faisant considérablement croître les colonies étrangères qui étaient établies dans la ville depuis le Moyen Âge.

Les peintres et les sculpteurs, qui pouvaient trouver de l'emploi dans les multiples ateliers, furent nombreux à se rendre en Italie, pour s'y former ou éventuellement y faire carrière. Les architectes en revanche ne bénéficiaient pas des mêmes opportunités professionnelles, si bien que leurs séjours furent en général plus courts et ont laissé moins de traces. Faute de témoignages précis, on a souvent présumé que les architectes français ne connaissaient l'art ultramontain que par les livres, mais les indices de leurs voyages existent et montrent qu'ils prirent de plus en plus souvent la route de l'Italie au cours du XVIIe siècle.

Le cas le plus célèbre est celui de Jacques Lemercier, qui séjourna en Italie entre 1605 et 1611, alors qu'il avait entre vingt et vingt-six ans[2]. Sa présence pendant une si longue période est attestée par quatre estampes, datées et signées, qu'il y grava et par le témoignage tardif de Henri Sauval. La grande vue perspective du palais de Caprarola (cat. 44) ou la représentation de la maquette de l'église Saint-Jean-des-Florentins (fig. 43, p. 262) constituent des indices exceptionnels de la connaissance qu'il put acquérir tant de l'art de la Renaissance que des méthodes de travail des maîtres italiens. Son exemple reste cependant isolé jusqu'à la fin du règne de Louis XIII. Certes, en octobre 1611, la régente Marie de Médicis envoya bien un architecte de la famille Métezeau à Florence pour y examiner le palais Pitti « tant par le dedant que par le dehors » et en lever « les mesures et proportions[3] ». Il ne s'agissait toutefois pas d'un voyage d'étude, mais seulement d'une mission ponctuelle, qui ne dura pas plus de trois mois, trajets compris[4]. Après la mort de Louis Métezeau en 1615, ses fils bénéficièrent d'une pension pour devenir architectes à leur tour et l'aîné, Louis II, portant le titre d'architecte ordinaire du roi, mourut et fut enterré à Venise en 1643, à la suite d'un séjour à Padoue dont on ignore l'objet[5]. Au milieu du siècle, la nouvelle génération des futurs architectes du règne personnel de Louis XIV se signale par des voyages plus nombreux, sans doute spontanés. À une date incertaine, vraisemblablement avant son

---

1. Sur les voyages d'artistes en Italie au XVIIe siècle, voir notamment Bousquet, 1980 ; Thuillier, 1987 ; Barroero, 1993.
2. Gady, 2005, p. 19-26.
3. Galletti, 2012, p. 23.
4. Loizeau, 2009, p. 96-98.
5. Arch. nat., MC/ET/XXXV/248, certificat du 30 octobre 1643 joint à l'inventaire après décès du 4 janvier 1644 ; Loizeau, 2009, p. 79-80.

mariage en 1643 et la délivrance de son brevet d'architecte ordinaire du roi en 1645, Michel Noblet fit un séjour à Rome, où il exécuta semble-t-il de nombreux dessins, dont ne subsiste plus qu'un grand projet de catafalque, aujourd'hui conservé à Stockholm (fig. 21, p. 104)[1]. Les fragments d'un carnet de voyage conservés à l'École nationale supérieure des beaux-arts montrent de même que Gabriel Le Duc alla relever de nombreux monuments antiques et modernes « de la ville de Rome et autres lieux d'Italie » en 1647 et 1648, alors qu'il avait moins de trente ans (cat. 45). Vers 1650, un « sieur Le Vau, architecte du roy », qui est très certainement François Le Vau, frère cadet de Louis, âgé d'environ vingt-six ans, partit « en Italie pour y voir et apprendre les belles choses de sa profession afin de s'en rendre plus capable », avec la recommandation de René Ier de Voyer d'Argenson, futur ambassadeur du roi à Venise[2]. En 1659, c'est le jeune Jacques Tarade qui se rendit à Rome, où il leva « exactement sur les lieux » les plans de Saint-Pierre de Rome qui lui servirent à construire à son retour en France une grande maquette de la basilique présentée au roi et qu'il publia sur le tard, en 1713[3]. En 1660, François d'Orbay partait à son tour en Italie, « envoyé par M. Le Vau » son maître pour parfaire sa formation[4], tandis qu'en 1665, François Levé le Jeune, architecte ordinaire du roi, profita d'une mission au fort de Pignerol dans les Alpes pour pousser jusqu'à Rome et y voir « se qui luy a de plus bau[5] ».

En 1666, la création par Louis XIV, à l'instigation de Colbert, d'une Académie de France à Rome pour accueillir les futurs artistes du roi vint répondre à une attente déjà bien affirmée de la part des artistes[6]. Ainsi, à partir du début des années 1670, des jeunes gens formés à Paris par la nouvelle Académie royale d'architecture purent être envoyés en Italie avec une pension royale pour y étudier l'architecture antique et moderne sous la conduite du directeur de l'institution. Augustin Charles d'Aviler fut parmi les premiers à en bénéficier, de 1676 à 1679 (cat. 46, 47 et 60). En parallèle à ce système académique, d'autres architectes français ont continué de partir pour l'Italie à la faveur d'occasions ou de protections variées : ainsi François Blondel et Pierre II Mignard, qui accompagnèrent en 1671 Jean-Baptiste Colbert de Seignelay, fils du ministre, pendant son voyage de formation dans la péninsule[7] ; ou encore Antoine Desgodetz, parti à Rome avec D'Aviler sans être pensionnaire du roi, afin d'y exécuter les relevés des édifices antiques qui firent sa célébrité (cat. 48). Des artistes plus avancés dans leur carrière pouvaient encore être envoyés par le roi en Italie pour parfaire leur culture visuelle et technique, comme André Le Nôtre en 1679 ou Robert de Cotte en 1689-1690 (cat. 49 et 50). En fonction de la durée et des conditions de leur séjour, les architectes avaient des occupations assez variables. Pour ceux qui ne restaient que peu de temps, le voyage devait s'apparenter à une simple découverte visuelle, presque « touristique », des villes et des édifices d'Italie. Plus rares en revanche étaient ceux qui bénéficiaient des relations et des recommandations nécessaires pour acquérir une expérience directe de la vie et des méthodes de travail des artistes italiens, comme ce fut sans doute le cas pour Lemercier au début du siècle, ou pour certains pensionnaires du roi introduits auprès de Bernin. Pour la grande majorité, le voyage était avant tout l'occasion de s'exercer au croquis et au dessin de relevé, aussi bien d'après des ruines antiques que des monuments modernes. Les dessins accumulés, certainement très nombreux, servaient ensuite tout au long de leur carrière, soit de manière concrète en tant que documentation de travail, soit de manière symbolique, comme instruments de légitimation professionnelle et artistique.

1. Stockholm, Nationalmuseum, THC 2009.
2. Cojannot, 2012, p. 327-329.
3. Tarade, 1713 ; Deutsch, 2015, p. 191.
4. Laprade, 1960, p. 111-112 ; Ballon, 1999, p. 140-143.
5. Cojannot, 2012, p. 326. Bénéficiant d'une lettre de recommandation de Colbert, Levé est pris en charge à Rome par l'abbé Benedetti qui le confie à un guide ; Bibl. nat. de Fr., Mss., Mél. Colbert vol. 128 *bis*, fol. 811-812.
6. Guiffrey et Montaiglon (éd.), 1887-1912 ; Lapauze, 1924 ; Alaux, 1933 ; Verdier, 2002.
7. Clément, 1867.

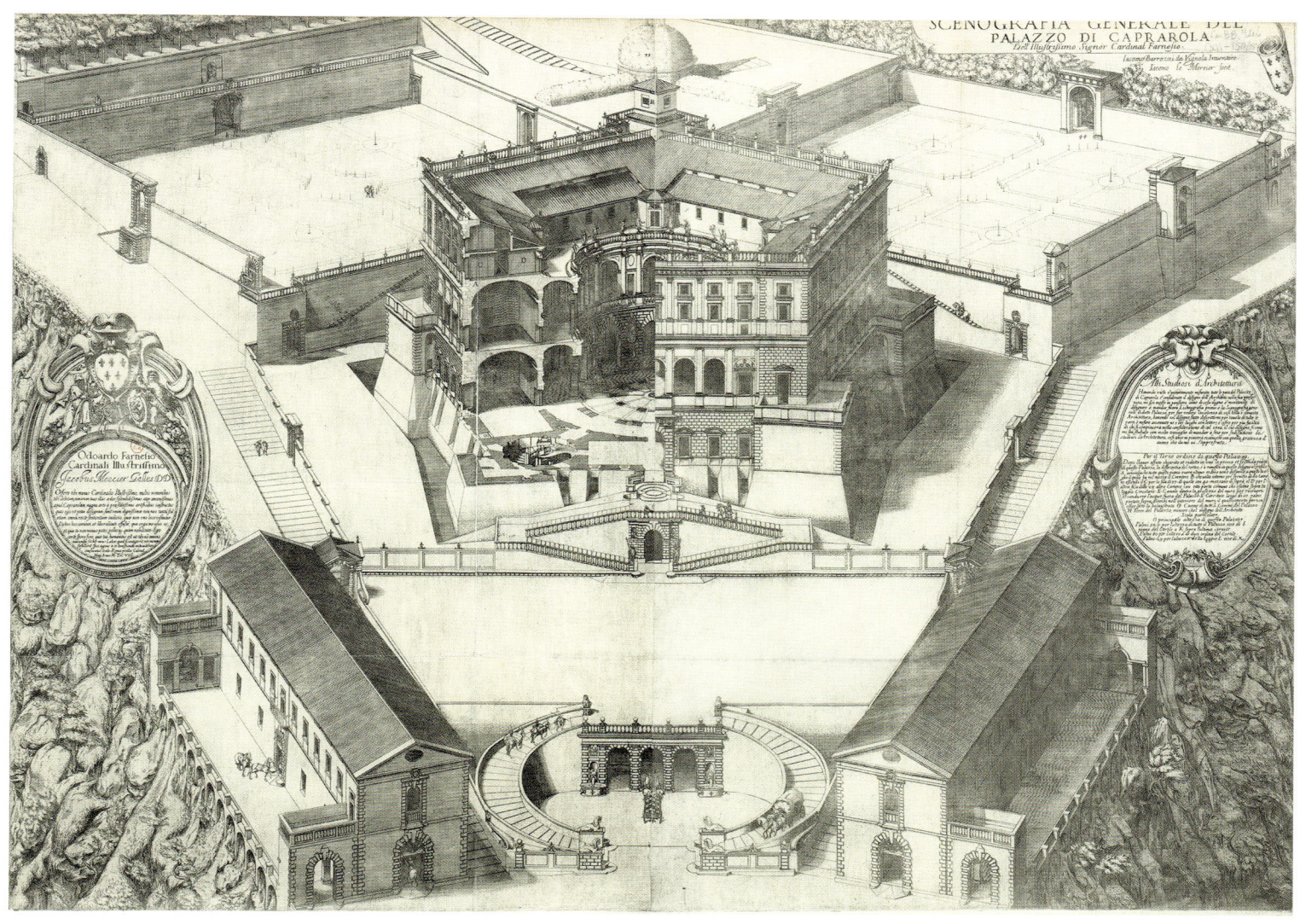

cat. 44

44.
Jacques Lemercier (vers 1585-1654)
Scenografia generale del palazzo di Caprarola
[vue perspective générale du palais de Caprarola], 1608

Papier, eau-forte, 68 × 92,5 cm
Paris, Bibl. nat. de Fr., Cartes et plans, GE BB-246 (XII, 150-151 Rés.)

Figurant le palais Farnèse bâti à Caprarola dans le Latium, cette estampe à la maîtrise impeccable est d'une ambition saisissante : comme le souligne Richard Tuttle, « aucune représentation gravée d'un édifice de la Renaissance n'est plus complète ni plus claire[1] ». Elle est l'œuvre d'un jeune Français à peine âgé de vingt-trois ans, Jacques Lemercier, et éclaire aussi bien l'histoire de l'édifice que celle de son auteur.
Né à Pontoise à la fin du règne de Henri III, celui-ci est issu d'une dynastie de maîtres maçons du Vexin actifs depuis un siècle. Il apprend d'abord le métier « sur le tas » auprès de son père Nicolas Lemercier, entrepreneur de maçonnerie qui travaille au chantier royal du château de Montceaux. Grâce aux protections de ce dernier, il peut compléter sa formation en faisant le « voyage d'Italie ». Il part sans doute dès l'été 1605 avec Charles de Neufville d'Alincourt, gouverneur de Pontoise nommé ambassadeur auprès du nouveau pape, Paul V Borghèse[2] ; comme André Félibien en 1647 ou Robert de Cotte en 1689 (cat. 49 et 50), c'est donc par la voie diplomatique qu'il a pu bénéficier d'une telle opportunité de voyager. Son séjour, relativement long, puisqu'il n'est de retour en France qu'au début de 1612, lui permet de relever les antiques comme de découvrir l'architecture contemporaine : on devine son intérêt pour les œuvres de Michel-Ange[3] et de Carlo Maderno, qui achève alors la basilique Saint-Pierre. Fréquentant l'atelier

---
1. Tuttle, Adorni, Frommel et Thoenes (dir.), 2002, p. 226.
2. Gady, 2005, p. 19-21.
3. Sa première gravure romaine, datée de 1607, représente ainsi le *modello* en bois, détruit au début du XVIIIe siècle, d'après le projet d'église de plan centré du maître pour Saint-Jean-des-Florentins (fig. 43, p. 262).

du sculpteur Nicolas Cordier, c'est également à Rome qu'il a dû apprendre l'art de la gravure à l'eau-forte, technique qu'il maîtrise avec une certaine virtuosité : il a laissé de ses années romaines quatre feuilles, toutes signées et datées.

Sans doute à la recherche d'une protection, Lemercier grave ainsi en 1608 une grande vue perspective, titrée en italien, du palais de Caprarola. La gravure comporte, sur la gauche, dans un cartouche ovale aux armes de la famille Farnèse, une dédicace en latin au cardinal Odoardo (1574-1626), second fils du duc Alexandre et descendant direct du pape Paul III ; celui-ci a en effet reçu Caprarola en 1589, à la mort du « Gran Cardinale » Alexandre Farnèse, en même temps que le palais romain dont il fait alors achever le décor peint par les Carrache. En pendant, sur la droite, figure un second cartouche ovale, dans lequel Lemercier indique, cette fois en italien, qu'il a également levé un plan de l'édifice qu'il a pu visiter et minutieusement relever (« visto e minutamente misurato »). Lemercier a choisi une vue à vol d'oiseau axée sur l'édifice représenté grâce à un cadrage large au milieu de ses dégagements et de ses jardins ; il met ainsi en scène la complexité du site de manière plus convaincante que la gravure de 1578 de Hoefnagel et Hogenberg, où l'édifice est vu latéralement, et autrement plus ambitieuse que celle de Giovanni Andrea Valvassori, qui avait adopté le même point de vue à la fin du siècle. Aux difficultés de la perspective, qui nécessite une maîtrise mathématique (cat. 74), Lemercier ajoute en effet une représentation complexe du palais lui-même, gravé mi-partie, avec une coupe de l'intérieur en écorché à gauche, qui laisse voir un quart du plan avec le grand escalier : il donne ainsi à lire le jeu formel entre la forme pentagonale de l'ancienne forteresse devenue palais, et l'élévation de la cour circulaire de Vignole, invisible de l'extérieur. On a cherché des antécédents à ce parti, notamment chez Dupérac, mais de manière peu convaincante[1]. La gravure de l'architecture s'accompagne d'une représentation saisissante des rochers sur les côtés, soulignant le caractère dominant de l'implantation de l'édifice, mais encore de personnages, à pied et à cheval, et même d'un carrosse, qui animent l'édifice tout en lui donnant son échelle.

Par-delà ses qualités formelles, la vue de Lemercier pose quelques difficultés, dues à la représentation non du palais, conforme à l'état achevé en 1573 sur les dessins de Vignole, mais à celle de l'avant-cour au premier plan et des jardins. Ainsi des deux longs bâtiments, disposés de biais et symétriquement : si celui de droite, qui n'a jamais existé, est là pour renforcer la symétrie, celui de gauche, élevé entre 1581 et 1583 et destiné aux écuries, n'était pas exactement situé à cet emplacement ; surtout, il n'a jamais eu deux ailes basses couvertes en terrasse et ouvertes en serlienne encadrant une arrière-cour. Quant aux jardins, qui étaient composés de trois ensembles (jardin d'été à droite, jardin d'hiver à gauche, chacun de plan carré et entouré de murs, et espace entre les deux, à l'arrière du bâtiment, moins aménagé), ils diffèrent également : les deux jardins latéraux sont en effet à peine esquissés, au contraire du reste de l'édifice et de son environnement naturel. Le trait extrêmement fin de cette partie laisse voir une trame orthogonale composant des parterres en carrés, recoupés en quatre et ornés chacun d'un bassin central. Cette disposition diffère de l'état connu au début du siècle et se rapproche, sans être parfaitement en cohérence, de celui qui est décrit par Giovanni Antonio Liberati dans un poème de 1614 et surtout gravé sur le plan de Caprarola de Francesco Villamena (*Alcune opere… da Vignola*, 1617). Lemercier a manifestement dessiné l'édifice pendant le chantier de transformation des jardins, dont il a pu voir les nouveaux plans, finalement réalisés avec quelques modifications. Il est donc possible de mieux dater ces travaux, jusqu'ici placés vers 1616[2]. Faut-il aller jusqu'à penser qu'il s'agit d'une proposition de l'auteur ? C'est une hypothèse évidemment fragile, mais pas complètement impossible.

Très rare, la feuille de Lemercier subsiste en un très petit nombre d'exemplaires : outre les deux conservés à la Bibliothèque nationale[3], on peut également signaler celui de la Bibliothèque vaticane[4]. Cette faible diffusion s'explique par une réalisation sans privilège, non commercialisée ; d'ailleurs, Lemercier en avait conservé tout un lot, mentionné dans son inventaire après décès en 1654 comme « un roulleau de desseins à l'eau-forte de Caparolles[5] ». Cette rareté explique peut-être l'intérêt tardif des historiens de l'art et de la gravure pour cette feuille exceptionnelle. Elle était en revanche bien connue du milieu romain contemporain et a directement servi de modèle à la vue en perspective gravée par Villamena moins de dix ans plus tard et qui ne montre que le palais sans ses espaces périphériques. On note qu'il va jusqu'à reprendre les mêmes lettres gravées en majuscules sur l'édifice dont il donne, comme Lemercier, l'explication dans la lettre de son estampe. Le plan gravé à la même date par Villamena est également très proche de la représentation de Lemercier pour les deux jardins carrés et les deux ailes de l'avant-cour, et on y relève des numéros dont deux se retrouvent sur la planche du jeune Français[6], sans qu'ils ne renvoient à un texte explicatif chez Lemercier. Il est tentant, après Richard Tuttle, d'en déduire que ce dernier avait également levé un plan dont la gravure aurait peut-être comporté une lettre détaillée. La vue de Villamena a ensuite inspiré celle de Falda, gravée vers 1655, et enfin celle de D'Aviler, autre Français de Rome, dans son *Cours d'architecture* de 1691 largement diffusé[7] (cat. 34).

---

1. Martínez Mindeguía, 2009.
2. Voir Cantone, 2003 ; Liserre, 2008.
3. Celle ici reproduite est conservée au département des Cartes et Plans (ancienne collection de Gaston d'Orléans), l'autre se trouve au département des Estampes et de la Photographie, Vd 51 fol.
4. Bibl. apostolique vaticane, Réserve S.7, 132, avec des dimensions légèrement inférieures (65 × 89 cm) ; voir Tuttle, Adorni, Frommel et Thoenes (dir.), 2002, p. 226.
5. Arch. nat., MC/ET/XLV/260.
6. « 44 » pour la fontaine de Vénus du jardin d'été et « 39 » sur le treillage en dôme du jardin central.
7. D'Aviler, 1691 (2002), planche 73, p. 259.

45.
Gabriel Le Duc (1623-1696)
Fragments d'un recueil de dessins d'édifices antiques et modernes exécutés en Italie en 1647 et 1648

Papier, graphite, plume et encre brune, trois dessins et cinq fragments de texte montés sur une feuille de papier, 60 × 47,8 cm
Paris, École nationale supérieure des beaux-arts, collection Masson, O.131

Transcription : [1er fragment] « Indice des desseins à la main reliez en ce volume, de plusieurs édifices anticques et modernes de la ville de Rome et autres lieux d'Italie, désignées et mesurées au pied de roy usité à Paris ès années 1647 et 1648 par Gabriel Le Duc, architecte parisien » ; [2e fragment] « Édifices anticque. En feuille. 1. Esquise d'une face de l'arcq de triomphe érigez à Rome par le Sénat à l'empereur Constantin, deseignez d'un poin de veue sur le lieu du costé et regardant le Septisone Sévère[1], et les mesures qui y sont cottées ont estez mises après la figure désignées. 2. Esquise du plan géométricque dudit arcq de Constantin et des profils de plusieurs parties de l'architecture qui le compose, les mesures qui y sont cottées sont mises après qu'ils ont estez figurées » ; [3e fragment] « 7-8. Plan figuré sur le lieu dudit Colisée pour cotter les mesures ainsy qu'elles le sont. 9. Les profils des parties d'architecture du 1er ordre doricque, du 2d ionicque, du 3me corinthien et du 4me composite de l'extérieure du Colisée, figurée et les mesures cottées sur le lieu. 10. Plan figuré d'un quart de plan du 3me estage dudit Colisée et une esquise de la face extérieure d'une intervalle des quatre ordres d'architectures l'un sur l'autre, fait sur le lieu pour cotter les mesures. Verso. Esquise d'un profil intérieur dudit Colisée figuré sur le lieu pour cotter les mesures qui y sont chifrées » ; [4e fragment] « 28. Esquise au crayon pour mettre au net et en grand les profils de l'architrave, frize A et corniche de l'ordre corinthien de l'intérieure du temple de ladite Rotonde, de la baze B et de la corniche C, du piédestal des colomnes aux huit tabernacles ou chapelles, la baze D, chapiteau E, architrave F, frize G et corniche H des colomnes corinthe desdits tabernacles ou chappelles, de la baze I, du chapitteau L, de l'architrave M, de la frize O, de la corniche P des colomnes corinthienne du portique de ladite Rotonde, profil N de la corniche architravée au-dessus des colomnes en l'intérieure dudit portique » ; [5e fragment] « Verso. Esquises au crayon, fait sur le lieu, du profil intérieur du Colisée. »

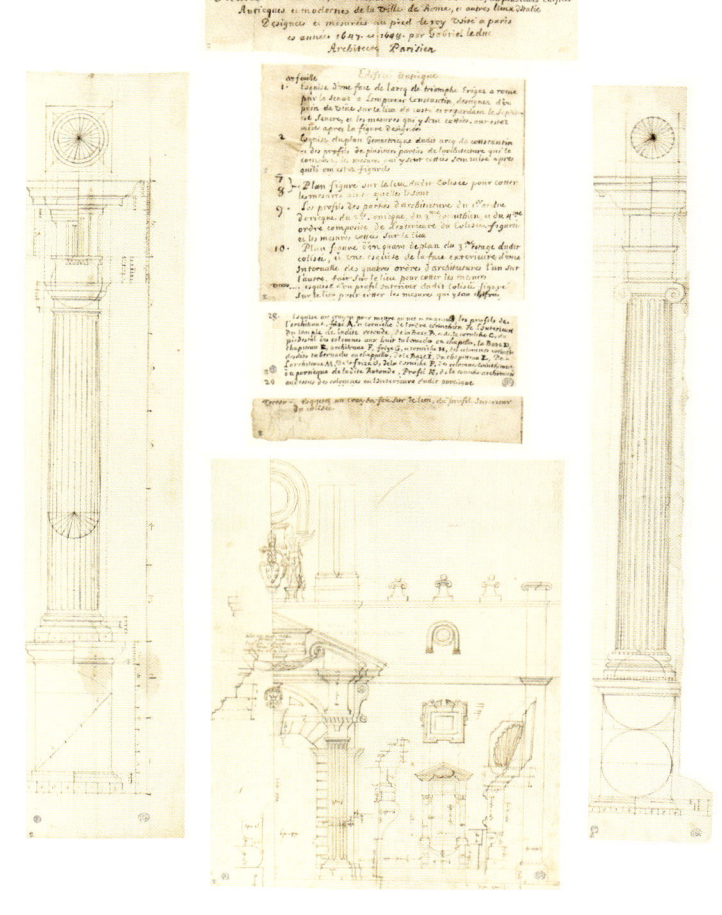

cat. 45

En 1655, l'architecte Gabriel Le Duc, fils d'un maître maçon de Paris, fut affecté à la conduite des travaux de l'abbaye royale du Val-de-Grâce à Paris, alors qu'il était « nouvellement arrivé de Rome où il avoit fait des études d'architectures et notamment sur les temples »[2]. Cette brève mention publiée du vivant de l'architecte serait la seule trace du séjour de Le Duc en Italie, si par chance n'étaient conservés quelques vestiges d'un carnet de dessins qu'il rapporta de son voyage en 1647 et 1648. Le volume, qui devait originellement compter plusieurs dizaines de feuillets, a été démembré et Philippe de Chennevières en détenait une quinzaine à la fin du XIXe siècle[3]. De cet ensemble, on ne connaît plus aujourd'hui qu'une pièce isolée, réapparue récemment sur le marché de l'art[4], ainsi que quelques fragments de texte et de dessins, montés sur une grande feuille de présentation conservée à l'École nationale supérieure des beaux-arts. Le titre placé en tête est celui de la table générale qui décrivait le contenu du carnet : « Indice des dessins à la main, reliez en ce volume, de plusieurs édifices anticques et modernes de la ville de Rome et autres lieux d'Italie, désignées et mesurées au pied de roy usité à Paris ès années 1647 et 1648 par Gabriel Le Duc, architecte parisien. » Au-dessous sont collés quatre fragments du début de cette table, indiquant, pour une douzaine de feuillets non consécutifs, l'objet précis des dessins, ainsi que la technique employée et les conditions du relevé. Trois monuments seulement sont évoqués par les passages conservés de la table et, sans surprise, il s'agit d'édifices antiques parmi les plus célèbres de Rome : l'arc de Constantin, le Colisée et la « Rotonde », c'est-à-dire le Panthéon d'Hadrien. Les bâtiments étaient d'abord l'objet de relevés généraux : une élévation de la face méridionale et un « plan géométricque » pour l'arc de Constantin ; un plan général et « un quart du plan du 3me estage » pour le Colisée, avec des coupes ou « profil intérieur » et l'élévation « extérieure d'une intervalle des quatre ordres d'architectures l'un sur l'autre ». Ces dessins étaient en outre complétés par des relevés détaillés du décor d'architecture, trouvant place en marge d'un dessin d'ensemble, comme les « profils de plusieurs parties de l'architecture » sur le plan de l'arc de Constantin, ou sur des feuilles

---
1. Le Septizonium, nymphée monumental construit en 203 par Septime Sévère dont les derniers vestiges ont été démolis à la fin du XVIe siècle, se trouvait sur le flanc sud du Palatin. La formule employée par Le Duc est ambiguë, mais signifie sans doute que son relevé de l'arc de Constantin a été exécuté depuis le sud, c'est-à-dire « d'un poin de veue sur le lieu du costé » du Septizonium, et concernait donc la face de l'arc « regardant le Septisone ».
2. Le Maire, 1685, t. II, p. 323 ; voir Carpier, 1983 et Mignot, 1994, p. 48.
3. Chennevières, 1894, p. 271, cité par Carpier, 1083, p. 12.
4. Fuhring, 2014-a, p. 44-45.

à part, comme les quatre ordres du Colisée ou ceux, intérieurs et extérieurs, du Panthéon. Le Duc indique systématiquement que ces dessins étaient des « esquisses », c'est-à-dire des croquis tracés « sur le lieu » et « au crayon », et que les cotes ou mesures ont été ajoutées « après la figure désignée ». Dans un cas, pour les ordres du Panthéon, il est précisé que les esquisses étaient destinées à être mises « au net et en grand » par la suite. Aucun de ces dessins n'est conservé, mais leur description dénote une attention scrupuleuse, concernant des monuments pourtant déjà relevés et publiés à de nombreuses reprises depuis la Renaissance. La démarche archéologique de Le Duc témoigne ainsi de l'exigence d'une exactitude accrue concernant le relevé des vestiges antiques, qui allait trouver son aboutissement dans l'œuvre d'Antoine Desgodetz à la génération suivante (cat. 48).

Le seul relevé romain de Le Duc conservé n'appartient pas à ceux décrits dans les fragments de la table, mais illustre bien son travail et montre qu'il traitait de la même manière les édifices antiques et modernes. Il s'agit en effet d'une élévation partielle de la face méridionale de la porta Pia, construite à partir de 1561 suivant un projet de Michel-Ange. Le dessin se compose d'un croquis au crayon de graphite exécuté à main levée, encré et réglé *a posteriori*, à la plume et à l'encre brune. Le couronnement de la porte, laissé inachevé par Michel-Ange, n'est qu'esquissé et Le Duc a concentré son attention sur le rez-de-chaussée, dont il pouvait prendre directement les mesures. Ainsi, l'élévation de la fenêtre latérale est entièrement cotée et complétée par deux coupes à plus grande échelle, représentant son soubassement et son fronton. Le portail central est également l'objet d'un profil en grand, mais coté avec moins de précision, Le Duc n'ayant vraisemblablement pas les moyens d'accéder à ses parties hautes. L'architecte a enfin pris soin de transcrire le texte de l'inscription latine célébrant la construction de la porte par Pie IV, non sans y introduire quelques barbarismes. En tant qu'assistant de Pierre Le Muet sur le chantier du Val-de-Grâce, Le Duc se souviendra sans doute de ce relevé, car la façade de l'abbatiale présente, entre les colonnes composites du second niveau, des tables circulaires couvertes d'un bandeau aux extrémités duquel pendent des gouttes, motif michelangelesque directement emprunté à la porta Pia.

La planche comporte par ailleurs deux dessins d'ordres qui proviennent sans doute du même carnet, mais n'ont visiblement aucun rapport avec le voyage de Le Duc en Italie. Ce sont les représentations en élévation et en plan de deux colonnes sur piédestal, l'une dorique, l'autre ionique, qui ont toutes deux la particularité de présenter un entablement mi-parti, proposant ainsi deux compositions différentes pour chaque ordre. Ce dernier détail fait penser qu'on est ici en présence de modèles théoriques des ordres, et non de relevés d'ouvrages existants. Le dessin de l'ordre ionique, déchiré en partie droite, est lacunaire, mais celui de l'ordre dorique est plus complet et comporte une échelle générale, divisant la hauteur totale de l'ordre en huit parties égales, équivalant chacune à trois demi-diamètres de colonne ou trois modules suivant la convention classique, tandis que de nombreuses petites échelles déterminent les proportions internes de la base, du chapiteau et de l'entablement. Les codes de représentation géométrique employés sont également originaux, consistant en une trame dense de correspondances horizontales et verticales par lignes pointillées, et des arcs de cercle de rayon modulaire. On note enfin diverses singularités dans la composition des entablements, notamment la présence d'un modillon cubique sous la corniche dans la variante de gauche de l'ordre dorique. Tous ces éléments caractéristiques prouvent que Le Duc a ici pris pour modèles les ordres de la *Cinque columnarum exacta delineatio* de Hans Blum, traité publié pour la première fois à Zurich en 1550 et édité en langue française dès 1562 à Lyon. C'est la version française qu'il a copiée, comme le montre l'inversion gauche-droite des colonnes par rapport à l'édition *princeps* latine et la disposition légèrement différente des échelles (fig. 22, p. 112). Les planches in-folio de Blum étaient rares, mais gardaient une notoriété certaine et ont continué d'être tirées à Lyon tout au long du siècle[1]. La présence de copies d'après ce modèle déjà ancien, au côté des relevés de monuments antiques et modernes effectués par Le Duc à Rome, montre l'étendue de la culture visuelle acquise par l'architecte pendant sa formation.

---

1. Pauwels, 2010 ; http://architectura.cesr.univ-tours.fr/Traite/Notice/BMDijon8741.asp. L'exemplaire ici reproduit se trouve dans le carton B.11 des archives de l'Académie des beaux-arts, et porte l'adresse « à Lyon, chez Claude Savary, à la Toison d'or, en rue Mercière », ce qui le situe entre 1635 et 1655.

cat. 45, détail, élévation générale et profils de détails de la façade de la porta Pia à Rome

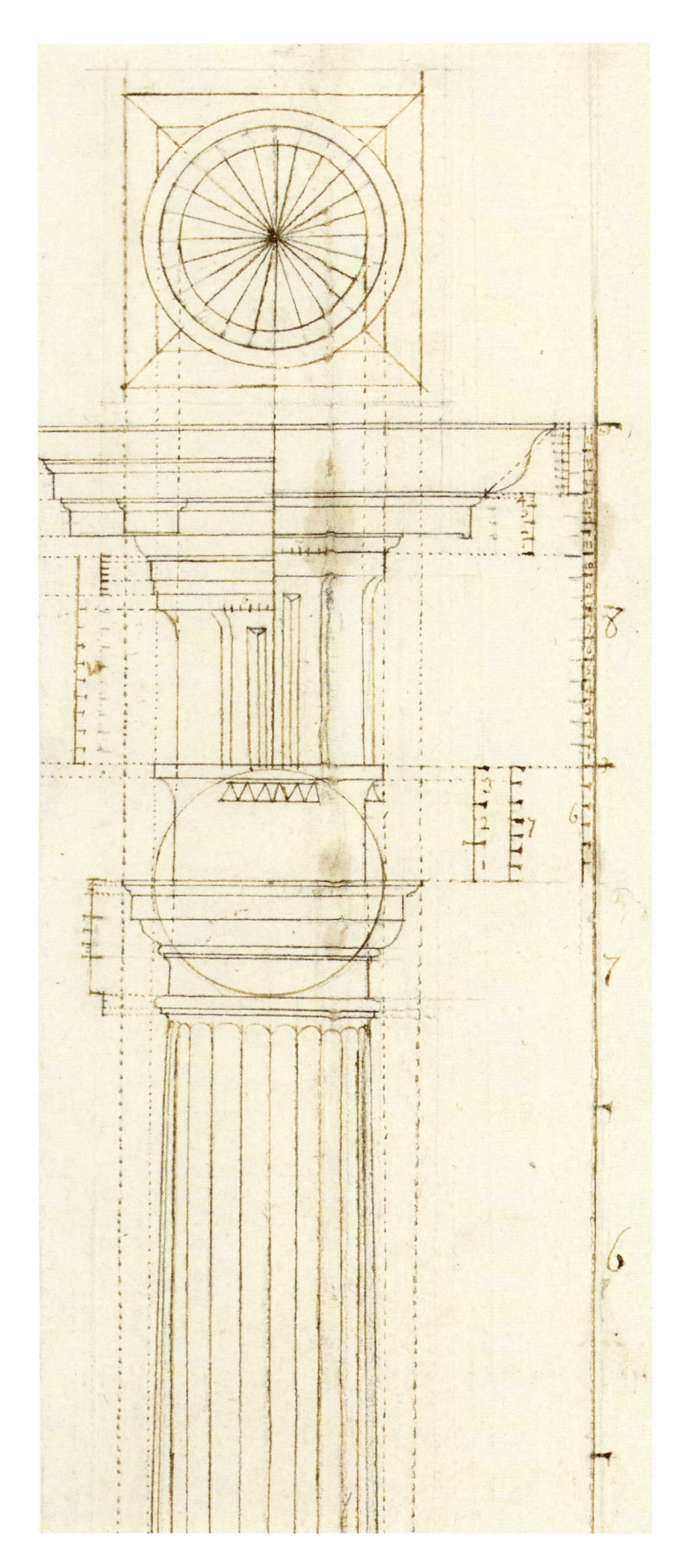

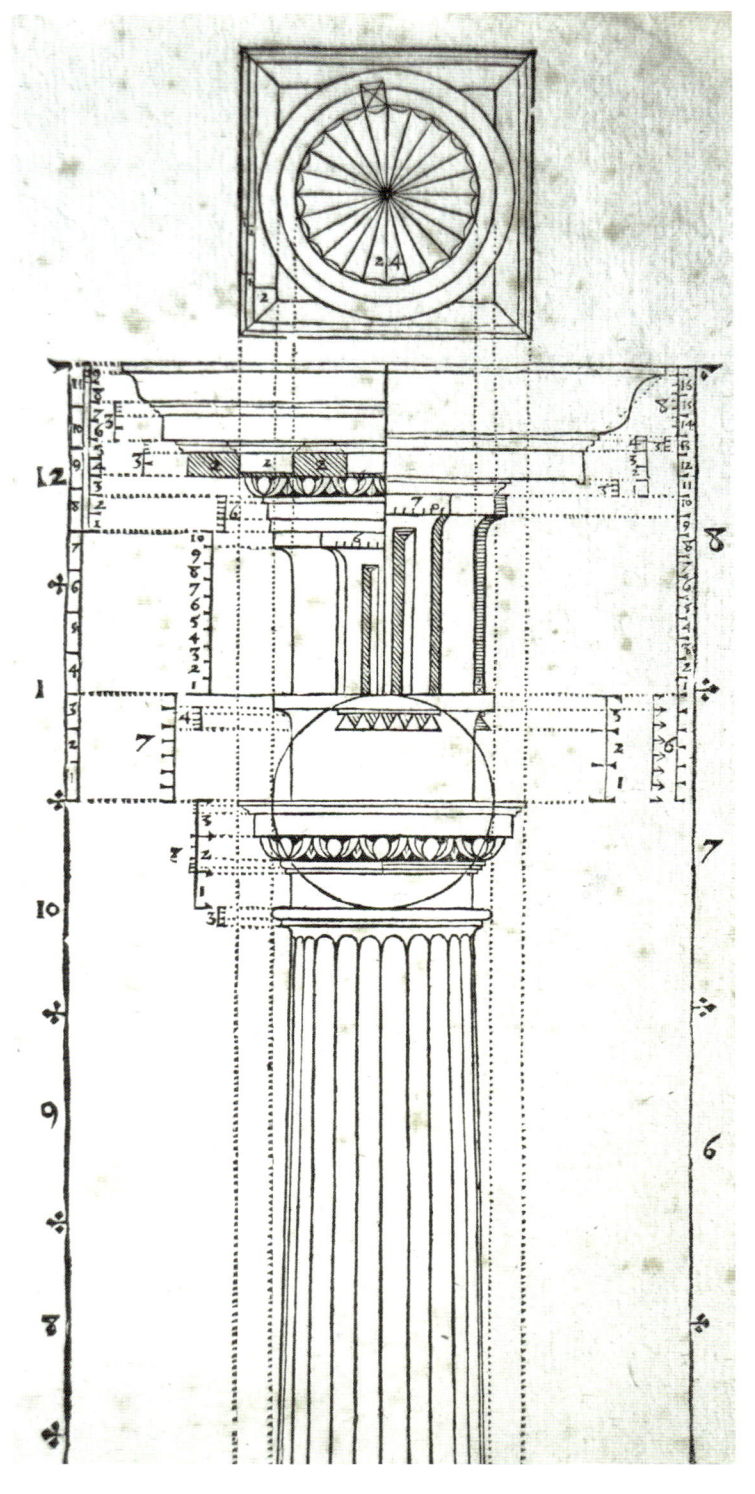

fig. 22. Hans Blum, colonne dorique (détail), dans *Les Cinq Ordres des colomnes de l'architecture*, Lyon, chez Claude Savary, vers 1635-1655, Paris, Arch. de l'Institut de France

cat. 45, détail, plan et élévation de la colonne dorique copiée d'après le traité de Hans Blum

46.
Anonyme français
Plan du rez-de-chaussée du palais des Conservateurs à Rome, esquisse et mise au net, s.d. [troisième quart du XVIIe siècle]

Esquisse : papier, graphite, plume et encre brune, 13,9 × 26,9 cm ; mise au net : papier, graphite, plume et encre brune, lavis gris, 52,5 × 75 cm. Dessins collés en plein sur une feuille de papier brun, 62,2 × 76,7 cm
Paris, musée des Arts décoratifs, Arts graphiques, inv. PR 2011.7.96

47.
Anonyme français
Plan de la moitié du rez-de-chaussée de la basilique Saint-Pierre du Vatican à Rome,
s.d. [troisième quart du XVIIe siècle]

Papier, tracé préparatoire au graphite, plume et encre brune, lavis gris, 56,6 × 40,9 cm ; deux plans gravés collés sur la marge droite. Dessin collé en plein sur une feuille de papier brun, 76,5 × 63 cm
Paris, musée des Arts décoratifs, Arts graphiques, inv. PR 2017.7.1

Découverts par Thierry Verdier parmi les dessins de l'architecte Augustin Charles d'Aviler conservés au cabinet des dessins du musée des Arts décoratifs, quatre plans du palais des Conservateurs à Rome ont été publiés sous le nom de cet architecte[1]. Ces documents se présentent en fait sous la forme de deux plans mis au net, à grande échelle, du rez-de-chaussée et du premier étage du palais, sur lesquels ont été collés deux croquis préparatoires, exécutés au graphite et à l'encre brune, de très petites dimensions (cat. 46). Provenant du même ensemble documentaire, deux feuilles inédites, rassemblant plusieurs relevés en plan de différentes parties de la basilique Saint-Pierre du Vatican, paraissent en rapport direct avec les premières (cat. 47).
Les arguments en faveur de l'attribution de ces dessins à D'Aviler sont nombreux. Après avoir travaillé à Paris comme dessinateur au service des Bâtiments du roi et suivi les premières leçons de François Blondel à l'Académie royale d'architecture de 1672 à 1674,

---

1. Verdier, 2002, p. 47 ; Verdier, 2003, p. 82-83.

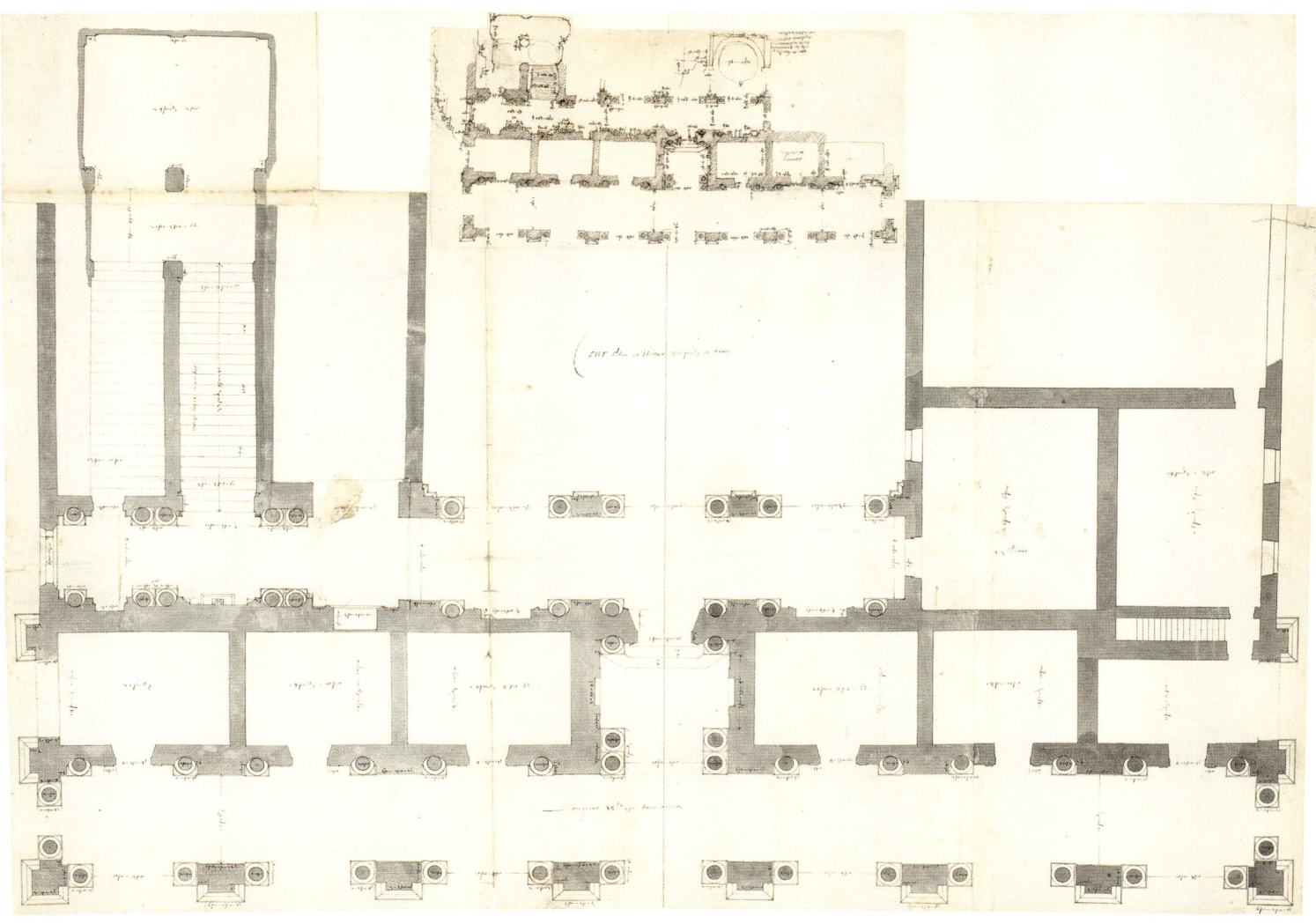

cat. 46

cat. 47

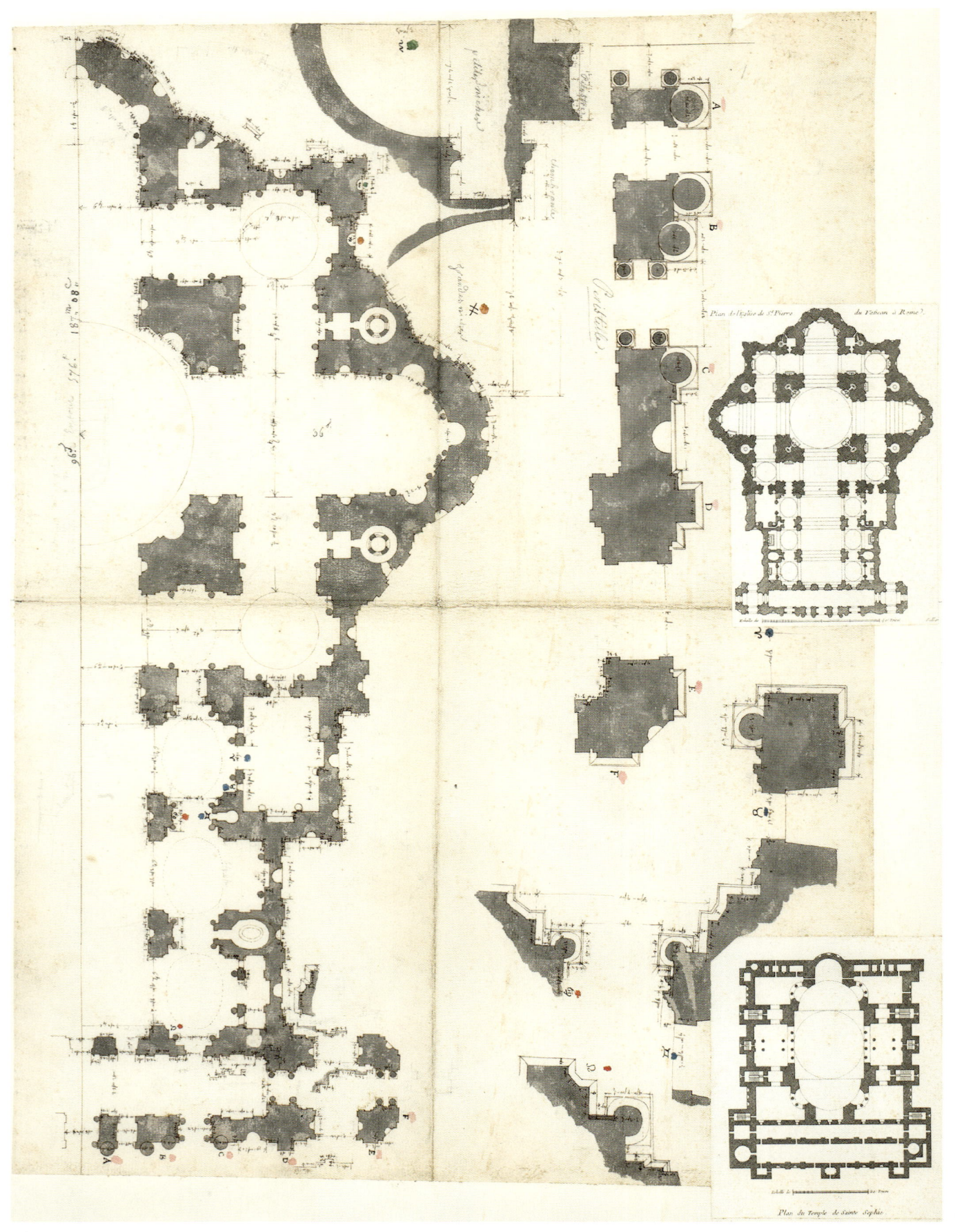

D'Aviler est en effet connu pour avoir été envoyé en Italie en tant que pensionnaire du roi au sein de l'Académie de France à Rome, où il séjourne de 1676 à 1679[1]. De retour à Paris, il a offert en 1680 à l'Académie d'architecture un immense relevé en plan de la basilique Saint-Pierre (cat. 60). Lorsqu'il publie en 1691 son *Cours d'architecture* en deux volumes (cat. 34), D'Aviler l'illustre de nombreuses planches gravées, dont plusieurs représentent justement le palais des Conservateurs, en plan et en élévation. Tout semble donc indiquer que l'architecte a exploité en France les croquis et relevés qu'il avait exécutés au cours de son séjour romain et que les feuilles du musée des Arts décoratifs en seraient des exemples. Il faut toutefois constater que ces relevés présentent d'assez nombreuses différences de détail avec les plans qu'a fait graver D'Aviler, ce qui incite d'emblée à la prudence. Plus complexe qu'il ne paraît au premier abord, ce dossier nécessite un examen approfondi des œuvres graphiques.

Les quatre feuilles conservées au musée des Arts décoratifs sont difficiles à étudier, car elles résultent d'un assemblage tardif. Chacune comporte en effet plusieurs dessins juxtaposés et collés en plein sur un papier fort, encadré de bandes brunes. Les plans de Saint-Pierre présentent en outre des inscriptions au graphite et un système de renvois, par un code de couleurs à l'aquarelle et des signes astrologiques à l'encre de Chine, qui ne sauraient être antérieurs à la fin du XVIIIe siècle (cat. 47). L'auteur de ces annotations, qui doit logiquement être celui qui a procédé au montage des pièces, a ajouté à titre de comparaison deux petites estampes sur le demi-plan du rez-de-chaussée, figurant le plan de l'ensemble de la basilique Saint-Pierre et celui de l'église Sainte-Sophie à Constantinople.

Si l'on ne tient pas compte de ces diverses altérations, il apparaît toutefois que tous les dessins originaux sont de facture homogène et qu'ils comportent des titres, légendes et cotes portés d'une même main, dont l'orthographe comme l'écriture sont celles d'un Français du XVIIe siècle. Il semble en revanche impossible que cette main soit celle de D'Aviler, par comparaison avec les nombreux dessins postérieurs conservés de lui, dont le tracé et les annotations sont toujours un peu maladroits. En décembre 1676, Charles Errard, directeur de l'Académie de France à Rome, écrivait d'ailleurs à son sujet : « Le s[r] Davilers, architecte, [...] est un garson sage, lequel s'applique à l'étude. Il luy manque du dessein, lequel il a besoin d'étudier, comme je luy faitz présentement apliquer[2] » ? Un plan autographe inédit, exécuté par D'Aviler pendant son séjour à Rome, permet une confrontation déterminante[3] (fig. 23) : paraphé de ses initiales A. C. D. et daté de Rome en 1676, ce relevé de l'église Saint-André du Quirinal, œuvre de Bernin, présente de nombreuses irrégularités dans le tracé à l'encre brune et dans le lavis noir, ainsi qu'une graphie hésitante, en contraste flagrant avec la cursivité élégante des plans des Arts décoratifs. Si ces derniers ne sont visiblement pas de sa main, ils ont néanmoins dû appartenir à D'Aviler, puisqu'ils font partie d'un ensemble provenant de son fonds d'architecte. Ils ont pu être acquis par lui d'un autre Français à Rome, à moins qu'ils n'aient été produits dans le cadre d'un exercice de relevé collectif comme les très grands édifices devaient en imposer, auquel D'Aviler a pu participer et dont il aurait gardé les dessins

---

1. Smith, 1993, p. 39-49 ; Verdier, 2003, p. 71-101.
2. Lettre de Charles Errard à Jean-Baptiste Colbert, Rome, 2 décembre 1676 ; Guiffrey et Montaiglon (éd.), 1887-1912, t. I, p. 64.
3. Stockholm, Nationalmuseum, CC 578, plan coté, daté et paraphé en bas à droite : « A. C. D. Romae 1676 » ; papier, plume et encre brune, lavis noir, 42 × 51 cm.

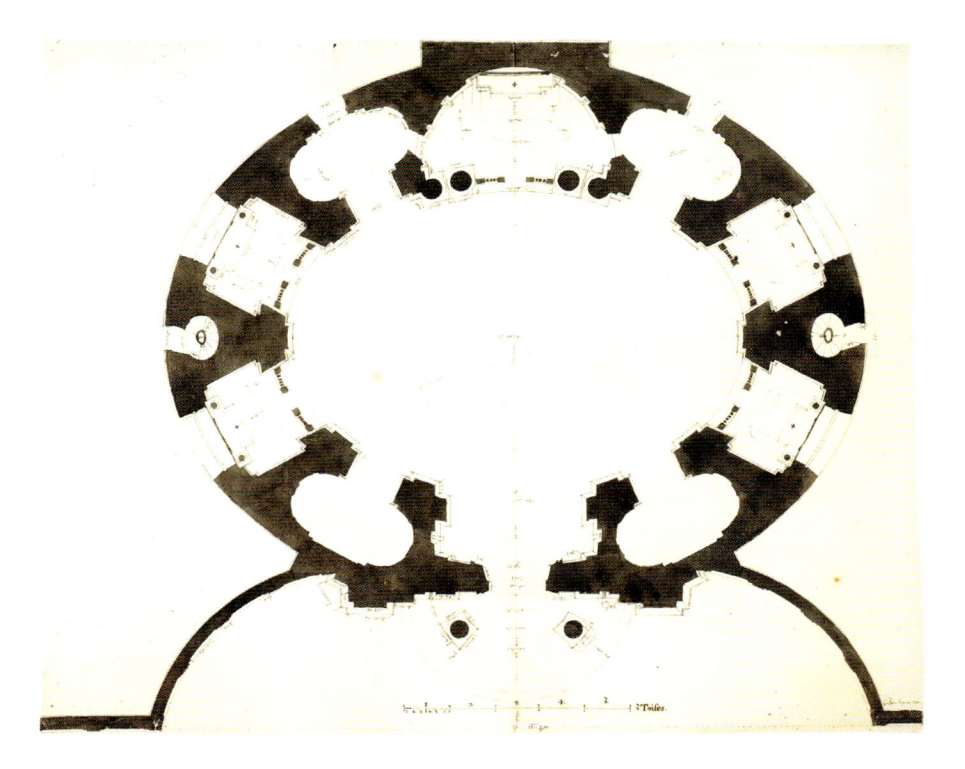

fig. 23. Augustin Charles d'Aviler, plan de l'église Saint-André du Quirinal, relevé daté et signé, 1676, Stockholm, Nationalmuseum, CC 578

cat. 48, planche VI, Sébastien Leclerc d'après Antoine Desgodetz, coupe longitudinale du Panthéon

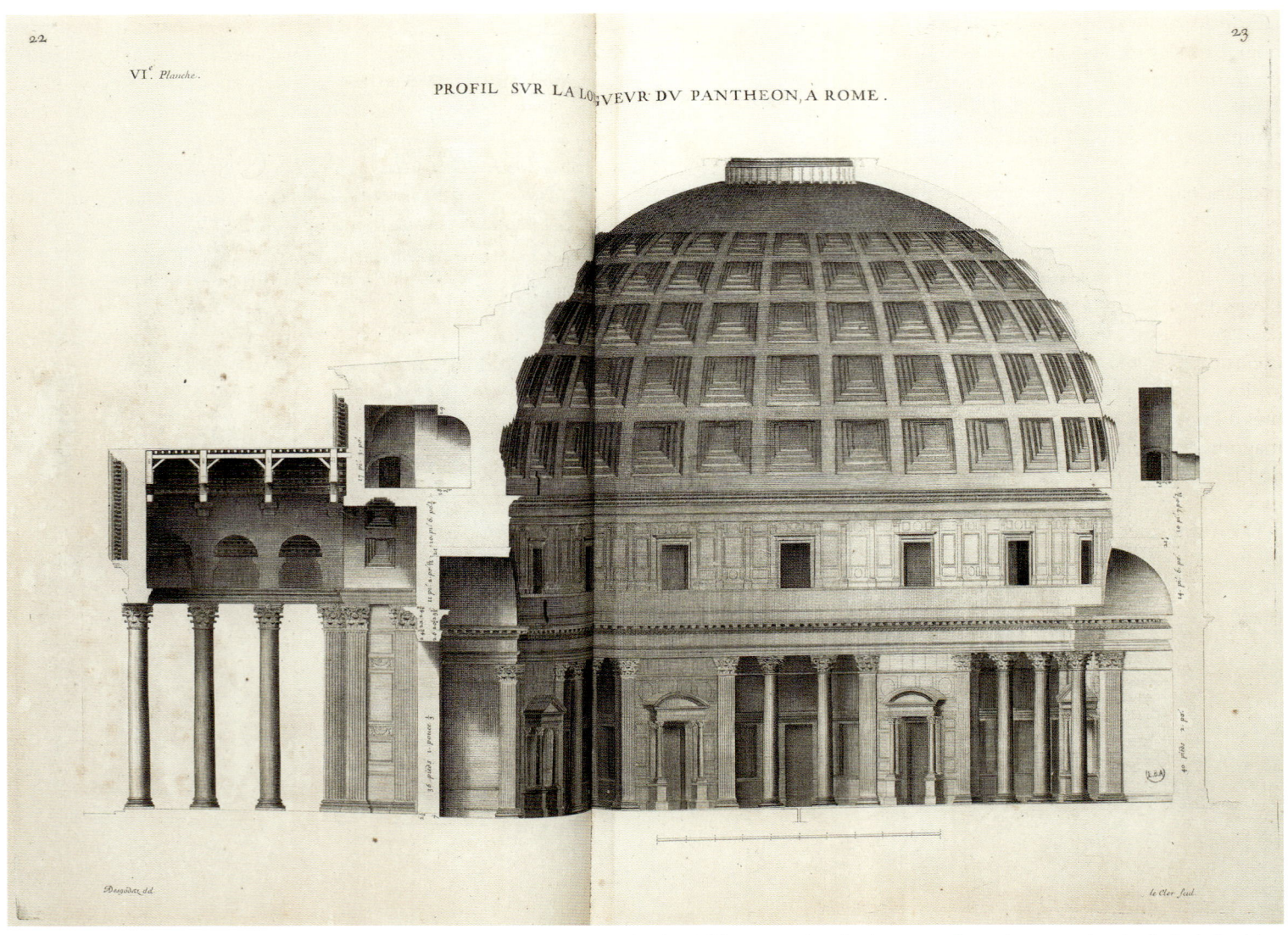

48.
Antoine Desgodetz (1653-1728)
Les Édifices antiques de Rome dessinés et mesurés très exactement, Paris, chez Jean-Baptiste Coignard, 1682

Livre imprimé relié de maroquin rouge, planches gravées à l'eau-forte, 43,5 × 29,5 cm
Paris, École nationale supérieure des beaux-arts, LES. 1582

Le recueil des *Édifices antiques de Rome*, somptueusement publié à Paris en 1682 aux frais du roi, est un chef-d'œuvre éditorial du Grand Siècle et l'un des fruits les plus emblématiques de la politique royale en faveur de la culture artistique au début du règne personnel de Louis XIV. Vingt-cinq monuments antiques d'Italie y sont représentés en cent trente-huit planches gravées sur cuivre, offrant un relevé géométral d'une précision qui est restée longtemps inégalée. Rééditée et traduite à plusieurs reprises, cette somme demeura la référence principale sur l'architecture romaine antique, jusqu'aux grandes fouilles archéologiques du XIXe siècle.

Son auteur, Antoine Desgodetz, n'a pas encore trente ans quand le livre paraît et son parcours montre qu'il était le pur produit des nouvelles institutions pédagogiques créées par le roi à l'instigation de Jean-Baptiste Colbert en tant que surintendant des Bâtiments. Selon la notice biographique qu'a publiée son élève Martin Goupy, Desgodetz est né à Paris en novembre 1653 et, « suivant son inclination naturelle », il apprend tôt « le dessein, la géométrie et les autres principes de l'architecture[1] ». Dès 1669, à l'âge de seize ans environ, il entre au service des Bâtiments du roi[2] et plusieurs paiements, datés de 1670 à 1674, pour des « plants et eslévations des maisons royales » attestent son emploi précoce en tant que « dessignateur[3] ». En 1672, on le compte parmi les premiers élèves « assidus aux leçons » données par François Blondel dans le cadre de l'Académie royale d'architecture et il fait même partie des

---
1. Desgodetz, 1748, p. IX-XIII.
2. Hermann, 1958, p. 34, n. 71.
3. Guiffrey (éd.), 1881-1901, t. I, col. 478, 550, 670 et 802.

quatre étudiants « admis aux conférences des architectes du roy, pour escouter » (cat. 58). En septembre 1674, il reçoit l'ordre de partir pour l'Italie en compagnie d'Augustin Charles d'Aviler, mais, à la différence de ce dernier, il n'est pas envoyé en qualité de « pensionnaire du roi » à l'Académie de France à Rome. Après avoir été capturés en mer et tenus en esclavage par les pirates barbaresques pendant plus d'un an, les deux jeunes gens parvinrent finalement à Rome au début de l'année 1676[1].

Alors que les pensionnaires du roi se trouvaient placés sous l'autorité directe de Charles Errard, directeur de l'Académie de France, Desgodetz bénéficia semble-t-il d'une plus grande liberté pendant les seize mois que dura son séjour et qu'il employa presque exclusivement à exécuter des relevés des plus célèbres monuments antiques de la péninsule. L'ampleur de son travail, concernant près d'une cinquantaine d'édifices, est précisément connue par un magnifique carnet de dessins mis au net, conservé à la bibliothèque de l'Institut de France[2] (fig. 24). C'est ce carnet qui fut certainement présenté à l'Académie d'architecture pour la première fois le 13 décembre 1677, puis à Colbert, qui lui demande de réduire et mettre en forme l'ouvrage en vue de sa publication[3].

On avance souvent que Colbert ou Blondel lui ont assigné dès l'origine cette mission particulière, mais rien ne l'atteste formellement. Au contraire, dans le récit qu'il donne de l'entreprise dans la préface de 1682, Desgodetz insiste sur le caractère personnel et original de sa démarche. En assistant aux premières conférences académiques à Paris de 1672 à 1674, consacrées à l'examen des principaux traités d'architecture publiés depuis la Renaissance, il avait eu l'occasion de constater à quel point les relevés existants se contredisaient[4]. Il affirme avoir eu dès lors pour intention de « sçavoir lequel de ces autheurs qui sont en réputation devoit être suivy », et ce uniquement « pour [s]on instruction particulière ». « Je partis, écrit-il, avec résolution de ne rien épargner pour me prévaloir d'une occasion si favorable au désir ardent que j'avois de m'instruire », c'est-à-dire d'« étudier à ma manière ces excellens monumens de l'esprit et du sçavoir des Anciens, que j'avois souhaité de voir avec tant d'empressement ». Ce n'est que dans un second temps, en examinant sur place les monuments, qu'il aurait décidé de procéder à la campagne de relevés à nouveaux frais qui aboutit à la publication de 1682.

Quelle est la part de rhétorique dans cette présentation des faits ? Il est certain que Desgodetz usait de prudence en insistant sur son statut d'étudiant et sur le caractère didactique de son projet. De fait, l'exercice du relevé était jugé à l'époque l'un des plus formateurs pour un étudiant en architecture et les fragments conservés du carnet de dessins de Gabriel Le Duc montrent comment, en 1647 et 1648, ce dernier s'était lui aussi attaché à prendre ses propres mesures sur les plus célèbres antiquités de Rome, « pour mettre au net et en grand » les croquis exécutés « sur le lieu » (cat. 45). L'originalité de Desgodetz ne tient ainsi pas tant au procédé, parfaitement convenu, qu'à la rigueur et au systématisme avec lesquels il s'y est appliqué. Il affirme n'avoir pas craint « le reproche d'une vaine ostentation d'exactitude […] puisque cette exactitude est la seule chose dont il s'agit icy ».

Comme l'ont justement souligné Louis Cellauro et Gilbert Richaud, cette démarche s'inscrit dans le développement contemporain de la « culture de la mesure » dans tous les domaines de la connaissance et des sciences en Europe[5]. Dans le contexte français de la querelle des Anciens et des Modernes, il est d'autant plus remarquable que Desgodetz se soit abstenu de tirer la moindre conséquence théorique de son travail, alors que celui-ci pouvait être exploité par les tenants aussi bien de la critique de l'antique que de son imitation. Avec l'exactitude pour seul étendard, Desgodetz n'a pris aucun parti, sans doute moins par diplomatie que par conviction profonde. Par la suite, il s'est en effet toujours employé à développer une approche pondérée et synthétique de l'architecture, dont témoignent ses cours en tant que professeur de l'Académie royale d'architecture à partir de 1719[6].

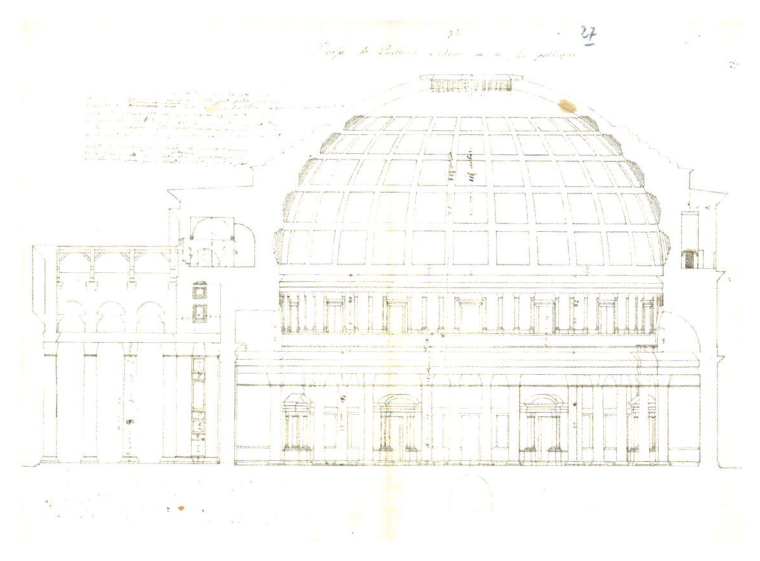

fig. 24. Antoine Desgodetz, coupe longitudinale du Panthéon, Paris, Bibl. de l'Institut, ms. 2718, planche 35

---

1. Desgodetz, 1682, préface non paginée ; Desgodetz, 1748, p. XI ; Mariette, 1853-1856, t. II, p. 66.
2. Bibl. de l'Institut, ms. 2718 ; reproduit en intégralité dans Cellauro et Richaud, 2008.
3. Le manuscrit mis en forme pour la publication est également conservé, Bibl. nat. de Fr., Mss., fr. 381 ; concernant les manuscrits du traité, voir les notices en ligne de Louis Cellauro et Gilbert Richaud : http://architectura.cesr.univ-tours.fr/traite/auteur/desgodets.asp.
4. Cellauro et Richaud, 2008, p. 18 ; Rousteau-Chambon, 2008, p. 15-16.
5. Cellauro et Richaud, 2008, p. 22-24.
6. Sur les cours académiques de Desgodetz, voir l'édition en ligne qui en a été faite sous la direction de Robert Carvais (www.desgodets.net).

49.
Robert de Cotte (1656-1735)
Journal de voyage en Italie, 1689-1690

Carnet de 145 fol., reliure demi-cuir, papier, plume et encre brune, 17,8 × 12,5 cm
Paris, Bibl. nat. de Fr., Mss, fr 14664 [Robert de Cotte, 1126]

50.
Robert de Cotte (1656-1735)
*Relevé de l'église du Rédempteur à Venise :
coupe longitudinale du chœur et de la dernière travée
de la nef, élévation d'une moitié de la façade et coupe
d'un bras du transept, profils de modénature*, s.d. [1689]

Papier, graphite, plume et encre brune, lavis brun, 25,8 × 37,2 cm
Paris, Bibl. nat. de Fr., Est., VF-7 (2), fol. 52 [Robert de Cotte, 1129]

Connues de longue date mais injustement méprisées jusqu'à l'étude que leur a consacrée Bertrand Jestaz en 1966[1], les notes du « Voyage d'Italie » de l'architecte Robert de Cotte font figure d'*unicum* pour le XVIIe siècle français, aucun autre architecte n'ayant laissé un témoignage aussi complet. S'il ne s'agit pas à proprement parler d'un journal, l'auteur ne s'épanchant guère sur ses impressions, ces notes consignées dans deux petits carnets contiennent des descriptions qui s'apparient à des dessins et croquis « pour mémoire » de nombreux édifices de la péninsule[2].

Issu d'une famille d'architectes parisiens (il est le petit-fils de Frémin, voir cat. 32), Robert de Cotte a débuté comme entrepreneur, avant de lier son destin à celui de Jules Hardouin-Mansart, dont il devient le beau-frère en 1682. Celui-ci fera toute sa carrière : architecte du roi en 1684, membre de l'Académie royale d'architecture en 1687, contrôleur des Bâtiments de Paris, directeur de l'Académie, chef du bureau des dessinateurs du premier architecte

---
1. Jestaz, 1966.
2. Les deux ensembles sont conservés à la Bibl. nat. de Fr., mais séparément : Mss., fr 14663 et 14664 pour les carnets de notes, et Est., Vb 25 pour les dessins.

cat. 49, fol. 59v-60

cat. 50

en 1699, pour finir par succéder à Mansart dans cette charge en 1708[1]. Quand De Cotte est envoyé à Rome « par ordre de Sa Majesté pour s'instruire » en 1689, son voyage d'Italie s'inscrit dans un regain de faveur chez les architectes depuis la fin du « siècle de Louis XIII », où Lemercier avait fait exception (cat. 44) : ni Pierre Le Muet, ni François Mansart n'ont passé les Alpes, tandis qu'un doute subsiste pour Louis Le Vau[2]. Si la nouvelle Académie de France à Rome, fondée en 1666, n'accueille pas d'architecte à ses débuts, le dernier quart du siècle est plus faste : Desgodetz (cat. 48), D'Aviler (cat. 46, 47 et 60), Le Nôtre, De Cotte donc, et Oppenord[3] la rejoindront. Dans cette dernière liste, Jules Hardouin-Mansart brille par son absence, comme Pierre Bullet.

Grâce aux carnets de Robert de Cotte, son voyage est connu avec une précision remarquable, tant sur le plan du déroulement que du point de vue topographique. Avec son cousin Jacques V Gabriel, qui le rejoint à Lyon, De Cotte part dans la suite du duc de Chaulnes, nommé ambassadeur auprès du Saint-Siège, alors que doit avoir lieu l'élection du successeur d'Innocent XI. Quittant Paris le 29 août 1689, le groupe est un mois plus tard à Rome, après avoir pris le bateau de Marseille à Gênes et consacré trois jours à parcourir Florence. Durant plus d'un mois, De Cotte visite et relève les monuments antiques et modernes, avant de partir pour Lorette et d'arriver le 21 décembre à Venise, où il passe les fêtes de Noël et assiste au Carnaval. C'est sa deuxième plus longue étape, puisqu'il consacre vingt-cinq jours à la Sérénissime. Le 15 janvier, il est à Padoue, puis, après être rapidement passé à Vicence et à Vérone, voyage dans le Nord pour arriver à Turin le 3 février, dernière étape de six jours avant le départ vers le Mont-Cenis et le retour en France. Le 6 mars, sitôt rentré, l'architecte expose ses remarques devant l'Académie royale d'architecture[4].

Sans surprise, De Cotte dédaigne le gothique et même les premiers édifices de la Renaissance, Bramante n'étant à ses yeux que le dernier des Anciens plutôt que le premier des Modernes.

---

1. En attendant une véritable monographie de cet artiste, voir Neuman, 1994.
2. Cojannot, 2012, p. 326-329.
3. Verdier, 2002. Oppenord y séjourne de 1692 à 1699. Son carnet de voyage, rempli de dessins virtuoses, est conservé au musée du Louvre, Arts graphiques, RF 35698. Une édition en fac-similé de l'original est en cours par Jean-Gérald Castex et Peter Fuhring.

4. Lemonnier (éd.), 1911-1929, t. II, p. 192.

cat. 50, détail

L'Antiquité le retient longuement, même s'il peut se montrer critique, par exemple envers les deux arcs du Forum. Les monuments du XVIe siècle constituent en fait l'essentiel de ses relevés et de son intérêt et, de ce point de vue, Venise le marque le plus fortement. Il y admire Sansovino, mais c'est surtout Palladio qui reçoit ses éloges. Il est séduit par la majesté de San Giorgio Maggiore et de son cloître, ainsi que par la beauté du Redentore, dont il lève le plan[1] et, sur une seconde feuille (cat. 50), l'élévation mi-partie de la façade avec la coupe transversale, et une coupe longitudinale partielle : elle montre une travée de la nef avec sa baie thermale, le transept et, à gauche, l'écran de colonnes entre le chœur liturgique et le chœur des religieux.

Les dessins du carnet sont levés avec rapidité, ce qui n'est guère étonnant, mais on est frappé par leur manque de précision. Ainsi du relevé du palais de la Gran Guardia, à Vérone (cat. 49), situé piazza Brà, à côté des arènes antiques que De Cotte néglige : « Degodet en traitte dans son livre, c'est pourquoy je nen ferez aucune mention. » Cet édifice avait été élevé entre 1610 et 1614[2] par Domenico Curtoni (1556-1629), neveu de Sanmicheli. L'élévation en est toute palladienne : un puissant soubassement à bossages porte un ordre dorique colossal de colonnes engagées. Sur le relevé, l'entablement, très archéologique avec ses métopes sculptées et ses bucranes, a disparu, ainsi que le motif si particulier de l'angle, où la composition est fermée par une colonne carrée. Le jeu plastique entre colonne circulaire et colonne carrée n'a cependant pas dû échapper à De Cotte, qui s'en souviendra lors de la mise au point de la façade de Saint-Roch, à la fin de sa carrière : on y retrouve en effet ce motif, unique dans l'architecture religieuse française de l'âge moderne.

L'intérêt de De Cotte pour Palladio est d'autant plus remarquable que, malgré une traduction précoce des *Quattro libri dell'architettura* en 1650 par Roland Fréart de Chambray, l'influence de Palladio en France est incertaine et que le Vicentin n'y fait pas l'objet du même engouement qu'en Angleterre ou aux Pays-Bas. Seul Louis Le Vau montre à son égard un intérêt marqué, aussi bien dans ses compositions (hôtels Lambert et Tambonneau, collège des Quatre-Nations) que dans l'usage des ordres (ionique scamozzien, ordre colossal couronné ou non d'un attique)[3]. Le palladianisme français de la seconde moitié du siècle reste encore à étudier, l'engouement de De Cotte n'étant pas sans écho chez ses contemporains : pavillon royal de Marly et études de villas de plan centré par Pierre Bullet et Pierre Cottart (cat. 100), maison Le Brun à Montmorency… une sensibilité qui annonce le palladianisme sobre d'un Boffrand après 1700.

---

1. Bibl. nat. de Fr., Est., V7 (2), fol. 11 (Jestaz, 1966, p. 271, sous l'ancienne cote Vb 25).
2. Laissé inachevé, il a été terminé dans la première moitié du XIXe siècle suivant le parti d'origine.
3. Mignot, 2000 ; Cojannot, 2012.

DISCOURS
PRONONCÉ PAR M.ʳ BLONDEL

A L'OUVERTURE DE L'ACADEMIE

D'ARCHITECTURE.
Le 31ᵉ Decembre 1671.

MESSIEVRS,

Quoyque ce rare esprit, que la Nature avoit mis dans un corps tout à fait disgracié, je veux dire Esope, ait esté dans une si haute estime parmi les Anciens, que Socrate mesme, un peu avant que de mourir, voulant par le conseil de son demon familier s'adonner à la Poësie, ne trouva rien de plus propre à être mis en vers que les Fables de ce Phrygien; Il semble neanmoins qu'il n'ait pas tout à fait raison lors qu'il dit que les Dieux n'ont condamné la Tortuë à porter sa maison sur le dos, que pour la châtier de sa paresse.

En effet si nous faisons reflexion sur la necessité de bâtir où l'homme est reduit pour se garantir des maux qui l'environnent, nous pouvons dire que ce qu'Esope fait passer dans la Tortuë pour une peine, doit bien plustost estre pris pour une faveur dont nous aurions plus de sujet de luy porter envie que de la plaindre.

cat. 57, discours inaugural de François Blondel à l'Académie royale d'architecture, le 31 décembre 1671, non paginé

L'Académie royale d'architecture

La création d'institutions académiques placées sous la protection directe du roi est un des aspects les plus importants et les plus durables de la politique royale des arts développée par Jean-Baptiste Colbert en tant que surintendant des Bâtiments du roi. Depuis la Renaissance, on entendait par « académie » un cercle de personnes constitué pour le développement et l'enseignement d'une discipline intellectuelle ou artistique, en général placé sous le patronage d'un mécène ou d'un prince. Les premières académies artistiques, apparues en Italie au XVIe siècle, embrassaient l'ensemble des « arts du dessin », mais l'architecture y tenait en réalité une place très secondaire[1]. Suivant ce modèle, une Académie royale de peinture et de sculpture voit le jour à Paris en 1648 à l'instigation d'un groupe d'artistes désireux de s'émanciper de la tutelle de la communauté des maîtres peintres et sculpteurs et Louis XIV la réorganise en 1663-1664, en lui donnant de nouveaux privilèges[2]. Les architectes en revanche ne bénéficient encore d'aucune reconnaissance ni organisation collective, mais seulement de faveurs et emplois à titre individuel. La création de l'Académie royale d'architecture en décembre 1671, sans précédent en Europe, constitue un événement symbolique et institutionnel majeur pour l'émergence de la profession d'architecte.

À la différence de celle de peinture et de sculpture, l'Académie d'architecture n'a toutefois pas été fondée à la demande des architectes praticiens, puisque ceux-ci étaient d'ores et déjà libres d'exercer leur activité indépendamment des corps de métier du bâtiment. La création d'une instance dans le domaine spécifique de l'architecture résulte d'une décision politique, qui se traduit par la nomination d'un professeur en la personne de l'ingénieur et mathématicien François Blondel, d'un secrétaire en celle d'André Félibien et de six architectes académiciens choisis pour leur « capacité […] tant dans la théorie que dans la pratique[3] ». Ces six architectes sont presque tous des praticiens confirmés, disposant d'appuis certains à la cour : Antoine Le Pautre (1621-1679), architecte et entrepreneur depuis le début des années 1640, est alors au service du duc d'Orléans, frère du roi ; François Le Vau (1623-1676), cadet du défunt premier architecte du roi Louis Le Vau, est employé par Colbert en tant qu'architecte et ingénieur dans les ponts et chaussées et les maisons royales ; Daniel Gittard (1625-1686), également entrepreneur à ses débuts, est un architecte particulièrement actif à Paris sur la rive gauche et travaille pour le Grand Condé ; Libéral Bruand (1631-1697), fils du maître général des œuvres de charpenterie du roi, vient de se voir confier par le roi en 1671 les prestigieux projets de l'Hôpital général de la Salpêtrière et de l'hôtel royal des Invalides ; François d'Orbay, disciple et collaborateur de Le Vau, remplace son maître depuis 1670 sur de nombreux chantiers royaux, notamment à Versailles ; seul le benjamin de la compagnie, Pierre Mignard (1640-1725), fils du peintre Nicolas Mignard d'Avignon, n'a pas une grande expérience professionnelle, mais bénéficie de la confiance de Colbert, qui l'a donné pour compagnon à son fils, Jean-Baptiste Colbert de Seignelay, lors de son voyage en Italie en 1671.

---

1. Baudez, 2012, p. 58-59.
2. Heinich, 1993, p. 7-37 ; Michel, 2012, p. 22-54.
3. Brevet d'architecte académicien de François d'Orbay, 18 décembre 1671 ; Lemonnier (éd.), 1911-1929, p. XVI, n. 2. Sur la création de l'Académie, voir Lemonnier (éd.), 1911-1929, t. I, p. I-LXIII ; Gerbino, 2010, p. 41-70 ; Baudez, 2012, p. 60-63.

En l'absence de statuts officiels jusqu'en 1717, l'académie ne dispose d'aucune autonomie et dépend entièrement de l'autorité du surintendant et de l'action du professeur, qui fait office de directeur. Blondel est en effet le principal inspirateur, aux côtés de Colbert, et la cheville ouvrière de la nouvelle institution. Son brevet de nomination, donné le 1er janvier 1671, est antérieur de près d'un an à ceux des autres membres et ne fait aucune mention explicite de la future académie, mais sa teneur la préfigure directement : il reçoit en effet la charge de professeur « pour enseigner les véritables règles aux jeunes gens qui se proposent d'embrasser la profession d'architecture et pour en faire des conférences avec les plus habiles de cette proffession qui y seront appellez[1] ». Les deux missions qui lui sont confiées, « enseigner » et « faire des conférences », seront en fait celles de l'Académie elle-même et se trouvent directement transposées dans l'organisation de cette dernière en deux entités distinctes, à savoir un cours public et une assemblée délibérative, suivant l'exposé fait par Blondel lors de la séance inaugurale du 31 décembre 1671.

Les six architectes académiciens forment tout d'abord une « compagnie » ou conseil, qui doit s'assembler une fois par semaine pour réfléchir et délibérer sur toute matière relative à leur profession. Choisis par le roi « entre ceux qui font profession de l'architecture comme les plus capables de donner à cet art la perfection qui luy manque », ils obtiennent à compter de 1676 que leur soit réservé, en principe, le titre d'architecte du roi (cat. 52). L'objectif qui leur est assigné est très large, concernant aussi bien les aspects les plus spéculatifs, dans le cadre d'un programme d'études au long cours fixé par le professeur, que des questions techniques ou pratiques, qui leur sont occasionnellement soumises par la surintendance des Bâtiments ou même par des particuliers. Si la teneur de leurs débats est presque entièrement perdue, les sujets par eux abordés et leurs principales conclusions ont été consignés par le secrétaire de l'Académie dans les registres des procès-verbaux de séances (cat. 51). Les rares textes d'exposés ou de conférences académiques conservés dans les archives de l'actuelle Académie des beaux-arts permettent de connaître les ambitions et les limites du discours théorique développé par ces architectes qui sont avant tout des praticiens (cat. 55 et 56).

En pendant aux assemblées délibératives des académiciens, l'institution doit dispenser un cours public, assuré par le professeur à raison de deux leçons de deux heures par semaine. Chaque leçon se divise en une heure consacrée à la théorie générale et une aux mathématiques appliquées à l'architecture. La partie théorique du cours de François Blondel a été aussitôt publiée par l'Imprimerie royale, en trois luxueux volumes in-folio (cat. 57). Ceux-ci montrent qu'elle se concentre sur la morphologie de l'architecture classique, sous la forme d'un exposé méthodique et critique sur les ordres et ordonnances. Les leçons sont librement ouvertes à tous, sans inscription ou concours d'entrée, et une liste des élèves « les plus assidus » pendant la première année de cours, 1672, nous est parvenue (cat. 58). Ceux qui sont jugés les plus prometteurs peuvent espérer être envoyés, comme Augustin Charles d'Aviler en 1674, poursuivre leurs études à l'Académie de France à Rome en tant que pensionnaires du roi (cat. 46, 47 et 60). Après son retour d'Italie, D'Aviler a fait présent à l'Académie d'un immense relevé en plan de la basilique Saint-Pierre du Vatican, qui est resté exposé dans les salles de l'institution jusqu'à sa suppression en 1793 (cat. 60). Ce plan est mentionné dans le premier inventaire du mobilier de l'institution, dressé par André Félibien en 1692 au moment où l'Académie vient de quitter le Palais-Royal, son premier siège, pour s'installer au Louvre. Cet inventaire décrit également les importantes maquettes d'architectes confiées à l'Académie par la surintendance des Bâtiments du roi à des fins pédagogiques (cat. 59 et 125).

---

1. Arch. nat., O/1/15, fol. 36v-37, éd. fautive dans Mauclaire et Vigoureux, 1938, p. 121 ; cat. exp. Paris, 1983, p. 255.

51.
Premier registre des procès-verbaux des conférences de l'Académie royale d'architecture, 1671-1681

Registre couvert de parchemin doré aux armes de France, papier, plume et encre brune, 38,8 × 25 cm
Paris, Archives de l'Institut, Académie des beaux-arts, registre A 1

Le plus important témoignage sur l'activité de l'Académie royale d'architecture consiste en onze registres in-folio contenant les minutes des procès-verbaux de séance, signées des participants, depuis son établissement par Louis XIV en 1671 jusqu'à sa suppression par la Convention en 1793[1]. Le premier de ces volumes s'ouvre sur le compte rendu de la séance inaugurale : « Le jeudi, dernier jour de décembre 1671, l'Accadémie royalle des architectes du roy a esté establie par monseigneur Colbert, surintendant des bastimens, dans un des appartemens du Palais-Royal, à un des bouts de la mesme gallerie où est l'Accadémie royale de peinture, et en présence de mondit seigneur Colbert et de plusieurs personnes de qualité, M. Blondel, professeur royal aux mathématiques et en architecture, en a fait l'ouverture par un discours sur l'excellence de l'architecture[2]. »

Blondel poursuit en exposant le programme de travail assigné aux académiciens : « Tous les jeudis de la semaine, à pareille heure, se feront des assemblées particulières des personnes nommées par Sa Majesté pour conférer sur l'art et les règles de l'architecture et dire leur avis sur les matières qui auront esté proposées, selon l'estude et les observations que chacun aura faites sur les ouvrages antiques et sur les escrits de ceux qui en ont traité, chacun y adjoutant ses raisons particulières selon le sujet qui sera en délibération. » Dans la préface de son *Cours* (cat. 57), Blondel rappelle en outre que le roi a « souhaité qu'il se tînt un registre de ce qui auroit été arrêté dans chacune des conférences, où les principales difficultez qui se rencontrent dans les bâtimens doivent être discutées et résolues[3] ». C'est ce à quoi s'est appliqué le secrétaire de l'Académie, André Félibien, qui exerce déjà les mêmes fonctions auprès de l'Académie royale de peinture et de sculpture[4].

L'Académie constitue ainsi une assemblée délibérative, appelée à discuter entre pairs et si possible trancher à la majorité des voix toute question relative à l'architecture. Le fonctionnement collégial est inhérent à la notion même d'académie, mais il revêt en l'occurrence un caractère fort élitiste et peu libéral, étant limité à un cercle de six architectes désignés par le roi. Leurs réunions hebdomadaires, tenues à huis clos, sont animées par le professeur et directeur de fait, François Blondel. Des tiers peuvent éventuellement s'y joindre, notamment les officiers de la surintendance des Bâtiments ou des personnalités qualifiées comme le théoricien Claude Perrault, frère du premier commis des Bâtiments Charles

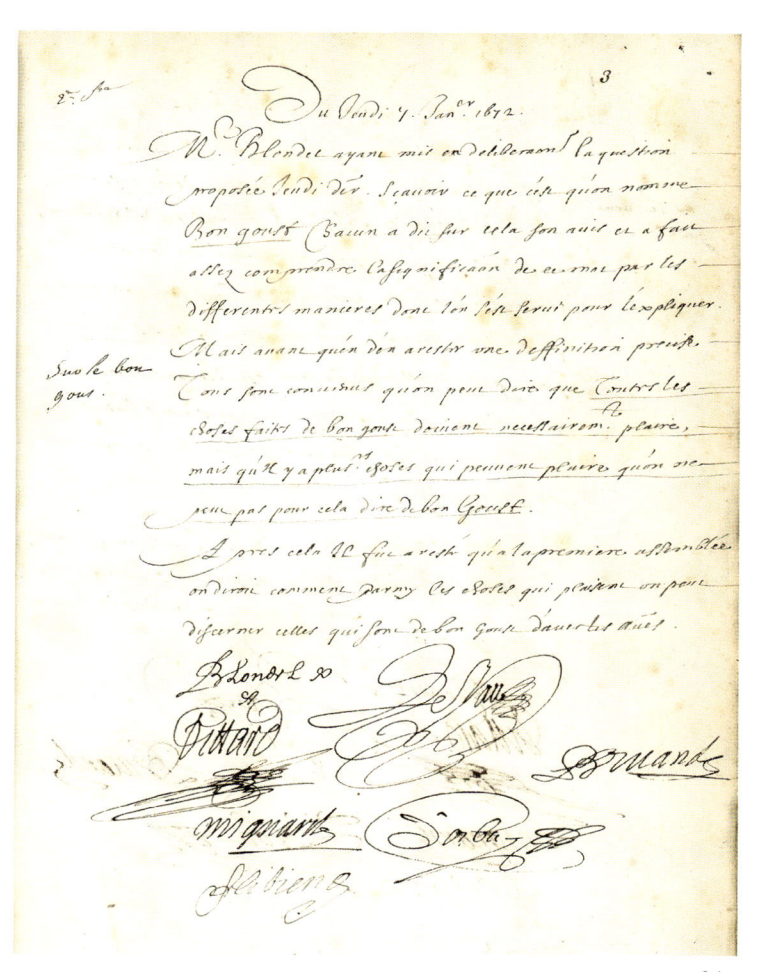

cat. 51, fol. 3

Perrault. Sous cette forme restreinte et encadrée, la nouvelle instance ressemble autant à un comité d'experts qu'à un véritable organe académique, en principe doué d'une certaine liberté. Elle a été ainsi organisée pour répondre à des attentes très précises, à la fois pragmatiques et théoriques, qui peuvent être attribuées respectivement à Colbert et Blondel.

On reconnaît volontiers l'empreinte personnelle de Colbert dans la conception de l'académie comme un comité d'experts[5]. Dès 1663, ce dernier a choisi de réunir une « petite académie » d'hommes de lettres, ancêtre de l'Académie des inscriptions et belles-lettres, pour l'assister dans les commandes royales d'ordre artistique ou monumental. En 1667, il a renoncé à s'en remettre à un seul architecte pour l'achèvement du Louvre et en a confié la conception du projet à un comité ou « Petit Conseil », réunissant le premier architecte Louis Le Vau, le premier peintre Charles Le Brun et le théoricien Claude Perrault[6]. En 1670, certaines questions relatives à la construction du Louvre, de l'Observatoire et de l'Arc de triomphe ont été soumises à la critique de sept architectes praticiens[7]. À partir de l'année suivante, c'est l'Académie qui sert désormais de

---

1. Archives de l'Institut, Académie des beaux-arts, registres A1 à A11; Lemonnier (éd.), 1911-1929, en 10 t.
2. *Ibid.*, t. I, p. 1-3.
3. Blondel, 1675-1683, t. I, préface non paginée.
4. Sur André Félibien, voir ci-dessus, cat. 20 et 21.
5. Gerbino, 2010, p. 47 ; Baudez, 2012, p. 60-61.
6. Voir en dernier lieu Bresc-Bautier et Fonkenell (dir.), 2016, vol. 1, p. 401-404 ; et ci-dessous, cat. 93.
7. Arch. nat., O/1/1669, pièce n° 404 ; éd. Berger, 1993, p. 131-133 et Petzet, 2000, p. 564-567.

conseil consultatif pour accompagner l'action de la surintendance des Bâtiments. Ainsi, dès le 31 mars 1672, une séance est consacrée aux portiques de colonnes en cours de construction au-devant des pavillons de la cour d'honneur de Versailles[1]. En 1674, l'Académie est interrogée par Claude Perrault sur la sculpture des corniches du fronton du Louvre[2]. Les procès-verbaux de ces séances, plus détaillés qu'à l'ordinaire, se présentent comme les avis d'une commission administrative.

Ces consultations techniques sont toutefois ponctuelles et la majeure partie des séances est dédiée à la réflexion théorique. Dans son discours solennel du 31 décembre 1671, Blondel a assigné aux académiciens l'objectif de « donner à cet art la perfection qui lui manque » et fixé la méthode à suivre : « il n'y a point de livres qui traittent de cette matière que vous ne deviez lire plus d'une fois, point de desseins de bastimens antiques ou modernes sur qui vous ne deviez méditer, et point de temps ny de soins que vous ne soyez obligez d'employer pour former la véritable et parfaite idée de l'architecture ». Son ambition est doctrinale et passe par un programme d'études livresques et érudites. Convaincu que, par le partage des connaissances, la réflexion critique et la délibération, il est possible d'arriver à des conclusions positives, Blondel conçoit sans doute les registres des procès-verbaux comme un recueil, si ce n'est de normes, tout du moins de jurisprudence artistique, sur lequel pourrait se fonder l'enseignement aux futurs architectes.

Les espoirs de Blondel n'ont toutefois pas été suivis d'effet. Dès les premières séances, il choisit de mettre au débat la question esthétique de « savoir ce que c'est qu'on nomme le bon goût » en architecture, mais les académiciens ne disposent pas de la formation intellectuelle nécessaire pour l'affronter (cat. 55). Malgré ses tentatives répétées, il n'obtient jamais de vote formel sur le caractère objectif ou subjectif des proportions, qui était au cœur de son différend théorique avec Claude Perrault[3]. Dès lors, l'examen des traités d'architecture se réduit peu à peu à un exercice studieux, sans produire les conclusions attendues. Au début de l'année 1685, on finit par entreprendre « d'examiner le cours d'architecture de M. Blondel », mais seulement « pour ne point doresnavant manquer de matière à discourir », ce qui n'est guère engageant[4]. Après le décès de Blondel, les académiciens se détournent progressivement de l'approche érudite qu'il avait imposée pour se concentrer sur les questions techniques, d'ordre constructif ou juridique.

52.
Arrêt du Conseil du 7 mars 1676 réservant le titre d'architecte du roi aux membres de l'Académie royale d'architecture

Minute originale sur papier reliée dans un registre, 40 × 29 cm
Paris, Arch. nat., E//1783, fol. 197

En décembre 1671, les six premiers membres de l'Académie royale d'architecture sont désignés par des brevets du roi[1]. La formule employée pour chacun, identique, n'implique pas l'attribution d'un titre officiel, mais seulement d'une fonction et de la rétribution afférente :

« Aujourd'huy, premier décembre 1671, le roy estant à St-Germain-en-Laye, sur le bon et louable rapport qui a esté faict à Sa Majesté de la suffisance et capacité que le sr Le Vau s'est acquise tant dans la théorie que dans la pratique de l'architecture, Sad. Majesté, désirant le gratifier et traiter favorablement, l'a nommé pour un de ceux qui doivent composer l'académie d'architecture qu'elle désire establir en sa bonne ville de Paris, pour assister aux conférences qui se feront dans lad. académie, y dire son avis et contribuer autant qu'il pourra par sa science et ses lumières à l'avancement d'un art sy recommandable ; veut et entend Sa Majesté qu'il jouisse des gages qui luy seront réglez par le sr Colbert, surintendant et ordonnateur général de ses bastimens, arts et manufactures de France, et pour tesmoignage de sa volonté, Sad. Majesté m'a commandé de luy expédier le présent brevet qu'elle a voulu signer de sa main et fait contresigner par moy, son conseiller secrétaire d'Estat et de ses commandemens et finances. [Signé] Louis [et plus bas] Colbert »

Et pourtant, dès la séance inaugurale du 31 décembre suivant, le doute semble s'insinuer, puisque le procès-verbal porte que « l'Accadémie royale des architectes du roy a esté establie par monseigneur Colbert ». Le titre d'architecte du roi est-il dès lors réservé aux seuls membres de l'Académie ? La question n'est posée ouvertement qu'à la séance du 10 février 1676, au cours de laquelle « la compagnie a délibéré sur le projet de l'arrest que monseigneur Colbert a accordé à l'Accadémie, portant deffense à tous m[es] massons, entrepreneurs et gens se meslans des bastimens, de prendre la qualité d'architecte du roi, que Sa Majesté a réservée à ceux qui composent ladite Accadémie[2] ». Cette délibération montre que les académiciens ont certainement sollicité l'octroi de ce privilège et sans doute même rédigé le texte de l'arrêt, rendu en commandement le 7 mars suivant :

---

1. Lemonnier (éd.), 1911-1929, t. I, p. 9-10.
2. *Ibid.*, p. 78.
3. Picon, 1988, p. 138 ; Baudez, 2010, p. 61.
4. Lemonnier (éd.), 1911-1929, t. II, p. 74.

1. Arch. nat, O/1/1930, copie du brevet de François d'Orbay, 18 décembre 1671, éd. dans les *Archives de l'art français*, 1853-1855, t. III, p. 261 ; cat. exp. Paris, 1983, p. 258 ; Arch. nat., O/1/15, fol. 479-v, copie du brevet de François Le Vau, 1er décembre 1671, avec mention des brevets de Libéral Bruand, Daniel Gittard et Antoine Le Pautre expédiés le même jour.
2. Lemonnier (éd.), 1911-1929, t. I, p. 109.

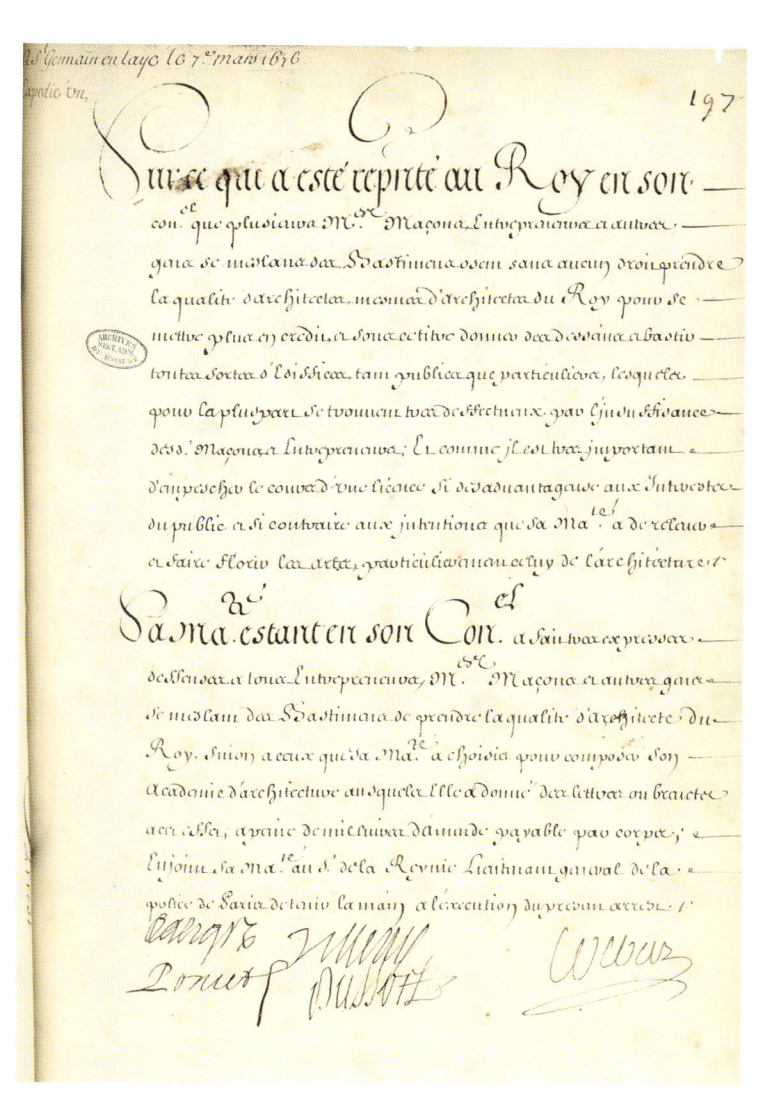

cat. 52

lieutenant général de la police de Paris, de tenir la main à l'exécution du présent arrest. [Signé] D'Aligre, Villeroy, Poncet, Pussort, Colbert[1]. »

On affirme généralement que cet arrêt implique le renoncement par les architectes du roi à l'entreprise, mais ce n'est pas exact. Son objet est seulement de réglementer le port des titres d'architecte du roi, architecte ordinaire du roi ou architecte ordinaire des Bâtiments du roi, qui étaient l'objet de nombreux abus. La clarification apportée en 1676 est sans nul doute nécessaire, mais guère suffisante. Interdire aux maîtres maçons et entrepreneurs de se dire architectes du roi n'est pas difficile, mais qu'en est-il des hommes de l'art qui ont obtenu des brevets d'architecte en bonne et due forme avant l'établissement de l'Académie ? Les titres délivrés à François Levé ou Michel Noblet, par exemple, n'ont pas été révoqués. Et Pierre Cottart, qui n'est jamais entré à l'Académie, se voit encore rémunéré en tant qu'architecte dans les comptes des Bâtiments du roi au mois de janvier 1676[2]. Inversement, en 1685 et 1686, Pierre Bullet et Robert de Cotte sont mis au nombre des académiciens, sans pour autant recevoir de brevet… Impossible à faire appliquer, l'arrêt du 7 mars 1676 n'a pas empêché les soi-disant architectes du roi de continuer à proliférer jusqu'à la fin de l'Ancien Régime, mais il marque néanmoins une étape symbolique dans l'affirmation professionnelle des architectes par rapport aux gens de métier.

« Sur ce qui a esté représenté au roy en son Conseil que plusieurs mes maçons, entrepreneurs et autres gens se meslans des bastimens osent sans aucun droit prendre la qualité d'architectes, mesmes d'architectes du roy, pour se mettre plus en crédit et sous ce titre donner des desseins et bastir toutes sortes d'édifices, tant publics que particuliers, lesquels pour la pluspart se trouvent très deffectueux par l'insuffisance desd. maçons et entrepreneurs, et comme il est très important d'empescher le cours d'une licence si désadvantageuse aux intérests du public et si contraire aux intentions que Sa Majesté a de relever et faire florir les arts, particulièrement celluy de l'architecture, Sa Majesté estant en son Conseil a fait très expresses deffenses à tous entrepreneurs, mes maçons et autres gens se meslant des bastimens de prendre la qualité d'architecte du roy, sinon à ceux que Sa Majesté a choisis pour composer son Académie d'architecture, ausquels elle a donné des lettres ou brevets à cet effet, à peine de mil livres d'amende payable par corps, et enjoint Sa Majesté au sr de La Reynie,

---
1. Arch. nat., E//1783, fol. 197, minute originale ; une copie imprimée en date de 1748 a été exposée en 1983 (cat. exp. Paris, 1983, p. 259) ; Baudez, 2012, p. 138-139.
2. Guiffrey (éd.), 1881-1901, t. I, col. 860.

cat. 53

53.
École française
Portrait de François d'Orbay, s.d. [fin du XVIIe siècle]

Huile sur toile, 72,5 × 59,3 cm
Cherbourg-Octeville, musée Thomas Henry, 835.153

Né en 1634 dans une famille de maçons parisiens, François d'Orbay devient au cours des années 1650 l'élève, puis le collaborateur privilégié du premier architecte du roi, Louis Le Vau, qui l'envoie à Rome en 1660 pour parfaire sa formation. Durant les dix ans qui suivent, il est au sens moderne du terme le « chef d'agence » du premier architecte, le secondant sur les chantiers du Louvre et des Tuileries (cat. 88, 93 et 135), du collège Mazarin (cat. 149 à 171), enfin de l'Enveloppe de Versailles, ces deux derniers édifices étant en travaux quand meurt son patron, en octobre 1670.

À l'exception du collège Mazarin, dont il est officiellement désigné architecte, D'Orbay succède partout à Le Vau sans autre titre que celui d'architecte ordinaire du roi, malgré son expérience et sa probité. Colbert ne veut sans doute pas d'un nouveau premier architecte et D'Orbay, dont le caractère est notoirement effacé, ne prétend peut-être même pas à cette charge[1]. Il se contente de servir où le roi a besoin de lui, à Versailles notamment, où il travaille au grand escalier dit des Ambassadeurs et aménage les appartements royaux, et à Saint-Germain-en-Laye. Sa position ne résiste toutefois pas à l'ascension de Jules Hardouin-Mansart, qui dirige bientôt tous les chantiers royaux avec autorité. À partir de 1676 et jusqu'à sa mort, en 1697, sa carrière connaît une longue éclipse, qui interdit de voir en lui le génie caché qu'avait cru révéler Albert Laprade[2]. D'abord chargé des travaux de Fontainebleau et de Chambord, puis du département de Paris, D'Orbay est désormais employé à conduire quelques ouvrages et à faire des relevés des maisons royales, qu'il grave parfois lui-même (cat. 104 et 147). Il reçoit néanmoins quelques commandes hors des Bâtiments du roi : l'église des Prémontrés et la salle des Comédiens français à Paris, et sans doute un projet pour l'achèvement de l'église Saint-Eustache de la part de Colbert, mais encore l'église des Minimes de Chaillot, la cathédrale de Montauban et la porte du Peyrou à Montpellier, dont l'exécution est confiée à D'Aviler.

Malgré une personnalité en demi-teinte, qui transparaît bien dans ce tableau où il apparaît digne mais sans panache, D'Orbay est une figure importante de l'architecture française de son temps. Dessinateur de talent, il a contribué à l'évolution des pratiques graphiques, à une période où les Bâtiments du roi réclament toujours plus de plans, et toujours plus rapidement. Peut-être est-ce un portefeuille de dessins qu'il tient à la main sur son portrait, que Henri Jouin avait attribué à François de Troy sans fondement[3]. Nommé à l'Académie royale d'architecture dès sa fondation en 1671, il en a été l'un des membres les plus assidus. Le mémoire historique qu'il a rédigé sur cette institution en 1692 laisse percevoir tout l'attachement qu'il lui portait (cat. 54).

---

1. Jestaz, 2008, vol. 1, p. 200-201 et 215-216.
2. Laprade, 1960.
3. Cat. exp. Paris, 1983, p. 268. Le tableau était catalogué « Portrait de Dorbon architecte ».

54.
François d'Orbay (1634-1697)
Mémoire autographe sur l'histoire de l'Académie royale d'architecture, s.d. [27 juin 1692]

Papier, plume et encre brune, 34 × 22,8 cm
Paris, Arch. nat., O/1/1930, dossier 3, pièce 2

Le mémoire sur l'Académie royale d'architecture, conservé en deux exemplaires, n'est ni daté, ni signé, mais l'original est autographe de François d'Orbay et sa copie porte en marge la mention : « Donné par D'Orbay le 27 juin 1692[1] ». À cette date, D'Orbay est, avec Libéral Bruand, l'un des deux derniers académiciens à avoir été nommés dès la création de l'institution, trente ans plus tôt. Son exposé commence donc par l'énumération des nominations et des remplacements survenus depuis 1671. En 1675, Jules Hardouin-Mansart a été nommé académicien surnuméraire, mais la mort de François Le Vau, survenue l'année suivante, a rétabli le nombre originel de six membres « suivant l'establissement ». Antoine Le Pautre, décédé en 1679, est remplacé en 1685 par Pierre Bullet ; Daniel Gittard et le professeur François Blondel, tous deux disparus en 1686, respectivement par Robert de Cotte et Philippe de La Hire en 1687.
Vient ensuite la description des conférences, qui ne se tiennent plus le jeudi à 14 heures comme à l'origine, mais désormais le lundi de 15 à 18 heures : « Pendant trois heures, on y a faict jusqu'à présent la lecture de plusieurs auteurs d'architecture […] cela donnant des sujets de s'entretenir sur leurs desseings et y examinant leurs dispositions et leurs pratiques pour profiter de leurs lumières, et y adjoustant ce qui peut y manquer suivant nostre manierre. » D'Orbay insiste sur le rôle de conseil rempli par l'Académie auprès de la surintendance des Bâtiments du roi : « Souvent Monsieur Colbert a envoyé consulter l'Accademye sur des ouvrages qui se faisoient à Versailles et autres lieux pour Sa Majesté, et Monsieur de Louvois a faict aussy l'honneur à la compagnie de demander ses advis pour de pareilles choses […], le tout estant enregistré dans le registre. » Le mémoire se poursuit et s'achève sur des questions protocolaires, pour rappeler les usages établis au temps de Colbert et de Blondel.
Les circonstances et motivations de la rédaction de ce document ne sont pas tout à fait claires. Au début de l'année 1692, l'Académie vient de connaître un bouleversement important, auquel D'Orbay ne fait pas allusion. En 1671, l'Académie royale d'architecture avait été établie auprès de celle de peinture et de sculpture, au premier étage de l'ancienne galerie de la bibliothèque de l'hôtel de Richelieu, mais les deux institutions ont été délogées en février 1692, le roi venant de donner officiellement en apanage le Palais-Royal et ses dépendances à son frère, le duc d'Orléans[2]. François d'Orbay, étant chargé du département de Paris, est responsable du transfert et établit les plans pour l'installation de l'Académie dans l'ancien appartement de la reine Marie-Thérèse au Louvre, où l'assemblée se tient pour la première fois le 11 février 1692. Le mémoire

cat. 54

de D'Orbay, remis quatre mois plus tard, a sans aucun doute été demandé à la suite de ce déménagement, par le surintendant des Bâtiments Édouard Colbert de Villacerf, en poste depuis le 28 juillet 1691 et sans doute peu familier de l'institution.
Derrière l'exposé factuel, on sent poindre les regrets de D'Orbay face à ce qu'il devait considérer comme un lent déclin. Le mémoire souligne ainsi que les nouveaux membres nommés pendant la surintendance de Louvois l'ont été « sans brevet », à la différence du temps de Colbert. De même, quand il rappelle que Colbert « fist l'honneur à la compagnie de venir quelques fois estre présent aux conférences (…) et il disoit aussy son sentiment », il laisse entendre que Louvois n'a pas pris une telle peine. Entre les membres de l'Académie eux-mêmes, les relations ont également changé : « Dans le commencement de cette assemblée, la compagnie fist honnesté à Monsieur Blondel en luy présentant la place la plus distingué[e], et ensuite la compagnie se plaça en ce faisant les civilités que l'on doit ce rendre les uns aux autres, ce qui a esté longtemps fort bien observé, mais présentement cela n'est plus tout à fait de mesme. » La prééminence de Blondel en tant que professeur était liée à la confiance que lui accordait Colbert et le jeune Philippe de La Hire ne dispose sans doute pas de la même autorité[3]. La collégialité de l'assemblée doit également être mise à mal par la différence de statut entre les académiciens ordinaires et le tout-puissant Hardouin-Mansart, devenu premier architecte du roi en 1681. D'Orbay n'a pas connu la rénovation de l'institution qu'il appelle implicitement de ses vœux en 1692, car celle-ci est intervenue deux ans après sa mort, lorsqu'en 1699 Hardouin-Mansart a succédé à Villacerf en tant que surintendant des Bâtiments du roi et fait nommer Robert de Cotte directeur de l'Académie[4].

1. Cat. exp. Paris, 1983, p. 255-256 et 258 ; Felkay, 1985 (1987), p. 275-278.
2. Lemonnier (éd.), 1911-1929, t. II, p. XVI-XIX ; Laprade, 1960, p. 260-261 ; Aulanier, 1961 (1962), p. 215-224.
3. Becchi, Rousteau-Chambon et Sakarovitch (dir.), 2013, p. 107-117 et 237-240.
4. Lemonnier (éd.), 1911-1929, t. I, p. XII-XIII ; Baudez, 2012, p. 102-103.

55.
François Le Vau (vers 1623-1676)
**« En quoy consiste le bon goust de l'architecture »,
conférence prononcée le 7 janvier 1672**

Papier, plume et encre brune, 32,4 × 21 cm
Mention hors teneur : « 1er registre. Sentiment de M. Le Vau, du 7 janvier 1672 »
Paris, Archives de l'Institut, Académie des beaux-arts, carton B 9

Lors de la séance inaugurale du 31 décembre 1671, François Blondel a énoncé la première question qui serait soumise aux académiciens : « Et pour commencer, ledit sieur Blondel a dit que, dans la première assemblée, qui se fera jeudi prochain, l'on dira ce que c'est que le bon goust dont l'on parle d'ordinaire dans les ouvrages d'architecture et qui marque leur excellence. » Le programme est bien respecté le 7 janvier 1672 : « M. Blondel ayant mis en délibération la question proposée jeudi dernier, sçavoir ce que c'est qu'on nomme le bon goust, chacun a dit sur cela son advis et a fait assez comprendre la signification de ce mot par les différentes manières dont l'on s'est servi pour l'expliquer. » Par chance, François Le Vau a laissé une copie de sa communication au secrétaire Félibien et celle-ci se trouve conservée dans les archives de l'Académie des beaux-arts. Le texte en est court et peut être ici cité en entier :

> « En quoy consiste le bon goust de l'architecture.
> Selon mon sens, le bon goust consiste au beau nombre de toutes choses, par l'analogie et proportion de toutes les parties qui conviennent dans une agréable union, de sorte que la symmétrie d'un édifice, estant justement réglée en toutes ses associations et dépendances qui correspondent en de légitimes égalitez du tout aux parties et des parties au tout, fasse cette agréable harmonie qui délecte les yeux.
> C'est l'élégance de la bonne architecture où se trouve cette harmonie qui charme et satisfaict la veue, comme la musique faict l'ouïe.
> Ce bon goust est composé du simple et du riche, qui résulte de cette agréable union où touttes les parties sont placées chacune en son lieu suivant les règles de l'art, lesquelles distinguent visiblement par leurs diversitez ce qui doit précéder et succéder selon l'ordre et le sujet de la chose.
> Et finalement ce bon goust est le visible effect d'une agréable cause et l'entousiasme de ce charmant aspect dict, du mot grec, eurithmie.
> C'est ce qui ne se peut, à mon advis, reconnoître simplement par la théorie et la pratique. J'estime qu'il est encore nécessaire que le génie des studieux en l'architecture ait une disposition naturelle à recevoir les lumières de cette science pour en bien juger, puisque tout ce qui est de bon goust doit plaire et, néantmoins, tout ce qui plaist, au jugement de plusieurs, n'est pas toujours de bon goust. »

En fait de discours, François Le Vau a présenté à l'Académie un assemblage assez confus de lieux communs sur les notions vitruviennes de symétrie et d'eurythmie. Le premier paragraphe de la conférence contient clairement des éléments tirés des définitions que Vitruve a données de ces termes au chapitre II du premier livre de *De l'architecture*[1]. Plutôt qu'au traité latin lui-même, il apparaît toutefois que Le Vau s'est référé à la traduction commentée par Daniele Barbaro, parue à Venise en 1556 et 1567. Le Vénitien est en effet le seul auteur à traduire le latin *eurythmia* par « bel numero », que Le Vau transpose ici en « beau nombre de toutes choses[2] ». Les alinéas suivants, assez décousus, semblent procéder d'une reformulation maladroite des commentaires de Barbaro sur l'eurythmie, où l'on retrouve notamment les idées d'ordre et de distinction nécessaires entre les parties, la comparaison entre architecture et musique ou encore le critère de la délectation de la vue[3]. De même que, chez Barbaro, l'interprétation de l'eurythmie et de la symétrie aboutit à la théorie de la proportion[4], l'analogie faite par Le Vau avec la musique et l'« harmonie », ainsi que les références aux « règles de l'art » et à « de légitimes égalitez » semblent conduire implicitement à la définition d'une architecture fondée sur des règles objectives. L'académicien ajoute toutefois que les règles ne peuvent être aisément établies « par la théorie et la pratique », mais nécessitent aussi « une disposition naturelle pour recevoir les lumières de cette science », et sa conférence s'achève sur une pirouette verbale opposant « ce qui plaist » à « ce qui est de bon goust[5] ». En réintroduisant l'idée de « génie » nécessaire aux « studieux en l'architecture », Le Vau se débarrasse bien commodément du paradoxe qu'il y a à supposer l'existence de règles qui seraient naturelles, mais non connaissables. C'est peu ou prou la position qui a finalement prévalu à l'Académie quelques années après sa mort, le 18 août 1681, lorsqu'a été délibéré en séance solennelle « qu'il y a dans l'architecture un certain arrangement, nombre, disposition, grandeur et proportions des parties qui produisent cette union d'harmonie que l'on appelle beauté », et ce même « sans que nous les connaissions[6] ».

---

1. Vitruve, l. I, ch. II, 3 et 4.
2. Barbaro, 1556 (1567), p. 33.
3. *Ibid.*
4. Wittkower, 1949 (1996), p. 156-158.
5. Le constat final de la conférence de François Le Vau en 1672 est repris à son compte par François Blondel dans son *Cours* en 1683 : « D'autres au contraire (et je suis assez de leur sentiment) sont persuadez […] qu'il est faut de dire que tout ce qui plaist soit toujours véritablement beau, quoyqu'il soit très véritable que tout ce qui est naturellement beau plaist toujours quand il est connu » (Blondel, 1675-1683, vol. 2, p. 169-170).
6. Lemonnier (éd.), 1911-1929, t. I, p. 321-322.

1.er registre (1)

Sentiment de M. Le Vau
du 7. Janvier 1672

fait

En quoy consiste le Bon goust de l'architecture

Selon mon sens, Ce bon goust consiste au beau nombre de toutes choses, par l'analogie et proportion de toutes les parties qui conviennent dans une agreable union; de sorte que la Symmetrie d'un Edifice, estant justement reglée en toutes ses associations et dependances, qui correspondent en des legitimes Egalités du tout aux parties, et des parties au tout, faire cette agreable harmonie qui delecte les yeux.

C'est l'Elegance de la bonne Architecture, ou se trouve cette harmonie qui charme et satisfaict la veüe, comme la Musique faict l'oüie.

Ce bon goust est composé du Simple et du Riche, qui resulte de cette agreable union, ou toutes les parties sont placées chacune en son lieu, Suivant les regles de l'art; Lesq.les distinguent visiblement par leurs diversités, ce qui doit preceder et succeder Selon l'ordre et le Sujet de la chose.

Et finalement ce bon goust est le visible effect d'une agreable cause, a l'entousiasme des ce charmant aspect, dict du mot grec, Eurithmie.

C'est ce qui ne se peut, a mon advis, reconnoitre simplem.t par la Theorie et la Pratique; J'estime q.l est encore necessaire que le genie des Studieux en l'architecture, ait une disposition naturelle à recevoir les lumieres de cette Science, pour en bien Juger; puisque tout ce qui est de bon goust doit plaire; Et neantmoins tout ce qui plaist, au Jugement de plusieurs, n'est pas toujours de bon goust. /

56.
Pierre Bullet (1638-1716)
« Proposition pour faire une platebande
sur des colonnes isolées d'environ deux pieds neuf pouces
de diamètre et de quinze pieds de distance »,
conférence prononcée le 14 janvier 1704 à l'Académie royale
d'architecture

A – Mémoire autographe de la conférence

Papier, plume et encre brune, 33,7 × 22,4 cm
Paris, Archives de l'Institut, Académie des beaux-arts, carton B 9

B – Plan et élévation d'une platebande armée sur colonnes libres, dessin « présenté à la compagnie par monsieur Bullet le 14ᵉ janvier 1704 »

Papier, graphite, plume et encre grise, 22 × 33,8 cm
Paris, Archives de l'Institut, Académie des beaux-arts, carton B 9

cat. 56-a

Lors de la séance du 7 janvier 1704, l'architecte Pierre Lambert ouvre le sujet « la manière de faire des plastes-bandes », ce qui suscite des discussions entre les membres de l'assemblée concernant « l'usage du fer et la manière de l'employer en de pareils ouvrages où il est difficile de s'en passer et où il faut lui conserver toute sa force[1] ». La teneur de ces débats n'est pas connue, mais on a conservé deux mémoires originaux, sur le même sujet, apportés la semaine suivante par l'architecte Pierre Bullet et le professeur Philippe de La Hire.

Le mémoire de Bullet est le plus développé et porte sur la construction d'une « plate-bande sur des colonnes isolées, d'environ deux pieds neuf pouces de diamètre et de quinze pieds de distance ». La platebande est un ouvrage de maçonnerie composé de claveaux assemblés à l'horizontale pour tenir lieu d'une pierre monolithique, par exemple en guise de linteau sur une baie ou d'architrave au-dessus de colonnes, comme l'envisage ici Bullet. Le sujet est d'actualité en 1704, car Jules Hardouin-Mansart vient alors de faire élever la galerie de colonnes colossales de la chapelle de Versailles, construite suivant ce système[2]. Il rappelle plus encore la Colonnade du Louvre, bâtie en 1668-1670, qui présentait des dimensions plus proches de l'exemple ici envisagé[3] (cat. 138). Bullet va toutefois plus loin dans la hardiesse technique, choisissant un entrecolonnement supérieur, 15 pieds (4,9 m), contre seulement 12 pieds 2,5 pouces (4 m) au Louvre, et un diamètre de colonne inférieur, 2 pieds 9 pouces (0,9 m) contre 3 pieds 7 pouces (1,2 m) au Louvre.

Bullet n'adopte pas une approche critique par rapport aux précédents, mais propose une méthode de construction qu'il décrit pas à pas. Il commence par le choix et le dimensionnement de la pierre, de préférence une pierre dure de liais ou d'Arcueil si l'on se trouve à Paris, pour des claveaux d'au moins 3 pieds de hauteur (1 m). Les sommiers, pierres trapézoïdales situées à l'aplomb des colonnes et supportant la compression maximale, comportent un « tenon » en saillie pour empêcher l'affaissement du premier claveau, qui risquerait d'endommager la sculpture du chapiteau au-dessous. Il décrit ensuite le tracé de l'épure, c'est-à-dire le dessin de la coupe des pierres, en recommandant de bomber légèrement l'assemblage, car celui-ci se tasse forcément lors de la mise en charge. Citant Philibert Delorme, Bullet reprend l'idée publiée dans le *Premier tome de l'architecture* de 1567 d'insérer de petits dés de pierre entre les claveaux pour les rendre solidaires, mais il les dispose au droit des claveaux, et non en biais, et suggère même de les remplacer par des dés de bois, moins sujets à fracture. Est ensuite abordée la question de l'armature métallique, composée, d'une part, de mandrins verticaux traversant la colonne et le sommier et, d'autre part, de tirants horizontaux, que Bullet propose de faire passer à la fois au-dessus de la platebande (comme au Louvre), et au-dessous (comme à la chapelle de Versailles). Il termine enfin par la manière de caler les pierres et de faire couler le mortier dans les joints, en recommandant de laisser l'ouvrage sécher pendant six mois avant de le décintrer.

---

1. Lemonnier (éd.), 1911-1929, t. III, p. 188.
2. Gady (dir.), 2010, p. 93.
3. Berger, 1993, p. 65-74 ; Gargiani, 1998, p. 169-197 ; Petzet, 2000, p. 306-314.

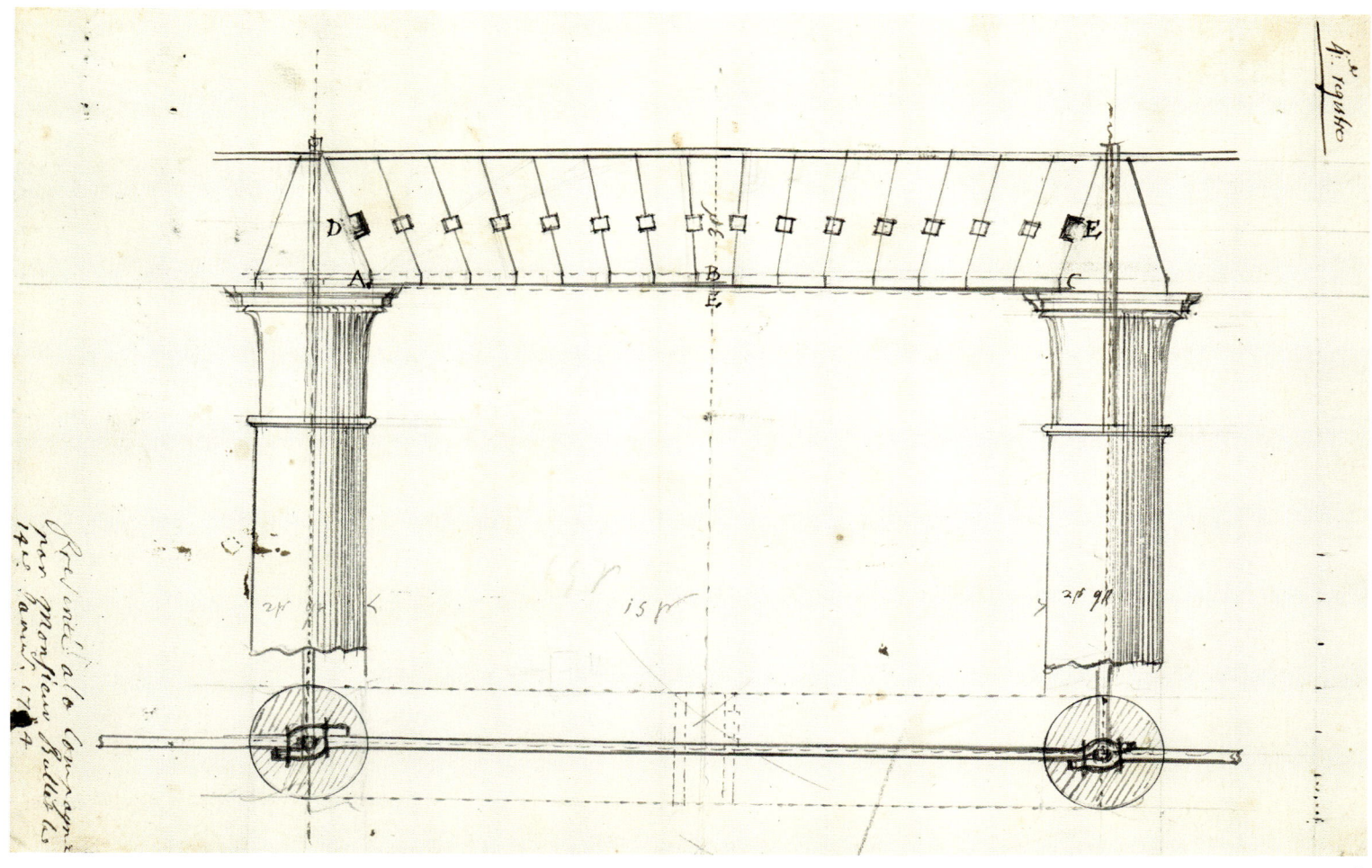

cat. 56-b

Formulé de manière très prudente et ouverte, cet exposé reflète bien l'esprit non dogmatique qui préside aux travaux de l'Académie. L'auteur n'y propose pas vraiment d'innovation particulière, mais fait la synthèse entre l'expérience pratique issue de constructions récentes et la culture livresque, représentée ici par le traité de Delorme, le tout avec l'ambition de trouver une solution à un problème concret. Le mémoire de Philippe de La Hire est beaucoup plus succinct et corrige également la technique de Delorme[1], mais apporte une proposition novatrice : la fixation des claveaux par des ancres métalliques en Z suspendues au tirant supérieur, technique qui sera effectivement mise en œuvre au XVIIIe siècle, notamment par Ange Jacques Gabriel place Louis XV (place de la Concorde). Membre de l'Académie de 1685 à sa mort en 1716, Bullet fut l'un de ses plus actifs contributeurs et on conserve le texte de douze de ses conférences. Ce mémoire-ci, autographe de l'architecte, est accompagné d'un croquis dont la facture à l'encre grise est représentative de sa manière graphique, notamment dans l'exécution des ombres par une accumulation de hachures verticales à la règle (cat. 106 et 107).

---

1. Becchi, Rousteau-Chambon et Sakarovitch (dir.), 2013, p. 183-184 ; ce mémoire manque à la liste établie p. 308.

57.
François Blondel (1618-1686)
Cours d'architecture enseigné dans l'Académie royale d'architecture, Paris, chez Pierre Aubouin et François Clouzier, 1675

Livre imprimé in-folio couvert de parchemin, 36,5 × 26 cm
Paris, Académie d'architecture, bibliothèque

La mission pédagogique se trouve au cœur même du projet de l'Académie royale d'architecture tel que l'a mis en œuvre Jean-Baptiste Colbert et, à s'en tenir à la chronologie des événements, on pourrait même dire qu'elle l'a précédé. Daté du 1er janvier 1671, le brevet créant la charge de professeur royal d'architecture au profit de François Blondel est antérieur d'un an à l'établissement de l'Académie et précise que Blondel, qui était depuis 1656 professeur de mathématiques au Collège royal, actuel Collège de France, avait d'ores et déjà « donné plusieurs marques de sa grande suffisance dans l'architecture par les leçons qu'il en a faites aud. Collège[1] ». On ignore tout de cette première expérience d'enseignement de l'architecture, sans précédent connu en France et vraisemblablement menée par Blondel de sa propre initiative, mais celle-ci a dû jouer un rôle décisif dans la naissance de l'Académie. Sans doute ces leçons se sont-elles limitées à des questions ponctuelles de mathématiques appliquées à l'architecture, telles que celles que Blondel a fait paraître en 1673 sous le titre ronflant de *Résolution des quatre principaux problèmes d'architecture*[2].

L'enseignement donné par Blondel à l'Académie débute en janvier 1672, en même temps que les conférences académiques, et comprend deux leçons hebdomadaires, dispensées les mardis et vendredis après-midi[3]. Chaque leçon est divisée en une heure consacrée à la théorie architecturale et une heure aux sciences auxiliaires de l'architecture, à savoir « la géométrie, l'arithmétique, la mécanique c'est-à-dire les forces mouvantes, les hydrauliques qui traittent du mouveament des eaux, la gnomonique ou l'art de faire les quadrans au soleil, l'architecture militaire des fortifications, la perspective, la coupe des pierres et diverses autres parties de mathématique[4] ». Seule la partie théorique a été publiée par l'Imprimerie royale, en deux livraisons : un volume en 1675, deux supplémentaires en 1683.

Paru trois ans seulement après l'ouverture des leçons publiques, le premier volume commence par une épître au roi qui fustige le manque de formation théorique des architectes praticiens et préconise l'enseignement des bons principes aux jeunes générations pour « faire sortir [l'architecture], pour ainsi dire, du mortier et de la truelle ». La préface qui suit en développe le programme, qui « regarde purement la pratique » et se concentre sur la question des ordres d'architecture. Pour ce faire, Blondel reprend la méthode comparatiste adoptée par Roland Fréart de Chambray dans son *Parallèle de l'architecture antique avec la moderne* en 1650 (cat. 30) : chaque ordre est présenté de manière synthétique, d'abord suivant la doctrine de Vitruve et de ses commentateurs modernes, puis par trois exemples particuliers tirés des traités de Vignole, Palladio et Scamozzi. Blondel se distingue toutefois de Chambray par un propos plus descriptif et moins polémique. Il rejette notamment la distinction entre ordres grecs et latins, pour revenir à la gradation traditionnelle du toscan au composite, et présente les modèles modernes séparément les uns des autres, ce qui limite la portée critique inhérente au *Parallèle*.

Le caractère descriptif de la première partie est sans doute lié à l'état d'avancement de l'enseignement et de la recherche de Blondel dans le cadre académique. Le professeur entendait à l'origine le compléter par une seconde partie, qu'il annonçait en 1675 « plus spéculative ». En définitive, ce sont quatre parties supplémentaires qui ont paru sous forme de deux volumes en 1683, témoignant du développement pris par son cours en une décennie. La partie II reprend l'étude morphologique des ordres suivant une démarche analytique très poussée, chaque membre se voyant littéralement disséqué (piédestal, base, fût, chapiteau, architrave, frise, corniche, fronton, acrotère, amortissement, etc.), tandis que la partie III aborde la question de l'ordonnance, c'est-à-dire la manière d'agencer et d'articuler les ordres (entrecolonnement, colonnes jumelées, colonnes engagées, superposition des ordres, etc.). Le troisième et dernier volume, contenant les parties IV et V, embrasse enfin tous les ouvrages issus de l'architecture antique autres que les ordres, que ce soient les ouvertures (arcades, portes, fenêtres et niches), les couvrements (voûtes et dômes) ou encore les ponts, aqueducs et arcs de triomphe. Il s'achève sur les quelques chapitres plus spéculatifs annoncés en 1675, portant sur la question des proportions naturelles dont Blondel entendait faire la clef de voûte de la réforme de l'architecture par l'Académie[5]. Après avoir longtemps ajourné la conclusion de leurs débats sur ce point, les académiciens ont en effet accordé à Blondel un assentiment mesuré le 18 août 1681 et c'est fort de cette délibération que le professeur a pu achever la publication de son *Cours* en 1683.

---

1. Arch. nat., O/1/15, fol. 36v-37, éd. fautive dans Mauclaire et Vigoureux, 1938, p. 121.
2. Les quatres problèmes abordés sont le tracé du rétrécissement des colonnes, celui des arcs rampants, leur stéréotomie et la résistance des poutres ; voir Gerbino, 2010, p. 118-147.
3. Lemonnier (éd.), 1911-1929, t. I, p. 3.
4. Blondel, 1675-1683, vol. 1, préface non paginée.
5. Sur les proportions et le débat qui opposa Claude Perrault et François Blondel à leur sujet, voir Hermann, 1973 (1980) ; Picon, 1988, p. 138-140 ; Gerbino, 2010, p. 150-156.

COURS D'ARCHITECTURE

ENSEIGNÉ DANS L'ACADEMIE ROYALE

D'ARCHITECTURE

PREMIERE PARTIE.

OU SONT EXPLIQUEZ LES TERMES,
L'origine & les Principes d'Architecture, & les pratiques des cinq Ordres suivant la doctrine de Vitruve & de ses principaux Sectateurs, & suivant celle des trois plus habiles Architectes qui ayent écrit entre les Modernes, qui sont Vignole, Palladio & Scamozzi.

DEDIÉ AU ROY.

PAR M. FRANCOIS BLONDEL DE L'ACADEMIE ROYALE des Sciences, Conseiller Lecteur & Professeur du Roy en Mathematique, Professeur & Directeur de l'Academie Royale d'Architecture, Mareschal de Camp aux Armées du Roy, & Maistre de Mathematique de Monseigneur le Dauphin.

A PARIS,
De l'Imprimerie de LAMBERT ROULLAND en la maison d'Antoine Vitré, ruë du Foin.
Se vend,
Chez PIERRE AUBOIN & FRANÇOIS CLOUZIER, prés l'Hôtel de Monseigneur le Premier Président, Court du Palais, à la Fleur de Lis.
Et chez les mesmes sur le Quay des Grands Augustins, à la Fleur de Lis d'Or.

M. DC. LXXV.
AVEC PRIVILEGE DU ROY.

58.
François Blondel (1618-1686)
« Roolle de ceux qui ont esté assidus aux leçons d'architecture pendant cette année 1672 »

Papier, plume et encre brune, 33,4 × 22,3 cm
Paris, Arch. nat., O/1/1930, dossier 3, pièce 7
Inscription hors teneur : en haut à gauche, de la main de Charles Perrault, « Veu par Monseigneur le 20 septembre 1672 ».

Parmi les rares documents conservés sur les débuts de l'Académie royale d'architecture se trouve une liste des élèves « qui ont esté assidus aux leçons » en 1672, c'est-à-dire pendant la première année d'enseignement de François Blondel[1]. Ce document isolé est d'autant plus remarquable qu'il a été écrit par le professeur lui-même, dont on reconnaît l'écriture, et transmis au premier commis des Bâtiments du roi, Charles Perrault, qui a noté en marge la date de présentation au surintendant Colbert.

L'assistance aux cours était libre et Blondel signale que la liste, numérotée de 1 à 19, ne comprend que les élèves « qui ont donné leur nom comme ayant dessein de s'appliquer sérieusement à cet art ». On devine donc que l'auditoire était plus nombreux et comptait sans doute des curieux. Les quatre premiers noms sont distingués, car seuls à être « admis aux conférences des architectes du roy pour escouter ». Au premier rang, Pierre Bullet, âgé de trente-trois ans, est dit « des[s]inateur de l'Académie d'architecture » et fait sans doute office d'assistant personnel auprès de Blondel, puisque celui-ci l'emploie à la même période au projet des boulevards et portes de Paris (cat. 96 à 98). Le « s^r de La Boissière », en troisième position, est Gilles Jodelet, sieur de la Boissière, graveur d'architecture qui signe les planches de la *Résolution des quatre principaux problèmes de l'architecture* que Blondel fait paraître l'année suivante, en 1673[2]. En quatrième position, Antoine Desgodetz n'a encore que dix-neuf ans, mais sera retenu deux ans plus tard pour poursuivre ses études à Rome (cat. 48).

Les autres élèves sont moins renommés et proviennent de milieux variés. Blondel précise parfois une parenté remarquable : « Esme Le Prestre Vauban » est le « neveu de M. Vauban, gouverneur de la citadelle de Courtray » et bientôt commissaire général des fortifications du roi. Si « Charles Louis d'Ocfort » est bien le futur général bavarois Ludwig Karl d'Ocfort, on peut supposer qu'il était plus intéressé par l'architecture militaire que civile. Charles Benoist, « fils du s^r Benoist m^e maçon », appartient en revanche à une importante famille d'entrepreneurs parisiens[3]. « Nicolas Blondel » est sans doute apparenté au professeur lui-même[4], « Jean-François Le Pautre » est le neveu d'Antoine[5], académicien (cat. 8),

cat. 58

et « Cyprien Girardon » est le deuxième fils du sculpteur du roi François Girardon[6]. Aucun d'entre eux n'est connu pour avoir fait une carrière brillante dans l'architecture, mais on reconnaît en « Jacques Prou » le sculpteur qui sera bientôt pensionnaire du roi à Rome (1674-1679), puis sculpteur ordinaire du roi jusqu'à sa mort en 1706.

---

1. Cat. exp. Paris, 1983, n° 383, p. 258.
2. *I.F.F. Graveurs du xviie siècle*, t. vi, 1973, p. 2-3. On lui doit également la gravure du plan de Paris de Bullet et Blondel, publié en 1676, ainsi qu'un plan et une vue à vol d'oiseau du Palais-Royal (1679), alors le siège de l'Académie.
3. Babelon, 1965 (1991), p. 245.
4. Nicolas est le prénom de son premier fils, né en janvier 1661 (Mauclaire et Vigoureux, 1938, p. 213), mais il aurait alors eu 11 ans, ce qui paraît bien jeune.
5. *I.F.F. Graveurs du xviie siècle*, t. xi, 1993, p. 11. Fils de Jean le Jeune, également maître maçon et architecte, il est mort en 1703.
6. Maral, 2015, p. 74. Né en 1659, il était donc âgé de 13 ans. Il devait entrer en religion en 1680 et mourir en 1708.

59.
André Félibien (1619-1695)
**Inventaire des « modèles de bastimens et de meubles servans à l'usage de l'Académie royale d'architecture »,
10 novembre 1692**

Registre couvert de parchemin doré, papier, plume et encre brune, 31,7 × 22 cm
Paris, Arch. nat., O/1/1977/A, fol. 30-32v

En conséquence du don du Palais-Royal et de ses dépendances au frère du roi à titre d'apanage, l'Académie royale d'architecture et celle de peinture et de sculpture doivent quitter la galerie de l'aile sud de l'hôtel de Richelieu au début de l'année 1692 pour s'installer au Louvre, où se trouvent déjà établies l'Académie française et celle des Inscriptions[1]. L'interruption des travaux du Louvre dans les années 1670 et l'établissement permanent de la Cour à Versailles en 1683 ayant rendu inutiles les logements royaux, l'Académie d'architecture se voit alors affecter l'ancien appartement de la reine Marie-Thérèse d'Autriche, au premier étage de l'aile méridionale de la Cour Carrée. Le 31 janvier, François d'Orbay en relève le plan, sur lequel le surintendant Villacerf indique lui-même la nouvelle distribution le 8 février suivant (fig. 25). Trois jours plus tard, le 11 février, le transfert a déjà eu lieu et l'Académie tient sa première séance au Louvre.

Dressé le 10 novembre 1692 par André Félibien, le premier inventaire du mobilier de l'institution donne une idée du cadre matériel dans lequel se déroulaient ses activités à la fin du siècle[2]. Alors que l'appartement de la reine se développait originellement d'est en ouest, l'Académie d'architecture occupe désormais les cinq pièces dans l'ordre inverse, à partir du petit escalier situé à l'angle sud-ouest de la Cour Carrée. La « première sale proche le haut de l'escalier » est la grande chambre d'alcôve de la reine, où un passage public a été délimité grâce à l'ancienne balustrade de la chambre de parade. Cette pièce abrite seulement un banc et un « modèle général du quarré du Louvre de 12 pi[eds] de longueur sur 10 pi[eds] 1/2 de largeur » (3,9 × 3,4 m), c'est-à-dire la grande maquette en bois de la Cour Carrée fabriquée en 1664 suivant le projet de Louis Le Vau. La petite chambre d'alcôve, ensuite, a été convertie en salle de réunion pour les académiciens : tendue de tapisserie bleue fleurdelisée et meublée d'une table, de seize chaises et d'un fauteuil, elle comporte au mur le « plan de l'église de St-Pierre au Vatican fait à la plume par le sr d'Aviler », que ce dernier avait offert à l'Académie en 1680 (cat. 60).

Le grand cabinet de la reine, désigné comme « la seconde sale où l'on donne les leçons publiques », est aménagé pour accueillir les élèves du cours d'architecture, avec quatre tables, quatre chaises, six bancs de menuiserie et un chevalet, certainement destiné à la présentation de dessins par le professeur. Dans deux armoires se trouvent conservés, d'une part, « divers échantillons de pierres », sans nul doute ceux issus de la grande enquête effectuée par l'Académie dans les carrières et monuments du Bassin parisien en 1678[3] et, d'autre part, les archives et la petite bibliothèque de l'Académie, aujourd'hui conservées à l'Institut de France. Dans la même pièce se trouvent enfin exposées deux maquettes de menuiserie de la Colonnade du Louvre, la seconde correspondant au projet « suivant lequel cette face a esté commencée ».

Tendue de tapisserie fleurdelisée comme les deux précédentes, la chambre de parade sert ensuite de « grande sale des conférences ». Les académiciens et les personnes autorisées y tiennent leurs réunions hebdomadaires, assis autour d'une « table de bois de chesne couverte d'un tapis de drap vert » sur « quatorze chaises et un fauteuil de moquette ». La cinquième et dernière pièce, ancienne antichambre de la reine, est dédiée à la conservation de diverses autres maquettes : les modèles de menuiserie de la façade orientale du Louvre et d'un escalier suivant le projet final du Bernin en 1666 (cat. 125), ceux du projet de l'Ermitage de François d'Orbay pour Fontainebleau, « deux vieux models vermoulus d'un tombeau pour la chapelle des Valois à St-Denis » ou encore les chapiteaux de l'ordre français de Claude Perrault et de l'ordre corinthien du Panthéon de Rome. L'Académie royale d'architecture a bénéficié de ces locaux pendant trente ans, jusqu'à son déménagement en 1722 dans des pièces moins prestigieuses au rez-de-chaussée de l'aile nord de la Cour Carrée[4].

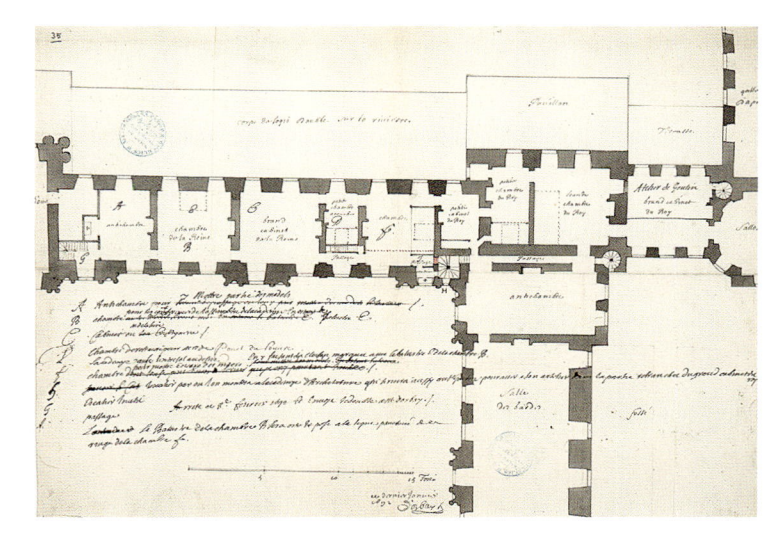

fig. 25. François d'Orbay, plan du premier étage de l'angle sud-ouest de la Cour Carrée, relevé daté et signé le 31 janvier 1692, annoté par Édouard Colbert de Villacerf et « arreté ce 8e fevrier 1692 et envoyé le double à M. D'Orbay », Arch. nat., VA//218, pièce 35, en dépôt au musée du Louvre, Arts graphiques

---

1. Lemonnier (éd.), 1911-1929, t. II, p. XVI-XIX ; Laprade, 1960, p. 260-261 ; Aulanier, 1961 (1962), p. 215 ; Bresc-Bautier et Fonkenell (dir.), 2016, p. 447.
2. Felkay, 1985 (éd., p. 279-282).
3. Lemonnier (éd.), 1911-1929, t. I, p. 168-252 et 325-335 ; cat. exp. Paris, 1983, p. 259, n° 386. Les procès-verbaux mentionnent la numérotation des échantillons prélevés lors des visites.
4. Aulanier, 1961 (1962) ; Baudez, 2014, p. 73-76 ; Bresc-Bautier et Fonkenell (dir.), 2016, p. 521-522.

60.
Augustin Charles d'Aviler (1653-1701)
Plan de la basilique et de la place Saint-Pierre, dessin daté et signé, Rome, 1679

Papier entoilé, plume et encre de Chine, lavis gris, quelques inscriptions à l'encre brune, 291 × 146 cm
Paris, École nationale supérieure des beaux-arts, MU 7779

Selon les procès-verbaux de l'Académie, lors de la séance du 30 décembre 1680 « la compagnie a receu le présent que le s^r d'Avillers luy a fait d'un plan fort exact et fort grand, tant de l'église que de la colonade de Saint-Pierre de Rome » et il est alors décidé de l'accrocher « dans la chambre de ses assemblées pour y demeurer comme un gage de la reconnoissance que ledit s^r d'Avillers rend par ce présent à l'Académie d'architecture, de laquelle il est un des premiers élèves et soubz le nom de laquelle il a esté envoyé à Rome pour s'y perfectionner[1] ». Le document, conservé dans les collections de l'École nationale supérieure des beaux-arts, a visiblement souffert de sa longue exposition aux murs de l'Académie[2]. L'encre a pâli et son support, aujourd'hui entoilé, a jauni et présente des lacunes, mais, même dans cet état, il constitue un témoin extraordinaire du dessin d'architecture en France sous Louis XIV.

En partie supérieure, le titre général est inscrit en capitales : « Plan de l'église de St-Pierre sur le mont Vatican à Rome, du dessein de Michel-Ange Bonaroti, architecte, peintre et sculteur ». Le plan du rez-de-chaussée de la basilique et de la place Saint-Pierre occupe toute la longueur du dessin, de près de trois mètres. Dans les marges de gauche et de droite sont représentés, à la même échelle, plusieurs dessins particuliers, notamment le « plan de la loge de la bénédiction du dessein de Charles Maderni architecte », celui du tambour « au pied des deux ordres » et ceux du dôme à différents niveaux, « au départ de sa convexité », « sur le couronement des trompes », etc. De même, l'espace vierge de la place Saint-Pierre est occupé par des informations complémentaires, comme le texte des inscriptions lapidaires relevées sur le bâtiment et la « table des parties principales de l'église de St-Pierre » permettant de localiser quatre-vingt-six lieux ou œuvres d'art sur le plan. Des échelles en toises de France et en cannes de Rome sont tracées en partie basse et de nombreuses cotes sont portées directement sur le plan, toujours en mesures françaises.

Suivant son habitude, D'Aviler a fièrement signé le plan, dans l'angle inférieur droit, mais la souscription qui accompagnait la signature a presque disparu. Ce qui en subsiste laisse entendre que le dessin a été exécuté à Rome même : « A. C. d'Aviler f[ecit], Par[isiensis] [...] Romae anno 1679 ». Tracé à l'encre de Chine et lavé de gris et de noir, le plan correspond bien à la manière graphique de D'Aviler et toutes les inscriptions, en capitales et en cursives, sont également autographes. Comparé au relevé de Saint-André du Quirinal, daté de 1676 (fig. 23, p. 115), ce document permet de mesurer les progrès accomplis par le dessinateur en trois ans de séjour à Rome. Particulièrement frappante est l'habileté acquise par l'architecte dans l'exécution des lavis, aussi bien en aplats uniformes que dans les ombres dégradées du dôme, et cette qualité lui demeurera jusqu'à la fin de sa carrière. La comparaison avec les croquis de relevés de Saint-Pierre conservés au musée des Arts décoratifs confirme en revanche que ces derniers ne sauraient être de sa main (cat. 47). Non seulement les inscriptions sont d'une écriture différente, mais il existe de nombreuses divergences de détail dans la représentation et les cotes de l'édifice. S'ils ont vraisemblablement appartenu à D'Aviler, ces croquis anonymes n'ont guère pu lui servir, étant donné la précision très supérieure du plan de 1679, qui intègre d'ailleurs les aménagements les plus récents de la basilique comme celui de la chapelle du Saint-Sacrement par Bernin.

---

1. Lemonnier (éd.), 1911-1929, t. I, p. 300 et 494.
2. Cat. exp. Houston, 1966, p. 70 et 192 ; Verdier, 2003, p. 106.

cat. 60

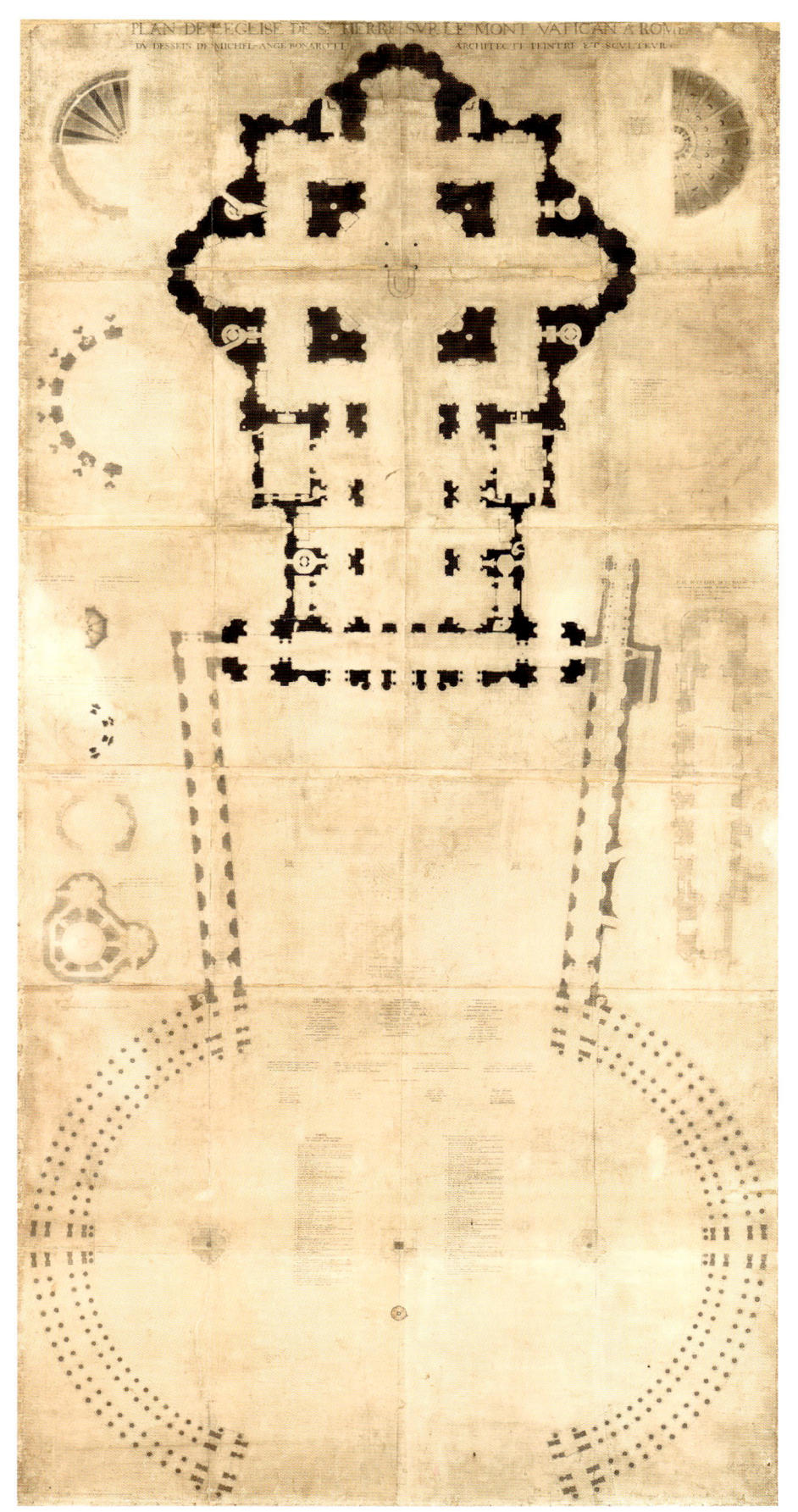

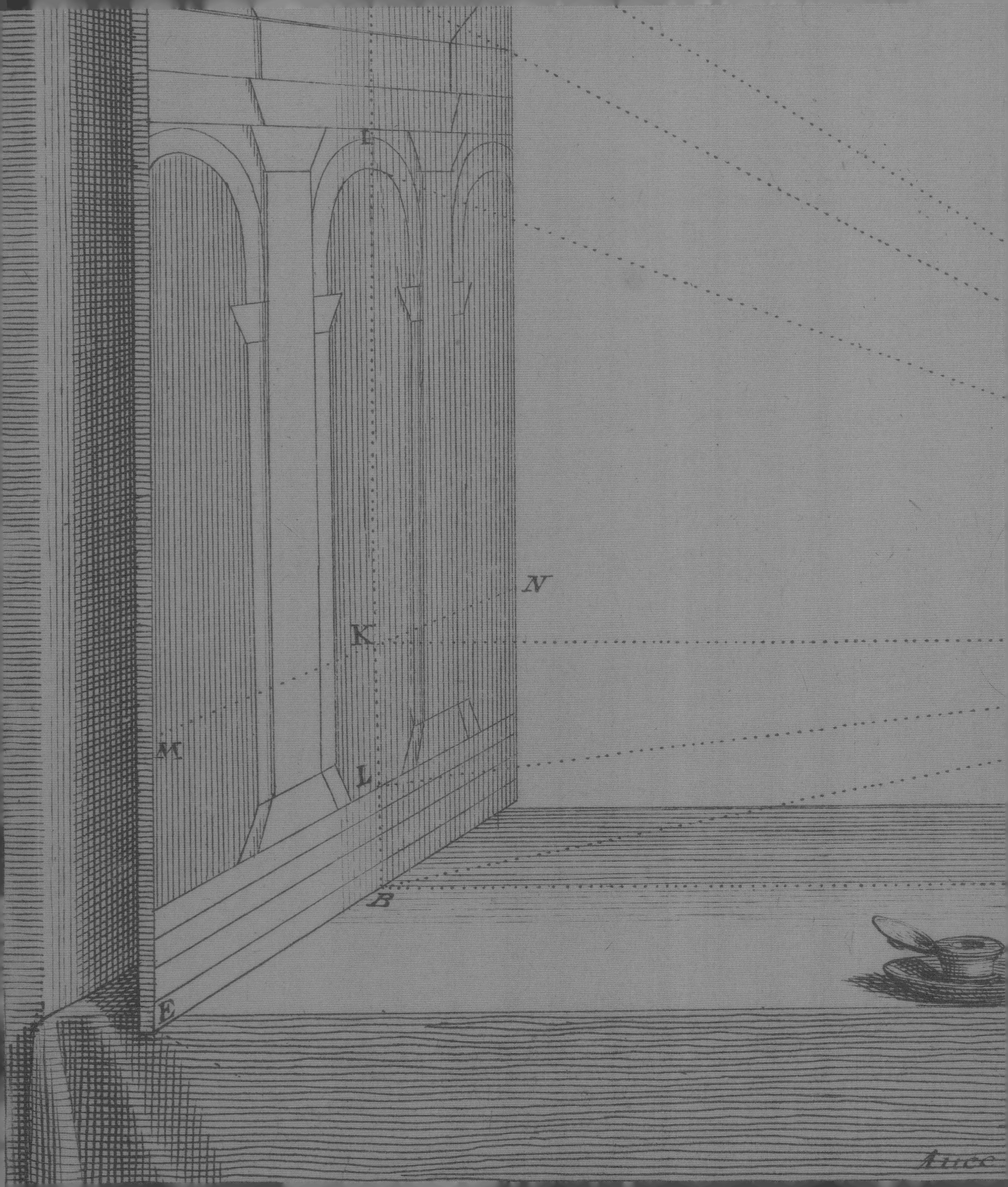
I
N
K
M
L
B
E

Le dessin

Expression du projet

cat. 67, détail

En quête de dessins, en quête d'auteurs

Après le recul des traditions constructives issues de l'Antiquité au cours du premier millénaire de notre ère, l'apparition des fonctions d'architecte en Europe, à partir du XIIIe siècle, est indissociable du développement de nouvelles formes de représentation graphique de l'architecture. Le dessin permet en effet au maître d'œuvre de fixer, de manière synthétique, les données formelles et structurelles qui définissent un bâtiment, sur un support maniable et solide tel que le parchemin, puis le papier. Tout à la fois outil d'élaboration du projet et moyen de communication avec le maître d'ouvrage et les ouvriers chargés de la construction, le dessin a permis, dès la période gothique, la dissociation entre conception et exécution des ouvrages, qui fonde la définition moderne de l'architecte[1].

Le passage d'un objet tridimensionnel, de grande taille et de structure complexe comme un édifice, à des images planes et de format limité constitue une opération réductrice, qui impose nécessairement un certain degré d'abstraction. Suivant la quantité et la nature des informations que l'on veut consigner sur la feuille, le dessin d'architecture peut ainsi adopter différentes sortes de constructions géométriques, plus ou moins savantes, et de codages des données, au moyen de signes, de couleurs et d'inscriptions[2]. Ces usages, avec les savoir-faire et les conventions qu'ils impliquent, peuvent nous sembler évidents aujourd'hui, mais en réalité ils se sont développés et ont évolué différemment en fonction des lieux et des périodes. Pour apparaître dans sa spécificité, la pratique graphique des architectes français du XVIIe siècle doit donc être inscrite dans une histoire longue du dessin d'architecture.

Les architectes du Moyen Âge ont ainsi particulièrement eu recours au dessin géométral et linéaire, c'est-à-dire à la représentation de l'édifice en plan, coupe et élévation, en général exécutée au trait et éventuellement de manière schématique, comme le célèbre carnet de Villard de Honnecourt en donne des exemples dès le milieu du XIIIe siècle[3]. Passant par la projection orthogonale de l'objet architectural sur le support graphique, ces types de dessins excluent les déformations visuelles et répondent bien au rationalisme structurel et aux modes de production de l'architecture gothique. En faisant dialoguer les différentes formes d'expression artistique, la Renaissance toscane a par la suite enrichi les moyens d'expression graphique de l'architecte avec l'introduction des effets picturaux dans le dessin et la construction mathématique de la perspective. Le traité de Vitruve, dont l'étude se développe à partir du XVe siècle, a donné une légitimité savante à ces nouveaux développements, car il fournit la définition de trois types de représentations en usage dans l'architecture

---

1. Cat. exp. Strasbourg, 1989 ; Recht, 1995.
2. Sur cette question encore peu étudiée, nous renvoyons au livre de Basile Baudez à paraître.
3. Ackerman, 1997.

romaine antique : l'*ichnographia* ou plan géométral, l'*orthographia* ou élévation, et la *scænographia*, interprétée dans le sens de la perspective linéaire telle qu'elle s'élabore alors. Toutes les différentes approches se rencontrent et fusionnent à Rome dans les premières années du XVIe siècle, dans le creuset artistique que constitue le chantier de la nouvelle basilique Saint-Pierre sous la conduite de Bramante, aboutissant à fixer les grandes catégories de la représentation architecturale moderne – plan, coupe, élévation et vue perspective, dessin au trait ou lavé et ombré – qui sont restées à peu près inchangées par la suite, jusqu'à la révolution numérique contemporaine[1].

Si l'on peut esquisser le développement du dessin d'architecture en France dès la période gothique, force est de constater que les œuvres graphiques sont extrêmement rares à avoir été conservées dans notre pays jusqu'à la fin du XVIe siècle. Selon un recensement récent, il ne subsiste plus qu'une trentaine de feuilles, tout au plus, pour l'ensemble du royaume au Moyen Âge[2]. Le décompte n'a pas été fait pour le début des Temps modernes, mais il ne donnerait sans doute pas un résultat très différent : pour s'en convaincre, il suffit de relever qu'aucun dessin, à ce jour, ne peut être attribué aux plus importants architectes français de la Renaissance, que ce soit Philibert Delorme ou Jean Bullant, et seul un plan est traditionnellement donné à Pierre Lescot, sans certitude[3]. Quelques esquisses et projets d'architecture ont en revanche été conservés des maîtres italiens actifs pendant cette période à la cour de France, Léonard de Vinci, Primatice ou Sebastiano Serlio. Ce dernier est, sans nul doute, celui qui a joué le rôle le plus important dans la diffusion internationale des conventions graphiques issues de la haute Renaissance[4]. Ses livres d'architecture, publiés en Italie puis en France, sont en effet les premiers à reproduire par la gravure la gamme complète des types de représentations géométrales et perspectives, réduits à la même échelle et désignés sous leurs noms vitruviens[5]. Les plans et coupes de la chapelle Saint-Éloi-des-Orfèvres à Paris, rares dessins de projet attribuables à la main de Serlio, témoignent de l'exemple concret qu'il a pu incarner aux yeux des bâtisseurs français (cat. 61).

Située au croisement d'influences multiples, entre tradition gothique et nouveaux modèles issus de la Renaissance italienne mais aussi de l'Europe du Nord, la France a sans doute développé au cours du XVIe siècle une pratique propre du dessin d'architecture, comme incite à le penser le cas exceptionnel de Jacques Ier Androuet du Cerceau[6]. Abondante et originale, sa production graphique personnelle a été diffusée par l'estampe et a durablement imprégné la culture visuelle des architectes du royaume. De fait, les dessins français de la fin du XVIe siècle et du début du suivant portent souvent la trace de cet héritage, à travers l'emploi de motifs ou de modes de représentation caractéristiques du maître (cat. 62 et 68). Certaines feuilles ici présentées pourraient d'ailleurs être dues à la main de ses fils, Baptiste (cat. 63) et Jacques II Androuet du Cerceau (cat. 66).

À partir du règne de Henri IV, les dessins d'architecture français parvenus jusqu'à nous se font, progressivement, plus nombreux. Ce sont cependant encore souvent des pièces isolées et conservées dans des collections hétérogènes, si bien que leur étude demeure difficile. Quand il est exceptionnellement possible de rapprocher des feuilles dispersées comme les élévations du château de Rosny-sur-Seine aujourd'hui conservés à Paris et

---

1. Lotz, 1956 ; cat. exp. Venise, 1994.
2. Hamon, 2015. Signalons l'apparition récente sur le marché d'un exceptionnel dessin de projet pour la cathédrale de Rouen, datable de la fin du XVe siècle, regrettablement sorti de France en 2014.
3. Arch. nat. (en dépôt au musée du Louvre), CP/VA//217, pièce 22 : plan d'un château non identifié.
4. Frommel, 1998 (2002).
5. Hart, 1998.
6. Guillaume et Fuhring (dir.), 2010.

à Stockholm, on constate que celles-ci ne sauraient avoir le même statut ni le même dessinateur (cat. 64 à 66). Même au sujet d'un ensemble cohérent tel que celui des belles études de portes de ville conservées à la bibliothèque de l'Institut, qui sont sans doute les plus anciennes esquisses architecturales françaises connues, on peut certes avancer des propositions nouvelles concernant leur objet, mais force est de constater que l'attribution qui en est depuis longtemps faite à l'architecte Louis Métezeau ne repose en réalité sur rien (cat. 67). S'agissant de certaines feuilles de présentation, on peut parfois reconnaître le bâtiment projeté et proposer une datation, mais l'auteur reste mystérieux faute de sources écrites ou de points de comparaison graphiques suffisants (cat. 68 et 70). Il est heureusement des cas qui, au contraire, sortent de l'ombre : ainsi, un superbe projet inédit pour la reconstruction de la flèche de la Sainte-Chapelle à Paris, découvert au musée Carnavalet, doit être rapproché du dessin final du même ouvrage, conservé à la Bibliothèque nationale, et tous deux peuvent désormais être rangés sous le nom d'un architecte méconnu du règne de Louis XIII, Henri Noblet (cat. 69). Sur le chantier du palais du Luxembourg, ce sont en revanche deux maîtres d'œuvre illustres qui se sont succédé, Salomon de Brosse de 1615 à 1627 et Jacques Lemercier jusqu'à 1631, mais leur activité sur cet édifice emblématique du premier tiers du XVIIe siècle n'a laissé que fort peu de traces graphiques. Les trois feuilles ici réexaminées à nouveaux frais montrent bien les difficultés d'interprétation posées par les dessins de cette période. Une petite élévation présente ainsi d'intéressantes différences avec l'édifice exécuté, mais son échelle en italien montre qu'il doit s'agir d'une copie, peut-être d'après un dessin précoce (cat. 71). Si le projet de l'orangerie, précédemment attribué à Lemercier, doit sans doute être rendu à Salomon de Brosse suivant de nouvelles recherches d'archives (cat. 72), la célèbre vue perspective de la cour du palais, qui est traditionnellement donnée à l'architecte, pourrait en revanche n'être qu'un beau relevé exécuté par un tiers, car elle comporte des cotes et annotations concernant les ouvrages exécutés par son successeur à la tête des travaux (cat. 73).

L'héritage de la Renaissance

61.
Sebastiano Serlio (1475-1554)
Plan et coupes de la chapelle Saint-Éloi-des-Orfèvres à Paris, projet non exécuté, s.d. [vers 1549-1550]

A – Plan du rez-de-chaussée

Papier, plume et encre brune, lavis brun, 43 × 58 cm
Paris, Arch. nat., N/III/Seine/946, pièce 8

B – Coupe longitudinale

Papier, plume et encre brune, lavis brun, 43 × 58 cm
Paris, Arch. nat., N/III/Seine/946, pièce 9
Inscription en italien en bas à droite : « Ruga »

fig. 26. Sebastiano Serlio, plan de la chapelle Saint-Éloi-des-Orfèvres, projet non exécuté, s.d. [vers 1549-1550], Paris, Arch. nat., CP/N/III/Seine/466, pièce 11

C – Coupe transversale

Papier, plume et encre brune, lavis brun, 43 × 58 cm
Paris, Arch. nat., N/III/Seine/946, pièce 10
Inscription en italien au verso : « Con piu maturo consiglio io lodo si faccia questa colonna piana di ordine dorico ; et sopra esta sia una fascia che vi cinga tutta l'opera »

Les Archives nationales conservent un ensemble exceptionnel de dessins de la Renaissance se rapportant à un chantier relativement modeste : la reconstruction de la chapelle Saint-Éloi, près du Châtelet, au milieu du XVIe siècle pour la riche communauté des orfèvres de Paris. Documenté par des marchés des années 1550, ainsi que par les vestiges de la façade située rue des Orfèvres, l'édifice a été attribué précocement à Philibert Delorme[1]. Or, parmi ces feuilles, quatre ont été reconnues comme des dessins autographes de Sebastiano Serlio, architecte bolonais établi en France au début des années 1540, et qui éclairent ses réflexions très abouties sur cet édifice[2]. Ces quatre dessins, deux plans et deux coupes, exécutés entièrement à l'encre brune, permettent de bien comprendre le projet, malgré l'absence de l'élévation de la façade. Ils traduisent une pensée pénétrée de l'esthétique de la haute Renaissance italienne : si Serlio avait pu bâtir la chapelle, elle aurait sans doute tranché avec l'architecture religieuse française, tout comme l'ont fait l'hôtel du Grand Ferrare ou le château d'Ancy-le-Franc en Bourgogne dans le domaine de l'architecture civile.

Les deux plans, dont les dimensions correspondent à l'espace disponible, assez resserré (moins de 10 m), adoptent le même parti novateur : la façade est bâtie en retrait de la rue, très étroite dans ce quartier. Cette idée amène Serlio à englober dans sa composition les deux portions de murs mitoyens ainsi découverts, où il prolonge les demi-colonnes de la façade autour d'une niche. L'ensemble est surélevé par un socle, d'où on monte par un perron de trois marches dans la chapelle. Un des plans propose un espace rectangulaire bordé de chapelles avec un chevet droit (fig. 26), tandis que l'autre (cat. 61-a) est plus original : l'architecte y combine en effet le plan centré, sous coupole, et le plan longitudinal, thème déjà exploré avant lui par Peruzzi et qu'il gravera dans son *Quinto Libro* consacré à l'architecture des églises. Les murs très épais sont creusés de niches et de deux renfoncements rectangulaires au droit de la coupole, simulant un transept, tandis qu'un chevet en abside se détache à l'arrière du terrain. Le dessin figure en projection au sol le voûtement, prévu en maçonnerie comme l'indique l'épaisseur des murs : de courts berceaux flanquent la coupole au centre. Celle-ci (6,5 m de diamètre) est posée sur pendentifs et percée d'un lanternon circulaire à huit ouvertures procurant un éclairage zénithal qui supplée à l'absence de grandes baies.

---

1. Par Germain Brice en 1713. Voir Boudon, Hamon, Pressouyre, 1966 ; attribution non retenue par Pérouse de Montclos, 2000, p. 242.
2. Frommel, 1998 (2002), p. 289-301.

cat. 61-a

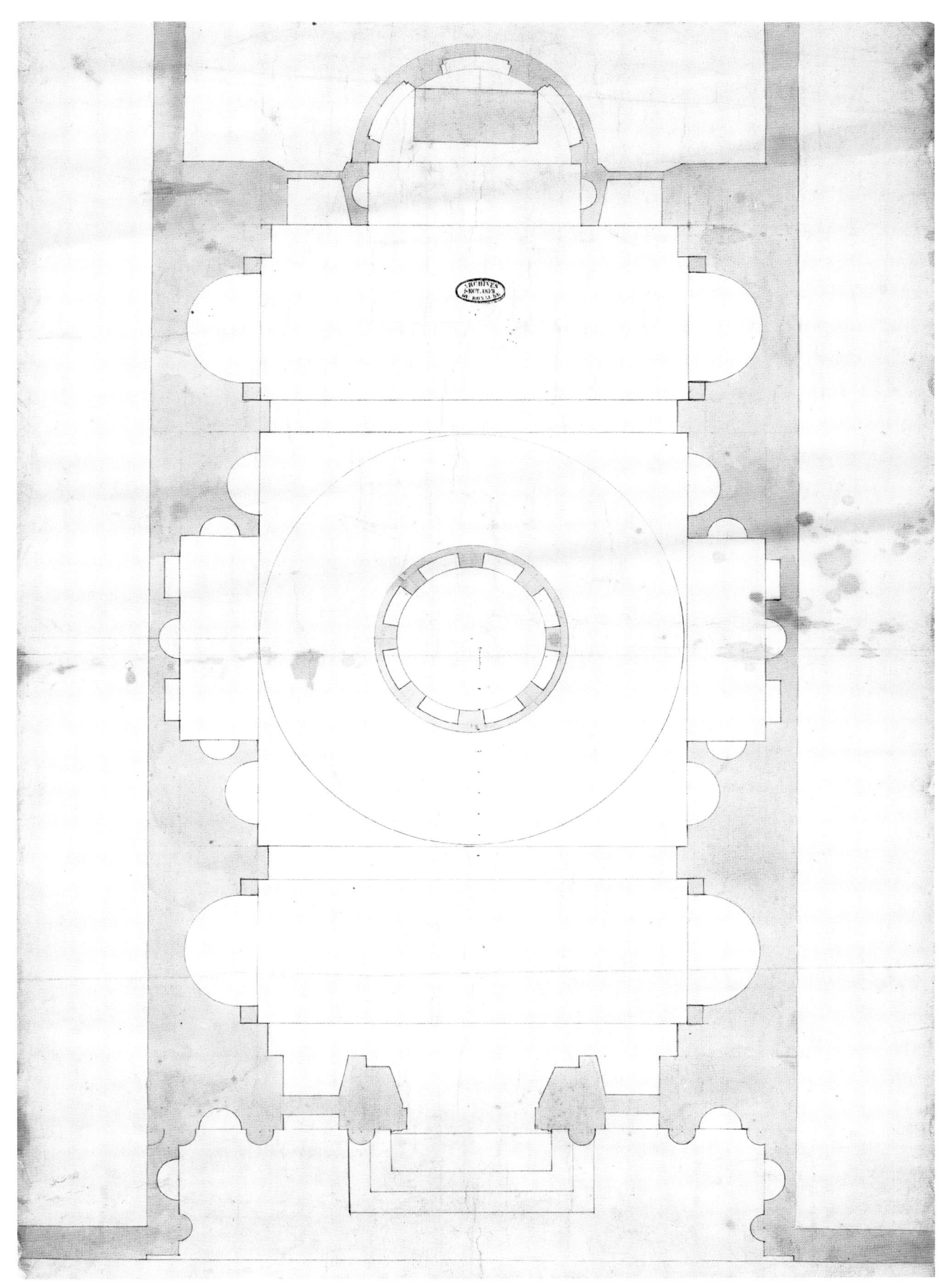

cat. 61-b

Les deux coupes se rattachent en revanche à une variante du projet. À l'intérieur, la nef à l'élévation dorique avec attique, très graphique avec son jeu de table en creux, est toujours surmontée d'une voûte en berceau (cat. 61-b), mais la coupole a disparu, solution moins coûteuse peut-être demandée par les commanditaires. En revanche, l'abside saillante a été conservée, sans doute en raison du goût des Français pour ce type de volume. De même, la coupe transversale (cat. 61c) montre deux traits d'esprit encore médiéval : le percement important destiné à laisser pénétrer la lumière depuis le chœur, et un haut comble en triangle, qui aurait imposé un pignon sur la façade. Sur ce dernier dessin, on note la manière de représenter en légère perspective les arrachements des arcs latéraux, bien dans la manière de Serlio, comme on peut le voir dans ses gravures du *Quinto libro*.

Quant à l'élévation extérieure, il semble périlleux de tirer de grandes conclusions du modeste ordre dorique qui subsiste aujourd'hui au premier niveau de la façade[1] : la coupe longitudinale montre en effet un premier ordre de hautes colonnes engagées à chapiteau feuillagé, donc corinthien, sous un second ordre de pilastres composites avec frise à consoles, dans un rapport de proportions qui renvoie clairement aux élévations contemporaines de la cour d'Ancy-le-Franc.

Il faut donc en conclure que les projets de Serlio sont restés à l'état de dessins, peut-être parce que ses propositions ont paru trop éloignées de la culture visuelle de ses commanditaires français. On sait en outre que le Bolonais a quitté Paris à cette période pour s'installer à Lyon, d'où il ne revient qu'en 1552, alors que l'église est en chantier depuis plus d'un an[2]. Serlio aura ainsi connu la même infortune que tant d'Italiens venus au royaume des lys, Bernin compris (cat. 92), dont la puissance des dessins n'aura pas suffi à séduire ses clients.

---

1. *Ibid.*, p. 301.
2. Arch. nat., K//1044, n° 1, marché du 31 décembre 1550 ; Grodecki, 1985-1986, t. I, n°ˢ 254-263.

cat. 61-c

62.
Anonyme
**Élévation d'une façade à ordonnance colossale dorique,
s.d. [dernier quart du XVIe siècle]**

Papier, plume et encres grise et brune, lavis gris, brun et bleu, 39 × 54,5 cm
Paris, Bibl. de l'Institut, ms. 1001, pièce 45 [ancien ms. in-fol. N 13^C, numérotation à l'encre noire : « 39 » et « 40 »]

Le manuscrit 1001 de la bibliothèque de l'Institut est un recueil composite de dessins d'architecture dont la provenance est inconnue, mais sa forte cohérence chronologique et thématique fait penser qu'il a dû être rassemblé par un artiste français actif dans le premier quart du XVIIe siècle. Jeanne Duportal a proposé de voir dans quelques-unes de ces pièces des dessins originaux de Jacques Ier Androuet du Cerceau pour le château de Charleval[1], dont la conception aurait été confiée à l'architecte par Charles IX vers 1570[2]. Son principal argument tient à la présence d'une élévation à la plume et à l'encre brune (fig. 27), extrêmement proche de la « face commencée dedans la basse court » de Charleval, publiée en 1576 dans le second volume des *Plus excellents bastiments de France*. Le dessin en question est en réalité une copie partielle et assez grossière de l'estampe et porte même la date de 1622[3], ce qui le situe bien loin du temps de Jacques Ier comme c'est d'ailleurs le cas de la plupart des feuilles de ce recueil. Parmi les autres pièces, une seule se distingue par la qualité de sa composition comme de son exécution graphique[4].

Le dessin, parmi les plus grands du recueil, représente une façade monumentale de six travées, dont la comparaison avec celle de la basse-cour de Charleval montre effectivement des similitudes. Dans les deux cas, l'élévation est scandée par un ordre colossal dorique assez fantaisiste, reposant sur un stylobate traité en bossages rustiques ; les deux travées centrales sont exhaussées d'un étage attique et réunies par un fronton cintré pour former un avant-corps ; les fenêtres du premier étage, à meneau et double croisillon, sont surmontées de frontons brisés, alternativement cintrés et triangulaires, qui interrompent la continuité de l'entablement colossal et d'où s'échappe un fleuron. Les différences sont toutefois déterminantes. Sur le trumeau central de l'étage attique, par exemple, le dessin de l'Institut présente un écusson vierge à

---
1. Duportal, 1919.
2. Guillaume et Fuhring (dir.), 2010, p. 249-250.
3. La date n'avait pas été repérée jusqu'à présent, parce qu'elle est divisée entre deux cartouches placés au-dessus des niches : « 16 » à gauche et « 22 » à droite.
4. Babelon, 1989, p. 591.

fig. 27. Anonyme, d'après Jacques Ier Androuet du Cerceau, élévation de la basse-cour de Charleval, dessin à la plume et à l'encre brune daté de 1622, Paris, Bibl. de l'Institut, ms. 1001, pièce 110

cat. 62

couronne ducale, en lieu et place des armoiries royales. De manière plus significative, l'élévation dessinée représente une façade à l'ampleur bien délimitée, sans rapport avec l'ordonnance à travée rythmique de la basse-cour de Charleval. Les six colonnes sont en effet nichées entre cinq segments de façade en avant-corps, dont les dimensions augmentent progressivement depuis les côtés vers le centre : les deux travées extrêmes sont plus étroites et moins élevées que les travées intermédiaires, tandis que le segment central à deux travées domine l'ensemble en hauteur comme en largeur. Cette composition discrètement pyramidante, suivant un schéma en a-A-BB-A-a impliquant un intercolonnement irrégulier, n'est pas extensible en longueur et ne paraît pas compatible avec le gigantisme du projet de Charleval.

S'il ne concerne pas directement Charleval, le dessin de l'Institut est une variante sophistiquée, en rapport étroit avec l'œuvre de Jacques Ier Androuet du Cerceau. Comme l'a récemment mis en valeur Jean Guillaume, l'architecte a exploré, à partir des années 1560, la composition de façades monumentales et très ornées comme objet de recherches graphiques autonomes[1]. Par son vocabulaire ornemental anticlassique, par l'effet d'abstraction découlant de l'absence de toitures comme par la forte partition verticale qui résulte du conflit entre l'ordre colossal et les travées de baies, la présente élévation relève pleinement de cette veine. Peut-elle pour autant être attribuée au maître lui-même ou à son atelier ? La faiblesse d'exécution de certains détails, notamment les figures couchées sur les frontons ou les cannelures des colonnes, ne permet pas de le croire[2]. Le rendu des ombres par un jeu raffiné de trois lavis superposés, brun, gris et bleu, ne semble pas non plus appartenir à sa pratique, si bien qu'il faut plus vraisemblablement voir dans ce dessin l'œuvre d'un ancien collaborateur ou d'un disciple.

---

1. Guillaume et Fuhring (dir.), 2010, p. 168-174.
2. Sur la technique graphique de Jacques Ier Androuet du Cerceau, voir Guillaume et Fuhring (dir.), 2010, p. 63-65.

cat. 63

63.
Anonyme (Baptiste Androuet du Cerceau
[vers 1544/1547-1590] ?)
Élévation du gros pavillon de l'hôtel de Nevers sur le quai des Augustins à Paris, dessin de présentation, s.d. [1575]

Papier, plume et encre brune, lavis brun, rouge et violet, 26,5 × 35,9 cm
Paris, Bibl. nat. de Fr., Est., Rés. B 6 (2)
Inscription : en haut à gauche, « f. Bl. ».

Peu de dessins d'architecture français du XVIe siècle nous sont parvenus et il est rare de pouvoir identifier un projet pour un édifice déterminé. Cette feuille inédite constitue donc un exemple doublement exceptionnel : il s'agit d'un dessin préparant une œuvre qui a bien été réalisée et qui compte en outre parmi les plus importantes constructions parisiennes de la Renaissance[1]. Bâtie pour Louis de Gonzague, duc de Nevers, cette grande demeure se développait perpendiculairement à la Seine, au bord de laquelle se dressait un gros pavillon dont ce dessin étudie la façade bordant la rivière. Différents essais d'abord réalisés au crayon noir montrent en effet une hésitation sur la pente à donner au toit. Les principales dispositions une fois établies, toutes les lignes ont été tracées à la plume et à l'encre brune, avant que du lavis rouge ne soit appliqué pour figurer les briques des murs et distinguer la toiture, et qu'un autre lavis, violet, ne vienne suggérer les ombres sous les corniches. De l'encre brune a été enfin également utilisée pour représenter des nuages de fumée sortant des souches de cheminées.

Si l'histoire de l'hôtel permet de dater cette feuille de 1575, année durant laquelle a été défini le projet mis en œuvre[2], ni les documents concernant le chantier ni le dessin lui-même ne donnent d'indications sur son auteur. Le seul indice connu est donc l'installation dans l'hôtel de Nevers de Christophe Mercier, maître maçon lié à Baptiste Androuet du Cerceau[3] : sa présence pourrait étayer l'attribution de l'hôtel à cet architecte proposée sur des bases stylistiques par David Thomson[4]. Si la prudence s'impose, ce dessin pourrait en conséquence être un témoin de la production graphique du fils aîné de Jacques Ier Androuet du Cerceau, dont le duc de Nevers lui-même a noté qu'il « pourtr[ayait] fort bien, et mieux qu'homme qui soit en France[5] ».

ÉTIENNE FAISANT

1. Ce dessin a été identifié par David Thomson, dont les indications ont été reprises dans le catalogue général de la Bibliothèque nationale.
2. Étienne Faisant, « Un palais face au Louvre : de l'hôtel de Nevers à l'hôtel de Conti », à paraître.
3. *Ibid.* ; Thomson, 1990, p. 67.
4. Thomson, 1984, p. 140.
5. Louis de Gonzague, *Mémoires* (éd. Paris, 1665, t. II, p. 28).

64.
Anonyme (d'après Jacques II Androuet du Cerceau [vers 1550-1614] ?)
Élévation du portail et des pavillons antérieurs du château de Rosny-sur-Seine sur le fossé,
s.d. [premier quart du XVIIᵉ siècle]

Papier, plume et encres brune et rouge, lavis gris et bleu, 27 × 52,3 cm
Paris, Bibl. de l'Institut, ms. 1001, pièce 42 [Ancien ms. in-fol. N 13ᶜ]

65.
Anonyme (d'après Jacques II Androuet du Cerceau [vers 1550-1614] ?)
Élévation de l'aile gauche du château de Rosny-sur-Seine sur le fossé, s.d. [premier quart du XVIIᵉ siècle]

Papier, plume et encres brune et rouge, lavis gris et bleu, 25,4 × 50,4 cm
Paris, Bibl. de l'Institut, ms. 1001, pièce 40 [Ancien ms. in-fol. N 13ᶜ]

66.
Anonyme (Jacques II Androuet du Cerceau [vers 1550-1614] ?)
Élévation du corps de logis du château de Rosny-sur-Seine sur le fossé, s.d. [premier quart du XVIIᵉ siècle]

Papier, plume et encres brune et rouge, lavis bleu, 31 × 55 cm
Stockholm, Nationalmuseum, CC 85

Maximilien de Béthune, ministre de Henri IV et duc de Sully à partir de 1606, a très tôt montré son attachement pour l'ancien château familial de Rosny-sur-Seine, où il est né en 1559. Il en a obtenu l'usage exclusif dès le début des années 1580, mais n'en acquiert la pleine propriété qu'en juillet 1598, au moment où il prend la tête des finances royales. Il entreprend alors son entière reconstruction suivant un projet qui pourrait avoir été donné par Jacques II Androuet du Cerceau, selon l'attribution proposée par Jean-Pierre Babelon[1]. Le parti adopté est typique de la Renaissance tardive en France : établi sur une plateforme fossoyée rectangulaire et bâti en brique et pierre, le château se composait d'un corps de logis flanqué de deux hauts pavillons d'angle, avec deux ailes en retour le long de la cour aboutissant à deux autres pavillons, ces derniers reliés entre eux par un mur-écran percé en son centre par un portail. Il subsiste en partie, réduit à son logis et aux pavillons postérieurs depuis le début du XIXᵉ siècle.

La chronologie des travaux n'est pas connue avec certitude. Dans ses mémoires, Sully rapporte que dès le mois de juin 1598 son épouse s'est employée à faire « commencer » les démolitions et nouveaux bâtiments de Rosny et qu'en avril de l'année suivante, il est venu sur place avec Louise de Coligny, princesse d'Orange, « et autres personnes qualifiées, pour leur monstrer les desseings » du projet[2]. Les principaux marchés de construction font défaut, mais on dispose d'un contrat du 25 juin 1601 pour les ouvrages

---
1. Babelon, 1992.
2. *Les Œconomies royales…*, 1988, t. II, p. 352.

cat. 64

de brique et de plâtre à l'intérieur du « grand pavillon et corps de logis[1] », d'un autre du 24 juillet pour les jardins[2] et d'un troisième, du 6 décembre de la même année, pour l'édification du portail et du mur de clôture entre les deux pavillons antérieurs, qui étaient alors également en travaux[3]. L'édifice a semble-t-il été laissé inachevé après la mort du roi en 1610, lorsque le ministre s'est retiré des affaires. Ce dernier y fait toutefois de nouveau travailler à la fin de sa vie, car une dépense de plus de 8 500 livres en ouvrages de charpenterie est attestée en 1638[4]. Cette construction discontinue explique que l'édifice, tel qu'il est représenté dans des vues dessinées au début du XIXe siècle, présente une dissymétrie entre les deux ailes aujourd'hui disparues.

Le projet d'origine est connu par trois élévations des façades extérieures du château, sur les fossés, qui constituent une documentation graphique exceptionnellement riche pour un bâtiment français de cette période. Le statut de ces dessins n'est toutefois pas clair. Le premier, figurant le corps de logis principal, est conservé à Stockholm dans la collection Cronstedt[5] (cat. 66), tandis que les deux autres, représentant l'aile gauche et le dispositif d'entrée, font partie du ms. 1001 de la bibliothèque de l'Institut de France[6] (cat. 64 et 65). Jean-Pierre Babelon, qui les a publiés pour la première fois ensemble, a suggéré qu'ils puissent correspondre à ceux montrés par Maximilien de Béthune à ses visiteurs à Pâques 1599[7], mais il faut sans doute écarter cette hypothèse, puisque tous trois comportent des détails ornementaux relatifs à la charge de grand maître de l'artillerie qui ne lui fut confiée par le roi qu'en novembre suivant. Si elles reflètent nécessairement un état du projet postérieur à cette date, les trois feuilles ne donnent pas pour autant une image tout à fait cohérente de l'édifice. Les dessins de la bibliothèque de l'Institut montrent en effet deux versions des pavillons antérieurs, avec un étage carré seulement dans l'élévation de l'entrée (cat. 64) contre deux dans l'élévation de l'aile gauche (cat. 65), solution finalement mise en œuvre[8].

Toutes trois dessinées à la même échelle et rehaussées de couleurs, ces œuvres présentent néanmoins des différences notables du point de vue graphique. L'élévation postérieure (cat. 66) est à l'évidence exécutée avec un soin et une habileté supérieurs. Les briques des parements sont par exemple figurées de manière distincte, et non sous forme de simples lignes continues à l'encre rouge comme dans les autres dessins. Les enroulements végétaux des lucarnes et œils-de-bœuf, les épis de faîtage en forme de grenades enflammées et la fumée des cheminées y sont également tracés avec plus d'habileté. En revanche, cette feuille n'est pas ombrée et paraît incomplète, si l'on considère la position des souches de cheminées, dessinées en perspective au-dessus des toitures. L'élévation de l'aile gauche (cat. 65), quoique d'une facture plus sommaire, explique cette bizarrerie, car elle révèle un mode de représentation hybride, étant traitée en géométral pour la façade, mais en perspective haute pour les toitures et cheminées. Complétée par des éléments perspectifs dans le détail des croisées, cette construction est géométriquement incorrecte, mais propre à donner de la profondeur à l'élévation, rappelant certaines pratiques mixtes de Jacques Ier Androuet du Cerceau[9]. Ainsi, par ses qualités graphiques, le dessin de Stockholm pourrait bien être un dessin de présentation original qui aurait été laissé inachevé, tandis que les deux feuilles de la bibliothèque de l'Institut paraissent des copies peu soignées, mais vraisemblablement exécutées d'après des projets aujourd'hui perdus.

---

1. Arch. nat., MC/ET/XIX/344, marché du 26 juin 1601 et quittance du 29 juin 1601.
2. Arch. nat., MC/ET/III/534, marché du 24 juillet 1601 ; cité par Aristide, 1990, p. 96.
3. Arch. nat., MC/ET/III/467, marché du 6 décembre 1601 ; éd. Babelon, 1992, p. 104-105.
4. Arch. nat., MC/ET/XXVI/63, accord du 14 juillet 1638.
5. Cat. exp. Stockholm, 1942, n° 26 ; Le Moël, 1969, pl. 106, p. 187.
6. Babelon, 1989, p. 698 ; Babelon, 1992, p. 96-97.
7. *Ibid.*, p. 96.
8. Rousset-Charny, 2007, p. 32-34.
9. Guillaume et Fuhring (dir.), 2010, p. 275-288.

cat. 65

cat. 66

cat. 67

**67.
Anonyme français
Élévations d'une porte de ville, vraisemblablement pour Paris, projet non exécuté, s.d. [vers 1608-1610]**

Papier, plume et encre brune, lavis brun, 19,2 × 30,1 cm
Paris, Bibl. de l'Institut, ms. 1001, pièce 37 [ancien ms. in-fol. N 13ᶜ]

Outre de nombreuses élévations mises au net, le manuscrit 1001 de la bibliothèque de l'Institut de France contient un important ensemble d'esquisses de facture homogène, à la plume et au lavis d'encre brune, représentant des variations sur le motif de la porte monumentale à décor rustique. Par leur exécution très rapide et expressive, le plus souvent sans échelle ni souci de proportions précises, ces feuilles constituent de précieux exemples du dessin architectural libre, tracé en grande partie à main levée, comme on en connaît très peu pour la France du début du XVIIᵉ siècle. Un certain nombre d'entre elles comportent des éléments héraldiques bien reconnaissables – armes de France et de Navarre, chiffre H couronné et accompagné du sceptre, de la main de justice et de l'épée de connétable – qui permettent de les dater sans doute possible du règne de Henri IV. Une feuille isolée, conservée dans le volume 1021 de la même bibliothèque, provient sans doute aussi de cet ensemble, car elle présente un projet de même nature, mais avec un programme iconographique un peu plus détaillé (fig. 28). Intitulée « Porte de Médicis », elle étudie en effet la disposition des armoiries « de la reyne », « de la Ville » et « de France et de Navarre », autour d'une grande niche abritant un buste sculpté qui ne peut être que celui de Marie de Médicis. Sur le fondement de ces indications, Jeanne Duportal a proposé de voir dans cette feuille un projet de porte triomphale pour l'entrée de la reine à Paris à l'occasion de son couronnement, cérémonie qui devait avoir lieu le 16 mai 1610, mais fut annulée en raison de l'assassinat de Henri IV[1]. Sachant que la conception de ces décors avait été confiée par la Ville à l'architecte Louis Métezeau, elle fit l'hypothèse que celui-ci devait être l'auteur du dessin et Louis Hautecœur étendit par la suite l'attribution à toutes les esquisses similaires conservées par la bibliothèque de l'Institut[2].

D'importantes objections peuvent toutefois être opposées à cette identification. Les devis et marchés d'exécution des décors commandés par la Ville en 1610, conservés aux Archives nationales, montrent en effet qu'il s'agissait de dix arcs de triomphe et trois temples allégoriques, richement ornés de peintures et de sculptures

---
1. Duportal, 1918, p. 204, n° 29.
2. Hautecœur, 1943-1967, t. I-III, vol. 1, p. 360-361 et p. 787-788 ; Loizeau, 2010.

conformément à la tradition des entrées royales de la Renaissance[1]. Ces constructions en matériaux légers sont à l'évidence sans rapport avec les pavillons rustiques à hautes toitures figurés dans les esquisses. De plus, dans le projet de la « porte de Médicis » comme dans la plupart des autres élévations, les passages cochers et portes piétonnes sont surmontés d'étroites ouvertures verticales dans le mur, destinées au mouvement des flèches de ponts-levis. Ce détail prouve qu'il s'agissait donc de véritables portes fortifiées et non de décors de fête.

Commencée sous le règne de Charles IX et suspendue pendant les guerres de Religion, la construction de la nouvelle enceinte de Paris ne fut achevée que sous Louis XIII, mais on sait que Henri IV avait montré la volonté d'en relancer les travaux dès 1608[2]. Pendant les deux dernières années de son règne, un architecte a dû travailler à la composition des portes monumentales de la capitale. Ces esquisses ne donnent malheureusement aucun indice sur son identité et le nom de Louis Métezeau, principal architecte du roi à cette période, n'est qu'une possibilité parmi d'autres.

Le projet de la « porte de Médicis » offre en outre la possibilité d'une analyse plus précise, car son décor comporte des ratures, variantes et annotations qui n'ont pas été prises en compte jusqu'ici. Le passage cocher est ainsi surmonté d'une grande table sculptée, sur laquelle on devine une figure équestre, vraisemblablement celle du roi, mais le dessin y a été surchargé d'une grande nef, symbole de la Ville, et le texte suivant a été ajouté au-dessus : « niche pour le roy à présent régnant ». Cela signifie que le projet a sans doute été amendé à la suite de l'assassinat de Henri IV. Une autre table de même dimension est également figurée au bas de la feuille, sous l'élévation, et l'on y voit deux groupes de trois figures en pied se faire face. Une telle scène de rencontre pourrait correspondre à la fameuse conférence de Suresnes du 29 avril 1593, qui aboutit à une trêve entre le parti du roi et la Ligue, ouvrant la voie à l'abjuration de Henri IV et à son entrée dans Paris l'année suivante. Le dessin de la « porte de Médicis » serait ainsi un projet précoce pour la porte dite de la Conférence, qui allait finalement être construite à partir de 1631 et dont la façade vers la ville comportait effectivement un relief représentant la conférence de 1593, tandis que la façade sur le fossé figurait la nef des armoiries municipales.

fig. 28. Anonyme, élévation de la « porte de Médicis », projet pour la porte de la Conférence à Paris, papier, plume et encre brune, vers 1610, Paris, Bibl. de l'Institut, ms. 1021, pièce 28

---

1. *Registres de délibérations…*, t. XIV, 1908, p. 427 ; Loizeau, 2010, p. 22-29.
2. Dumolin, 1929-1932, t. II, p. 115 ; Hautecœur, 1943-1967, t. I-III, p. 349-350 ; Gady, 2001, p. 100.

68.
Anonyme français
Vue perspective du château d'Anet, projet non exécuté, s.d. [vers 1623-1625 ?]

Papier, graphite, plume et encre brune, lavis rouge, noir, jaune et ocre, 39,9 × 64,9 cm
Stockholm, Nationalmuseum, THC 2271

Tel qu'il avait été conçu au milieu du XVIe siècle pour Diane de Poitiers par Delorme, le château d'Anet comprenait trois grands corps de logis en U autour de la cour principale (fig. 29). Ce projet en étudie l'agrandissement par l'ajout de deux gros pavillons à l'extrémité des ailes, le long du fossé, ainsi que par la construction de deux nouveaux bâtiments entre les cours latérales et le jardin, à l'emplacement d'un petit corps bas et du vieux logis des Brézé. Ce dessin n'ayant pas été réalisé et la feuille ne comprenant pas de filigrane, sa datation est difficile à établir. Certaines dispositions prévues ne semblent toutefois pas pouvoir être antérieures au début du XVIIe siècle : des deux variantes proposées pour les pavillons, celle de gauche présente notamment un fronton dont le tympan forme en son centre un retrait, solution adoptée à la Grande Galerie du Louvre, puis sur les façades de Saint-Étienne-du-Mont (1610-1622) et de Saint-Gervais-Saint-Protais (1616-1621). Plus qu'à la duchesse de Mercœur, qui acquit la principauté d'Anet en 1610 mais ne s'en assura définitivement la possession qu'en 1620, trois ans avant sa mort[1], on peut sans doute attribuer la commande de ce projet à son gendre César, duc de Vendôme. Les grandes fleurs de lys ajoutées en épis de faîtage s'accordent d'ailleurs mieux avec ce fils légitimé de Henri IV qu'avec l'ancienne ligueuse qu'était sa belle-mère. Dans ce cas, le dessin ne pourrait avoir été réalisé que dans les deux années qui suivirent l'entrée en jouissance du duc, car il ne prend pas en compte les travaux que celui-ci fit exécuter en 1625 et au cours desquels furent notamment creusés de nouveaux fossés derrière le château[2].

Le projet propose quelques autres aménagements, le parterre devant être remanié, les cours d'eau simplifiés et les murs de clôture régularisés. En dépit de ces différences[3], il présente une évidente parenté avec les vues d'Anet gravées et dessinées par Jacques Androuet du Cerceau (fig. 29), dont il reprend la vue d'oiseau frontale sans qu'il s'agisse d'un simple décalque, comme l'attestent le point de vue plus élevé et les lignes de fuite qui préparent le tracé. Les couleurs, dominées par le rouge et le jaune, peuvent également évoquer des feuilles plus anciennes comme celle représentant le château de La Grange-le-Roi, vraisemblablement issue du cercle de Baptiste Androuet du Cerceau[4]. Le projet pour Anet diffère toutefois de ces précédents dans le détail : les baies ne sont pas pourvues d'éléments en perspective suggérant la profondeur, mais simplement indiquées par un aplat de lavis noir.

Les travaux réalisés à partir de 1625 furent probablement conçus par Salomon de Brosse, mais rien n'incite à avancer son nom pour ce projet-ci. Le chantier fut finalement confié à une équipe d'entrepreneurs menée par Clément Métezeau, mais aucun indice ne suggère non plus que celui-ci ait pu proposer ses propres idées. Si la qualité du commanditaire et de l'édifice laisse supposer l'intervention d'un maître renommé, cette ambitieuse composition demeure un exemple de la difficulté d'attribuer les dessins du début du XVIIe siècle qui nous sont parvenus, faute de points de repère suffisants au sein du petit corpus conservé.

Étienne Faisant

1. Arch. nat., MC/ET/XCVIII/83, 20 septembre 1610 et MC/ET/CXV/171, 23 octobre 1665, cote 57.
2. Arch. nat., MC/ET/CXV/35, 7 mars et 23 avril 1625. Le prix convenu fut payé, ce qui implique que ces travaux furent bien réalisés : Arch. nat., MC/ET/CXV/66, 19 août 1633.
3. Les bâtiments de la basse-cour, de la cour extérieure orientale et de la volière en montrent d'autres, mais celles-ci pouvaient résulter de transformations intermédiaires.
4. Thomson, 1990, p. 66.

fig. 29. Jacques Androuet du Cerceau, *vue à vol d'oiseau du château d'Anet*, vélin, plume, encre noire et lavis gris, Londres, The British Museum, Prints and drawings, Inv. n° 1972, U.887

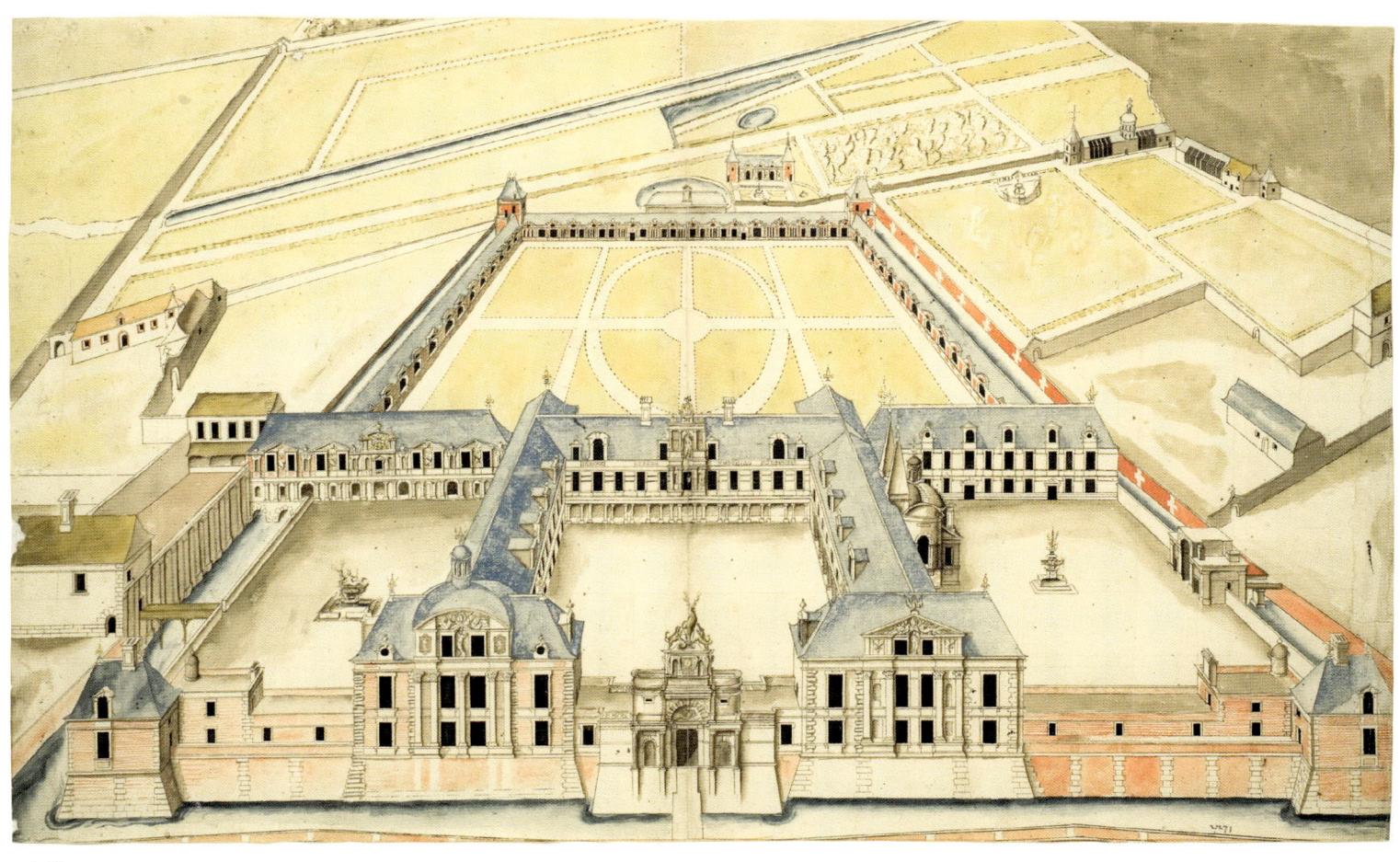

cat. 68

69.
Henri Noblet (?-1639)
Plan, coupe et élévation de la flèche de la Sainte-Chapelle à Paris, projet non exécuté, s.d. [vers 1631-1633]

Papier, graphite, plume et encre brune, lavis jaune, brun et bleu, 94,7 × 31,7 cm
Paris, musée Carnavalet, D.6696
Inscriptions : en bas, « Élévation du clocher pour la Ste-Chapelle avec sa plomberie » ; dans le plan, « plan du beffroy pour les cloches » ; au verso, « Henry Noblet ».

En juillet 1630, un incendie découronnait la Sainte-Chapelle du Palais de son comble et de sa flèche, datant du XVe siècle, drame dont Étienne Martellange a laissé un saisissant témoignage dessiné (fig. 30)[1]. Par son importance au cœur du Palais et sa portée symbolique, avec la présence des reliques de la Passion, l'édifice fut immédiatement l'objet des soins de la Couronne : Louis XIII ordonna sa réparation et la reconstruction de la flèche « avec un dessin qui sera fait par quelque bon maître ». Approuvés en avril 1634, les devis prévoyaient un budget de 24 000 livres ; les travaux furent confiés au maître maçon Nicolas Messier[2], dont c'est le premier chantier connu, avec le charpentier Yon Perrin et le serrurier Étienne Doyar[3]. Ce chantier devait traîner en longueur, puisque le comble et la nouvelle flèche ne sont complètement achevés qu'en 1671.

Ce dessin est un projet pour la nouvelle flèche dans le goût gothique. Il figure le plan de trois enrayures octogonales de la souche et celui du carré du beffroi de la flèche elle-même ; l'élévation de cette souche dans le comble, sommairement figuré en coupe ; enfin l'élévation de l'ouvrage lui-même, avec des lavis bleu et jaune pour montrer le revêtement en plomb et or, aux couleurs de la monarchie. Le décor met en scène les *regalia* : sceptres surmontés de fleurs de lys en manière de pinacles dans la partie basse, couronne royale à mi-hauteur, que surplombe la couronne d'épines, armes parlantes du Christ roi.

La feuille porte au verso une indication plus tardive de 1690 et un nom : « H. Noblet », qui n'est pas une signature, mais qui a sans doute été inscrit par l'architecte Henri Noblet lui-même[4]. Fils de Louis et neveu de Perceval Noblet, deux frères très actifs à Paris sous Henri IV et Louis XIII, Henri était alors architecte du surintendant de Bullion, pour lequel il a travaillé à son château de La Grange-le-Roi, et se disait « architecte des Bâtiments du roi[5] ». Auteur de la balustrade de la statue de Henri IV sur le Pont-Neuf (1635)[6], réalisée par le même serrurier Doyar, et encore de réparations à Saint-Thomas du Louvre[7], il meurt à Paris, à l'été 1639[8].

Ce projet non réalisé doit être rapproché du dessin conservé à la Bibliothèque nationale[9], représentant l'élévation extérieure de la flèche, et qui correspond à l'ouvrage finalement exécuté (fig. 31). Par leur facture comme leur détail ornemental, ces deux projets sont extrêmement proches et il est vraisemblable qu'ils soient tous deux de la main de Henri Noblet.

---

1. Il a laissé deux vues, une depuis le sud (cat. exp. Dijon, 2014, n°33), l'autre depuis le nord (Sénard, 2015, t. II, fig. 259).
2. Dulong, 1997.
3. Stein, 1912, p. 124-126. Les devis sont conservés à la Bibl. nat. de Fr., Mss., fr. 11752.
4. À comparer avec la signature de Noblet (Arch. nat., MC/ET/XIX/418, obligation du 6 juin 1639).
5. Arch. nat. MC/ET/LI/189, marché du 24 avril 1638.
6. Arch. nat., MC/ET/XXIV/342, marché du 30 avril 1635.
7. Arch. nat., Z/1j/257, procès-verbal du 6 juin 1639.
8. Arch. nat., MC/ET/XIX/418, autorisation de levée de scellés du 23 septembre 1639.
9. Bibl. nat. de Fr., Est., Destailleur 442, Ve 53 ft 5, reprod. dans Leniaud et Perrot, 2007, p.28, avec la date erronée de 1631, car le dessin porte au verso : « Pour la Ste Chapelle, revue et corrigé l'année 1634 suivant le desaing parraffé au Conseil du 26 ap[vril] […] faict depuis le 24 may de ladicte année. » Nous ne suivons pas les auteurs qui parlent de « caractère néo-gothique » : il s'agit de « *gothic survival* », selon la juste formule anglo-saxonne. Ce projet se rapproche donc de ceux de Martellange pour la cathédrale d'Orléans (1627) et de Jules Hardouin-Mansart pour la collégiale de Poissy (1700).

fig. 30. Étienne Martellange, vue de la Sainte-Chapelle après l'incendie, plume, encre brune et lavis gris, s.d. [vers 1631-1634], Paris, Bibl. nat. de Fr., Est. Rés. UB-9 boîte ft 4 M. 8

ci-contre, à droite :
fig. 31. Henri Noblet (ici attribué à), élévation de la flèche de la Sainte-Chapelle, papier, graphite, plume et encre brune, lavis bleu et jaune, 1634, Paris, Bibl. nat. de Fr., Ve 53 ft 5

cat. 69

fig. 31

70.
Anonyme [Jean Androuet du Cerceau (vers 1590-après 1649) ?]
Élévation de l'aile de la grotte de l'hôtel Séguier, rue Grenelle-Saint-Honoré à Paris, dessin de présentation, s.d. [1638-1639]

Papier, graphite, plume et encre brune, lavis gris et bleu, 31,3 × 28,8 cm
Paris, Bibl. nat. de Fr., Est., Rés. Ve 53 [Destailleur t. IV, 658]

Si les armes qui figurent sur le fronton central ont permis de la rapprocher de la grotte de l'hôtel du chancelier Séguier[1], cette élévation n'a été considérée que comme une illustration de cet important édifice disparu, et l'on ne s'est interrogé ni sur sa nature, ni sur sa date, ni encore sur son auteur. La composition même de ce dessin, préparé par un ensemble de lignes définissant la largeur des travées et la hauteur des principaux éléments puis tracé à l'encre brune avant d'être rehaussé au lavis, permet pourtant d'y reconnaître un projet.

Laissé inachevé par le duc de Bellegarde, qui y avait employé Jean Androuet du Cerceau[2], cet hôtel fut acquis en 1634 par Pierre Séguier[3], qui en fit reprendre les travaux et fit notamment bâtir une galerie dont on devine la coupe avec sa corniche, sur la droite du dessin. C'est en effet en retour derrière ce corps de bâtiment, sur deux parcelles réunies à la propriété en mars et septembre 1638, que fut ensuite élevée une grotte artificielle à laquelle travaillait en juin 1639 le maçon Jean Hanicle[4]. Cette nouvelle extension ne semble pas avoir été réalisée telle qu'elle apparaît sur cette feuille, car une description de 1691 atteste la présence de « trois étages de logemens » au-dessus de la grotte, là où le dessin n'en montre que deux, combles compris[5] : si l'on ne peut exclure qu'une surélévation ait été opérée dans les années suivantes, il est donc probable que les travaux aient finalement été menés selon un dessin plus ambitieux.

Le nom de l'architecte employé par le chancelier est inconnu et, faute de point de comparaison, on ne peut se fonder sur l'exécution de ce dessin pour tenter d'en identifier l'auteur. Il faut en revanche souligner que ce projet, établi en 1638 ou 1639, adopte une écriture architecturale alors en train de passer de mode : le traitement des bossages et l'insertion dans les écoinçons de niches ovales destinées à abriter des bustes s'inscrivaient dans la filiation de réalisations du temps de Henri IV, tandis que les lucarnes aux dessins variés chargées de vases ne montraient pas un goût particulier pour la sobriété. Ce vocabulaire assez archaïsant pourrait s'accorder avec ce que l'on connaît de l'œuvre de Jean Androuet du Cerceau, déjà employé à l'hôtel par le duc de Bellegarde : ce dernier n'ayant pas pu faire terminer les travaux qu'il avait prévus, qui incluaient également une galerie, il serait possible que le nouveau propriétaire ait demandé à l'architecte qui avait suivi le chantier de le reprendre pour lui. Ce seul lien demeure toutefois fragile et, sur le plan historique comme sur le plan stylistique, aucun indice ne paraît à ce stade suffisamment fort pour envisager une attribution.

ÉTIENNE FAISANT

1. Nexon, 1980.
2. Bibl. nat. de Fr., Mss., nouv. acq. fr. 22046, fol. 117-119v, marché du 4 mars 1629. Nous résumons ici une étude plus large : Étienne Faisant, « La fabrique d'une résidence ministérielle : relecture de l'hôtel Séguier », à paraître.
3. Arch. nat., MC/ET/XCVI/25, 28 février 1634.
4. Arch. nat., Z/1j/257, 22 juin 1639.
5. Arch. nat., S//1192, 1er août 1691.

fig. 32. Jean Marot, vue de la façade sur rue de l'hôtel Séguier, estampe, milieu du XVIIe siècle, Paris, École nationale supérieure des beaux-arts, Est 4291

cat. 70

Salomon de Brosse et le palais du Luxembourg

Le palais royal, dit du Luxembourg, voulu dès 1611 par Marie de Médicis sur la rive gauche, est un des édifices majeurs du règne de Louis XIII, tant par sa régularité que par le raffinement de son décor intérieur. Bâti sur les dessins de l'architecte Salomon de Brosse à partir du printemps 1615, le palais était quasiment achevé en 1631, quand la reine mère quitta la France pour partir en exil. L'importance du chantier, comme la renommée des artistes qui y ont travaillé, expliquent sans doute qu'on possède, pour la première fois, un ensemble significatif de dessins contemporains des travaux, qui comporte près de dix items et continue de s'enrichir[1]. Ces documents ont des statuts variés et doivent être analysés avec circonspection (cat. 71 à 73).

71.
Anonyme italien, d'après Salomon de Brosse (1571-1626)
**Élévation partielle de la façade sur rue
du palais du Luxembourg, s.d. [entre 1615 et 1622]**

Papier, tracés préparatoires à la pointe sèche, plume et encre brune, 35 × 34,5 cm
Paris, Bibl. de l'Institut national d'histoire de l'art, coll. Jacques Doucet, OA 375

cat. 71

Acquise par Jacques Doucet, dont elle porte le cachet, cette feuille est constituée d'un dessin original à l'encre brune et d'une gravure de Jean Marot représentant la grotte du Luxembourg élevée en 1629-1630, collée en plein dans l'angle supérieur gauche. Assez sec, et dépourvu de lavis, de traces de crayon ou d'inscription, à la réserve de l'échelle en toises, le dessin montre une élévation partielle de la façade sur la rue de Vaugirard, avec le pavillon à dôme de l'entrée principale et les deux tiers du mur oriental. Inconnu de Rosalys Coope, il a été signalé en 1977[2] et publié récemment par Sara Galletti, qui y voit soit un relevé « mal exécuté », soit une variante du dessin final[3].

Un relevé maladroit semble peu probable, en raison des différences avec l'édifice réalisé : outre celles pointées par Sara Galletti (forme de la baie centrale du pavillon à l'étage, nombre des bossages des colonnes à ce même niveau et dôme moins élancé), on peut ajouter les variantes dans le décor (besans des Médicis en acrotère de la balustrade du dôme, chiffre de la reine au lieu de bucranes dans la frise dorique, tables du mur aveugle moins larges) ; dans le dessin des bossages de l'ordre toscan (ici plus arrondi) ; enfin dans l'imposte de la porte, différente de celle réalisée et connue par un relevé[4]. Les statues juchées sur la balustrade de l'ordre dorique, commandées en 1622, n'apparaissent pas, ce qui fournit sans doute un *terminus ante quem* au dessin. On remarque enfin dans l'échelle le mot toise écrit en italien, « tesi », détail qui pourrait faire écho à ce qu'écrivait Henri Sauval : « Le dessin de ce palais a été promené par toute l'Italie avant que d'être exécuté. Il a passé par les mains des meilleurs maîtres de l'Europe[5]. » Il semble donc que cette feuille se rattache plutôt à la phase de la conception de l'édifice, l'hypothèse d'une copie par un Italien d'après un projet précoce de Salomon de Brosse pouvant expliquer certaines variantes, comme la plus grande générosité du bossage ou la silhouette du dôme.

1. Galletti, 2017.
2. Sevin, 1977.
3. Galletti, 2012, fig. 9 et p. 37.
4. École nationale supérieure des beaux-arts, EBA 2475 (anc. coll. Lesoufaché) ; voir Gady, 2005, fig. 25.
5. Sauval, 1724, t. III, p. 7 ; voir aussi Dezallier, 1787, t. I, p. 327.

cat. 71, détail

72.
Salomon de Brosse (1571-1626), ici attribué à
Élévation et plan de l'orangerie du palais du Luxembourg, projet mi-parti exécuté, s.d. [1626]

Papier, plume et encre grise, lavis bleu et gris, 50 × 69 cm
Stockholm, Nationalmuseum, CC 106

Cette grande feuille de présentation[1] figure l'orangerie du Luxembourg : élevé à l'est du palais, l'édifice était adossé au mur de clôture du domaine, offrant sa longue façade de quinze travées au sud, au voisinage de la fontaine Médicis. Le dessin présente une élévation mi-partie, la désignant comme un projet. À gauche, les bossages entourent des baies rectangulaires, comme au premier étage du palais et autour des tables du corps d'entrée sur rue (cat. 71) ; la partie droite propose en revanche des baies à la Lescot, solution déjà mise en œuvre au rez-de-chaussée du palais et finalement retenue pour l'orangerie. On note que les dés du garde-corps portent le chiffre de la reine. Une indication au verso[2] laisse à penser que la feuille a été pliée pour servir de chemise à d'autres dessins, ce qui explique sans doute qu'elle ait été conservée en bon état avec ses grandes marges vierges. Le tracé préparatoire à la pointe sèche, parfaitement lisible, a servi de trame à la mise au net à l'encre brune et au lavis, d'une très belle exécution.

Traditionnellement datée de 1628-1629 sur la foi de paiements se rapportant à des travaux de charpenterie et de couverture, cette orangerie a été attribuée à Jacques Lemercier, alors en charge des bâtiments de la reine mère après la mort de Salomon de Brosse[3]. De nouveaux documents contredisent toutefois cette conclusion : une transaction de janvier 1627 entre le charpentier Pierre Scellier et la veuve de Salomon de Brosse indique en effet que le premier a réalisé pour plusieurs milliers de livres d'ouvrages « en une orangerie que lad. dame royne luy a commandée[4] ». Un plan du domaine datable du courant de 1625 montre d'ailleurs déjà à son emplacement un rectangle vide, signe qu'un bâtiment y était alors envisagé[5]. La construction de l'orangerie a donc été décidée et, pour l'essentiel, exécutée en 1625-1626, les travaux opérés trois ans plus tard correspondant à l'aménagement dans les combles de chambres éclairées par de petits chiens-assis qui ne figurent pas sur le dessin, mais apparaissent sur une vue réalisée en 1633 par Étienne Martellange[6]. Or, en 1625, l'architecte du palais était encore Salomon de Brosse, qui conserva la direction des travaux jusqu'à sa mort en décembre 1626 : il est donc l'auteur de l'orangerie et, sans doute, de cette feuille qui en étudie le plan et l'élévation principale. Le statut des dessins qui ont été rapprochés de ses travaux à Henrichemont n'étant pas assuré[7], il pourrait s'agir du premier dessin autographe de l'architecte identifié à ce jour.

Étienne Faisant

---

1. Découverte par Alexandre Gady en 2004.
2. « 15 architectures, place Royalle et autres architecture ».
3. Gady, 2005, p. 244-245 ; Galletti, 2012, p. 134.
4. Arch. nat., MC/ET/LXXXVIII/86, accord du 15 janvier 1627.
5. Bibl. nat. de Fr., Est., Va 419 (J 11) ; sur sa datation, voir Galletti, 2012 p. 126-127.
6. Oxford, Ashmolean Museum, WA.C.Lar.II.118 ; reprod. dans Gady, 2005, fig. 167.
7. Coope, 1975.

cat. 72, détails

cat. 72

73.
Anonyme français
Vue perspective de la moitié orientale de la cour du palais du Luxembourg, s.d. [après 1626]

Papier, tracés préparatoires au graphite, plume et encre brune, lavis bleu et gris, 35 × 47,5 cm (irrégulier), collé en plein sur une feuille plus récente
Paris, musée du Louvre, Arts graphiques, RF 7123
Inscriptions : en haut à droite, « 122 » ; au milieu, « face de Luxembourg dedans la cour » ; en bas, « ballustrade de marbre blanc de Mercier ».

Dans le corpus des dessins liés au chantier du palais du Luxembourg, cette vue, entrée par acquisition au Louvre dans l'entre-deux-guerres, est sans conteste le document le plus spectaculaire : elle montre en perspective la moitié sud-est de la cour d'honneur, avec des élévations partiellement inachevées, le départ de l'aile orientale à gauche et, au premier plan, un relevé, également inachevé, de la terrasse commandée en juin 1626.
L'attribution traditionnelle de cette feuille à Salomon de Brosse a été mise en doute par Rosalys Coope, puis par Sara Galletti[1]. Celle-ci en a proposé diverses interprétations, dessin de chantier, dessin de graveur ou feuille de carnet de voyage, ce que le format et, plus encore, la finesse du lavis et la précision des relevés nous semblent contredire. Il ne s'agit pas non plus, à l'évidence, d'un dessin d'exécution : la construction perspective est contraire à un tel usage. Enfin, son inachèvement partiel plaide également contre un dessin de présentation. Nous y voyons donc plutôt un relevé d'étude, un exercice de représentation en perspective à partir d'un édifice majeur. Seule cette interprétation peut expliquer la présence de diverses mesures, concernant significativement les maçonneries du rez-de-chaussée, et différentes précisions complémentaires ajoutées en marge, comme le profil de l'ordre attique et celui de la balustrade, au bord gauche de la feuille, ou l'indication sur la nature de la balustrade, en partie basse. Le relevé a bien été fait sur les lieux : on remarque en effet que le mur septentrional du pavillon nord-est n'est pas décoré de fronton, au contraire de ce que montrent fautivement les gravures de Marot.
On notera cependant deux inexactitudes : la souche de cheminée de la grande salle orientale est en place, mais il manque celle du côté de l'escalier, qui servait à l'étage attique et se dressait au droit de l'extrémité du fronton ; par ailleurs, la balustrade de la terrasse est divisée en huit portions, et non sept comme dans l'édifice exécuté. C'est cependant sur cette partie que se trouve une des clefs de lecture du dessin : la désignation de « Mercier » comme auteur de la balustrade de marbre blanc, c'est-à-dire Jacques Lemercier, qui a pris la direction du chantier après le décès de Salomon de Brosse en décembre 1626. Or, si les premiers marchés de maçonnerie et de marbrerie pour cette terrasse ont bien été passés en juin 1626 suivant les dessins de Salomon de Brosse, il semble qu'un important changement de parti ait eu lieu dès l'année suivante[2]. Le dessinateur était donc suffisamment informé pour connaître un détail aussi précis et rendre à Lemercier une de ses inventions sur le chantier, ce qui plaide en faveur d'une réalisation autour de 1630.

---
1. Coope, 1972-a, p. 114 et 260 ; Galletti, 2012, p. 35-37.

2. Selon les nouvelles recherches d'Étienne Faisant, à paraître.

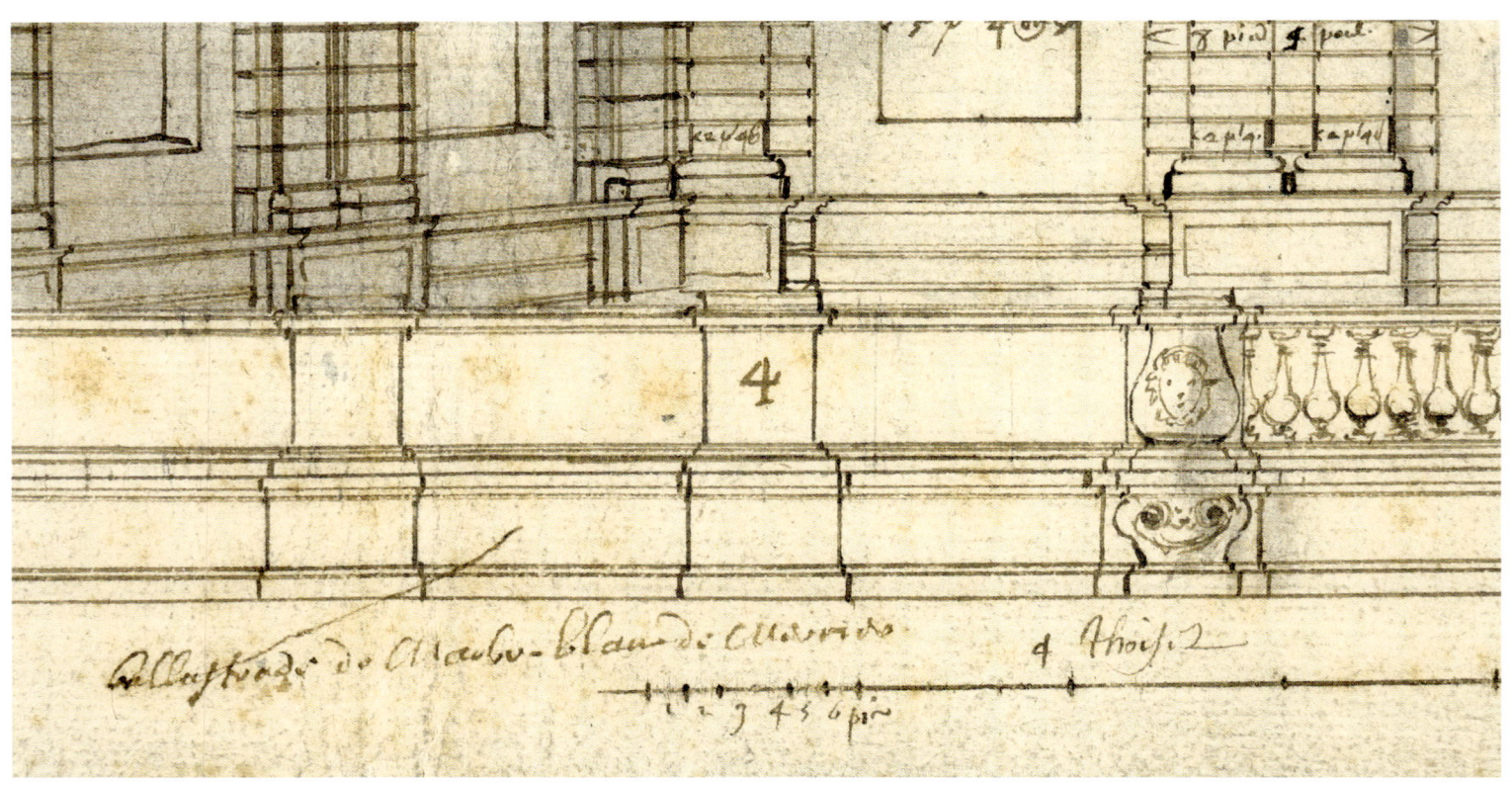

cat. 73, détail

cat. 73

détail de la **fig. 5**, p. 22

La floraison des talents

S'ils sont conservés en nombre sensiblement supérieur par rapport à ceux du siècle précédent, les dessins d'architecture français du premier quart du XVIIe siècle restent délicats à analyser, non seulement parce qu'ils se présentent le plus souvent de manière isolée, mais surtout parce que les sources écrites de cette période ne donnent que très rarement le nom de l'auteur d'un projet, même lorsqu'il s'agit des plus importants chantiers royaux. Peut-être conserve-t-on dans les collections de dessins quelques feuilles de la main de Thibaut, Louis ou Clément Métezeau, ou bien encore de Jacques II ou Jean Androuet du Cerceau, mais les incertitudes tenaces qui continuent de peser sur leurs carrières limitent beaucoup les possibilités d'attribution. Un changement profond se produit à partir des années 1620, quand l'œuvre des principaux architectes français tend à s'individualiser, dans un contexte d'émulation croissante au sein du milieu artistique français. Les cas de trois figures dominantes du milieu du siècle, Jacques Lemercier, François Mansart et Louis Le Vau, sont ici envisagés successivement, car le nombre de leurs dessins conservés permet, pour la première fois, d'examiner leur pratique graphique de manière autonome.

Les principaux dessins qui avaient subsisté de la carrière de Salomon de Brosse ayant malheureusement disparu à l'époque contemporaine, dans les ravages patrimoniaux des guerres mondiales[1], c'est désormais Jacques Lemercier qui apparaît comme la plus ancienne figure d'architecte français dont on puisse réunir un corpus d'œuvres graphiques[2]. Successeur de Salomon de Brosse au service de Marie de Médicis et du cardinal de Richelieu, Lemercier a connu un succès professionnel sans équivalent à sa génération, sa carrière étant couronnée en 1639 par l'obtention du titre de premier architecte du roi. La vingtaine de ses dessins autographes à ce jour connus témoigne d'une superbe maîtrise technique, reconnaissable dans la finesse des tracés à la plume, la délicatesse d'exécution des lavis et la construction géométrique de la perspective. Ces compétences graphiques, qu'il avait sans doute acquises pendant son séjour de formation en Italie entre 1605 et 1611 (cat. 44), apparaissent de manière particulièrement sensible dans la belle vue perspective du château de Montjeu qui remonte aux années 1620 et que l'architecte a fièrement désignée du nom vitruvien de « scénographie » (cat. 74).

Même parvenu au sommet de sa carrière, Lemercier semble n'avoir jamais renoncé à exécuter lui-même la plupart de ses dessins, non seulement pour la conception de ses projets (cat. 75 et 76), mais aussi pour leur mise en œuvre, car les dessins d'exécution qu'il a donnés sur le chantier du Louvre sont sans doute les plus

---
1. Coope, 1972-a ; les dessins de Salomon de Brosse pour la cathédrale Sainte-Croix d'Orléans et le palais de justice de Rennes ne sont plus connus que par des reproductions photographiques.
2. Gady, 2005, p. 81-82.

anciens documents de ce type à avoir été conservés en France (cat. 134). Certaines feuilles de présentation, particulièrement soignées comme l'élévation de l'aile orientale du Louvre qui lui est attribuée avec vraisemblance, ont en revanche pu être dessinées avec l'aide d'un assistant (cat. 77). Dans deux cas au moins, la collaboration est mieux connue : pour l'église du Noviciat des jésuites à Paris, Lemercier semble avoir seulement contribué à la conception du projet, avec le maître d'œuvre en titre qui était le frère Étienne Martellange (cat. 78) ; sur certains chantiers de la fin de sa carrière, à la Sorbonne ou à Saint-Germain-l'Auxerrois, le jeune Pierre Cottart paraît avoir servi auprès de lui comme architecte d'exécution (cat. 79).

François Mansart n'a certes pas eu une carrière institutionnelle aussi brillante que celle de Lemercier, mais l'originalité de son œuvre et le retentissement que celui-ci a eu dans la culture architecturale française sont tels qu'à sa mort, en 1666, ses dessins ont été préservés comme des trésors par ses héritiers[1]. Si beaucoup de pièces de ce fonds ont par la suite disparu, une partie est entrée dès la fin du XVIIe siècle dans le fonds de l'agence Mansart-De Cotte et se trouve conservée depuis 1811 au Cabinet des estampes de la Bibliothèque nationale. Grâce à l'identification de quelques dessins supplémentaires issus d'autres fonds et collections, le nombre des originaux subsistants se situe aujourd'hui entre trente et quarante, suivant les critères retenus. Cette liste n'est toutefois pas close, ainsi que le montre l'examen d'un projet de reconstruction de l'église Saint-Paul, qui peut à présent être tenu pour un plan autographe, laissé inachevé par Mansart et complété par un détenteur ultérieur (cat. 84).

Malgré son ampleur certes limitée, le corpus des dessins de Mansart est très riche et couvre toute sa carrière, embrassant aussi bien quelques-unes de ses constructions privées que ses projets pour le roi. Il comprend de tout petits fragments, comme les retombes détachées de ses dessins pour le Louvre, et va jusqu'à de grandes feuilles de présentation, telle que la célèbre vue du château de Berny, rare exemple de la production graphique précoce de Mansart (cat. 80). Comme celle de Montjeu par Lemercier (cat. 74), cette feuille est titrée du nom savant de « scénographie » et démontre l'ambition graphique de Mansart, mais aussi les limites de sa jeune pratique, tant du point de vue de la construction perspective que du tracé des ornements. Ses dessins ultérieurs témoignent de son aisance croissante et du développement d'une approche très personnelle du travail graphique. Souvent utilisée par ses contemporains pour mettre en valeur le projet aux yeux du commanditaire ou du public, la vue perspective apparaît ainsi chez Mansart comme un véritable outil de conception volumétrique de l'édifice, au même titre qu'une maquette, par exemple pour son « grand dessein » de Blois (cat. 81). Même dans un dessin contractuel, en général conventionnel par nature, Mansart semble adapter l'objet graphique à sa conception unitaire de l'édifice, comme le montre l'extraordinaire dessin de la Visitation de la rue Saint-Antoine où les différentes formes de représentations géométrales assemblées mettent en lumière des correspondances insoupçonnées (cat. 82). C'est toutefois dans ses feuilles d'esquisses, celles pour le grand cabinet de l'hôtel de La Bazinière (cat. 83) ou pour l'achèvement du Louvre (cat. 91), que cette approche globale du projet s'exprime le plus clairement, car la libre combinaison des plans, coupes et élévations n'y reflète pas une idée unique, mais la multiplicité des projets possibles, en cours d'élaboration.

Né à Paris vers 1612, Louis Le Vau appartient à une génération différente de celle de Lemercier et de Mansart et sa carrière, qui s'étend du milieu des années 1630 à 1670, coïncide avec la période où les dessins d'architecture préservés commencent à être plus nombreux, tant dans les archives publiques françaises que dans

---

1. Babelon et Mignot (dir.), 1998, p. 259-266.

les collections privées. Ayant pris la succession de Lemercier en tant que premier architecte du roi en 1654, il a en particulier bénéficié de la meilleure tenue des papiers des Bâtiments du roi à partir de la surintendance de Jean-Baptiste Colbert, si bien que les dessins qu'on lui attribue se comptent, pour la première fois de l'histoire de l'architecture française, par centaines[1].

La composition de ce corpus n'est toutefois pas homogène, car très peu de feuilles se rapportent à l'importante activité de Le Vau au service de la clientèle privée, en particulier pendant les vingt premières années de sa carrière. Une esquisse inédite, conservée à Stockholm, vient atténuer ce déséquilibre (cat. 85) : figurant un projet d'élévation, vraisemblablement pour l'hôtel de Vendôme à Paris, elle constitue un témoin certain de la manière graphique de l'architecte à ses débuts et peut désormais servir de pierre de touche pour l'examen de ses dessins ultérieurs. Ses projets pour le château de Vincennes (cat. 86) et de Meudon (cat. 87), datables du milieu des années 1650, peuvent ainsi être tenus pour vraisemblablement autographes. Ils sont représentatifs de ses méthodes de conception, reposant presque exclusivement sur le dessin géométral, en plan et en élévation, à la différence de celles de son contemporain Mansart, qui privilégiait les coupes et vues perspectives. Peu après, Le Vau s'est adjoint les services d'un disciple, François d'Orbay, qui devient rapidement son dessinateur et collaborateur privilégié. Si D'Orbay a d'abord dessiné comme son maître, au point qu'il est difficile de dissocier leurs mains autour de 1660, il a par la suite développé une manière originale, reconnaissable à la forte cursivité des tracés et au recours abondant à la mine de graphite (cat. 88 et 93). Vers la fin de sa vie, Le Vau ne semble presque plus pratiquer le dessin lui-même autrement que pour esquisser les projets et corriger ses assistants. Ces derniers forment alors une véritable agence, dont la production graphique reproduit les méthodes mises au point par Le Vau et D'Orbay, comme il apparaît dans la grande élévation de la rue de la Ferronnerie, ici attribuée au premier architecte (cat. 89).

---

1. Feldmann, 1983.

74.
Jacques Lemercier (vers 1585-1654)
Vue à vol d'oiseau du château et du parc de Montjeu,
s.d. [vers 1620]

Papier, plume et encre brune, lavis brun, vert, bleu et rouge, 61 × 47 cm
Paris, Arch. nat., N/III/Saône-et-Loire/32
Inscription : en haut, « Scenografie du chasteau de Montjeu »

Cette splendide vue lavée anonyme doit être rendue à Jacques Lemercier, qui travaille au début des années 1620 en Bourgogne pour le président Jeannin[1]. Entièrement autographe, y compris son titre, on y retrouve l'ambition et l'aisance dont Lemercier fait preuve dans sa vue de Caprarola (cat. 44). Plus ancienne représentation dessinée et lavée en couleur d'un jardin français au XVIIe siècle, ce dessin a été récemment rapproché des vues gravées à la génération précédente par Du Cerceau et Chastillon[2], mais la technique en est de fait très différente : le caractère scientifique de sa construction perspective est révélé par la présence, au bord des parties dessinées et lavées, de deux séries de numéros, qui correspondent à l'abscisse (de 0 à 50) et à l'ordonnée (de 0 à 45) du carroyage utilisé par l'auteur. Il s'agit d'un *unicum* à notre connaissance.

Dominant la vallée du Mesvrin, le château de Montjeu a été bâti sous Henri IV et achevé en 1612. Plus tardive, l'intervention de Lemercier porte sur les dehors : l'architecte élève une grande basse-cour, réalisée en 1620, et redessine les jardins avec leurs fontaines. Il a disposé ainsi à l'arrière du château deux parterres bordés par une terrasse transversale, d'où part une patte d'oie qui s'enfonce dans le bois ; celui-ci est occupé par des allées et des clairières, dans lesquelles on distingue des sortes de cabanes, disposées de manière aléatoire. À l'opposé, devant l'entrée du château, dont l'accès est latéral et longe la basse-cour neuve, l'architecte supprime un jardin en carré, clos de murs et orné d'un berceau de treillage, encore en place sur une vue d'Étienne Martellange datée de mai 1611[3] : à la place, il imagine une sorte d'avant-cour en trapèze, qui s'ouvre vers la vallée, encadrée par deux parterres biais, en léger surplomb. Cet espace dynamique aboutit à un large bassin circulaire, au milieu duquel s'élève une haute fontaine jaillissante en forme de colonne, plantée comme un gnomon pour indiquer l'axe central de toute la composition[4]. Si on sent l'influence italienne pour cette dernière fontaine (colonnes de la villa Aldobrandini à Frascati), le système d'ouverture vers les lointains devant l'entrée du château comme la patte-d'oie en arrière annoncent les jardins de la génération de Le Nôtre, auquel on a attribué jadis ce dessin.

---

1. Gady, 2005, fig. 21 et p. 224-225.
2. Gerbino, 2016.
3. Sénard, 2015, t. II, fig. 58.
4. Ce jardin, modifié à plusieurs reprises, a fait l'objet de restitutions à la fin du XXe siècle, mais on y lit toujours les grandes lignes mises en place par Lemercier.

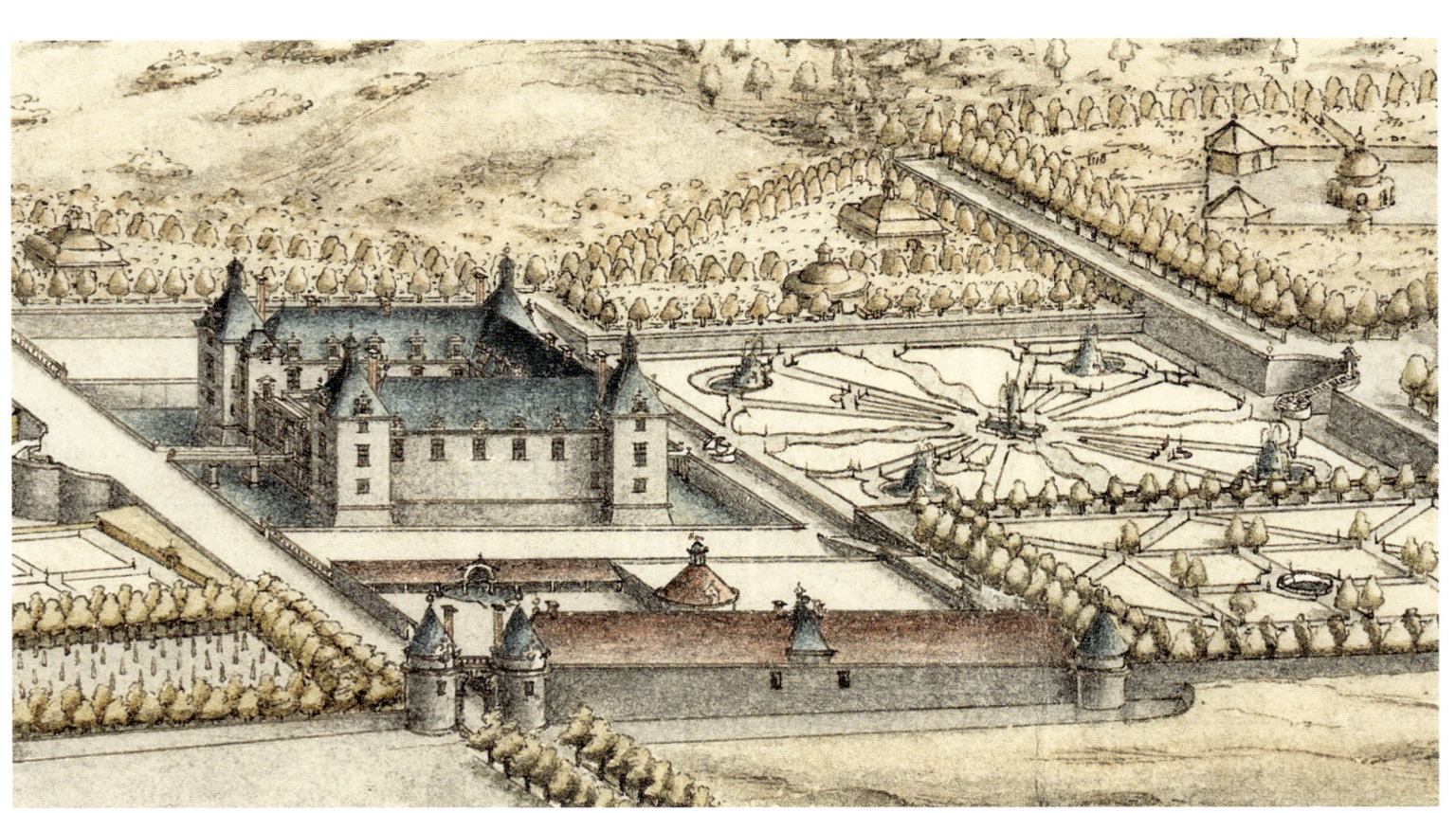

cat. 74, détail

Scénographie Du Chasteau De Montjeu

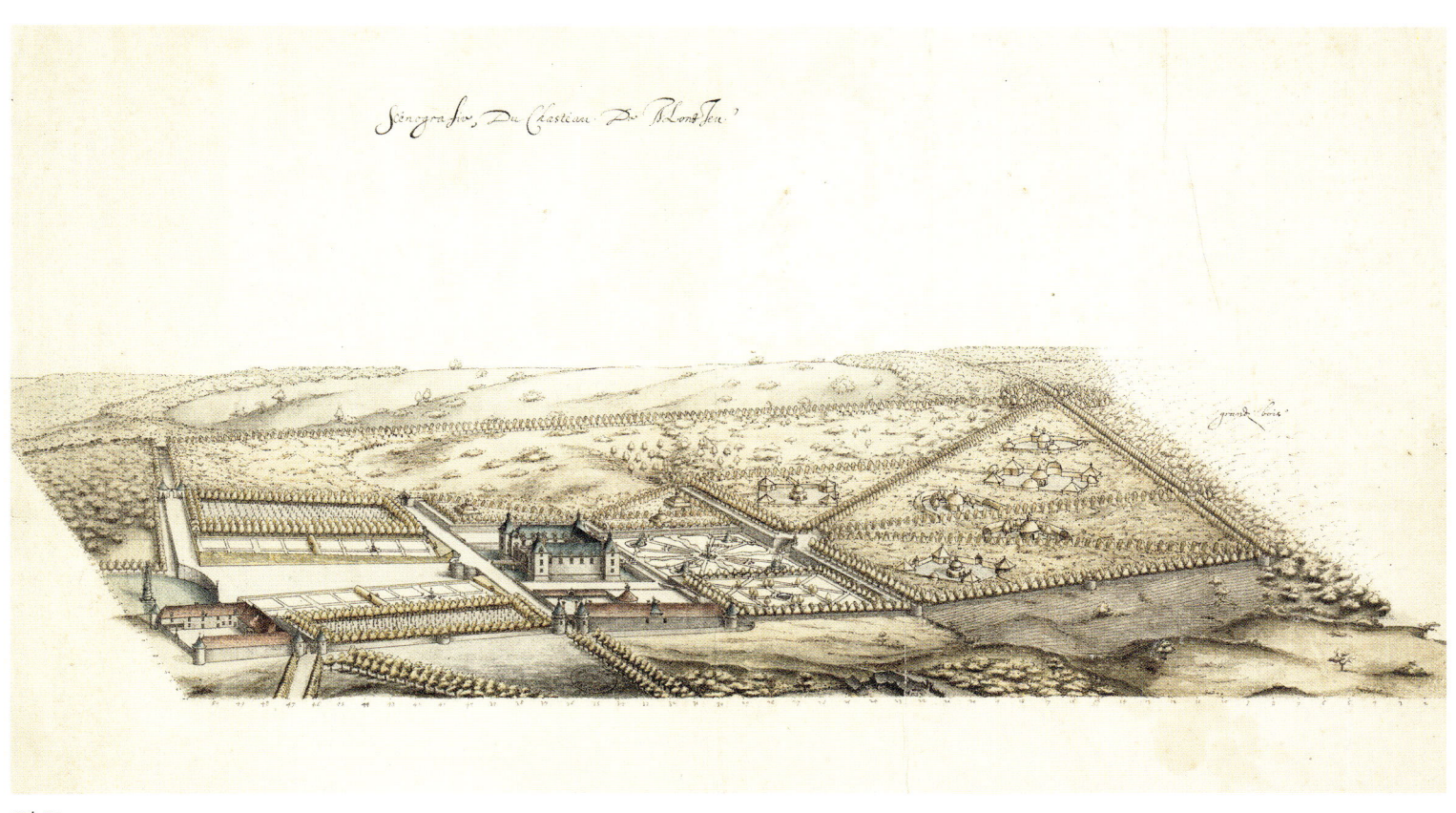

cat. 74

75.
Jacques Lemercier (vers 1585-1654)
Plan, coupe et élévation du portail du château de Denone, s.d. [vers 1631]

Papier, plume et encre brune, lavis brun, 29 × 42 cm
Clermont-Ferrand, Arch. dép. Puy-de-Dôme, 9F52, pièce 6

En devenant le maître d'œuvre favori du cardinal de Richelieu, qui le fait travailler dans sa résidence parisienne dès 1628 (cat. 76), Jacques Lemercier devait également être employé par les « créatures » du principal ministre de Louis XIII. Il est ainsi appelé à bâtir pour Antoine Ruzé, maréchal d'Effiat, qui a entrepris de grands travaux sur sa terre éponyme d'Auvergne, une seigneurie située entre Riom et Vichy. Touchant le château et l'église à partir de 1630, le chantier concerne également un autre domaine acquis peu auparavant par le maréchal : le château de Denone, distant d'un kilomètre et demi d'Effiat, où il reçoit le cardinal de Richelieu en septembre 1629. Lemercier est alors sollicité pour présenter un projet de transformation, sans doute au début des années 1630 : en témoignent deux dessins autographes à l'encre brune, conservés dans les archives du compagnon du maréchal, Gérard de Champflour[1].

Élevé au milieu du XVIe siècle pour les Marillac, Denone était une bâtisse composée de deux logis en L cantonnés de trois tours rondes aux angles extérieurs[2]. Lemercier propose de régulariser le plan en abattant l'aile en retour sur la cour, à la réserve de sa tour, pour faire du logis ancien conservé le fond d'une vaste cour rectangulaire. Celle-ci est bordée de murs de clôture, au milieu desquels se voient la tour conservée et celle construite en pendant pour la symétrie. Au-devant enfin sont créés deux communs destinés aux écuries, que sépare le portail d'entrée monumental.

Sur une seconde feuille a été dessiné en grand le portail, décomposé en une élévation mi-partie, un plan de la moitié droite avec sa guérite pourvue d'une cheminée, et une coupe ; sur l'autre moitié de la feuille, presque vide, est dessinée une lucarne à fronton, sans doute destinée au corps de logis. Lemercier a soigné l'élévation du portail, qui devait être un ouvrage à bossages rustiques, avec une variante à piquetage à droite ; l'arc inférieur à trois pans dérive de celui de la porta Pia (cat. 45), un motif que l'architecte avait déjà utilisé au début de sa carrière au portail du château de Dracy-Saint-Loup en Bourgogne. L'écusson qui orne le fronton a été laissé vierge, mais on reconnaît les deux bâtons de maréchal croisés qui désignent Effiat. On note enfin l'aileron qui relie le portail à ses guérites, articulant l'ensemble en un précieux objet architectural.

---

1. Gady, 2005, p. 40, fig. 29 et 30.
2. L'édifice a été protégé au titre des Monuments historiques le 23 décembre 2009.

76.
Jacques Lemercier (vers 1585-1654)
Plan du rez-de-chaussée du Palais-Cardinal, s.d. [vers 1633]

Papier, plume et encre brune, lavis gris, une retombe sur l'escalier, 29,1 × 37,2 cm
Paris, Bibl. nat. de Fr., Estampes, Va 231 [Robert de Cotte, 871]

Conservé dans le fonds de l'agence Mansart-De Cotte, dont il constitue l'une des plus anciennes feuilles, ce plan a longtemps été considéré comme datant de la fin du XVIIe siècle. C'est en fait un autographe de Jacques Lemercier, représentant le rez-de-chaussée du Palais-Cardinal, édifice dont il est le maître d'œuvre à partir de 1628[1]. Après une commande ayant porté sur la galerie des Hommes illustres et la chapelle de la résidence (ici en haut à gauche), Richelieu désire transformer son hôtel en profondeur, en profitant de l'énorme extension foncière au nord, gagnée sur les anciens remparts de la ville. Ce plan se rattache à cet ambitieux projet, qui voit donc la demeure acquise en 1624 se muer en un palais digne du cardinal-ministre.

N'utilisant ici que l'encre brune et le lavis gris, Lemercier ne distingue donc pas les campagnes de travaux, comme on le fera bientôt par l'emploi de plusieurs couleurs (cat. 86). Le plan représente donc de la même manière des parties existantes et divers projets de construction. Il y a d'abord l'extension du palais, à droite de l'ancien jardin transformé en « grande cour », au moyen d'une aile neuve à bâtir en miroir de la galerie, avec deux ailes en retour d'équerre vers la basse-cour, dont tous les marchés sont passés en 1634. Cette campagne comprend également la galerie ajourée séparant la grande cour du nouveau jardin à l'arrière, ainsi que l'escalier situé dans l'angle avec le corps de logis principal, qui n'a pas encore trouvé sa forme définitive sur ce plan[2]. Dans un second temps, vers 1637-1638, c'est la première cour, ouvrant sur la rue Saint-Honoré en bas du plan, qui a été transformée suivant ce plan, mais avec une plus grande extension à l'ouest, pour former désormais l'« anti-cour »; le plan porte ici une représentation en pointillé des bâtiments de l'hôtel primitif, qui dessinaient une cour plus étroite et qui doivent être abattus.

Tout indique donc que ce plan est une première pensée de l'architecte, datable vers 1633, dont le projet a évolué au fur et à mesure que l'exécution s'est étendue dans le temps. C'est la raison de la présence d'une curieuse avancée plaquée sur le corps de logis central du côté de la seconde cour, finalement non construite.

---

1. Gady, 2005, fig. 228.
2. L'escalier est ici à mur d'échiffre, alors qu'il sera construit en 1635 à trois volées autour d'un vide central.

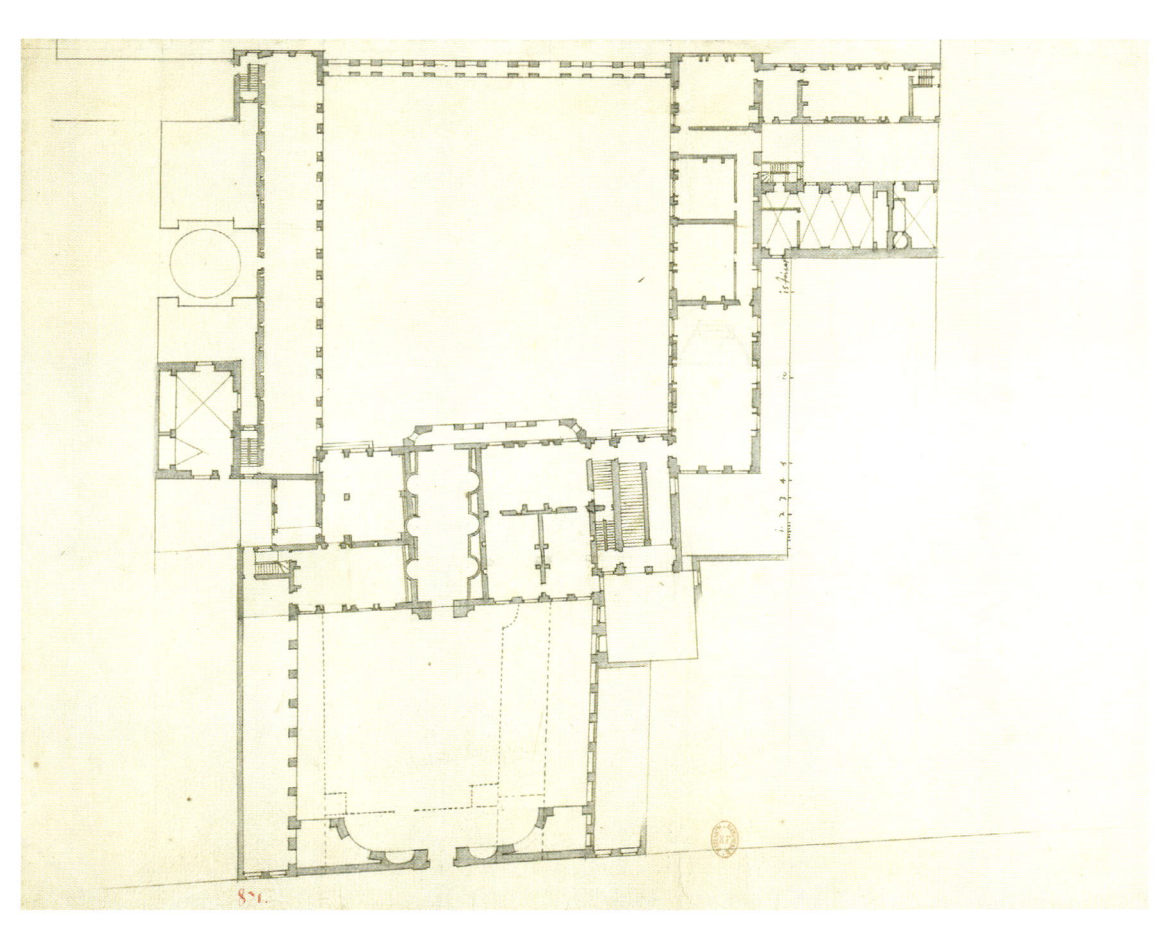

cat. 76

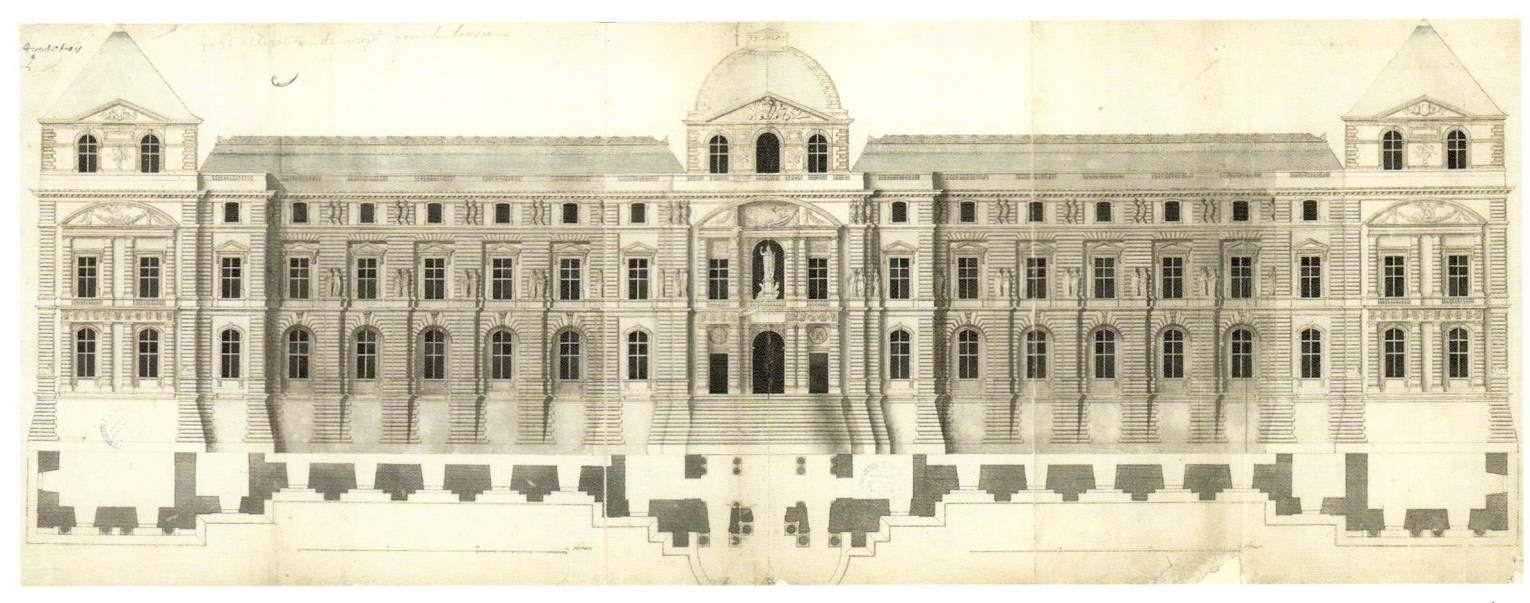

cat. 77

77.
Jacques Lemercier (vers 1585-1654)
Élévation et plan du rez-de-chaussée de la façade orientale du Louvre, projet non exécuté, s.d. [vers 1642-1643]

Papier, plume et encre brune, lavis gris et bleu, 44 × 115 cm
Paris, Arch. nat., F/21/3567, pièce 4

Publiée pour la première fois en 1965 et attribuée tardivement à Jacques Lemercier[1], cette grande feuille est un dessin spectaculaire, parfaitement fini et lavé, qui se rattache aux travaux du Louvre sous Louis XIII, dont l'architecte a la charge à partir de 1639. Première proposition conservée pour l'élévation de la façade principale du palais sur la ville, elle ouvre une série de projets qui devait connaître une inflation spectaculaire vingt ans plus tard (cat. 91 à 93). Son format ne laisse pas de doute quant à sa destination : il s'agit d'un dessin de présentation destiné à être montré au roi et au surintendant des Bâtiments qui supervise alors les travaux du palais, François Sublet de Noyers. Par ses dimensions, il s'inscrit parfaitement dans le Grand Dessein de Henri IV, qui impliquait la multiplication par quatre de la Cour Carrée. L'élévation est ainsi marquée par un pavillon central à dôme carré, dérivé de celui de l'Horloge actuel (cat. 134) et deux pavillons latéraux, qui reprennent le dessin de ceux du Roi et de Beauvais, entre lesquels se dressent deux corps de logis couverts d'un comble brisé formant les arrière-corps de la composition, suivant le volume de l'aile Lescot.
Sur ce canevas, l'auteur propose une élévation marquée par un bossage couvrant, à l'italienne, qui dérive manifestement du palais du Luxembourg (cat. 71 et 73), auquel s'ajoute un important décor sculpté en ronde-bosse (statues au premier étage, sphinges au-devant des pavillons latéraux) et en bas-reliefs (guirlandes, trophées d'armes), qui sert un discours monarchique (L couronnés des clefs du premier niveau, pots-à-feu fleurdelysés). Les ordres sont réservés aux pavillons : un dorique classique, avec une frise à métopes sculptées, et un ionique moderne, d'après Scamozzi, modèle qui apparaît alors dans l'architecture française et connaîtra une génération plus tard un grand succès[2].
Le pavillon central à double ressaut, qui abrite l'entrée du palais, a reçu un décor de portée symbolique, lié à la *translatio imperii* de Rome à Paris voulue par les cercles intellectuels autour du surintendant Sublet[3] : de part et d'autre de la grande porte, entre les colonnes doriques, sont ainsi installés deux médaillons circulaires moulés pour le roi en 1640 sur l'arc de Constantin à Rome : la *Chasse à l'ours* à gauche, et le *Sacrifice de Diane* à droite[4]. Dans la baie au premier étage, ouvert sur une loggia, se dresse une statue colossale de Louis XIII, haute de 3,9 mètres, avec deux captifs accostant le piédestal, suivant un thème déjà utilisé par Lemercier au pavillon d'entrée du château de Richelieu. À ce niveau, deux bas-reliefs en table surmontent les baies latérales, dont l'identification est plus délicate. Enfin, le fronton qui couronne le tout abrite les armes de France. Si rien ne permet de conclure de manière certaine à l'autographie de cette belle élévation, dont les échelles ne semblent pas de l'écriture de l'architecte, la qualité de l'exécution graphique et la datation incitent à maintenir l'attribution de ce projet à Lemercier[5].

---

1. Erlande-Brandenburg, 1965 ; Gady, 2005, fig. 45.
2. Gady, 2008.
3. Le Pas de Sécheval, 1991.
4. Cojannot, 2002, p. 21-24. Les deux médaillons, ainsi que les autres moulages effectués à Rome, arrivèrent à Paris en mars 1641 et furent jetés en bronze l'année suivante.
5. Jean Marot a gravé un projet de façade pour le Louvre sous le nom de Lemercier, qui diffère sensiblement de notre feuille.

cat. 77, détail

78.
Étienne Martellange (1569-1641),
peut-être d'après Jacques Lemercier (vers 1585-1654)
Plans et élévation de l'église du Noviciat des jésuites de Paris, 1630

Papier, plume et encre brune, lavis gris et bleu, tracé préparatoire au crayon, 21,5 × 32,5 cm
Inscriptions au recto : « Ichnographia ecclesiae domus probationis parisiensis Soc[ietatis] Jesu anno 1630 », « Secunda contignatio », « Orthographia frontis ».
Paris, Bibl. nat. de Fr., Estampes, HD-4 (7)

Dans le « Siècle de Louis XIII », Étienne Martellange fait doublement exception : par sa mobilité géographique, qui annonce celle d'un Vauban, il a en effet parcouru en tous sens le royaume, ou plutôt la « province de France », en tant que « visiteur » de la Compagnie de Jésus ; par la masse de son œuvre dessiné encore conservé, plus de deux cents feuilles représentant en majorité des vues de villes et de chantiers[1].

Né à Lyon en décembre 1569 dans une famille de peintres, Martellange se destine à poursuivre dans cette voie, mais entre en 1590 chez les Jésuites au noviciat d'Avignon. Au service de cet ordre, il met à profit ses dons de dessinateur, mais aussi ses connaissances en architecture : on le sollicite pour établir des projets, plans et devis, mais encore pour contrôler les travaux en cours dans les différents établissements où il passe[2]. S'ajoute à ce rôle important un extraordinaire talent de védutiste, Martellange dessinant de manière pittoresque des villes, ainsi que des bâtiments, souvent en cours de construction (cat. 119), un genre qui va se développer après lui.

En 1630 à Paris, alors qu'il vient de perdre la direction des travaux de l'église Saint-Louis au Marais au profit du père François Derand (cat. 19), Martellange reçoit la commande de l'église du Noviciat. Ce troisième établissement des Jésuites dans la capitale était installé sur la rive gauche depuis 1610 et la maison, déjà bâtie, à la réserve de la chapelle. La première pierre en est posée le 10 avril 1630, sous le patronage de François Sublet de Noyers[3] ; l'église est à peine achevée lorsque Martellange meurt, en octobre 1641.

Considéré comme son chef-d'œuvre, l'édifice présentait un plan rectangulaire simple, à vaisseau unique avec un transept non saillant, et un chevet en abside. La façade à deux ordres superposés et fronton était remarquable par ses proportions et la correction toute romaine de son dessin, qu'on a parfois rapproché de Santa Maria in Monti à Rome (fig. 33). L'ordre ionique de Scamozzi y est mis en œuvre, ce qui témoigne d'une culture architecturale recherchée à cette date. Dans la lettre d'une élévation gravée de la façade publiée pour la première fois en 1650, Pierre Cottart attribue la conception de l'édifice à Jacques Lemercier. Or cette affirmation ne saurait être prise à la légère, Lemercier étant encore en vie en 1650 et Cottart étant l'un de ses collaborateurs sur le chantier de la Sorbonne[4] (cat. 79). La possibilité d'une collaboration entre Martellange et Lemercier au Noviciat, peut-être voulue par Sublet de Noyers, est d'autant plus plausible que les deux hommes se connaissaient, Lemercier ayant soutenu le projet de Martellange pour le transept nord de la cathédrale d'Orléans en 1627. Cet édifice majeur de l'art religieux parisien a entièrement disparu en 1806.

---

1. L'essentiel, soit 174 dessins, est entré à la Bibliothèque nationale en 1840. Le reste est conservé à l'Ashmolean Museum d'Oxford.
2. Senard, 2015.
3. Martellange en dessine les fondations en 1631 (cat. exp. Dijon, 2014, n° 53) et le chantier, vu depuis l'arrière du chevet le 20 novembre 1634 (Senard, 2015, t. II, fig. 247).
4. Gady, 2005, p. 105.

fig. 33. Antoine Le Pautre, élévation et coupe transversale mi-parties de l'église du Noviciat, estampe titrée de la main d'Étienne Martellange, milieu du XVIIe siècle, Paris, Bibl. nat. de Fr., Est., HD-4 (16)

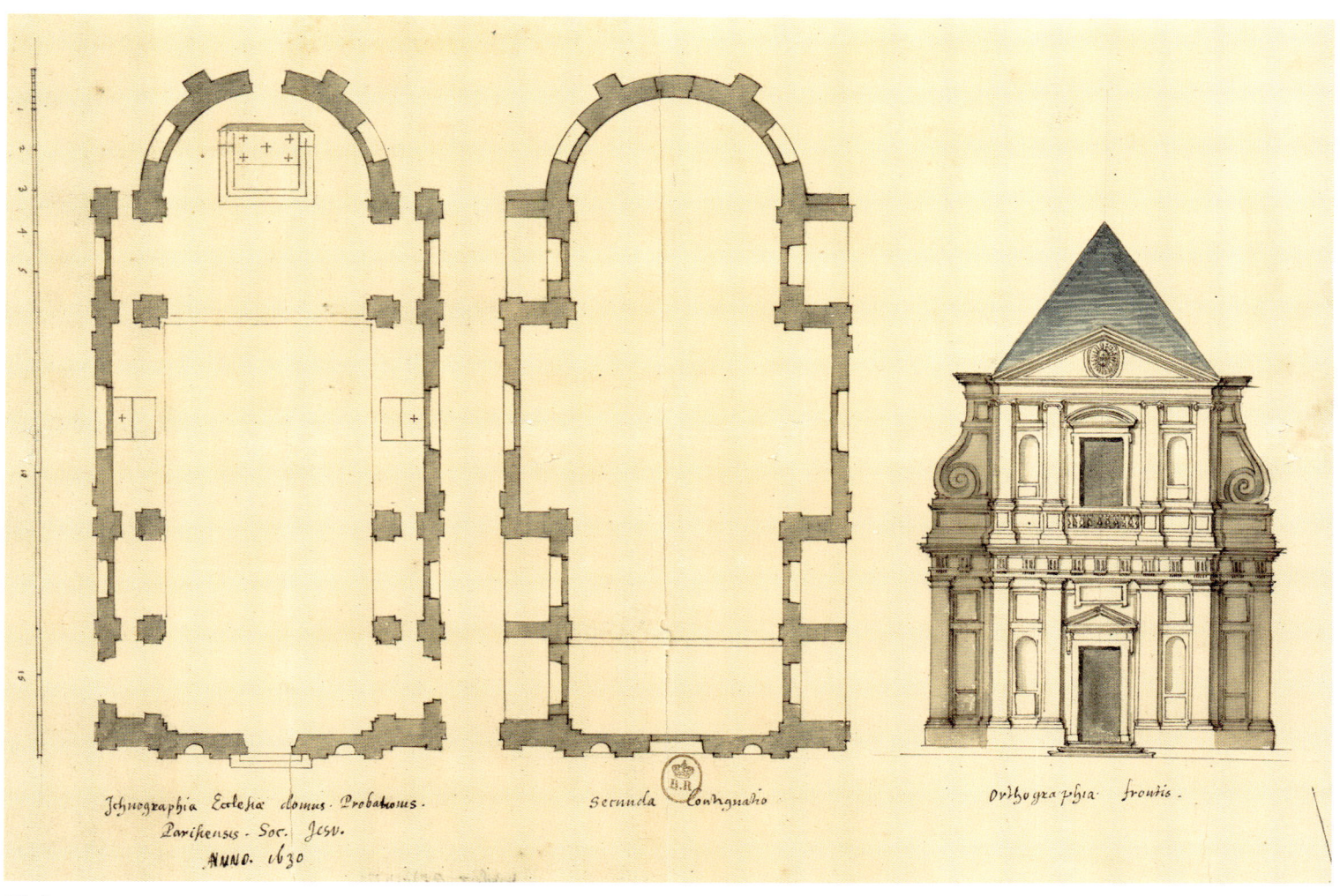

Ichnographia Ecclesiae domus Probationis Parisiensis Soc. Jesu. ANNO 1630

Secunda Contignatio

Orthographia frontis

cat. 78

79.
Pierre Cottart (vers 1620-vers 1701)
d'après Jacques Lemercier (vers 1585-1654)
Plan et élévation du maître-autel paroissial de Saint-Germain-l'Auxerrois, s.d. [vers 1650 ?]

Papier, plume et encre brune, lavis gris, jaune, rouge et noir, 41,3 × 26,8 cm
Stockholm, Nationalmuseum, CC 2440
Inscription : sous l'échelle, « Desseing de l'hostel de la paroisse de S‍t-Germain-de-l'Auxerrois par M. Lemercier et dessigné par le sieur Cottart »

Consacrant le royaume de France à la Vierge, le « Vœu de Louis XIII » de 1638 a entraîné de nombreux aménagements dans les églises du royaume. Le premier d'entre eux prend logiquement place à Saint-Germain-l'Auxerrois, paroisse royale dont dépendait le Louvre : dès 1639, la fabrique, que dirige alors le surintendant des Finances Léon Bouthillier, engage la somme de 10 000 livres pour un nouvel autel destiné à la chapelle paroissiale (actuelle chapelle de la Vierge). La légende du dessin de Stockholm livre le nom de son concepteur, Jacques Lemercier, devenu cette année-là « premier architecte du roi » en charge du chantier du Louvre (cat. 77 et 134)[1]. Orné des armes de Bouthillier, l'ouvrage a bien été exécuté suivant le projet dessiné, comme le prouvent les descriptions anciennes, quelques vestiges dépacés, et surtout une vue inédite, peinte en 1841, juste avant sa destruction (fig. 34). Il s'agissait d'un autel adossé, limité en hauteur par la voûte ogivale, que Lemercier a composé sur le principe d'une travée rythmique. La richesse du décor tenait aux colonnes de marbre de différentes couleurs, ainsi qu'à la clôture à balustres de cuivre, ici représentée en plan, au-devant de l'autel. Philippe de Champaigne avait reçu la commande des trois tableaux dont les emplacements sont laissés vides : une *Assomption* au centre (musée de Grenoble), *Saint Germain* et *Saint Vincent* dans les panneaux latéraux (musée royal de Bruxelles).

Le statut de ce dessin est intéressant : il ne s'agit pas d'un projet de Lemercier, mais d'un relevé très soigné et mis au net, dont la paternité est revendiquée par l'architecte Pierre Cottart dans la légende écrite de sa propre main (cat. 130). En distinguant le « desseing » de Lemercier du relevé « dessigné » par lui, Cottart a rendu à César ce qui est à César. On peut d'ailleurs mettre cette feuille en relation avec une autre, datée de 1648 et également conservée à Stockholm, dans laquelle Cottart indique avoir eu la « conduitte » du chantier des Écoles extérieures de la Sorbonne, œuvre du même Lemercier[2]. Ainsi, Cottart pourrait avoir été son élève ou son collaborateur dans les années 1640-1650, période où le premier architecte du roi est déjà âgé et a pu avoir besoin d'aide face aux multiples chantiers qui l'accaparaient pour la Couronne et les héritiers de Richelieu.

---

1. Gady, 2005, p. 366-367 et fig. 76.

2. Stockholm, Nationalmuseum, CC 120 ; voir Gady, 2005, p. 407, fig. 342.

fig. 34. Philippe Rondé, vue de l'intérieur de l'église Saint-Germain-l'Auxerrois (détail), huile sur toile, coll. part.

cat. 79

80.
François Mansart (1598-1666)
Vue perspective du château de Berny depuis la cour, dessin contractuel paraphé le 27 novembre 1623

Pierre noire, encre grise, lavis gris, bleu et or sur papier, 69,5 × 123 cm
Paris, Arch. nat., S//2905
Inscription : « Scenographie exterieur de la fassade du Bastiment de Berny sur la Court principale »

Bâti dans les premières années du siècle par le chancelier de France Nicolas Brûlart de Sillery, le château de Berny a bénéficié à partir de 1622 d'une importante campagne de travaux à la demande de son fils, le secrétaire d'État Pierre Brûlart de Puisieux. En 1623, celui-ci écarte l'architecte précédemment employé par son père, Clément Métezeau, au profit de François Mansart, âgé de vingt-cinq ans seulement[1]. Après la façade de l'église des Feuillants, à Paris, commencée quelques mois plus tôt, les accroissements et embellissements du château de Berny sont les premiers ouvrages conçus et conduits par Mansart. Selon le marché passé le 27 novembre 1623 avec le maître maçon François Boullet, le projet était contenu « en l'ichnographie, ortographie et scénographie faictz par François Mansart, architecte […] lesquelz deseings sont demeurez ès mains dudit Mansart ». Ces termes savants reprennent la terminologie vitruvienne et désignent un plan, une élévation et une vue perspective. Par chance, deux des trois dessins contractuels ont été transmis par l'architecte au commanditaire et sont passés dans les archives de l'abbaye royale de Saint-Germain-des-Prés, propriétaire du château à partir de la fin du XVIIe siècle.

Lavée à l'aquarelle et rehaussée d'encre dorée, la « scénographie » est spectaculaire. La représentation en perspective frontale, depuis un point de vue élevé, au-dessus du faîtage des toitures, met bien en valeur le projet de l'architecte, qui consiste à rhabiller les pavillons latéraux et le corps de logis, ce dernier étant métamorphosé au moyen de la construction d'un haut pavillon central, raccordé au reste par deux portiques de plan concave ; l'ensemble donnait ainsi à la cour une dimension proprement « scénographique », au sens théâtral du terme. L'autographie de cette feuille a parfois été mise en question, notamment en raison des maladresses que l'on constate dans la représentation perspective des parties hautes de l'édifice[2]. La mise au net à l'encre grise paraît également surprenante, car Mansart utilise souvent une encre brune de type métallo-gallique. Les titres et légendes, calligraphiés de manière ostentatoire, présentent néanmoins de nombreux points communs avec l'écriture courante de l'architecte[3]. Comme ils sont tracés de la même encre grise que le dessin, ils invitent à penser que Mansart est bien l'auteur de l'ensemble. Le caractère inhabituel de l'exécution graphique pourrait s'expliquer par la date précoce des dessins, parmi les plus anciens de Mansart, et par le type même de la représentation, puisqu'on ne connaît que très peu de dessins de présentation de sa main.

Une autre particularité du dessin est qu'il comporte de nombreux éléments tracés à la pierre noire, comme en surcharge par rapport à la mise au net. Si le pavillon central présente ainsi des niches, sculptures et ornements crayonnés à la pierre noire et ombrés au lavis, mais non encrés, il faut reconnaître que c'est aussi le cas de tous les autres ornements représentés sur les autres façades : balustres, vases en amortissement, figures et même chapiteaux de colonnes. Ces détails ne relèvent donc pas d'un décalage dans la chronologie du projet, mais d'une différence d'exécution graphique par Mansart, sans doute causée par un manque soit d'expérience, soit de temps. Il en va différemment pour les esquisses à la pierre noire seule portées sur la façade du pavillon gauche, où l'on voit des tables et niches ajoutées dans les trumeaux, ainsi que pour l'entablement du premier étage profilé grossièrement sur le pavillon central : comme l'a souligné Claude Mignot, ce sont là de véritables « augmentations » proposées par l'architecte sur un dessin pourtant contractuel et paraphé *ne varietur*. Elles reflètent sans doute une ultime discussion entre le maître d'ouvrage et son architecte, et ont toutes été suivies d'exécution comme permet de le constater l'unique façade préservée du château.

---

1. Ciprut, 1954 (1955), p. 175-181 ; Braham et Smith, 1973, t. I, p. 16-18 et 192-194, t. II, pl. 65-67 ; Babelon et Mignot (dir.), 1998, p. 104-108 ; Mignot, 2016, p. 23-29 et 199.

cat. 80, détail

2. Babelon et Mignot (dir.), 1998, p. 40.
3. Les inscriptions sont plus nombreuses sur le plan que sur la vue perspective. On peut les comparer avec celles du dessin de la Visitation, indubitablement autographes et proches en date (cat. 82). On relève en particulier l'écartement irrégulier entre les jambages des m et des n, l'évasement de la hampe des p, l'enchaînement difficile des s doubles.

cat. 80

81.
François Mansart (1598-1666)
Vue perspective de la cour du château de Blois, élévation de l'aile d'entrée projetée avec la coupe transversale du pavillon d'entrée,
s.d. [vers 1635-1638]

Papier, tracé préparatoire à la pierre noire, plume et encre brune, une retombe sur l'élévation du dôme, 46,3 × 37,5 cm
Paris, Bibl. nat. de Fr., Estampes, Va 407-ft 4 [Robert de Cotte, 960]
Inscription : en haut, « la face du bastiment de Blois faicte sur la court » ; en bas à gauche, « La face du bastiment de Blois à faire [rayé : sur l'avant-court et au-de] entre la court du chasteau et avant-court d'iceluy » ; en bas à droite, « terrasses entourant l'avant-court ».

En janvier 1635, Gaston d'Orléans, frère de Louis XIII et alors héritier du trône, commande à François Mansart la reconstruction du château de Blois, qui présentait depuis le XVe siècle un ensemble de bâtiments disparates. Les travaux commencent par le logis du fond de la cour, qui est élevé en 1635-1638, mais laissé inachevé quand la fortune de Gaston tourne court, avec la naissance du futur Louis XIV.

Mansart a laissé pour Blois quatre dessins autographes à l'encre brune, où l'on reconnaît bien sa manière. Ces feuilles ont soulevé des interprétations contradictoires : on y a longtemps vu deux projets, l'un de 1635, *a minima*, puis un autre plus ambitieux, postérieur mais sans date précise. Les dernières recherches y reconnaissent désormais un seul projet, conçu dès 1635 quand on a proposé au prince d'« abattre le château pour en refaire un tout neuf » ; ce grand dessein aurait été retouché tardivement, sans doute au moment de la Fronde, suivant l'habitude de l'architecte[1] (fig. 35).

Sur la feuille ici présentée, Mansart a figuré le logis principal sur cour, tel qu'il a été exécuté, et celui de l'avant-cour, destiné à remplacer l'aile d'entrée de Louis XII, mais jamais construit. Pour les bâtiments situés au fond de la cour, Mansart adopte une représentation en vue perspective plongeante, comme dans la « scénographie » de Berny (cat. 80). Une nouvelle fois, le point de vue élevé met parfaitement en valeur le corps central, pyramidant, et ses colonnades en arc-de-cercle au rez-de-chaussée, qui le liaisonnent avec les pavillons latéraux. Ces derniers sont prolongés par deux ailes en retour, dont le volume est ici seulement esquissé, ce qui prouve que tout l'ancien château devait alors disparaître, aussi bien l'aile François Ier, à droite, que la chapelle Saint-Calais, à gauche.

Le milieu de la feuille est occupé par l'élévation géométrale de l'aile d'entrée projetée. Mansart y adopte le motif des doubles pavillons qui ferment latéralement la composition, dont celui de droite est à pic sur la ville comme le suggère le trait biais de l'escarpe. Au centre, il reste fidèle au parti du pavillon à dôme, que l'on retrouve aussi bien au Luxembourg (cat. 71) qu'au château de Richelieu, strictement contemporain. En bas de la feuille figure la coupe transversale de ce pavillon, qui laisse voir son volume intérieur :

fig. 35. François Mansart, plan du château de Blois, dit « Grand Dessein », plume et encre brune, lavis brun, pierre noire et sanguine, Paris, Bibl. nat. de Fr, Est., Rés. HA-18 (A, 6) [Robert de Cotte, 957]

un vestibule circulaire à colonnes jumelées coiffé d'une voussure de maçonnerie portant un dôme sur tambour[2], c'est-à-dire un vaisseau éclairé par le haut, à la manière d'un espace sacré. Combiné au plan et à l'élévation sur le jardin[3], ce dessin montre l'ambitieux parti imaginé par Mansart pour Gaston, qui reprend en l'amplifiant le modèle du Luxembourg et devait offrir au frère du roi, premier dans l'ordre de succession au trône, un château vraiment royal.

---

1. Babelon et Mignot (dir.), 1998, p. 160-167 ; Vouhé, 2005 ; Mignot, 2016, p. 70-78 et 207-208.
2. La retombe propose une variante mineure sur la forme du lanternon.
3. Bibl. nat. de Fr., Est., Va 407 [Robert de Cotte, n°s 957 et 978] ; Mignot, 2016, fig. 67 et 69.

cat. 81

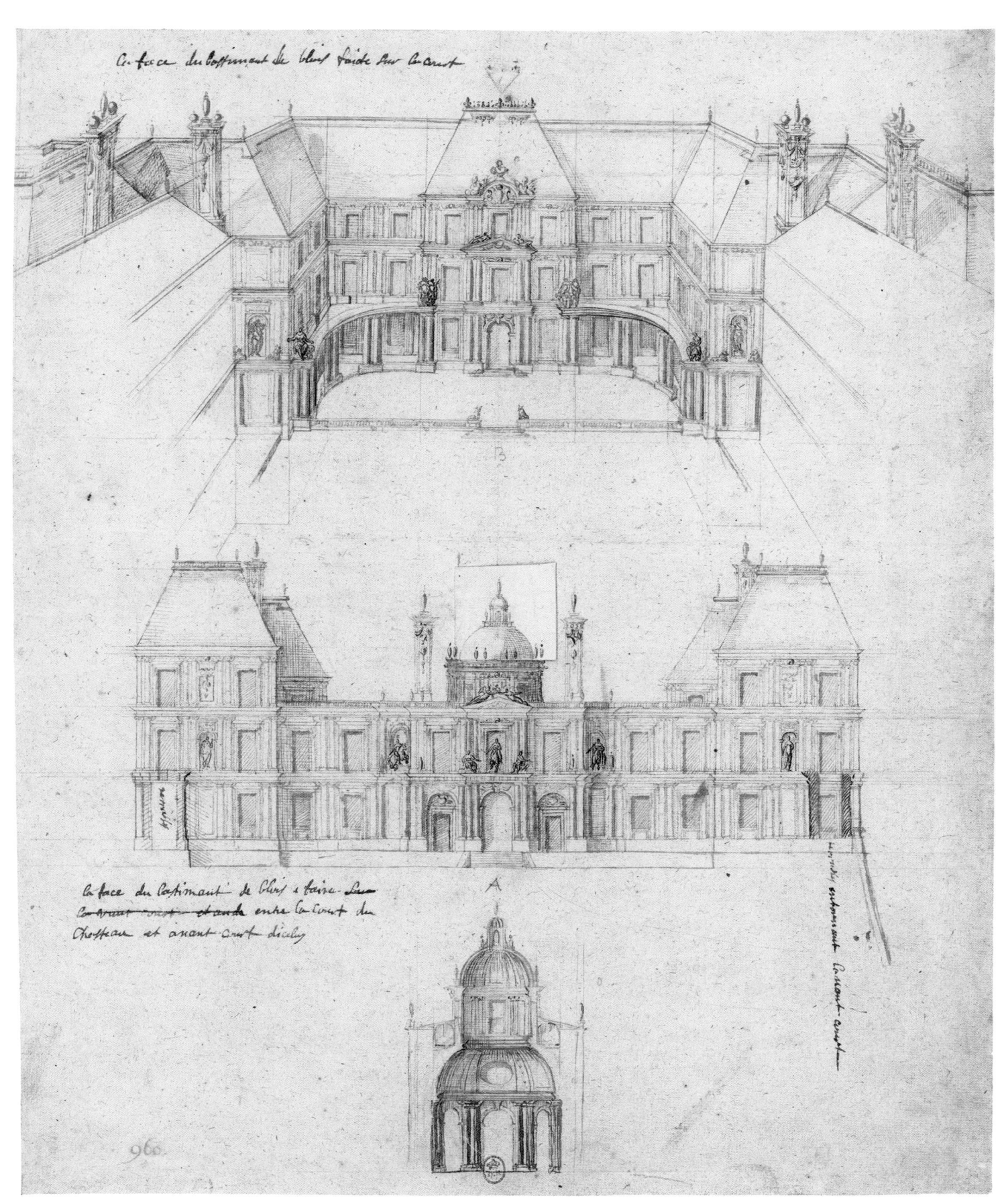

82.
François Mansart (1598-1666)
Projet de l'église de la Visitation rue Saint-Antoine à Paris : demi-élévation et demi-coupe, quart d'élévation intérieure et quart de plan au niveau de la rotonde, dessin contractuel paraphé les 25 février et 14 avril 1633

Papier, plume et encre brune, pierre noire estompée, 77 × 63,5 cm
Paris, Arch. nat., N/III/Seine/286, pièce 1

Appartenant à un ordre nouveau, fondé en 1610 à Annecy, les religieuses de la Visitation s'implantent à Paris au cours des années 1620 et entreprennent en 1632 de faire bâtir à neuf leur couvent de la rue Saint-Antoine, avec le soutien de Noël Brûlart de Sillery[1]. Non content de financer les travaux, le commandeur de Sillery impose aussi son architecte, François Mansart, et son idée pour l'église : « en faire un petit diminutif de Notre-Dame de la Rotonde, qu'il avait vue à Rome ». L'église conçue par Mansart, consacrée dès le 14 septembre 1634 sous l'invocation de Sainte-Marie-des-Anges et affectée depuis 1802 au culte réformé, n'a guère de rapport avec le Panthéon d'Hadrien, mais son dôme hémisphérique surmonté d'un lanternon et d'une courte flèche a marqué l'architecture de son temps et est devenu l'un des emblèmes du Marais.

Les contrats de maçonnerie et de charpenterie de l'église, passés respectivement les 25 février et 14 avril avec Michel Villedo et Claude Dublet, portent l'un comme l'autre que les ouvrages seraient exécutés « suivant le dessein quy en a esté paraphé[2] ». Conservé dans les archives du couvent, ce dessin contractuel présente la particularité d'être unique et d'avoir été paraphé successivement par les deux entrepreneurs. Grâce à l'habile composition d'un plan, d'une coupe et de deux élévations, Mansart est en effet parvenu à faire figurer sur une même feuille les principales données constructives et décoratives pour la maçonnerie, la charpenterie et la couverture. Tracé à la plume et à l'encre brune sur des esquisses préparatoires à la pierre noire, ce dessin est entièrement autographe de l'architecte. L'originalité du type de représentation choisi, que l'on pourrait qualifier de « synthétique », traduit peut-être la nécessité d'économiser le temps de travail graphique. Chez Mansart, il semble toutefois répondre à l'ambition plus profonde de concevoir tous les aspects de l'édifice d'un seul mouvement. La structure de la coupole et du dôme, alors prévu de forme conique, est ainsi dessinée en coupe, mais les profils intérieurs se poursuivent, en pointillé, sur l'élévation extérieure de la façade, si bien que le projet se perçoit en volume, malgré le caractère géométral de la représentation. La superposition des tracés en coupe et en élévation au niveau du tambour fait apparaître en outre une subtile correspondance entre les corps de moulures intérieurs et extérieurs, révélatrice des intentions plastiques de l'architecte.

---

1. Braham et Smith, 1973, t.I, p.203-205 ; Babelon et Mignot (dir.), 1998, p.136-143 ; Mignot, 2016-b, p.62-69 et 204-206.

2. Chauleur et Louis (éd.), 1998, p.438-470.

cat. 82, détail

cat. 82

83.
François Mansart (1598-1666)
Demi-plan et coupe du salon à l'italienne de l'hôtel de La Bazinière à Paris, plan du premier étage et divers croquis de détails, s.d. [vers 1653]

Papier, plume et encre brune, plume et encre noire, pierre noire et sanguine, 37 × 27,3 cm
Paris, Bibl. nat. de Fr., Estampes, Va 269i-fol
Inscriptions : en haut, « ces marques x demontre le pignon pour la gallerie prétendue » ; à gauche, « 20 pds a verrifié sur le lieu » ; parallèlement, « porte pour le balcon » ; à droite au milieu, « le pallié A sera plus haut que le pallié B de 4 1/2 poulce, a cet effait il faut voir sy la charge des planchers le permet, le palier B sera de [niveau ou pas : biffé] 3 pls plus bas que la chambre C » ; en bas à droite, « la porte A n'aura que 4 pds de haut pour lessé passé l'entablement ».

Élevé en 1635 sur le quai Malaquais[1], l'hôtel de Macé Ier de La Bazinière se présentait vingt ans plus tard comme une demeure déjà démodée, avec ses logis simples en profondeur et ses salles couvertes de plafonds à poutres et solives peintes. C'est la raison pour laquelle, à l'été 1653, les héritiers de La Bazinière commandent à François Mansart une importante amélioration de la distribution et des décors de l'hôtel. Des marchés et rapports d'expertise, ainsi que quatre estampes de Jean Marot presque contemporaines, documentent ce chantier, mais on peut saisir de manière particulièrement suggestive le travail de l'architecte grâce à un dessin autographe de Mansart[2]. Très chargée, la feuille mêle plans, élévations intérieures et détails dans un assemblage fascinant qu'il faut lire avec soin.

La première étape de cette campagne de travaux de 1653-1655 est la suppression de l'escalier disposé au centre du logis, disposition alors complètement vieillie, au profit d'un nouveau degré établi dans l'aile droite : c'est ce que montre le plan du premier étage à droite de la feuille. Le nouvel escalier a une forme originale, contrainte par l'étroitesse du corps de bâtiment qui l'accueille : une demi-vis qui s'ouvre pour se développer en escalier à deux volées, comme à l'hôtel de Guénégaud au Marais, contemporain. Un petit vestibule couvert d'une coupole ovale lui fait suite, par lequel on entre dans le grand appartement dont la séquence est désormais continue jusqu'à la chambre. Elle s'ouvre par une grande salle, à laquelle Mansart ajoute une tribune des musiciens ; celle-ci est esquissée à l'encre noire, en bas à droite sur le dessin, en élévation et en plan, avec une vis pour y accéder.

La seconde intervention de Mansart, la plus spectaculaire, occupe l'essentiel de la feuille, au moyen d'un demi-plan en bas, surmonté de la coupe : l'architecte ajoute un pavillon neuf sur le jardin, ce qui lui permet d'augmenter l'appartement du premier étage, destiné à la maîtresse de maison, au moyen d'une belle pièce de plan carré, ouvrant sur un second niveau pris dans le comble (dont le faîte est ici rabattu au profit d'un terrasson) : le grand cabinet ou « salon à l'italienne ». Les parties hautes, surchargées de sanguine, montrent un repentir, avec une coupole en pointillé. Pour cette pièce, qui constituait le joyau de la nouvelle distribution, il imagine enfin un riche décor de boiseries à pilastres, dont il esquisse le chapiteau (dorique ou corinthien) et les bas-reliefs à l'antique. Charles Le Brun en décorera le plafond d'une *Pandore*, connue par un *modello*. Enfin, ce dessin porte en bas, en surcharge sur le plan, un fragment d'élévation des lucarnes alternant avec des pots-à-feu. Mansart n'acheva pas la demeure, dont les travaux en 1661 furent confiés à d'autres maîtres d'œuvre. Il n'en subsiste plus rien depuis la reconstruction de l'hôtel au milieu du XVIIIe siècle pour le duc de Bouillon.

---

1. Dumolin, 1929-1931, t. I, p. 251.
2. Francastel (dir.), 1969, p. 71-83 ; Babelon et Mignot (dir.), 1998, p. 210-212 ; Mignot, 2016-b, p. 144-148.

cat. 83

84.
François Mansart (1598-1666) et dessinateur non identifié
Plan du rez-de-chaussée de l'église paroissiale Saint-Paul à Paris, avec des retombes sur le chœur et la chapelle du Saint-Sacrement, projet de reconstruction non exécuté, s.d. [milieu et fin du XVIIe siècle]

Papier, plume et encre brune, tire-ligne et encre de Chine, deux retombes, 69,5 × 49,9 cm
Paris, Bibl. nat. de Fr., Estampes, Va 419j [Robert de Cotte, 1281]

Incluse dans Paris par la construction de l'enceinte de Charles V au XIVe siècle, la paroisse Saint-Paul a conservé son église médiévale sans modification majeure jusqu'à sa démolition sous la Révolution. La Bibliothèque nationale conserve toutefois, sous le n° 1281 du fonds Mansart-De Cotte, un très beau projet pour la reconstruction entière de l'église, dont la datation et la paternité ont fait débat. Il s'agit d'un plan montrant un parti typique des églises paroissiales parisiennes de la période moderne, proche de celui adopté par Jacques Lemercier pour Saint-Roch ou Saint-Nicolas-du-Chardonnet en 1653 : un vaisseau central divisé en une nef et un chœur d'égale longueur, un transept non saillant, des bas-côtés formant déambulatoire et des chapelles rayonnantes. Ce plan se singularise par trois constructions hors œuvre, à savoir une chapelle du Saint-Sacrement octogonale sur la droite du déambulatoire, à l'emplacement de celle construite en 1638 ; une petite sacristie rectangulaire à pans coupés jouxtant cette chapelle, avec une variante un peu plus grande figurée sur une retombe ; enfin une vaste chapelle axiale polylobée, inscrite dans un corps de maçonnerie très massif au chevet et vraisemblablement consacrée à la Vierge. Une seconde retombe placée sur le chœur propose un plan simplifié de la clôture liturgique.

Allan Braham et Peter Smith ont proposé d'attribuer ce projet à François Mansart pour des raisons stylistiques, relevant en particulier le plan des voûtes à pénétrations et calottes, figuré en pointillé, qui rappelle effectivement celui projeté par Mansart au Val-de-Grâce (fig. 36)[1]. Le dessin en revanche présentait, selon les mêmes auteurs, une facture trop « mécanique » pour être de la main du maître et devait être une copie de collaborateur ou d'élève. Par la suite, le plan n'a plus été retenu au nombre des œuvres probables ou possibles de Mansart[2] et a été replacé dans son contexte des multiples projets de modification de l'église conçus par Jules Hardouin-Mansart et Robert de Cotte à partir des années 1680. François Fossier a inventorié ce groupe de dessins, en proposant de leur attribuer une datation entre 1684 et 1690[3], mais Isabelle Dérens a montré depuis lors que la plupart d'entre eux doivent être postérieurs, puisqu'ils représentent la chapelle du Saint-Sacrement telle qu'elle a été modifiée par Jules Hardouin-Mansart en 1690[4]. Le projet de reconstruction complète de l'église apparaît néanmoins en profond décalage par rapport aux autres dessins de l'agence du premier architecte du roi, tant par son programme que par son style architectural. Le plan porte d'ailleurs au verso l'inscription « ancien projet fait pour une nouvelle église de St-Paul à Paris », qui souligne son antériorité par rapport au reste du dossier.

L'examen rapproché de sa technique graphique apporte la clef du mystère. Si la mise au net à l'encre de Chine, visiblement exécutée au tire-ligne et à la règle, est bien étrangère à la manière de François Mansart et même aux pratiques graphiques françaises du milieu du XVIIe siècle, on peut constater qu'elle se superpose à un dessin sous-jacent à l'encre brune, très pâle, qui détermine presque tous les contours du plan. Partout où il est présent, ce tracé originel est respecté, seulement rempli de hachures à l'encre noire. Là où il s'interrompt en revanche, il est complété, notamment sur le pourtour extérieur de l'église et la façade principale, si bien que cette partie semble avoir été achevée de la propre invention du continuateur. De même, les deux retombes sont des variantes autonomes pour le chœur et la sacristie et ne doivent rien au premier auteur du projet. Or, si l'on fait abstraction du dessin à l'encre noire, certains des caractères si personnels de la main de François Mansart deviennent reconnaissables[5] : par exemple la préférence pour une encre d'écriture de type métallo-gallique brune, très diluée, fréquente dans ses esquisses (cat. 81, 83 et 91) ; le tracé à main levée des lignes courbes, notamment dans les emmarchements et balustrades de la chapelle axiale ; ou encore l'attention apportée à la projection des voûtes, pour laquelle sont adoptées des combinaisons originales de tireté et de pointillé. Aussi peut-on avancer que l'on est bien en présence, non seulement d'un projet de Mansart comme l'avaient pressenti Braham et Smith, mais même d'un dessin autographe. Laissée inachevée, l'esquisse a été mise au net par un détenteur ultérieur, sans doute Robert de Cotte lui-même, et il convient désormais de lire ce plan comme un moderne palimpseste.

fig. 36. François Mansart, plan du Val-de-Grâce (détail), vers 1645, plume et encre brune, pierre noire, Paris, Bibl. nat. de Fr., Est., Rés. HA-18 (C, 4) [Robert de Cotte, 971]

1. Braham et Smith, 1973, t. I, p. 277 et t. II, fig. 543.
2. Babelon et Mignot (dir.), 1998 ; Mignot, 2016-b.
3. Fossier, 1997, p. 233-236.
4. Gady (dir.), 2010, p. 462-463.
5. Sur la technique graphique de François Mansart, voir l'analyse d'Allan Braham dans Babelon et Mignot (dir.), 1998, p. 259-261.

cat. 84

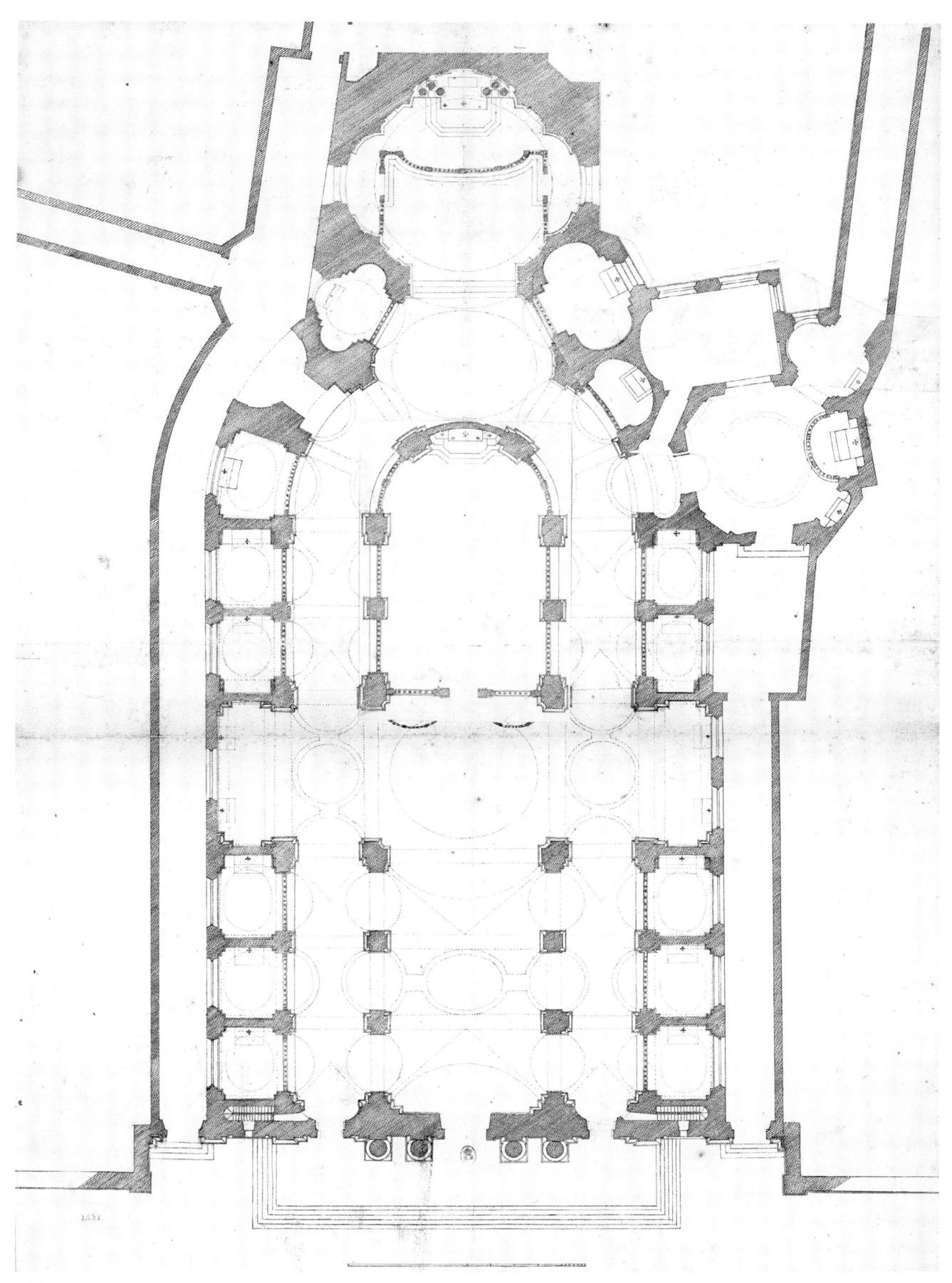

85.
Louis Le Vau (vers 1612-1670)
Esquisse pour l'élévation d'un hôtel particulier, sans doute l'hôtel de Vendôme à Paris, s.d. [vers 1643]

Papier, graphite, plume et encre brune, 22 × 14 cm
Stockholm, Nationalmuseum, THC 2259

La production graphique de Louis Le Vau est depuis longtemps l'objet d'interrogations. Plusieurs centaines de dessins liés à son activité sont conservés, mais la plupart datent de la seconde moitié de sa carrière, à une période où il bénéficie de l'aide de dessinateurs et en particulier de François d'Orbay. Les feuilles que l'on peut dire autographes de lui sont très rares et aucune, jusqu'à ce jour, ne portait sur une élévation. Une œuvre inédite, conservée au Nationalmuseum de Stockholm, vient non seulement combler cette lacune, mais aussi apporter de précieuses informations sur les procédés de conception graphique de l'architecte.

Le dessin, de petites dimensions, représente la façade d'un édifice non identifié, sur la longueur de trois travées seulement. À gauche, une travée correspond à l'extrémité d'un avant-corps orné d'un ordre colossal embrassant le rez-de-chaussée et le premier étage sous un étage attique couronné de statues. Les deux autres travées, sur la droite, sont en arrière-corps, sans ordre ni amortissements sculptés. Exécutée à la plume et à l'encre brune sur tracé préparatoire au graphite, l'élévation est inachevée et comporte un repentir sous la forme de ratures sur un corps de moulures horizontales. C'est à l'évidence une esquisse, à un stade assez avancé de la conception, puisque la feuille présente quelques cotes précises et des profils de modénature.

Les indications manuscrites, également portées à l'encre brune, sont de l'écriture de Louis Le Vau et présentent une homogénéité manifeste avec le dessin, si bien qu'il est possible d'attribuer l'ensemble de la feuille à sa main. Par son caractère un peu évasé, la graphie s'apparente plus précisément aux textes précoces de l'architecte, ce qui conduirait plutôt à une datation antérieure aux années 1650. Le projet présente en outre de nombreux traits caractéristiques de la manière personnelle de Le Vau, telle qu'il l'a élaborée à partir de 1639-1640[1]. L'ordre colossal associé à un ordre attique abstrait, les tables rectangulaires saillantes et rentrantes sur les trumeaux et allèges ou encore l'articulation horizontale entre entablement colossal et bandeau d'attique à entrelacs sont tous des éléments de son langage formel apparus à l'hôtel Lambert (1639-1644), puis repris avec des variations à l'hôtel Tambonneau (disparu, 1642-1644) et aux châteaux de Vincennes (1654-1660) et de Vaux-le-Vicomte (1656-1661).

Du fait de son caractère fragmentaire et de l'absence d'indices topographiques, le projet est difficile à dater et à identifier, mais quelques constats permettent néanmoins d'avancer une hypothèse. D'une part, l'ordre colossal n'est pas traité en pilastres, mais en colonnes, comme le montrent le rétrécissement et les cannelures des fûts ainsi que l'ombre indiquée par des hachures au graphite. D'autre part, ce sont des statues qui sont placées en amortissement de l'ordre, en lieu et place des vases ou pots-à-feu généralement employés par Le Vau. Or ces deux éléments se retrouvent dans un seul projet de l'architecte, celui du nouveau logis de l'hôtel de Vendôme en 1643[2]. Le devis des ouvrages de maçonnerie indique en effet que le bâtiment devait comporter deux niveaux équivalents d'appartements pour le duc et la duchesse, au rez-de-chaussée et au premier étage, avec des colonnes adossées à la façade et quatre figures sculptées, dont la position n'est pas précisée. Si l'on considère que la bordure gauche de l'esquisse correspond à l'axe central de la composition, on peut restituer par symétrie une façade à avant-corps orné de quatre colonnes et quatre statues, parfaitement adaptée à ce que l'on sait du projet pour l'hôtel de Vendôme. L'élévation de Le Vau présente enfin la particularité de comporter non seulement une échelle de longueur, de 4 toises, mais aussi une échelle de proportion, de 20 modules, avec l'indication que chaque module mesure 14 pouces (3,8 cm). Dans la tradition antique transmise par Vitruve et reprise par les théoriciens de l'art à la Renaissance, le module est l'unité utilisée pour décrire le décor d'architecture et n'a pas de valeur absolue, mais seulement relative, équivalant par convention au demi-diamètre de la colonne. Cette convention a ensuite été largement adoptée par les praticiens grâce au succès de la *Regola delli cinque ordini* de Vignole, système universel et simple permettant de composer les différents ordres à partir de leur hauteur globale comptée en modules (cat. 31 à 34). C'est cette règle qui est ici appliquée par Le Vau, puisque l'on constate que la colonne ionique est haute de 18 modules et l'entablement, de 4,5, conformément à la règle de Vignole. L'unité modulaire est en outre utilisée par Le Vau pour proportionner d'autres parties de la façade, car une note sur le dessin précise que la distance entre le fût de la colonne et l'angle de l'avant-corps mesure « 1 modulle ». Les autres cotes indiquées par Le Vau sont toutefois exprimées en pieds, sans correspondance avec le module.

---

1. Cojannot, 2012, p. 143-165.

2. *Ibid.*, p. 215-221.

cat. 85

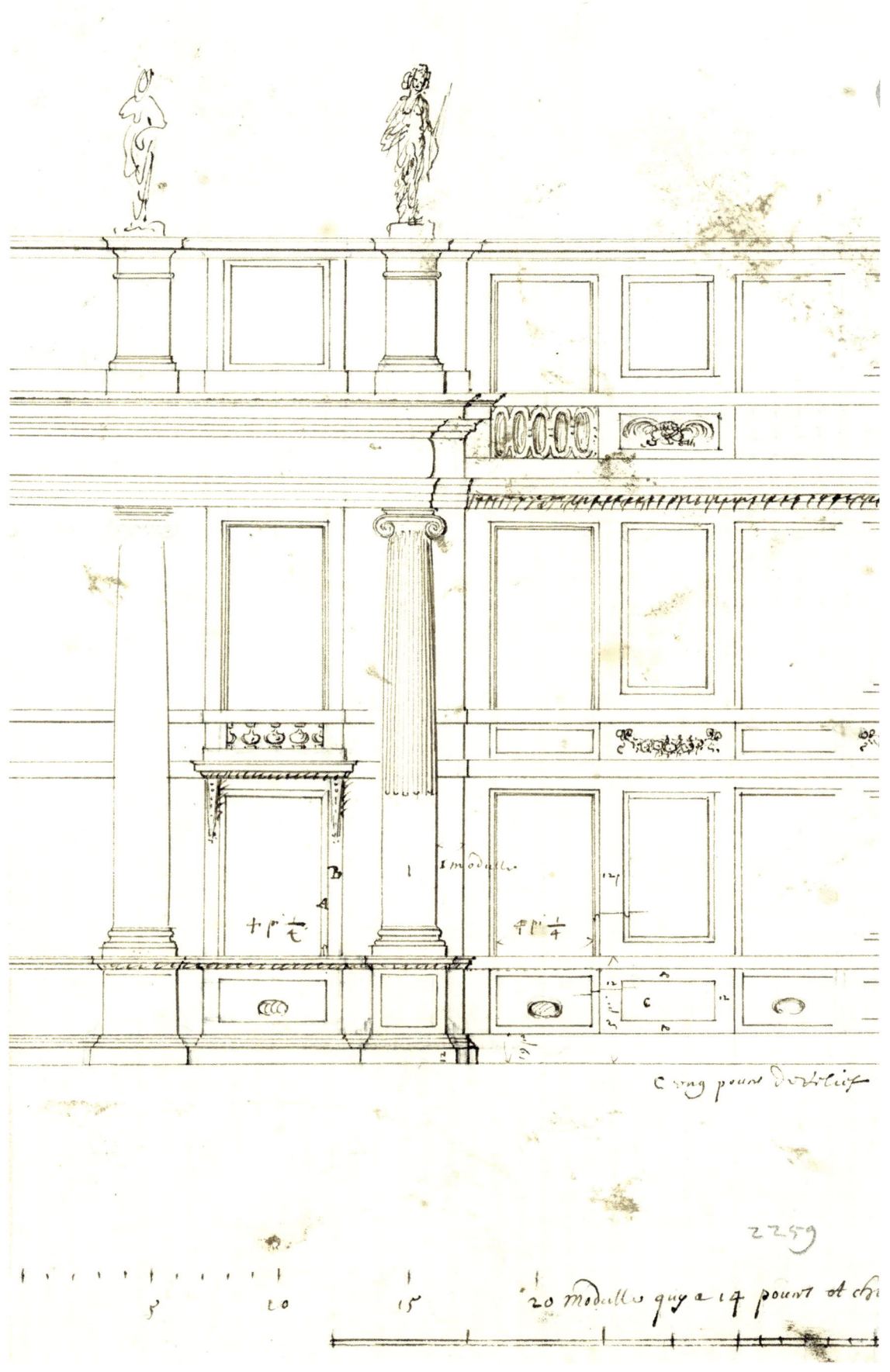

86.
Louis Le Vau (vers 1612-1670)
Plan du premier étage du château neuf de Vincennes, projets non exécutés, s.d. [1654]

A – Plan du premier étage d'un château neuf en corps double disposé en équerre par rapport à l'ancienne aile du Roi

Papier, plume et encre brune, lavis rouge et noir, 63,5 × 53,5 cm
Paris, Bibl. historique de la Ville de Paris, Rés. E/1500, pièce 8

B – Retombe esquissant le doublement en profondeur de l'aile du Roi

Papier, graphite, sanguine, plume et encre brune, 61 × 10 cm
Paris, Bibl. historique de la Ville de Paris, Rés. E/1500, détaché de la pièce 8

À l'époque moderne, le château de Vincennes a été utilisé comme résidence de cour de manière sporadique, au gré des circonstances politiques. Le donjon ayant cessé d'être un logis royal dès la fin du Moyen Âge, une grande aile, dite aile du Roi, a été construite de 1610 à 1613 dans l'angle sud-ouest de l'enceinte afin de loger le jeune Louis XIII après l'assassinat de Henri IV. Laissé inachevé, ce bâtiment n'a guère servi, mais il retrouve subitement de l'intérêt pendant la Fronde, quand la Cour a été contrainte de quitter Paris pour échapper à la révolte. En 1652, Mazarin se fait ainsi nommer gouverneur du château de Vincennes et y lance de grands travaux dès 1654 pour adapter la forteresse aux besoins de la famille royale[1]. Le cardinal fait alors appel à Louis Le Vau, qui est employé par les Bâtiments du roi depuis 1652 et prétend même au titre de premier architecte du roi depuis la mort de Jacques Lemercier, survenue en janvier 1654. Plusieurs de ses projets précoces pour Vincennes sont conservés à la Bibliothèque historique de la Ville de Paris et montrent que deux partis ont été successivement envisagés[2]. Le premier consiste à conserver l'aile de Louis XIII et à la compléter en bâtissant un logis neuf en retour d'équerre, le long de la courtine sud de l'enceinte. Un plan général de la forteresse montre ainsi l'aile ancienne, en noir, et le nouveau bâtiment projeté, en rouge, en corps de logis double avec un large avant-corps central sur cour[3] (fig. 37). Le code de représentation, distinguant par la couleur les parties existantes et à bâtir, est alors une nouveauté chez les architectes français et les plans de Le Vau pour Vincennes en sont sans doute les premiers exemples conservés.

La distribution du premier étage, ne pouvant accueillir que le roi et la reine mère, n'a pas dû être jugée suffisante, car une nouvelle version du même parti est l'objet d'un plan particulier, ici présenté (cat. 86-a). Le bâtiment neuf, lavé d'un pigment rouge qui a bruni, voit sa profondeur double étendue à toute la longueur, l'avant-corps se réduisant à un simple ressaut de façade. Cet accroissement permet de développer deux appartements complets à partir d'un grand salon, chacun avec antichambre, chambre d'apparat, petite chambre, cabinet et garde-robe. Le dédoublement répond sans doute à la nécessité de loger le duc d'Anjou, cadet de Louis XIV, auprès de la reine mère, mais la symétrie de la disposition n'est guère satisfaisante.

Le second parti, qui a été retenu pour le projet final, apparaît sous la forme d'une retombe placée sur le plan précédent. Ce document n'a jamais été reproduit et sa lecture est malaisée. Une retombe, dans son principe, est une pièce de papier mobile, fixée en un point précis sur un dessin pour figurer soit une variante, soit une information complémentaire en relation avec ce qui est représenté juste au-dessous. Dans le cas présent, c'est un plan tracé à la sanguine sur une bande de papier qu'une restauration moderne, aujourd'hui corrigée, avait positionnée par erreur à l'aplomb de l'aile du Roi, comme s'il s'agissait d'un projet de reconstruction de celle-ci. Sa place d'origine apparaît toutefois par des trous d'épingles et se situe sur la cour d'honneur, juste devant l'aile du Roi. La retombe figure ainsi une proposition alternative: au lieu de bâtir un logis neuf en équerre, doubler l'aile existante en élevant une nouvelle façade au-devant de celle de l'aile Louis XIII (cat. 86-b). L'accroissement en profondeur permet de disposer deux appartements supplémentaires du côté de la cour, pour la reine mère et le duc d'Anjou, sans toucher à l'appartement du roi sur le jardin.

Par sa facture extrêmement rapide, à la sanguine, et le caractère schématique de la représentation, la retombe est clairement une première esquisse, en fort contraste avec le plan de présentation encré et lavé auquel elle est jointe. L'élaboration sommaire de la façade et du volume de l'édifice montre que Le Vau, à ce stade précoce du projet, accorde la priorité aux questions distributives par rapport aux aspects plus plastiques de l'architecture, qu'il réglera dans un second temps.

---

1. Fossa, 1909; Cordey, 1933; Erlande-Brandenburg et Jestaz, 1989.
2. Erlande-Brandenburg et Jestaz, 1989, p. 77-80.
3. Bibl. hist. de la Ville de Paris, Réserve E 1500, pièces 5 et 7.

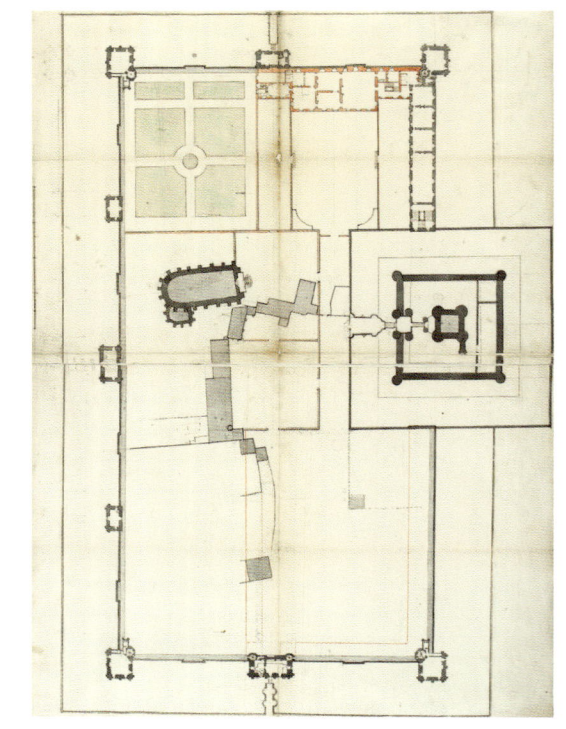

fig. 37

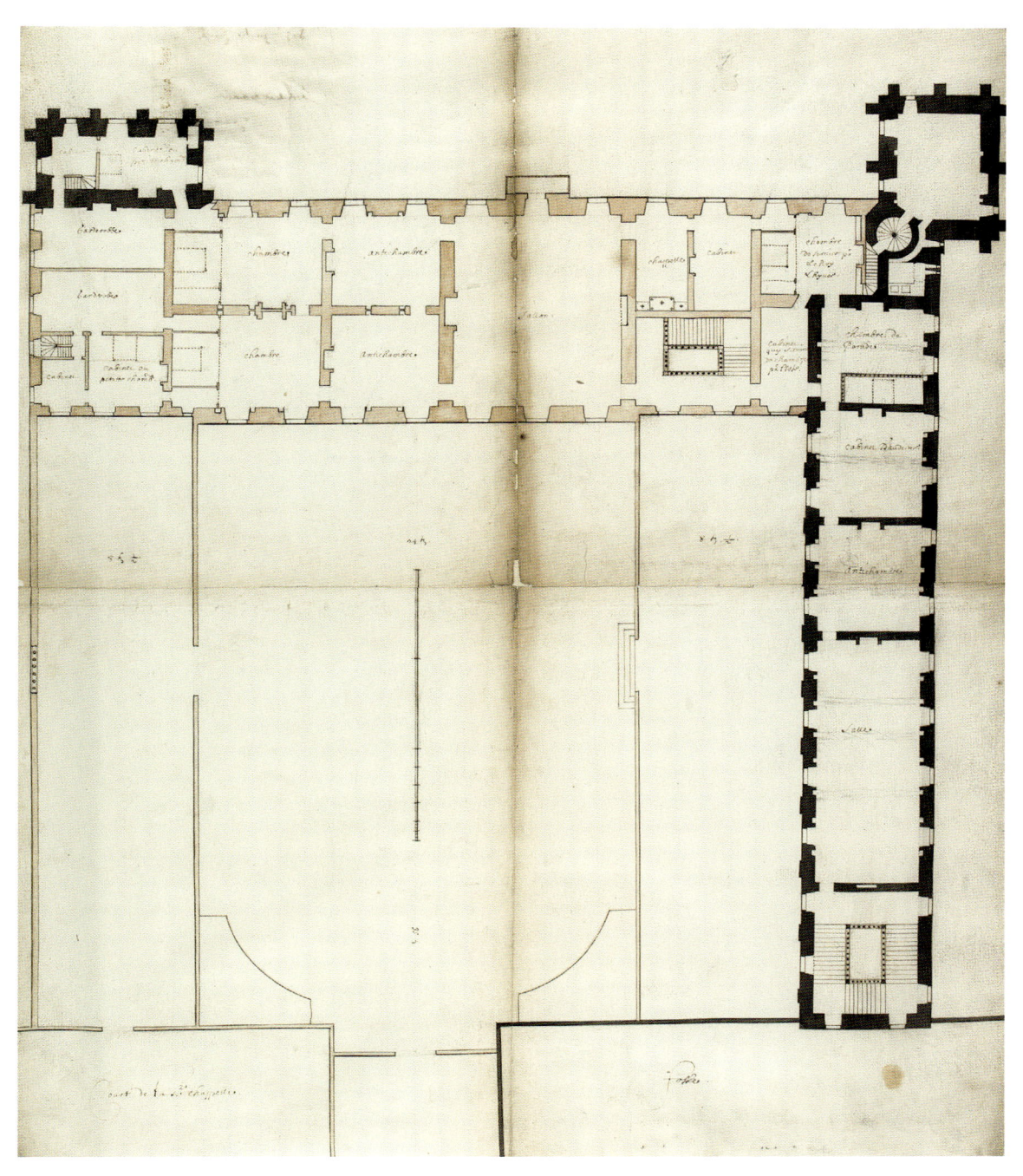

cat. 86-a

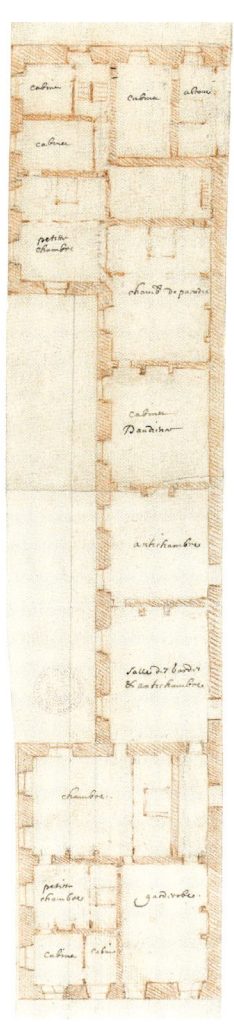

cat. 86-b

ci-contre :
fig. 37. Louis Le Vau, plan général du château de Vincennes,
premier projet pour le château neuf,
papier, plume et encre brune, lavis noir, gris, rouge et vert, s.d. [1654],
Paris, Bibl. hist. de la Ville de Paris, Réserve E 1500, pièce 5

87.
Louis Le Vau (vers 1612-1670)
Élévation de la façade sur jardin du château de Meudon, projets non exécutés, s.d. [vers 1656]

Papier, graphite, plume et encre brune, lavis bleu, gris et noir, deux retombes sur le pavillon central, 26,8 × 70 cm
Royaume-Uni, coll. Drawing Matter

Bâti au XVIe siècle sur les coteaux de la Seine à l'ouest de Paris, le château de Meudon fait partie des grands monuments disparus de la Renaissance en Île-de-France[1]. Sa construction, en pierre et brique avec de hautes toitures couvertes d'ardoise, remonte en effet au règne de François Ier, mais la demeure se trouve dans un état dégradé lorsqu'elle est acquise en 1654 par Abel Servien. L'ancien secrétaire d'État de Louis XIII et négociateur des traités de Westphalie vient alors d'être nommé surintendant des Finances, charge qu'il partage avec Nicolas Fouquet. Comme ce dernier à Vaux-le-Vicomte, Servien engage bientôt de grands travaux à Meudon, sous la direction de Louis Le Vau.

Le choix de ce dernier n'est pas surprenant car, depuis le début de sa carrière, l'architecte a remporté un vif succès dans le milieu des officiers des finances royales. Au château du Raincy, en 1642, il a inventé pour l'intendant des Finances Bordier le château à pavillon central abritant un « salon à l'italienne », parti qu'il adapte en 1647 pour le surintendant des Finances La Vieuville au château de Pavant[2]. Une décennie plus tard, il en fait de même à Vaux et à Meudon, pour les deux nouveaux surintendants.

Une grande élévation à retombe montre ses premières pensées pour la façade sur le jardin. Sur la gauche et la droite de la feuille principale, le château de la Renaissance est représenté sans modification. Seuls quelques coups de crayon sur des fenêtres indiquent qu'il était peut-être envisagé de supprimer une travée sur deux dans le logis. Au centre, une grande retombe présente le projet d'un pavillon de plan ovale couvert d'un vaste dôme à lanternon, d'un esprit très proche de celui construit à Vaux-le-Vicomte à partir de 1656. Une seconde retombe, au-dessous, montre un pavillon formant un avant-corps rectiligne, dont les deux travées extrêmes, délimitées par des chaînes de bossages, flanquent une loggia à colonnes libres ioniques et corinthiennes superposées sous un fronton triangulaire, parti rappelant le pavillon de l'escalier de l'hôtel Lambert conçu par Le Vau vers 1639-1640. Un troisième dessin, resté à l'état d'esquisse inachevée sur la feuille principale, montre enfin un projet proche du précédent, avec des allèges ajoutées au premier étage et un fronton cintré sur la travée axiale en place du grand fronton triangulaire.

cat. 87, détail de la première retombe

Par sa date relativement précoce et par la diversité de traitements graphiques qu'elle comporte, cette feuille constitue une pièce cruciale pour l'étude du corpus dessiné de Le Vau. Exécutée à la plume et au graphite, l'esquisse présente des ressemblances certaines avec celle de Stockholm figurant un projet d'hôtel (cat. 85) et pourrait donc être également autographe. L'élévation de Meudon serait ainsi représentative de la manière graphique personnelle de Le Vau au milieu de sa carrière, au moment où François d'Orbay entre à son service en tant que dessinateur.

1. Babelon, 1989, p. 439-443 (dessin reproduit en noir et blanc, alors sur le marché de l'art).
2. Cojannot, 2012, p. 221-229.

cat. 87, vue d'ensemble avec la première retombe

cat. 87, détail de la seconde retombe

cat. 87, détail sans retombe

cat. 88

88.
Louis Le Vau (vers 1612-1670) et François d'Orbay (1634-1697)
Élévation du rez-de-chaussée du pavillon central du palais des Tuileries sur le jardin, s.d. [1665]

Papier, graphite, plume, tire-ligne et encre noire, lavis gris, 44,5 × 58,3 cm
Paris, Arch. nat., O/1/1667, pièce 91

La partie centrale du palais des Tuileries, construite par Philibert Delorme pour Catherine de Médicis à partir de 1564, comportait un petit pavillon axial occupé par l'escalier en vis ovale et flanqué par deux corps de logis bas, élevés d'un rez-de-chaussée et d'un comble à surcroît éclairé de hautes lucarnes. Les bâtiments étaient doublés à l'ouest, du côté du jardin, par des portiques en arcades ioniques formant galerie basse et portant une terrasse au niveau de l'étage. Inachevé à la mort de Delorme en 1570, le palais a été prolongé par phases successives vers la Seine et n'a trouvé sa silhouette définitive que sous le règne de Louis XIV, au prix d'une refonte de l'ensemble monumental par Louis Le Vau[1].

Exécutés entre 1664 et 1667, les travaux sont connus par de très nombreux dessins originaux, conservés dans le fonds des Bâtiments du roi à Paris et dans la collection Cronstedt à Stockholm. Ces documents permettent d'établir les étapes de l'élaboration du projet concernant le pavillon central. Le 15 novembre 1664, un plan de fondations est remis aux entrepreneurs, montrant qu'il est alors décidé de démolir l'ancien escalier et le petit dôme qui le couvrait, pour dégager au rez-de-chaussée l'espace de deux vestibules entre cour et jardin (cat. 135). Au premier étage, les murs nouvellement fondés doivent porter un pavillon augmenté de deux travées en largeur et de toute la profondeur de la terrasse. Du 18 au 26 mars 1665, les plans, coupes et élévations des nouveaux vestibules sont approuvés par le surintendant des Bâtiments du roi, Colbert, et transmis aux entrepreneurs. Ces dessins d'exécution prévoient la démolition des anciennes portes, larges d'une toise seulement (1,9 m), pour leur donner une plus grande ouverture[2]. Sur le jardin, Delorme avait conçu un portail en plein cintre, couronné d'un fronton segmenté d'un goût michelangelesque. Une élévation du projet de Le Vau, qui est sans doute le dessin de présentation remis à la surintendance des Bâtiments du roi, correspond exactement aux plans d'exécution de mars 1665 : la travée centrale du pavillon est rebâtie en arcade large de dix pieds (3,25 m) et inscrite dans un

---

1. Fonkenell, 2010, p. 82-100.

2. Stockholm, Nationalmuseum, CC 11, CC 19, CC 20, CC 21.

léger renfoncement rectangulaire du mur ; deux volées de cinq et quatre marches séparées par un repos conduisent à une seconde arcade, d'une largeur limitée à sept pieds (2,28 m). Cette dernière fut modifiée dès l'année suivante, en mai 1666, pour être élargie à près de neuf pieds (2,9 m)[1].

Au-delà de son intérêt pour l'histoire du projet, l'élévation de 1665 constitue un exemple distingué de la production graphique de l'agence de Louis Le Vau à cette période. Sa facture est en effet caractéristique de la manière de François d'Orbay, telle qu'elle s'affirme précisément au milieu de la décennie 1660. Le dessin préparatoire, tracé avec une mine de graphite épaisse, est très apparent, ayant été encré en partie seulement. Pour D'Orbay, le graphite ne sert pas seulement à la mise en place de la composition, mais peut constituer une strate du dessin, au même titre que l'encrage et le lavis, les trois techniques se superposant grâce à des effets de transparence. Cette technique est particulièrement sensible dans le dessin du décor sculpté, auquel le graphite confère son tracé suggestif, rapide et souple ; la plume, le tire-ligne et l'encre grise ou noire fixent les lignes structurantes de l'élévation et apportent des rehauts expressifs, par exemple dans l'indication du regard ou des drapés d'une statue ; le lavis gris, enfin, détermine les ombres et donc le volume. Dans le cas présent, la transparence du lavis a été exploitée pour mettre en valeur l'aspect le plus important du projet, à savoir l'effet de profondeur obtenu par la succession de deux portails en arcade de taille décroissante suivant l'axe central du perron.

---

1. Arch. nat., CP/VA/59, pièce 39, plan des vestibules des Tuileries arrêté et signé par Colbert, 21 mai 1666.

cat. 88, détail

89.
Louis Le Vau (vers 1612-1670), François d'Orbay (1634-1697) et collaborateur non identifié
Élévation des maisons du côté nord de la rue de la Ferronnerie à Paris, dessin de présentation joint à l'arrêt du Conseil du 18 octobre 1669

Papier, graphite, plume et encres noire et rouge, lavis gris, noir et bleu, 34,8 × 169,5 cm
Paris, Arch. nat., E//424, fol. 385

La rive nord de la rue de la Ferronnerie est occupée par un long bâtiment à façade de pierre de taille, qui forme l'un des plus célèbres ensembles locatifs construits sous le règne de Louis XIV à Paris[1]. Son histoire est bien connue. Alors qu'elle fait partie de l'axe principal de communication est-ouest de la capitale, la rue est trop étroite, sa chaussée étant rétrécie au nord par les maisons et échoppes bâties contre le mur de clôture et le charnier du cimetière des Saints-Innocents. Les encombrements de la circulation qui en résultent, souvent dénoncés, permettent à Ravaillac d'attaquer le carrosse royal qui passe par là le 14 mai 1610 et d'assassiner Henri IV. Afin d'élargir la rue, un particulier, Claude Thielement, propose en 1645 de retrancher une partie du cimetière et de reconstruire la galerie du charnier en droite ligne, en établissant des maisons de rapport au-dessus pour rentabiliser l'opération. Son offre, validée par arrêt du Conseil, est abandonnée à la suite des protestations de la fabrique des Saints-Innocents, propriétaire des lieux. En 1667, le chapitre de Saint-Germain-l'Auxerrois, en tant que seigneur censier, reprend la même idée et organise un concours ou appel à projets, qui est remporté par un inconnu nommé Monnicault. L'arrêt du Conseil du 18 octobre 1669 ordonne la construction suivant l'élévation ici présentée.

Le projet élaboré entre 1667 et 1669 consiste en un corps de bâtiment rectiligne de plus de 120 mètres de long, dont la façade présente de grandes arcades au rez-de-chaussée, occupées par des boutiques avec logement en entresol, et trois étages au-dessus, scandés de chaînes de bossages et couverts de toitures brisées. Aux deux extrémités, un grand portail d'accès au cimetière s'ouvre dans un retour de la façade en pan coupé. Ce parti général est représenté dans plusieurs projets précoces, datables de 1667, conservés dans les archives du chapitre[2]. Les dessins en sont soignés, mais présentent des maladresses de composition, notamment dans le rythme irrégulier des arcades ou l'ajout, par un papier collé, d'un immense fronton au-dessus des huit travées centrales. Sans doute peut-on les attribuer à Monnicault.

Le dessin approuvé par le Conseil en 1669 doit en revanche être rendu à l'agence de Louis Le Vau. Le mode de représentation de l'architecture et la technique graphique répondent à ceux employés par François d'Orbay à partir de 1665. Si certains détails de l'ornementation sculptée, dessinés au graphite seul, semblent de la main de ce dernier, la mise au net à l'encre ne l'est sans doute pas et a dû être exécutée par un autre dessinateur sur son esquisse, ce qui témoigne du développement de l'agence des Bâtiments du roi à cette période. L'élévation de la façade est régularisée par rapport aux erreurs du projet précédent et apporte quelques nouveautés, les deux travées extrêmes et les quatre centrales se trouvant notamment dissociées pour former des pavillons, surélevés de deux assises et couronnés de frontons. Ce parti, monumental et simple à la fois, relève pleinement de la manière de Le Vau, car il reprend le projet qu'il avait conçu, vingt-cinq ans plus tôt, pour les maisons de rapport bordant le pont Marie[3].

---

1. Hautecœur, 1943-1967, t. II-1, p. 429 ; Deltheil, 1964 ; Pressouyre, 1965.
2. Arch. nat., S//33.
3. Cojannot, 2012, p. 176-180.

cat. 89

cat. 89, détail

Le moment Colbert

Le début du règne personnel de Louis XIV a vu tout à la fois le paroxysme de l'affirmation des architectes en tant que personnalités artistiques individuelles, sur le modèle des pratiques artistiques italiennes, et sa profonde remise en cause, sous l'impulsion de Jean-Baptiste Colbert en tant que surintendant des Bâtiments du roi. Du cardinal Mazarin, dont il a longtemps été l'intendant personnel, Colbert a sans doute hérité un présupposé favorable pour les architectes italiens, dont l'influence à Paris est sensible au début des années 1660 : quoique restée inachevée, l'église du couvent des théatins, commencée en 1661 par Maurizio Valperga et modifiée à partir de 1663 par Guarino Guarini, en a été l'expression monumentale la plus avancée et une spectaculaire coupe perspective, inédite, en rappelle ici le projet (cat. 90). L'appel fait à Bernin et aux architectes romains, en 1664, pour concevoir la façade orientale du Louvre (cat. 92), s'inscrit dans cette continuité et suscite la rivalité des architectes français, en particulier de François Mansart, également sollicité au nom du roi pour dessiner ses propres propositions (cat. 91). La logique de mise en concurrence des projets n'aboutissant pas au résultat escompté, Colbert choisit à partir de 1667 une méthode radicalement opposée : remerciant Bernin de ses services, le surintendant confie alors à un « Petit Conseil » le soin d'élaborer un projet collectif, dont nul ne doit pouvoir se dire le concepteur, et c'est ainsi qu'est finalement élaborée la Colonnade du Louvre (cat. 93). Faisant partie de ce comité aux côtés de Louis Le Vau et de Charles Le Brun, l'érudit Claude Perrault n'est certes pas architecte au sens professionnel du terme (cat. 3), mais il participe volontiers à la conception de projets et développe pour cela une pratique graphique d'amateur éclairé, dont témoignent de rares pièces originales (cat. 94 et 95). À la même période, un autre homme de science, le mathématicien François Blondel, se voit confier par Colbert à la fois la direction de l'Académie royale d'architecture et celle des grands travaux d'édilité de Paris. Du fait de sa pratique de cartographe et d'ingénieur militaire, Blondel n'ignore pas le dessin d'architecture, néanmoins il s'adjoint aussitôt un véritable homme de l'art en la personne de l'architecte Pierre Bullet, qualifié de « dessinateur de l'Académie d'architecture » en 1672 (cat. 58). D'abord chargé des aspects techniques des ouvrages, ce dernier prend progressivement une part croissante dans la conception des projets, comme il apparaît dans les dessins des nouvelles portes de la capitale (cat. 96 à 98).

90.
Guillaume Feuillet (actif dans la seconde moitié du XVIIe siècle)
Coupe longitudinale en perspective de l'église Sainte-Anne-la-Royale de Paris, dessin signé, s.d. [vers 1675]

Papier, plume et encre de Chine, lavis gris et jaune, 76,2 × 69,5 cm
Paris, Bibl. de l'Institut, ms. 1308, pièce 7
Inscription : en bas, « Ecclesiae cleric[orum] reg[ularium] D[ivus] Thienneus Parisiis »

Quand Colbert prend la tête de la surintendance des Bâtiments, il règne à Paris une influence artistique italienne qu'avait encouragée son patron, le cardinal Mazarin, et dont l'affaire de l'achèvement du Louvre marque le terme (cat. 92). Une des interventions les plus directes du cardinal dans la capitale a été, dès 1648, l'établissement d'un couvent de l'ordre italien des Théatins, sur la rive gauche. Par un important legs, Mazarin finance en 1661 la construction d'une grande église à coupole, aussitôt commencée sur les plans de l'architecte piémontais Maurizio Valperga[1], mais celui-ci est remplacé dès 1662 par son célèbre compatriote, le père théatin Guarino Guarini[2]. Séjournant quatre ans à Paris, celui-ci imagine un projet plus audacieux, dont on connaît le plan, l'élévation de la façade principale et une coupe transversale, gravés dans son ouvrage posthume, l'*Architettura civile* (1737), auxquels s'ajoute désormais cette grande vue perspective, inédite. Situé rive gauche, entre le quai Malaquais (aujourd'hui quai Voltaire) et la rue de Bourbon (actuelle rue de Lille), l'édifice qui fait alors office de « paroisse italienne » à Paris, a été laissé inachevé en 1668, à cause de disponibilités financières insuffisantes. Complétée en 1730 au prix de l'abandon du portail et du chœur en saillie, ainsi que du dôme et du clocher, l'église est gravée par Jacques François Blondel au milieu du siècle. Fermée en 1791, puis vendue en 1797, elle ne subsiste que sous forme de vestiges pris dans les bâtiments qui l'ont remplacée.

L'auteur de cette vue ambitieuse, Guillaume Feuillet, n'était pas architecte, mais « menuisier des théâtres du roi ». Dezallier d'Argenville le cite pour avoir été le maître de Jean-Baptiste Alexandre Le Blond (cat. 4) et affirme qu'il était « plus versé dans l'architecture et dans la perspective que son état ne le comportoit. Il en connaissoit parfaitement les règles et son élève se perfectionna beaucoup sous lui[3] » (cat. 4). Dessinateur prolifique, Feuillet a publié des recueils de modèles gravés non datés, aux titres explicites : *Livre de cheminée nouvellement inventez et dessigné par G. Feuillet, propre pour les maçons et menuisiers*, chez Nicolas Bonnart ; *Desseins de différents lambris très utiles à tous ouvriers, inventé par Feuillet*, ou encore un *Livre de portes cochères et de portes d'église à la dernière mode, inventé et dessiné par G. Feuillet*[4]. Il a

---

1. Cojannot, 2003-b.
2. Lange, 1970, p. 103-114 ; Beaumont-Maillet, 1979.
3. Dezallier d'Argenville, 1787, p. 441 ; Medvedkova, 2007, p. 32.
4. I.F.F. *Graveurs du XVIIe siècle*, t. IV, 1961, p. 176-177.

cat. 90

lui-même contribué à la décoration de Sainte-Anne-la-Royale, en exécutant le maître-autel de la chapelle Saint-Gaétan en 1675[1]. La feuille donne une vue générale saisissante de l'édifice comme s'il était achevé, avec une perspective spectaculaire en contre-plongée où l'on sent l'homme habitué aux effets de théâtre : deux personnages l'animent, dans un encadrement de porte et à une fenêtre. Le point de vue adopté, depuis le bras oriental du transept, montre l'édifice en coupe longitudinale, avec la porte d'entrée de la façade nord, à droite, la nef au centre couverte de sa grande coupole, et le chœur surélevé, à gauche. La représentation de Feuillet est conforme, à quelques détails près, aux planches gravées dans le traité de Guarini, mais elle précise la disposition du chœur et offre surtout la première représentation connue du clocher, avec sa flèche en vis d'inspiration borrominienne. Il est possible que Feuillet, en menuisier, se soit appuyé sur la maquette de l'édifice pour en dessiner la vue perspective[2].

---

1. Arch. nat., MC/ET/VI/550, marché du 18 juillet 1675, cité par Beaumont-Maillet, 1979. Le titre latin du dessin, vraisemblablement de la main de Feuillet, mentionne « D[ivus] Thienneus », soit saint Gaétan de Thiène, fondateur de l'ordre des Théatins. Sa canonisation ayant eu lieu en 1671, ce dessin doit être contemporain de la construction de l'autel qui lui est dédié en 1675.

2. Cojannot, 2015, p. 202.

cat. 91

**91.
François Mansart (1598-1666)
Plan et élévation partiels de l'aile orientale du Louvre,
projet non exécuté, s.d. [1664]**

Papier, plume et encre brune, sanguine et pierre noire, 37,3 × 53,7 cm
Paris, Bibl. nat. de Fr., Est., Ha-18 [Robert de Cotte, 970]
Inscription au verso : « J'ay donné ce dessin à Mᵍʳ de Louvois le 22 janvier 1684. Gabriel. »

Sitôt devenu surintendant des Bâtiments début 1664, Colbert prend une décision lourde de conséquence pour l'histoire de l'architecture française : il interrompt les travaux de l'aile orientale du Louvre, commencée par Louis Le Vau en 1662 et déjà élevée jusqu'au rez-de-chaussée. Il sollicite alors François Mansart, dont la réputation est au zénith. Au soir de sa vie, celui-ci n'a jamais travaillé pour la Couronne, sauf pour la reine mère au Val-de-Grâce (cat. 122), où il a été rapidement remplacé par Jacques Lemercier. C'est un échec cependant : Charles Perrault a raconté en 1697 (cat. 2) l'épisode savoureux de la rencontre entre le ministre, pressé d'avancer, et le vieil artiste, venu avec un portefeuille contenant « plusieurs desseins tous très beaux et très magnifiques, mais dont il n'y en avoit pas un seul qui fust fini et arresté ». Sommé de faire un choix, l'architecte refuse, voulant « se conserver tousjours le pouvoir de mieux faire, et se rendre par-là plus digne de l'honneur qu'on luy faisoit ». Pourtant, Mansart devait reprendre sa plume un an plus tard, courant 1665, pendant le séjour de Bernin à Paris, dans un climat d'émulation qui devait susciter de nombreuses propositions des architectes français. Il subsiste en tout quatorze dessins de Mansart pour le Louvre – onze conservés à la Bibliothèque nationale et trois au Nationalmuseum de Stockholm –, très difficiles à classer chronologiquement, le feu de l'invention et les idées qui s'enchaînent rendant fragile toute hiérarchisation[1].

Le présent dessin montre la moitié nord de la façade orientale, depuis le portail central jusqu'au pavillon d'angle, avec un plan partiel au-dessous, proche d'un autre projet plus abouti[2]. Cette feuille appartient vraisemblablement à celles produites en 1664, car elle comporte, à la sanguine sur le plan, le pourtour des fondations précédemment construites par Le Vau. Le projet se ressent d'ailleurs de celui du premier architecte du roi, car l'ordre colossal corinthien surmonté d'un étage attique abstrait, cher à Le Vau, lui est directement emprunté. D'autres traits, en revanche, sont caractéristiques de l'art de Mansart. Il y a d'abord le jeu contrasté des volumes traités de manière pyramidante, entre la partie centrale couverte en terrasse et dominée par le dôme du portail, et l'extrémité de l'aile, couronnée d'un attique et d'un comble droit dont les pentes sont alignées sur celles du pavillon à l'arrière-plan. On relève ensuite les décrochements complexes, que seul le plan permet de comprendre, l'architecte aimant jouer des pans coupés et des percements en diagonale, au point de s'y perdre lui-même si l'on en croit certaines contradictions entre le plan et l'élévation[3]. La façade est marquée par un ordre colossal de doubles pilastres et de doubles colonnes, parfois groupées en biais, dessinant à l'avant-corps central un pseudo-portique coiffé d'un large fronton. Mansart a évidé le tympan au moyen d'une arcade surbaissée, motif archaïque et rare qui abrite ici les armes de France. Au-dessus enfin, il dispose un dôme sur tambour, au-devant duquel se dresse la statue équestre du roi, reprenant ainsi le thème du pavillon d'entrée du Luxembourg (cat. 71).

1. Babelon et Mignot, 1998, p. 241-255 et 265-266.
2. Bibl. nat. de Fr., Est., Rés. Ha-18 [Robert de Cotte, 964].
3. Voir par exemple les portes latérales, en biais, de l'avant-corps central, dont l'une est inversée et l'autre grattée et redessinée.

cat. 92

92.
Gianlorenzo Bernini (1598-1680)
Vue perspective de la façade orientale du Louvre, premier projet non exécuté, s.d. [1664]

Papier, plume et encre brune, lavis brun, 41,2 × 67,2 cm
Paris, Arch. nat., VA//217, pièce 4, en dépôt au musée du Louvre, Arts graphiques

Renonçant à employer François Mansart (cat. 91), Colbert est amené à chercher outremonts une solution au problème du Louvre. Par l'intermédiaire de l'abbé Elpidio Benedetti, ancien agent du cardinal Mazarin, les plans du palais sont alors envoyés à Rome et une sorte de consultation est ainsi organisée dans la capitale pontificale[1]. Pour la dernière fois, la France se tourne vers l'Italie, dans un mouvement doublement ambigu : pour bâtir le palais emblématique de la monarchie française, on sollicite un architecte étranger ; celui-ci doit concevoir un projet sans rien connaître du contexte culturel français, ni du lieu où il faut bâtir… Quatre artistes répondent à l'appel : un inconnu nommé Candiani, qui n'est autre, sans doute, que l'abbé Benedetti lui-même, Carlo Rainaldi, Bernin et Pierre de Cortone, qui envoie son dessin le dernier, en septembre. Comme on pouvait l'imaginer, les projets sont accueillis avec réserve, les Italiens ayant répondu de manière amphigourique à la commande. Louis XIV est néanmoins séduit par le projet de Bernin, qui est retenu comme architecte du projet. Conservés dans les collections nationales depuis leur arrivée en France, les dessins italiens de 1664 sont une source majeure pour l'histoire du palais comme pour celle de l'architecture européenne.

Bernin a envoyé deux plans et une élévation, entièrement dessinée et lavée à l'encre brune, conformément à la tradition graphique italienne. L'architecte du pape propose une élévation monumentale à ordre colossal corinthien, reposant sur un puissant soubassement en bossages continus dans le fossé. Divisée en deux niveaux principaux, plus un troisième placé en *mezzanino* dans l'entablement, la façade est rythmée par trois pavillons, celui du centre, de plan ovale, est ouvert sur le ciel à la manière d'une couronne de pierre. Son mouvement convexe répond à celui, concave, des deux ailes, avec lesquelles il est relié par des galeries ouvertes en loggia, sous forme d'arcades au rez-de-chaussée et de serliennes au bel étage[2]. On a beaucoup glosé sur le caractère « baroque » de ce projet, qui aurait dérouté les Français. C'est oublier le château de Vaux-le-Vicomte, le précédent projet de Le Vau pour cette même façade, qui présentait déjà un ordre colossal, un pavillon central ovale saillant et des toits en terrasse, voire le chantier du collège des Quatre-Nations : Bernin ment évidemment, quand il affirme n'avoir même pas regardé les dessins du premier architecte du roi. La contrefaçon d'italianisme de Le Vau cède ici le pas à la conception véritablement monumentale de l'architecture romaine, notamment dans la disparition complète des toitures derrière une balustrade continue et le traitement plastique de la façade. Ce projet ne dépassera pas le stade du dessin, mais aura une suite concrète, puisque Bernin est invité en France par le roi. Pendant son séjour à Paris, de juin à octobre 1665, l'architecte aura l'occasion de s'amuser des réactions chauvines des Français contre ses projets, disant qu'il était normal qu'un Romain fît un « palais à la romaine[3] ».

---

1. Hautecœur, 1927 ; voir en dernier lieu Bresc-Bautier et Fonkenell (dir.), 2016, p. 380-388.
2. Marder, 2000, p. 264-266 ; Merz, 2008, p. 205-210.
3. Chantelou (éd. 2001), p. 150.

cat. 93

93.
François d'Orbay (1634-1697), d'après Louis Le Vau (vers 1612-1670), Charles Le Brun (1619-1693) et Claude Perrault (1613-1688)
Élévation partielle de l'aile orientale du Louvre suivant le premier projet de la Colonnade, s.d. [1667]

Papier, graphite, 64 × 119 cm
Paris, musée du Louvre, RF 26077

Alors que l'ultime projet de Bernin pour le Louvre est sur le point d'être mis à exécution, Colbert convoque au printemps 1667 un « Petit Conseil » des Bâtiments du roi pour réfléchir une nouvelle fois à l'achèvement du palais[1]. Les trois principaux membres de ce comité sont Louis Le Vau, premier architecte du roi, Charles Le Brun, premier peintre, et Claude Perrault, médecin et érudit versé dans l'étude de l'architecture antique (cat. 2), et tous trois sont chargés de travailler « unanimement et conjointement à tous les desseins qu'il y auroit à faire pour l'achèvement du palais du Louvre, en sorte que ces desseins seroient regardés comme l'ouvrage d'eux trois également ». C'est ainsi que, de 1667 à 1670, a été élaborée de manière collective la façade finalement exécutée, dite de la Colonnade en raison des portiques de colonnes libres embrassant les premier et deuxième étages du palais. L'intention explicite de n'attribuer à personne l'invention du projet n'a pas manqué de susciter des controverses, dès la fin du XVIIe siècle et surtout parmi les historiens ultérieurs du Louvre, mais les dernières études montrent que la collégialité du travail fut effective et fructueuse. Que les sources graphiques conservées sur cet épisode, fort rares,

aient presque toutes été exécutées par François d'Orbay, principal collaborateur de Le Vau, signifie seulement que D'Orbay a servi de dessinateur à l'ensemble du comité, et non que lui-même ou son maître y ait pris une part prépondérante[2].

Une célèbre élévation partielle de la Colonnade matérialise mieux que toute autre le processus de conception en cours, à un stade très précoce, proche du projet présenté à Louis XIV en mai 1667[3]. La question de l'attribution de cette feuille à Le Vau ou à D'Orbay a été souvent débattue, parce que son exécution proche d'une esquisse semble appeler le nom d'un architecte-concepteur plutôt que d'un simple dessinateur[4]. En réalité, l'étude du corpus des dessins de l'agence des Bâtiments du roi ne laisse aucun doute : non seulement cette feuille est assurément de la main de D'Orbay, mais elle peut même être présentée comme l'une des plus représentatives de sa manière graphique personnelle (cat. 88). L'utilisation du graphite est caractéristique, car il ne s'agit pas ici d'un dessin préparatoire, destiné à être mis au net et gommé, mais d'une étude virtuose où le crayon est utilisé de manière autonome, à la règle et à main libre, en tracé et en rehaut, avec les différentes intensités de pigmentation permises par ce matériau. L'existence d'une retombe, aujourd'hui séparée de l'élévation[5], et de différents repentirs et hésitations dans le dessin rappellent que D'Orbay ne fut certainement pas un simple copiste, mais une main intelligente au service des concepteurs de la Colonnade.

---

1. Sur l'histoire de la Colonnade, voir en dernier lieu Bresc-Bautier et Fonkenell (dir.), 2016, vol. 1, p. 401-417.
2. Berger, 1993, p. 30 ; Fonkenell, 2014, p. 78.
3. Laprade, 1960, pl. VI-8-b ; Braham et Whiteley, 1964, p. 348-349 ; Berger, 1993, p. 29-32 et 88-89 ; Gargiani, 1998, p. 119-122 ; Petzet, 2000, p. 162-165 ; Fonkenell, 2014, p. 77-78 ; Bresc-Bautier et Fonkenell (dir.), 2016, p. 404-406.
4. Fonkenell, 2014, p. 77-78.
5. Petzet, 2000, p. 165 ; Fonkenell, 2014, p. 75.

94.
Claude Perrault (1613-1688)
Vue à vol d'oiseau de l'Observatoire de Paris, dessin préparatoire à la gravure, s.d. [1667-1669]

Papier, graphite, plume et encre grise, lavis gris, 14,9 × 20,9 cm
Paris, Musée Carnavalet, D.1736
Inscription à l'encre brune : en bas au centre, « Scénographie » ; en bas à gauche, « SB Le Clerc ».

95.
Claude Perrault (1613-1688)
Vue perspective d'un grand escalier pour le Louvre, projet non exécuté, s.d. [vers 1674]

Papier, graphite, plume et encre grise, lavis gris, 25 × 37 cm
Stockholm, Nationalmuseum, THC 2203
Inscription à l'encre brune par Charles Perrault (ici indiquée en romain) et Nicodème Tessin (en italique) : « N° 11. Dessein d'un escallier pour le Louvre *par Perrault* ».

Comme François Blondel (cat. 57) ou Philippe de La Hire, Claude Perrault fait partie des quelques « savants » – on les appellerait aujourd'hui des scientifiques – qui ont contribué à faire évoluer la pratique de l'architecture en France dans la seconde moitié du XVIIe siècle en lui conférant une dimension intellectuelle nouvelle. Médecin de formation et membre de l'Académie royale des sciences, Perrault a eu une importante activité éditoriale, publiant notamment une célèbre traduction du traité de Vitruve accompagnée d'un commentaire qui fait date dans l'histoire de la théorie architecturale[1] (cat. 3). Son originalité est toutefois d'avoir participé à la conception et à la conduite de plusieurs édifices majeurs du début du règne de Louis XIV, la Colonnade du Louvre, l'Observatoire de Paris et l'arc de triomphe du faubourg Saint-Antoine, sans pour autant avoir pleinement assumé le statut de maître d'œuvre, mais en ayant toujours travaillé en collaboration avec des professionnels du dessin et de la construction[2].

Si son œuvre construit a suscité de nombreuses études et controverses, la production de Perrault en tant que dessinateur d'architecture n'a étonnamment pas été examinée avec l'attention qu'elle mérite[3]. Depuis la disparition des recueils de dessins originaux constitués par Charles Perrault après la mort de son frère et détruits dans l'incendie de la bibliothèque du Louvre par la Commune en mai 1871, la tâche est certes ardue, mais d'autant plus nécessaire. On recense aujourd'hui plusieurs dizaines de feuilles dispersées en rapport avec ses travaux, mais leur statut et leur nature sont très divers. Si l'on connaît quelques croquis de sa main dans un carnet de voyage, la plupart sont des projets en rapport avec les Bâtiments du roi ou des dessins préparatoires à la gravure pour l'illustration de ses publications, à des stades d'élaboration très différents, si bien que la question de leur auteur est incertaine.

Le cas des dessins destinés à la gravure est sans doute l'un des plus intéressants du point de vue graphique, car il permet de comparer plusieurs états successifs. Charles Perrault a affirmé que son frère « dessinait en perfection l'architecture, en sorte que les desseins qu'il a fait de sa main et sur lesquels toutes les planches de son *Vitruve* ont esté gravées, sont plus exacts et plus finis que ces planches, quoyqu'elles soient d'une beauté extraordinaire ». Or un certain nombre de dessins conservés pour ces planches ont été attribués de longue date à la main de Sébastien Leclerc, qui fut le graveur privilégié de Perrault pendant toute sa carrière[4]. C'est ainsi le cas d'une vue perspective de l'Observatoire conservée au musée Carnavalet, qui porte en marge le nom de « SB Le Clerc[5] » (cat. 94). C'est une étude précoce pour la planche III du *Vitruve*, effectivement gravée par Leclerc, mais l'estampe est différente du dessin, car non seulement le point de vue a changé, mais encore l'aspect de l'édifice : le dessin montre en effet le premier projet proposé par Perrault en 1667 alors que la gravure représente le bâtiment tel qu'il a été construit, avec les modifications réclamées par Jean Dominique Cassini en 1668.

Une autre version du même dessin préparatoire est conservée à la Bibliothèque nationale, et sa facture plus rudimentaire fait qu'on en attribue généralement l'exécution à Perrault lui-même[6]. La distinction entre les deux feuilles ne résiste cependant pas à une comparaison rapprochée. La vue de la Bibliothèque nationale est tracée à la plume, en grande partie à main levée, ce qui explique les lignes irrégulières et les nombreuses maladresses de détail. C'est à l'évidence une esquisse due à un dessinateur non professionnel. La version du musée Carnavalet, malheureusement très usée, présente la même vue, mais beaucoup plus soignée. L'architecture est tracée à la règle et au compas, les ombres sont exécutées au lavis en dégradé de gris et l'on remarque que la composition a été inversée entre droite et gauche, ce qui prouve qu'il s'agit d'une mise au net spécifiquement préparée pour la gravure. En revanche, il paraît impossible que cette opération ait été confiée à Leclerc, l'un des meilleurs dessinateurs et graveurs de son temps. L'esquisse est en effet copiée avec une méticulosité scolaire, jusque dans ses gaucheries[7]. Les groupes de personnages sur la terrasse présentent des attitudes raides et ne sont pas bien diminués en perspective, tandis que les parties dessinées à main levée, notamment le paysage, sont exécutées par petites touches, sans nulle fermeté de tracé.

L'auteur de ces deux feuilles est donc, selon toute vraisemblance, Claude Perrault lui-même, conformément au témoignage de son frère. Leur facture, par la qualité de finition comme par les maladresses du tracé, est d'ailleurs très proche des autres dessins

---

1. Hermann, 1973.
2. Picon, 1988 ; Gargiani, 1998 ; Petzet, 2000.
3. Josephson, 1927 ; Cojannot, 2003-a.
4. *I.F.F. Graveurs du XVIIIe siècle*, t. VIII-IX, vol. 2, notices n°s 2879-2986.
5. Picon, 1988, p. 294, cat. 181 et fig. 164 ; Petzet, 2000, p. 372, n° 1449 et fig. 263 (tous deux avec attribution à S. Leclerc).
6. Bibl. nat. de Fr, Est., Va 304/1, pièce 30 ; Picon, 1988, p. 294, cat. 179 ; Petzet, 2000, p. 372, n° 1447 et fig. 260.
7. L'étude des planches IX et XI du *Vitruve*, représentant les temples prostyle et périptère, montre que Leclerc s'affranchit des détails du dessin préparatoire dans les parties qu'il grave et ce constat est corroboré par le témoignage de Daniel Cronström en 1698 ; Cojannot, 2003-a, p. 233-234 et note 25.

cat. 95

préparatoires pour le *Vitruve*, conservés au Louvre et à Stockholm[1]. On peut étendre la comparaison à un dessin qui fait partie des feuilles tenues avec le plus de vraisemblance pour autographes de Perrault. Conservé au Nationalmuseum de Stockholm, il représente un escalier monumental pour le Louvre, composé d'un grand perron central et de deux rampes droites divergentes aboutissant à un palier en forme de galerie, suivant un parti qui annonce celui finalement adopté pour l'escalier des Ambassadeurs à Versailles après 1672[2] (cat. 95). Ce degré, qui devait être dédoublé, aurait été abrité dans un pavillon neuf situé à l'ouest du pavillon de l'Horloge, dans l'ancienne cour des communs rasée. Sans doute dessinée vers 1668-1670 lorsque différents projets concurrents sont étudiés par le surintendant des Bâtiments du roi, cette feuille est plus grande et en meilleur état de conservation que la vue de l'Observatoire, mais elle présente des points communs avec celle-ci, dans sa construction géométrique rigoureuse, son exécution à la plume un peu épaisse et à l'encre pâle ou ses ombres soigneusement dégradées. Tous ces caractères répondent bien à la description donnée par Leibniz de la manière de Perrault : « il desseigna[it] d'une manière douce et agréable, bien qu'en ce temps les architectes ne desseignai[en]t pas si bien et n'achevai[en]t pas, ny finissai[en]t pas, se contentant de leurs traits et de donner les ombres par leur marche de lavis[3] ».

La provenance du dessin est attestée par la correspondance de l'architecte et diplomate Daniel Cronström. Celui-ci écrit à Nicodème Tessin en 1693 qu'il a pu consulter les recueils de dessins de Claude Perrault, alors en cours de constitution par son frère Charles, et lui annonce plaisamment : « Cependant je luy ay arraché ces trois desseins cy-joint que je vous prie de recevoir. Ils sont du bonhomme Perrault mesme, dont le dessin pour l'architecture n'a jamais été égalé par personne, si ce n'est par vous » ; ce dont Tessin le remercie le mois suivant, en lui demandant « si l'escailler s'est pratiqué quelque part ou non[4] ». Le titre du dessin, écrit de la main même de Charles Perrault et complété par Tessin[5], confirme qu'il s'agit bien d'une des pièces alors envoyées en Suède, ce qui les a sauvées du sort funeste qu'ont connu celles demeurées en France.

---

1. Musée du Louvre, Arts graphiques, inv. 30420 à 30423 (avec la même inscription « SB Le Clerc » que sur le dessin du musée Carnavalet) ; Stockholm, Nationalmuseum, THC 889 et 2138 (avec la mention « Perault fecit », de la main de Nicodème Tessin le Jeune, d'après les indications de Magnus Olausson, que nous remercions amicalement).
2. Picon, 1988, p. 294, cat. 164 et fig. 157 ; Petzet, 2000, p. 255, note 976.
3. Petzet, 2000, p. 568.
4. Josephson, 1927, p. 176 ; Petzet, 2000, p. 250.
5. Nous remercions Magnus Olausson pour l'identification de l'écriture de Tessin.

cat. 94

96.
François Blondel (1618-1686) et Pierre Bullet (1638-1716)
Élévation de la porte Saint-Bernard, dessin contractuel joint à l'adjudication des ouvrages de maçonnerie du 19 avril 1673

Papier, plume et encre noire, lavis gris et noir, 49,1 × 33,5 cm
Paris, Arch. nat., H/2/1915/1

97.
François Blondel (1618-1686) et Pierre Bullet (1638-1716)
Plan et élévation de la porte Saint-Martin, projet non exécuté, s.d. [1674]

Papier, plume et encre noire, lavis gris et noir, 46 × 32,4 cm
Stockholm, Nationalmuseum, CC 1535

98.
Pierre Bullet (1638-1716)
Élévation du projet final de la porte Saint-Martin, dessin joint à l'adjudication du Bureau de la Ville du 8 juin 1674

Papier, graphite, plume et encre grise, lavis gris et bleu, 56 × 71 cm
Paris, Arch. nat., Q/1/1204

À l'instigation de Colbert, secondé par le prévôt des marchands Claude Le Peletier, en charge de 1668 à 1676, est lancé à Paris un programme de grands travaux combinant édilité et politique de gloire. François Blondel, bientôt nommé professeur de la nouvelle Académie royale d'architecture, est chargé de la conception de ces ouvrages, aussi bien techniques et monumentaux que symboliques. Ils touchent en effet à l'organisation de la ville, mais encore à son image, servant enfin de relais à la puissante propagande monarchique mise en place autour de Louis XIV.

Dans son *Cours*, Blondel consacre un chapitre aux « Ouvrages publics de Paris » : « C'est icy le lieu, ce me semble, où il n'est pas hors de propos de donner quelque raison des ouvrages publics qui se sont faits depuis quelques années dans cette ville de Paris, dans la construction desquels, ou au moins de la plus grande partie, Monsieur le président Le Pelletier, prévost des marchands, et Messieurs les eschevins m'ont fait l'honneur de vouloir que mes desseins ou mes conseils fussent exécutez par le s[r] Bulet, dessinateur et appareilleur habile que je leur avois donné […][1]. » Blondel, qui n'est pas architecte mais mathématicien, avait en effet besoin d'un collaborateur qui sache transcrire ses idées sur le papier et éventuellement dans la pierre ; le choix de Bullet, qui est également le dessinateur de l'Académie auprès de lui, est donc logique et, de ce moment, leurs noms vont demeurer associés. « Le roy a considéré toutes ces choses avec tant de plaisir et les a tellement approuvées, écrit encore Blondel, qu'il a ordonné par des lettres patentes que les ouvrages publics qui se feront doresnavant dans la ville de Paris soient exécutez conformément au dessein que j'en ay fait tracer sur le plan de la même ville, que j'ay fait graver après avoir esté levé très exactement par le même Bulet sous ma conduite […] lequel a esté mis en dépost dans l'Hostel-de-Ville pour y avoir recours aux occasions. » Il s'agit du plan de Paris, commandé en 1673, plan achevé en 1675 et gravé par La Boissière l'année suivante, qui est présenté au roi en juillet 1676. On le désigne couramment comme *Plan de Bullet et Blondel*, dans une inversion euphonique de la hiérarchie qui correspond à la réalité des tâches.

Cette collaboration délicate s'illustre également dans la conception des portes qui décorent les nouvelles entrées de la capitale. Au nombre de cinq, élevées entre 1671 et 1675, celles-ci prennent la forme d'arcs de triomphe chargés d'allégories et figurent pour les quatre plus importantes, deux à deux, dans la partie supérieure du plan de 1676[2]. Dans cette série, la porte Saint-Denis a été considérée dès sa construction comme le chef-d'œuvre de Blondel[3], qui l'utilise d'ailleurs en frontispice de son *Cours* dès 1675. De même, la porte Saint-Bernard, sur le quai de la Tournelle lui revient : habile reprise d'un édicule datant de 1606, elle a souvent été critiquée, Blondel lui-même rappelant qu'« à proprement parler, ce n'est qu'un rhabillage et un ajustement[4] ». On conserve le dessin joint à l'adjudication des travaux au maître maçon Jean Joubert (cat. 96) : il s'agit de l'élévation, tracée au tire-ligne, qui a été signée par Le Peletier et le corps de ville trois semaines plus tôt, le 28 mars. On observe que si la grande table, qui recevra un bas-relief à l'antique de Tuby, est laissée vide, le dessinateur a figuré trois statues de divinités antiques, Apollon à gauche, Minerve au centre, et à droite l'Hercule Farnèse, sujets qui diffèrent du programme d'allégories finalement exécuté.

La porte Saint-Martin offre un cas de figure plus complexe, puisqu'elle a fait l'objet d'un débat sur son attribution dès la fin du XVIIe siècle, ayant été donnée tantôt à Blondel, qui n'en parle pas dans son *Cours*, tantôt à Bullet, qui la revendique dans son *Architecture pratique* en 1691 (p. 289). La critique moderne s'est rangée à ce dernier avis, renforcé par la présence de quatre élévations de cette porte dans les collections suédoises, qui conservent de nombreux dessins de Bullet acquis sur le marché parisien au XVIIIe siècle[5]. Celle présentée ici (cat. 97) montre l'élévation de la porte, avec un léger effet de perspective, et le plan en dessous ; il est de même facture graphique que la pièce précédente (cat. 96) et représente un projet très inspiré du schéma de la porte Saint-Bernard, appliqué ici à une composition à trois arches.

La dernière feuille (cat. 98), d'une grande beauté graphique, est jointe à l'adjudication des travaux de maçonnerie à Urbain Nyon ; ce dernier travaille sous la conduite de Gabriel Le Duc, qui réceptionne le chantier en 1675. Tracé au tire-ligne, le dessin montre le plan (inversé) et l'élévation géométrale du projet retenu, avec,

---

1. Blondel, 1675-1683, t. III, 4e partie, livre XII, p. 603.
2. Gady, 1999-a.
3. On en conserve deux dessins du XVIIe siècle, le premier attribué à Blondel. Bibl. nat. de Fr., Est., coll. Destailleur, t. VI, 1189 et 1191 (Rès. Ve-53 H).
4. Elle a disparu en 1791. Le cabinet des Estampes de la Bibliothèque nationale en conserve deux relevés de la fin du XVIIIe siècle, d'inégale valeur : un de 1767 dû à Fallize le Romain (coll. Hennin, Rès. QB 201 53), et un autre de 1786, par Pierre Demachy (coll. Destailleur, t. VI, 1187, Rès. Ve-53 H).
5. Stockholm, Nationalmuseum, THC 8285 (dessin inachevé), 8386 (projet proche de la porte du Peyrou, avec médaillons circulaires) et 8387 (relevé complet avec le décor sculpté).

cat. 96

cat. 97

ajoutés sur deux papiers collés, les corps de garde qui flanquaient l'édifice jusqu'à la Révolution. L'arc lui-même est représenté sans le décor sculpté, ni les reliefs des écoinçons, ni les ornements, notamment les bossages vermiculés qui donnent son caractère à cette porte[1].

Le dossier des portes de Paris sous Louis XIV mêle donc des dessins de projet, des dessins contractuels et des relevés, autour de deux mains, celles du concepteur de l'ensemble du programme, François Blondel, à l'occasion dessinateur, et celles de son dessinateur, Pierre Bullet, à l'occasion créateur.

---

1. Endommagée sous la Révolution, la porte Saint-Martin a été lourdement reprise sous la Restauration par l'architecte Delannoy.

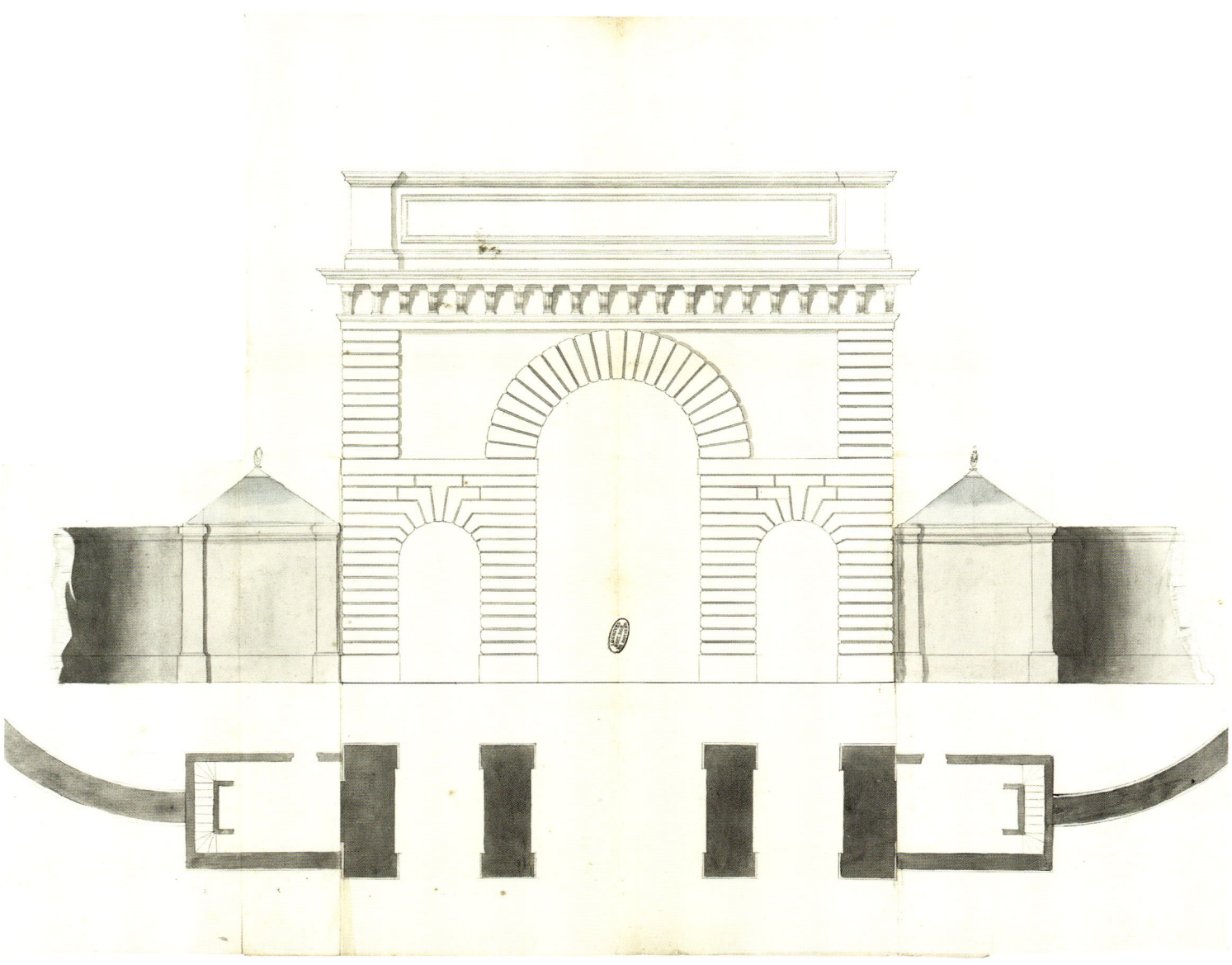

cat. 98

cat. 113, détail

À l'ombre de Jules Hardouin-Mansart

Quand s'ouvre le règne fastueux de *Ludovicus Magnus*, les derniers grands maîtres du « siècle de Louis XIII » ont passé les uns après les autres, Mansart en 1666, Le Muet en 1669, Le Vau en 1670, marquant la fin d'un âge d'or, dominé par de fortes personnalités artistiques. Un double mouvement se dessine alors : avec la fondation de l'Académie royale d'architecture (1671), qui s'inscrit dans l'effort de codification et de rationalisation du règne, si bien incarné par Colbert, on assiste à un début de professionnalisation des architectes ; leur nombre se multiplie dans la capitale, en partie grâce à la construction de Versailles, le chantier majeur dans les années 1660-1690. En même temps, le nouvel âge royal qu'incarne Louis XIV met en mouvement un vaste phénomène de courtisanerie, qui resserre les liens entre art et pouvoir : ce système solaire-là a besoin de planètes aussi habiles que dociles. La combinaison de ces deux paradigmes va faire la fortune de Jules Hardouin-Mansart, qui domine sans partage le dernier tiers du Grand Siècle.

Petit-neveu de François Mansart, dont il prend le nom comme une enseigne commerciale, il a reçu du grand homme ses premières leçons, avant de voler de ses propres ailes et de faire montre d'un sens aigu des affaires. Entre son premier projet d'importance, le petit hôtel de Guénégaud (cat. 121), et son entrée au service du roi, suivie de sa nomination à l'Académie en 1675, il s'est à peine écoulé cinq ans. Sa personnalité exceptionnelle et son caractère fort expliquent que, peu après, il se retrouve à la tête de tous les chantiers importants du règne : le château de Clagny, où il remplace Le Pautre en 1675 (cat. 101) ; les Invalides, où il supplante Bruand en 1676 (cat. 114 à 118) ; Versailles où, dès 1678, D'Orbay doit lui céder le pas, comme il le fera de nouveau à Chambord (cat. 104). Grâce à la faveur royale, il se sera ainsi imposé partout face à des maîtres plus âgés et expérimentés que lui.

En relevant à son profit, en 1681, le titre de premier architecte du roi, vacant depuis la mort de Le Vau, puis en le plaçant à la tête même des Bâtiments du roi en 1699 comme surintendant, Louis XIV a progressivement confié à Hardouin-Mansart tout le système de l'architecture royale. Est-il possible à un architecte d'exister en dehors de ce système centralisé et hiérarchisé à l'extrême ? Pour un Germain Boffrand, qui s'en échappera pour réussir à développer sa propre clientèle après 1700, tant à Paris qu'en province, combien n'ont pas résisté ? Antoine Le Pautre reste le discret maître d'œuvre du frère du roi (cat. 102), D'Aviler préfère quitter Paris en 1691 pour s'établir à Montpellier (cat. 111 à 113) ; quant à D'Orbay, il se replie sur son activité à l'Académie royale d'architecture à partir de 1676, se contentant désormais de faire des relevés des maisons royales dans tout le royaume (cat. 147). Bullet construit très peu, Gobert comme Cottart se consacrent à une architecture de papier, en dessinant des modèles théoriques (cat. 100 et 105), tandis que Chamois finit par devenir avant tout un architecte de communautés religieuses (cat. 99). Excellent praticien, mais de moindre ambition artistique, Beausire se fait sa place en tant qu'architecte de la Ville de Paris, dont il devient le maître d'œuvre pour un demi-siècle (cat. 110). La famille même de Hardouin-Mansart demeure à la marge, comme le montre la place secondaire des cousins maternels, Pierre Delisle-Mansart ou Jacques IV Gabriel, qui est surtout entrepreneur, sauf au château de Choisy que lui confie la Grande Mademoiselle, trop fière pour employer l'architecte de son royal cousin (cat. 103). De son propre fils, Jacques, un incapable, Mansart ne tirera rien, tandis que son frère Michel Hardouin restera dans son ombre, après le coup d'éclat de ses gravures de Clagny (1678). C'est son beau-frère, Robert de Cotte, un architecte qu'il a formé et qui lui doit tout, que le grand homme ne cesse de pousser, jusqu'à en faire une pièce essentielle de son dispositif: membre de l'Académie en 1687, annobli en 1702, il sera finalement son successeur en 1708 comme premier architecte. La conséquence directe de cette situation sans précédent est un procès en paternité. Avec un emploi du temps très dense, accaparé par des chantiers innombrables et des visites auprès des maîtres d'ouvrage qui veulent tous recueillir son avis, Mansart doit en effet déléguer la tâche la plus chronophage de son activité d'architecte, le dessin. Alors que les feuilles conservées se comptent désormais par centaines, la main du maître y serait invisible. De fait, Mansart est très tôt assisté de dessinateurs attitrés, regroupés par Louvois en 1683 au sein d'un « bureau ». Cette année-là est recruté François Cauchy, puis Simon Chuppin et D'Aviler en 1684, Pierre Cailleteau dit Lassurance en 1685 et enfin Boffrand en 1686 : tous dessinent et mettent au net pour Mansart[1]. À l'occasion de son accession à la surintendance, en 1700, ce dernier réorganise ce « bureau » que Robert de Cotte est chargé de diriger, et qui est installé dans une de ses maisons, rue des Tournelles. Parmi les nouvelles recrues, signalons Jean Aubert et surtout Pierre Le Pautre, artiste confirmé[2]. En germe chez Louis Le Vau, l'organisation du travail prend ainsi, au sein des Bâtiments du roi, la forme d'une agence d'architecture au sens moderne du terme. La légende noire d'un architecte ignorant ne sachant pas dessiner et vivant du dessin des autres, que colporte cette mauvaise langue de Saint-Simon, vient de là : le trait est si énorme qu'on a fini par oublier que l'accusation était grotesque. Piètre critique d'architecture, le petit duc n'aura pas perçu un changement majeur dans l'art de bâtir de son temps. De là l'inutile polémique sur les capacités de Mansart, et plus insidieusement, le danger des attributions à ses dessinateurs de ses *desseins*, comme l'a fait Kimball avec Le Pautre[3].

Trouver des dessins de Mansart, voilà ce qui n'a cessé de travailler ses biographes. En étudiant sa jeunesse et le début de sa carrière, Bertrand Jestaz a habilement cherché à l'isoler de ses futurs collaborateurs et, pointant progressivement les dessinateurs employés par le maître, a procédé par élimination, sans pour autant proposer un corpus de dessins autographes[4]. Dezallier rapporte pourtant que Mansart « profiloit avec la dernière perfection », ajoutant qu'il « dessinoit grossièrement avec du charbon ». Faut-il comprendre qu'il esquissait surtout (cat. 104, 117) ? ou corrigeait sur le plan fini (cat. 109) ? La prudence demeure de mise en l'état du dossier.

Une partie des dessins produits dans le cadre des Bâtiments du roi à l'époque de Mansart forment un ensemble qui, abondé au cours du XVIIIe siècle, est resté chez les descendants de Robert de Cotte avant de passer dans les collections publiques sous l'Empire[5]. Il a reçu l'appellation usuelle de « fonds Robert de Cotte », assez injuste puisqu'elle escamote le grand maître, et Bertrand Jestaz a raison de le nommer fonds « Mansart-De Cotte ». Reclassé de manière topographique au XIXe siècle, plusieurs fois re-cotés, et encore récemment, ce fonds comporte 3 110 feuilles, dont plus des deux tiers se rattachent à l'activité du premier architecte. L'absence d'une étude génétique et graphique de ces dessins gêne la recherche et ce dossier, malgré sa célébrité, doit être entièrement repris, ce qui devrait être facilité par sa numérisation récente. La méconnaissance de Robert de Cotte lui-même, dont le rôle est évidemment essentiel, constitue une limite à la recherche actuelle : la clef d'une transition vers le siècle des Lumières se trouve certainement là.

1. Jestaz, 2008, t. I, p. 217-224.
2. Jestaz, 2008, t. I, p. 338-342.
3. Kimball, 1949.
4. Voir la stimulante synthèse de Claude Mignot : Gady (dir.), 2010, p. 45-54.
5. Fossier, 1997.

cat. 99

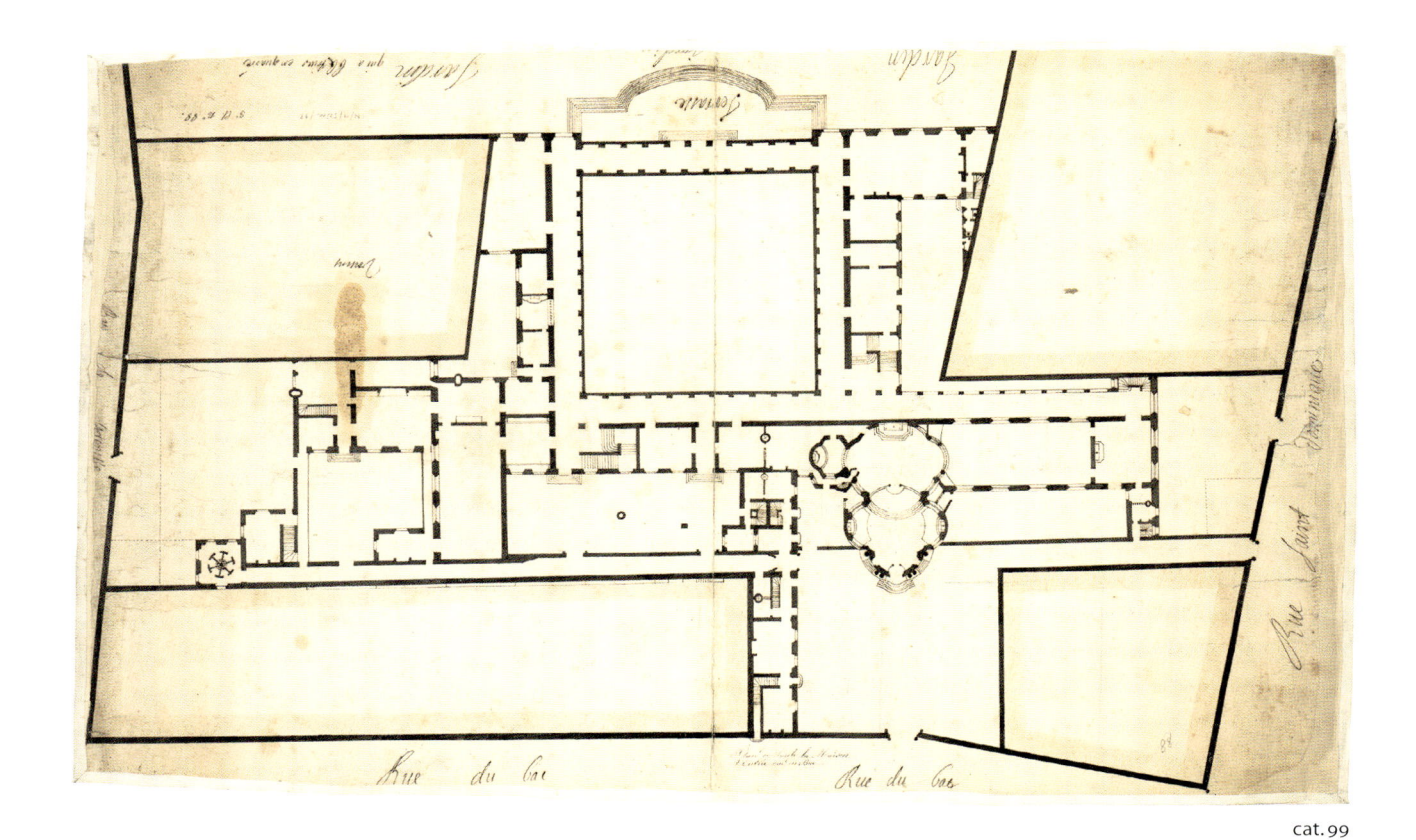

99.
Charles Chamois (vers 1610-après 1684)
Plan du rez-de-chaussée du couvent des Visitandines de la rue du Bac à Paris, projet partiellement exécuté, s.d. [1674-1675]

Papier entoilé, plume et encre brune, lavis brun, 94 × 58 cm
Paris, Arch. nat., N/III/Seine/88

S'étendant des années 1630 aux années 1680, la carrière de Charles Chamois est représentative d'une génération de maîtres d'œuvre de moyenne importance, qui revendiquent désormais le statut d'architecte[1]. Fils et gendre de maîtres maçons à Paris, Chamois se qualifie pendant toute sa vie d'architecte du roi ou d'architecte des Bâtiments du roi. Il a toutefois souvent pratiqué l'entreprise et il est vraisemblable qu'il ait été lui aussi reçu maître maçon, même s'il n'a jamais daigné en porter le titre. Son parcours est typique de l'époque : il commence avec son beau-père par construire des maisons urbaines pour une clientèle variée et rencontre un succès croissant auprès des financiers, avant de s'attacher au service d'une grande dynastie ministérielle du règne de Louis XIV, les Le Tellier. En parallèle à cette activité pour des commanditaires civils, Chamois se fait une spécialité en matière d'architecture religieuse, en particulier pour des communautés régulières. À partir de 1646, il travaille ainsi pour les religieux de la Merci, dans le Marais (cat. 42), puis pour plusieurs communautés féminines liées à la famille Le Tellier, à Paris et en Normandie. En 1674, ce sont les religieuses de la Visitation établies au faubourg Saint-Germain qui le sollicitent pour la construction de leur couvent, dont deux plans généraux ont été conservés[2].

Le projet final (cat. 99) est d'abord remarquable par son insertion dans le parcellaire urbain. Les religieuses ont en effet acheté différentes maisons et jardins situés entre les rues Saint-Dominique, du Bac et de Grenelle, si bien que leur immense terrain adopte une forme irrégulière, en milieu d'îlot avec des accès sur les trois rues. Chamois adapte le plan-type fixé par la règle visitandine en disposant l'église et les parloirs à l'est et au nord, accessibles au public par les rues du Bac et Saint-Dominique ; les communs et offices au sud, sur la rue de Grenelle ; enfin le cloître, les logis et salle capitulaire au centre, communicant avec les jardins à l'ouest par une galerie et une large terrasse. Le deuxième aspect saillant de ce dessin est l'extraordinaire plan de l'église. Le projet repose en effet sur l'imbrication de deux corps de bâtiment de plan quadrilobé, le premier servant de nef pour les fidèles et le second de chœur liturgique. Dépourvu de tout élément rectiligne, le plan se compose exclusivement de segments d'arc, dont chacun définit une partie de l'église : portail semi-circulaire, chapelles latérales, perron et chancel, abside abritant le maître-autel, grille du chœur des religieuses, le tout éclairé par des baies disposées sur les diagonales. Les élévations prévues par Chamois ne sont pas connues et on ignore si ce projet a été exécuté.

---

1. Féraud, 1990.
2. *Ibid.*, p. 137-140 ; Lecomte, 2013, p. 144.

100.
Pierre Cottart (vers 1620-vers 1701)
Élévation principale et plan du rez-de-chaussée d'un château à salon central octogonal, projet non exécuté, s.d. [avant 1686]

Papier, plume et encre brune, lavis bleu et gris, 27 × 14 cm
Stockholm, Nationalmuseum, CC 123

L'activité de Pierre Cottart en tant qu'architecte est si insaisissable qu'on présume depuis longtemps qu'il était meilleur dessinateur que bâtisseur, mais aucun dessin n'avait pu lui être attribué avec certitude. L'identification de son écriture (cat. 130) permet à présent de faire émerger tout un groupe d'œuvres de sa main conservées dans la collection Cronstedt à Stockholm. Cinq d'entre elles constituent un ensemble très cohérent, portant sur trois projets de maisons de plaisance ou châteaux de plan centré que l'on peut classer par ordre croissant de taille[1]. La feuille inventoriée CC 123 (cat. 100) figure ainsi le plan du rez-de-chaussée et l'élévation principale d'un pavillon octogonal couvert d'un dôme à pans, flanqué de deux logis latéraux et cantonné de quatre petits pavillons disposés suivant les axes diagonaux, tous couverts de combles brisés. Un deuxième dessin, CC 132, correspond au même projet et présente le plan du premier étage et la coupe longitudinale, ainsi que l'élévation latérale sur une retombe. Le pavillon central abrite un vaste salon à l'italienne, auquel on accède par deux perrons et vestibules symétriques en forme de portiques de colonnes ioniques libres portant une terrasse au niveau du premier étage. Les logis et pavillons latéraux sont distribués en deux appartements d'apparat au rez-de-chaussée, avec chambre à alcôve, cabinet et garde-robe, tandis que l'étage est occupé par des chambres de commodité plus nombreuses, mais aucune pièce de service, cuisine ou office, n'apparaît nulle part.

Les autres feuilles de l'ensemble présentent des projets d'ampleur plus importante. Le dessin CC 124 montre un pavillon de plan carré, avec quatre avant-corps identiques à fronton, sous une toiture recoupée portant une terrasse et un belvédère central. Les feuilles CC 126 et CC 131, enfin, combinent les propositions des deux projets précédents pour représenter, respectivement en plan et en élévation, un très grand château en croix grecque sur une plate-forme fossoyée, avec quatre avant-corps autour d'un salon central octogonal (fig. 38 et 39). Par l'absence d'échelle et par la progression méthodique que l'on constate entre les trois projets, ces dessins paraissent théoriques et pourraient avoir été destinés à être gravés (cat. 42 et 43). Ils entretiennent d'ailleurs une relation étroite avec un quatrième projet, plus ambitieux encore, que Cottart a publié comme ayant été « fait pour un prince d'Allemagne ». En plan comme en élévation, cet énorme château fossoyé à deux cours et deux logis articulés par un salon central circulaire, se situe dans le prolongement des dessins de Stockholm.

La série de projets de Cottart rappelle par certains aspects ceux publiés par Antoine Le Pautre en 1652 dans son recueil de *Desseins*

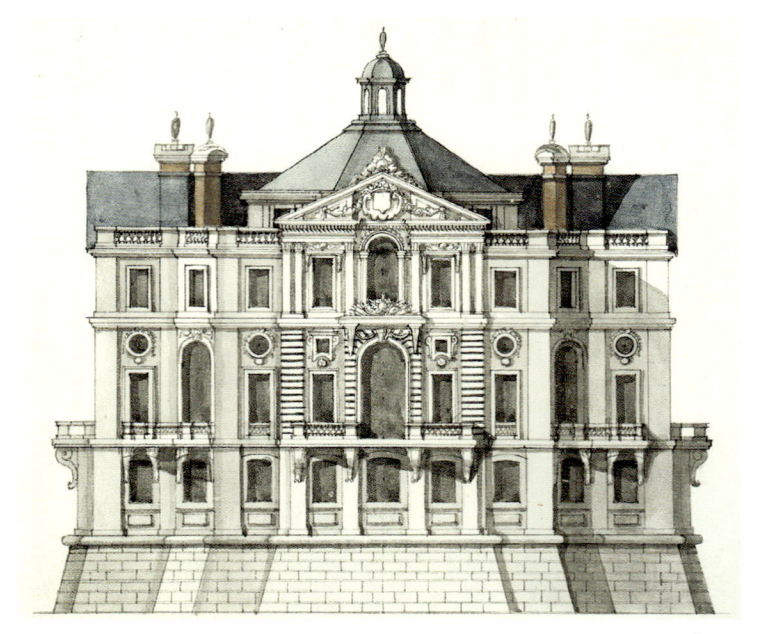

fig. 38

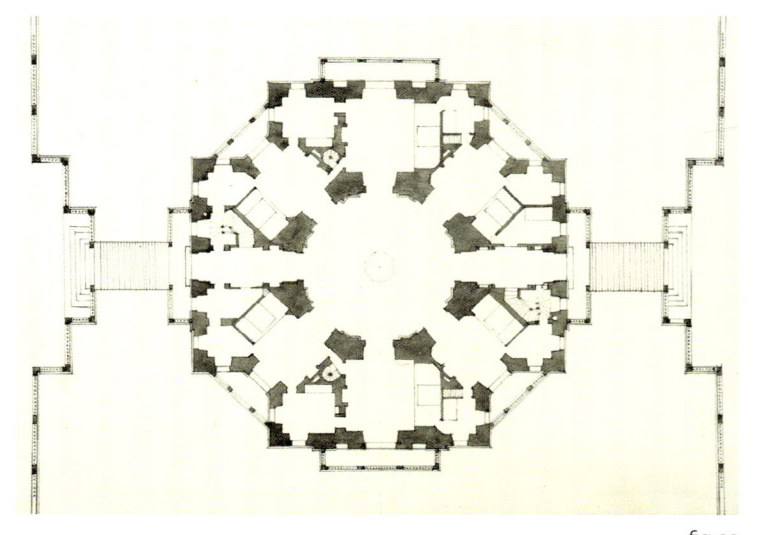

fig. 39

de plusieurs palais (cat. 41). Elle partage notamment avec ces derniers la fascination pour les plans centrés et les distributions symétriques autour d'un salon à l'italienne, tous traits empruntés à l'œuvre d'Andrea Palladio, mais habillés à la française, avec de hautes souches de cheminées et des toitures d'ardoises aux formes variées. Conçus à une date plus tardive que ceux de Le Pautre, mais antérieure à la publication du recueil de ses œuvres vers 1686, les dessins de Cottart doivent être contemporains de la conception de Marly par Jules Hardouin-Mansart (1679)[2] et des réflexions de Pierre Bullet autour du château d'Issy (1684-1686)[3]. Ils s'inscrivent ainsi pleinement dans l'influence des traités de Palladio et Scamozzi sur l'architecture française de la fin du XVIIe siècle[4].

---

1. Stockholm, Nationalmuseum, CC 123, 124, 126, 131 et 132.
2. Jestaz, 2008, t. I, p. 182-188 ; Gady (dir.), 2010, p. 261-267.
3. Hernu-Bélaud, 2014.
4. Mignot, 2000.

ci-contre :
fig. 38 et 39. Pierre Cottart, élévation et plan d'un château de plan massé en croix grecque, plume et encre brune, lavis bleu, gris et rouge, s.d., Stockholm, Nationalmuseum, CC 126 et CC 131

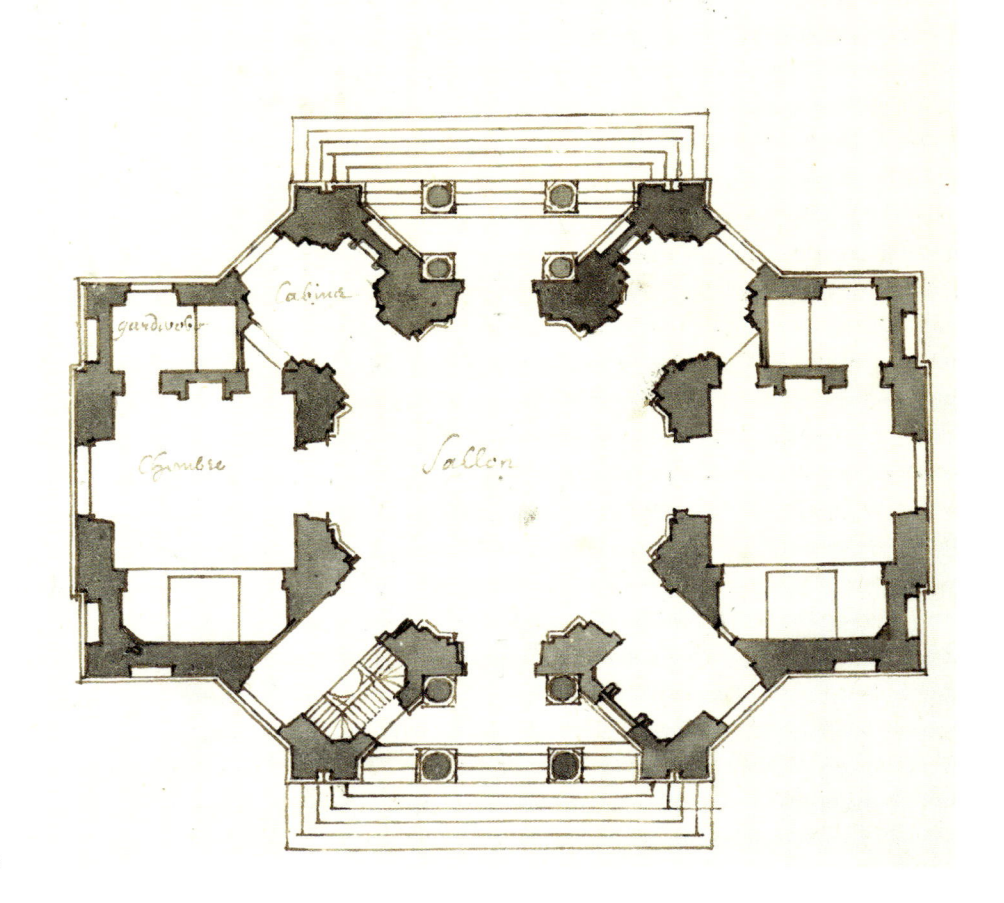

cat. 100

101.
Antoine Le Pautre (1621-1679)
Coupe transversale du château de Clagny et élévation de l'aile droite sur cour, dessin mis au net portant des esquisses en surcharge, s.d. [1674]

Papier, graphite, plume et encre brune, lavis gris, 41 × 54 cm
Stockholm, Nationalmuseum, CC 107

Parmi les nombreux dessins que Patrick Reuterswärd a jadis proposé d'attribuer à Antoine Le Pautre[1], les feuilles qui concernent le château de Clagny éclairent une anecdote célèbre de l'histoire du Grand Siècle. Après avoir légitimé en 1673 ses enfants nés de la marquise de Montespan, Louis XIV a commandé pour sa favorite la construction d'une maison de plaisance à proximité de Versailles. Le projet donné par Le Pautre est mis à exécution au mois de mai 1674 et achevé dès la fin de l'année, mais la marquise le juge alors trop modeste, tout juste bon « pour une fille d'opéra ». L'édifice est démoli dès l'année suivante pour laisser place à un château somptueux, conçu par Jules Hardouin-Mansart[2] (cat. 133 et 140).

L'éphémère Clagny de Le Pautre était une construction élevée en rez-de-chaussée seulement, qui comportait un corps de logis entre cour et jardin, divisé en deux par le pavillon à dôme du salon central et flanqué de deux ailes en retour sur la cour. Les façades, construites de pierre de taille, étaient dépouillées, avec un décor d'architecture réduit à des chambranles de baies couronnées de corniches, des chaînes de bossages aux angles, un entablement sans ordre et deux frontons sur le pavillon central. La coupe de l'édifice au droit du salon montre l'élévation de l'aile droite sur cour, mais présente en outre d'importants repentirs, esquissés au graphite d'une manière vigoureuse.

Comme l'a suggéré Reuterswärd, ces esquisses doivent être consécutives au rejet du bâtiment par la favorite royale. Les trumeaux ont en effet été surchargés de colonnes colossales de plusieurs proportions, avec ou sans piédestaux, et l'entablement est couronné d'une balustrade avec des statues ou vases en amortissement. Différents calculs et croquis, au graphite et à l'encre, se trouvent dans les marges et accompagnent la réflexion sur les proportions de l'ordre. Par comparaison avec d'autres écrits que l'on peut tenir pour autographes, il semble que ces inscriptions soient toutes de la main de Le Pautre[3]. L'architecte aurait ainsi tenté de sauver son œuvre, en proposant divers enrichissements de façade, mais ses esquisses mettent en évidence la difficulté de l'exercice : l'entablement existant, entouré d'un coup de crayon sur le dessin et sur le schéma proportionnel, est beaucoup trop petit pour convenir à un grand ordre, rendant vaines les modifications ici étudiées.

---

1. Francastel (dir.), 1969, p. 95-104 et pl. 22-29.
2. Berger, 1969, p. 77-83 ; Jestaz, 2008, t. I, p. 95-106 ; Gady (dir.), 2010, p. 131-139.
3. Voir par exemple MC/ET/LXVII/143, devis et marché de maçonnerie pour l'hôtel de Roannais, 3 mai 1655.

cat. 101, détail

cat. 101

102.
Antoine Le Pautre (1621-1679)
Plan du rez-de-chaussée du corps central du château de Saint-Cloud, dessin contractuel joint au marché du 17 août 1677

Papier, plume et encre brune, lavis noir, 40,5 × 84 cm
Paris, Arch. nat., MC/ET/CXIII/84/B

Dans le dernier quart du XVIIe siècle, le duc d'Orléans entreprend de grands travaux au château de Saint-Cloud, qu'il a acquis en 1658, afin de transformer l'ancienne maison de plaisance de ses prédécesseurs en un château digne du rang du frère unique du roi. Ce chantier est dirigé jusqu'à sa mort, en 1679, par l'architecte Antoine Le Pautre (cat. 8), assisté par le maître maçon parisien Jean Girard (1639-vers 1708), qui assure l'exécution des travaux. Dans le grand projet entrepris vers 1675, l'ancien logis principal, situé face au jardin, devient l'aile gauche d'un ensemble articulé, au moyen de la construction d'une aile symétrique en vis-à-vis, au nord (vers 1675-1677), et surtout, entre les deux, de celle d'un grand corps de logis (1677-1680), qui devient ainsi le centre de la nouvelle composition[1]. Le devis et marché du corps central, passé devant notaires[2], est accompagné d'un plan avec retombe : ce document est précieux, car outre sa paternité presque assurée, il porte des petites lettres qui renvoient au texte du devis et désignent les différents murs de refends. Très rare à cette époque, ce système s'explique sans doute ici par la complexité particulière du corps de bâtiment à élever : non seulement il prend place entre deux ailes existantes, mais il est en outre conçu sur un plan triple en profondeur, alors sans équivalent. Le devis comme le plan ne portent que sur les deux épaisseurs sur cour et au centre : celle-ci accueille une petite cour à gauche, dans laquelle prend place un escalier secondaire ; la troisième épaisseur, dont on voit les amorces de maçonnerie sur le plan, sera bâtie dans un second temps, le marché ne semblant pas en avoir été conservé. Le plan de ce niveau, publié en 1738 par Jean Mariette dans le dernier volume de son *Architecture françoise*, permet d'analyser les différences sensibles entre ce plan, pourtant approuvé, et l'édifice finalement bâti. Si l'on reconnaît le vestibule central sur cour et la salle des gardes à droite, le grand escalier prévu dans le second corps a été abandonné au profit d'une chapelle de plan rectangulaire. Conçu suivant une disposition très rare dans l'architecture française, cet escalier devait être droit, montant d'une seule volée à l'étage abritant les appartements princiers. La chapelle de Le Pautre, ici marquée par un ovale de maçonnerie, sera remplacée par une pièce d'habitation.

Au chantier de ce corps de logis se rattache un autre dessin conservé dans les archives des Bâtiments du roi concernant le château de Saint-Cloud : il s'agit d'une élévation avec le plan en dessous, du maître-autel, un retable adossé à quatre colonnes corinthiennes orné de deux statues de la Vierge et de saint Jean-Baptiste (fig. 40).

fig. 40. Anonyme, élévation et plan du maître-autel de la chapelle du château de Saint-Cloud, vers 1680, Paris, Arch. nat., O/1/1708, pièce 31

---
1. Voir Decrossas, 2008.
2. Berger, 1969. Le devis et marché est édité par Decrossas, 2008, t. II, p. 117-124.

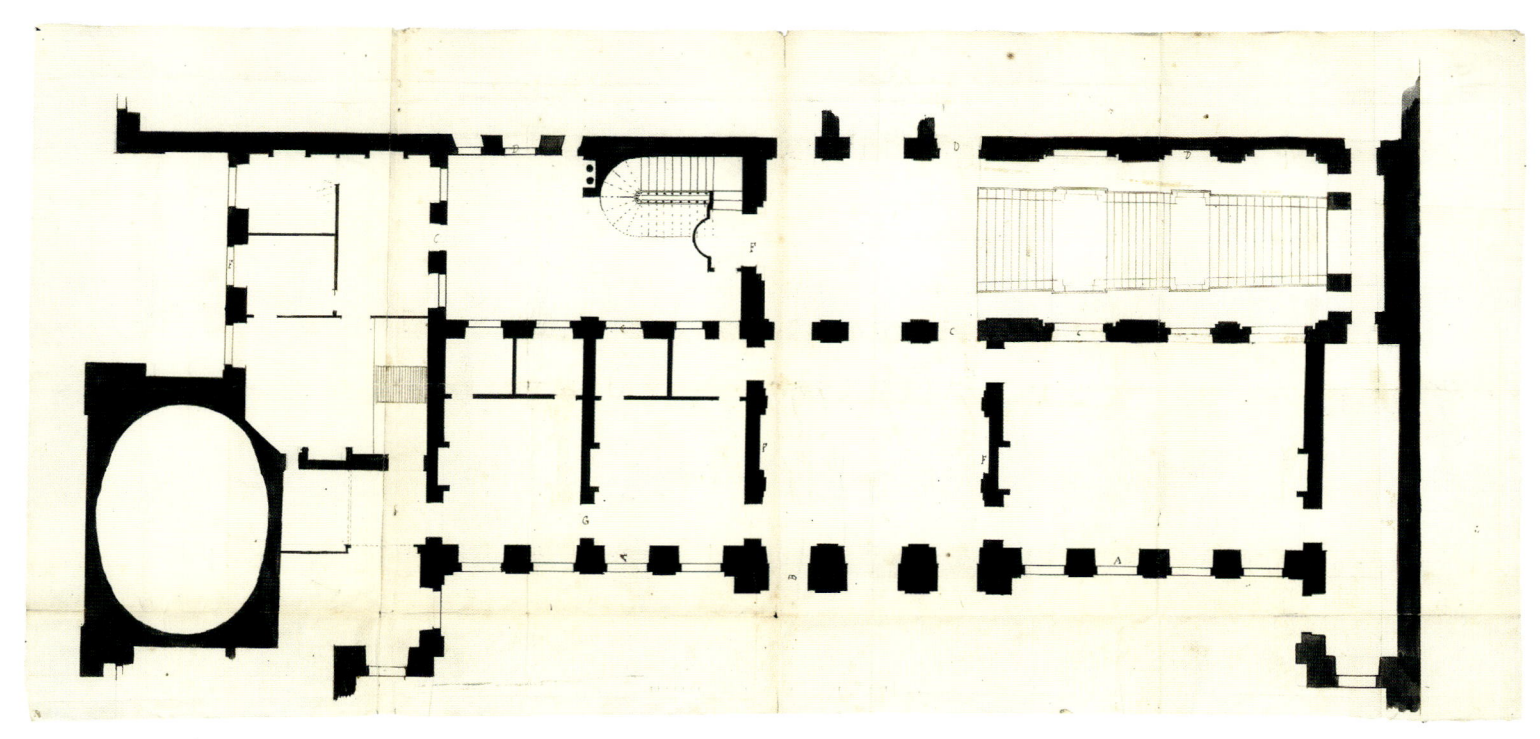

cat. 102, sans retombe

Donné à « Antoine Le Pautre ou Jean Girard » par Mickaël Decrossas, ce dessin possède des caractéristiques qui font plutôt songer aux feuilles issues de l'agence des Bâtiments du roi, notamment l'usage du pinceau et du lavis. Ce maître-autel a été mis en place au début des années 1680, puisqu'il accueille deux tableaux de Pierre Mignard peints vers 1682, une splendide *Descente de Croix*, aujourd'hui conservée à l'église de Gennevilliers, et une lunette dans la partie supérieure, disparue, dont l'emplacement est bien visible sur l'élévation. Girard a-t-il achevé ce chantier sur ses dessins ? C'est peu probable et il est tentant de penser que le duc d'Orléans a appelé un nouvel architecte, peut-être Jules Hardouin-Mansart dont la présence à la tête du chantier est certaine en 1688 pour créer le grand escalier qui manquait au château[1].

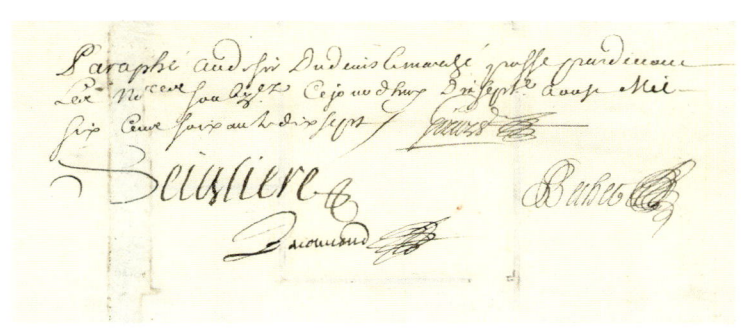

cat. 102, détail, verso de la retombe

1. Jestaz, 2008, t. 1, p. 275-277 et Gady (dir.), 2010, p. 338-341.

103.
Jacques IV Gabriel (vers 1635-1686)
Plans, coupe et élévations du château de Choisy, dessins contractuels joints au marché du 1er février 1679

A – Élévation de la façade sur jardin, coupe transversale du corps de logis et élévation d'un pavillon sur cour

Papier, graphite, plume et encre brune, lavis gris et bleu, 46 × 63 cm
Paris, Arch. nat., MC/ET/XCI/413 (RS//913, fol. 26)

B – Plan du rez-de-chaussée

Papier, graphite, plume et encre brune, lavis gris, 48 × 63 cm
Paris, Arch. nat., MC/ET/XCI/413 (RS//913, fol. 23)

Propriétaire du domaine de Choisy, situé au bord de la Seine au sud de Paris, la Grande Mademoiselle commande la construction d'un château neuf en 1679. « J'employai Gabriel, un fort bon architecte, qui servit fort bien mes intentions », dit-elle dans ses fameux *Mémoires*, où elle fait montre d'un véritable goût pour l'architecture[1]. Plutôt que Jules Hardouin-Mansart, architecte de son royal cousin, elle choisit un de ses parents, Jacques IV Gabriel. Né vers 1635, celui-ci est issu d'une famille venue de Normandie et honorablement connue dans la bâtisse depuis le XVIe siècle. Il a épousé en 1663 Marie Delisle, petite-nièce de François Mansart et sœur de l'architecte Pierre Delisle-Mansart ; il bénéficie donc de la protection du clan qui s'impose dans les Bâtiments du roi

---

1. Rivet, 2016.

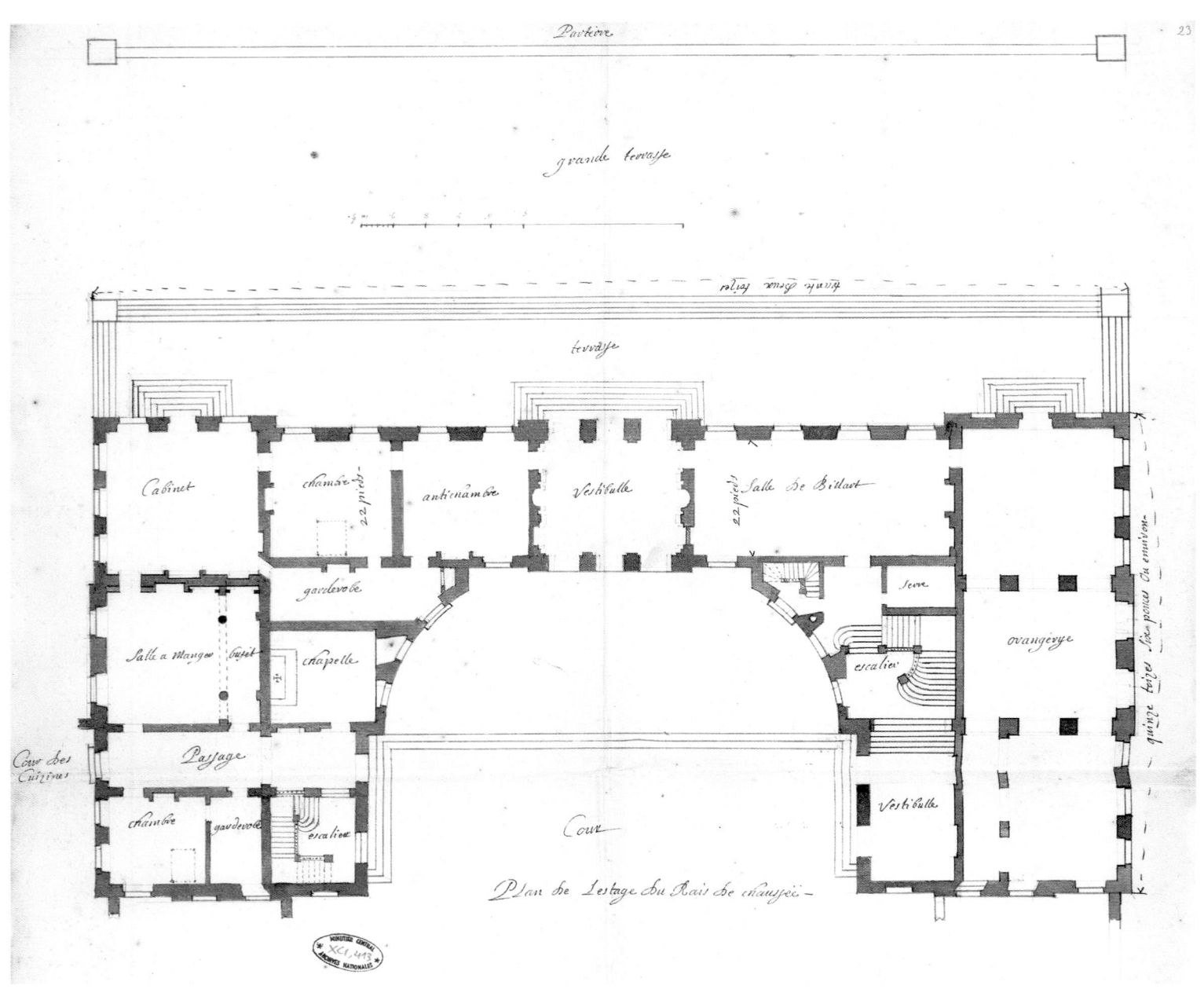

cat. 103-b

cat. 103-a

après 1666. Gabriel est principalement maître maçon et entrepreneur et, à ce titre, a dirigé des chantiers importants, dont celui du Pont-Royal, qu'il n'achèvera pas, puisqu'il meurt en 1686 pendant les travaux. Cependant, il a également une activité d'architecte : on lui doit les bâtiments neufs de l'hôtel royal des Gobelins, aménagés dans les années 1667-1670 sur ordre de Colbert, et surtout le château de Choisy, qui a toujours été considéré comme son chef-d'œuvre[1].

Le devis et son marché de maçonnerie sont accompagnés de plusieurs dessins, dont un plan du rez-de-chaussée et une feuille montrant deux élévations et une coupe. Leur qualité graphique n'est pas très grande, mais leur intérêt n'en est pas moindre pour autant : outre qu'il s'agit sans doute d'originaux de Gabriel, dont on ne connaissait pas de dessin jusqu'alors, ils présentent un édifice qui diffère de celui que montrent les gravures de Jean Mariette, publiées en 1728 dans son *Architecture françoise*. Sur le plan (cat. 103-b), on note que les espaces sont légendés, offrant un précieux état de la distribution prévue à l'origine. Celle-ci est à peu près conforme à ce qu'on trouve chez Mariette, à la réserve de la partie droite, où l'orangerie qui prolonge le grand appartement, une disposition rare mais pas inconnue au XVIIe siècle, cède la place à trois pièces, tandis que l'escalier prévu de ce côté, au plan très complexe, a été finalement bâti en place du vestibule et d'une partie à droite, afin de donner l'ampleur nécessaire au grand degré de la demeure.

Comme le plan, les élévations tranchent également quelque peu avec les gravures : le rez-de-chaussée, tassé et plus bas que le bel étage, contrairement aux usages, a été rehaussé sur les élévations gravées de Mariette. Si le grand comble brisé, ici lavé en bleu, avait bien cette ampleur sans doute pour être vu depuis le fleuve, il a reçu lors des travaux une balustrade, ici absente, qui en masque le pied. La coupe est prise sur le corps principal, et on y reconnaît la grande galerie voûtée, qui faisait face au parterre, dans une disposition toute versaillaise.

Acquis par le roi en 1739, le château sera modifié par le petit-fils de Gabriel, Ange-Jacques. Il a été entièrement détruit dans la première moitié du XIXe siècle.

1. En dernier lieu, Pérouse de Montclos, 2012, p. 20-23.

104.
François d'Orbay (1634-1697)
Plan du rez-de-chaussée du château de Chambord et de ses abords, relevé mis au net peut-être pour publication, s.d. [1682]

Jules Hardouin-Mansart (1646-1708)
Esquisses de l'avant-cour et des parterres, s.d. [1684]

Papier, plume et encre grise, lavis gris, bleu et vert, et sanguine, 56 × 73 cm
Paris, Arch. nat., O/1/1324, pièce 155

Après la mort de Louis Le Vau en 1670, François d'Orbay a naturellement pris sa succession à la tête des principaux chantiers royaux, faisant fonction de premier architecte du roi sans en avoir le titre pendant quelques années. Il se voit toutefois bientôt écarté du chantier de Versailles, recevant en contrepartie la responsabilité éphémère des bâtiments de Fontainebleau, de Blois et de Chambord, qui finissent par tomber eux aussi sous l'empire de Mansart, nommé premier architecte du roi en 1681.

De 1679 à 1683, l'une des missions confiées à D'Orbay est de faire « achever le château de Chambord, qui estoit resté imparfait[1] ». Il s'agit en particulier de couvrir et d'aménager les ailes basses des communs, d'achever la tour de la chapelle et d'améliorer la distribution du donjon, mais aussi de créer des communs et une avant-cour. Daté vers 1681-1682 par Monique Chatenet, le plan du château et de ses abords présente l'état des lieux avant le début des terrassements[2]. L'aquarelle appliquée à la plume et au pinceau, permettant un rendu très pittoresque des détails du paysage, est caractéristique des plans topographiques de D'Orbay, mais reçoit ici un traitement particulièrement soigné. On peut faire l'hypothèse que ce dessin, de facture comparable à ceux qu'il a exécutés en 1676 à Fontainebleau, était destiné à être gravé pour le Cabinet du roi dans la suite dite des Maisons royales, à laquelle D'Orbay contribue de 1676 à 1682 (cat. 147)[3].

Le plan de D'Orbay comporte en surcharge un autre dessin, à la sanguine, où sont esquissées une allée à quatre rangs d'arbres au droit du château et une grande avant-cour rectangulaire à pans coupés. Quelques allées et parterres sont également tracés aux abords immédiats du château, mais le respect des méandres du Cosson indique qu'il s'agit d'un dessin précoce, antérieur aux projets de canaux de 1685. Ces esquisses correspondent en partie droite au premier projet d'avant-cour connu par un plan autographe de D'Orbay et datable de 1682-1683[4], mais elles comportent également, en partie gauche, la proposition d'allonger l'avant-cour d'un tiers, de créer une demi-lune à l'entrée et de construire de grands corps de communs à l'emplacement du hameau et des écuries précédentes, le tout conformément à l'ordre donné par le roi en septembre 1684[5]. Sachant que dès le 1er octobre, le surintendant Louvois ordonne à Hardouin-Mansart de se rendre en personne à Chambord pour concevoir ces nouveaux aménagements, il faut sans doute voir dans ces esquisses la première pensée de l'architecte, tracée de sa propre main ou de celle d'un collaborateur qui l'aurait accompagné. Le projet finalement mis à exécution en décembre suit de près l'esquisse, mais en miroir, les communs étant déplacés à droite de l'avant-cour.

---

1. Laprade, 1960, p. 240-243 ; Chatenet, 2001, p. 157-181 ; Gady (dir.), 2010, p. 275-277.
2. Cat. exp. Paris, 1983, p. 343-345, n° 491 ; Chatenet, 2001, p. 176-177 et fig. 159.
3. D'Orbay a gravé les plans de Fontainebleau, Compiègne et Blois. Dans la suite des Maisons royales, deux vues perspectives ont été consacrées à Chambord par Israël Silvestre, mais le plan manque.
4. Chatenet, 2001, p. 177 et fig. 160.
5. *Ibid.*, p. 175 ; Jestaz, 2008, t. I, p. 269-270.

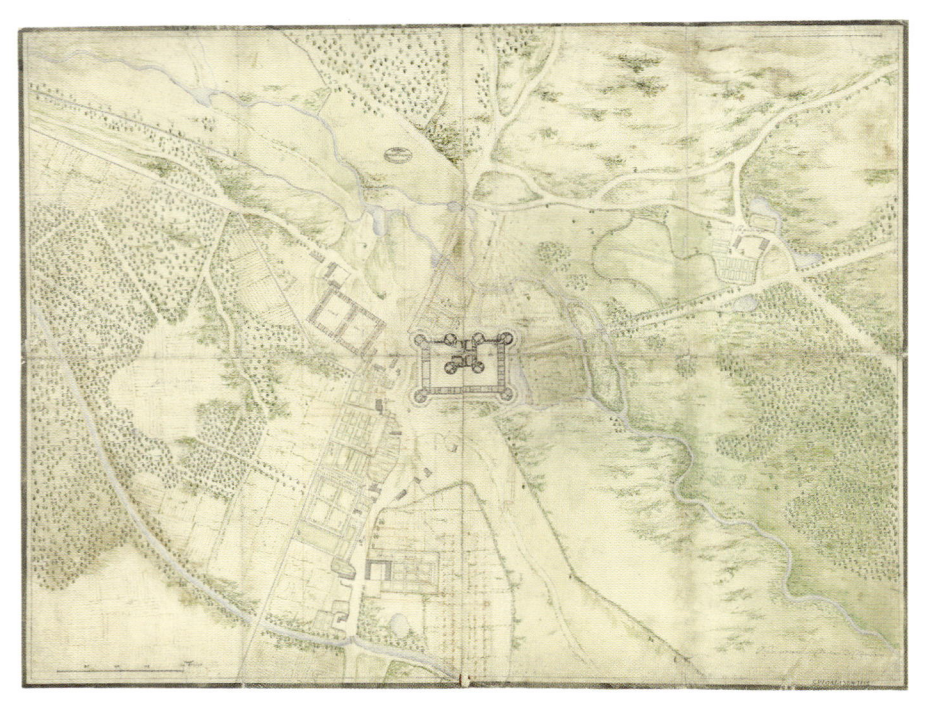

cat. 104

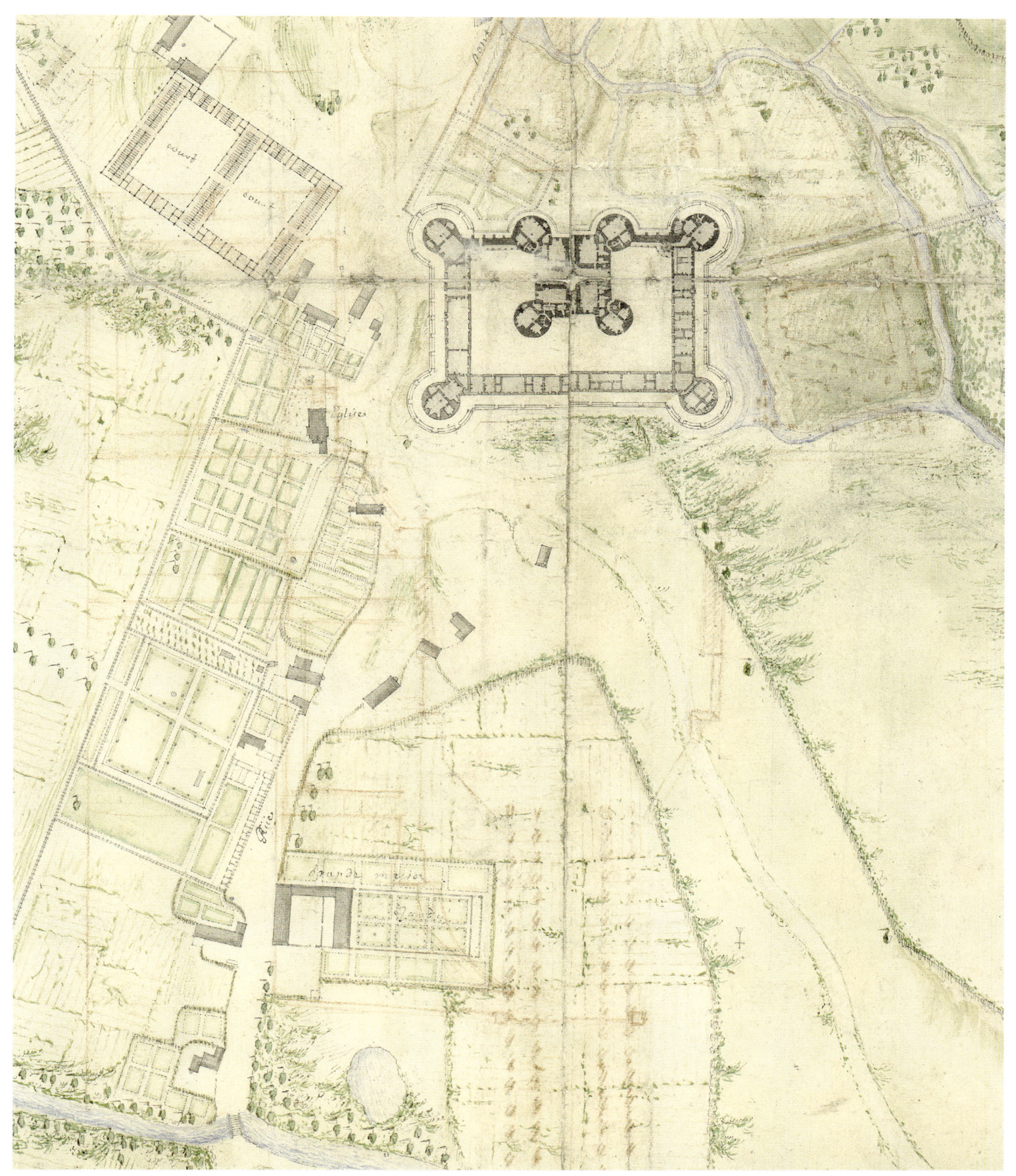

cat. 104, détail

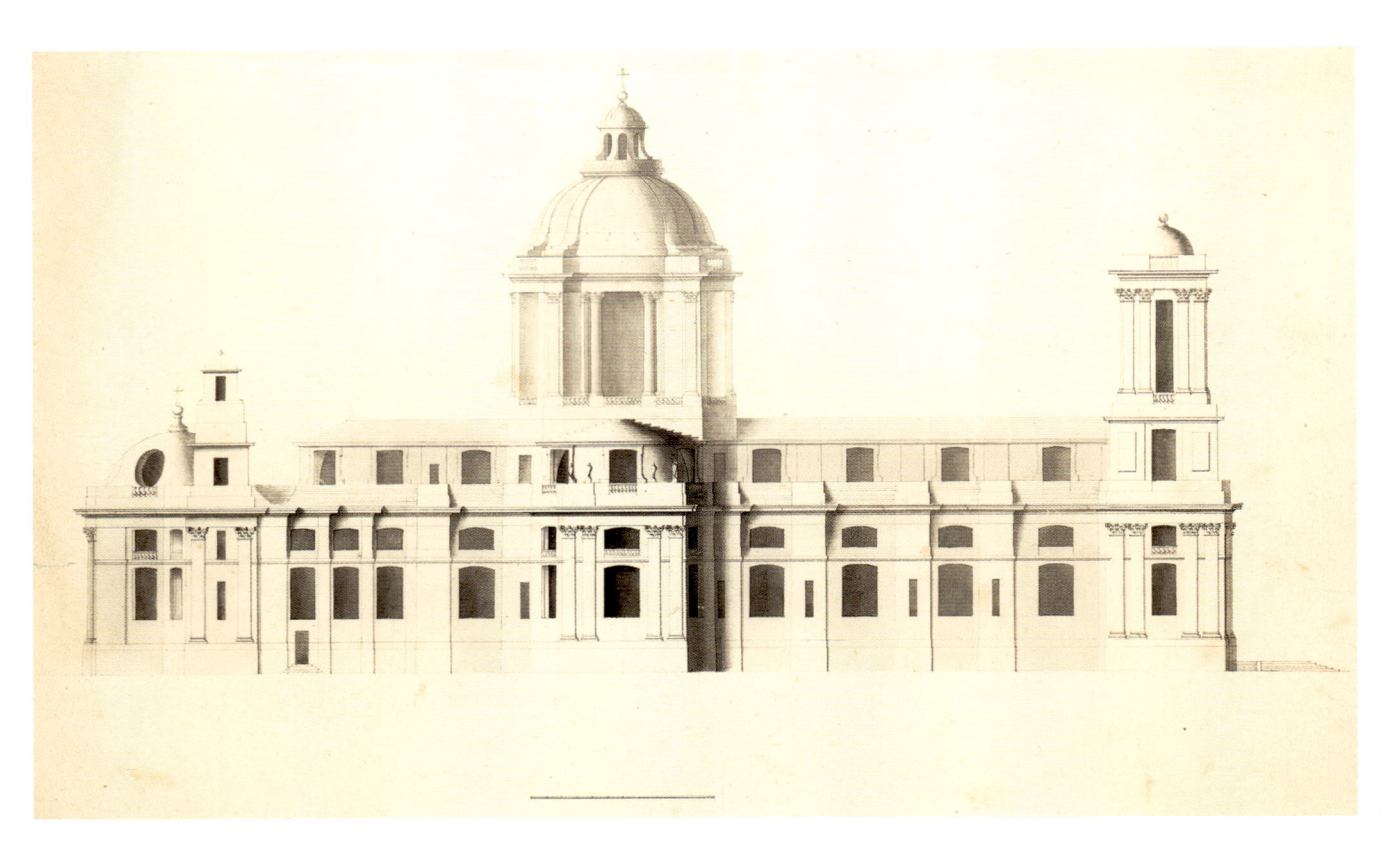

cat. 105

105.
Thomas Gobert (vers 1635-1708)
Élévation latérale d'une église paroissiale idéale,
s.d. [vers 1690]
Papier, tire-ligne et encre noire, lavis gris, 27,5 × 40 cm
Paris, Arch. nat., N/III/Seine/1295

Thomas Gobert est une figure singulière parmi les architectes français du règne de Louis XIV. Fils d'un maître maçon à Paris, il a relativement peu construit, mais a eu une carrière très éclectique, à la fois architecte praticien, ingénieur hydraulicien, officier des Bâtiments du roi, mais aussi auteur de traités techniques et sculpteur[1]. Son œuvre en tant que théoricien de l'architecture, révélée par Pierre Moisy, est peu connue, car restée largement manuscrite[2]. Elle tient principalement en un grand volume conservé à la bibliothèque de Munich, composé d'un « traitté pour conduire à la perfection de l'architecture » et d'un « traitté des trois anciens ordres de collonne réduite à une proportion générale très facile[3] ». Ce manuscrit de cinquante-six feuillets doit être l'exemplaire de présentation offert à Louis XIV, car il présente une reliure de maroquin rouge aux armes de France conforme à celles de la Bibliothèque royale. À sa mort en 1708, Gobert détenait à son domicile « un grand livre manuscript intitulé *Traicté pour conduire à la perfection de l'architecture* contenant quarante-sept desseins différents à la main dud[it] défunt » accompagné de « vingt-deux planches de cuivre rouge gravez sur lesd[its] desseins », estimés ensemble au prix de 200 livres, ainsi que « trente-huit desseins de la main dud[it] deff[unt] », apparemment non reliés, valant 10 livres[4]. Les planches gravées ont bien été imprimées, puisqu'un rare volume en est conservé au Cabinet des estampes sous le titre *Architecture de Gobert*[5].

Le traité de la *Perfection de l'architecture* porte seulement sur les églises royales et comprend trois parties. Dans la première, Gobert développe en dix planches le modèle d'une église idéale pour une « une parroisse telle qui se pourroit faire vis-à-vis le Louvre ». Suivent six projets de chapelle pour Versailles, respectant l'emprise des fondations construites en 1689, puis dix-huit dessins d'églises fantaisistes dont le plan forme « les lettres qui composent le nom de Louis le Grand ». Conçue en référence au *Traité du sublime* de Longin qu'avait traduit Boileau en 1674, l'église idéale – bâtie de maçonnerie seule, sans charpente ni couverture – constitue le projet le plus ambitieux de l'ensemble, préfigurant les réflexions des architectes du milieu du XVIIIe siècle. Une élévation isolée en est conservée aux Archives nationales, inventoriée comme un projet anonyme pour Saint-Sulpice, dans laquelle on sent l'influence de Saint-Paul de Londres. Correspondant à la 26e planche gravée du recueil de la Bibliothèque nationale et présentant la même finesse d'exécution que le manuscrit de Munich, elle peut donc être rendue à Gobert.

---

1. La Moureyre, 1990.
2. Moisy, 1961 (1962) ; Moisy, 1962.
3. Munich, Bayerisches Staatsbibliothek, Cod. icon. 188.
4. Arch. nat., MC/ET/LXI/313, inventaire après décès de Thomas Gobert, 15 juin 1708.
5. Bibl. nat. de Fr., Est., Ha 9 petit fol.

106.
Pierre Bullet (1638-1716)
Élévation de l'église Sainte-Geneviève à Paris, projet non exécuté, s.d. [vers 1685-1690]

Papier, graphite, plume et encre grise, 27 × 36 cm
Stockholm, Nationalmuseum, CC 130

Tout au long du XVIIe siècle, la situation monumentale de l'église Sainte-Geneviève a été dénoncée : sa pauvreté et sa vétusté contrastaient en effet fâcheusement avec l'importance de ce lieu de culte dédié à la patronne de Paris. L'absence de façade surtout suscitait la critique et, en 1625 déjà, le corps de ville avait sollicité trois architectes afin de bâtir un frontispice en placage, projets inaboutis dont les dessins sont conservés à la Bibliothèque Sainte-Geneviève, héritière des collections de l'abbaye royale[1].

À l'autre extrémité du siècle, ce problème devait à nouveau stimuler l'imagination des architectes et des théoriciens. Cette seconde séquence est plus riche et annonce les débats qui amèneront Soufflot au projet d'église neuve, quatre-vingts ans plus tard. On doit à Claude Perrault le projet le plus ambitieux, sans doute imaginé vers 1670 et dont témoigne un ensemble de six dessins, plan, élévations, coupes et vues intérieures en perspective. En 1697, Charles Perrault les offrait à l'abbaye en hommage à son aîné, mort dix ans plus tôt[2].

Se focalisant sur la question de la façade seule, d'autres projets sont imaginés dans les années 1680 sans doute. Ceux de Pierre Bullet sont les plus intéressants et ont fait naguère l'objet d'une étude convaincante[3]. Ce dernier rompt avec Perrault en proposant d'élever au premier niveau un portique de temple à l'antique avec son fronton monumental, correspondant au modèle hexastyle vanté

---

1. Pericolo, 1999.
2. En dernier lieu, voir Petzet, 2000, p. 448-464.
3. Strandberg, 1971-a ; deux dessins mis au net sont de la main de Bullet de Chamblain (THC 8028, élévation géométrale, et THC 6707, élévation de l'aile sur la place du « Quarré »).

cat. 106

par Vitruve et commenté par Blondel dans son *Cours* (t. I, p. 182). Celui-ci étant moins haut que le pignon médiéval, Bullet est obligé d'en travestir la partie haute au moyen d'un second niveau sans ordre ni décor, destiné à servir de faire-valoir au portique. C'est ce que montre un célèbre dessin en perspective, attribué à Sébastien Leclerc[1].

Notre dessin est une étude pour le seul portique hexastyle, ce qui a parfois amené à y voir un projet pour une autre église, en l'occurrence Saint-Louis-en-l'Île, où Pierre Bullet a effectivement travaillé. Il est entièrement de sa main, dont on reconnaît la manière un peu raide, avec un jeu de hachures et sans recours au lavis. Il a été collé en plein sur un papier fort et présenté dans un cadre en papier bleu, un montage sans doute réalisé en France peut-être à la demande de Cronstedt. C'est dans cet état qu'il est passé dans sa collection, qui compte par ailleurs peu de feuilles de Bullet. On remarque qu'il est entièrement coté, et ne correspond pas tout à fait au projet tel que le montrent les deux autres élévations de la suite. Outre l'ordre, ici composite et non corinthien, et la hauteur des niches encadrant la porte, Bullet a placé aux extrémités, pour caler sa composition, deux murs ornés d'un pilier portant une statue en acrotère ; dans le projet le plus abouti, il ajoute aux extrémités une colonne carrée en léger retrait, disposition qui est une variation subtile sur le motif *in antis*, sans en être une citation comme le pensait Strandberg. Cette différence, plus que les autres, fait penser qu'il s'agit ici d'une première esquisse, avant la mise au point de la solution définitive.

cat. 106, détail

---

1. Stockholm, Nationalmuseum, THC 6594.

107.
Pierre Bullet (1638-1716)
et Jean-Baptiste Bullet de Chamblain (1665-1726)
Esquisses en plan et en élévation pour l'achèvement de l'église Saint-Roch à Paris, projet non exécuté, s.d. [vers 1710-1715]

Papier, graphite, pierre noire, plume et encre noire, lavis rouge, 65 × 52 cm
Stockholm, Nationalmuseum, THC 6766 verso

La construction de l'actuelle église paroissiale Saint-Roch, commencée en 1653 (cat. 123) sur les plans de Jacques Lemercier, a duré quatre-vingt-trois ans, pour s'achever avec la réalisation de sa façade principale, rue Saint-Honoré, en 1736[1]. À l'instar de celui de Saint-Sulpice, un aussi long chantier n'a pas manqué de susciter une suite de projets dont témoignent plusieurs feuilles, qui datent toutes, à une exception près, des premières années du XVIIIe siècle. Les collections suédoises conservent ainsi un ensemble de dessins de l'architecte Jean-Baptiste Bullet de Chamblain, fils de Pierre Bullet[2] : un plan (THC 7974) ; une élévation, soignée et qui semble être un dessin de présentation (THC 8059) ; ainsi qu'une élévation latérale de la façade côté ouest (THC 8133). Cet ensemble de feuilles n'est pas homogène, puisqu'il propose trois solutions différentes. Se rattachent à ce dossier une coupe prise au revers de la façade (THC 8097), au dessin nerveux, et deux feuilles qui étudient le détail de l'angle de la façade projetée : l'une est un recto verso (THC 8021) et concerne l'angle oriental ; l'autre, ici exposée, concerne l'angle occidental, suivant une autre proposition.

Sur le recto, un dessin de présentation autographe de Pierre Bullet représente la façade sur cour de l'aile droite du palais épiscopal de Bourges, son grand projet inabouti. Le verso est un bel exemple de collaboration graphique entre les deux architectes. On reconnaît à droite le premier niveau de la façade d'ordre dorique, dont l'épaisseur est celle d'un pilastre, avec ses colonnes engagées et son entablement, qui domine un emmarchement. Sur la rue Saint-Roch, elle est flanquée d'une chapelle couverte d'un comble en dôme. Toute cette partie est de Pierre Bullet, qui n'use que de l'encre noire, à la réserve du dôme à la pierre noire, et aime les hachures réglées verticales et biaises, qui donnent à cet ensemble une manière un peu raide. À son fils Jean-Baptiste, dont la plume concise et l'usage du lavis sont bien reconnaissables, revient en revanche, en dessous, le plan de la chapelle, lavé de rouge. Placée à un endroit difficile, où l'alignement de la nef devait s'articuler à la façade en rattrapant le biais de la rue Saint-Roch, cette chapelle de plan ovale forme une légère saillie. On remarque le soin apporté à sa conception, notamment l'entrée encadrée par deux colonnes et que ferme une balustrade.

Ces projets, dont on ignore la motivation précise, ne connaîtront aucune réalisation, et la façade sera bâtie sur les dessins de Robert de Cotte.

---

1. Voir en dernier lieu Gady, 2015 et Losserand, 2016.
2. Strandberg, 1971-b, p. 69-77.

cat. 107

108.
Jules Hardouin-Mansart (1646-1708) et collaborateur anonyme
Plan, élévation et coupe de l'hôtel de Bellefonds à Versailles, dessins contractuels, s.d. [1670]

A – Plan du rez-de-chaussée et élévations sur cour

Papier, plume et encre brune, 54,7 × 41,5 cm
Paris, Arch. nat., MC/ET/I/156 (RS//188)

B – Coupe longitudinale

Papier, plume et encre brune, 23,5 × 41,2 cm
Paris, Arch. nat., MC/ET/I/156 (RS//188)

Au début des années 1670, le lotissement de la ville neuve de Versailles constitue un chantier stimulant pour l'architecture française : sur de vastes terrains distribués par le roi aux plus grands personnages de la Cour, il est loisible d'élever *ex nihilo* des demeures à la mode, bien en vue du souverain bâtisseur. Cet élan est cependant bridé par des règles et servitudes liées au château et contrôlées par la surintendance des Bâtiments du roi. Ville pavillonnaire ou cité-jardin avant la lettre, le premier Versailles n'est donc pas complètement une terre de liberté architecturale.

C'est ce qu'illustrent bien ces deux documents, qui appartiennent à une série de six dessins, attachés originellement à un acte d'association passé devant notaire entre Jules Hardouin-Mansart et le charpentier Jean Bricart, en janvier 1670. Les deux hommes se lancent en effet dans l'édification, avec les mêmes entrepreneurs, de trois demeures à Versailles : l'hôtel du maréchal de Bellefonds, avenue de Paris, celui du duc de Créqui, rue de la Pompe, et celui du comte de Soissons, rue des Réservoirs. Les travaux de l'hôtel de Bellefonds sont les mieux connus, d'une part grâce à cette suite de dessins, mais encore parce qu'ils se sont déroulés avec difficulté, ce qui a donné lieu à plusieurs expertises : entre d'importants changements de parti intervenus dès le début des travaux, l'impécuniosité du maître d'ouvrage et un grave incident de chantier, l'édifice a pris une autre forme que celle prévue au devis signé le 21 février 1670, devis auquel se rattachent ces dessins[1].

Combiné à l'élévation sur cour (cat. 108-a), le plan est tracé avec soin à l'encre brune, d'une manière un peu raide qui a poussé Bertrand Jestaz à y voir la main d'un collaborateur du maître. Le plan du pavillon principal est trouvé : un rectangle double en profondeur, avec vestibule et salon central, et une galerie à gauche sur le jardin ; le dessin des voûtements des pièces est figuré en pointillé, ainsi que la place des lits. En revanche, l'aile de communs (cuisines et écuries) et sa cour, à droite, qui s'articule au logis principal, demeurent dans la tradition et seront finalement abandonnées au profit de l'autonomisation de l'hôtel, dont les annexes seront disposées autour de la cour, suivant le parti du Trianon de porcelaine de Le Vau. Ce changement est certainement lié à la réalisation en symétrie de l'autre côté de l'avenue de Paris de l'hôtel de Chaulnes, également confié à Hardouin-Mansart. Une intervention de la puissance publique aura ici permis de transformer deux hôtels privés en un ornement urbain de la principale avenue de Versailles.

La coupe longitudinale (cat. 108-b), précieuse pour le dessin de la charpente, mais surtout pour la manière dont s'y accrochent les plafonds à voussures des appartements, montre une autre intervention de l'administration royale : elle est en effet paraphée, comme tous les dessins, par Charles Perrault, premier commis de Colbert, qui est également l'auteur de la légende : « Le présent profil ne sert que pour régler le nombre des fermes et l'assemblage de la charpenterie, et non point pour la haulteur du comble qui se doit régler sur l'élévation. » On constate en effet qu'entre cette coupe et l'élévation portée sur le plan, le bâtiment accuse une différence de 3,5 pieds de moins, soit un peu plus d'un mètre. L'intervention de Perrault se rattache donc au réglage de la hauteur du comble, en vertu de la servitude *non altius tollendi* qui frappe dès ce moment la ville royale.

1. Jestaz, 2008, t. I, p. 68-76.

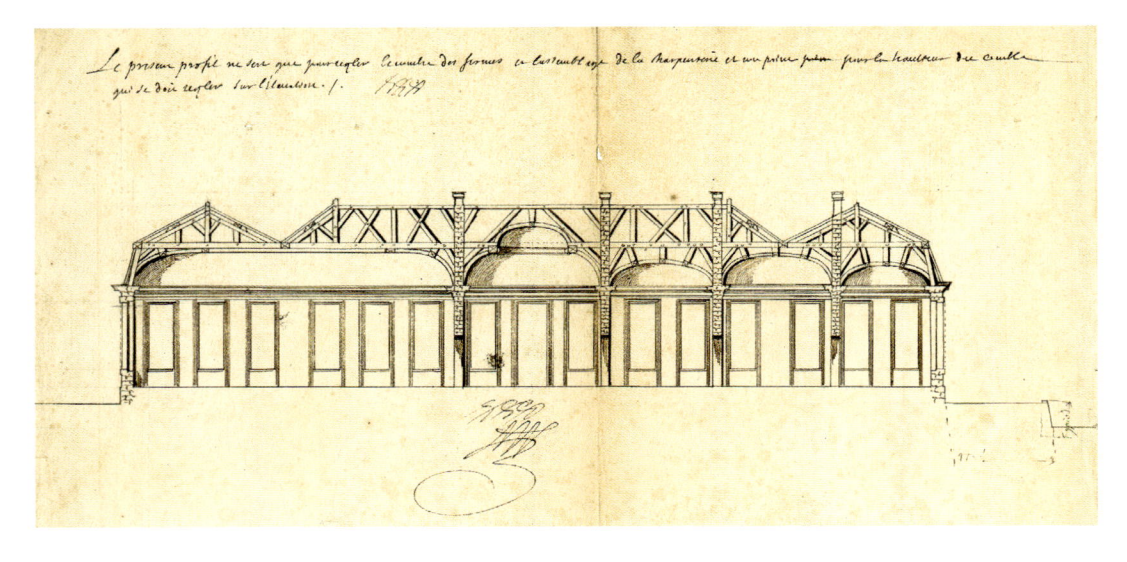

cat. 108-b

cat. 108-a

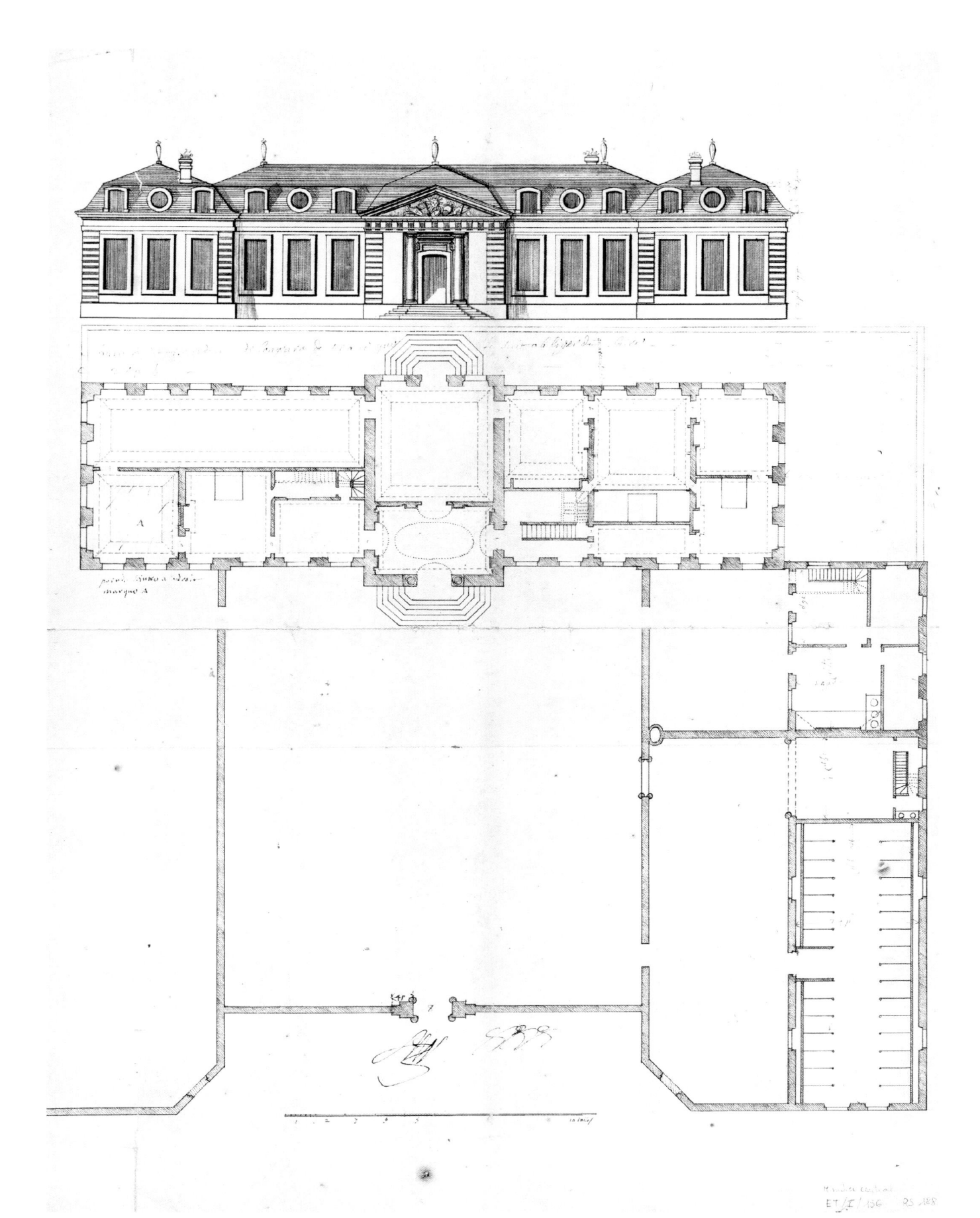

109.
Jules Hardouin-Mansart (1646-1708) et collaborateur anonyme
Plan du premier étage du château de Chantilly,
projet de réaménagement, s.d. [1684]

Papier, graphite, plume et encre noire, pierre noire, 46,2 × 62,7 cm
Paris, Bibl. nat. de Fr., Est., Va 434 [Robert de Cotte, 186]

Tout au long de sa carrière, Jules Hardouin-Mansart a été confronté à des projets de transformation d'édifices anciens, qu'ils soient médiévaux (Louvois, Maintenon ou Sagonne) ou plus récents, comme Dampierre, Saint-Germain-en-Laye, ou Saint-Cloud. Ces « rapetassages » montrent une autre face de son talent, même si ces travaux n'ont pas eu les honneurs de la gravure et sont parfois délicats à analyser. Tel est le cas du château de Chantilly, domaine des princes de Condé au nord-est de Paris. La famille, qui avait employé François Mansart dans son hôtel parisien, conserva sa confiance à son petit-neveu, qui est cité dès 1674 à Chantilly, aux côtés de Le Nôtre et de l'architecte Gittard. Suivant un phénomène habituel, Hardouin-Mansart finit par supplanter ses prédécesseurs et prendre en main les travaux : dès 1683, il élève une orangerie, avant de transformer en 1684 le Petit-Château de Bullant. Au milieu des années 1680 enfin, le duc d'Enghien lui demande des projets de transformation du grand château[1].

Assis sur une plateforme triangulaire bordée d'eau, cet édifice médiéval offrait un ensemble disparate et mal distribué qu'il n'était cependant pas possible de détruire entièrement. Hardouin-Mansart travaille donc à une régularisation de la cour, en suivant deux idées : reprendre la pointe qu'encombrait une chapelle hors œuvre, pour y élever un ensemble imposant comprenant un grand vestibule ovale et un escalier en arrière, logé dans le triangle et sans doute éclairé zénithalement ; en face, unifier les logis au moyen d'une façade concave, que devait marquer au centre un avant-corps suivant le même mouvement.

On conserve de ce grand projet un plan du rez-de-chaussée, dessin lavé et fini, et le plan du premier étage, à l'encre et au graphite, qui porte en surcharge des propositions à la pierre noire. On peut y saisir l'architecte au travail : il réfléchit à la distribution, qui est détaillée grâce au nom des pièces, en suggérant des recoupements pour créer des corridors, assouplir les enchaînements et les articulations, au moyen de salles ovales, en trapèze ou en abside, qui annoncent le goût du XVIIIe siècle pour ce genre de volumes plutôt rares dans la distribution française. On note dans l'avant-corps le petit degré ovale à jour, un type qu'affectionnait l'architecte.

Lancé en 1687, le chantier s'arrêtera trois ans plus tard, laissant inachevé l'ambitieux programme de Mansart, trop coûteux sans doute, même pour les princes de Condé.

---

1. Jestaz, 2008, t. I, p. 261-265 ; Gady (dir.), 2010, p. 326-331.

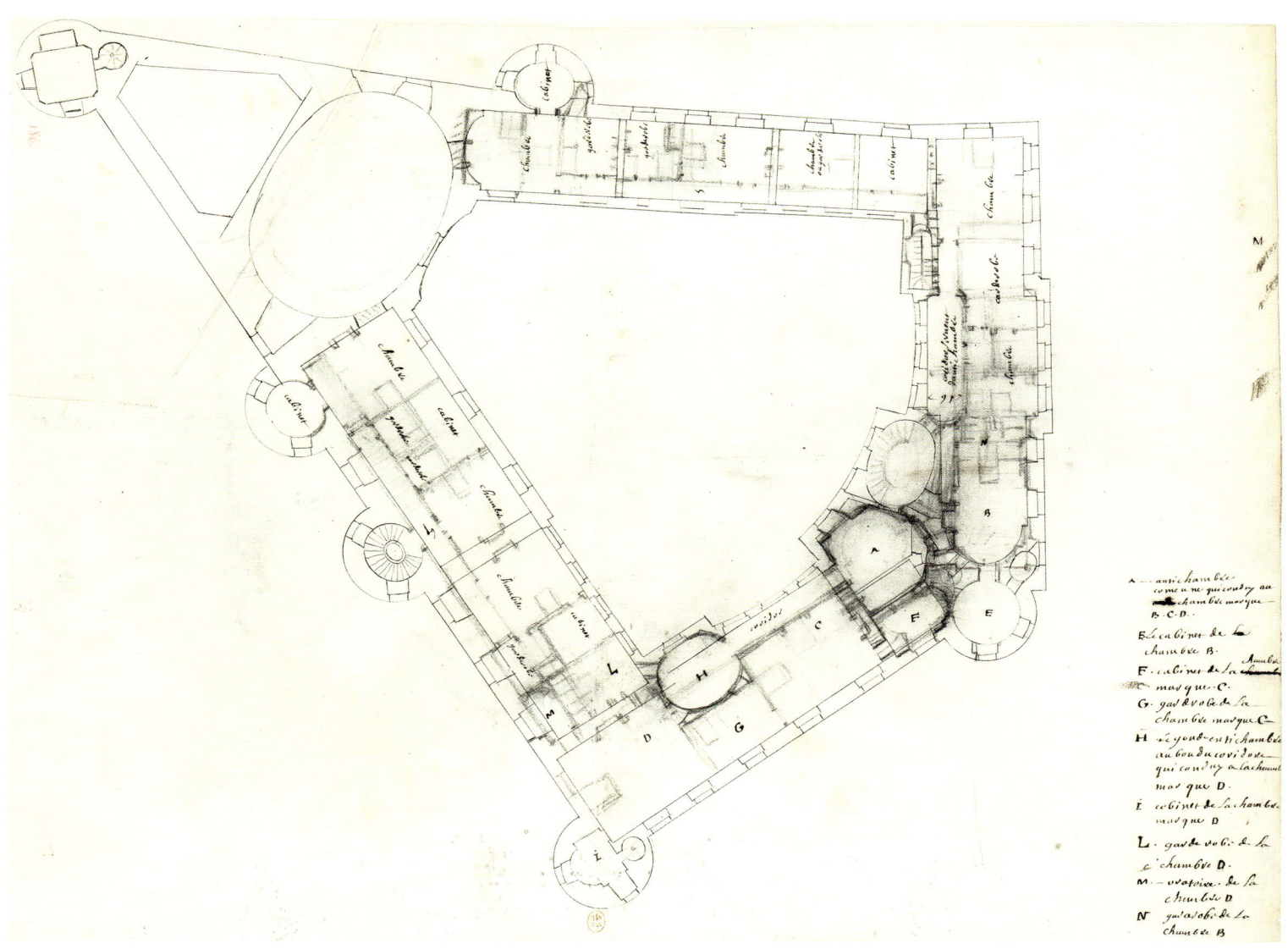

cat. 109

110.
Jean Beausire (1651-1743)
Élévation de l'arcade ionique et du piédestal de la statue de Louis XIV à l'hôtel de ville de Paris, dessin contractuel joint au marché du 13 décembre 1688

Papier, tracé préparatoire au graphite, tire-ligne, plume et encre de Chine, lavis gris, rose et jaune, 67,5 × 52 cm
Paris, Arch. nat., MC/ET/XIX/598

Figure aujourd'hui oubliée, l'architecte Jean Beausire a connu une carrière d'une rare longévité au service de la Ville de Paris, carrière marquée par une réputation de labeur et de probité, par un caractère rugueux également[1]. Après avoir travaillé pour la municipalité dès 1681 et donné l'année suivante le dessin des grilles de la place Royale, Beausire acquiert en décembre 1683 de la veuve de Michel Noblet l'office de « maître des œuvres et garde des fontaines de la Ville ». Il le complète en 1690 par celui de « contrôleur des Bâtiments de la Ville », qui fusionnent en 1706 dans l'office de « maître général, contrôleur et inspecteur des Bâtiments, garde ayant charge des fontaines de la Ville ». Couronnement de sa carrière, il est agréé en 1716 à l'Académie royale d'architecture, en remplacement de Pierre Bullet. Responsable des travaux municipaux durant cinquante-neuf ans, Beausire a parcouru Paris en tous sens, donné des alignements, effectué des travaux d'entretien et des expertises, bâtissant plusieurs fontaines et même une caserne. Les archives de la Ville conservent de nombreux plans et dessins techniques de sa main.

En 1689, lorsque les édiles parisiens passent commande à Antoine Coysevox d'une nouvelle statue de Louis XIV pour remplacer celle de Gilles Guérin posée dans la cour de l'Hôtel de Ville après la Fronde, Beausire est logiquement chargé des travaux. Faisant suite à la visite du roi au corps de ville en janvier 1687, cette commande marque la réconciliation du souverain avec sa capitale, où il a cessé de résider depuis février 1671. Mais il s'agit surtout d'une opération de *monarchisation* de la maison municipale, qui accueille déjà en façade, au-dessus de sa porte, un bas-relief équestre de Henri IV. Beausire conçoit l'écrin destiné à accueillir la statue, placée dans l'arcade centrale de la cour du XVIᵉ siècle, face au portail d'entrée. Ce dessin contractuel inédit, resté attaché au marché des marbriers Jérôme Derbais et Hubert Misson, en restitue le détail et la polychromie. L'arcade est enrichie d'une travée ionique portée par deux colonnes adossées, abritant le piédestal, représenté vide. Les deux colonnes sont en marbre rouge (Caunes-Minervois), que le roi affectionne particulièrement et qui vient d'être employé avec succès au Trianon de marbre. Ces colonnes sont d'ordre ionique scamozzien, celui de Versailles, que Hardouin-Mansart multiplie alors dans l'architecture royale (place des Victoires et première place Vendôme, Trianon[2]). Elles supportent un entablement où alternent chiffre royal et fleur de lys autour du soleil apollinien. Tracé au tire-ligne et à l'encre de Chine, le dessin est un mixte entre une représentation géométrale, en élévation, et perspective, à l'intérieur de l'arcade. Plutôt qu'une maladresse, il doit s'agir d'un expédient graphique pour montrer l'ensemble du revêtement, sans avoir à fournir un plan ou une coupe. Dépourvu de cotes et même d'échelle, cette vue appelait nécessairement des dessins d'exécution complémentaires.

Dans ce tabernacle monarchique prend place la statue pédestre en bronze du souverain, inaugurée le 14 juillet 1689. Un feu d'artifice fut tiré pour l'occasion place de Grève et on érigea un temple octogonal, suivant une idée du père Ménestrier, dont la vue gravée par Pierre Le Pautre se vendait « chez M. Beausire », preuve supplémentaire de l'investissement de ce dernier dans ces travaux. Les deux mêmes firent paraître une relation de vingt-neuf pages, avec une planche de Le Pautre figurant la statue seule. Surtout, ce dernier tira du monument une splendide gravure mettant en scène la figure royale dans un décor mi-réel, mi-allégorique, au sein duquel on reconnaît précisément l'architecture dessinée par Beausire[3] (fig. 41). Il en aurait donné lui-même l'idée, si l'on en croit le récit du *Mercure galant* de janvier 1690. De ce précieux décor, disparu à la Révolution, seule subsiste la statue[4].

fig. 41. Pierre Le Pautre, vue allégorique de la statue de Louis XIV dans la cour de l'Hôtel de Ville, 1689, Paris, Bibl. nat. de Fr., Est., Rés. QB-201

---

1. Dérens, 1995.
2. Gady, 2010.
3. Bibl. nat. de Fr., Est., AA 5 Lepautre ; voir *I.F.F. Graveurs du XVIIᵉ siècle*, t. XIII, 2008, nᵒˢ 76, 225 et 784. Beausire s'en attribue l'invention et a signé au pied de la colonne de gauche.
4. Miraculeusement conservée en 1792 et 1871, elle est aujourd'hui exposée dans la cour du musée Carnavalet.

cat. 110

111.
Augustin Charles d'Aviler (1653-1701)
Coupe longitudinale d'un château royal, dessin de présentation signé, s.d. [entre 1679 et 1691]

Papier, plume et encre noire, lavis gris et bleu, 50,3 × 86,9 cm
Paris, Arch. nat., O/1/1708, pièce 39
Inscription : en bas à droite, lacunaire, « A. C. d'Aviler f[ecit] Parisi[us] an[no] […] invenit et [delineavit] ».

Suivant une habitude qui lui est propre, Augustin Charles d'Aviler a pris le soin de signer et de dater cette grande coupe d'un château non identifié, mais la date a malheureusement été coupée avec les marges. La manière graphique de l'architecte est bien reconnaissable, dans la représentation méticuleuse des détails au tire-ligne et à l'encre noire et dans la qualité des lavis et des ombres, mais aussi dans la médiocrité assez marquée des figures et des ornements. Conservée dans les archives de la surintendance des Bâtiments du roi, au milieu d'une liasse concernant les châteaux de Clagny et de Saint-Cloud, cette feuille a été rapprochée tantôt de l'un, tantôt de l'autre édifice, depuis sa première publication en 1960[1].

---
1. En faveur de Clagny : Laprade, 1960, p. 193 et pl. VIII-7 et Marie, 1972, p. 70 ; en faveur de Saint-Cloud : Verdier, 2003, p. 141 et 495 ; Jestaz, 2008, t. I, p. 220-221.

La coupe montre un château de plan massé rectangulaire, composé d'un grand pavillon central à trois travées, visiblement saillant en façade, de deux corps de logis de cinq travées et de deux pavillons extrêmes de trois travées, pour une longueur totale de quarante toises (78 m). L'édifice repose sur des caves et un niveau d'offices à demi enterrés, formant soubassement, au-dessus desquels s'élèvent un rez-de-chaussée et un étage noble, ainsi qu'un étage attique au moins sur les pavillons extrêmes.

Les dedans sont entièrement composés et ornés, avec des détails très précis de distribution, comme les coupes sur les corridors dans les charpentes. Les trois pavillons abritent des pièces en vaisseau « à l'italienne » : dans celui de droite, D'Aviler a placé un escalier à l'impériale, type très rare dans l'architecture française de l'époque ; au centre, il dessine au rez-de-chaussée un vestibule ionique et, à l'étage, un grand salon, de plan circulaire ou ovale, s'élevant sur deux niveaux et entouré de douze colonnes colossales corinthiennes ; à gauche, un second salon, dont les baies principales sont composées suivant le motif *in antis*, l'arcade étant flanquée de deux colonnes alignées sur des pilastres angulaires. Ce motif, que Jules Hardouin-Mansart introduit dans le décor intérieur à Versailles à la galerie des Glaces en 1678, fournit sans doute un *terminus post quem* à l'exécution du dessin de D'Aviler. Enfin, l'architecte a multiplié les symboles monarchiques dans le décor : médaillon du roi en relief dans une voussure, tête du soleil apollinien dans le panneautage d'une salle, armes de France (sans lambel ni brisure) et couronne dans le salon central.

Face à ces constats, les deux hypothèses d'identification précédemment évoquées paraissent impossibles à soutenir, pour des raisons tant de proportions des édifices et de convenance du décor que de chronologie, puisque D'Aviler rentre d'Italie à l'automne 1679 (cat. 60), date à laquelle les châteaux de Saint-Cloud et de Clagny sont pratiquement achevés. À l'évidence, il ne faut pas chercher à voir dans ce dessin un projet pour un édifice précis, mais plutôt un exercice théorique ou académique, le moyen pour le jeune architecte, après un long séjour hors de France, de faire sa cour et d'attirer l'attention sur ses capacités. Qu'il se trouve aujourd'hui dans les archives des Bâtiments du roi incite à penser que D'Aviler l'a présenté au surintendant, peut-être dans l'espoir d'obtenir un emploi sur un des chantiers de la Couronne.

cat. 111, détail

cat. 111

112.
Augustin Charles d'Aviler (1653-1701)
Plan du rez-de-chaussée du palais archiépiscopal de Toulouse, dessin de présentation daté et signé, 1693

Papier entoilé, plume et encre noire, lavis noir, gris et rouge, légendes à l'encre brune, 156 × 90 cm
Toulouse, Arch. dép. Haute-Garonne, PA 228

113.
Anonyme
Coupe du grand escalier du palais archiépiscopal de Toulouse, esquisse du projet exécuté, s.d. [1690-1691]

Papier, graphite, plume et encre brune, 43,7 × 41,5 cm
Paris, musée Carnavalet, D. 6947

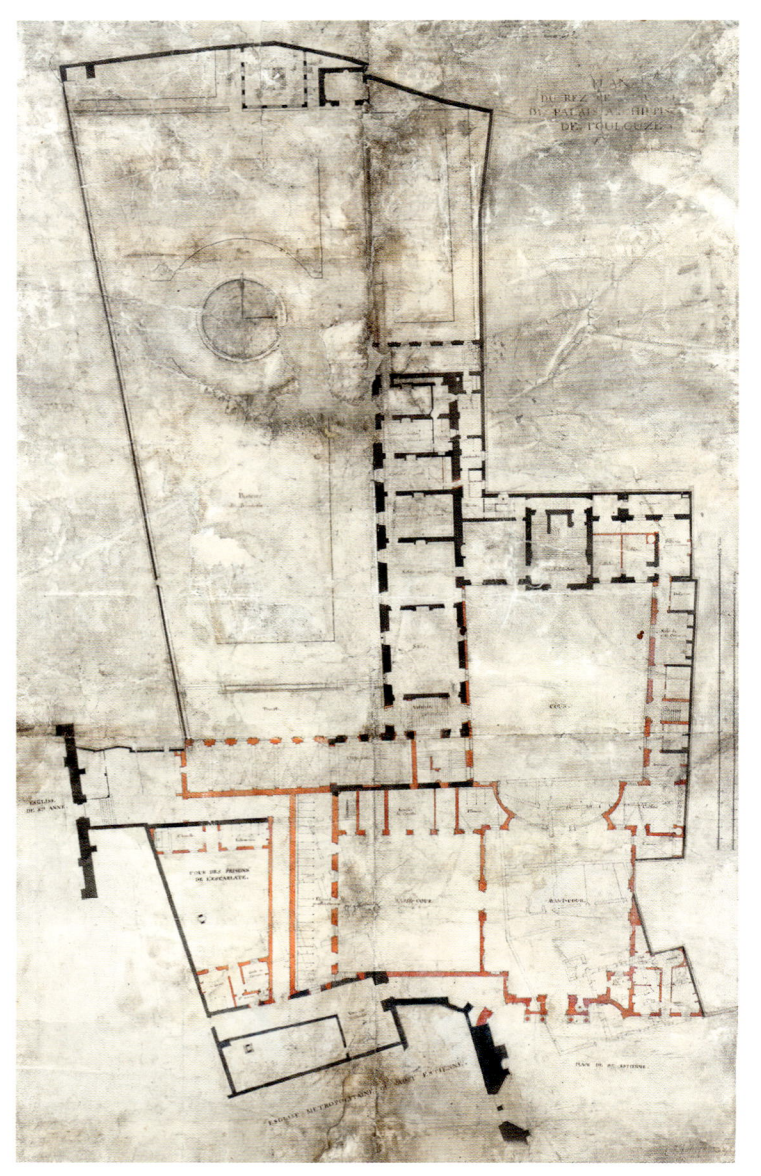

Cinq ans après son retour de Rome, D'Aviler obtient en 1684 son premier poste, un emploi de « dessinateur des Bâtiments du roi » auprès du premier architecte[1]. Le travail du dessinateur est ingrat, surtout auprès d'une personnalité souveraine comme Hardouin-Mansart, et D'Aviler regrettera par la suite « d'avoir perdu cinq années de son temps auprès de cet architecte[2] ». Saisissant l'offre qui lui est faite d'aller conduire la construction de l'arc du Peyrou à Montpellier, il quitte Paris en 1691 et s'installe dans le Midi. Son succès est immédiat, puisqu'il reçoit en 1693 le titre d'architecte des États du Languedoc ainsi que de nombreuses commandes privées. À la demande de l'archevêque Jean-Baptiste Michel Colbert, D'Aviler dessine en 1693 un grand plan, daté et signé, pour l'embellissement de son palais toulousain[3] (cat. 112). Suivant le code désormais établi, il représente en noir les maçonneries existantes à conserver, en pointillé sans lavis celles à démolir et en rouge celles à exécuter de neuf. Le projet consiste principalement à reconstruire la façade de l'aile droite sur cour pour y installer les offices, rhabiller celle de gauche en symétrie, bâtir une galerie neuve au bout du jardin et démolir tous les anciens édifices sur la place Saint-Étienne pour les remplacer par une avant-cour avec une basse-cour et l'officialité sur la gauche.

Conduits par l'architecte local Nicolas Buterne, ces travaux n'ont été que partiellement exécutés, mais ils ne constituent en réalité que la dernière phase d'un programme de restructuration commencé quelques années auparavant. Nommé au siège de Toulouse en 1687, Monseigneur Colbert a d'abord commandé la reconstruction entière du corps de logis principal, au fond de la cour, dont le marché a été passé en 1690 en présence de l'architecte Buterne, et l'année suivante, un contrat particulier a été signé avec un tailleur de pierre pour les marches du grand escalier dans le pavillon central[4]. Pour ces ouvrages, le nom de D'Aviler est parfois prononcé, mais une intervention aussi précoce n'est pas vraisemblable, alors qu'il n'est pas encore établi à Montpellier.

Un dessin inédit vient éclairer ce dossier (cat. 113) : il s'agit d'une coupe transversale du corps de logis au droit du grand escalier à vide central. Un écu aux armes de la famille Colbert, surmonté du chapeau et de la croix à double traverse des archevêques, est esquissé au-dessus d'une porte au rez-de-chaussée et permet d'identifier le commanditaire. L'escalier lui-même est presque conforme à l'ouvrage exécuté, en place dans l'actuel hôtel de la préfecture : on y reconnaît les deux premières rampes sur échiffre, la troisième rampe et le palier portés par de grands arcs, ainsi que l'ordonnance ionique du premier étage, qui subsiste malgré sa réfection en faux-marbre au XIXe siècle. Outre l'ajout d'un repos entre le vestibule et la première rampe, la principale différence concerne la toiture, car la fausse-voûte n'a pas été construite dans le comble brisé, comme il est ici prévu, mais dans un deuxième étage sous une toiture plate. Tout, dans ce projet, désigne une conception parisienne : non

---

1. Verdier, 2003, p. 129-145 ; Jestaz, 2008, t. I, p. 220-221.
2. Lettre de D'Aviler à son éditeur Nicolas Langlois, septembre 1691 ; citée par Mariette, *Abecedario*, vol. 6, p. 67.
3. Verdier, 2003, p. 350-352 et 499-500 ; Bayle, 2007.
4. Douais, 1904, doc. XXI et XXII, p. 193-195.

cat. 112

cat. 113

seulement la toiture brisée et la forme de l'escalier, mais également la disposition du décor, qui reprend presque exactement celle de l'escalier de la Reine à Versailles, construit en 1679-1681[1]. La présence d'un ordre ionique à cornes et d'un buste royal dans le trumeau central renforce l'atmosphère versaillaise, tandis que les portes, inscrites dans des arcades sans imposte, rappellent l'art de Jules Hardouin-Mansart, avec leurs chambranles à double fasce et petit attique portant un segment de corniche où sont posés des encensoirs. Par sa vigueur et son habileté d'exécution, cette très belle esquisse ne saurait être de la main de D'Aviler, plus lourd dans ses tracés (cat. 111). La facture à la plume et à l'encre brune, avec de puissants déliés et des hachures irrégulières à main levée, pourrait faire penser à Robert de Cotte[2], mais en l'absence d'autre élément, il est hasardeux d'avancer une attribution.

1. Gady (dir.), 2010, p. 202-205 et notamment fig. 161.

2. Jestaz, 2008, t. I, p. 202-205 et 224-228.

L'église royale des Invalides, genèse d'un monument

Décidé en 1670, lancé dès l'année suivante, le chantier de l'hôtel royal des Invalides constitue un sommet de l'histoire de la construction au Grand Siècle, tant par sa rapidité que par sa parfaite organisation. En six ans à peine, en effet, l'architecte du roi et bientôt académicien Libéral Bruand devait bâtir de manière rationnelle l'un des plus grands édifices d'Europe. Très riche en pièces d'archives (devis, comptes et expertises), cette phase de travaux est en revanche pauvre en dessins : on n'en connaît qu'un croquis (Stockholm, Nationalmuseum THC 6364) et un grand plan (cat. 114).

Courant 1675, alors que Bruand travaille à élever la moitié occidentale de l'hôtel, la question de l'église des Invalides se précise : prévue dès l'origine au fond de la cour d'honneur, sur une place délimitée par deux ailes de bâtiment et les communs de la basse-cour en arrière, elle n'est pas décrite dans le devis général de 1671, l'architecte devant en donner les plans et élévations ultérieurement, suivant un usage courant. Sans doute en raison de l'hostilité de Louvois, le secrétaire d'État de la Guerre chargé de suivre le projet pour le roi, Bruand est mis en difficulté : s'ouvre alors une période d'intenses réflexions sur la nature et le plan de l'édifice – schéma qui reproduit peut-être celui qu'a connu Le Vau au Louvre, onze ans plus tôt. Pour cette nouvelle phase de l'histoire des Invalides, les archives sont cette fois quasiment absentes, à la réserve d'un avis critique remis par François Blondel, le directeur de l'Académie royale d'architecture, le 28 janvier 1676 ; en revanche, les dessins abondent (cat. 115), formant un ensemble complexe de feuilles sans date ni signature. Elles ont été étudiées pour la première fois ensemble en 1965, ouvrant une controverse qui n'a jamais vraiment été tranchée[1]. On peut sommairement distinguer trois problématiques : le projet Bruand ; les projets des concurrents ; le projet de Jules Hardouin-Mansart, dont la genèse est certainement moins simple que la version mise au point par Louis Hautecœur en 1924 (cat. 116).

À partir du printemps 1676, l'affaire est entendue : Bruand est écarté au profit du jeune Hardouin-Mansart. Convoqué le 1er mars sur le chantier par Louvois, celui-ci rend un mois plus tard, le 8 avril, un projet qui est trouvé « fort beau ». C'est à lui que l'on confie donc la construction de l'église, composée de deux parties distinctes : un « chœur des Soldats », destiné à servir de chapelle à l'hôtel, et une nef, l'église du Dôme, située en arrière, qui partage son autel avec le chœur, mais ouvre sur la plaine de Grenelle. Ce Janus architectural est bâti en deux temps : le « chœur », le plus utile et le plus urgent, entre 1676 et 1678 ; le dôme royal entre 1677 et 1706, date de son inauguration par Louis XIV en personne, alors que sont abandonnés les projets de mise en valeur par une place monumentale (cat. 117 et 118).

---

1. Reuterswärd, 1965. L'essentiel est conservé dans les collections suédoises à la réserve de trois feuilles, deux plans et une coupe transversale, conservé dans le fonds Le Brun aux Arts graphiques, au musée du Louvre, sous une identification erronée à la chapelle de Versailles (Inv. 30 276, 30 268 et 30 270).

114.
Libéral Bruand (1631-1697), attribué à
Plan général de l'hôtel royal des Invalides avec deux retombes présentant des variantes pour l'église, projets non exécutés, s.d. [1674, plan principal, 1675 ou début 1676, retombes et croquis à la sanguine]

Papier, graphite, plume et encre brune, sanguine, 64,8 × 61,3 cm
Stockholm, Nationalmuseum, CC 2092

Souvent reproduit et traditionnellement attribué à Bruand, dont le faible corpus de dessins interdit les comparaisons[1], ce plan des Invalides mérite un examen serré, car son statut n'est pas clair. Tracé de manière très légère au graphite, avec une certaine rapidité dans l'exécution, il représente l'ensemble de l'hôtel avec la chapelle axiale. Celle-ci y figure sous la forme d'un vaisseau unique de six travées avec bas-côté et d'un chœur en abside, que complète un curieux système de liaison entre les deux ailes, qui passe au chevet de l'église et en épouse la forme convexe. Si Bruand est bien l'auteur de ce plan, sa date ne peut pas être tardive, pour deux raisons qui se renforcent mutuellement. D'abord, le projet d'église ne correspond pas exactement à la critique de Blondel du début de 1676, qui signale deux bras donnant au plan de l'église une forme de T et destinés à accueillir les invalides pendant l'office, à la manière d'un chœur d'édifice conventuel[2]. Surtout, l'aile des Pères, située à droite de l'église, est dessinée avec une série de fours identiques à ceux de l'aile gauche, qui abritait la boulangerie de l'hôtel : or, cette aile droite a justement été affectée en 1675 au logement des douze pères lazaristes desservant l'église, et sa distribution modifiée en conséquence lors de la construction[3]. Comment Libéral Bruand aurait-il commis une telle erreur si ce plan datait de 1675 ? Il faut donc le reculer au moins à l'année 1674, quand seule la moitié orientale de l'hôtel, côté Paris donc, était élevée. Il pourrait ainsi s'agir d'un projet antérieur à la « crise de 1675 », peut-être le plus ancien imaginé par Bruand, et non pas d'une réponse postérieure aux critiques de Blondel, comme le pensait Patrick Reuterswärd.

Il apparaît que ce plan a servi postérieurement, car il enregistre deux autres projets. L'un est porté sur les deux retombes (ici levées) collées en haut du plan : elles montrent les niveaux inférieur et supérieur tracés à l'encre noire d'une église dont le plan est un rectangle allongé sans liaison avec les ailes de l'hôtel qui l'encadrent à l'est et à l'ouest. En les publiant et les commentant pour la première fois, Albert Laprade a noté la grande nouveauté de ce projet, non sur la forme, mais par le choix de retourner l'entrée de l'église

---

1. Sur Bruand, voir Barreau, 2004, notamment t.I, p.109 ; l'auteur estime que trois dessins seulement sont de la main de Bruand, dont celui-ci, rejetant sans les discuter ceux que Reuterswärd lui a attribués (Reuterswärd, 1965, *passim*).
2. À la différence des plans CC 285, CC 2115 et CC 2278.
3. Barreau, 2005.

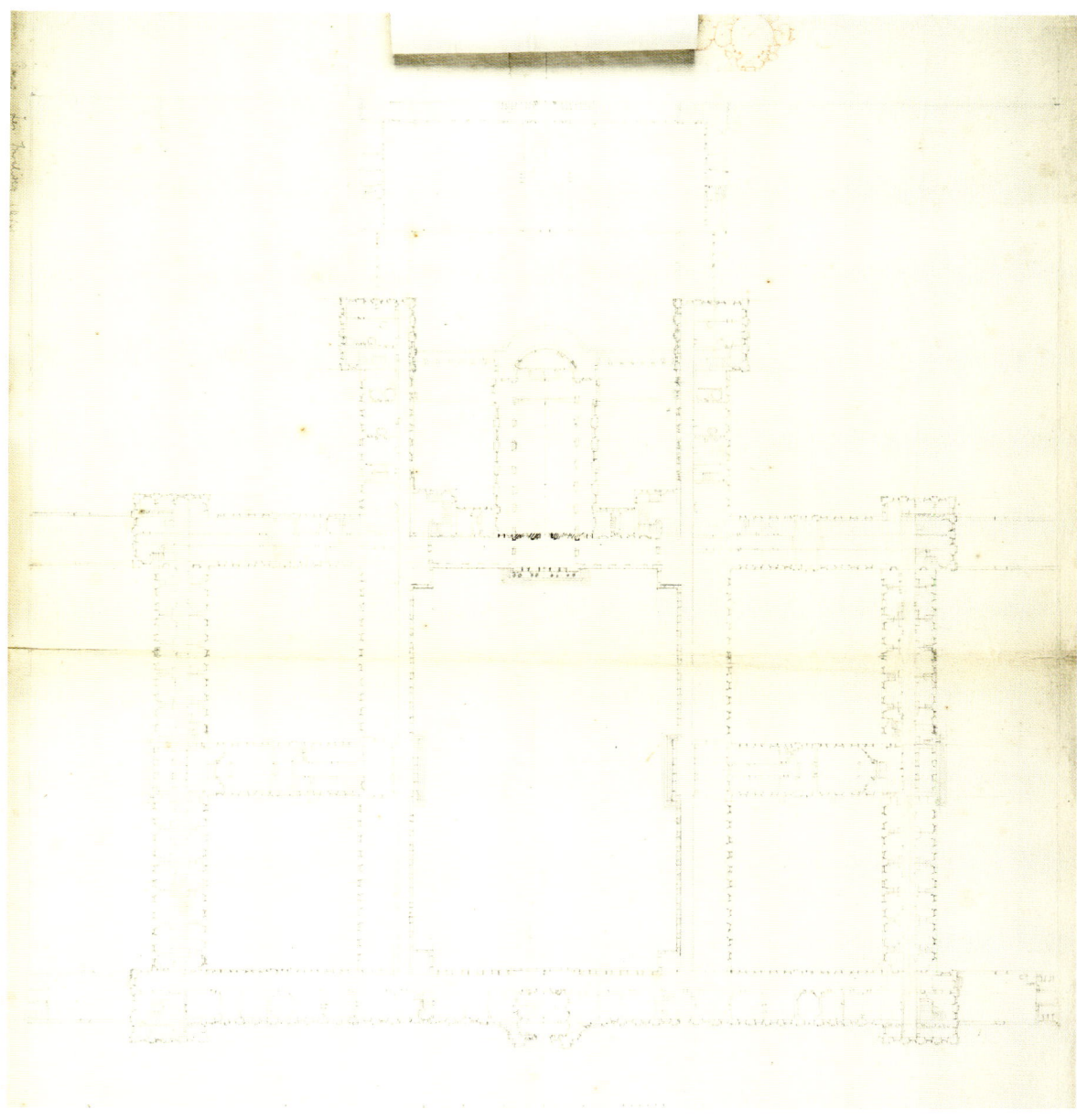

cat. 114, sans retombe

vers le sud¹. Un des points en débat était l'appariement dans le même édifice de l'espace pour le public et de l'espace pour les invalides, dont on n'arrivait pas à faire la synthèse. Sur la retombe, on voit un double accès, mais la façade principale est clairement du côté de la plaine de Grenelle.

Le même auteur a enfin attiré l'attention sur le petit croquis à la sanguine, tracé à droite des retombes et qui figure un troisième projet : une église de plan centré, avec une nef circulaire entourée de chapelles en haricots qu'articulent entre elles de petits espaces circulaires, dans le goût de François Mansart. Laprade l'attribue sans hésiter à Jules Hardouin-Mansart, appelé par Louvois en mars 1676 et dont ce serait « un des rarissismes dessins » autographes. S'il convient évidemment d'être prudent, l'idée ne manque pas de brio et ce griffonnage serait celui que Hardouin-Mansart aurait tracé de chic devant le ministre lors de leur première entrevue sur place. Ce plan comporte donc trois niveaux de réflexion touchant à l'église des Invalides : le projet au graphite, qui est sans doute une première pensée de Bruand ; une retombe à l'encre avec une idée neuve, créer un édifice à deux accès, le principal étant au sud, qui serait une réponse de Bruand aux critiques contre son projet ; enfin, une esquisse rapide et séduisante d'un plan centré, qui sera finalement adopté en avril 1676, qui serait de Hardouin-Mansart. Si l'hypothèse est fragile, un tel schéma correspond en tout cas parfaitement à l'enchaînement qui s'est produit à l'hiver 1675, quand Libéral Bruand a perdu le contrôle de son projet et que Hardouin-Mansart, *deus ex machina*, est apparu avec la solution quelques mois plus tard.

---
1. Laprade, 1960, p. 208, fig. IX-A, B et B'.

115.
Pierre Bullet (1638-1716)
Esquisse de plan d'église circulaire pour l'hôtel royal des Invalides, projet non exécuté, s.d. [vers 1675-1676]

Papier, graphite, plume et encre brune, 50,9 × 34,7 cm
Stockholm, Nationalmuseum, THC 8048

Dans la conclusion de l'« avis » qu'il remet à Louvois en janvier 1676 au sujet du projet d'église des Invalides, François Blondel, directeur de l'Académie d'architecture, déplore la rapidité avec laquelle l'affaire est conduite : devant un tel projet, on ne peut, écrit-il, « prétendre d'en bien juger en si peu de temps ». Cette précipitation, sans doute due à Louvois qui a fait du chantier des Invalides une réussite parfaite jusque-là, est en effet un des éléments du débat de l'hiver 1675. Blondel a-t-il pris cependant sur lui de réfléchir au problème et sollicité le dessinateur de l'Académie, Pierre Bullet, pour rechercher une solution ? Les collections suédoises possèdent plusieurs feuilles concernant une église de plan centré d'une dimension importante, de la main de Bullet : un plan assez abouti, à l'encre brune (THC 8047, fig. 42) et sa copie (THC 8268) ; s'y ajoute peut-être une élévation d'un dôme sur tambour avec un ordre corinthien (THC 8184). Cet ensemble a été rapproché des recherches autour de l'église des Invalides, avec raison[1] ; on peut y ajouter l'esquisse ici reproduite, malgré l'absence de contexte topographique. Il s'agit d'un dessin autographe : outre sa manière graphique, il porte au verso un texte de la main de Bullet relatif aux travaux de voirie autour de la porte Saint-Denis.

La chapelle de plan centré esquissée se compose d'une grande nef circulaire prolongée par quatre espaces formant une croix grecque (vestibule, transept et chœur) et quatre chapelles ovales disposées en croix de Saint-André et reliées à la nef par des percements dans les quatre piliers de la coupole. Ce plan complexe n'est pas nouveau : plutôt que des modèles italiens, on y retrouve les réflexions de François Mansart, depuis l'église de la Visitation (cat. 82) jusqu'au Val-de-Grâce (fig. 36, p. 192). Le dessin est inabouti et contient plusieurs propositions. Ainsi, Bullet a tracé à l'encre brune les contours des volumes intérieurs, qu'un travail au graphite propose de modifier en rétrécissant le diamètre de la nef et en dressant des colonnes colossales devant les piliers, comme on le voit dans la partie supérieure gauche du plan ; par ailleurs, d'autres colonnes disposées dans le transept droit suggèrent l'idée d'une chapelle en abside derrière un écran de colonnes, comme au Panthéon de Rome. Les volumes des maçonneries extérieures sont tracés rapidement au graphite, offrant une moindre lisibilité, par exemple sur la façade en bas de la feuille, prouvant que c'est bien l'organisation des volumes intérieurs qui compte ici. On note encore l'usage de la sanguine pour le dessin du maître-autel, et enfin le tracé du cercle de la coupole centrale à la pointe sèche, ce qui confère à cette feuille une grande richesse de techniques graphiques au service d'une réflexion très poussée.

Chronologiquement, il est tentant de placer ce dessin non pas avant, mais après le plan THC 8047, en raison d'idées plus novatrices et qui se rapprochent fortement de la solution adoptée finalement par Jules Hardouin-Mansart au printemps 1676. Celui-ci poussera la réflexion du plan centré jusqu'au bout, en reliant les chapelles entre elles latéralement, après leur avoir donné une forme non pas ovale, mais circulaire. Depuis Louis Hautecœur, on a rappelé la dette du jeune architecte envers son grand-oncle, à travers le dessin du projet de Rotonde des Bourbons à Saint-Denis. Peut-être Hardouin-Mansart, nommé par le roi membre de l'Académie royale d'architecture en novembre 1675, a-t-il pu également trouver dans ce milieu une stimulation décisive, alors que Blondel faisait la critique du projet de l'église des Invalides.

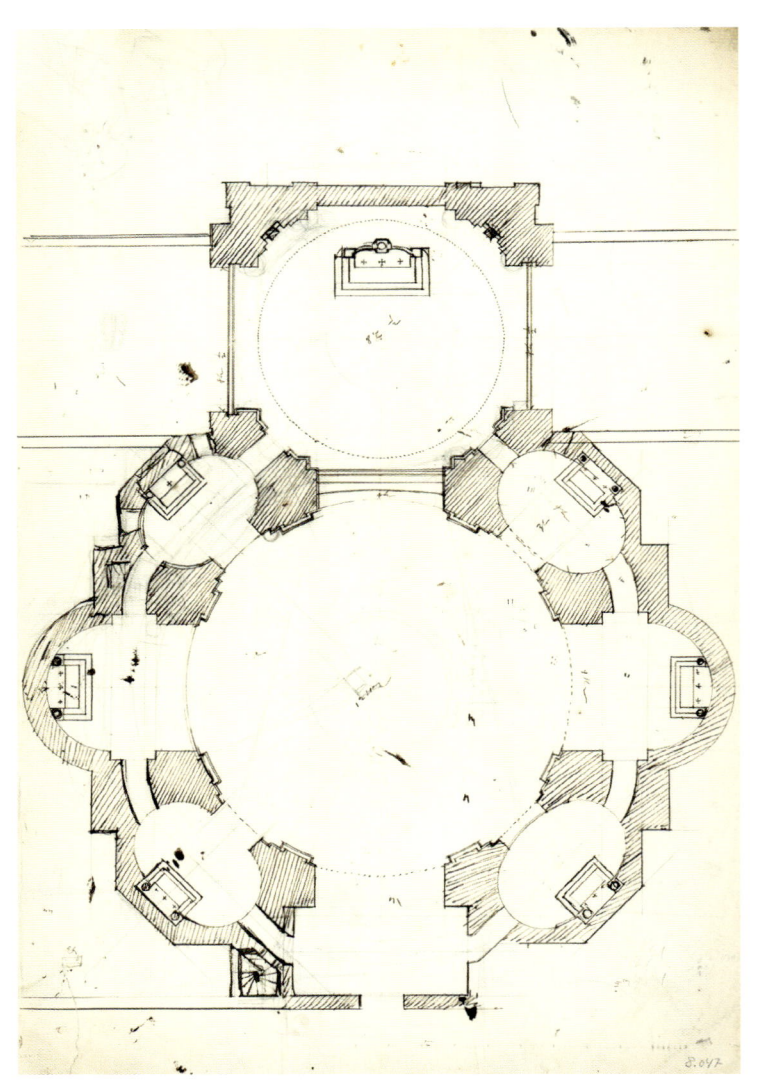

fig. 42. Pierre Bullet, plan pour l'église des Invalides, plume et encre brune, graphite, Stockholm, Nationalmuseum, THC 8047

---

1. Reutersward, 1965, et Strandberg, 1971-b, p.159-172.

cat. 115

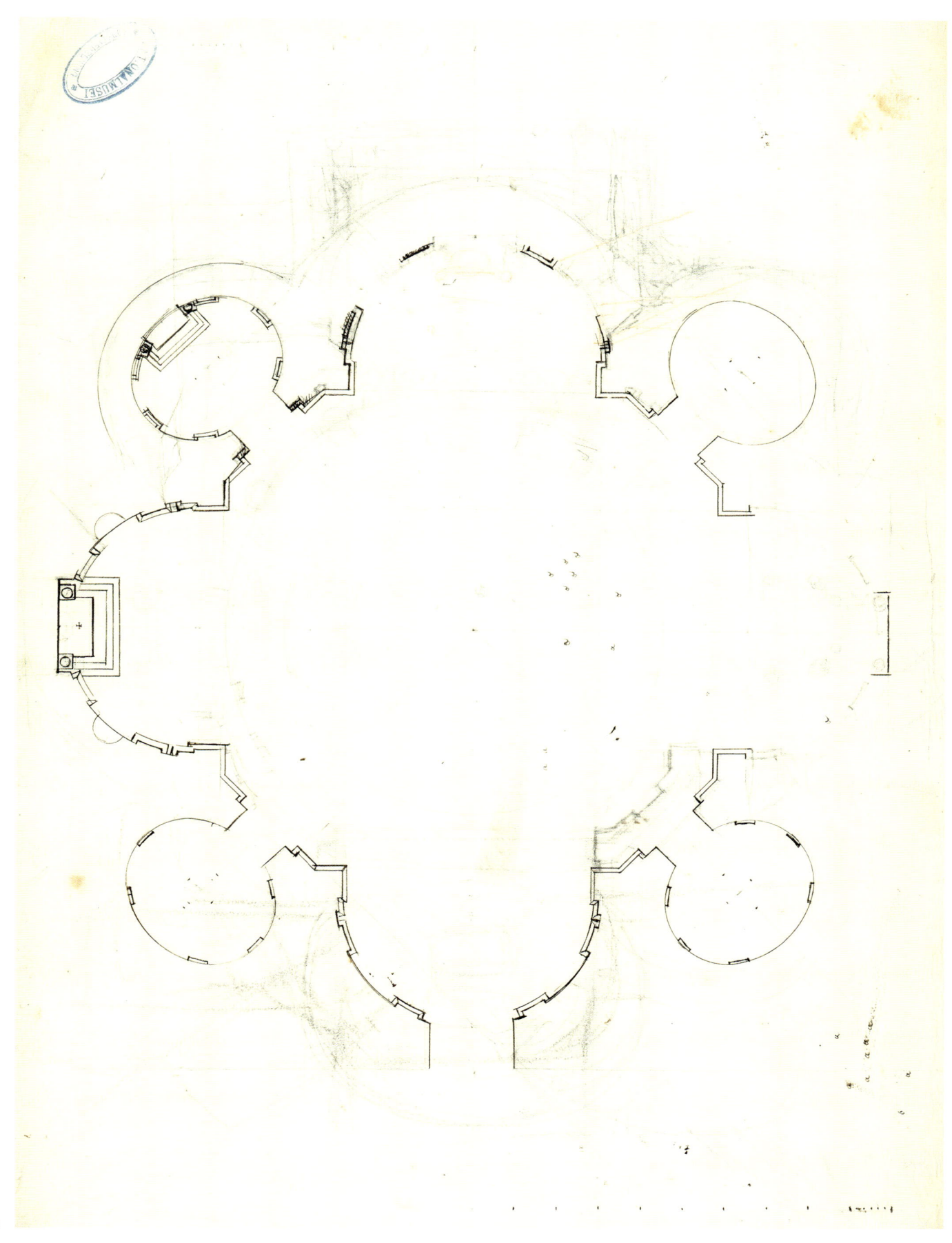

116.
Jules Hardouin-Mansart (1646-1708) ou collaborateur anonyme
Élévation de la façade principale de l'église royale des Invalides, projet non exécuté, s.d. [1676]

Papier, pierre noire, plume et encre brune, 73,8 × 53 cm
Stockholm, Nationalmuseum, THC 8053

Publiée pour la première fois en 1965[1], cette feuille de grand format représente un projet pour l'élévation de l'église royale, commandée à Jules Hardouin-Mansart en 1676 dans le cadre de l'achèvement des Invalides. Elle soulève de nombreuses questions, au point d'avoir été lue d'abord par son inventeur comme une réflexion tardive, puis en 2010 comme une étude précoce[2], quand elle n'est pas complètement écartée du corpus des sources de l'édifice[3]. Laissée inachevée, et malheureusement sans échelle, cette esquisse se situe pourtant nécessairement au cœur du processus de réflexion de l'architecte, en raison de la somme des similitudes et des différences avec l'édifice exécuté.

On remarque d'abord que les grandes masses de l'église et leurs articulations sont en place : un cube sans toiture apparente, d'où sort un tambour élancé coiffé d'un dôme nettement ovoïde que couronne un lanternon dont on n'aperçoit ici que la base. De même, les principes de composition de la façade, avec un frontispice central formant un avant-corps légèrement surélevé à deux ordres dorique et corinthien, le riche décor sculpté (bas-reliefs, figures en ronde-bosse) sont déjà trouvés. Cependant, on relève également de notables écarts avec l'édifice construit : d'abord, un état mi-parti entre la gauche et la droite pour le décor des baies latérales des deux premiers niveaux ; ensuite, la grande porte centrale, dessinée en plein cintre, qui tranche avec celle exécutée ; à l'étage enfin, une esquisse au crayon de la voûte intérieure, qui traduit la réflexion en cours sur la composition de la grande baie axiale, comme le couronnement de celle-ci. C'est toutefois le rythme des colonnes jumelées de l'avant-corps et la taille imposante du fronton, qui diffèrent radicalement de l'édifice tel qu'il a été construit. On peut ajouter un détail troublant : les angles nus de l'édifice, laissés vifs comme dans l'église finalement bâtie, alors que la gravure du projet par Jean Marot, payée en 1677 et publiée en 1683, les représente ornés de chaînes de bossages, suivant la manière française. Le chantier ayant commencé au printemps 1678 et le premier relevé des assises du cube, daté de juin 1683, montrant que l'on avait abandonné le principe des bossages sur l'angle, leur absence pourrait ici jouer en faveur d'une datation tardive. Enfin, les parties hautes ne sont que partiellement esquissées au graphite : au-dessus de l'ordre composite du tambour est étudié un double attique, le premier à contreforts à volutes couronnés de pots-à-feu se détachant sur le second, plus petit et à peine esquissé ; ce principe, inspiré du projet de François Mansart pour la rotonde des Bourbons, est en effet prévu dès 1676.

Le premier projet, mis à exécution par le marché de décembre 1677, comportant déjà la distribution définitive des huit colonnes du portail, il paraît difficile de croire à un projet tardif de remaniement en profondeur de l'élévation du frontispice, qui aurait impliqué d'importantes reprises de maçonnerie, et donc des surcoûts ; il ne peut s'agir selon nous que d'une esquisse antérieure à la mise au point du premier projet contractuel, peut-être dans la seconde moitié de l'année 1676. Le projet d'avant-corps central étendu à huit colonnes jumelles manifeste sans doute l'influence encore récente de la Colonnade du Louvre, dont le portail achevé en 1674 présente le même rythme inégal d'entrecolonnement. Quant au traitement des angles, Hardouin-Mansart avait d'abord eu l'intention de les laisser à nu, avant de se raviser au profit de bossages, eux-mêmes abandonnés à l'exécution.

Ce dessin constitue donc un témoignage exceptionnel sur les ambitions d'Hardouin-Mansart pour un édifice qui devait lui assurer une gloire immense. Malgré l'héritage des dessins du grand-oncle François, tant pour les Minimes de Paris que pour le mausolée des Bourbons à Saint-Denis, il montre combien les Invalides sont une invention mûrement méditée.

---

1. Reuterswärd, 1965. Exposé à Paris en 1972 (hôtel de Marle) et en 2008 (musée Carnavalet).
2. Gady (dir.), 2010, p. 153.
3. Jestaz, 2008.

cat. 116

117.
Jules Hardouin-Mansart (1646-1708)
et Robert de Cotte (1656-1735)
Plan d'une esplanade rectangulaire ou circulaire au-devant de l'église royale des Invalides, esquisse d'un projet non exécuté, s.d. [vers 1700]
Papier, graphite et pierre noire, 37,2 × 72,9 cm
Paris, Arch. nat., O/1/1665, pièce 131

118.
Jules Hardouin-Mansart (1646-1708) et collaborateur anonyme
Plan de masse de l'hôtel royal des Invalides entouré de fossés et précédé d'une esplanade circulaire au-devant de l'église royale, mise au net d'un projet non exécuté, s.d. [vers 1700]
Papier, graphite, 68 × 155 cm
Paris, Arch. nat., O/1/1665, pièce 115

Dès 1676, alors qu'il n'était pas encore chargé de bâtir l'église des Invalides, Hardouin-Mansart avait suggéré d'aménager une place avec des « murs ovales » au-devant du Dôme, côté plaine de Grenelle donc[1]. Celle-ci n'apparaît plus ensuite, notamment sur les gravures de l'édifice, comme sur la vue perspective de Pierre Le Pautre, datant de 1680, qui montre au-devant une grande place en demi-cercle tracée dans la campagne[2], mais on sait que Pierre Bullet réfléchit également à une place avec bâtiment[3]. Hardouin-Mansart reprend son projet à la fin du siècle, puisque Germain Brice l'annonce dans l'édition de son *Guide de Paris* de 1698 ; cette seconde phase de réflexion a suscité de nombreux dessins de travail et de présentation, et ce projet passe à la postérité grâce à une vue à vol d'oiseau du Dôme, due à Pierre Le Pautre et publiée par Félibien en 1706 dans sa *Description de l'église royale des Invalides*[4]. Sur le premier dessin (cat. 117), l'hôtel rapidement esquissé n'est visible qu'en partie, mais on reconnaît le Dôme au centre, les infirmeries de Hardouin-Mansart à droite, bâties en 1679, et de l'autre côté, le petit pavillon isolé de la pompe de Bruand ; le mot « cour » est de la main de De Cotte, qui a dû dresser le fond de plan[5]. Deux solutions sont esquissées : à gauche, Hardouin-Mansart a imaginé une aile parallèle à la façade du Dôme, élevée entre deux pavillons carrés, d'où repart perpendiculairement une aile plus mince, ouverte au centre par un portail et que termine un autre pavillon carré ; en dessous, on devine un autre tracé d'une aile concave, qui vient s'accrocher sur le côté du Dôme. En face apparaît la solution finalement retenue : une aile courbe entre deux pavillons, grossièrement hachurée, dessinant une place ovale et qui touche le Dôme sur l'angle du cube ; au sud, un fossé la sépare d'un pavillon isolé. Au devant, une grande plateforme fossoyée, remplissant l'actuelle place Vauban, relie les deux propositions et apparaît comme déjà existante. Au centre de la « place » ainsi créée, un croquis

1. Jestaz, 2008, I, p. 113.
2. I.F.F. Graveurs du XVIIe siècle, t. XIII, 2008, n° 264.
3. Strandberg, 1971-b, p. 168-172 ; voir THC 8383 (place avec aile concave) et 8024 (place rectiligne).
4. Jestaz, 2008, t. I, p. 349-352 ; Gady (dir.), 2010, p. 158-162.
5. Jestaz, 2008, t. I, p. 351.

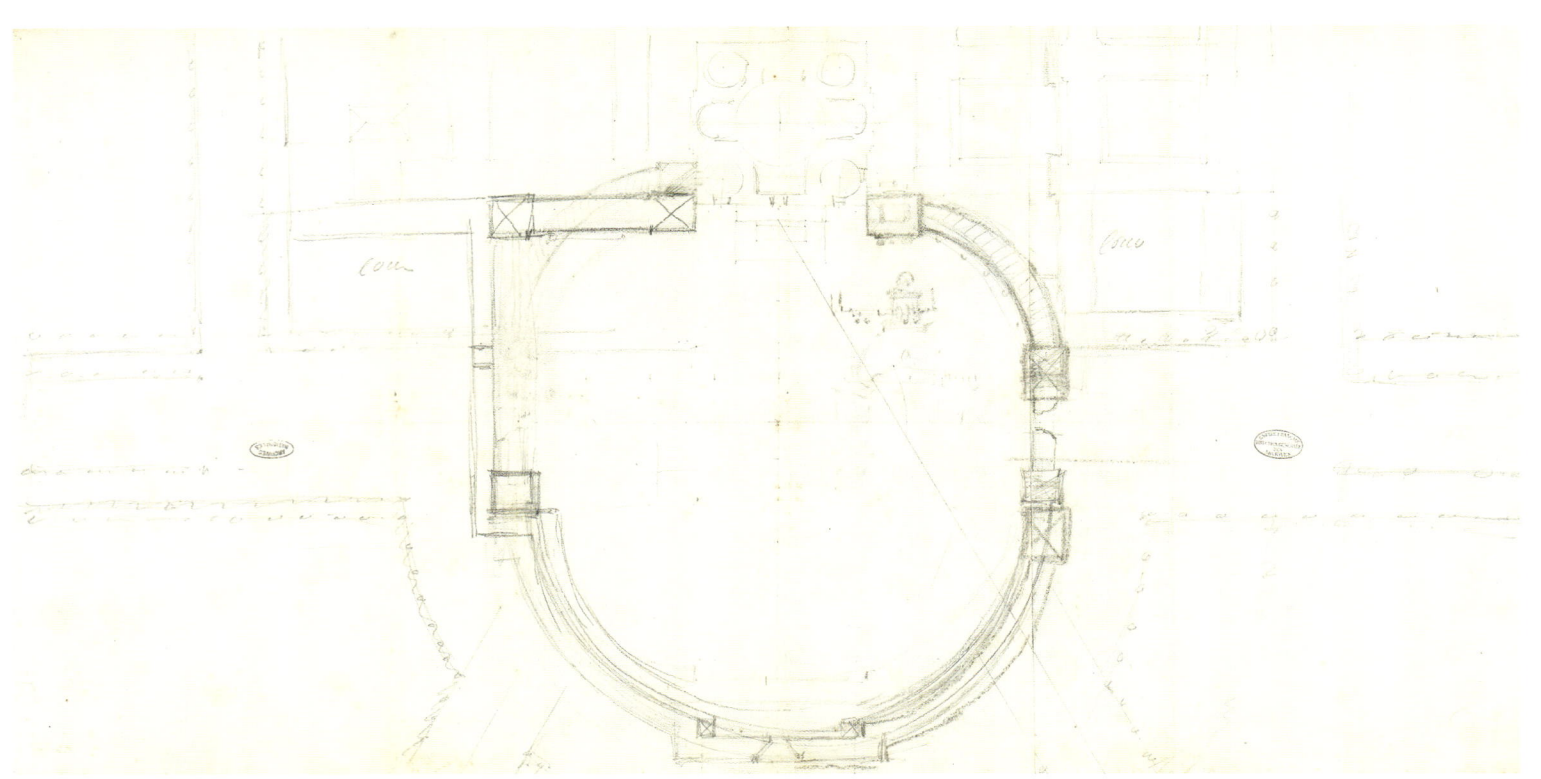

cat. 117

rapidement tracé montre le plan et une élévation à plus grande échelle d'un des pavillons, avec fronton triangulaire et dôme couronné d'un lanternon.

Cette esquisse nerveuse montre le travail de l'architecte dans le feu de la conception et contraste avec l'autre feuille (cat. 118), qui est une mise au net montrant l'équilibre des masses avec la nouvelle place ovale encadrée par deux ailes concaves. Le tracé régulier et fin représente la totalité de l'hôtel depuis l'avant-cour sur l'esplanade jusqu'à l'avenue de Breteuil, avec le fossé de la plateforme ponctué de petites guérites aux angles. Hardouin-Mansart a amélioré l'articulation des deux ailes, qui ne viennent plus se coller au cube, comme dans l'esquisse, mais lui sont attachées par un mur ouvert d'un passage encadré de deux colonnes ; l'architecte a également renoncé au pavillon détaché côté sud. Flanquées par deux pavillons de plan carré, les ailes possèdent onze travées de long, ce qui indique qu'il ne s'agit pas encore du projet définitif. Celui-ci figure sur les deux plans et la grande vue à vol d'oiseau conservée à la Bibliothèque nationale[1], véritable dessin de présentation : Hardouin-Mansart a finalement arrêté le nombre de travées à treize et choisi un système d'arcades séparées par des demi-colonnes. Mais ces beaux projets de papier représentaient une nouvelle dépense colossale, et restèrent donc *en plan*.

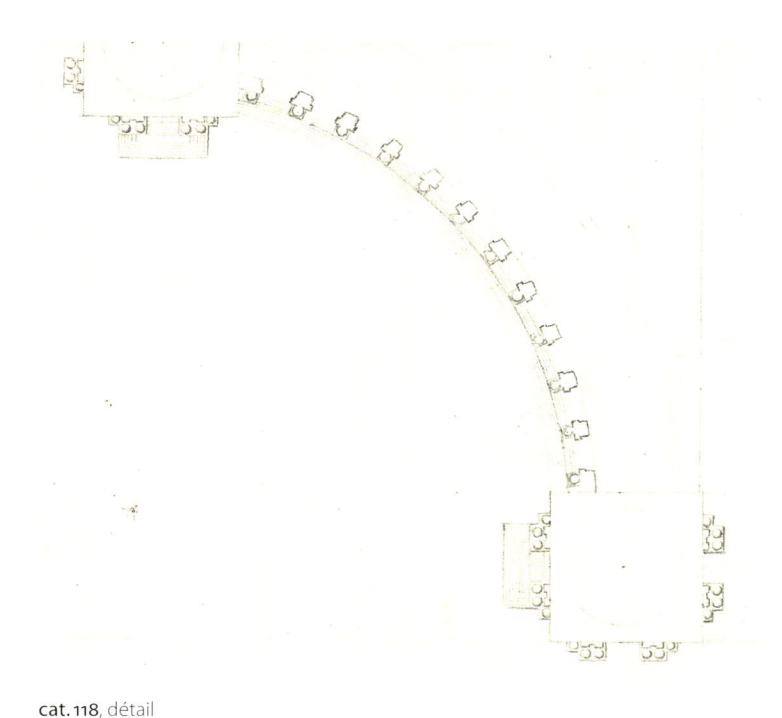

cat. 118, détail

cat. 118

1. Bibl. nat. de Fr., Est., HA-18 (C,5), ft 6 [Robert de Cotte, 1671], plan du Dôme avec la nouvelle place ; Très Grand Rouleau AZ-204 (3) [Robert de Cotte, 1670], plan d'ensemble des Invalides avec la nouvelle place ; Très Grand Rouleau, AZ-204 (4) [Robert de Cotte, 1672], vue à vol d'oiseau depuis le sud. Ces trois dessins, lavés avec soin, sont d'une autre main de l'agence, peut-être de Lassurance.

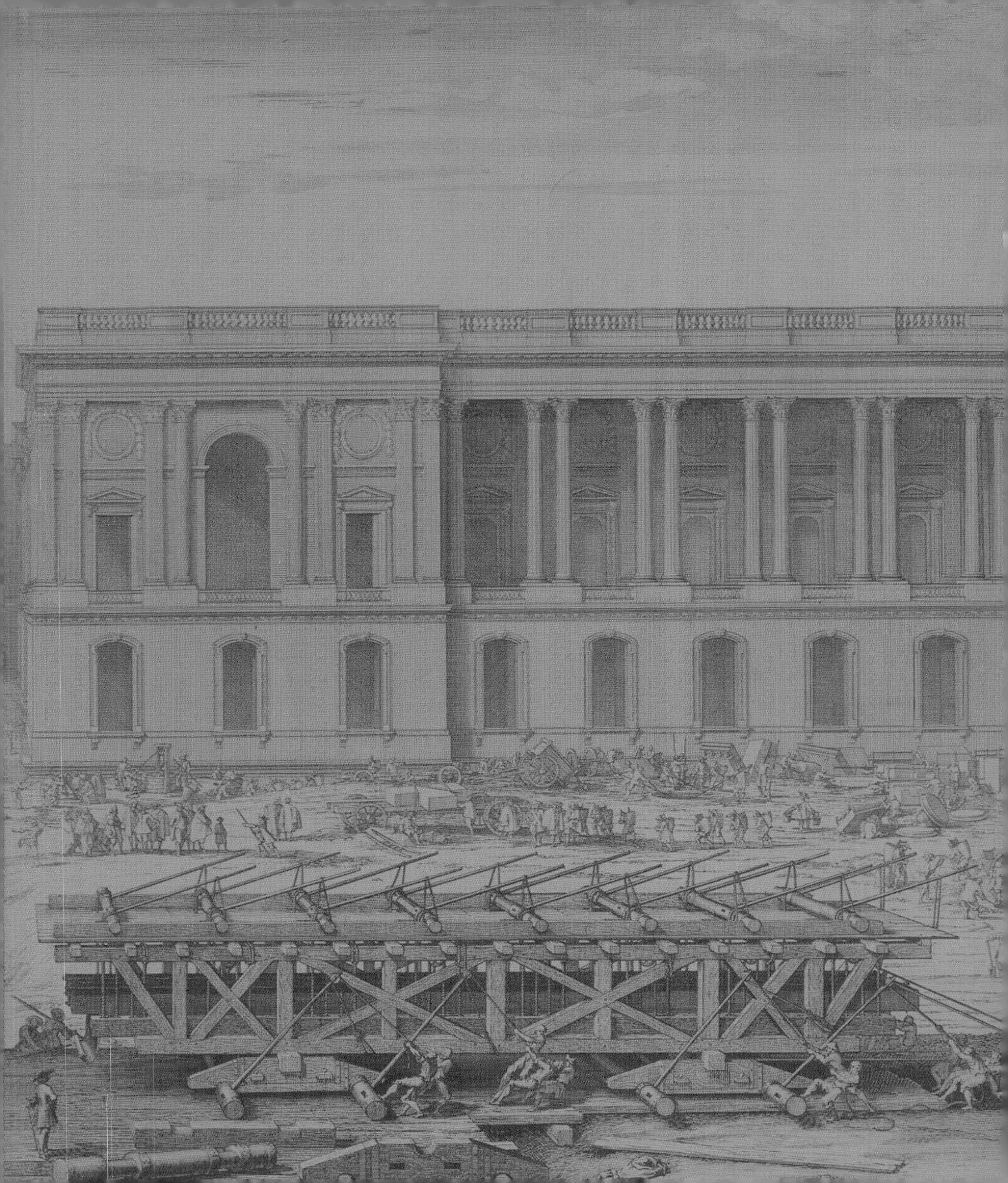

Le chantier

À pied d'œuvre

cat. 119-a

L'architecte sur le chantier

L'activité de l'architecte a jusqu'ici été envisagée sous l'angle exclusif de la conception abstraite de l'édifice, dans un contexte où le papier, le crayon et l'encre servent seulement à donner une forme matérielle à une idée. La perspective se renverse lorsque cette idée, exprimée par le dessin et explicitée par la parole de l'architecte, se voit approuvée par un commanditaire et que ce dernier en ordonne la réalisation. Le dessin d'architecture cesse alors d'être une fin en soi et devient un moyen : le principal moyen dont dispose le maître d'œuvre pour transmettre ses instructions aux exécutants, les ouvriers, artisans et artistes qui auront la charge de construire et de décorer l'édifice.

Nous abordons plus largement dans cette partie les différents modes par lesquels l'architecte intervient dans le processus de construction, depuis la fabrication de maquettes et la préparation des documents contractuels jusqu'aux dessins d'exécution, qui guident le travail concret des bâtisseurs. Sera finalement évoquée la question des dessins de relevé, qui constituent le contrepoint du projet architectural, puisque l'édifice existant est l'objet de la représentation graphique. L'ordre ici adopté se veut logique, partant du projet pour finir avec le bâtiment construit, mais il n'est pas strictement chronologique, chacune des étapes évoquées pouvant survenir ou se répéter à différents stades de la construction : l'architecte peut faire exécuter ou modifier des maquettes à n'importe quel moment, les marchés et contrats se passent au fur et à mesure de l'avancement des travaux, les dessins d'exécution accompagnent toutes les étapes et même les relevés peuvent intervenir en cours de construction, à des fins juridiques ou techniques.

Avant d'entrer dans le vif du sujet, il paraît intéressant de prendre un peu de recul et de considérer l'architecte lui-même, en tant que personne présente et active sur le lieu de la construction : le chantier. Une sélection de quelques pièces permet d'incarner cette présence dans le temps et dans l'espace. Architecte itinérant, le jésuite Martellange ne peut assister à aucune construction de bout en bout, mais il visite ses chantiers à intervalle régulier et représente l'avancement des travaux dans d'émouvantes vues dessinées (cat. 119). Même lorsqu'il réside sur place, un architecte doit se partager entre des tâches multiples, comme rencontrer les maîtres d'ouvrage, donner ses ordres aux entrepreneurs ou inspecter les ouvrages en cours. C'est ce qui est explicitement imposé en 1657 à Antoine Le Pautre, par voie contractuelle, lors de la construction de l'hôtel de Beauvais (cat. 120). En 1674, le secrétaire d'État Henri de Guénégaud Du Plessis offre quant à lui d'envoyer son carrosse à Jules Hardouin-Mansart dans l'espoir de le voir sur son chantier, car le jeune architecte a déjà un emploi du temps très rempli (cat. 121). Dans les projets les plus importants, une cérémonie de pose de la première pierre peut être organisée : pour un court instant, le protocole et la pompe viennent magnifier symboliquement le rôle de l'architecte, aux côtés du maître d'ouvrage et des bâtisseurs (cat. 122 et 123).

119.
Étienne Martellange (1569-1641)
Vues de la construction de l'église du collège jésuite de Roanne, 1617-1620

A – « Première année de la batisse de l'églize du collège de Roanne », vue perspective datée du 16 décembre 1617

Papier, graphite et lavis gris, 38,1 × 53 cm (filet intérieur)
Paris, Bibl. nat. de Fr., Est., Rés. Ub 9 [Martellange, 102]

B – « Ecclesia coll[egii] Roannensis. Seconde année de la batisse », vue perspective datée du 29 août 1618

Papier, graphite et lavis gris, 37,1 × 51 cm
Paris, Bibl. nat. de Fr., Est., Rés. Ub 9 [Martellange, 103]

C – « Ecclesia coll[egii] Roannensis Soc[ietatis] Jesu. Troisiesme année de la batisse », vue perspective datée du 9 août 1619

Papier, graphite et lavis gris, 38 × 53 cm
Paris, Bibl. nat. de Fr., Est., Rés. Ub 9 [Martellange, 104]

D – « Églize de Roanne. Quatriesme année de la batisse » [1620], vue perspective achevée le 8 juillet 1637

Papier, graphite et lavis gris, 39,3 × 56,2 cm
Paris, Bibl. nat. de Fr., Est., Rés. Ub 9 [Martellange, 105]

Dessinateur prolifique, le frère Martellange a travaillé pour de nombreux établissements jésuites de France (cat. 78). L'un de ses principaux ouvrages est l'église du collège de Roanne : il en donne les plans et dirige le chantier à partir du printemps 1617, par intermittence cependant. Obligé de voyager pour les affaires de la compagnie, il s'absente souvent, revenant à cinq reprises à Roanne dans les années 1618-1620 : il relève à chaque fois l'état des travaux de l'église au moyen d'un précieux dessin. Mises bout à bout, ces feuilles dressent un stupéfiant portrait séquencé d'un chantier du règne de Louis XIII[1].

Le premier dessin, exécuté en décembre 1617, montre l'église qui sort de terre d'environ deux mètres, vue depuis le chevet : sa forme homogène s'impose dans le désordre des édifices préexistants qui l'entourent. Martellange a représenté au premier plan un maçon gâchant du plâtre, détail savoureux mais peu crédible : un tel chantier requérait en effet de nombreux ouvriers travaillant ensemble.

Exécutée huit mois plus tard, fin août 1618, la deuxième vue montre l'avancement des travaux : le dessinateur s'est placé cette fois dans l'église, à l'entrée de la nef, dont les murs sont montés. Au sol gisent des pierres, ainsi que le cintre destiné à élever les grandes arcades, détails techniques que complètent une échelle et une grue à droite. Un an plus tard, en août 1619, Martellange revient sur le chantier et dessine cette fois l'intérieur de l'église depuis le chœur vers le portail : on constate que les grandes arcades clavées sont en place. Cette vue s'anime grâce à la présence de quatre ouvriers affairés autour d'un palan, un en bas et trois sur le haut du mur de façade. Par la grande arcade de celle-ci, on aperçoit la ville de Roanne et la rue du Commerce, dans la perspective de laquelle s'inscrit le nouvel édifice.

La quatrième vue illustre une nouvelle étape, les parties hautes des murs de la nef étant dressées au-dessus des grandes arcades. Datée postérieurement au graphite de 1637 sur un pilier à droite, c'est en fait une vue qui remonte à 1620, correspondant mieux à la chronologie du chantier, qui sera terminé en 1626. Martellange s'est placé à nouveau dans la nef, dont on commence à monter la charpente, en regardant vers le chœur. Une cinquième et dernière vue, prise de l'extérieur, montre l'église presque achevée, en décembre 1620. Le choix de Martellange de se placer au cœur de l'édifice pour le représenter, unique à cette époque, est plutôt rare dans son œuvre : on peut seulement rapprocher ses vues de Roanne d'une vue du chantier de l'église du Puy-en-Velay, datée de janvier 1617, chantier qu'il conduit également[2]. Outre leur cadrage et leur intérêt documentaire, ces dessins donnent aussi une chronologie en creux de la présence de l'architecte sur son chantier, rappelant que, comme aujourd'hui, le maître d'œuvre doit parfois mener plusieurs travaux de front. Ils montrent ainsi les repentirs en cours de construction, par exemple ici l'abandon des tribunes, rappelant qu'un devis n'est pas systématiquement suivi et que presque tous les chantiers comportent des modifications liées au commanditaire, au budget ou éventuellement à un problème technique. Ici, malgré ses beaux dessins, Martellange doit faire face à un problème d'une autre nature : en l'absence physique de l'architecte, l'entrepreneur a commis une malfaçon dans la construction des piliers, dont la fragilité se révèle au moment de la pose des couvertures. Martellange est donc rappelé fin 1619 et doit expertiser l'état des maçonneries pour garantir le succès du projet[3].

Consacrée en août 1626 et dédiée à saint Michel, l'église existe toujours, mais son décor intérieur très simple a été enrichi au XIXᵉ siècle.

---

1. Cat. exp. Dijon 2014, nᵒˢ 47-51.
2. Sénard, 2017, t. II, fig. 156. Une vue de l'intérieur de l'église du noviciat d'Avignon (ibid., fig. 5), antérieure d'une dizaine d'années, montrait déjà cette tendance, mais avec une certaine maladresse.
3. Sénard, 2015, t. III, p. X.

cat. 119-b

cat. 119-c

cat. 119-d

120.
Convention entre Antoine Le Pautre et Pierre de Beauvais concernant les obligations de l'architecte pour la construction de l'hôtel de Beauvais, rue Saint-Antoine, 29 mars 1657

Papier, plume et encre brune, 37,5 × 23,5 cm
Paris, Arch. nat., MC/ET/LXXXIII/92

L'hôtel de Beauvais, situé rue Saint-Antoine (actuellement 68, rue François-Miron), est emblématique de la créativité des architectes parisiens du milieu du XVIIe siècle. Son auteur, Antoine Le Pautre (cat. 8), a en effet réussi le tour de force de concevoir une demeure ayant tous les attributs de l'hôtel particulier, avec corps de logis double, cour ordonnancée, vestibule, escalier à vide central, galerie, jardin, chapelle, grotte et communs, suivant un plan qui se joue d'un terrain très irrégulier. La construction s'est déroulée de 1654 à 1659, en deux phases distinctes, entre lesquelles a été conclu un étonnant contrat entre le maître de l'ouvrage, Pierre de Beauvais, et son architecte, pour fixer les conditions précises de la conduite des travaux par ce dernier[1].

Cet acte notarié est d'un intérêt exceptionnel puisqu'il décrit les responsabilités du maître d'œuvre sur le chantier. Le Pautre s'engage en effet à « conduire, tracer, ordonner, bailler le reste des desseins et porfires [*i.e.* profils], et généralement faire toutes choses de son art d'architecture, et donner à entendre aux ouvriers la construction du bastiment que led. seigneur de Beauvais faict édifier dans la rue St-Anthoine ». L'architecte ne doit pas seulement fournir « le reste des dessins et profils », c'est-à-dire les dessins d'exécution en grand de chaque partie des ouvrages, en complément des dessins contractuels, trop généraux pour suffire ; il doit également les « donner à entendre » aux entrepreneurs avec toutes les instructions techniques nécessaires, le verbe « tracer » renvoyant sans doute à l'art du trait, c'est-à-dire aux épures pour la coupe des pierres. Ce travail s'étend enfin à tous les aspects de la construction et à toute sa durée, car l'architecte est tenu de « tout bien adjuster, simétrier et gouverner au profft d'iceluy seigneur [de Beauvais], depuis les caves jusques au toitz, tout prest à mettre les tapisseryes dans les appartemens » : le maître de maison n'aura plus qu'à poser ses meubles en entrant dans les lieux.

À cette fin, Pierre de Beauvais exige que Le Pautre fasse deux visites de chantier par semaine, « tous les jours de mardy et vendredy de chacune sepmaine tant et sy longuement que led. bastiment encommencé soit à perfection ». Il est « néantmoings loisible aud[it] Le Paultre de changer lesd[its] deux jours nommez en deux autres de la mesme semaine s'il est nécessité et pressé d'aller à la campagne ». Les passages de l'architecte ne doivent pas être trop rapides et il lui est demandé de rester sur le chantier « autant de temps qu'il conviendra pour voir et bien méditer sur toute sorte d'ouvrage et donner de la besogne à toutes sortes d'ouvriers de sorte qu'aucun d'iceux n'attende après son ministère », la crainte du commanditaire étant naturellement que le travail des artisans ne soit ralenti par le manque d'instructions. En plus de ces deux réunions de chantier hebdomadaires, le maître d'œuvre doit en outre « faire reveue aud. bastiment dans les autres jours qui ne sont point nommez afin de tenir tout en bon ordre », c'est-à-dire faire des inspections impromptues sur le chantier.

En contrepartie de ces engagements, l'architecte touche un salaire, qui est également détaillé. Outre les 800 livres qui lui ont été payées dans la première phase de la construction, Le Pautre doit encore recevoir un montant de 2 800 livres, à raison de 700 livres par avance et 300 livres par trimestre jusqu'à la concurrence du total promis. Une pénalité financière est toutefois prévue pour absence non justifiée aux visites de chantier : « en cas que led. Le Paultre soit deffaillant et ne se trouve lesd[its] jours nommez de chacune sepmaine, hors le cas de maladye, [il] consent et accorde que led. seigneur de Beauvais luy diminue de son payement […] six livres tournois pour chacune journée qu'il manquera à se trouver aud. bastiment et y agice à ce que dit est ». Aucun autre contrat comparable n'étant connu, il est vraisemblable qu'un incident ou désaccord survenu au début de la construction ait ici causé une telle formalisation des rapports entre maître d'ouvrage et maître d'œuvre.

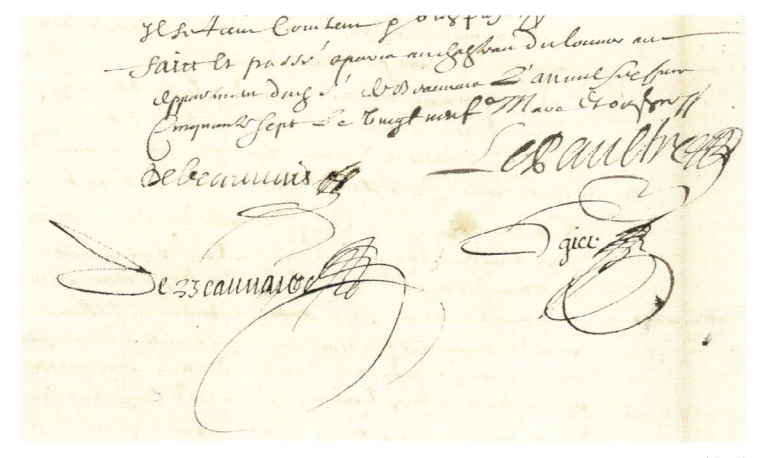

cat. 120, détail

---
1. Thiveaud, 1970 ; Feldmann, 1992, p. 12.

121.
Lettre de Henri de Guénégaud Du Plessis à Jules Hardouin-Mansart pour l'inviter à se rendre sur le chantier de l'hôtel dit du Petit-Guénégaud, quai de Conti, 17 juin 1674

Bifeuillet de papier, plume et encre brune, 17,5 × 11 cm
Paris, Bibl. nat. de Fr., nouv. acq. fr. 22936, fol. 90-91v
Inscriptions au verso, autographes de Hardouin-Mansart (voir ci-dessous)

Formé par son grand-oncle François Mansart et collaborateur de ce dernier sur ses chantiers tardifs, le jeune Jules Hardouin en recueille une partie de la clientèle : ainsi de Henri de Guénégaud Du Plessis, pour lequel le grand architecte avait aménagé le château de Fresnes et l'ancien hôtel de Nevers, quai de Conti. C'est aussi le premier client important du jeune Hardouin, auquel il commande en 1669 la construction d'un petit hôtel entre cour et jardin, sur un terrain qui jouxte son ancienne demeure, entretemps revendue à la princesse de Conti. En vertu d'un devis et marché global de travaux, dans lequel l'architecte se pare du titre d'« architecte des Bâtiments du roi », titre sans fondement mais d'un usage courant, les travaux de gros œuvre sont menés et réglés en 1672. Le second œuvre, en revanche, semble avoir traîné, car le chantier n'est toujours pas achevé en 1674 : un délai de cinq ans pour un édifice de cette taille signifie certainement que le maître d'ouvrage a rencontré des difficultés avec son architecte. Tandis que l'ancien ministre, disgracié, ne pouvait guère contraindre Mansart, celui-ci connaît en effet dans ces années une activité intense dans la ville de Versailles (cat. 108) et quitte même Paris courant 1673 pour un voyage en Languedoc, à la demande de Colbert.
Daté du dimanche 17 juin 1674, le billet est adressé à « Monsieur Mansard », dont le vrai nom de famille commence déjà à s'effacer, rue des Tournelles ; il ne manque pas de piquant : le client demande de manière comminatoire à son architecte de venir sur le chantier le lendemain, en lui envoyant son propre carrosse pour qu'il n'y fasse pas faute, citant deux autres chantiers où il se trouve alors, et il précise qu'une demi-heure suffira, « et puis il s'en ira où il voudra »… Ce ton faussement patelin où l'on sent poindre l'agacement trahit bien la difficulté d'attraper un maître d'œuvre déjà très sollicité et amené à se déplacer sans arrêt[1]. Sur un repli de ce billet bien connu, une inscription au crayon n'a pas attiré l'attention : on y lit pourtant, de la main de Mansart, ce qui s'apparente à une liste de rendez-vous pour la matinée du 18 juin :

« Du matin, Mr Penotié, avec M. Gabrielle
à neuf heures chez M. Du Plesy
Mr de Gourville
Mr de Langlade
Mr de la Rochefouquos
Madame de Génégot
A 11 [deux] heures »

On retrouve dans cette liste des clients attestés de l'architecte à cette date : ainsi, Gourville est l'intendant des Condé, à l'hôtel desquels il travaille, de même que François de La Rochefoucauld est propriétaire de l'hôtel de Liancourt, rue de Seine, où Mansart aménage un appartement : les deux demeures sont situées rive gauche, proches donc du quai Conti. M. de Langlade est lié à Mlle de La Fayette pour laquelle il travaille également. On remarque enfin que le premier rendez-vous se fait en compagnie de Gabriel, sans doute Jacques IV (cat. 103), qui collabore alors souvent avec son cousin Mansart. Cette modeste liste offre ainsi un aperçu saisissant sur l'emploi du temps de Mansart dès cette époque, qui enchaîne cinq rendez-vous de chantier en une matinée.

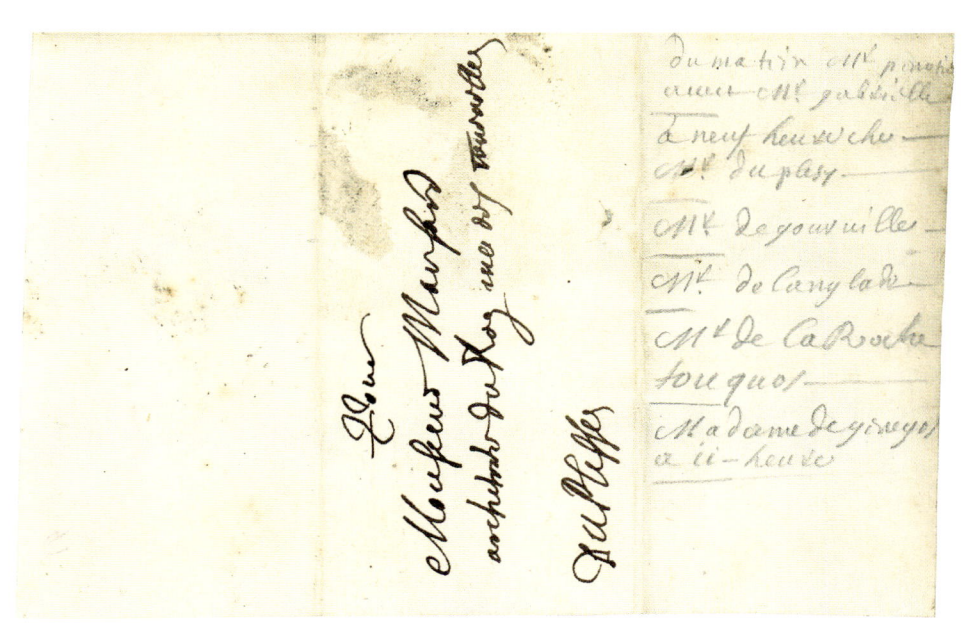

---

1. Jestaz, 2008, t. I, p. 63-68 et II, p. 114 (éd.).

cat. 121, recto   cat. 121, verso

cat. 122, revers

122.
Jean Warin (1607-1672)
Médaille de fondation de l'église du couvent du Val-de-Grâce à Paris, 1645
Au revers, élévation principale de l'église du Val-de-Grâce suivant le projet de François Mansart

Or, diam. 9,5 cm
Paris, Bibl. nat. de Fr., Monnaies, médailles et antiques, série royale, 28.313

La construction de l'église royale du Val-de-Grâce, au faubourg Saint-Jacques, est la grande affaire de la régence d'Anne d'Autriche. Longtemps stérile, la reine avait fait le vœu, en cas de naissance d'un fils, d'élever à Dieu un temple somptueux dans cette abbaye du faubourg Saint-Jacques qu'elle affectionnait. Exaucée en 1638 avec la naissance du futur Louis XIV, elle doit attendre d'être libérée de son ennemi Richelieu en décembre 1642, puis de son veuvage quelques mois plus tard, pour accomplir sa promesse et honorer la Vierge et Jésus *naissant*, dans un parallèle dont le sens n'échappe alors à personne.

Pour ce chantier ambitieux, la reine mère choisit l'architecte François Mansart (cat. 2), qui propose d'abord un palais-couvent démesuré, avant de se concentrer finalement sur l'église elle-même. Les travaux peuvent commencer après l'hiver 1645 : les fondations étant faites, la cérémonie de pose de la première pierre a lieu le samedi 1er avril 1645, en présence de Louis XIV et d'Anne d'Autriche : après la bénédiction par l'archevêque de Paris, Mgr de Gondi, l'enfant-roi descend dans les tranchées, tendues de tapisseries, pour y sceller la pierre avec la truelle d'argent que lui présente François Mansart. Dans cette pierre est placée une médaille commémorative, réalisée par Jean Warin[1]. La tradition de la pose de première pierre, écho direct à la célèbre parole du Christ, remonte au Moyen Âge[2], et au XVIIe siècle, on y sacrifie encore volontiers : Louis XIII a ainsi posé les premières pierres de Saint-Louis des jésuites en mars 1627 et de Notre-Dame-des-Victoires en décembre 1629. Le fait d'y placer non une plaque ou des jetons, mais une médaille gravée représentant l'édifice est plus exceptionnel : on ne peut citer qu'un précédent, qui concerne le palais du Louvre, en 1624.

Né à Liège d'un père champenois et d'une mère flamande, Jean Warin s'installe à Paris au milieu des années 1620 pour y exercer ses talents de graveur et de sculpteur. En 1639, il dirige la Monnaie du Moulin. Remarquable portraitiste, il est engagé par Richelieu dans le cadre de la réforme monétaire et de la mise en place des louis d'or du système Bullion, qui l'occupe plusieurs années et pour laquelle il généralise la frappe au balancier. La médaille du Val-de-Grâce ouvre une suite qui se poursuivra, vingt ans plus tard, avec d'autres médailles de fondation, pour le Louvre de Bernin (1665), et la Colonnade (1667). Couronnement de sa carrière, il est reçu à l'Académie royale de peinture et de sculpture en 1664.

Sur l'avers, Warin a représenté Anne d'Autriche et l'enfant-roi, dans un face-à-face tout à la fois intime et majestueux, où l'on retrouve son acuité psychologique de portraitiste. Le revers, qui porte une inscription latine signifiant « Pour la grâce d'un roi long-temps désiré et d'un heureux accouchement, le 5 septembre 1638 », montre la façade de la nouvelle église projetée, dont il constitue un témoignage particulièrement intéressant par sa précision : on y reconnaît le projet de Mansart, dont on ne possède que le plan, d'une façade à deux ordres superposés et coiffés d'un fronton triangulaire. Warin a réussi à indiquer les ordres employés, un ionique et un corinthien, et à montrer comment l'architecte, au moyen d'un portique au premier ordre et d'un retrait au second, avait imaginé créer une dynamique. À l'arrière, on identifie bien le dôme sur tambour qui doit dominer le chœur. Enfin, le recul dont témoignent le grand perron central comme les murs latéraux, masquant en partie des corps de bâtiment perpendiculaires, indique la mise en scène urbaine de l'église, que Mansart a placée en retrait de la rue, au fond d'une grande cour, et au centre (en apparence) d'un ensemble symétrique. Sur quelques centimètres, Warin aura réussi à saisir toute l'originalité de la composition de Mansart.

1. La cérémonie est rapportée par Le Maire, 1685 (voir Mignot, 1994, p. 34).
2. Bernardi, 2011. On peut également rappeler la médaille de fondation de Saint-Pierre de Rome représentant le projet de Bramante, attribuée à Caradosso (1506).

123.
Récit de la pose de la première pierre de la nouvelle église paroissiale Saint-Roch à Paris par Louis XIV en présence de Jacques Lemercier, 28 mars 1653

Papier, plume et encre brune, 42,5 × 57,5 cm
Paris, Arch. nat., LL//917, p. 834-839

Huit ans après celle du Val-de-Grâce (cat. 122), Louis XIV, désormais majeur, pose la première pierre de l'église paroissiale Saint-Roch, rue Saint-Honoré, au voisinage du Louvre. Le contexte a certes changé, puisque la Fronde a eu lieu, et que la régente, Anne d'Autriche, a vu son pouvoir vaciller. Contrairement à une légende ancienne, elle n'assiste pas à la cérémonie, cette fois, se souvenant sans doute que le curé, Jean Rousse, par ailleurs janséniste, s'était illustré par de violentes mazarinades…

Ancienne chapelle privée, Saint-Roch est devenue au XVIe siècle succursale de Saint-Germain-l'Auxerrois, dont elle s'émancipe en 1633 en devenant paroisse. Malgré des travaux dans les années 1620, l'édifice bâti en 1587 est devenu trop petit et l'expansion de cette partie de la rive droite durant cette période explique le projet de le reconstruire entièrement. À cette occasion, on abandonne l'orientation de l'église pour placer le chœur au nord, ce qui permet d'élever la façade principale sur la rue Saint-Honoré, conformément aux recommandations du Concile de Trente. La fabrique choisit Jacques Lemercier, premier architecte du roi, qui donne là l'un de ses derniers projets[1]. Ses réflexions sont retardées par la Fronde, et l'affaire ne reprend qu'avec le retour de l'ordre royal. Quand les premiers fonds sont rassemblés, la fabrique sollicite la venue du jeune roi par l'intermédiaire d'un paroissien introduit à la Cour, Séraphin de Mauroy, ancienne « créature » de Richelieu. La présence dans la paroisse de gens du bâtiment, dont l'entrepreneur Nicolas Messier, facilite les choses : ainsi, on « emprunte » à la reine une des grues du Val-de-Grâce, et même divers outils pour les maçons.

Le vendredi matin du 28 mars, le roi et sa suite, avec les maréchaux d'Aumont et de Villeroy, arrivent du Louvre sur le chantier, ouvert du côté de la nef, entre la rue et l'ancienne église toujours debout. Après la messe, la cérémonie se déroule au milieu des tranchées et des piquets, qui matérialisent les alignements. « Durant les cérémonies, messieurs les marguilliers estant près du Roi, Sa Majesté leur demanda qui estoit l'entrepreneur, à quoi fut respondu qu'étant un ouvrage pour l'éternité, l'on avoit choisy le plus excellent des architectes de sa Majesté, qui estoit monsieur Mercier, lequel, s'étant approché, fit voir au roy le plan qu'il avoit dressé de ladicte église[2]. » Le jeune prince se fait expliquer le plan et s'inquiète du financement d'un tel chantier, question embarrassante à laquelle le curé répond par des flatteries usuelles. Puis, il descend dans la tranchée et se fait remettre une truelle d'argent, que lui présente Nicolas Messier, et scelle la pierre dans laquelle on place deux médailles frappées pour l'occasion ; l'une représente le portrait du roi, l'autre celui de la reine mère, et toutes les deux portent simplement au revers le nom de « Saint Roch » sans représentation de l'édifice. En revanche, le récit de la cérémonie, consigné au long dans les annales de la paroisse, se termine exceptionnellement par un relevé du texte latin alors gravé sur la première pierre. Ce texte a accrédité la présence de la reine, quand il ne s'agit en fait que de son soutien protecteur.

1. Gady, 2005, p. 421-424.
2. Gady, 1999-b.

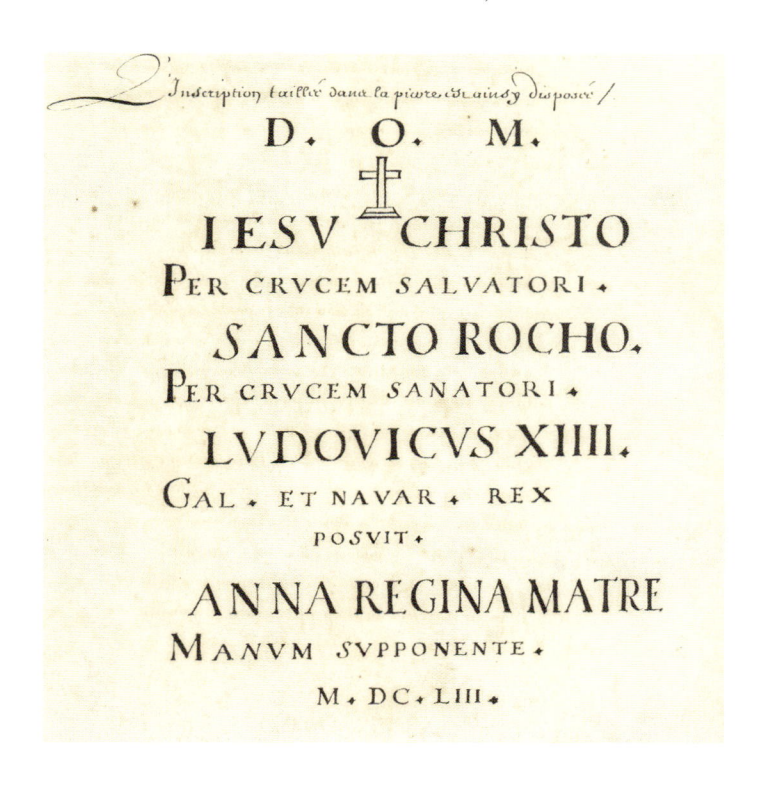

cat. 123, relevé de l'inscription latine gravée sur la première pierre de l'église

fig. 43. Jacques Lemercier, vue de la maquette du projet de Michel-Ange pour l'église Saint-Jean-des-Florentins à Rome, eau-forte, 1607, Paris, Bibl. nat. de Fr., Est., AA 1 (Lemercier)

Modèles et maquettes

Dans la langue française du XVIIe siècle, le terme de « maquette » n'existe pas encore et ce qu'on appelle aujourd'hui « maquette d'architecture » est désigné du nom générique de « modèle », ce qui n'est pas sans causer des ambiguïtés dans les textes. L'utilisation de ces « modèles » est néanmoins bien attestée, du palais du Luxembourg à l'église des Invalides, en passant par le Louvre[1]. Destinées à répondre à des besoins assez divers, ces maquettes prenaient en outre des formes variées, par leur taille et leurs matériaux, comme le rappelle Augustin Charles d'Aviler dans son *Cours d'architecture* de 1691 :

> « *Modelle de bastiment* : c'est un essay pour faire connoître en petit l'effet d'un bâtiment en grand, autant à ceux qui le commandent qu'aux ouvriers qui le doivent exécuter. Ces modelles, qui sont plus intelligibles que les desseins, se font de bois ou de carte [papier], où l'on colle les desseins chantournés, ombrés et collorés, pour juger de l'ensemble de l'édifice. Les modelles de pierre tendre ou de plâtre servent pour quelque partie difficile à appareiller, comme un escalier extraordinaire.
> *Modelle en grand* : celui qui se fait de maçonnerie de grandeur de tout l'ouvrage, comme l'arc de triomphe du faubourg Saint-Antoine. Il se fait encore sur le tas des modelles de quelques parties, comme d'une figure, d'un chapiteau, d'entablement, etc. qu'on fait aussi différemment pour donner à choisir, pour en juger du point de vue le plus avantageux et pour les augmenter ou diminuer suivant les règles de l'architecture et de l'optique[2]. »

D'Aviler distingue ainsi, d'une part, le modèle réduit, qui constitue un développement tridimensionnel du dessin et relève encore de la représentation du projet et, d'autre part, le modèle à grandeur, c'est-à-dire à l'échelle 1, plus orienté vers l'exécution puisqu'il sert à éprouver l'ouvrage en conditions réelles afin de le corriger ou de choisir entre différentes options.
Si les modèles « en grand » sont très mal connus, puisque détruits aussitôt après usage, on est mieux renseigné sur les maquettes de projet, en particulier celles concernant des édifices publics ou des maisons royales, car elles pouvaient prendre des dimensions monumentales. Le seul exemple conservé du XVIIe siècle français représente la façade de l'église Saint-Gervais à Paris et mesure près de cinq mètres de hauteur (cat. 124). Les plus célèbres de toutes, fabriquées pour l'achèvement du Louvre, étaient exposées à l'Académie royale d'architecture, dans le palais, mais elles ont toutes disparu à la Révolution (cat. 125). Dans le domaine de l'architecture privée, les maquettes étaient sans doute moins fréquentes en raison de leur prix, mais un rare marché de menuiserie décrit celle qui fut fabriquée en 1679 pour le château de Châteauneuf-sur-Loire, suivant le projet de Pierre Bullet (cat. 126).

---

1. Cojannot, 2015.
2. D'Aviler, 1691, t. I, p. 685-686.

124.
Devis et marché de maçonnerie pour la construction du portail de l'église Saint-Gervais à Paris, 23 avril 1616

Papier, plume et encre brune, 35 × 22,5 cm
Paris, Arch. nat., MC/ET/XXVI/33

Commencée par le chœur en 1494, la reconstruction de l'église paroissiale Saint-Gervais s'est poursuivie dans le respect du projet originel, de style gothique flamboyant, jusqu'au début du XVIIe siècle. Pour parachever l'ouvrage, il ne manque plus alors que la façade et les marguilliers de la fabrique, paroissiens élus pour diriger les travaux, choisissent en 1616 de mettre en concurrence les architectes parisiens[1]. Le projet retenu, conçu par Salomon de Brosse, a aussitôt été reconnu comme un chef-d'œuvre de l'architecture classique française (cat. 37).

Le long préambule, placé en tête du devis des ouvrages de maçonnerie ici présenté, rappelle la procédure alors adoptée : les marguilliers « auroient fait dresser plusieurs desseings et modelle desdits ouvraiges telz qu'il est requis pour la perfection d'un tel et sy magnificque bastiment qu'est celuy d'icelle esglise Sainct-Gervais, l'une des plus célèbres de cette ville de Paris ; lesquelz desseings ayant esté représentez en l'assemblée desdits parroissiens, ilz auroient enfin arresté celuy qui a esté trouvé le plus excellant, [...] sur lequel desseing, plus grande seureté et plus facilement exécuter lesd. ouvraiges, lesdits sieurs marguilliers auroient fait faire ung modelle de treize à quatorze piedz de hault et depuis fait dresser ung devis de la qualité dudit ouvraige ».

Ainsi, parmi les différents dessins soumis à l'assemblée des paroissiens, celui retenu a ensuite donné lieu à la fabrication d'un « modèle » ou maquette de grande dimension[2]. Vers 1650, l'historien et amateur Henri Sauval écrit au sujet de cette église : « le modèle du portail sert de retable d'autel à la grande chapelle de la Vierge, qui est un raccourci de [...] pouces par pied ; ce contretable est fait de bois, fait par De Hanci[3] ». Quatre siècles plus tard, la maquette exécutée par le menuisier Antoine de Hansy existe toujours sous la forme d'un retable, dans la chapelle des fonts baptismaux : c'est aujourd'hui la seule maquette française du XVIIe siècle à avoir été conservée, sous un badigeon de couleur brune[4] (fig. 44).

Le choix de faire fabriquer une maquette est ici justifié par deux arguments : « pour plus de seureté », c'est-à-dire pour rendre plus sûr le choix qui a été fait et pour « plus facilement exécuter lesd. ouvraiges » en servant d'exemple aux ouvriers. De fait, le devis et le marché de maçonnerie renvoient à plusieurs reprises aux « dessin et modelle » comme devant être exactement suivis par l'entrepreneur, le maître maçon Claude Monnard associé pour l'occasion à l'architecte Clément Métezeau[5], et la façade a bien été édifiée conformément à la maquette.

---

1. Brochard, 1938, p. 72.
2. Entre 4,2 et 4,5 m suivant ce récit, mais 4,68 m d'après les relevés.
3. Sauval, 1724, t. I, p. 453.
4. Sans doute du XIXe siècle. Des sondages ont montré des traces de polychromie sous-jacente.
5. Leproux, 1992, p. 25-32.

fig. 44. Antoine de Hansy, d'après Salomon de Brosse, maquette de la façade de l'église Saint-Gervais, Paris, Saint-Gervais, chapelle des fonts

cat. 125

125.
François II Francart (1655-1705)
Élévation de la petite maquette du Louvre exécutée en 1666 suivant le projet de Bernin, s.d. [1696]

Papier, plume et encre noire, lavis noir et gris, 59,5 × 131,5 cm
Stockholm, Nationalmuseum, THC 1244

L'affaire de l'achèvement du Louvre, pendant les premières années de la surintendance de Jean-Baptiste Colbert, constitue l'un des grands moments de l'histoire des maquettes d'architecture en Europe. Après avoir ordonné en janvier 1664 la suspension des travaux en cours sous la direction de Louis Le Vau, Colbert a aussitôt commandé la fabrication d'une grande maquette de menuiserie représentant le projet du premier architecte du roi. Décrite à la fin du siècle dans l'inventaire des meubles de l'Académie royale d'architecture (cat. 59), cette première maquette mesurait 12 pieds de long par 10,5 de large (3,9 × 3,4 m) et figurait ainsi l'ensemble de la Cour Carrée, à l'échelle 1/50 environ.

Invité quelques mois plus tard à venir en France pour concevoir son propre projet pour le palais, le cavalier Bernin séjourne à Paris de juin à octobre 1665 et donne lui-même les dessins, mais désigne son assistant et élève Mattia De Rossi pour en superviser la mise en œuvre[1]. Lorsque ce dernier revient à Paris l'année suivante, il dirige la fabrication de deux nouvelles maquettes du palais, l'une en menuiserie, l'autre en stuc, complétées par une troisième, également en bois, représentant un des grands escaliers prévus dans les angles de la Cour Carrée. À peine achevés, ces coûteux ouvrages deviennent sans objet, quand le surintendant annonce en 1667 à Bernin que le roi a choisi de renoncer à faire exécuter son projet. La maquette de menuiserie, déposée à l'Académie royale d'architecture en 1674, mesurait 14 pieds (4,6 m) de longueur et représentait la façade orientale du palais en entier[2]. Celle de stuc, vraisemblablement difficile à déplacer, est restée au Louvre, sans doute dans la pièce au rez-de-chaussée de l'aile nord de la Cour Carrée « où sont plusieurs modèles du bastiment du Louvre » en janvier 1692[3]. Ses dimensions ne sont pas connues, mais il s'agissait semble-t-il d'une partie de la façade représentée à plus grande échelle, où les ornements étaient sculptés en détail. D'autres maquettes étaient visibles à l'hôtel de Longueville, rue des Poulies, dont Germain Brice recommandait la visite dans son fameux *Guide* de la capitale. En juillet 1698, on déménageait ainsi « des modèles du Louvre et autres maisons royales de chez feu M. d'Orbay[4] ».

Ayant lui-même eu l'occasion d'examiner ces maquettes lors de son séjour en France en 1687, l'architecte suédois Nicomède Tessin le Jeune, alors chargé des travaux du palais royal de Stockholm, demande en 1695 à son confrère Daniel Cronström, en mission diplomatique à Paris, d'en commander des relevés[5]. Celui-ci a alors recours, non à un architecte, mais au dessinateur du Cabinet du roi Jean Bérain, qui en délègue l'exécution à François II Francart, fils du peintre portant le même prénom (1622-1672). Aux dires de Cronström, Francart était « un yvrogne outré », mais aussi « le plus

---

1. Bresc-Bautier et Fonkenell (dir.), 2016, p. 388-399.
2. Felkay, 1985 (1987), p. 281.
3. Arch. nat., CP/VA//218, pièce 33 (en dépôt au musée du Louvre, Arts graphiques), plan du quart nord-ouest de la Cour Carrée, relevé par François d'Orbay daté du 31 janvier 1692.
4. Cat. exp. 1983, p. 267.
5. Josephson, 1928 ; Weigert et Hernmarck (éd.), 1964.

habile dessignateur d'architecture » qu'on pût trouver à Paris. Ses relevés, aujourd'hui conservés au Nationalmuseum de Stockholm[1], confirment cette assertion : entièrement exécutée à l'encre de Chine et délicatement ombrée, la grande élévation monochrome compte parmi les plus beaux dessins d'architecture français de la période et préfigure le grand dessin académique du siècle suivant. Les maquettes originales ayant disparu à la Révolution, ces dessins constituent désormais la meilleure source concernant le dernier état du projet de Bernin pour le Louvre.

---

1. Francart a également laissé un plan (THC 1242) et un détail de la maquette (THC 1245).

cat. 125, détail

126.
Marché de menuiserie pour une maquette du château de Châteauneuf-sur-Loire suivant les dessins de Pierre Bullet, 23 juin 1679

Papier, plume et encre brune, 35,5 × 22,5 cm
Paris, Arch. nat., MC/ET/XXXIII/344

Ancienne résidence royale du Moyen Âge située à proximité d'Orléans, Châteauneuf-sur-Loire est passé en mains privées au XVIe siècle et son corps de logis principal a été rebâti vers 1645 pour le surintendant des Finances Particelli d'Émery[1]. Le 23 juin 1679, Louis Phélypeaux de La Vrillière, gendre de Particelli et usufruitier du domaine, signe un marché avec le maître menuisier parisien Nicolas Cayot pour qu'il fabrique « le modèle en bois de son chasteau de Chasteauneuf suivant les desseins qui en ont esté présentement paraphez par les parties », pour le prix non négligeable de 500 livres.

L'acte donne de nombreuses précisions sur la qualité de l'ouvrage. Ainsi, le « corps » de la maquette sera fait « d'un bon bois de chesne, sain, sec et entier, sans aubier ny fraction », et « toutes les architectures », c'est-à-dire tous les éléments de décor et de mouluration, en poirier, un bois plus dur et moins veiné que le chêne. Le menuisier devra pour cela se conformer « aux profils qui en seront donnez par M. Bullet, architecte des bastimens du roy et de cette ville » et respecter l'échelle de « trois pouces pour chacune toise, gardant partout la mesme proportion », soit une réduction au 1/24. Cette grande échelle permet d'envisager un grand détail de représentation, avec notamment « toutes les sculures, tant entablemens, chapiteaux, consoles, figures, armes que autres qui seront désignées et comme ils seront marquez sur lesd. desseins ». La maquette devra finalement être peinte « en coulleur de pierre et les combles en coulleur d'ardoise » et pouvoir se démonter « en sorte que l'on puisse voir facilement tous les dedans dudit chasteau ainsy qu'ils seront ordonnez ».

L'objet précis de la maquette, en revanche, n'est pas indiqué, mais il s'agit à l'évidence d'un projet de travaux importants, dont la conception avait été confiée au jeune Pierre Bullet. Le château se composait, à cette date, de deux corps de bâtiment isolés, à savoir le logis neuf, au bout de la cour principale, et l'ancienne grande salle de la forteresse gothique, sur la basse-cour. À partir de 1688, les deux édifices allaient être réunis par la construction d'un bâtiment intermédiaire, avec à l'angle un grand salon octogonal couvert en dôme, qui subsiste aujourd'hui encore malgré la disparition du corps de logis principal. Le projet de cet édifice est très certainement le motif de la fabrication de la maquette de 1679. Ce rare exemple de maquette pour une demeure privée, commandée par un amateur d'architecture très au fait de l'actualité artistique parisienne, est peut-être un indice de l'influence directe que la multiplication des « modèles » de bâtiments royaux dans les années 1660 et 1670 a eu sur les pratiques et méthodes de conception de l'architecture en France.

---

1. Cojannot, 2015-b.

cat. 126

eslevuastion De l'isle a faires a Clugny pandant l'annèe 1677 regardent

cat. 133-c, détail

Devis, marchés et dessins contractuels

Une fois le projet arrêté par le maître d'ouvrage, il faut, pour le mettre en œuvre, en confier l'exécution à des artisans. Les modalités et formes juridiques de passation des marchés sont assez variées à l'échelle du royaume, suivant que l'on se trouve dans un pays de droit coutumier ou de droit écrit. Les contrats peuvent être oraux ou écrits, passés sous seing privé ou par-devant notaires, mais la pratique parisienne du marché écrit et accompagné d'un devis descriptif tend peu à peu à se répandre partout, au moins pour les ouvrages importants. Dans ce contexte, il devient de règle que l'architecte concepteur assiste son client dans la sélection des entrepreneurs et dans la préparation des documents contractuels.

Le devis est, au sens étymologique du terme, une description des ouvrages à exécuter, mais sa teneur peut varier en fonction du contexte[1]. Lorsque la construction est simple ou que le commanditaire détermine lui-même le programme des travaux, ce sont généralement les artisans qui établissent le devis des travaux qu'ils s'engagent à réaliser et, dans ce cas, celui-ci peut comporter les tarifs. Si en revanche le projet est confié à un maître d'œuvre, la rédaction des devis relève pleinement de sa compétence et le devis, seulement descriptif, s'apparente à ce que l'on appelle aujourd'hui un cahier des clauses techniques. Dans son traité de l'*Architecture pratique*, en 1691, Pierre Bullet inclut un chapitre sur « la manière dont on doit faire les devis des bâtimens » et il insiste en préambule : « ce ne peut estre que l'architecte qui a fait le dessein qui puisse bien faire le devis, car il doit luy-mesme donner la solidité et la perfection à son ouvrage[2] » (cat. 22).

Les documents originaux montrent que cette affirmation correspondait bien à la pratique : si beaucoup de devis conservés avec les marchés sont des copies au propre par des scribes, on en trouve également un grand nombre où l'on peut reconnaître l'écriture autographe du maître d'œuvre (cat. 127 à 131). Souvent exploitées pour leur contenu technique, ces sources n'ont pas encore été suffisamment étudiées dans leur forme et leur rédaction, alors qu'elles constituent un témoignage exceptionnel sur la culture et les intentions de l'architecte. L'identification des écritures offre en outre de précieux outils pour l'analyse critique des dessins (cat. 79, 100 et 130).

Le devis et le marché renvoient systématiquement aux dessins du projet, lorsqu'il y en a. Ceux-ci sont mentionnés par des formules génériques, telles que « suivant les plans, profils et élévations qui en ont été faits et agréés[3] ». Il est très fréquent que l'on ajoute à cette formule la précision que les dessins ont été « paraphés *ne varietur* par les parties » : cette clause signifie que le commanditaire et l'entrepreneur, ainsi éventuellement que les notaires si le marché a été conclu sous cette forme, ont apposé leur paraphe ou signature au verso

---

1. Sur l'importance du devis à l'époque moderne, voir Vérin, 1993, p. 127-144, qui ne prend cependant pas en compte l'antériorité des devis d'architecture.
2. Bullet, 1691, p. 352.
3. *Ibid.*, p. 354.

des dessins, pour qu'il ne soit plus rien changé au projet (*ne varietur*). Dès lors, les documents graphiques prennent une valeur contractuelle, ils sont opposables en justice en cas de litige, et le marché précise qui a la charge de les conserver pendant la durée des travaux. Ce peut être le commanditaire ou l'entrepreneur, mais aussi parfois l'architecte lorsqu'il dirige le chantier, c'est par exemple le cas lors de la construction du château de Blois en 1635 : « lequel plan est demeuré entre les mains du sieur Mansart, architecte, pour en faire la conduite[1] ». Dans une petite minorité de cas, les dessins contractuels ont été confiés au notaire et sont restés attachés à la minute du marché, pour le plus grand bonheur des historiens (cat. 132 et 133).

Grâce aux exemples conservés, on peut discerner une évolution des dessins contractuels au cours du siècle. Souvent, c'est le dessin de présentation, c'est-à-dire le projet soumis au maître de l'ouvrage, qui est rendu contractuel par l'apposition des paraphes : on le reconnaît au soin apporté à l'exécution graphique du document, dont la première fonction est de séduire le client (cat. 80, 96, 103, 110, 132). Peu à peu, on voit aussi apparaître des dessins spécialement conçus pour accompagner le marché. Sans doute est-ce déjà vrai du dessin synthétique de Mansart pour l'église de la Visitation (cat. 82), et cela l'est assurément de l'extraordinaire dossier joint au marché de maçonnerie du château de Clagny en 1677, dont les superbes dessins ont été exécutés *ad hoc*, puisque le décor sculpté y est représenté à l'état de pierres épannelées (cat. 133). On peut voir en cela un signe des progrès quantitatifs et qualitatifs de la production graphique des architectes au cours du siècle.

---

1. Chauleur et Louis (éd.), 1998, p. 56.

Une sélection de devis d'ouvrages d'architectes autographes

127.
Salomon de Brosse (1571-1626)
Devis de tous ouvrages pour l'hôtel de Bouillon, rue de Seine à Paris, et marché du 1er septembre 1612

Papier, plume et encre brune, 33 × 21,5 cm
Paris, Arch. nat., MC/ET/XXIV/245

Par le marché qui suit ce devis, Salomon de Brosse, qui apparaît sur ce chantier à la fois architecte et comme entrepreneur, s'engage à exécuter les diverses constructions voulues par le duc de Bouillon dans son hôtel. Ces travaux ont été l'objet de plusieurs études depuis la découverte de ce document par Jean-Pierre Babelon[1], mais l'acte n'a jamais été examiné dans sa matérialité. Outre le choix de décaler le titre vers la droite, le devis se signale ainsi par une écriture bien différente de celle du marché, caractérisée notamment par des queues ajoutées aux hampes des p et q minuscules, par des e parfois écrits ε en début de mot, par des b majuscules dont la haste se prolonge nettement vers le haut ou encore par les h minuscules aux panses ouvertes sur la gauche. La même écriture et la même mise en page se reconnaissent dans un devis inédit pour l'hôtel de Fresnes, dans ceux pour le château de Blérancourt et pour l'hôtel de Bullion, ainsi qu'à la fin d'un devis pour l'hôtel du Lude, où la même main a ajouté quelques lignes[2]. Or tous ces édifices sont des œuvres de Salomon de Brosse, qui constitue le seul lien entre ces chantiers. La même écriture se retrouve de plus sur une quittance partielle pour les travaux de l'hôtel de Bouillon[3] et, surtout, sur les plans du parlement de Bretagne que l'architecte dessina en 1618 au cours d'un bref séjour à Rennes[4]. Tout concorde en conséquence pour y voir la main de Salomon de Brosse, qui mit donc régulièrement lui-même au net les devis remis aux notaires pour la passation des marchés de ses édifices.

ÉTIENNE FAISANT

---

1. Babelon, 1962.
2. Arch. nat, MC/ET/XLII/47, 2 avril 1607, MC/ET/XXIV/245, 1er septembre 1612. MC/ET/XXXV/191, 30 janvier 1614 et MC/ET/XIX/385, 12 septembre 1618.
3. Bibl. nat. de Fr., nouv. acq. fr. 31, fol. 26, 22 mai 1613.
4. Les plans ont disparu, mais des photographies sont conservées au musée de Bretagne, 956.0002.185 à 187.

cat. 127, détail

128.
Jean Androuet du Cerceau (vers 1590-après 1649)
Devis de tous ouvrages pour l'hôtel de Bretonvilliers à Paris, sur l'île Saint-Louis, et marché du 26 février 1635

Papier, plume et encre brune, 38 × 23,5 cm
Paris, Arch. nat., MC/ET/V/84

Petit-fils de Jacques Ier Androuet du Cerceau, fils de Baptiste Androuet du Cerceau, neveu de Jacques II et cousin germain de Salomon de Brosse, Jean Androuet appartient à une véritable dynastie d'architectes français, tous de religion protestante[1]. Avec son cousin De Brosse, il est également entrepreneur de maçonnerie et participe à ce titre à des chantiers importants, tels que ceux des palais du Luxembourg et du Louvre, du pont sur la Seine à Rouen ou de la nouvelle enceinte de Paris sous Louis XIII. Son activité en tant que maître d'œuvre est plus limitée, ou moins bien connue, mais elle compte une réalisation illustre : l'hôtel Gallet, construit de 1625 à 1630 et désormais célèbre sous le nom d'hôtel de Sully, rue Saint-Antoine à Paris[2].

Peu après, Du Cerceau donne des dessins pour l'hôtel de Bellegarde, rue de Grenelle-Saint-Honoré, et le devis original présente une curieuse écriture, à la fois calligraphiée et archaïque[3]. La même main se reconnaît sur le devis qui accompagne le premier marché de l'hôtel de Bretonvilliers, en 1635, et qui renvoie également au « sr du Cerceau, architecte des bastimens du roy ». La coïncidence ne peut être fortuite, mais, comme cette écriture formelle est difficile à comparer avec la signature très cursive de l'architecte, on ne saurait déterminer s'il s'agit de la sienne ou de celle d'un proche collaborateur. Rappelant étrangement la graphie dite *cancellaresca* du XVIe siècle, elle paraît toutefois matérialiser l'héritage culturel d'une lignée d'architectes remontant à la Renaissance.

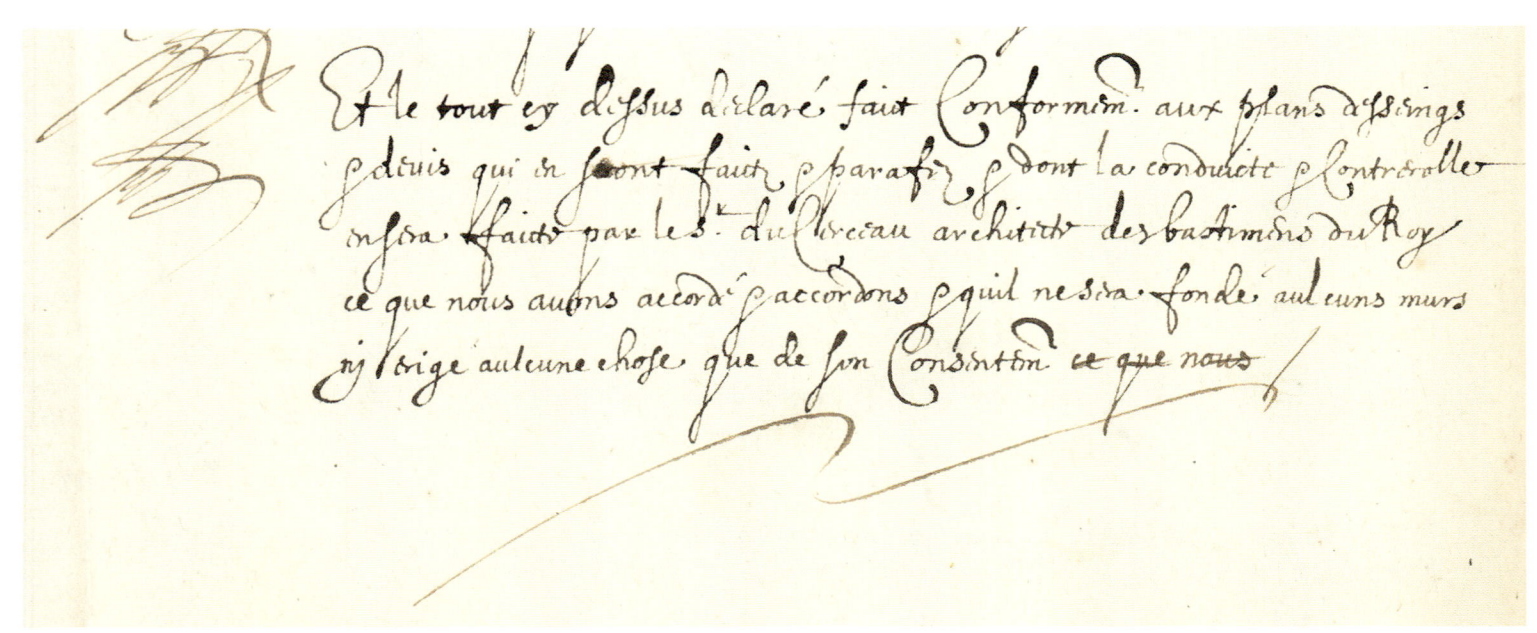

1. Ciprut, 1967-b.
2. Gady, 2002 (2015).
3. Bibl. nat. de Fr., Mss., nouv. acq. fr. 22046, fol. 117-119, devis et marché du 4 mars 1629.

cat. 128, détail

129.
Jacques Lemercier (vers 1585-1654)
Devis de menuiserie pour le plafond du cabinet des bains de la reine au Louvre et marché du 6 décembre 1653

Papier, plume et encre brune, 31,5 × 20,6 cm
Paris, Arch. nat., MC/ET/XXXV/403

Le corpus des écrits de Jacques Lemercier, établi et étudié par Alexandre Gady, compte huit devis autographes, qui montrent l'attention particulière accordée à la rédaction de ces documents techniques, concernant aussi bien la construction que le second œuvre et le décor[1]. Ce constat se trouve confirmé par un nouvel acte, inédit, où l'on reconnaît son écriture et son orthographe caractéristiques.

Le devis décrit les « ouvrages de menuyserie du plaffondz qui convient faire au cabinet de la reyne au Louvre » et précède le marché passé le 6 décembre 1653 avec le maître menuisier Jean Langlancé, qui a déjà travaillé pour Lemercier au château de Richelieu vingt ans plus tôt. Cette année-là, Anne d'Autriche a en effet commandé un réaménagement complet de l'appartement des reines mères au Louvre, dont la pièce maîtresse est un somptueux cabinet des bains, orné de colonnes de marbre antiques et revêtu de lambris peints et dorés[2]. Aujourd'hui disparu, ce décor a été décrit par Henri Sauval, qui précise : « La chambre des bains, que nous avons vu faire, est de la conduite de Jacques Lemercier. » Confirmant l'assertion de Sauval, le devis prouve que l'architecte a bien conçu le projet et dirigé les travaux, car il se termine sur un procès-verbal d'adjudication par lequel Lemercier reçoit les offres des artisans, désigne le moins-disant et fixe le montant de l'avance qui lui serait versée. Daté du 18 novembre 1653 et écrit d'une main tremblante, ce document est sans doute le dernier conservé de Lemercier, qui meurt peu après, le 13 janvier 1654.

MARIANNE COJANNOT-LE BLANC

1. Gady, 2005, p. 77-78 et 82-83.
2. *Ibid.*, p. 419-420.

cat. 129, détail

130.
Pierre Cottart (vers 1620-vers 1701)
Devis de tous ouvrages pour l'hôtel de Saint-Géran, place Royale à Paris, et marché du 26 mars 1658

Papier, plume et encre brune, 33,5 × 22,5 cm
Paris, Arch. nat., MC/ET/CV/731

Les documents relatifs à la carrière de Pierre Cottart en tant qu'architecte praticien sont très rares[1]. Aucun contrat n'a été retrouvé concernant ses principales œuvres, l'hôtel Amelot de Bisseuil à Paris et le château de Villacerf (détruit), et les archives des Bâtiments du roi ne semblent pas avoir conservé de traces manuscrites de son activité. La découverte d'une adresse à son nom, inscrite au crayon au verso d'un marché de travaux, constitue donc un indice intéressant : « À M. Cottard, dem[eurant] rue Coq-Héron ». L'acte, passé par Marie de La Guiche, duchesse douairière de Ventadour, est précédé d'un long devis qui décrit la construction d'une aile neuve dans son hôtel, pour abriter au premier étage un appartement à l'italienne suivant les dessins d'un architecte qui n'est pas nommé[2]. Le devis est toutefois rédigé d'une écriture bouclée, bien différente de celle du notaire et des artisans. Or cette écriture est aussi celle que l'on trouve au bas de deux dessins conservés à Stockholm qui mentionnent explicitement le nom de Cottart[3] (cat. 79), et l'on peut étendre ce constat à une dizaine d'autres dessins des collections suédoises, dont les liens avec l'œuvre gravé de Cottart sont aisés à établir[4] (cat. 100). Enfin, deux contrats passés en 1687 pour la construction d'une maison rue de la Vieille-Monnaie sur les dessins de Cottart présentent une nouvelle fois des devis de la même écriture, qui ne peut donc être que celle de l'architecte[5].

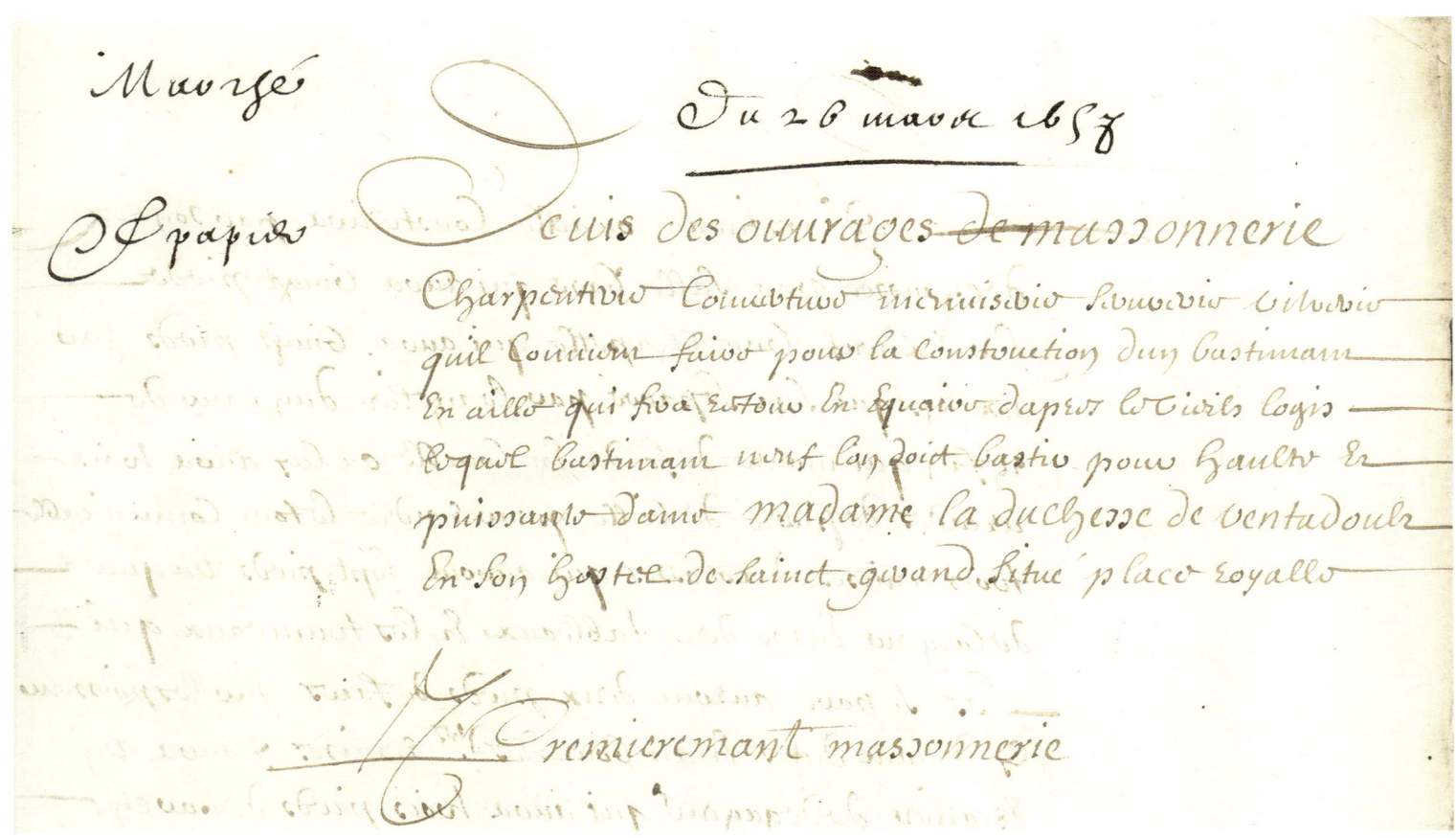

---

1. Courtin, 2014.
2. Sur cette campagne de travaux, voir Gady (dir.), 1996, p. 377-378.
3. Stockholm, Nationalmuseum, CC 120 et 2440.
4. Signalons en particulier la graphie du mot « chambre », écrit « chembre » avec des ligatures caractéristiques.
5. Arch. nat., MC/ET/CXV/258, 4 juillet 1687, devis et marchés de maçonnerie et de charpenterie de la maison de François Portail, rue de la Vieille-Monnaie ; voir Courtin, 2014, p. 52.

cat. 130, détail

131.
Daniel Gittard (1625-1686)
Devis de marbrerie pour l'église Saint-Sulpice à Paris et marché du 4 février 1668

Papier, plume et encre brune, 29,5 × 20,5 cm
Paris, Arch. nat., MC/ET/XCI/357

La reconstruction de l'église paroissiale Saint-Sulpice est un chantier majeur de l'histoire de l'architecture parisienne, s'étendant sur quelque cent cinquante ans, du règne de Louis XIV à celui de Louis XVI[1]. Le projet donné par l'architecte et voyer de Saint-Germain-des-Prés Christophe Gamard a été approuvé en 1645 et la première pierre posée par Anne d'Autriche le 20 février 1646, mais les travaux alors engagés s'interrompent bientôt, en raison de la Fronde et de la mort du maître d'œuvre en 1649. Sollicité par le curé Jean-Jacques Olier à la fin des troubles parisiens, Jacques Lemercier donne des plans pour la chapelle de la Vierge, mais il disparaît à son tour, en janvier 1654, avant que les travaux aient repris[2]. C'est sans doute suivant le projet de Lemercier que la chapelle axiale du chœur, dédiée à la Vierge, est élevée dans les années 1650.

En 1660, le projet initial est officiellement écarté et la fabrique désigne un nouvel architecte : Daniel Gittard, qui, de 1660 à 1678, va démolir les fondations commencées par Gamard, construire le chœur, le déambulatoire et les chapelles du chevet, puis commencer le transept. Dans le même temps, il parachève la grande chapelle axiale dédiée à la Vierge. Le marché de son pavement noir et blanc, passé le 4 février 1668, est accompagné d'un devis rédigé par Gittard lui-même[3]. Par comparaison avec ce devis, le plan du chœur de l'église, jusqu'ici anonyme, peut désormais être également rendu à cet architecte[4].

---

1. Lours, 2014.
2. Gady, 2005, p. 418.
3. Devis signalé par Losserand, 2016, t. II, p. 794. Sur l'écriture de Gittard, voir Jestaz, 2008, t. I, p. 261.
4. Bibl. de l'Institut, ms. 1903, pièce 7 ; reprod. Gady, 2005, p. 418.

cat. 131, détail

132.
Devis, marché et dessins contractuels pour la construction de l'hôtel du prieur de Sainte-Catherine-du-Val-des-Écoliers à Paris, 26-31 mai 1636

A – Devis et marché passé sous seing privé le 26 mai 1636, déposé par-devant notaire le 31 mai 1636

Papier, plume et encre brune, 35 × 23 cm
Paris, Arch. nat., MC/ET/CVII/146, fol. 524-529 (MC/RS//1592)

**B – Charles Chamois (vers 1610-après 1684), attribué à
Élévation du corps de logis sur cour et coupe de l'aile, dessin contractuel paraphé le 31 mai 1636**

Papier, plume et encre brune, lavis gris, 37 × 36,3 cm
Paris, Arch. nat., MC/ET/CVII/146 (MC/RS//1592, pièce A)

**C – Charles Chamois (vers 1610-après 1684), attribué à
Plan du rez-de-chaussée du corps de logis et de l'aile, dessin contractuel paraphé le 31 mai 1636**

Papier, plume et encre brune, lavis gris, 29,5 × 37 cm
Paris, Arch. nat., MC/ET/CVII/146, fol. 531 (MC/RS//1592, pièce B)

Le marché pour la construction du logis du prieur de Sainte-Catherine-du-Val-des-Écoliers, passé en mai 1636, est l'un des plus anciens retrouvés dans les archives notariales parisiennes à être accompagné de dessins contractuels. En réalité, il ne s'agit pas exactement d'un marché notarié, car l'acte a d'abord été passé le 26 mai sous seing privé, c'est-à-dire directement entre le commanditaire et l'entrepreneur, et c'est cinq jours plus tard que les parties ont déposé les documents chez un notaire, ce qui a permis qu'ils soient conservés. Le devis, qui porte sur tous les ouvrages de « maçonnerie, charpenterie, couverture, menuiserie, serrurerie et vitrerie », n'est pas estimatif, mais seulement descriptif et technique, détaillant les matériaux et dispositions à suivre pour la construction. Un espace a été laissé en blanc à la fin du texte, pour ajouter le prix global des ouvrages après négociation avec l'entrepreneur. Le marché tient ensuite en quelques lignes, indiquant sommairement l'identité des parties et les modalités d'exécution et de paiement.

Les clauses du devis renvoient à plusieurs reprises aux « plans et eslévation de la face de devant », qui sont restés attachés à l'acte. Ces dessins montrent un édifice à l'aspect traditionnel, avec une façade aux fenêtres liées verticalement par leurs chambranles et allèges et aux travées percées suivant un rythme irrégulier. Seule une grande lucarne, placée au droit d'un trumeau orné des armes du commanditaire et flanquée de deux plus petites en œil-de-bœuf, donne un semblant d'axialité à la composition. La présence de détails pittoresques, comme la fumée sortant des souches de cheminée ou l'échelle représentée comme une règle graduée sur le plan, indique qu'il s'agit en fait de dessins de présentation, rendus contractuels par l'apposition des signatures au verso.

Aucun maître d'œuvre n'est nommé en tant que tel dans le document, mais Charles Chamois s'est associé à l'entreprise aux côtés de son beau-père, le maître maçon Jean Savaria, si bien que l'on peut penser qu'il est le concepteur du projet, qui serait sa première œuvre connue[1].

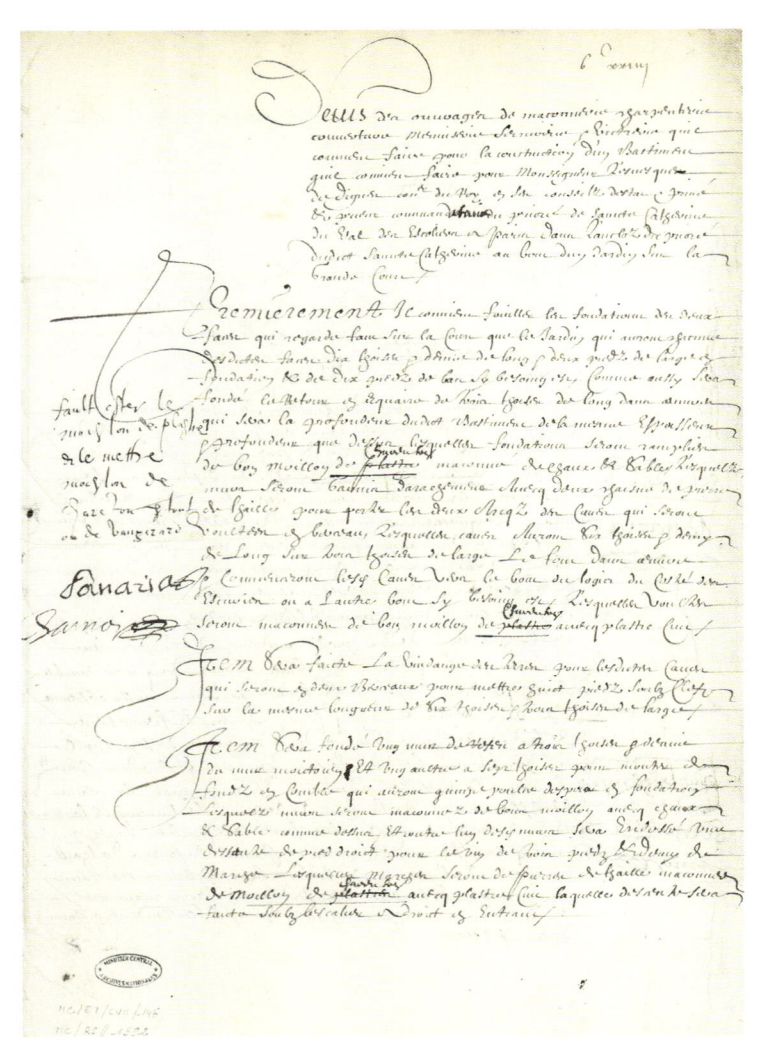

cat. 132-a

---

1. Féraud, 1990, p. 121-122. L'édifice subsiste, très altéré, rue Jarente (Gady, 1994, p. 146).

cat. 132-b

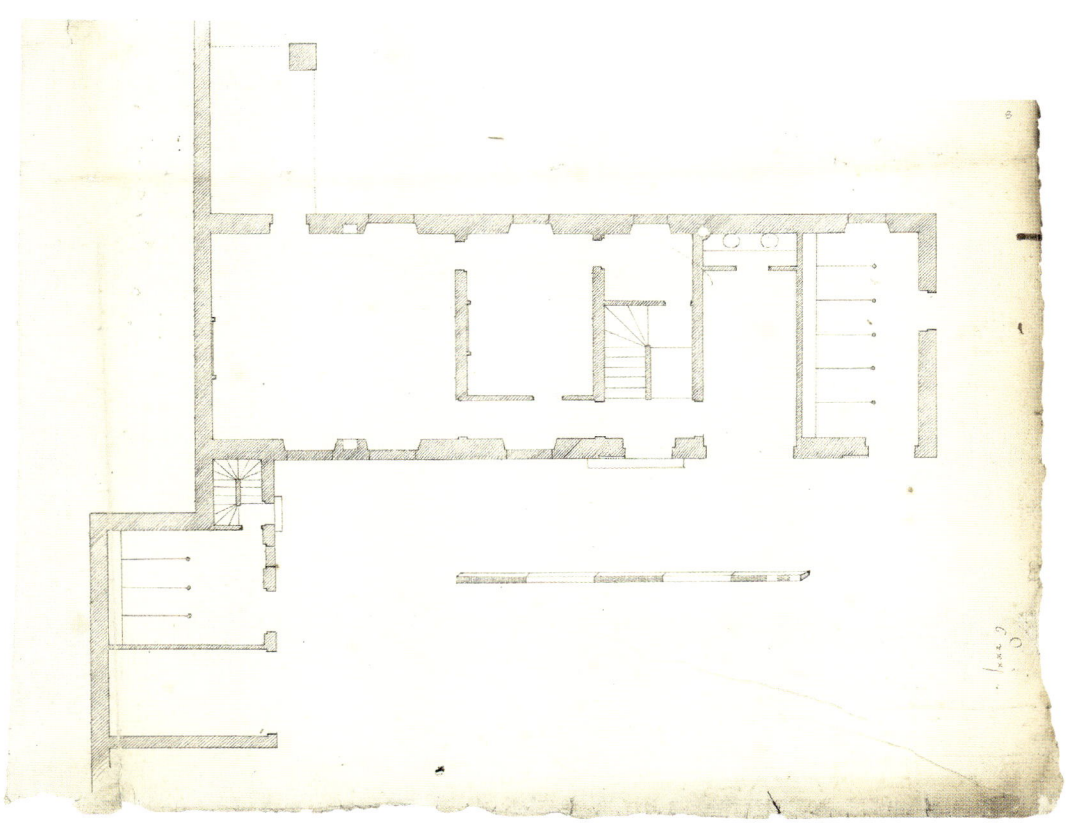

cat. 132-c

133.
**Devis, marché notarié et dessins contractuels
pour la maçonnerie de l'aile gauche et de l'aile des offices
du château de Clagny, 25 avril 1677**

A – Devis et marché du 25 avril 1677

Papier, plume et encre brune, 35 × 24,5 cm
Paris, Arch. nat., MC/ET/XCV/36 (MC/RS//1100)

**B – François Cauchy (1651-1717) et Pierre Breau (vers 1635-1687),
d'après Jules Hardouin-Mansart (1646-1708)
Plan des caves de l'aile gauche et de l'aile des offices,
dessin daté et paraphé, joint au marché du 25 avril 1677**

Papier, graphite, plume et encres noire, brune et rouge, lavis gris et bleu,
94 × 86,5 cm
Paris, Arch. nat., MC/ET/XCV/36 (MC/RS//1100, pièce A)

**C – François Cauchy (1651-1717) et Pierre Breau (vers 1635-1687),
d'après Jules Hardouin-Mansart (1646-1708)
Élévation de l'aile gauche sur cour, dessin daté et paraphé,
joint au marché du 25 avril 1677**

Papier, graphite, plume et encre noire, lavis gris et bleu, 39,5 × 82 cm
Paris, Arch. nat., MC/ET/XCV/36 (MC/RS//1100, pièce H)

**D – François Cauchy (1651-1717) et Pierre Breau (vers 1635-1687),
d'après Jules Hardouin-Mansart (1646-1708)
Élévation de l'aile des offices sur l'avant-cour,
dessin daté et paraphé, joint au marché du 25 avril 1677**

Fapier, graphite, plume et encres noire, brune et rouge, lavis gris et bleu,
38 × 82 cm
Paris, Arch. nat., MC/ET/XCV/36 (MC/RS//1100, pièce F)

**E – François Cauchy (1651-1717) et Pierre Breau (vers 1635-1687),
d'après Jules Hardouin-Mansart (1646-1708)
Coupe de la chapelle, dessin daté et paraphé, joint au marché
du 25 avril 1677**

Papier, graphite, plume et encre noire, lavis gris et bleu, 38 × 26,5 cm
Paris, Arch. nat., MC/ET/XCV/36 (MC/RS//1100, pièce D)

Depuis le XVIe siècle, la procédure ordinaire de l'administration des Bâtiments du roi est de passer ses marchés de travaux par-devant notaires, mais la coutume n'est pas d'y joindre la copie des dessins contractuels. Le marché passé pour l'achèvement du château de Clagny, en 1677, constitue une exception. Le devis très détaillé qui précède le contrat décrit les ouvrages de maçonnerie pour la construction de l'aile gauche sur cour et de celle des offices, suivant le projet de Jules Hardouin-Mansart (cat. 133-a). Il est accompagné de huit dessins, soit deux plans, deux coupes et quatre élévations, tous paraphés au verso par le surintendant des Bâtiments Colbert, les entrepreneurs et les notaires[1].

cat. 133-a

Cette particularité est sans doute liée à la personnalité de l'architecte désigné par Colbert pour la conduite du chantier, Pierre Breau[2]. À l'occasion de la construction de la Colonnade du Louvre, Breau a en effet acquis la confiance du surintendant qui voit en lui un expert en l'art de bâtir (cat. 138-139). Dessinant lui-même et employant des dessinateurs à son service, il produit de nombreux documents graphiques à des fins techniques ou juridiques. Sur le chantier de Clagny, il recrute ainsi vers 1675 le jeune François Cauchy, qui est vraisemblablement l'auteur des dessins conservés dans cet acte. Breau est seulement intervenu pour écrire le titre des feuilles et y ajouter des annotations techniques.
S'ils respectent nécessairement les projets conçus par Hardouin-Mansart, les dessins contractuels de Clagny ne sont pas de simples copies. Ils omettent les corps de bâtiment déjà construits et représentent les ouvrages tels que les maçons doivent les exécuter : certains ornements, tels que chapiteaux ou consoles, sont ainsi figurés sous forme de blocs de pierre, car ils doivent ensuite être confiés à des sculpteurs (cat. 133-c, d et e). De même, les annotations

---

1. Jestaz, 2008, t.I, p.95-106 ; Gady (dir.), 2010, p.131-138 ; ces documents ont été miraculeusement découverts dans l'église Saint-Gervais et déposés aux Archives nationales.
2. Cojannot, 2017.

portées par Breau ont une utilité pour la conduite des ouvrages : sur les plans et les coupes, il a ajouté des lignes rouges, ponctuées de nombres ou de lettres à l'encre brune, qui doivent être des renvois à des dessins d'exécution à plus grande échelle (cat. 133-b et e). Ceux-ci n'ont pas été conservés, mais des documents similaires, émanant aussi de Breau, ont été retrouvés concernant la Grande Écurie de Versailles (cat. 141). L'absence de sources comparables sur les autres chantiers contemporains laisse à penser que Breau développe alors ses propres modèles documentaires à des fins techniques.

cat. 133-b

cat. 133-c

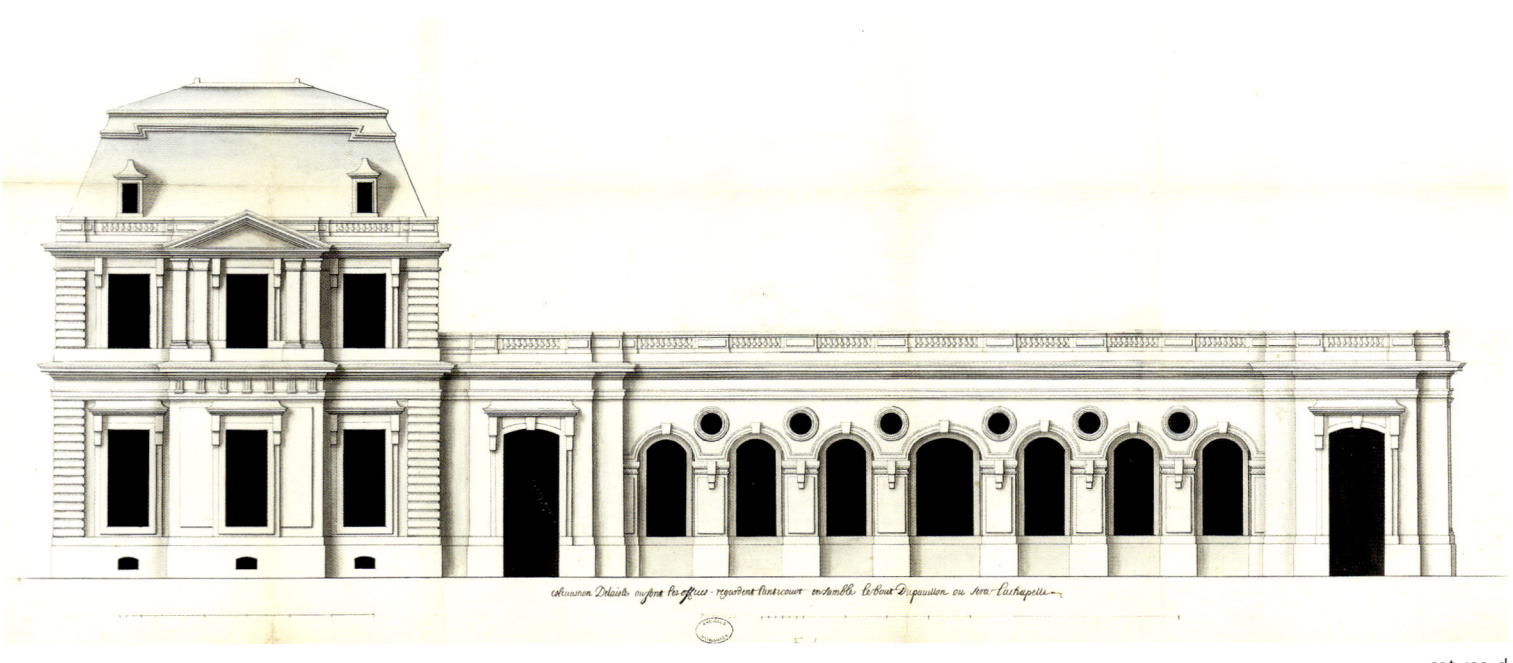

cat. 133-d

Profil Du Dedans De la chapelle

cat. 139, détail

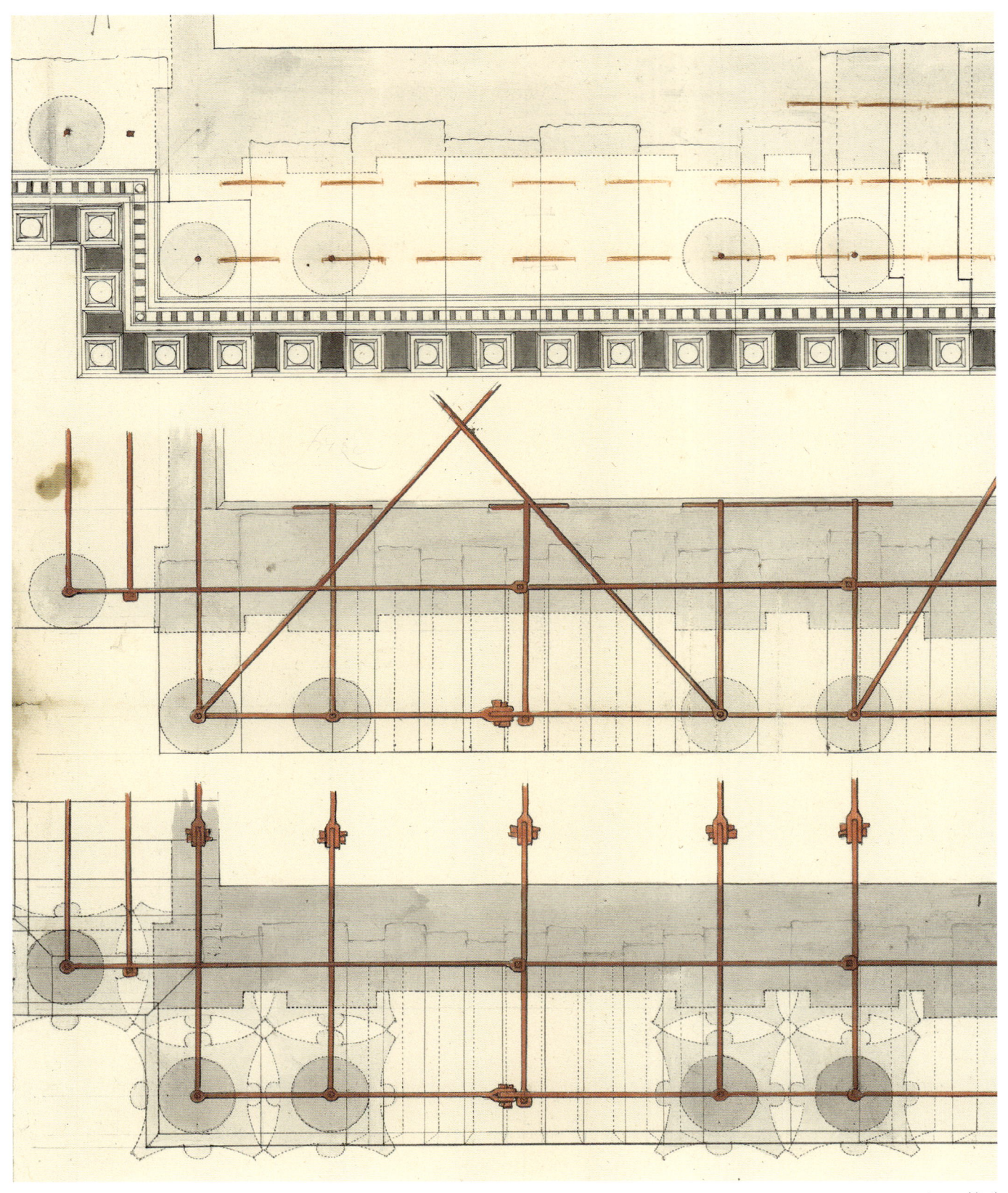

Dessins d'exécution à grande et petite échelle

Les dessins généraux, paraphés *ne varietur* lors de la passation des marchés d'ouvrages, fixent les grandes lignes d'un projet, mais ne peuvent suffire à guider le travail des ouvriers, sauf dans le cas de bâtiments relativement simples. Dès lors que le projet est ambitieux, des dessins complémentaires sont nécessaires, afin de préciser la structure et le décor des ouvrages au fur et à mesure de la construction. Ces documents, que l'on nomme dessins d'exécution, sont produits par le maître d'œuvre à destination des entrepreneurs.

Les contrats rappellent souvent cette procédure de manière sommaire. Ainsi en 1645, sur le chantier de l'église du Val-de-Grâce, il est prévu que François Mansart donne aux maçons non seulement la copie du plan contractuel « avec les eslévations et profils signez par luy », mais « aussy tous les panneaux, esquise et desseings nécessaires pour la continuation desdits ouvrages[1] ». Pour la construction de l'hôtel de Pompadour, en 1704, le marché de construction est beaucoup plus précis sur le rôle de l'architecte: Pierre Alexis Delamair a fourni le nombre considérable de vingt-sept dessins contractuels, tous « cotez et dimensionnez », mais il devra en donner d'autres aux entrepreneurs « même en plus grand et autant que besoin sera […] pour exécuter et faire réussir chaque partie de l'édifice dans une conformité précise desdits desseins réglez et paraphez[2] ». Une clause est plus insistante encore: « Et à l'égard des profils et desseins plus en grand qui seront nécessaires pour quelqu'unes des parties de l'édifice, l'entrepreneur sera tenu de les demander audit sieur Delamair architecte, à qui il sera tenu et obligé de les faire parrapher en exécution du présent devis et marché pour luy servir des titres justificatifs en la réception de ses ouvrages. »

Comme le soulignent bien ces sources, les dessins d'exécution doivent être signés ou paraphés par l'architecte afin d'avoir une valeur juridique. Pour des raisons techniques évidentes, ils sont également le plus souvent cotés. Remis aux entrepreneurs, les documents de ce type n'ont plus d'usage après l'achèvement et la réception des travaux, c'est pourquoi ils sont généralement détruits. Les dessins de détails « en grand », à l'échelle 1 donc, sont aujourd'hui les plus rares et les moins bien connus (cat. 137). Un peu plus fréquents sont les dessins d'exécution d'une partie d'édifice, correspondant à une étape dans l'avancement des travaux (cat. 134 à 136). Ils laissent entrevoir une évolution au cours du siècle, en qualité et en quantité. D'abord synthétiques et dessinés au trait, ils gagnent peu à peu en couleur et en finition, avec le développement de nouveaux codes de représentation technique. Les attentes croissantes des commanditaires et, en particulier, celles des administrations royales poussent de fait à la confection de documents graphiques toujours plus nombreux et précis. Dans la seconde moitié du siècle, on voit ainsi apparaître des architectes spécialisés dans la conduite et l'exécution des ouvrages, tel Pierre Breau qui emploie à partir des années 1660 des dessinateurs sur les chantiers qui lui sont confiés (cat. 138 à 141). En parallèle, l'agence du premier architecte du roi se développe pour produire et conserver les dessins techniques, dans le cadre d'une gestion hiérarchisée et centralisée de la conception, de l'exécution et du contrôle des ouvrages, à l'échelle du royaume (cat. 141 à 145).

1. Arch. nat., MC/ET/CXII/46, marché du 20 juillet 1645; Chauleur et Louis (éd.), 1998, p. 409.
2. Arch. nat., MC/ET/CXIX/92, marché du 4 juin 1704.

134.
Jacques Lemercier (vers 1585-1654)
Élévation et plan partiels de l'étage supérieur du gros pavillon du Louvre, dessin d'exécution remis à l'entrepreneur le 23 juillet 1641

Papier, graphite, plume et encre brune, 50 × 36 cm
Stockholm, Nationalmuseum, THC 1249
Inscriptions autographes : en haut à gauche, « Baillé à Mr Messier le 23e juillet 1641 » ; en haut à droite, « Pour l'atique du vestibule du Louvre, élévation du costé de la court » ; en bas, « plan de l'atique du costé de la court ».

Découverts et publiés par Anthony Blunt en 1960[1], ce dessin et celui qui l'accompagne (fig. 45) sont les plus anciens dessins d'exécution conservés du XVIIe siècle français. Ils appartiennent à la campagne de travaux conduits à partir de 1639 au Louvre, dont la construction est relancée après la naissance tant attendue du futur Louis XIV[2].

Confiée à Jacques Lemercier, qui reçut alors le titre de premier architecte du roi, cette campagne portait sur la mise en œuvre du « Grand Dessein » de Henri IV, ajourné après un faux départ en 1624, soit l'agrandissement par quatre de la cour du Louvre, en commençant au nord-ouest sur l'ancien jardin. Assisté du maître maçon Nicolas Messier, Lemercier devait bâtir un grand pavillon destiné à devenir le centre de la nouvelle aile occidentale de la Cour Carrée (actuel pavillon Sully, dit de l'Horloge), suivi au nord d'une réplique de l'aile de Lescot (dite aile Lemercier) et du pavillon faisant pendant à celui du Roi (pavillon de Beauvais). À cette occasion a été produite une série de dessins tous autographes, tant pour les extérieurs que pour les dedans, allant du dessin de présentation[3] à ces deux feuilles plus techniques.

Celles-ci sont liées à la partie la plus novatrice du projet : l'étage supérieur du grand pavillon à dôme carré, orné d'un ambitieux décor sculpté, confié à Jacques Sarazin et son équipe. Ce dernier consiste en huit grandes figures de femmes groupées deux à deux, cariatides dont l'échelle était inédite et l'exécution délicate. Tandis que Sarazin a préparé des petits modèles en terre cuite[4], Lemercier dessina l'appareillage des murs avec des pierres épannelées destinées au travail des sculpteurs. Le pavillon était en voie d'achèvement à l'été 1641, quand les sculpteurs Buyster et Guérin se partagèrent le travail, le second se voyant chargé d'exécuter la partie correspondant au présent dessin[5].

Légendés et datés, mais inachevés et non signés par Lemercier, les dessins de la collection Tessin-Hårleman sont vraisemblablement des brouillons autographes, que l'architecte aura conservés par-devers lui et qui ont été acquis au XVIIIe siècle sur le marché parisien. L'élévation, qui porte sur la moitié sud de l'étage, montre

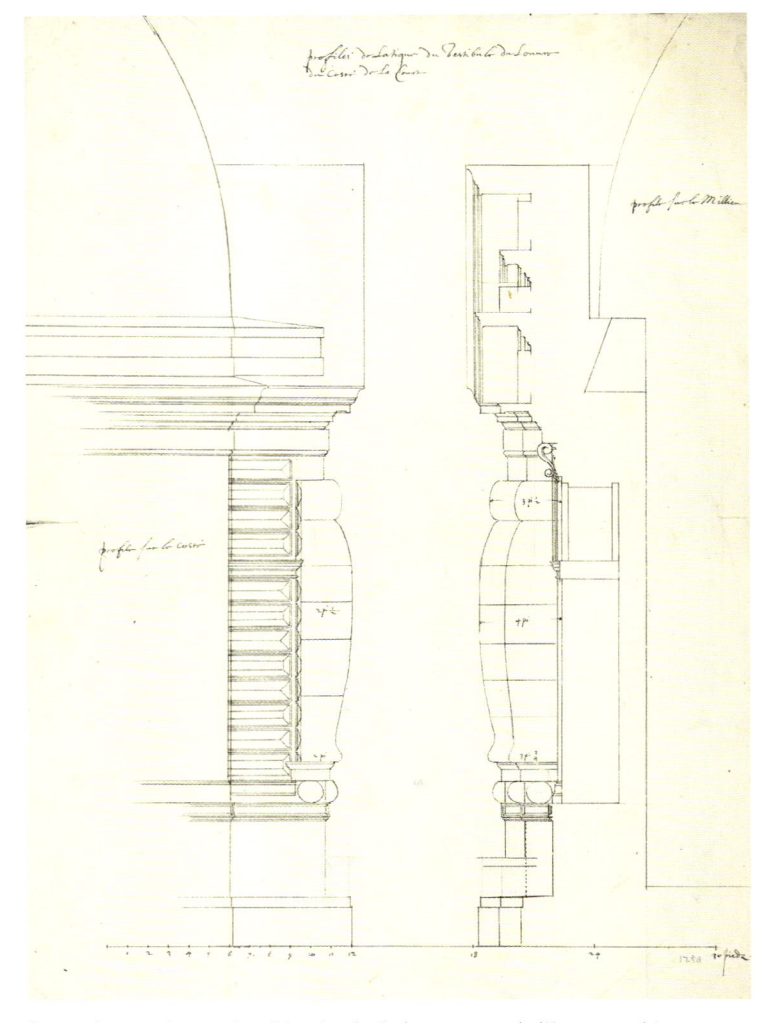

fig. 45. Jacques Lemercier, élévation latérale et coupe de l'étage supérieur du gros pavillon du Louvre, graphite, plume et encre brune, 1641, Stockholm, Nationalmuseum, THC 1250

deux des groupes. Celui de l'extrémité est plus large, car les figures sont disposées côte à côte : on remarque sur les blocs épannelés le dessin de bossages biseautés, conformes à ceux mis en œuvre sur l'autre façade du pavillon, vers l'ouest. Ce détail témoigne sans doute d'une première pensée, car ils n'ont pas été exécutés. On note enfin que Lemercier a dessiné au crayon un chéneau destiné à l'évacuation des eaux, dispositif nécessaire au pied du grand dôme, pour protéger la tête du mur[6].

---

1. Blunt, 1960, avec une erreur de lecture de « Messier », transformé en Mercier.
2. Gady, 2005, p. 368-381 ; Bresc-Bautier et Fonkenell (dir.), 2016, p. 283-293.
3. Musée du Louvre, Arts graphiques, RF 30310 (autographe) et musée des Arts décoratifs, Arts graphiques, inv. 29377 (sans doute autographe, mais d'un examen délicat, étant encadré depuis le XIXe siècle).
4. Musée du Louvre, Objets d'art, OA 227.
5. Cat. exp. Noyon, 1992, p. 37-41.
6. Gady, 2016-a.

Baillé à Mr Mesier le 23 Juillet 1671.

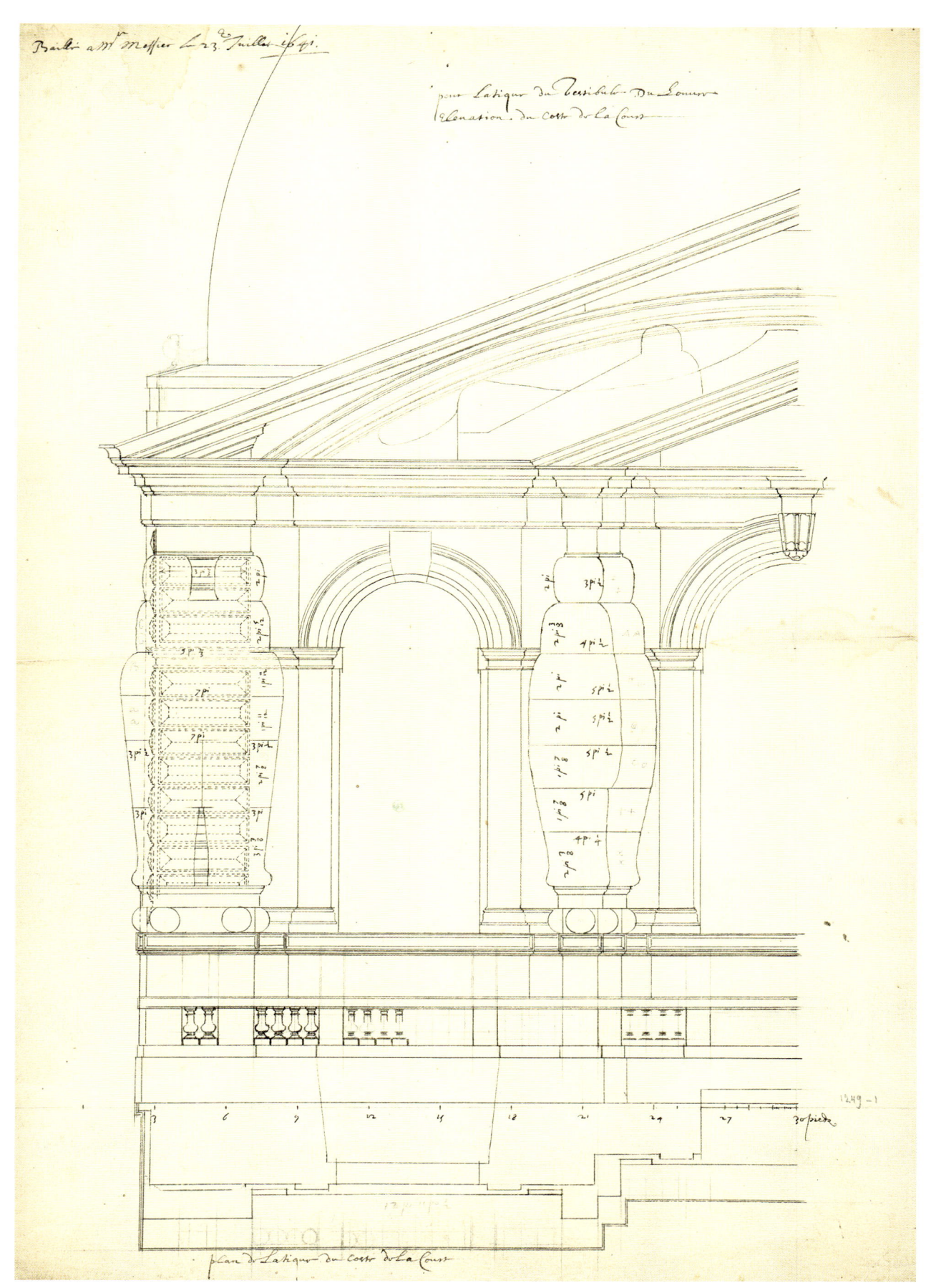

pour l'atique du vestibule du Louvre
Elevation du costé de la Cour

plan de l'atique du costé de la Cour

cat. 134

135.
Louis Le Vau (vers 1612-1670) et François d'Orbay (1634-1697)
Plan des fondations et du rez-de-chaussée du pavillon central du palais des Tuileries, dessin d'exécution remis aux entrepreneurs le 15 novembre 1664

Papier, graphite, sanguine, plume et encre brune, lavis gris, noir et rouge, 41 × 46 cm
Stockholm, Nationalmuseum, CC 3

Nommé surintendant des Bâtiments du roi en janvier 1664, Jean-Baptiste Colbert demande à Louis Le Vau de modifier le palais des Tuileries, sans doute pour pouvoir y loger le roi et la cour pendant la durée des travaux du Louvre. La réflexion de l'architecte porte d'abord sur l'accroissement des anciens logis, mais se concentre bientôt sur le petit pavillon central de Philibert Delorme qui n'est plus à l'échelle de l'ensemble[1] (cat. 88). De nombreux dessins d'exécution relatifs à ces travaux ont par chance été préservés, vraisemblablement par l'architecte et entrepreneur Pierre Breau, et sont ensuite entrés dans la collection de Carl Johann Cronstedt, aujourd'hui au Nationalmuseum de Stockholm[2]. C'est le cas du plan du pavillon central signé par Le Vau le 15 novembre 1664, qui montre l'état de son projet à cette date : l'ancien escalier en vis ovale et ses murs d'échiffre sont démolis ; le pavillon va être élargi d'une travée en largeur au nord et au sud et s'étendre sur la profondeur de la terrasse vers le jardin ; ainsi dégagé et agrandi, le rez-de-chaussée doit être divisé en deux vestibules servant de passage entre cour et jardin.

Ce plan présente certains caractères distinctifs des dessins d'exécution : il est signé par l'architecte et porte la date de sa remise aux maçons, « donné aux entrepreneurs le xve novembre 1664 ». Il est surprenant qu'il ne soit pas coté, mais peut-être les dimensions calculables au moyen de l'échelle étaient-elles jugées suffisantes pour effectuer les démolitions et creuser les tranchées de fondations. Le mode de représentation semble original et précoce dans le contexte français. Comme dans les projets de Le Vau pour le château de Vincennes dessinés en 1654 (cat. 86), les maçonneries à conserver au rez-de-chaussée sont lavées de noir, tandis que les nouveaux murs à bâtir sont lavés de rouge. Les anciens murs à supprimer sont seulement indiqués, en partie, par leurs contours à l'encre noire. Le véritable objet du dessin n'est toutefois pas le plan du rez-de-chaussée, mais celui des fondations au-dessous, représentées suivant les mêmes codes : les massifs de maçonnerie existants sont lavés de gris pâle, ceux à construire, de rouge pâle. Ainsi, en jouant sur deux tons (noir/rouge) et sur deux intensités (vif/pâle), le dessinateur synthétise de manière parfaitement intelligible plusieurs niveaux d'informations sur les ouvrages, du point de vue de la topographie (rez-de-chaussée/fondations) et de la temporalité (bâti/à bâtir).

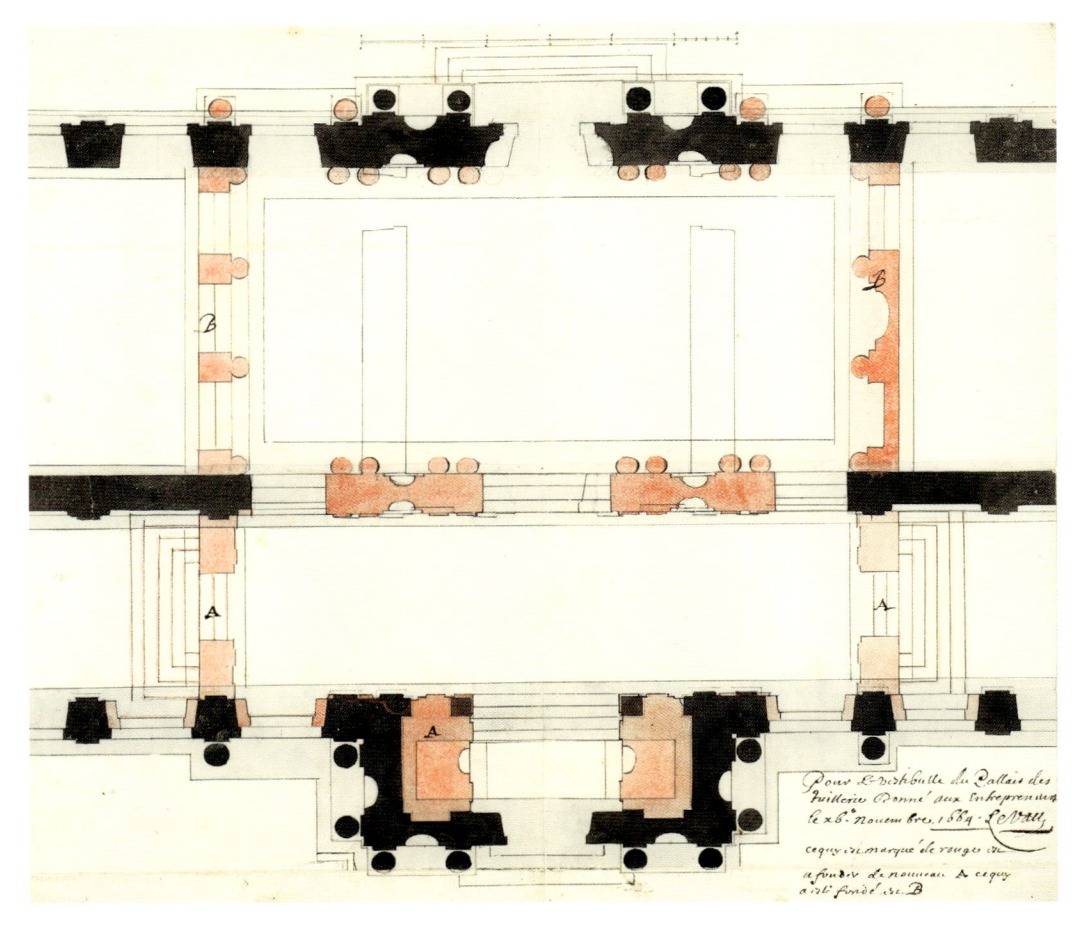

1. Fonkenell, 2010, p. 88-92.
2. Cojannot, 2017.

cat. 135

136.
François Bruand (1679-1732)
Coupe longitudinale d'un escalier, plans du rez-de-chaussée et du premier étage, dessin d'exécution remis à l'entrepreneur le 15 décembre 1700

Papier, plume et encre noire, lavis gris, 63,8 × 43,2 cm
Paris, Arch. nat., Z/1j/1314/2, pièce 15

On ignore pour quel édifice a été conçu ce beau dessin d'escalier, qui se trouve aujourd'hui parmi les pièces graphiques isolées du fonds des greffiers des bâtiments de Paris. Signé et daté du 15 décembre 1700, il peut être attribué à François Bruand, dont la carrière n'est pas bien connue[1]. Fils de l'architecte de l'hôtel royal des Invalides Libéral Bruand (cat. 114), François est entré en 1699 à l'Académie royale d'architecture, avec le statut d'architecte du roi de seconde classe qui vient alors d'être créé. Il passera à la première classe en 1706 et finira même par remplir la chaire de professeur de l'Académie, de 1728 à 1730. Son chef-d'œuvre était l'hôtel de Belle-Isle, rue de Bourbon (aujourd'hui rue de Lille), détruit en 1871 par la Commune.

« Donné à M. Arnoud pour estre exécuté », le présent dessin représente en plan et coupe un grand escalier tournant autour d'un étroit vide central. L'architecte a ajouté en marge des clauses sur les matériaux et dimensions des ouvrages, indications qui relèvent en général du devis. Si l'escalier est figuré en entier, il semble que le dessin d'exécution ne concerne en réalité que l'étage : seul le plan du niveau supérieur est coté et la hauteur du premier étage est seule indiquée sur la coupe, alors que la feuille est dépourvue d'échelle. Comme les instructions de l'architecte portent exclusivement sur des ouvrages en bois, on peut penser que l'escalier devait être construit de pierre jusqu'au premier palier, puis de charpenterie.

La qualité de ce dessin, mis au net, lavé et ombré, est remarquable pour un objet aussi limité. Elle témoigne bien du soin croissant apporté aux dessins d'exécution et annonce la pratique graphique des architectes du XVIIIe siècle.

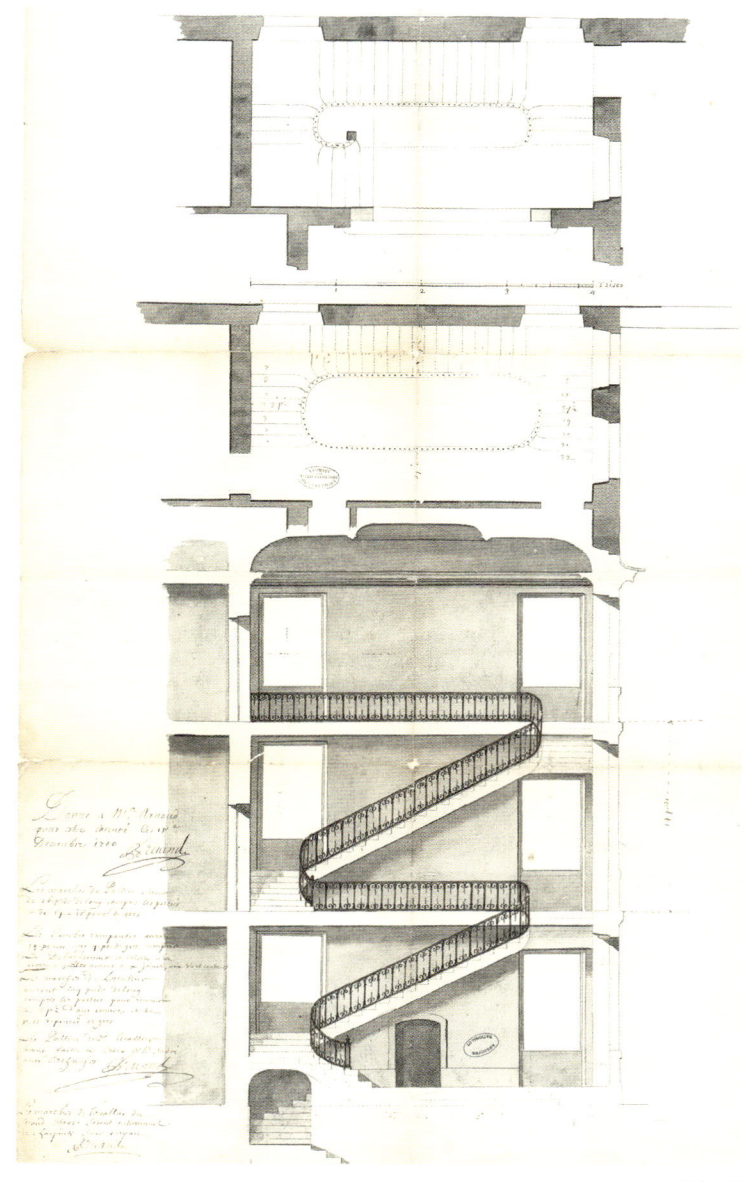

cat. 136

1. Reuterswärd, 1962 ; Gallet, 1995, p. 100 ; Barreau, 2004.

137.
Jules Hardouin-Mansart (1646-1708) ou collaborateur, peut-être Robert de Cotte (1656-1735)
Profils de bases d'ordre corinthien pour la place Vendôme et les rues adjacentes, 30 mai 1700

Papier, pierre noire, plume et encre noire, 49 × 65,3 cm
Paris, Arch. nat., O/1/1576, pièce 80

Début 1699, tirant les leçons de l'inachèvement de la place Vendôme mise en chantier en 1685 à l'instigation de Louvois, la Couronne se décharge sur la Ville de Paris. Celle-ci se retourne à son tour vers un consortium de promoteurs qui vont lotir les terrains et promouvoir une seconde place Vendôme, dont le plan en octogone forme écrin à la statue équestre du roi, inaugurée à l'été 1699. La conception en est confiée à Jules Hardouin-Mansart, qui avait déjà réalisé le projet de la première place dont les façades sont condamnées à la démolition. Le premier architecte devait masquer ce royal échec en donnant aux élévations de la nouvelle place une puissance majestueuse et une modénature subtile, au moyen d'un ordre corinthien, préféré au ionique de 1685, et d'un jeu d'avant-corps à fronton[1].

La mise au point des façades ordonnancées, destinées à être dressées dans le vide et vendues « à la travée », a amené la production de nombreux dessins, qui forment plusieurs groupes : dessin de présentation ; dessins contresignés par Mansart en tant que surintendant, avec le détail des élévations, la coupe du comble, jusqu'aux détails de second œuvre (garde-corps du bel étage, lanternes) ; enfin, des relevés postérieurs. Le chantier dure deux ans : en juin 1702, une « réception » par les entrepreneurs Pierre II Lemaistre et Nicolas Delespine, accompagnés de Robert de Cotte représentant le premier architecte, montre que les façades sont bien dressées suivant le modèle mansardien[2].

Dans ce dossier, on trouve un *unicum* : daté du 30 mai 1700, ce dessin se rattache à la phase de conception des façades, dont l'élévation définitive ne sera arrêtée qu'en septembre. Il représente deux profils pour la base de l'ordre corinthien des colonnes des avant-corps : l'un, à droite, est tracé à la pierre noire ; l'autre, très appuyé à l'encre avec un tracé sous-jacent à la pierre noire, est celui finalement choisi et mis en œuvre. Aucune des deux propositions ne suit un modèle précis, même si le profil retenu se rapproche des traités du XVIe siècle, du type de celui de Bullant. Sous le texte manuscrit de l'arrêté, en date du 30 mai 1700, on remarque la partie arrachée de la feuille, à gauche, qui portait peut-être la signature de Mansart.

Ce genre de document à l'échelle 1 est d'une grande rareté pour le XVIIe siècle : on sait que les épures se traçaient parfois directement sur une pierre ou sur le mur, notamment pour les décors intérieurs. Il évoque immanquablement l'affirmation de Dezallier, pour qui Mansart « profilait avec la dernière perfection ».

---

1. Jestaz, 2008, t. I, p. 361-363 ; Gady (dir.), 2010, p. 523-528.
2. Arch. nat., Z/1j/460.

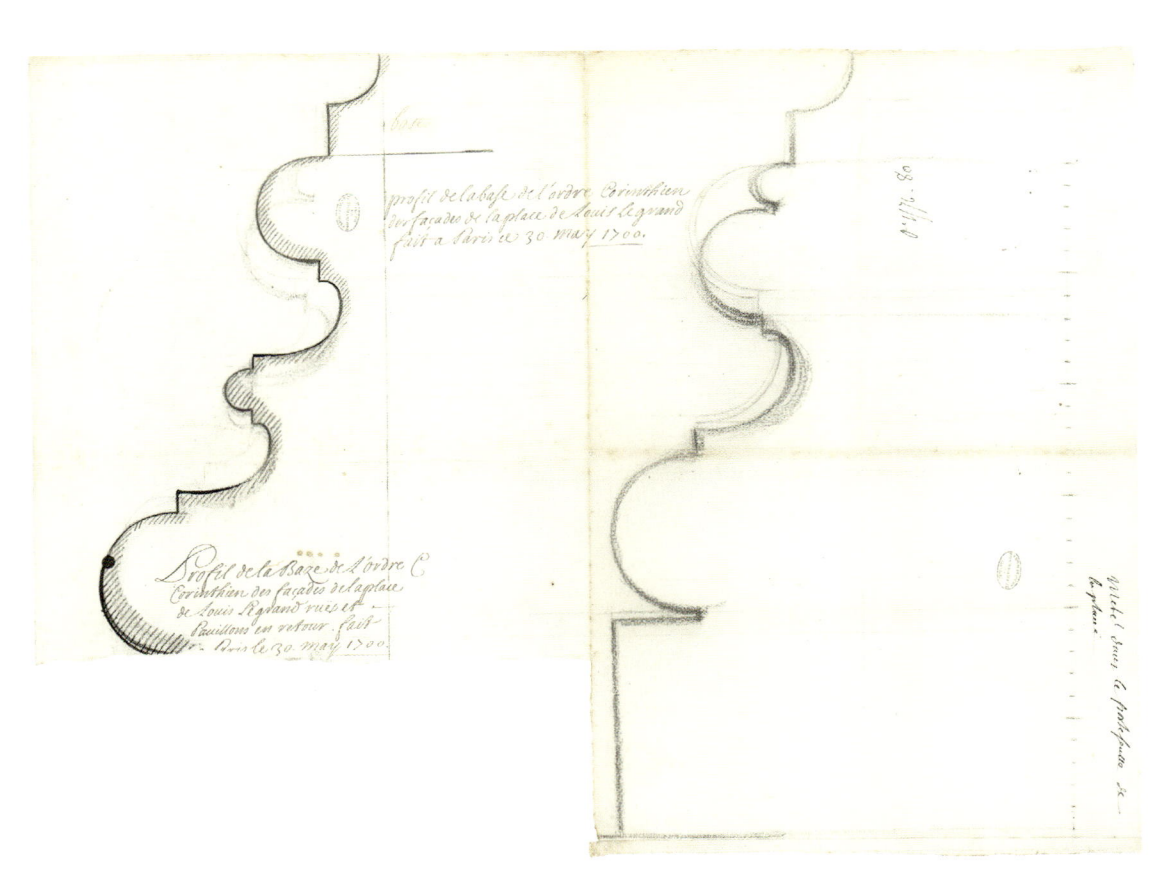

cat. 137

138.
Pierre Breau (vers 1635-1687)
Plan et coupe de l'appareillage de pierre armée des galeries de la Colonnade du Louvre, étude technique, s.d. [vers 1668]

Papier, graphite, plume et encre noire, 38,9 × 55,8 cm
Paris, Arch. nat., CP/VA//218, pièce 74, en dépôt au musée du Louvre, Arts graphiques

139.
Pierre Breau (vers 1635-1687)
Plans de l'appareillage de pierre armée de l'avant-corps central de la Colonnade du Louvre, étude technique, s.d. [vers 1668]

Papier, graphite, plume et encre noire, 51,7 × 78,6 cm
Paris, Arch. nat., CP/VA//218, pièces 71, en dépôt au musée du Louvre, Arts graphiques

Actif à partir de la fin des années 1650 au service des Bâtiments du roi à Paris, Pierre Breau n'a vraisemblablement jamais été reçu maître maçon, mais a toujours revendiqué le titre d'« architecte[1] ». De 1659 à 1673, il exerce en tant qu'associé des principaux entrepreneurs de maçonnerie des Bâtiments du roi et agit en leur nom, notamment pour les travaux du Louvre et des Tuileries, où il remplit les fonctions d'un chef de chantier. Dans ce cadre, Breau travaille sous les ordres du premier architecte du roi, Le Vau, et reçoit ses dessins d'exécution, qu'il annote parfois et conserve précieusement (cat. 135). C'est toutefois sur le chantier de la Colonnade du Louvre, de 1667 à 1673, qu'il s'impose comme un interlocuteur privilégié de la surintendance des Bâtiments du roi pour tous les problèmes relatifs à la construction. Il commence alors à produire lui-même des dessins techniques pour le surintendant et à employer des dessinateurs à sa solde.

Le projet d'achèvement du Louvre élaboré au sein du comité ou « Petit Conseil » des Bâtiments du roi entre 1667 et 1668 constitue un défi technique pour les bâtisseurs de l'époque[2]. Le principe finalement retenu consiste à élever des portiques de colonnes colossales formant galerie ou « péristyle » au-devant de la façade orientale du palais. Disposées par groupes de deux, et distantes d'environ 12,5 pieds (4 m) du mur du fond de la galerie, ces colonnes portent un couvrement constitué de platebandes et voûtes en pierres de taille, dont la stabilité repose sur un réseau de tirants métalliques contenant les poussées. La définition de ce système constructif est passée par la confection de maquettes, toutes perdues, et de nombreux dessins techniques, dont la plupart ne sont plus connus que par des copies et gravures du XVIIIe siècle. Trois feuilles d'origine

---
1. Cojannot, 2017.
2. Gargiani, 1998, p. 169-197 ; Bresc-Bautier et Fonkenell (dir.), 2016, p. 412-417.

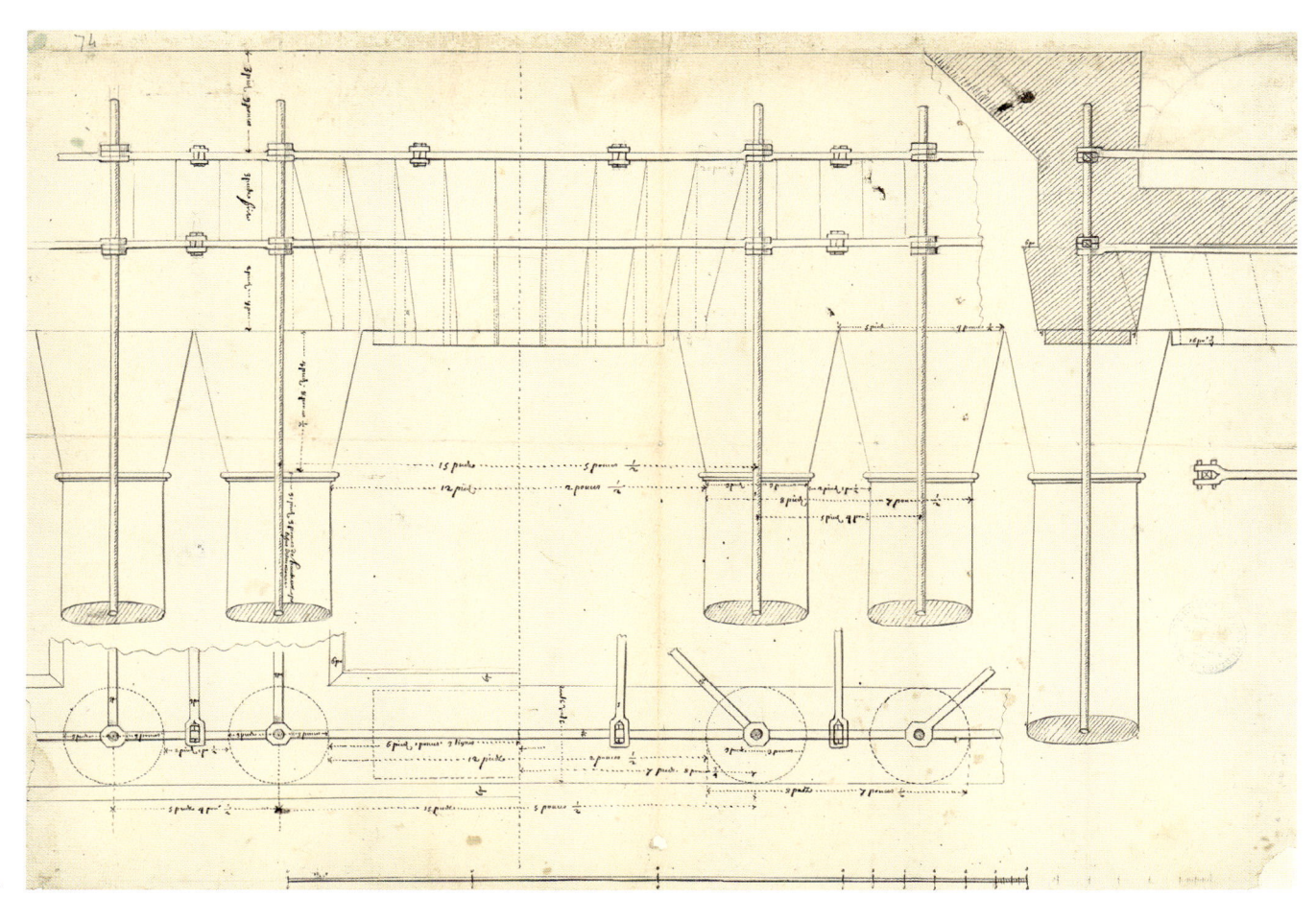

cat. 138

ont toutefois subsisté et présentent l'intérêt d'être attribuables à la main de Pierre Breau[1].

Exécuté à la plume et à l'encre brune sur un tracé préparatoire au graphite et entièrement mis au net et coté par Breau, le premier dessin étudie l'armature métallique et l'appareillage d'une travée de la Colonnade (cat. 138). L'élévation, au centre, montre le haut de deux paires de colonnes libres, représentées de manière schématique, avec la structure de l'entablement au-dessus. Le même ouvrage est figuré en coupe transversale, sur la droite, et en un plan mi-parti, en bas de la feuille. La structure métallique se compose de mandrins verticaux qui traversent les colonnes et sont reliés entre eux par des tirants horizontaux sur deux niveaux, le premier au-dessus de l'architrave et le second au-dessus de la frise. La moitié gauche du plan correspond au premier niveau, sur l'architrave, et montre l'articulation des tirants longitudinaux avec ceux, transversaux, destinés à empêcher le déversement de la Colonnade. Dans la moitié droite du plan est représenté le second niveau, où les tirants longitudinaux sont articulés avec des tirants en trois sens, perpendiculaires et diagonaux, pour contenir les poussées des voûtes. En élévation, le clavage des platebandes de pierre est dessiné en traits continus, sur toute la hauteur de l'architrave et de la frise, mais des lignes en pointillé indiquent que les joints en façade étaient prévus verticaux. Ce procédé virtuose des appareilleurs, qui donne l'impression que les pierres tiennent toutes seules en l'air, n'a finalement pas été retenu pour la Colonnade, où au contraire deux platebandes apparentes ont été mises en œuvre l'une au-dessus de l'autre.

Le deuxième dessin est tracé de la même manière, mais non coté, et a en revanche été lavé de gris pâle sur les maçonneries et rehaussé de rouge vif, de manière originale, pour mettre en valeur les armatures métalliques qui sont le principal objet (cat. 139). Il concerne cette fois le grand avant-corps central à huit colonnes adossées, dont il présente trois plans, au niveau de l'architrave, de la frise et de la corniche. Les tirants métalliques respectent le même principe de maillage tridimensionnel que sur les galeries et sont complétés par des agrafes entre chaque pierre dans l'entablement. La projection des claveaux, indiquée en pointillé comme précédemment, ne montre pas de découpe illusionniste au droit de l'architrave et de la frise. Les pierres de la corniche présentent en revanche une découpe verticale en façade, qui masque une structure en platebande clavée dans la partie centrale, où l'entrecolonnement est très large. Le troisième dessin conservé, non reproduit dans le présent ouvrage, porte également sur la structure de l'avant-corps central, mais au niveau du fût des colonnes, et adopte les mêmes codes de représentation graphique avec l'indication des ferrures en rouge[2].

Ces épures, parmi les plus remarquables qui nous soient parvenues du XVIIe siècle français, mettent en évidence l'attention croissante accordée à l'exécution des ouvrages pendant la surintendance de Colbert. Le système des platebandes armées retiendra à diverses reprises l'attention de l'Académie royale d'architecture (cat. 56), qui s'en fera d'ailleurs présenter les dessins en 1756 au moment de la restauration de la Colonnade par Germain Soufflot et Ange Jacques Gabriel, et ces derniers en reprendront le principe sur leurs propres chantiers, l'un au Garde-Meuble de la place Louis XV et l'autre, à l'église Sainte-Geneviève[3].

---

1. Cojannot, 2017, p. 13-14.
2. Stockholm, Nationalmuseum, CC 611.
3. Lemonnier (éd.), 1911-1929, t. VI, p. 256-257 ; Baudez, 2012, p. 154.

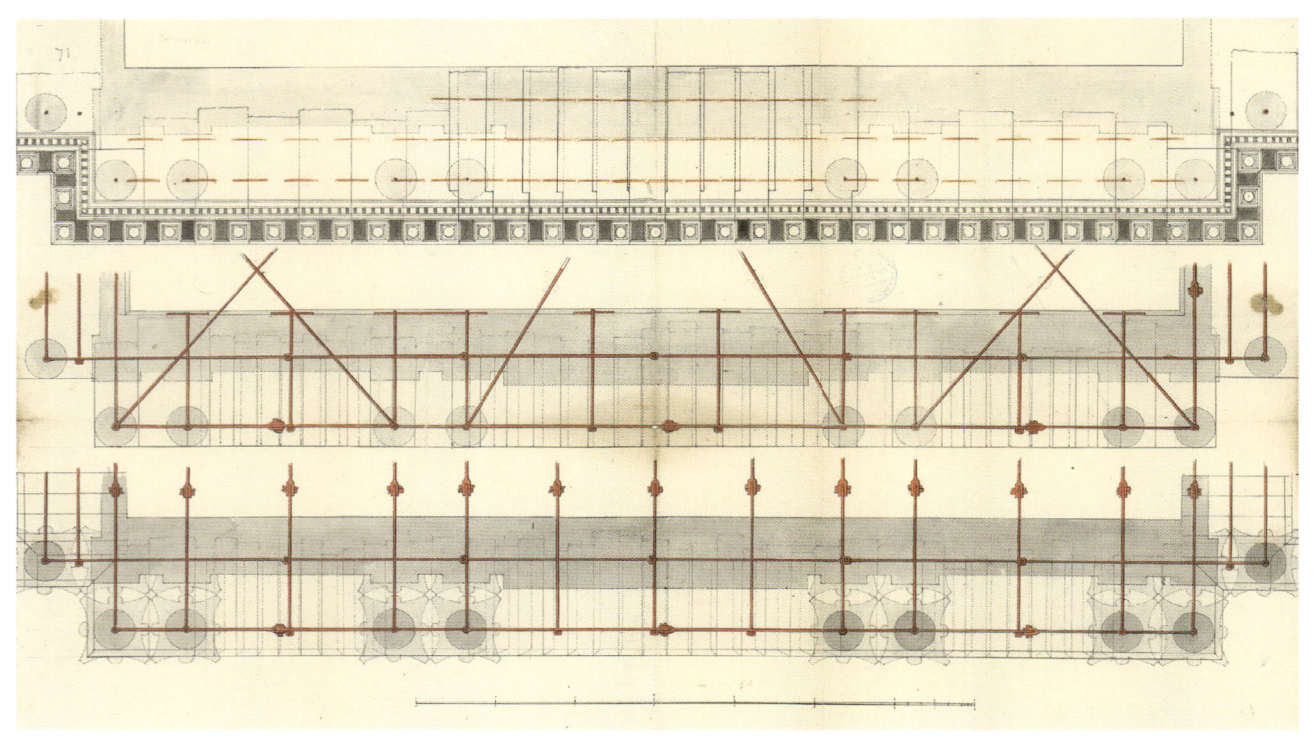

cat. 139

cat. 140

140.
Pierre Breau (vers 1635-1687) et François Cauchy (1651-1717)
Élévation du corps principal du château de Clagny sur cour et coupe de l'aile gauche, dessin d'appareillage, s.d. [vers 1676]

Papier, tracé préparatoire au graphite, plume et encres noire et rouge, lavis gris, jaune, bleu et vert, 52,6 × 167,7 cm
Paris, Arch. nat., O/1/1708, pièce 40

Repéré au milieu des années 1660 sur les chantiers du Louvre et des Tuileries, Breau devient au début des années 1670 le conseiller favori de Colbert pour toutes les questions relatives à la construction. Il n'assume toutefois que des missions ponctuelles au service du surintendant et continue de travailler en tant qu'associé des entrepreneurs des Bâtiments du roi. Sa carrière change lorsque le roi commande, en 1674, la construction d'un château pour la marquise de Montespan sur le domaine de Clagny. Si la conception du projet est confiée à Antoine Le Pautre (cat. 101), bientôt écarté au profit de Jules Hardouin-Mansart, le soin de faire exécuter les ouvrages revient à Breau en tant que « contrôleur des Bâtiments du roi » spécialement affecté à ce chantier par le surintendant[1].

La construction du second château, suivant le projet d'Hardouin-Mansart, commence en 1675 par le corps de logis principal, dominé par un monumental pavillon central à dôme, et les deux ailes du côté gauche de la cour, avant de se poursuivre par les ailes symétriques du côté droit en 1677 (cat. 133). Les marchés de travaux concernant la première phase sont perdus, mais on conserve trois dessins techniques de très grandes dimensions représentant les bâtiments alors édifiés : une élévation du corps principal, avec la coupe transversale de l'aile gauche sur cour ; quatre autres coupes transversales de cette aile sur une seconde feuille ; enfin une coupe longitudinale de la même aile[2].

Exécutés de la même manière et à la même échelle, ces dessins figurent tous les ouvrages relevant de la maçonnerie, charpenterie et couverture, mais ils mettent particulièrement en évidence la maçonnerie. Les assises de pierre des murs en grand appareil et le clavage des arcades et des linteaux sont indiqués par des lignes à l'encre rouge vif, tandis que les différentes qualités de pierre sont distinguées par un lavis de couleur, dont le sens peut être restitué à partir du devis de maçonnerie de l'aile droite en 1677 : vert vif, pierre de Meudon ; vert pâle, pierre de Saint-Cloud ; jaune clair, pierre de Saint-Leu ; jaune rosé, pierre de liais.

La fonction exacte de tels documents demeure incertaine. On peut supposer qu'ils ont été établis en amont des travaux, pour en guider l'exécution, plutôt qu'en aval, pour accompagner un rapport d'expertise ou un toisé, car dans ce cas ils auraient sans doute porté des dates et signatures pour faire foi. La seule marque qui apparaisse est celle de l'inventaire dressé lors de la saisie judiciaire effectuée au domicile de Breau en 1684[3]. Sans doute ces dessins ont-ils été exécutés par Breau avec l'aide de François Cauchy, dessinateur qu'il emploie à son service à compter de 1676[4]. L'utilisation d'un pigment rouge vif, peut-être du vermillon ou du minium, pour indiquer l'appareillage, les niveaux de plancher et les ancrages de fer dans les conduits de cheminées, semble d'ailleurs caractéristique des dessins techniques de Breau (cat. 138 et 139).

---
1. Jestaz, 2008, t. I, p. 95-106 ; Gady (dir.), 2010, p. 131-138.
2. Arch. nat., O/1/1708, pièces 38, 40 et 41.
3. Cojannot, 2017, p. 17.
4. Jestaz, 2008, t. I, p. 100 ; Gady (dir.), 2010, p. 48 et 53.

141.
Pierre Breau (vers 1635-1687) et François Cauchy (1651-1717)
Plan, coupe et élévations d'un trumeau de la Grande Écurie à Versailles, dessin d'exécution de maçonnerie, s.d. [vers 1680]

Papier, graphite, plume et encres noire et brune, lavis gris, jaune et rouge, 49 × 43 cm
Paris, Bibl. de l'Arsenal, ms. 10389, pièce 12

Au début de l'année 1679, alors que les travaux du château de Clagny ne nécessitent plus la présence d'un contrôleur en permanence, Colbert désigne Pierre Breau pour diriger les travaux de la Grande Écurie du roi à Versailles, suivant le projet de Jules Hardouin-Mansart[1]. Fort de la confiance absolue du surintendant des Bâtiments, Breau adopte sur ce chantier une attitude autoritaire et abusive : il traite les entrepreneurs comme des subalternes, refuse ou retarde les paiements, détourne à son profit des matériaux de démolition et peut-être de l'argent. En 1683, Colbert meurt et son successeur, le marquis de Louvois, ordonne aussitôt l'incarcération de Breau et l'instruction de son procès. Les dossiers de pièces à conviction alors rassemblés, aujourd'hui conservés dans les archives de la Bastille à la bibliothèque de l'Arsenal, contiennent de nombreux documents originaux relatifs au chantier de la Grande Écurie[2].

Parmi ceux-ci, quelques dessins d'exécution montrent le soin apporté par Breau à la conduite des ouvrages de maçonnerie[3]. La feuille ici présentée figure ainsi un trumeau du mur postérieur d'une des galeries voûtées de l'écurie : l'élévation extérieure, à gauche, appareillée de pierre de taille et ornée de tables de briques renfoncées et de baies aveugles en forme de niches ; l'élévation intérieure à côté, avec une chaîne de pierre de taille sous l'arrachement de la voûte, dont l'imposte est marquée par un bloc épannelé ; la coupe du même ouvrage le long de la bordure de la droite de la feuille ; enfin le plan du rez-de-chaussée, en partie basse sous l'élévation extérieure. Comme dans les dessins d'appareillage de Clagny, les matériaux sont distingués, les briques et les moellons de manière mimétique, la pierre tendre en jaune clair et la pierre dure en couleur saumon. Le tracé, au tire-ligne et à l'encre noire, ainsi que les lavis de couleur et les ombres sont d'une exécution magnifique et peuvent être attribués à François Cauchy, qui travaille auprès de Breau jusqu'en 1680 ou 1681. Breau s'est contenté de numéroter à l'encre brune les cinq premières assises de pierre, de coter la largeur d'un chambranle de « 9 » et « 14 » pouces, et d'identifier la feuille, « G ». Les autres feuilles conservées présentent également ce système de référence alphabétique, qui devait être reporté sur un plan général comme on le voit sur les dessins contractuels de Clagny en 1677 (cat. 133).

1. Jestaz, 2008, t. I, p. 175-181 ; Gady (dir.), 2010, p. 246-253.
2. Delafosse, 1968-1969.
3. Cojannot, 2017, p. 18-19.

cat. 141

142.
Collaborateur de Jules Hardouin-Mansart (1646-1708)
Élévation du pont de Moulins et profils des quais et des fondations, étude technique préalable à l'exécution, s.d. [vers 1704-1705]
Papier, graphite, plume et encre noire, lavis gris, bleu, jaune et rouge, 81 × 350 cm, une retombe sur les fondations d'une pile
Paris, Arch. nat., O/1/1903, dossier 9, pièce 3

143.
Collaborateur de Jules Hardouin-Mansart (1646-1708)
Plan d'une butée et d'une pile du pont de Moulins, étude technique préalable à l'exécution, s.d. [vers 1704-1705]
Papier, plume et encre noire, lavis gris, bleu, jaune et rouge, 78 × 136 cm
Paris, Arch. nat., O/1/1903, dossier 9, pièce 1

La construction d'un grand pont fait partie des tâches les plus ardues et les plus prestigieuses qui puissent être confiées à un architecte au XVIIe siècle. François Mansart et Jacques Lemercier ont participé aux travaux des ponts de Rouen et de Toulouse au début de leurs carrières, Louis Le Vau à celui du pont de la Tournelle à Paris en 1645-1646, et Jules Hardouin-Mansart à celui du Pont-Royal au droit du palais des Tuileries, entre 1685 et 1689. Une vingtaine d'années plus tard, ce même Hardouin-Mansart, en tant que premier architecte et surintendant des Bâtiments du roi, est chargé de concevoir un ouvrage d'art pour franchir l'un des cours d'eau les plus difficiles du royaume : l'Allier, à Moulins dans le Bourbonnais[1].

Le défi est de taille, car tous les ponts construits précédemment à cet emplacement, en pierre comme en bois, s'étaient effondrés, emportés par la violence des crues sur un terrain particulièrement instable. La solution proposée par le premier architecte en 1704 est d'ampleur colossale : un ouvrage d'une portée de 150 mètres environ, entièrement maçonné, constitué d'un tablier de 10 mètres de large, culminant à 20 mètres au-dessus de la rivière, et de seulement trois arches en anse de panier, reposant sur deux culées et deux piles monumentales. Pour exprimer le gigantisme de son projet, Hardouin-Mansart fait exécuter trois dessins superbes, à l'échelle 1/50.

L'élévation, mesurant 3,5 mètres de longueur, ne donne pas seulement l'apparence de l'ouvrage avec ses parements de grand appareil, mais aussi des cotes et indications techniques (cat. 142). Le clavage des trois arches est dessiné, même au droit des piles où il n'est pas visible, montrant des claveaux monolithiques de 12 pieds (3,9 mètres) de longueur pour l'arc central et de 10 pieds (3,3 mètres) pour les arcs latéraux. Le lit de la rivière est représenté en coupe, faisant apparaître les radiers et pilotis de bois armé de fer, s'enfonçant à plus de 8 mètres de profondeur dans le sol. Le plan d'une culée et d'une pile détaille ce dispositif grâce à une utilisation ingénieuse des couleurs et à un mode de représentation mi-mimétique, mi-schématique (cat. 143). Les aplats de couleur sont schématiques, le gris indiquant le terre-plein des berges ; le bleu, le cours d'eau ; le rouge pâle, la maçonnerie des quais ; le rouge vif, la maçonnerie de la pile et de la culée. Sous ces lavis apparaît en transparence le plan détaillé du pilotage, tracé et hachuré à l'encre de Chine, puis lavé de couleurs expressives : brun sombre pour les pieux verticaux, jaune et beige pour les pièces de bois du radier horizontal, et le blocage de moellon seulement dessiné et ombré à l'encre de Chine.

1. Gady (dir.), 2010, p. 549-553.

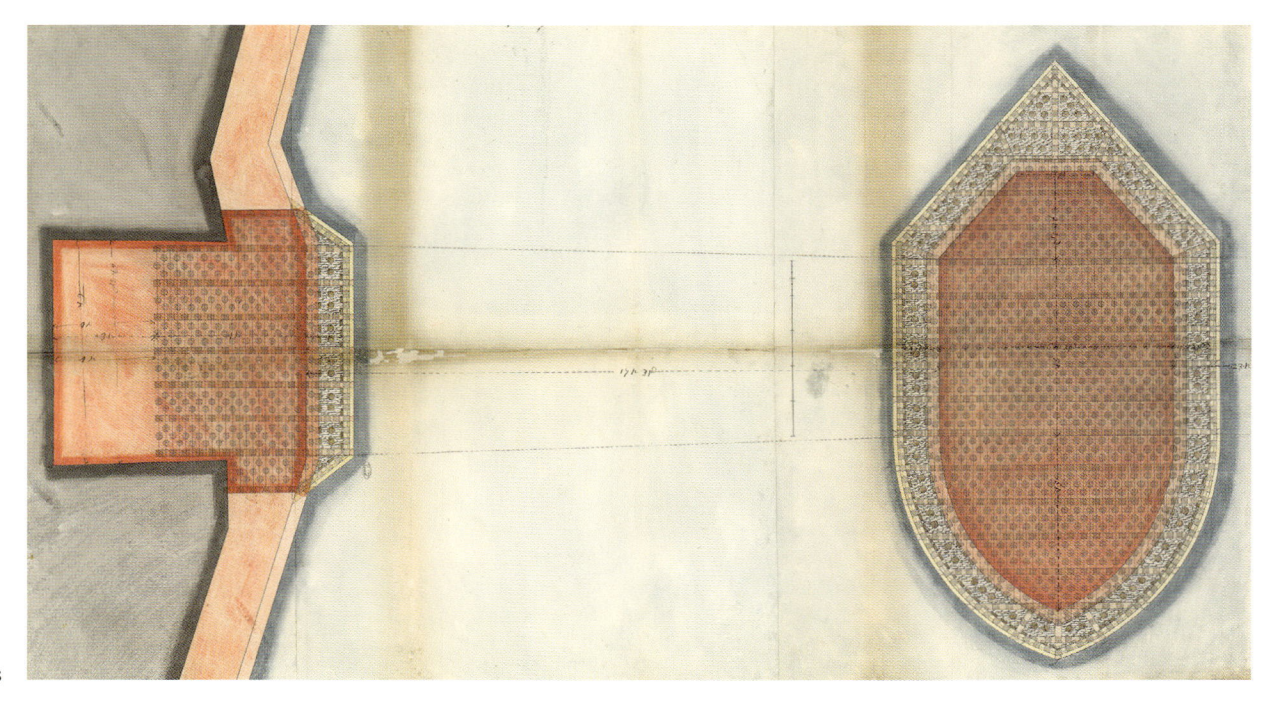

cat. 143

cat. 142

cat. 144

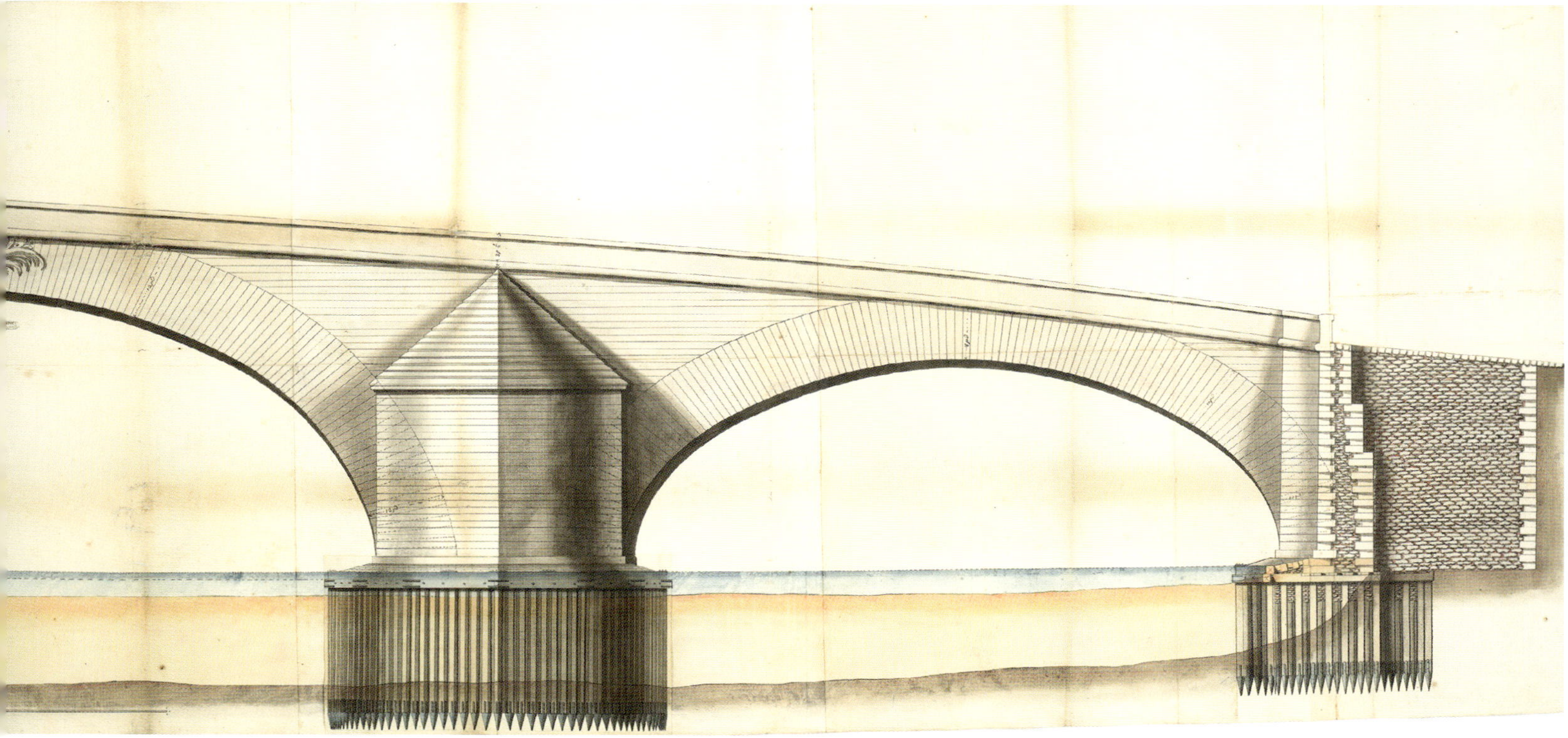

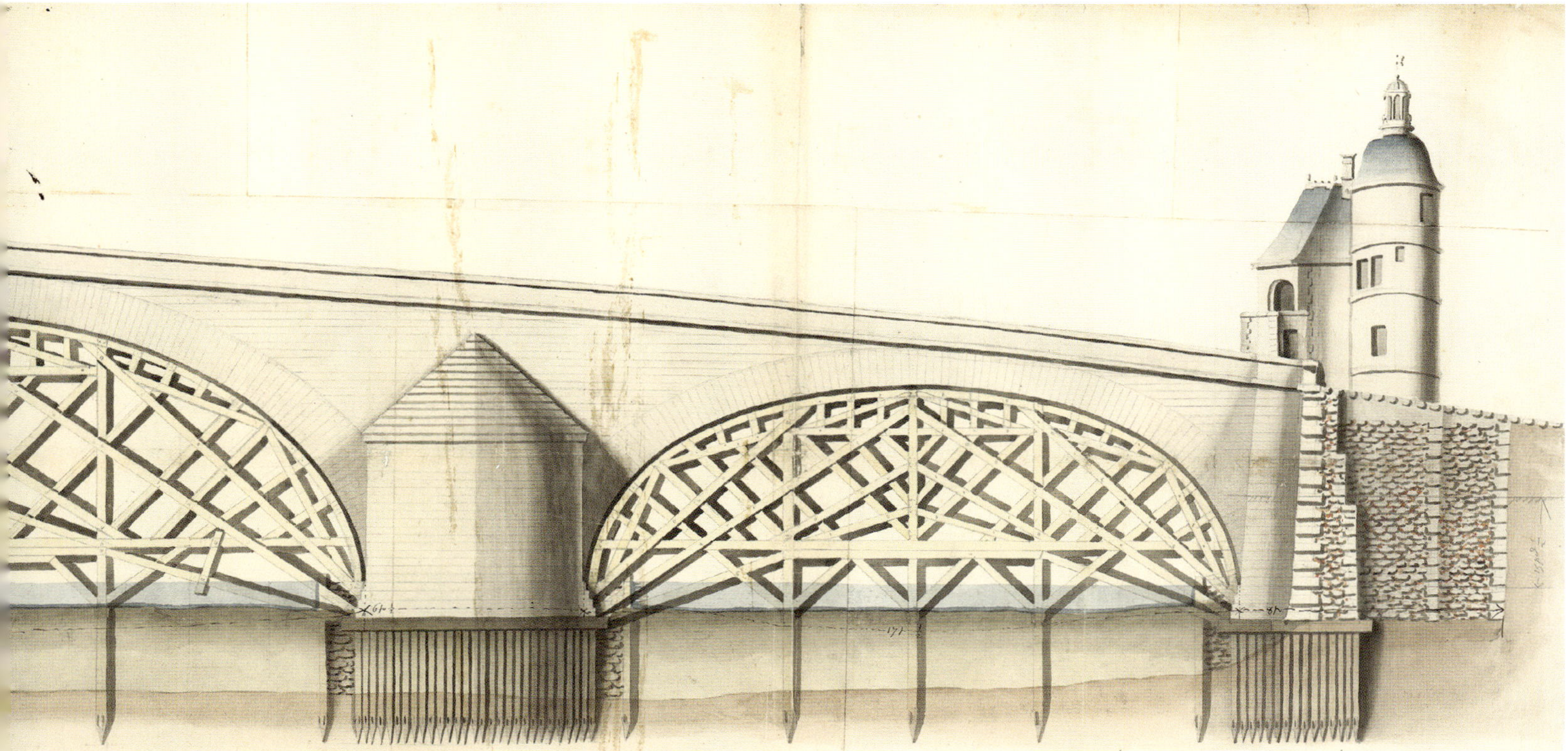

144.
Collaborateur de Jules Hardouin-Mansart (1646-1708)
Élévation du pont de Moulins et coupe des quais avec les cintres de charpenterie, étude technique préalable à l'exécution, s.d. [vers 1705]
Papier, plume et encre noire, lavis bleu, jaune, brun, ocre et rouge, 52 × 181 cm
Paris, Arch. nat., O/1/1903, dossier 9, pièce 8

145.
Collaborateur de Jules Hardouin-Mansart (1646-1708), peut-être Simon Chuppin (vers 1650-après 1715)
Élévation des cintres de charpenterie pour la construction des voûtes du pont de Moulins, étude technique préalable à l'exécution, s.d. [vers 1705]

A – Élévation du cintre pour les petites arches
Papier, graphite, plume et encres noire et brune, lavis brun, 20 × 37 cm
Paris, Arch. nat., O/1/1903, pièce 11

B – Élévation du cintre pour la grande arche
Papier, graphite, plume et encres noire et brune, lavis brun, 20 × 37 cm
Paris, Arch. nat., O/1/1903, pièce 12

cat. 144, détail

Les trois arches projetées par Hardouin-Mansart pour le pont de Moulins présentent des portées considérables, de 34 mètres pour les deux latérales et 45 mètres pour celle du milieu. Afin de construire leurs voûtes en pierre et brique, l'architecte doit faire monter une structure de charpenterie, appelée cintre, pour supporter la maçonnerie en cours de pose jusqu'à ce que la voûte soit bandée et en état de se soutenir toute seule. Ayant à porter des charges très importantes, ces assemblages de bois sont des ouvrages complexes, dont l'étude fait partie de la formation des maîtres d'œuvre (cat. 17 et 18). Une grande élévation montre l'ensemble du pont de Moulins avec un premier projet d'assemblage pour les cintres (cat. 144). Sa facture graphique est originale, car le tracé a entièrement été exécuté avec une mine de graphite épaisse, puis directement lavé et ombré au pinceau, sans aucune mise au net à l'encre. Cette technique, picturale et suggestive, avec des ombres très marquées, nous semble proche de la manière de Robert de Cotte, qui pourrait être l'auteur de cette étude. La structure des cintres, traditionnelle, comporte un long entrait en partie basse, parallèle à la surface de l'eau et proche de celle-ci, et trois poinçons ou poteaux verticaux, plantés profondément dans le lit de la rivière. Cet assemblage dense, obstruant largement l'ouverture des arches, ne tient toutefois aucun compte des risques de crue : comme l'a montré Guillaume Fonkenell, c'est certainement pour cette raison qu'il a été écarté[1].
Un deuxième état de la réflexion est connu par de plus petits dessins, qui représentent seulement les cintres sous l'intrados des voûtes (cat. 145-a et 145-b). Les poinçons sont réduits au nombre de deux par arche et l'entrait est divisé et retroussé, afin de ménager une plus grande ouverture en partie centrale. Le niveau des « hautes eaux » et des « basses eaux » est indiqué par des traits tiretés et un commentaire en marge précise que les pièces de bois marquées A, situées auprès des piles, doivent pouvoir être démontées « pour donner moins de prise aux glaces et aux grandes eaux ». Ces inscriptions pourraient être de l'écriture de l'architecte Simon Chuppin, qui occupe alors la fonction de contrôleur des Bâtiments du roi au département de Chambord et Blois[2]. Fils d'un maître charpentier à Paris, ce dernier pourrait avoir été sollicité par le premier architecte pour sa compétence particulière en la matière. Les cintres finalement mis en œuvre pour la construction des voûtes, de 1707 à 1710, ont adopté une structure encore plus hardie, tout à fait dépourvue de poinçon mais seulement appuyée au pied des piles et culées. Ces précautions n'ont toutefois pas suffi, car une crue fit s'effondrer les deux tiers du pont le 8 novembre 1710, alors qu'il était presque achevé, mais que les cintres n'étaient pas encore démontés. Toujours hostile à Mansart, Saint-Simon devait rédiger l'épitaphe de l'ouvrage, en signalant que le pont de Moulins s'en était allé à Nantes !

---
1. Gady (dir.), 2010, p. 552.
2. Sur Chuppin, voir Jestaz, 2008, t. I, p. 218-220.

Centre de la petite arcarde

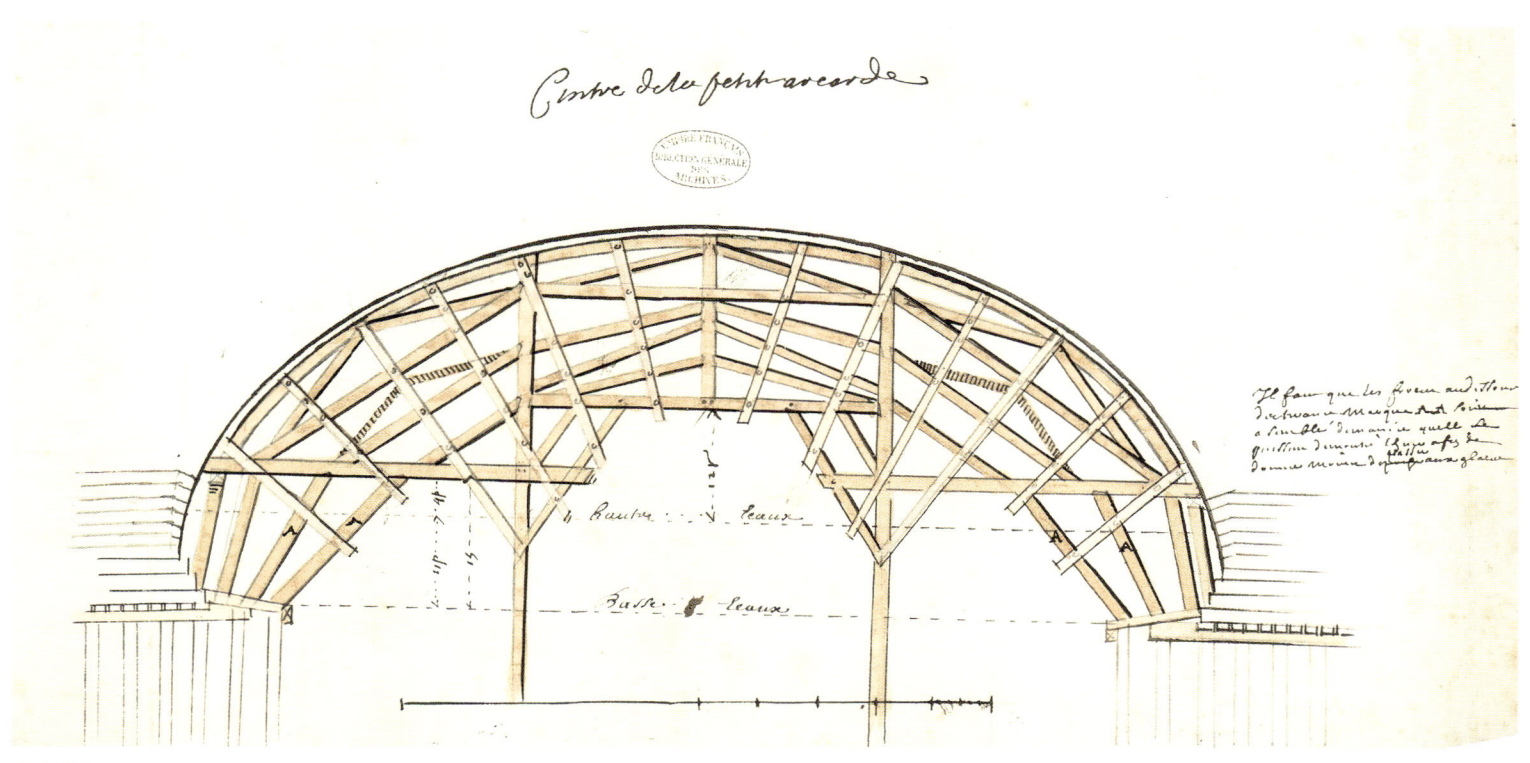

cat. 145-a

cat. 145-b

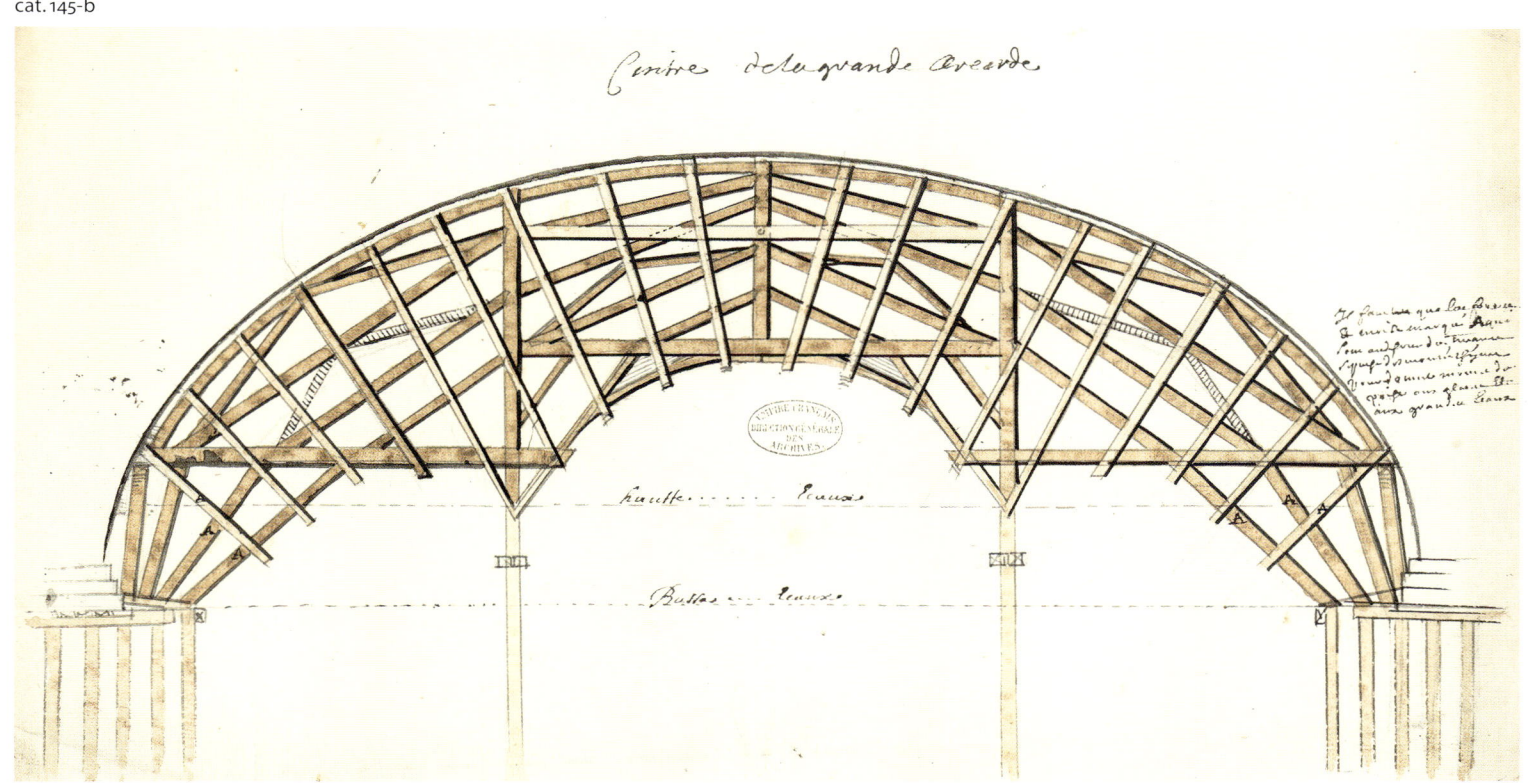

Centre de la grande arcarde

Basse Cour

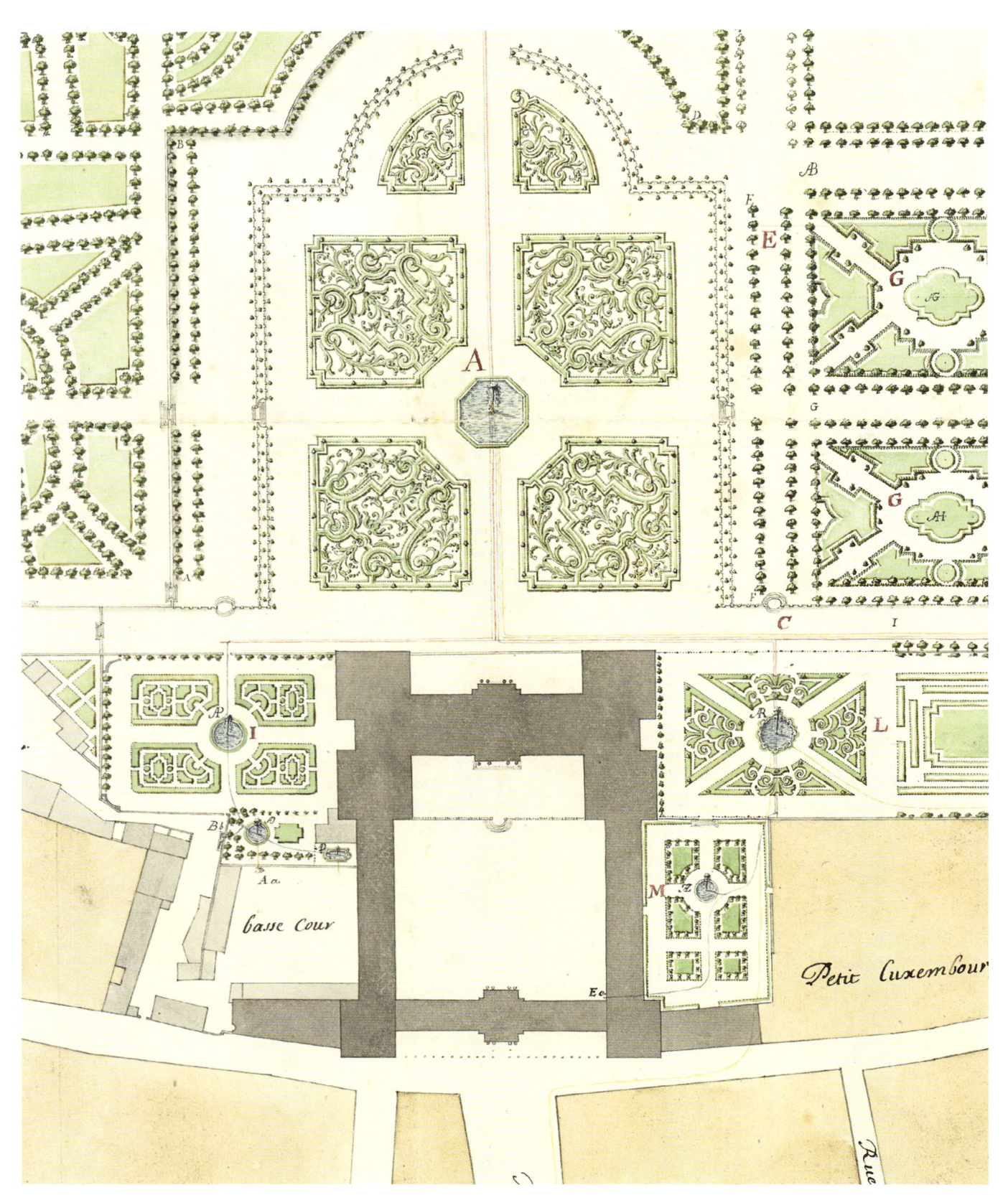

Petit Luxembourg

L'art du relevé

En tant que concepteurs ou conducteurs de travaux, mais aussi parfois comme experts extérieurs au chantier, les architectes sont appelés à inspecter et recevoir les ouvrages achevés, c'est-à-dire à vérifier leur conformité avec l'art de bâtir et avec les devis et dessins d'exécution. Lorsque le contrat de travaux a fixé un prix « à la toise », c'est-à-dire un prix unitaire par quantité d'ouvrage, ou que le projet a connu des modifications en cours d'exécution, il est nécessaire de procéder à un « toisé » ou mesurage. Essentielle pour l'économie de la construction, cette tâche technique préoccupe de plus en plus les architectes, comme le prouvent les discussions à l'Académie ou les publications à ce sujet (cat. 22), mais son exécution est le plus souvent déléguée à des spécialistes (cat. 12 et 13). Leur travail donne lieu à une abondante production documentaire, rarement accompagnée de croquis[1].

Concernant non pas les ouvrages à peine achevés, mais les édifices existants, la pratique du relevé s'inscrit en général dans le processus de conception d'un nouveau projet architectural, dont il constitue le préliminaire indispensable (cat. 86, 112). De nouvelles finalités, de nature juridique, politique ou administrative, se développent en outre dans la seconde moitié du siècle. Le cas de l'hôtel Aubert de Fontenay, dit hôtel Salé, offre ainsi l'exemple d'une visite d'estimation, effectuée en 1675 dans le cadre d'une succession, qui donne lieu à l'établissement d'un plan, daté et signé par les experts, pour justifier le calcul de superficie « suivant les règles de géométrye » (cat. 146).

C'est toutefois dans le cadre des Bâtiments du roi que l'évolution est la plus sensible. Jean-Baptiste Colbert est le premier surintendant à ordonner une campagne générale de relevés des maisons royales, mais son objectif est politique, puisqu'il s'agit de les faire graver, suivant une conception encore proche des *Plus excellents bâtiments de France* de Jacques Androuet du Cerceau. C'est néanmoins dans ce cadre que François d'Orbay, écarté des chantiers royaux par Jules Hardouin-Mansart, commence à effectuer les premiers relevés systématiques à la fin des années 1670. Si certains de ses dessins sont de nature illustrative, peut-être destinés à la gravure (cat. 104 et 147), d'autres sont exhaustifs, comme les plans de Vincennes ou de Chambord de fond en comble, qui sont les plus anciens connus du genre. Il faut attendre la fin du siècle, pendant la surintendance d'Édouard Colbert de Villacerf, pour voir s'imposer le véritable relevé administratif, explicitement destiné à la bonne gestion immobilière des maisons royales[2]. Le dossier produit par Antoine Desgodetz en 1696 au sujet du palais du Luxembourg en est peut-être le meilleur exemple conservé (cat. 148).

---

1. Voir les exemples publiés par Babelon, 1965 (1991) et Le Moël, 1990.
2. Fonkenell, 2015.

146.
Visite et toisé de l'hôtel Aubert de Fontenay, dit hôtel Salé, rue de Thorigny à Paris, par Roland Leproust, architecte bourgeois de Paris, et Isidore Chastelain, maître maçon entrepreneur de bâtiments à Paris, 10-15 octobre 1674

A – Procès-verbal de visite
Cahier de papier, plume et encre brune, 35 × 22 cm
Paris, Arch. nat., Z/1j/330

B – Plan du rez-de-chaussée, daté au dos 10-15 octobre [1674]
Papier, graphite, plume et encre brune, 47 × 38 cm
Paris, Arch. nat., Z/1j/330

L'hôtel construit pour le riche Pierre Aubert de Fontenay, fermier des Gabelles, en 1656-1659, est encore aujourd'hui l'une des plus imposantes demeures du Marais, quartier dont la mode n'était pas encore passée à cette date. Établi sur une vaste parcelle, ancien chantier de bois du père de l'architecte Libéral Bruand, il a été conçu par l'architecte Jean Boullier de Bourges suivant les dernières exigences de la mode : portail en renfoncement sur la rue, cour d'honneur séparée de la basse-cour, corps de logis double en profondeur entre cour et jardin, comble brisé monumental enfin. À l'intérieur, un fastueux dispositif de réception, composé d'un vestibule et du grand escalier d'honneur côté cour, et de grands appartements de réception sur jardin, avec chambres à alcôve, cheminées ornées et plafonds lambrissés[1]. L'hôtel Salé, ainsi surnommé par la malice populaire, appartient à une famille d'édifices démonstratifs des années 1650, comme l'hôtel de Beauvais (cat. 120), de Lauzun, de Langlée ou de Louvois. Ce somptueux édifice n'a cependant guère profité à son propriétaire : Aubert chute en effet avec Fouquet, et l'hôtel est saisi en 1663. S'engage alors une longue procédure entre ses héritiers, ses créanciers et le roi, qui ne s'achève qu'avec la vente de la demeure en 1728. Pendant ces années, l'hôtel est donc mis en location, d'abord au profit de l'ambassade de la République de Venise, qui y reste au moins jusqu'en 1684.
En 1674, les Aubert, Auguste et Roger de Pardaillan, marquis de Termes, et la dame Chastelain, de ce dernier, réussissent à se faire reconnaître la propriété « provisoire » de la demeure : ils demandent aussitôt une expertise complète de l'édifice et de ses dépendances, afin d'en évaluer la valeur et les loyers. Très prisé des historiens de l'architecture, ce type de document offre en effet une froideur descriptive. Comme il est d'usage, deux experts-juré sont désignés, Roland Leproust, au nom du roi, et Isidore Chastelain, pour les héritiers : durant plusieurs jours, suivis d'un greffier, ils décrivent l'édifice de fond en comble[2], de la cave aux galetas, avant de dresser dans un second temps la liste de tous les « endroicts des bastimens cy-dessus déclarez vicieux et deffectueux estant grosses

cat. 146-a

réparations nécessaires à faire promptement ». L'ensemble de l'hôtel et de ses dépendances rue Vieille-du-Temple est finalement estimé à 126 000 livres. Il est indiqué que le toisé a été fait pour « lever le plan de la plus grande maison et hostel ou des lieux en deppendans […] pour connoistre de l'estendue et superficie de la place et à cet effet en prendre toutes les mesures et dimensions suivant les règles de géométrye, affin de parvenir à une juste et équitable connoissance du prix et valleur desdits lieux[3] ».
Fait rare pour cette période, le plan du rez-de-chaussée de l'hôtel est demeuré attaché au procès-verbal, ce qui en fait le plus ancien relevé connu de l'édifice. Il porte les paraphes de Leproust et Chastelain, qui se lisent dans la grande cour. Le dessin, coté pour les masses des bâtiments, est tracé à l'encre brune métallo-gallique, avec quelques corrections au crayon ; dans deux pièces sur jardin ont été figurés les lits avec leurs balustrades d'alcôve, et dans la basse-cour, près de la grande tache d'encre, le dessinateur a figuré en pointillé, avec son autel marqué d'une croix, la chapelle effectivement en surplomb de ce côté. Hélas, s'il est précieux en raison de sa précocité, ce plan est schématique : tandis que la cour est trop longue, le jardin a été rétréci et aucune proportion ne correspond à la réalité – la façade de ce côté ayant même une travée de trop, tandis que l'avant-corps est plus large que celui réalisé. Malgré son caractère détaillé, il ne s'agit donc que d'un croquis, exécuté *in situ* pour calculer les dimensions et superficies de la demeure.

---
1. Babelon, 1985.
2. Voir la transcription (incomplète) dans Le Moël, 1990, p. 311-334.
3. Le Moël, 1990, p. 328-329.

cat.146-b

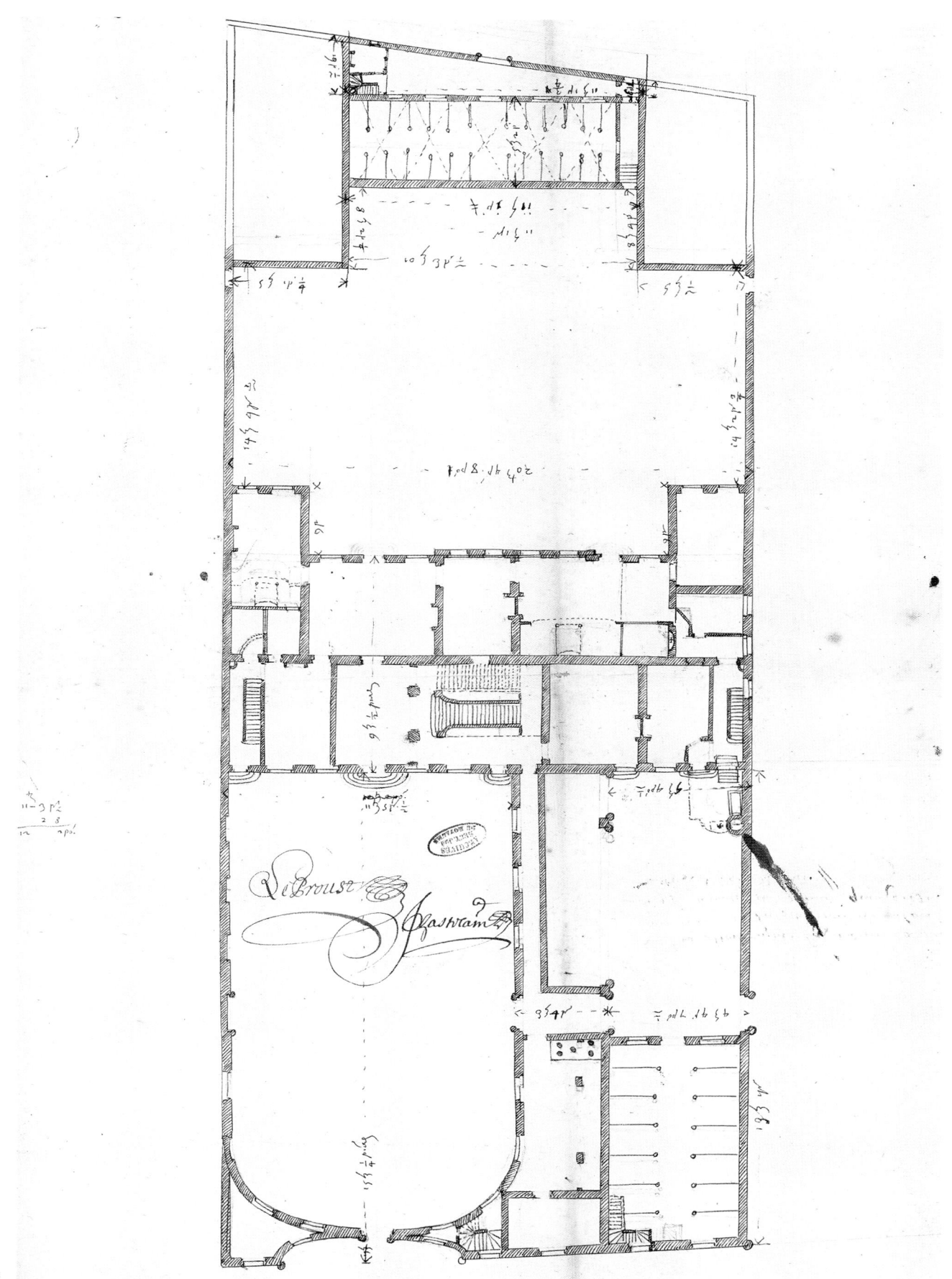

147.
François d'Orbay (1634-1697)
Élévations du château neuf de Blois, relevé non daté [vers 1677]

Papier, plume et encres grise et brune, lavis gris et bleu, 49 × 67,7 cm
Paris, Arch. nat., CP/VA//35, pièce 38

Après avoir rempli pendant cinq ans les fonctions de premier architecte du roi sans en avoir le titre, François d'Orbay est écarté des principaux chantiers royaux en 1676, pour laisser place à Jules Hardouin-Mansart[1]. Sans doute afin de l'éloigner de Versailles, le surintendant Colbert lui confie alors plusieurs missions à Fontainebleau, Blois et Chambord. En plus des travaux d'entretien ou d'aménagement qu'il y supervise, D'Orbay exécute des dessins de relevé, pour contribuer à la publication des planches gravées des maisons royales qui devaient par la suite former un des volumes du célèbre *Cabinet du roi*.

Depuis 1664, le roi emploie en effet des dessinateurs et graveurs à reproduire par l'estampe, non seulement ses collections d'art et les grandes fêtes de la cour, mais aussi ses principaux châteaux et résidences, généralement représentés en plan et en vue perspective. Alors que la plupart des feuilles relatives à l'architecture sont exécutées par Israël Silvestre et Jean Marot, quelques-unes portent la signature « Dorbay del[ineavit] et sculp[sit] », « dessiné et gravé par D'Orbay » et sont datées entre 1676 et 1682 : ce sont les plans de Fontainebleau, de Compiègne et de Blois[2] (cat. 104).

Les élévations de Blois dessinées par D'Orbay sont certainement en rapport avec le plan général du château qu'il a gravé en 1677[3]. Sur cette grande feuille, l'architecte n'a relevé que les trois façades du « bastiment neuf », c'est-à-dire le grand corps de logis cantonné de pavillons construit au sud de la cour par François Mansart pour Gaston d'Orléans entre 1635 et 1638 (cat. 81). La sélection est stylistique : D'Orbay exclut tous les corps de bâtiment du Moyen Âge et de la Renaissance, y compris la célèbre aile François Ier. Un tel relevé, partiel et concernant un château presque laissé à l'abandon depuis la mort de Gaston d'Orléans en 1660, ne peut avoir d'utilité technique ou administrative et s'inscrit donc dans la perspective de célébration de l'architecture royale encouragée par Colbert en tant que surintendant des Bâtiments.

---

1. Laprade, 1960, p. 236-244 ; Jestaz, 2008, t. I, p. 200-201 et 215-216.
2. *I.F.F. Graveurs du XVIIe siècle*, t. III, 1954, p. 471-472.
3. Cat. exp. Paris, 1983, n° 490.

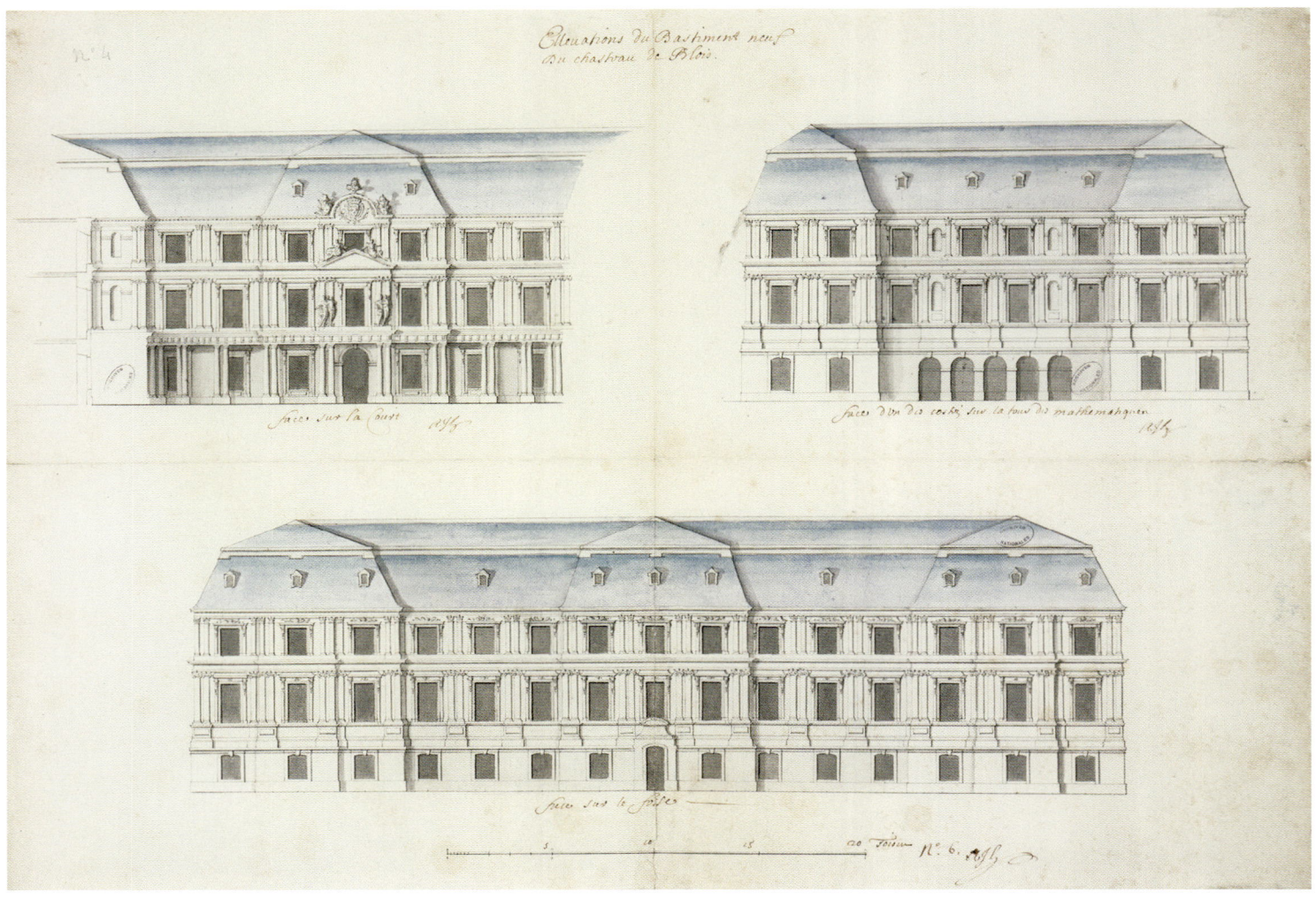

148.
Antoine Desgodetz (1653-1728)
Relevé général du palais du Luxembourg à Paris en 1696

A – Plan général du palais et des jardins, relevé daté et signé, 4 février 1696

Papier, plume et encres noire, brune et rouge, lavis gris, brun, vert et bleu, 54,6 × 83 cm
Paris, Arch. nat., O/1/1687/B, pièce 732

B – Plan du rez-de-chaussée du palais avec sept retombes pour les entresols et les caves, relevé daté, 1696

Papier, plume et encres noire et bleue, lavis noir et gris, 53,8 × 71 cm
Paris, Arch. nat., O/1/1687/B, pièce 724

Construit pour Marie de Médicis, le palais du Luxembourg est passé après sa mort à son fils cadet, Gaston d'Orléans, et n'est revenu à la Couronne qu'à la fin du siècle, en 1696, au décès d'Élisabeth d'Orléans, duchesse de Guise. Après avoir été gérés pendant près d'un siècle comme biens privés, sujets à des partages et à des conventions familiales diverses, le palais et son parc dépendent alors pour la première fois de la compétence de l'administration des Bâtiments du roi. Le surintendant Édouard Colbert de Villacerf ordonne aussitôt à l'architecte Antoine Desgodetz, contrôleur chargé du département de Paris, d'établir un relevé complet du domaine[1].

Le plan général, daté et signé par Desgodetz du 4 février 1696 (cat. 148-a), est étonnamment antérieur de plus d'un mois au décès de la duchesse de Guise. Il montre le domaine enserré dans le tissu urbain, lavé d'ocre clair, avec le plan de masse du palais et de ses dépendances, en gris, mais ce sont les jardins qui forment son principal objet. Ils sont représentés au naturel, avec terrasses, allées, parterres de broderies et de gazon, plantations et fontaines, et chaque secteur est désigné par des lettres simples, en correspondance avec un mémoire descriptif daté du 13 avril où l'architecte a

---

1. Galletti, 2012, p. 56-72.

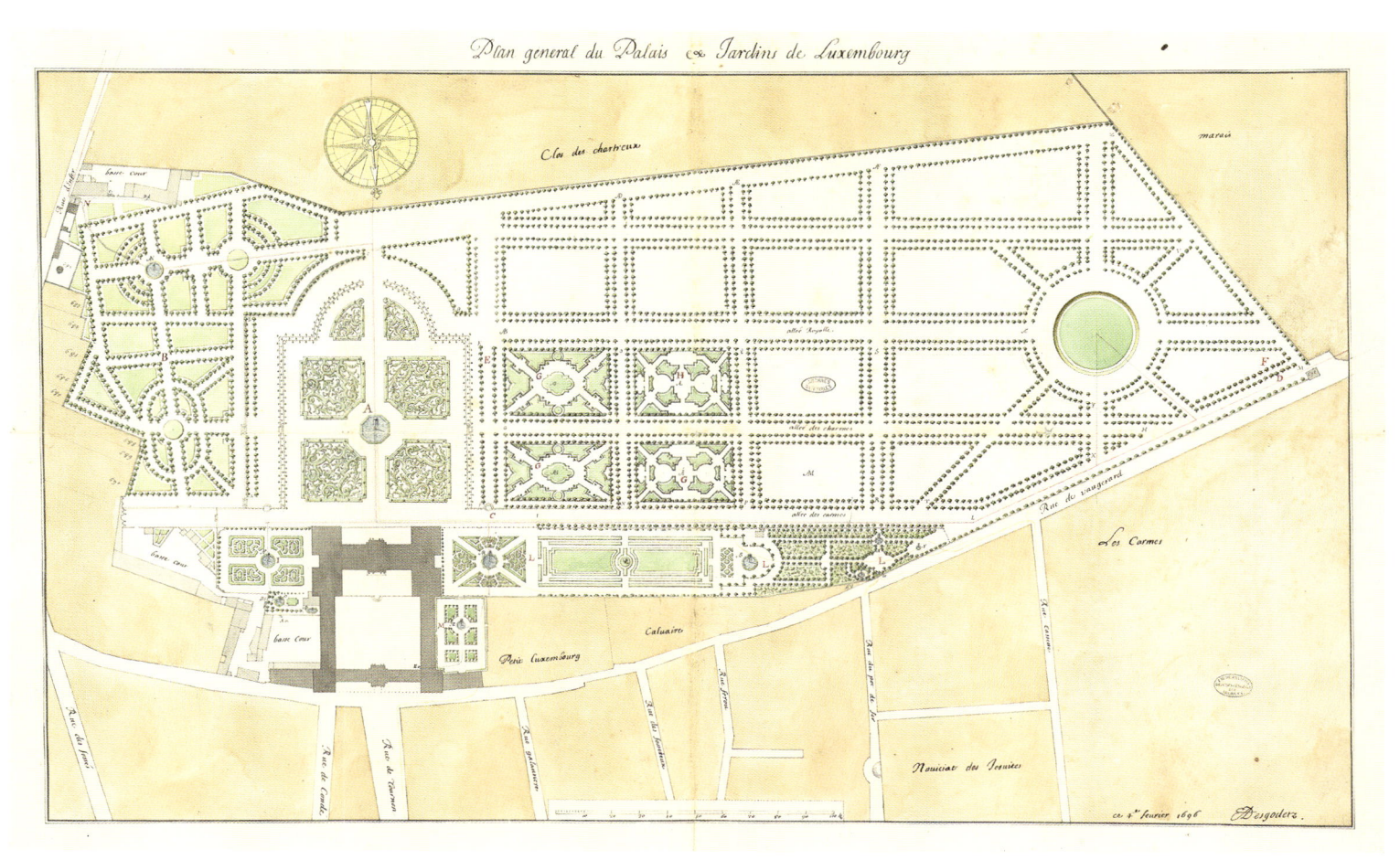

cat. 148-a

indiqué l'état des lieux et les réparations éventuelles à prévoir[1]. Des lignes jaunes, roses et bleues représentent les conduites d'adduction d'eau, depuis le regard sur la rue d'Enfer, en haut à gauche, en passant par tous les bassins, fontaines et robinets du domaine. Un relevé des niveaux d'eau en date du 18 mai 1696, également autographe de Desgodetz et conservé à Stockholm, complète le plan sur ce point[2]. Ce relevé est rédigé au verso d'un fragment du plan des fondations du palais (fig. 46), dont la partie manquante est collée en tant que retombe sous le plan du rez-de-chaussée conservé aux Archives nationales (cat. 148-b).

Des plans particuliers ont été consacrés à tous les bâtiments du domaine, niveau par niveau. Celui du rez-de-chaussée du palais (cat. 148-b) figure en outre les deux ailes des communs et de la volière, édifiées en 1630 par Jacques Lemercier sur la rue de Vaugirard et disparues sous l'Empire. Les entresols, c'est-à-dire les niveaux intermédiaires créés entre deux étages, sont représentés au moyen de retombes sophistiquées, dont le plan est découpé et ajouré en fonction des pièces. Une dernière retombe, collée sous la feuille principale, fournit le plan des caves, qui existent seulement le long de la rue. À l'exception des escaliers et des circulations communes, toutes les pièces sont numérotées, de 1 à 175 pour ce plan, ce qui renvoie aux listes nominatives des occupants également dressées par l'architecte.

Le dossier du Luxembourg, particulièrement complet, répond visiblement à plusieurs objectifs : permettre une planification des travaux d'entretien et de réparation nécessaires ; connaître le parcours et le débit du réseau hydraulique ; établir la liste des occupants et de leurs droits, en fonction de leur statut. Ces documents sont ainsi des outils de gestion technique et administrative et leur usage se développe particulièrement pendant la surintendance d'Édouard Colbert de Villacerf[3]. Sans doute la chute drastique des crédits pendant la guerre de la Ligue d'Augsbourg a-t-elle incité à un contrôle plus étroit des maisons royales.

---

1. *Ibid.*, p. 264-265.
2. Stockholm, Nationalmuseum, CC 2249.
3. Fonkenell, 2015.

fig. 46. Antoine Desgodetz, plan des fondations du palais du Luxembourg, plume et encre noire, lavis gris, 1696, Stockholm, Nationalmuseum, CC 2249

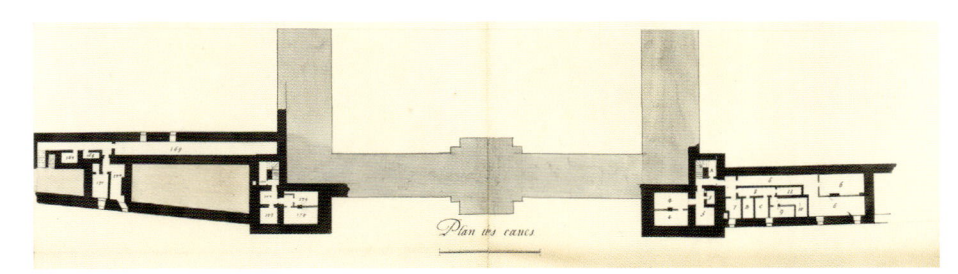

cat. 148-b, retombe représentant les caves des ailes sur la rue de Vaugirard

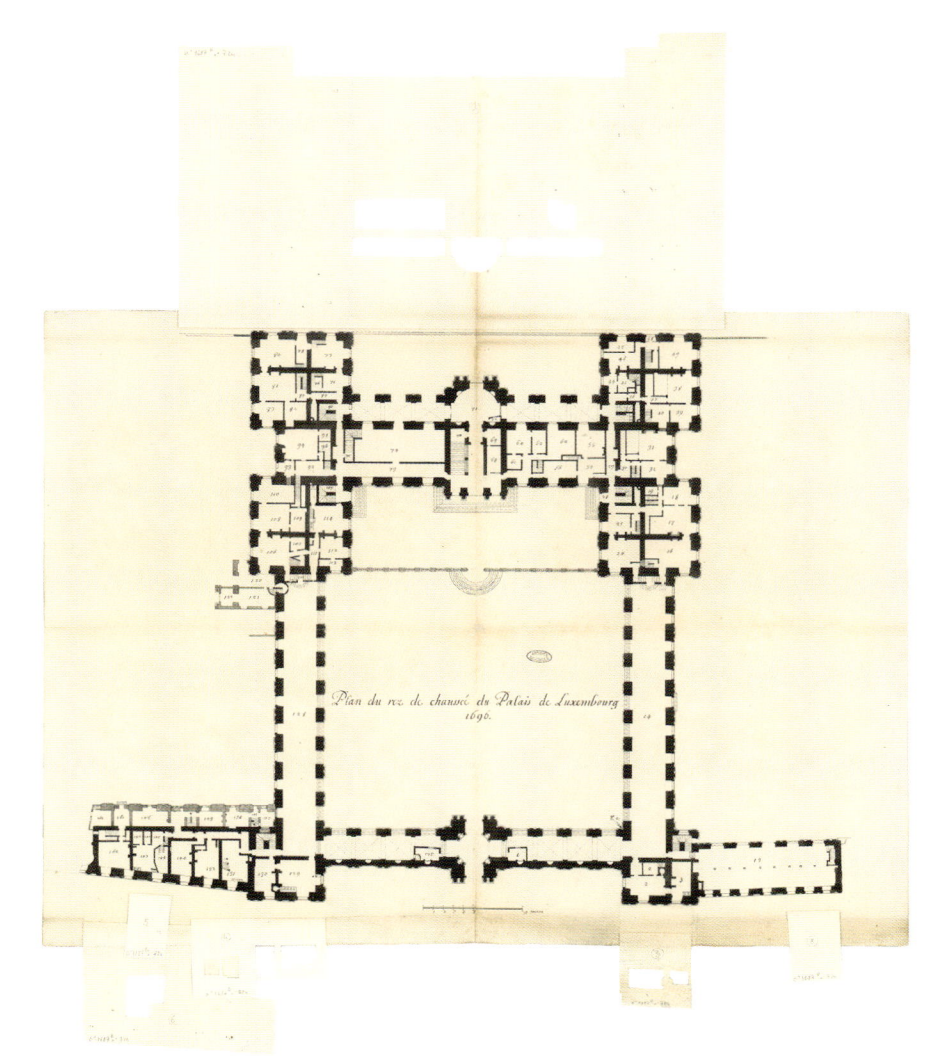

cat. 148-b,
plan du rez-de-chaussée,
retombes levées

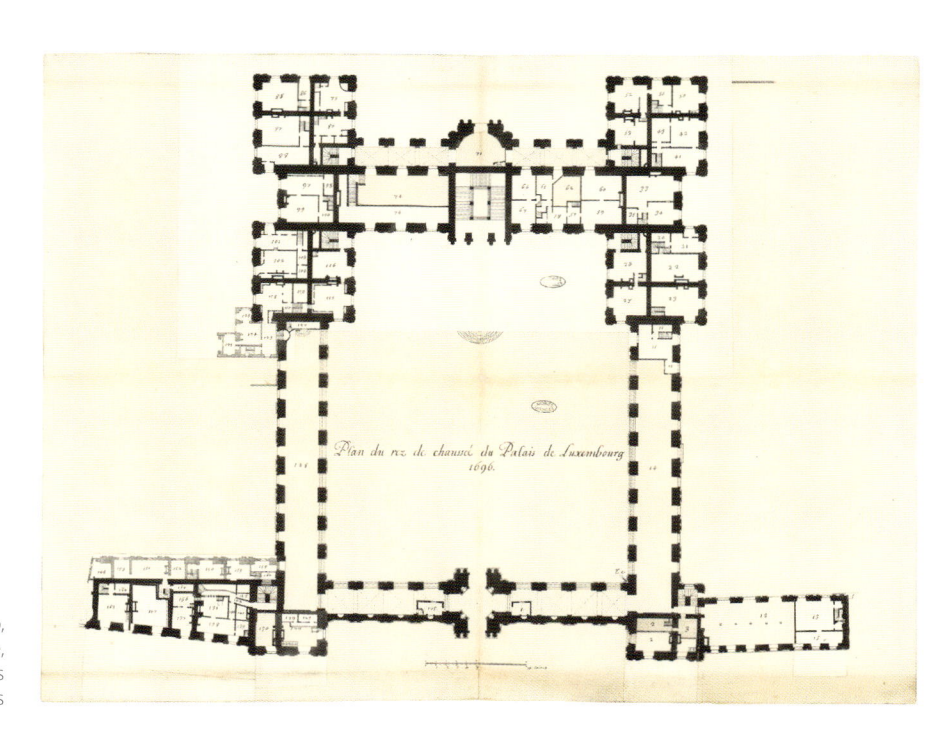

cat. 148-b,
plan du rez-de-chaussée,
avec les retombes
figurant les entresols

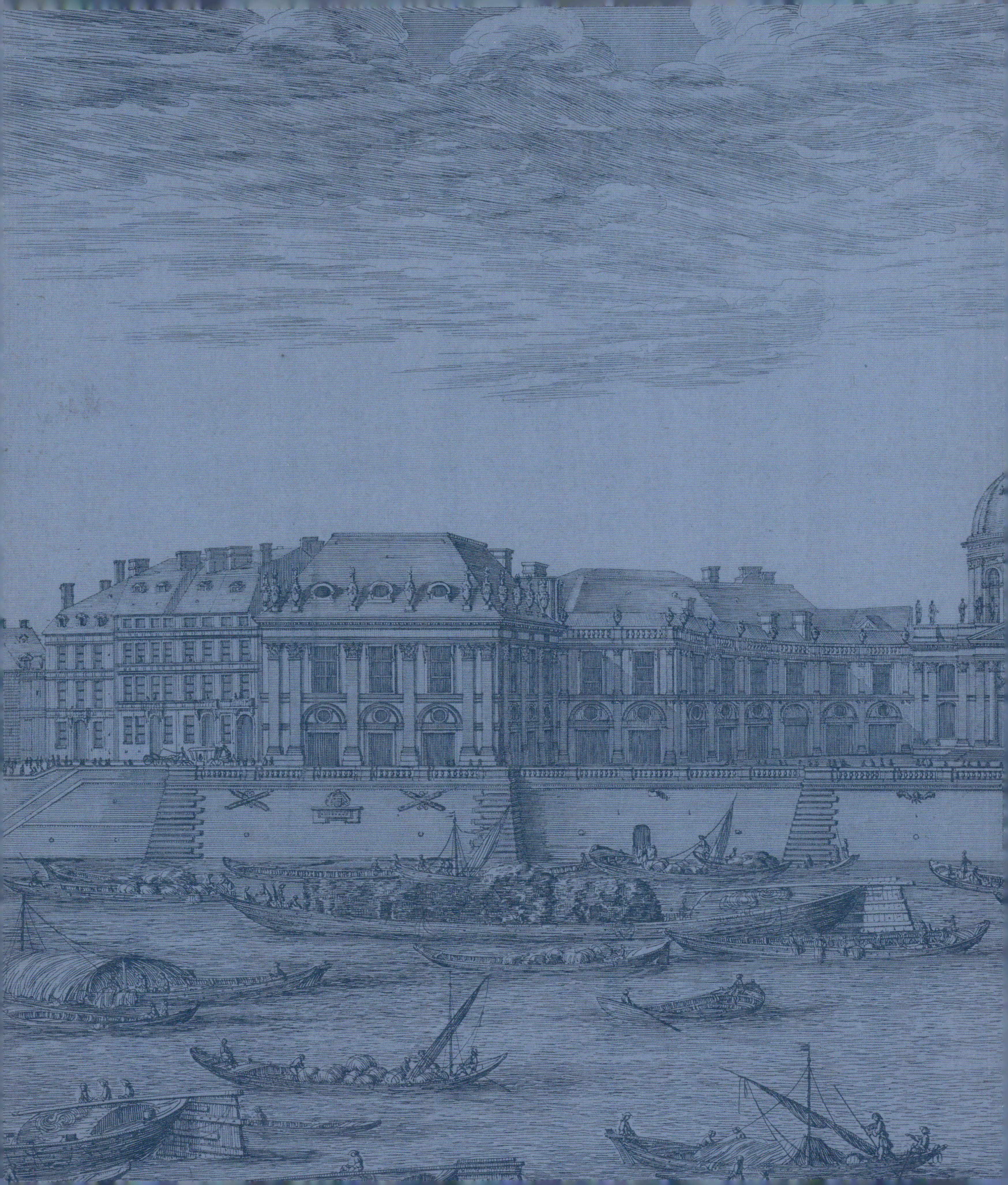

Épilogue

Le collège Mazarin, un chantier au fil du temps

fig. 47. Israël Silvestre, vue du collège des Quatre-Nations, estampe, 1670, coll. part.

Pour étudier la construction, en France, d'un bâtiment antérieur au XVIIIe siècle, les sources dont on dispose sont en général très lacunaires. Dans de nombreux cas, on a la chance de conserver des devis et marchés de travaux projetés ou des expertises techniques sur les ouvrages achevés, mais ces documents se situent en amont et en aval du processus d'édification. Parfois, des documents comptables, administratifs ou judiciaires permettent d'affiner la chronologie des travaux, mais il est très rare que l'on conserve des dessins techniques, des correspondances ou des textes narratifs pour éclairer directement l'évolution du projet en cours d'exécution. Par une chance exceptionnelle, tous ces types de sources sont réunis, en abondance même, concernant le collège Mazarin, dit des Quatre-Nations, dont les bâtiments forment aujourd'hui le palais de l'Institut sur le quai de Conti (fig. 47).

Emblématique de l'architecture et de l'urbanisme parisiens du Grand Siècle, l'édifice a été conçu suivant les instructions testamentaires du cardinal Mazarin, pour abriter un collège de l'Université de Paris, une bibliothèque publique et une église devant servir de mausolée au fondateur et à sa famille (cat. 149). La suppression du collège à la Révolution a laissé la place, depuis 1805, aux académies qui composent l'Institut de France et qui se réunissent, pour leurs séances solennelles, sous la célèbre coupole de l'ancienne chapelle. De nombreux ouvrages ont déjà été consacrés à l'histoire institutionnelle et monumentale de cet ensemble et les historiens de l'art se sont plus particulièrement attachés à reconstituer la genèse de son projet architectural, à partir des nombreux plans, coupes et élévations laissés par Louis Le Vau et François d'Orbay[1]. Dans une étude très documentée, Hilary Ballon a proposé en 1999 un catalogue et une datation des quelque quarante et un dessins alors connus, répartis entre le premier projet contractuel signé le 13 août 1662 et les deuxième et troisième états du projet, qu'elle situait entre 1664 et 1665, aboutissant au parti définitif[2]. Depuis lors, des dessins inédits sont venus enrichir le dossier graphique, éclairant plus finement les phases préliminaires de la conception[3].

Aucune étude jusqu'à ce jour n'a en revanche rendu précisément compte de l'histoire de la construction, par l'exploitation systématique de la documentation technique et administrative issue du chantier. De manière remarquable, le seul auteur à avoir commenté quelques dessins techniques n'est pas un historien, mais l'architecte en chef André Gutton, responsable de la grande campagne de restauration de l'édifice en 1962[4].

1. Franklin, 1860 (1901); Franklin, 1862; Lemonnier, 1911; Hautecœur et Gutton, 1962; Ballon, 1999; Babelon, 2001; Babelon (dir.), 2005.
2. Ballon, 1999, p. 60-71 et 144-148. Cette datation correspond à l'hypothèse de Henry Lemonnier (Lemonnier, 1911, p. 14).
3. Cojannot, 2014.
4. Hautecœur et Gutton, 1962, p. 103-104.

La vingtaine de documents ici sélectionnés jette un jour nouveau sur la chronologie de la conception et de la construction, depuis 1661 jusqu'au début des années 1670 :

– en 1661, le cardinal Mazarin détermine par testament un programme institutionnel et des moyens financiers, dont l'utilisation est confiée aux bons soins d'un « conseil de fondation », mais aucun projet architectural n'est encore arrêté (cat. 149) ;

– au cours de l'hiver 1661-1662, Louis Le Vau propose d'implanter les bâtiments de la fondation sur le site de la tour et des fossés de Nesle et obtient en mars 1662 l'approbation de Louis XIV pour un parti architectural spectaculaire, incluant une place publique et une église à dôme en bordure de Seine, juste en face du Louvre (cat. 150) ;

– en réponse aux critiques techniques de la Ville de Paris, l'architecte adapte son esquisse au début de l'été et définit le projet contractuel, juridiquement validé par la passation des marchés de maçonnerie le 13 août 1662 (cat. 151 à 158) ;

– dès janvier 1663 intervient une première réforme du projet visant à réduire la superficie à bâtir et la construction est commencée suivant une nouvelle implantation des bâtiments, où la place publique, initialement semi-circulaire, adopte son célèbre plan ovale (cat. 163) ;

– de 1664 à 1665, presque tous les bâtiments du collège et de la bibliothèque sont construits, sauf l'église qui est seulement fondée ; il faut attendre septembre 1665 pour voir Le Vau donner des plans d'exécution pour celle-ci, conformément à son deuxième projet, qui est exécuté de 1665 à 1667 mais seulement pour le rez-de-chaussée (cat. 164 à 166) ;

– le troisième et dernier projet de l'église, modifiant principalement la forme du tambour et du dôme, est conçu et exécuté entre 1668 et 1669 (cat. 167 à 169) ;

– lorsque Le Vau meurt, en octobre 1670, tout le gros œuvre est achevé et il reste à son successeur, François d'Orbay, à poursuivre les aménagements intérieurs et le décor des bâtiments (cat. 170 et 171). Dernier élément, le tombeau du cardinal Mazarin, conçu par Hardouin-Mansart, sera installé en 1689[1].

La prise en compte des données relatives à l'histoire de la construction rejaillit ainsi sur l'analyse du projet architectural, car on ne peut pas interpréter de la même manière le dessin final de l'église s'il ne date pas de 1664-1665, comme on le croyait jusqu'à présent, mais de 1668-1669, années cruciales pour l'histoire de l'architecture française qui voient la conception de la Colonnade du Louvre et de l'Enveloppe de Versailles. Au-delà de ces considérations qui ressortissent à l'histoire générale de l'art, les apports de la documentation technique se révèlent particulièrement riches et variés pour la connaissance du métier d'architecte sous le règne de Louis XIV. Grâce aux registres de délibérations du conseil de fondation et à de nombreux mémoires et brouillons autographes de Le Vau, on découvre en effet l'architecte en pleine action, présentant lui-même ses dessins, justifiant ses propositions, calculant les dépenses prévisionnelles, préparant l'adjudication des ouvrages et l'association des entrepreneurs, participant à des visites de chantier et au toisé des ouvrages exécutés. De ce point de vue, le dossier documentaire au sujet du collège Mazarin est sans aucun équivalent, même si c'est en fait un dossier à charge.

Si les pièces originales ont été conservées en si grand nombre, c'est en effet parce que le trésorier du collège, Simon Mariage, a eu besoin de se justifier après la mort de Le Vau au sujet de paiements irréguliers qui lui ont été reprochés, en réalité imputables aux malversations de l'architecte. Ce dernier, rémunéré à hauteur de 4 000 livres pour la conception du projet en 1662, a ensuite été employé comme conducteur et ordonnateur

---

1. Jestaz, 2008, t. I, p. 299-301 ; Gady (dir.), 2010, p. 452-455.

des travaux moyennant 3 000 livres de salaire annuel, c'est-à-dire qu'il a reçu non seulement l'autorité technique sur l'exécution des ouvrages, mais aussi l'autorité financière pour ordonner les paiements, seulement soumis au visa d'un contrôleur (cat. 160 à 162). Or, les documents conservés prouvent que Le Vau a abusé de sa position pour chercher à décider de tout (cat. 151 à 153) et qu'il était secrètement entrepreneur de la maçonnerie, sous le nom de son beau-frère (cat. 159). Le conflit d'intérêts, qu'il a réussi à cacher jusqu'à sa mort, a abouti à des détournements de fonds s'élevant à un total de près de 100 000 livres.

Hors norme, le projet du collège Mazarin n'est pas représentatif des pratiques ordinaires de la construction en France au XVIIe siècle, mais les abus commis par Le Vau sur le chantier sont tout à fait révélateurs des enjeux de la professionnalisation des architectes à cette période. Ils démontrent en effet, de manière paroxystique, que l'affirmation croissante du rôle du maître d'œuvre, telle qu'on la constate dans la conception, la conduite et le contrôle des ouvrages, imposait désormais une meilleure définition juridique de ses fonctions et de ses responsabilités personnelles, par opposition à celles de l'entrepreneur. Cette nécessaire évolution est symboliquement amorcée un an après la mort de Le Vau par la création de l'Académie royale d'architecture en 1671, puis par celle du corps des experts-architectes en 1691, mais elle ne sera vraiment réalisée que bien plus tard, avec la création d'un statut libéral pour les architectes en France à la fin du XIXe siècle.

1661, mars – La fondation du cardinal

**149.
Codicille au testament du cardinal Mazarin portant fondation du collège des Quatre-Nations, dicté à Vincennes le 6 mars 1661, copie conforme signée par Jean de Gomont**

Papier, plume et encre brune, dans un registre couvert en veau, dos restauré en chagrin rouge, 35 × 24,5 cm
Paris, Arch. nat., MM//462, fol. 1-8

Malade de la goutte depuis des années, Mazarin quitte précipitamment le Louvre lors de l'incendie de la Petite Galerie le 6 février 1661, et se réfugie au château de Vincennes dont il est le gouverneur. C'est là qu'il passe les dernières semaines de sa vie et organise sa succession, avec les conseils de son intendant personnel, Jean-Baptiste Colbert, et de l'avocat en parlement Jean de Gomont. Du 3 au 7 mars 1661, il dicte à son notaire ses dernières volontés, parmi lesquelles figure la fondation d'un collège au sein de l'Université de Paris[1].

Créé sous le nom de Mazarin, mais déjà désigné dans son testament comme « collège des Quatre-Nations », cet établissement est destiné à accueillir soixante étudiants nobles, issus des quatre « nations » ou provinces de langue étrangère conquises par la France sous le ministère du cardinal. Au collège est jointe l'immense bibliothèque qu'a réunie Mazarin dans son palais parisien, soit environ 38 000 volumes manuscrits et imprimés, avec ses meubles et boiseries, à condition qu'elle soit ouverte au public deux jours par semaine. Par le même acte, le cardinal crée en outre une « académie », c'est-à-dire un établissement d'enseignement des arts équestres et militaires. Enfin, il exprime le vœu d'être inhumé dans la chapelle de l'établissement.

Pour l'exécution de ces fondations, Mazarin a largement pourvu aux finances, avec un fonds de 2 millions de livres en argent comptant, auxquels s'ajoutent annuellement 15 000 livres de rentes et quelques revenus fonciers prélevés sur ceux de l'abbaye Saint-Michel-en-l'Herm. Si le programme général et l'enveloppe financière sont ainsi fixés, Mazarin ne donne en revanche aucune indication pour le projet architectural. Aucun maître d'œuvre n'est nommé et le choix même du site est laissé libre : « L'établissement dudit collège, auquel la bibliothèque est jointe, et de l'académie, sera fait sous le bon plaisir du roi en la ville, cité ou université, ou faubourgs de Paris, en même ou divers lieux, le tout selon que les exécuteurs de la présente fondation ci-après nommés le trouveront plus à propos. » De son vivant, Mazarin s'était toujours montré réticent face aux tracas de la commande architecturale et, même pour ce « grand dessein » destiné à conserver sa mémoire à la postérité, il a préféré s'en remettre entièrement à son principal héritier, le duc de Mazarin, et à ses exécuteurs testamentaires, parmi lesquels Colbert va jouer un rôle prédominant. Dans les jours qui suivent la mort du cardinal, un « conseil de fondation » commence à se réunir pour préparer la mise en œuvre du projet et l'avocat Jean de Gomont est chargé de sa direction.

fig. 48. Pierre Mignard, portrait du cardinal Mazarin, huile sur toile, vers 1660, Chantilly, musée Condé, PE 314

---

1. L'acte de fondation a été édité par Franklin, 1862 (1901), p. 141-160.

1661, décembre-1662, mars – Proposition et approbation du premier projet

150.
Louis Le Vau (vers 1612-1670) et François d'Orbay (1634-1697)
Vue à vol d'oiseau du premier projet pour le collège Mazarin depuis la Seine, s.d. [mai 1662]

Papier, plume et encre noire, lavis gris et bleu, 50 × 114 cm
Paris, coll. part.

Après le décès du cardinal, survenu le 9 mars 1661, le duc de Mazarin, son héritier, et les exécuteurs de son testament n'ont pas tardé à se mettre au travail. Dès le 20 mars, ils se réunissent en conseil pour délibérer des mesures à prendre concernant la fondation du collège et de l'académie et leurs rencontres à ce sujet se succèdent pendant toute l'année, sans aboutir toutefois à une décision. La question primordiale est alors de déterminer où pourraient être implantées les nouvelles institutions, ensemble ou séparément, à l'intérieur ou en dehors de l'enceinte de Paris, sur des terrains vierges ou dans des bâtiments existants. Pour examiner du point de vue technique et financier les différents sites envisagés, il est fait appel à l'ancien architecte du cardinal, Maurizio Valperga, à l'entrepreneur Michel Villedo et au premier architecte du roi, Louis Le Vau, mais seulement en tant qu'experts, aucun maître d'œuvre n'étant désigné pour la conception du futur projet.

Face à l'indécision du conseil de la fondation et à la médiocrité des solutions proposées, Le Vau prend à la fin de l'année une initiative inattendue. Le 26 décembre 1661, dans une réunion technique tenue chez l'avocat de Gomont, l'architecte déclare « qu'il avoit pensé à une autre place qui peut-estre seroit aussy advantageuse que celle du collège du Cardinal-Lemoyne, soit pour l'établissement du collège, soit pour la décoration de la ville et mesme pour rendre plus illustre la mémoire de feu monseigneur le cardinal Mazarini, c'est asçavoir de bastir le collège proche la porte de Nesle, vis-à-vis le Louvre, auquel lieu on pourroit faire une place publique qui serviroit d'ornement à l'aspect du Louvre[1] ». L'idée retient aussitôt l'attention de Colbert et dès le 18 janvier 1662, l'architecte présente ses premiers dessins, développant un programme « fort advantageux et glorieux pour la mémoire de Son Éminence, d'autant que non seulement il y aura l'églize qui servira d'aspect au Louvre, mais aussi une grande place proche de l'églize, au milieu de la place une fontaine, laquelle place peut estre appelée place Mazarine ; qu'en revestant le quay, comme il est nécessaire, on le peut nommer le quay Mazarin ; qu'en abatant la porte de Nesle on peut bastir une autre porte sur la rue de Seyne, laquelle on appellera porte Mazarine ; que mesme il y a assez de place pour la bibliotecque, pour le collège et pour l'académie[2] ».

Jusqu'à fort récemment, on ignorait l'aspect exact de ce premier projet élaboré au cours de l'hiver 1661-1662. Une grande vue perspective, conservée dans une collection particulière, vient combler

---
1. Arch. nat., MM//462, fol. 38-v (séance du 31 décembre 1661, où Jean de Gomont rapporte la proposition faite par Le Vau dans une réunion technique tenue le 26 décembre à son domicile).
2. *Ibid.*, fol. 39.

cat. 150

cette lacune[1]. Le dessin présente déjà les principaux traits qui seront les siens jusqu'à l'exécution : au milieu, la chapelle de plan centré avec portail en frontispice et dôme sur tambour ; aux côtés, deux ailes concaves couvertes en toiture-terrasse, avec deux ordres de pilastres en façade et des boutiques dans les arcades du rez-de-chaussée ; deux gros pavillons carrés aux extrémités, à ordre de pilastres colossaux et haute toiture droite ; le quai sur la Seine adopte ses ressauts et bossages en harpes caractéristiques, calqués sur ceux du Louvre. Plusieurs différences importantes sont cependant à relever : les pavillons étant implantés directement sur le quai, la place est close et accessible seulement par des passages cochers ; la partie centrale du quai forme une large avancée en arc de cercle dans le fleuve et porte un grand bassin de fontaine en forme de vasque, à la mode romaine.

Par sa composition ambitieuse et sa facture pittoresque, cette vue est évidemment un dessin de présentation et l'on peut supposer qu'elle fait partie de ceux qui ont été montrés à Louis XIV au début du printemps 1662, car elle adopte un point de vue axial et un peu surélevé, à la manière de celui que l'on aurait eu depuis le premier étage du Louvre. Le roi n'a pas manqué d'y être sensible, selon le rapport qui en est fait au conseil de la fondation le 11 mars : « Monsieur de Gomont a dit qu'après que les plans du collège ont esté mis entre les mains de monseigneur [le duc de Mazarin], ils ont esté aussi veus et examinés par le roy, qui les a trouvés fort beaux et les desseins très agréables pour faire l'objet des appartemens et logemens de Sa Majesté et pour l'exécution de la fondation de Son Éminence[2]. »

---

1. Cojannot, 2014.

2. Arch. nat., M//462, fol. 39v.

cat. 150, détail

1662, juin – L'estimation prévisionnelle des dépenses

151.
« Calcul général de la despence du colleige des Quatre-Nations », deux brouillons datés du 26 juin 1662, autographes de Louis Le Vau

Papier, plume et encre brune, ratures à la pierre noire, 32,9 × 21,3 cm
Paris, Arch. nat., H//2845, pièces 11 et 14

Le principal obstacle à la réalisation du projet imaginé par Le Vau est de nature financière. Malgré leur ampleur, les fonds prévus par le cardinal Mazarin sont-ils suffisants pour acheter les terrains de la porte et des fossés de Nesle, exécuter les travaux de terrassement et de canalisation des égouts de la ville et construire le quai et les somptueux bâtiments proposés par l'architecte ? La question est abordée une première fois lors de la réunion du 8 juin 1662, au cours de laquelle Le Vau présente un projet de dépenses sur cinq ans : « touttes lesquelles sommes des cinq années, dans lesquelles ledit s^r Le Vau espère que tous les ouvrages seront achevés, montent à 2 030 000 l. t. […] », soit 30 000 livres de plus que la dotation en numéraire de la fondation[1]. Le 26 juin suivant, Le Vau met au net un mémoire du « calcul général de la despence », dont les deux brouillons conservés, autographes, constituent un témoignage exceptionnel sur cette part méconnue du travail d'un architecte à l'époque moderne.

Le Vau décompose la dépense par chapitres topographiques, au sein desquels chaque nature d'ouvrage est distinguée : le comblement des fossés et la construction des égouts et du quai ; la chapelle ; les deux ailes concaves et les pavillons sur le quai ; la bibliothèque et ses logements ; le collège et les offices ; enfin, des maisons de rapport le long des rues adjacentes. L'acquisition des terrains et le paiement des droits est l'objet d'un mémoire séparé. L'exposé n'est toutefois pas seulement technique et financier, car il comprend des passages plus programmatiques et discursifs. L'aile et le pavillon situés à l'ouest sur le quai, séparés du collège et de la bibliothèque, n'ont pas d'utilité pour la fondation et Le Vau propose d'y établir « quatre académyes des artz », « pour y mettre quatre maistres différands, quy auroient chacun une grande salle de plain pied avec leurs entrée et leurs logementz au-dessus », à savoir une pour l'architecture, une pour le génie militaire, une pour les mathématiques et la dernière pour l'Académie royale de peinture et de sculpture. Au rez-de-chaussée, les boutiques prévues pourraient être confiées à des maîtres artisans privilégiés et produiraient, comme les maisons de rapport, un revenu complémentaire pour le fonctionnement du collège. Enfin, le texte se conclut par un paragraphe recommandant de passer marché à forfait avec un seul entrepreneur, parce que « l'esconomie d'un habille homme, son industrie et aplication et l'administration générale sur toutes sortes d'ouvriers donne cette advantage que le tout se fait avec bien plus de liaison et de ménage et beaucoup moins de temps ».

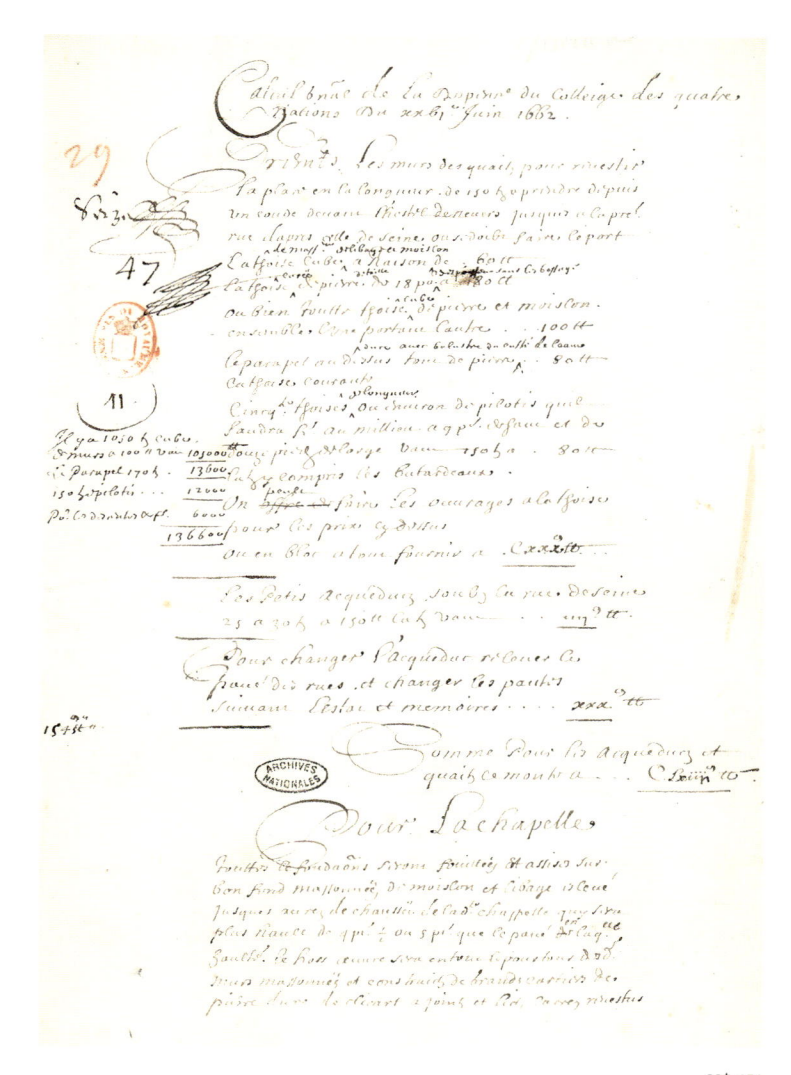

cat. 151

L'ambition globale dont témoignent ces écrits a bien été soulignée, en particulier pour ce qui concerne la création des « académies des arts » et les dimensions économique et urbaine données au projet[2]. Il ne faut toutefois pas surinterpréter les visées institutionnelles et programmatiques de l'architecte à leur sujet, car ses intentions sont surtout pragmatiques. Le Vau a conçu des bâtiments qui dépassent de beaucoup les besoins matériels du collège et de la bibliothèque et leur coût s'annonce faramineux ; pour répondre par avance aux critiques et objections qu'il ne va pas manquer de recevoir, il déploie ainsi des trésors de rhétorique et d'imagination, en proposant des utilisations séduisantes pour les bâtiments surnuméraires et en estimant généreusement les revenus qui pourraient en être tirés par la fondation. À titre personnel, son intérêt est double, car il souhaite non seulement voir son projet architectural exécuté, mais aussi avoir part aux bénéfices locatifs d'une opération immobilière hors norme.

---

1. Arch. nat., MM//462, fol. 45v.

2. Cat. exp. Paris, 1983, p. 238-239 ; Ballon, 1999, p. 55-57.

1662, juillet-septembre – Des visites d'experts sur le site

152.
Michel Villedo (vers 1598-1667), Michel Noblet (vers 1620-1677), Siméon Lambert (vers 1625-1695) et Poncelet Cléquin
Plan d'alignement du quai au-devant du collège Mazarin suivant le rapport d'experts du 10 juillet 1662, légendé et vraisemblablement dessiné par Michel Noblet

Papier, plume et encre brune, lavis noir, gris et bleu, 37,6 × 94,5 cm
Paris, Arch. nat., M//176, pièce 44

153.
Michel Noblet (vers 1620-1677), Michel Villedo (vers 1598-1667), Antoine Bergeron, Siméon Lambert (vers 1625-1695) et Charles Thoison (vers 1615-1666)
Rapport d'experts relatif aux égouts se déversant dans les fossés de la tour de Nesle, minute imparfaite en date du 4 septembre 1662, corrigée par Louis Le Vau le 8 novembre 1662

Papier, plume et encre brune, 36,5 × 23 cm
Paris, Arch. nat., H//2845, pièce 44

Le choix du site de la tour de Nesle ayant été formellement approuvé par le duc de Mazarin le 1er juillet 1662, les commissaires nommés par le roi pour arbitrer les questions juridiques posées par l'établissement du collège organisent le 8 juillet une rencontre avec l'architecte sur les lieux, en présence des autorités municipales : « le samedy 8e du courant sur les fossés et emplacement de la porte de Nesle, […] après que le sieur Le Vau a fait planter ses picquets sur les extrémités des places, maisons et héritages comprises dans le dessein […], les allignemens en ont esté pris suivant les plans et desseins qui ont esté représentés par ledit sieur Le Vau pour le bastiment du collège et construction des quays[1] ». À cette occasion, le prévôt des marchands et les échevins de Paris émettent une protestation officielle contre l'avancée de 5 toises (10 m) prévue par l'architecte au centre du quai, par crainte des conséquences possibles d'un rétrécissement du cours du fleuve sur la navigation et les inondations. Le surlendemain, quatre experts désignés par les commissaires royaux effectuent une visite pour rendre leur avis sur la question.

Le comité réuni le 10 juillet est composé de personnalités éminentes de la construction : Michel Villedo, maître général des œuvres des bâtiments du roi, ponts et chaussées de France, à ce titre responsable de la principale juridiction professionnelle dans le royaume ; Michel Noblet, son neveu, titulaire de la charge de maître des œuvres et garde des fontaines publiques de Paris, c'est-à-dire l'architecte-voyer municipal ; Siméon Lambert, juré du roi ès œuvres de maçonnerie et l'un des principaux architectes-entrepreneurs actifs sur la rive gauche ; enfin le maître charpentier Poncelet Cléquin, spécialiste en ouvrages d'art[2]. Comme le montre le plan joint au rapport de visite, les experts se sont prononcés contre l'avis de l'architecte, en préconisant de retrancher l'avancée dans la Seine pour la remplacer par un simple avant-corps, solution entérinée par les commissaires royaux le 19 juillet (cat. 152).

---
1. Arch. nat., MM//462, fol. 53v-54.
2. Arch. nat., H//2845, pièce 49 : le rapport de visite mentionne également Christophe Gamard, architecte-voyer de Saint-Germain-des-Prés, et un ingénieur nommé Petit, sans doute Pierre Petit, mais ceux-ci n'ont signé ni le rapport, ni le plan.

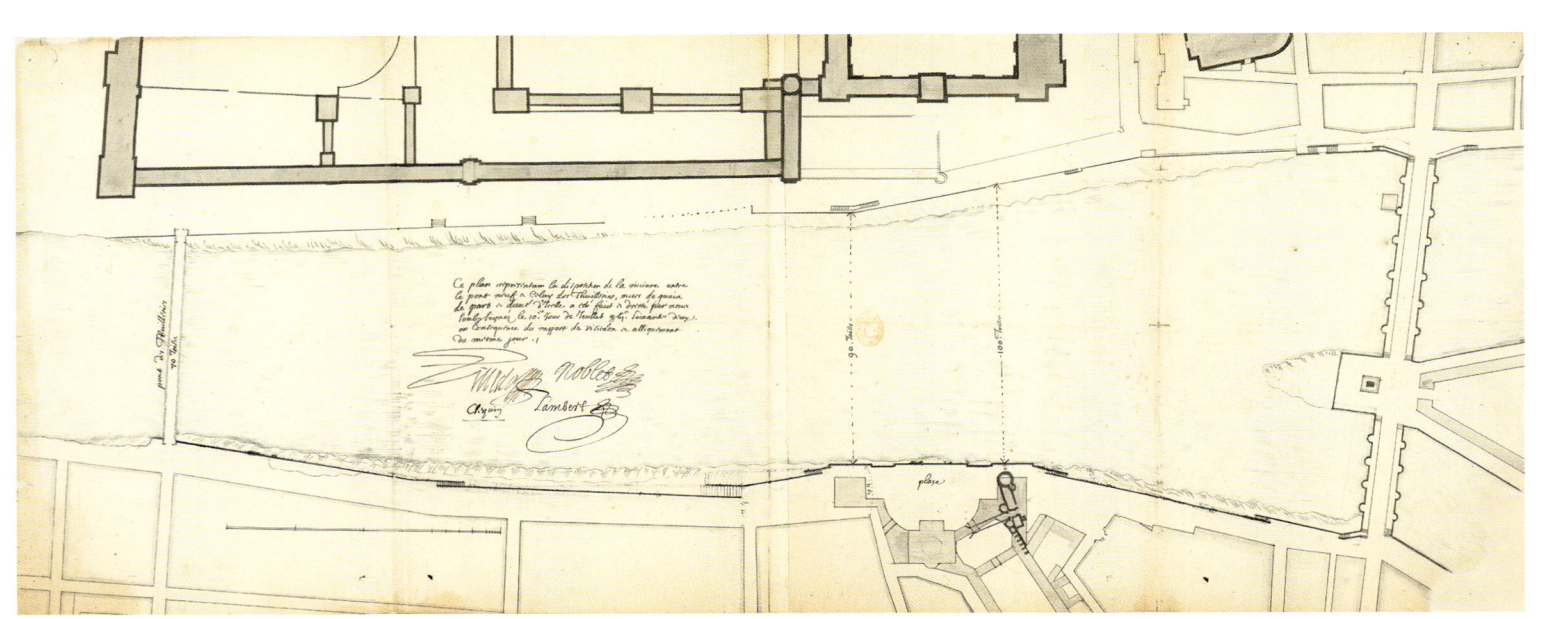

cat. 152

cat. 153, détail

À la suite de plaintes du voisinage contre les nuisances que risquait d'entraîner le comblement du fossé, les commissaires royaux convoquent une deuxième visite le 4 septembre suivant, pour examiner cette fois les écoulements d'eaux usées dans le quartier. Poncelet Cléquin ne fait plus partie des experts, remplacé par Antoine Bergeron, maître des œuvres de pavé du roi, et par Charles Thoison, maître maçon en charge des travaux du collège et beau-frère de Le Vau. L'exemplaire du rapport conservé dans les papiers du collège est une minute imparfaite, signée par trois experts sur cinq en date du 4 septembre, mais raturée et abondamment corrigée par Le Vau lui-même le 8 novembre suivant (cat. 153). Les experts se sont en effet opposés à la proposition émise par Le Vau de changer les pentes des rues pour éviter d'avoir à construire un égout souterrain. L'architecte a visiblement essayé de modifier leur avis, sans doute au moment où Thoison a reçu la minute du procès-verbal pour la signer. Cette intervention abusive s'est soldée par un échec et les coûteuses canalisations ont donc dû être construites aux frais de la fondation.

1662, juillet-août – L'adjudication des ouvrages de maçonnerie

154.
« Estat des ouvrages de massonnerye […] sur lesquelz ouvrages les entrepreneurs doibvent donner chacun leur prix » et mémoires de réponse des candidats à l'entreprise de maçonnerie, 26 et 27 juillet 1662

A – Offre de Charles Thoison, 26 juillet 1662
B – Offre de Michel Noblet, 26 juillet 1662
C – Offre de Siméon Lambert, 27 juillet 1662

Papier, plume et encre brune, 32 × 21 cm
Paris, Arch. nat., H//2845, pièces 16, 17 et 18

155.
Devis et marché des ouvrages de maçonnerie pour le collège Mazarin, minute notariale du 13 août 1662 et procès-verbal d'adjudication du 28 juillet 1662

Cahier de 10 fol., papier, plume et encre brune, 33 × 22 cm, monté dans un registre
Paris, Bibl. nat. de Fr., Mss., nouv. acq. fr. 22875, fol. 41-57v

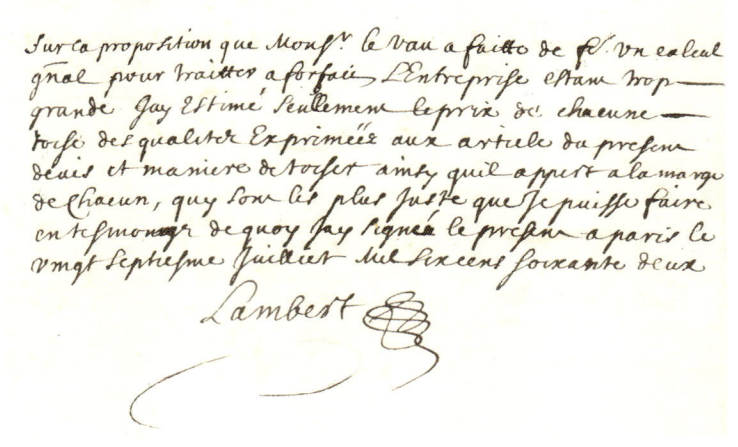

cat. 154-c, détail

La procédure suivie pour l'adjudication des ouvrages de maçonnerie est très bien documentée, ce qui est rarement le cas. S'agissant d'une fondation privée, les marchés auraient pu être attribués de gré à gré, mais l'importance des sommes en jeu et le caractère d'intérêt public du collège expliquent que des précautions aient été prises. La personnalité de Colbert, principal exécuteur testamentaire du cardinal, a sans doute aussi compté, car les formalités adoptées sont inspirées par celles alors en usage dans les administrations royales. Elles rappellent par de nombreux aspects celles aujourd'hui imposées pour les marchés publics.
En premier lieu, l'architecte a établi les dessins contractuels et rédigé le devis des ouvrages à exécuter, qui correspond à ce que l'on appellerait de nos jours un cahier des charges ou un cahier des clauses techniques particulières. En complément, il a préparé un formulaire destiné à être rempli par chaque candidat pour le dépôt de son offre : « Monsieur Le Vau a représenté un mémoire qu'il avoit dressé pour le communiquer à ceux qui voudroient entreprendre les ouvrages […], duquel sera fait plusieurs coppies affin que chacun des entrepreneurs puisse mettre au bas de la copie qui luy sera donné le prix et les autres conditions des offres qu'il fera, et le rendre cacheté[1]. »
Ces préparatifs faits et approuvés, « les exécuteurs testamentaires ayant résolu de faire travailler incessamment aux ouvrages […], plusieurs des meilleurs entrepreneurs de Paris ont esté par eux nommez et mandez[2] ». Ainsi, à la différence des travaux pour le roi qui sont traditionnellement annoncés par voie d'affichage dans des lieux publics, l'appel d'offres pour la maçonnerie du collège est diffusé de manière sélective, par invitation adressée aux plus importants entrepreneurs de la capitale. Cette publicité restreinte n'interdit toutefois pas les offres spontanées et tous les candidats sans distinction ont pu prendre part à la visite technique organisée par l'architecte du 24 au 27 juillet 1662, « pour veoir les desseins par luy faictz pour raison desd. ouvrages ». Pendant ces quatre jours, Le Vau les a reçus en personne à son domicile, où il a « faict estendre lesd. desseins et iceux laissez tous lesd. jours dans son cabinet ouvert à tous ceux qui se sont présentez pour les veoir, les ayant explicqués à chacun et donné touttes les intelligences nécessaires pour faire cognoistre les qualitez différentes de chacun ouvrage[3] ».
Comme il l'a exprimé à plusieurs reprises auprès des exécuteurs testamentaires, Le Vau est très favorable à la passation d'un marché à forfait, c'est-à-dire à la fixation d'un prix global et définitif pour l'ensemble des constructions, mais les candidats à l'entreprise refusent tous cette possibilité, jugeant l'estimation des coûts trop incertaine : « après avoir calculé et compté sur lesd. desseins et devis, [les candidats] ont déclaré qu'ils ne pouvoient donner de prix certain pour faire un forfaict, […] la mesure des fondations ne pouvant estre bien juste à cause des grandes profondeurs […], mesme que telles grandes entreprises ne peuvent sy bien estre résolues qu'il ne se fasse durant l'exécution quelque changement. » Les exécuteurs testamentaires se rendent à ces arguments et les

---
1. Arch. nat., MM//462, fol. 55-v.
2. Bibl. nat. de Fr., Mss., nouv. acq. fr. 22875, fol. 50v.
3. *Ibid.*, fol. 50v-51.

cat. 155, détail du procès-verbal d'adjudication

autorisent donc à formuler leurs offres à la toise : « Cela ayant esté jugé raisonnable, on les a receus à donner seulement des prix de chacune thoise, qu'ils ont arrestez en marge du mémoire à eux donné sur chacune différente qualité d'ouvrage[1]. » Ainsi, un prix unitaire est proposé pour chaque type de maçonnerie (fondations, murs de façade, murs de refends, cloisons, etc.), ce qui implique l'établissement d'un toisé ou mesurage des ouvrages *a posteriori*, afin d'en calculer la valeur aux termes du marché.

Les 26 et 27 juillet, six offres sont remises à l'architecte, qui quitte alors Paris pour rejoindre la Cour et procéder à l'ouverture des plis : « tous lesd. mémoires et billetz ainsy cachetés ayant esté receus desd. entrepreneurs, led. sieur Le Vau partit de Paris le 28ᵉ dud. mois de juillet mil six cent soixante-deux et les porta à Sᵗ-Germain-en-Laye, où estoit lors monseigneur le duc de Mazariny, auquel il présenta lesd. mémoires et billetz. » Trois de ces mémoires originaux ont été conservés dans les archives du collège, annotés et signés par Charles Thoison, Michel Noblet et Siméon Lambert (cat. 154). L'arrêté ou procès-verbal d'adjudication en date du 29 juillet est également conservé, inséré par le notaire dans la minute du marché. Ce feuillet comporte un tableau d'analyse des offres, écrit par Le Vau, et l'adjudication finale ajoutée par Colbert : « Adjugé à Lambert comme moins-disant, en modérant les articles des quaiz à cent cinq livres et les murs de refands à dix-huit livres, à la charge aussy d'associer Thoison avez par égalle portion et de commencer lundi prochain aux quaiz. Faict à Sᵗ-Germain-en-Laye, le 29ᵉ juillet 1662[2] » (cat. 155). Ainsi, Lambert remporte le contrat comme ayant fait les meilleures offres, mais son prix unitaire pour le quai est rabaissé autoritairement au niveau de celui proposé par Thoison et ce dernier lui est imposé comme associé pour moitié. Les travaux commencent sans délai, avant même la signature du marché par-devant notaires, le 13 août suivant.

---

1. *Ibid.*, fol. 51.

2. Bibl. nat. de Fr., Mss., nouv. acq. fr. 22875, pièce encartée entre les fol. 42v et 43 et entre les fol. 54v et 55.

1662, août – Le dossier des dessins contractuels

156.
Louis Le Vau (vers 1612-1670) et François d'Orbay (1634-1697)
Plan général du rez-de-chaussée du collège Mazarin,
dessin contractuel paraphé le 13 août 1662

Papier, plume et encre brune, lavis noir, gris, vert, rouge et bleu, 154,5 × 74,8 cm
Paris, Arch. nat., M//176, pièce 52

157.
Louis Le Vau (vers 1612-1670) et François d'Orbay (1634-1697)
Élévation partielle du collège Mazarin et du quai,
depuis la chapelle jusqu'au pavillon des Arts,
dessin contractuel paraphé le 13 août 1662

Papier, plume et encre brune, lavis noir, gris et bleu, 49,5 × 84,5 cm
Paris, Arch. nat., M//176, pièce 4

158.
Louis Le Vau (vers 1612-1670) et François d'Orbay (1634-1697)
Plan de l'église avec indication des fondations en rouge,
dessin contractuel paraphé le 13 août 1662

Papier, plume et encre brune, lavis noir, gris et rouge, 49 × 37 cm
Paris, Arch. nat., M//176, pièce 11

Les dessins exposés par Le Vau dans son cabinet du 24 au 27 juillet 1662, sur lesquels les candidats à l'entreprise ont pu calculer leurs offres, sont rendus contractuels par le marché de maçonnerie du 13 août suivant, passé entre les exécuteurs testamentaires de Mazarin, d'une part, et Siméon Lambert et Charles Thoison, d'autre part. Selon les termes de l'acte, les entrepreneurs s'engagent à « suivre et exécuter les plans et desseins pour ce faicts par le s[r] Le Vau, intendant et premier architecte des bastimens du roy aussy à ce présent et par luy représentez, qui ont esté à cet instant parrafez au dos de chacun d'iceux de mesd. seigneurs duc de Mazariny et exécuteurs de lad. fondation, desd. entrepreneurs et des nottaires soubzsignez à leur réquisition, ce faict de leur consentement, remis ès mains dud. s[r] Le Vau, au nombre de dix, promettant aussy lesd. s[rs] entrepreneurs suivre et pareillement exécuter en lad. construction et ouvrages les advis, desseins et ordres dud. s[r] Le Vau ». Ainsi, les dix dessins contractuels n'ont pas été joints à la minute du marché, mais seulement signés par les parties et les notaires, puis remis à l'architecte chargé de conduire les ouvrages. Cela explique que neuf d'entre eux aient été conservés dans le fonds de l'ancien collège, aujourd'hui aux Archives nationales[1].

Le plan général du rez-de-chaussée (cat. 156) montre le parti tiré par l'architecte des anciennes fortifications urbaines. L'enceinte de

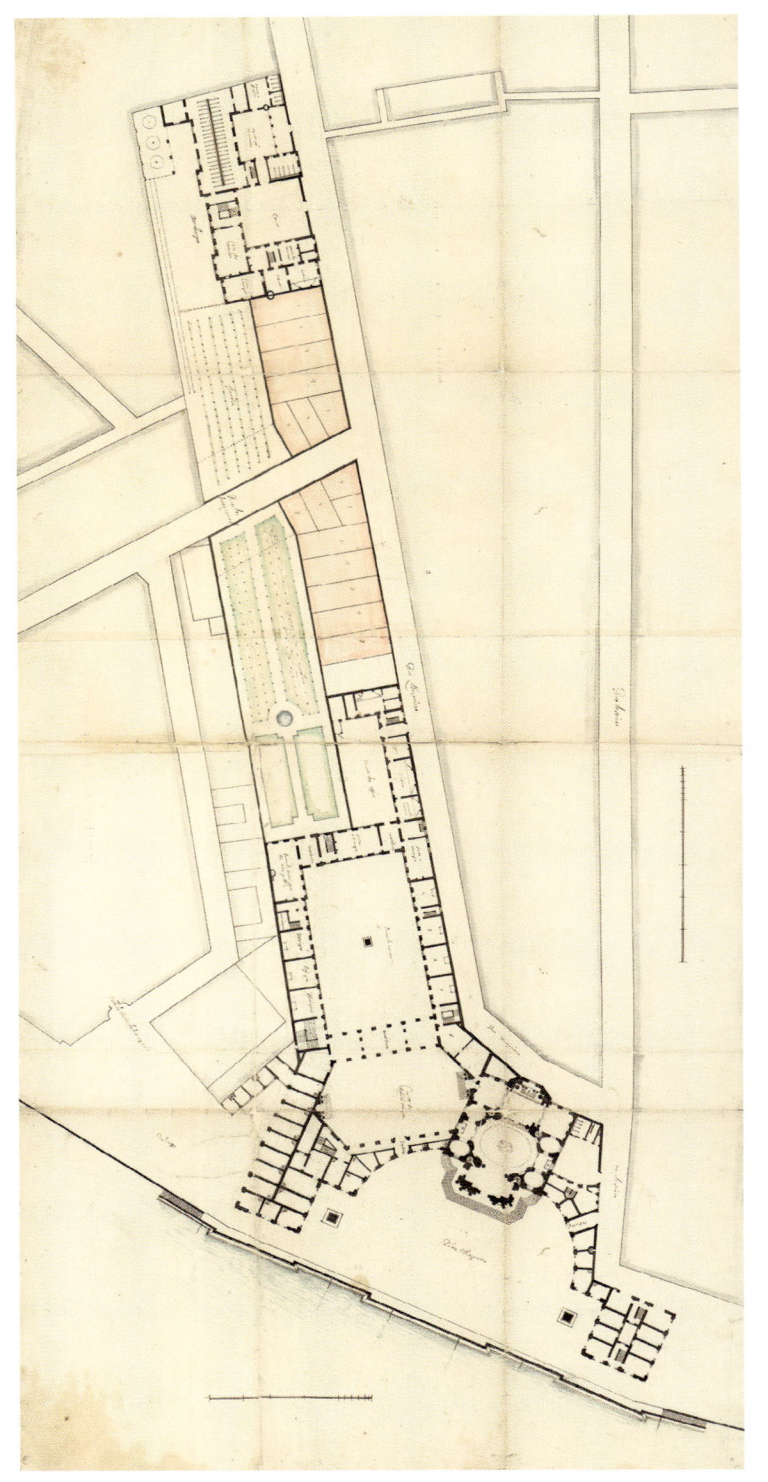

cat. 156

---
1. Arch. nat., M//176, pièces n°s 4, 9, 11, 18, 37, 42, 43, 52 et N/III/Seine/710 pièce n° 4 ; voir Ballon, 1999, p. 144-148.

cat. 157

Philippe Auguste, qui ceinturait le Quartier latin sur la rive gauche, aboutissait à l'ouest à la tour et à l'hôtel de Nesle, en bordure du fleuve. Sur cette portion, la muraille restait longée d'un large fossé qui servait d'égout à ciel ouvert pour toutes les rues avoisinantes et s'évasait pour former une large embouchure sur la Seine. En canalisant l'égout et en comblant le fossé, Le Vau ménage une vaste parcelle à bâtir, disposée en biais et longée par l'ancienne « rue des Fossés », convertie en « rue Mazarine ». Sur le fleuve, le terrassement permet d'élever un quai et d'ouvrir la place publique en demi-lune épousant l'ancienne embouchure du fossé, avec l'église du collège en vis-à-vis du pavillon central du Louvre, suivant le parti approuvé par le roi en mars précédent. Par rapport à son premier projet (cat. 150), Le Vau a introduit les modifications ordonnées par les commissaires du roi en juillet : le quai a été rendu rectiligne, rythmé seulement par trois avant-corps au droit des pavillons et de l'église, et la place n'est plus fermée, les pavillons ayant été reculés de quelque 5 toises (10 m) par rapport au quai. À l'est de l'église, l'aile gauche et le pavillon de la bibliothèque masquent une cour d'honneur hexagonale, suivie d'une deuxième cour rectangulaire pour le collège, derrière laquelle se trouvent un long jardin et une petite cour des offices. Le restant de la parcelle, coupé en deux par le prolongement de la rue de Guénégaud, est occupé par seize maisons de rapport et, à l'extrémité, l'académie équestre fondée par Mazarin, à proximité du collège donc, mais autonome.

Une vue perspective, telle que celle présentée par Le Vau au printemps, n'est d'aucune utilité dans un dossier de dessins contractuels. Elle est remplacée par une grande élévation géométrale des bâtiments sur Seine, où seule l'église, l'aile droite et le pavillon des Arts sont représentés, l'aile gauche et le pavillon de la bibliothèque étant strictement symétriques (cat. 157). Le parti général est resté conforme à la première idée de l'architecte, mais les détails ont été précisés. Le retour rectiligne entre les ailes concaves et les pavillons se développe à présent sur deux travées, au droit desquelles doivent s'élever des obélisques sur la place. Les façades, faisant alterner un ordre colossal corinthien sur l'église et les pavillons, et des ordres ionique et attique superposés sur les ailes, sont mieux articulées entre elles, notamment par la répétition d'arcades uniformes au rez-de-chaussée.

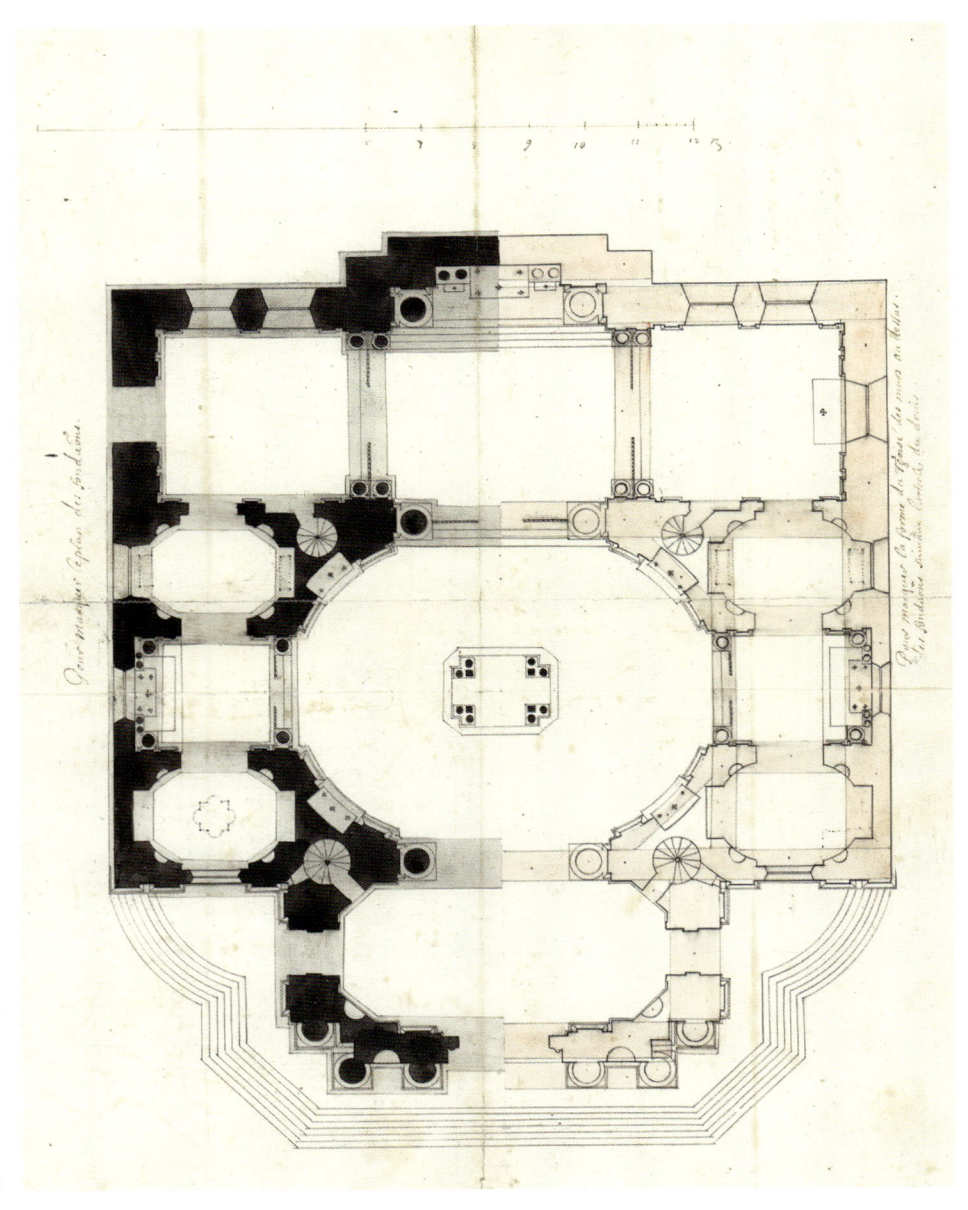

cat. 158

L'élévation de l'église a également été perfectionnée. Au rez-de-chaussée, de nouvelles fenêtres sont ouvertes pour éclairer les bas-côtés. Un soubassement en forme d'attique a été introduit au pied du tambour, tandis que les contreforts, initialement incurvés, ont été remplacés par des pilastres d'aplomb, donnant à l'ensemble une silhouette plus stable et pyramidante. En plan, l'édifice se présente comme un mixte fort original entre parti en croix grecque asymétrique, centré sur la croisée ovale, et parti en tau, dont les axes se rencontrent au devant du maître hôtel (cat. 158). Inscrit dans un rectangle, le corps de l'église est précédé par un vestibule ou narthex formant avant-corps et par un large perron sur la place publique, accentuant doublement le caractère monumental du portail en frontispice à l'antique. L'axe principal, allant du portail au maître-autel, est encadré par des colonnes en correspondance avec le grand ordre extérieur, et traverse le vaisseau central, de plan ovale, destiné à abriter le monument funéraire du cardinal Mazarin sous la coupole. Ce dernier est flanqué de deux chapelles latérales et cantonné par quatre pièces voûtées dans les angles, également ovales, appelées à servir de sépultures aux descendants des familles Mazarin et Mancini. Occupant la dernière travée de l'église, l'axe secondaire part d'une porte latérale ouvrant sur la cour d'honneur du collège et forme comme un transept à l'usage des étudiants. Faisant partie des dessins contractuels, le plan ici présenté a la particularité d'être mi-parti et de montrer simultanément la disposition du rez-de-chaussée (en noir), celle des fondations (en gris) et le mode de calcul prévu pour le toisé des élévations (en rouge pâle), ceci afin d'éviter les contestations habituelles en fin de construction.

1662, août – Constitution de la société des entrepreneurs de maçonnerie

159.
Contrats d'association entre les entrepreneurs de maçonnerie du collège Mazarin, brouillon d'actes sous seing privé corrigés et complétés par Louis Le Vau, 14-25 août 1662

Papier, plume et encre brune, ratures à la pierre noire, 32,8 × 21 cm
Paris, Arch. nat., H//2845, pièce 19

Lors de l'adjudication des ouvrages, le 29 juillet 1662, Colbert et le duc de Mazarin ont imposé au moins-disant, Siméon Lambert, de s'associer avec Charles Thoison, sans doute sur la recommandation de Le Vau, son beau-frère (cat. 155). La pratique de l'association entre maîtres artisans est courante sous l'Ancien Régime, notamment pour des travaux de grande envergure, et l'on conserve dans les archives notariales de nombreux actes dits de société, dont la teneur est en général assez simple quand il s'agit de travaux de construction[1]. Le contrat concernant le collège Mazarin s'en distingue toutefois, car c'est un acte passé sous seing privé et ses dispositions sont beaucoup plus développées qu'à l'ordinaire.

La première clause concerne le partage des responsabilités financières, à égalité entre Thoison et Lambert qui s'engagent à « participer chacun par moityé esgallement et partager ensemble tous les profficz, souffrir les hazardz, risques et périlz s'il y en arrivoit (ce qu'à Dieu ne plaise) ». Les deux entrepreneurs, qui « vacqueront journellement ensemble » au travail, choisiront d'un commun accord leurs chefs d'ateliers et assistants techniques, à savoir « tous les appareilleurs, picqueurs et chasse-avant qui [...] seront nécessaires à la conduicte de cette entreprise » et dont la nomination sera inscrite dans un registre des « délibérations génerralles de lad. entreprise ». La gestion financière du chantier est déléguée à un tiers, qui n'est autre que le secrétaire particulier de Le Vau, Étienne Blondet : « le sr Blondet, par nous choisy, fera le maniement des deniers tant en recepte qu'en despence, [...] tiendra bon et fidel registre pour estre arresté par nous deux tous les mois, comme aussy il fera toutes sortes de payementz soit en gros, soit en destail pour le distribuer aux ouvriers sur les roolles que chacun picqueur aura dressé ».

Plusieurs cas d'évolution du contrat sont ensuite envisagés. Le premier est l'introduction de sous-associés, qui est autorisée sous réserve d'approbation par « monsieur Le Vau, conducteur et ordonnateur de l'ouvrage », et à condition que les sous-associés n'aient « aucune voix dellibérative » dans les comptes et décisions des deux entrepreneurs principaux. La deuxième éventualité est le décès de l'un des associés avant la fin des travaux, auquel cas « les veufves,

cat. 159, détail

héritiers et ayans cause seront tenus de remettre lad. association entre les mains de mond. sieur Le Vau, pour disposer d'un autre entrepreneur à la place du deffunct ». En troisième lieu, le risque d'un différend entre associés est également prévu : un arbitrage sera rendu « par trois personnes de la vaccation ou gens à ce cognoissans et non d'autre, du nombre de six qui seront jettez au sort », c'est-à-dire que les trois arbitres doivent être des professionnels du bâtiment, tirés au sort parmi six noms proposés par les associés.

Le dernier article du contrat est de nature pieuse. Afin « qu'il plaise à Dieu bénir la présente société » et notamment qu'il préserve « tous les ouvriers des accidentz qui arrivent ordinairement aux bastimentz », une aumône annuelle de 150 livres sera versée à l'Hôpital général de Paris le jour anniversaire du contrat, tandis que cent quatre livres par an seront employées pour faire donner « une messe et aumosne [...] les lundys et sabmedys de chacune sepmaine ».

À la suite de ce brouillon non signé se trouvent les textes de deux actes de sous-association. Par le premier, en date du 20 août 1662, Siméon Lambert accorde la moitié de sa part à Michel Noblet, maître des œuvres et garde des fontaines de la Ville de Paris. Par le second, du 25 août suivant, c'est Noblet qui, à son tour, cède deux cinquièmes de sa part à François Levé, juré du roi ès œuvres de maçonnerie à Paris. Ainsi, l'entreprise se répartit finalement entre Thoison (50 %), Lambert (25 %), Noblet (15 %) et Levé (10 %). Le Vau, qui rédige lui-même les différents contrats, garde ainsi la haute main sur la société, à travers son beau-frère Thoison et son secrétaire Blondet.

---

1. Sur les contrats de société au temps de Louis XIV, voir l'ouvrage à paraître d'Olivier Poncet, à qui nous adressons nos remerciements pour les échanges que nous avons eus à ce sujet.

1662, septembre-1663, février – Organisation de la maîtrise d'œuvre

160.
Décision des exécuteurs de la fondation du collège du 11 février 1663 arrêtant les honoraires de Louis Le Vau

Papier, plume et encre brune, 35 × 24,5 cm
Paris, Arch. nat., S//6506

161.
Quittance de 3 000 livres par Louis Le Vau pour la conduite et le contrôle des travaux du collège Mazarin en 1669, 28 février 1670

Papier, plume et encre brune, 32,5 × 22,2 cm
Paris, Arch. nat., S//6506

162.
Deux extraits du registre-journal des dépenses du collège Mazarin, respectivement jusqu'au 31 décembre 1669 et 1670

Papier, plume et encre brune, 42 × 29 cm.
Paris, Arch. nat., S//6506.

Depuis qu'il a proposé, en décembre 1661, d'implanter le collège sur les fossés de la tour de Nesle, Le Vau joue un rôle central dans la mise en œuvre du programme. Il ne se contente pas de concevoir le projet architectural, mais estime les coûts, établit des budgets prévisionnels, organise l'adjudication des ouvrages et s'implique lui-même, secrètement, dans l'entreprise de maçonnerie. Pourtant, il n'a reçu aucun statut ni mandat clair, à la différence de Jean de Gomont, qui assure officiellement la direction du conseil de la fondation au nom des exécuteurs testamentaires, de Simon Mariage, nommé trésorier chargé de toutes les recettes et dépenses, ou de Claude Aubery, procureur mandaté notamment pour passer les marchés et contrats[1]. Le marché de maçonnerie du 13 août 1662 apporte cette précision que Le Vau assure la direction et le contrôle des ouvrages, et que les paiements seront faits par Mariage « par m^e Simon Mariage […] sur les mandemens et certificats dud. s^r Le Vau, qui seront controollez par le s^r Aub[e]ry » (cat. 155 et 162). Le 1er septembre, Gomont demande à Colbert par courrier des précisions sur les responsabilités de l'architecte sur le chantier. Les réponses du ministre sont transcrites dans le registre des délibérations, apportant un éclairage précieux sur sa conception de la maîtrise d'œuvre en général et sur ses relations avec Le Vau en particulier. Gomont lui demande notamment :

« Si monsieur Le Vau, estant ordonnateur pour ce qui est à payer pour les ouvrages soubs le controolle de monsieur Aubery, aura droict de controoller ou prendre garde sur les autres remboursements […] ?
– Monsieur Le Vau ne peut avoir de pouvoir que celuy qu'on veult bien luy donner.
– Si M. Le Vau aura droict de controolle sur les entrepreneurs ?
– Ouy, sans difficulté, estant sa plus véritable fonction.
– Si le controolle de monsieur Aubery sera soubsmis à celuy de monsieur Le Vau, ou si l'un sera indépendant de l'autre ?
– Il vaut mieux que monsieur Aubery controolle monsieur Le Vau.
– Si M. Aubery aura soubs luy une personne de la profession, pour controoller ensemble les ouvrages des entrepreneurs et en donner advis, tant à cause de la connoissance entière aux ouvrages qu'à cause de l'assiduité continuelle, ou si on se contentera du controolle de monsieur Le Vau et du registre de monsieur Aubery ?
– Cela n'est pas nécessaire.
– Quelle somme il faudra donner à monsieur Le Vau pour tous les desseins, plans, devis et autres choses qu'il a fait jusques à présent avec grands soins et avec grand peine, dont on void le succès ?
– À adviser[2]. »

Les attributions de Le Vau sont très importantes, puisqu'il assure la conception, la direction et le contrôle technique des ouvrages. Il ordonne en outre les paiements aux entrepreneurs, sous le contrôle d'Aubery, mais ce dernier n'est pas un homme de l'art et se voit refuser l'assistance d'un expert du bâtiment, si bien que sa fonction se limite à un contrôle formel et juridique. La rémunération de l'architecte, sur laquelle Colbert ne se prononce pas en septembre 1662, est finalement arrêtée en séance le 11 février 1663, à raison de 4 000 livres pour la conception du projet en 1662, puis 3 000 livres par an pour la conduite et le contrôle des ouvrages, à compter de 1663 jusqu'à l'achèvement des travaux (cat. 160). La dernière quittance de l'architecte avant son décès, signée le 28 février 1670, a été conservée dans les papiers du trésorier Mariage (cat. 161).

---

1. Sur les attributions de Gomont, Mariage et Aubery, voir les délibérations des 8 juin et 29 juillet 1662 : Arch. nat., MM//462, fol. 46v-48 et 56v.

2. *Ibid.*, fol. 62v-63v.

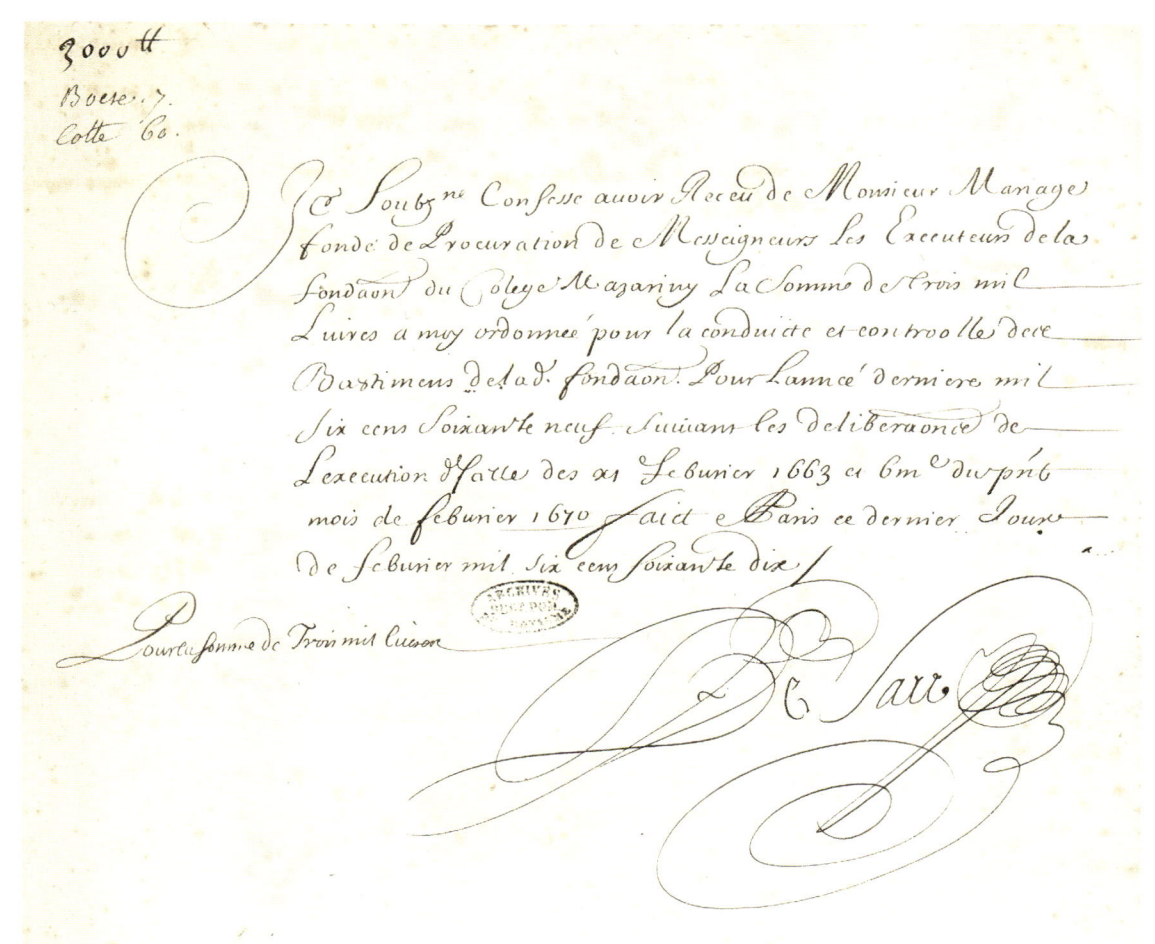

cat. 161

3000 tt
Boete. 7.
Cotte 60.

Je Soubz.né Confesse auoir Receu de Monsieur Manage
fondé de Procuration de Messeigneurs les Executeurs de la
fondaon du Colege Mazariny La Somme de Trois mil
Liures a moy ordonnée pour la conduicte et controlle des
Bastimens de lad. fondaon pour L'année derniere mil
Six cens Soixante neuf Suiuant les deliberaons de
L'execution d'Icelle des 21 febrier 1663 et 6.me du p.nt
mois de febrier 1670 faict e Paris ce dernier Jour
de febrier mil Six cens Soixante dix

Pour la somme de Trois mil liures

De Vau

cat. 162, détail

Dépense faite à cause des
Ouurages de Maçonnerie du Collège
Mazarini, de la Bibliotecque, de l'Eglise
& autres bastimens en dépendans, Suiuant
l'ordre donné aud. S.r Mariage, Par
Messeigneurs les Executeurs de lad. fondaon,
Inceré a la fin du Deuis & Marché par
eux fait a Charles Thoison & Simeon
Lambert, le 13. Aoust 1662. Ordonna.ces
& mandem.ts de M. le Vau, preposé à la
conduitte & Controlle desd. Ouurages, &
quittances passees pardeuant M.e Fouyn.

1662.
Payé aud. Thoison & Lambert,
par quitta. du 18. Aoust aud. an ..... 15000 tt
a eux, par quitta. du 4. Septembre ... 15000.
a eux, par quitta. du 15 .... 12000.
a eux, par quitta. du 22 .... 6000.
a eux, par quitta. du 30 .... 12000.
a eux, par quitta. du 6. Octobre ..... 4000.
a eux, par quitta. du 13 .... 10000.

Aud. Thoison & Lambert
par quitta. du 7. Juin aud. an 1663 ... 6000 tt
a eux, par quitta. du 15 .... 10000.
a eux, par quitta. du 21 .... 10000.
a eux, par quitta. du 7. Juillet ..... 10000.
a eux, par quitta. du 20 .... 10000.
a eux, par quitta. du 2. Aoust .... 6000.
a eux, par quitta. du 17 .... 8000.
a eux, par quitta. du 30 .... 6000.
a eux, par quitta. du 6. Septembre ... 6000.
a eux, par quitta. du 14 .... 10000.
a eux, par quitta. du 3. Octobre ..... 10000.
a eux, par quitta. du 18 .... 10000.
a eux, par quitta. du 3. Nouembre .... 6000.
a eux, par quitta. du 13 .... 6000.
                                      _____
                                      228000 tt

1664.
Aud. Thoison & Lambert, par
leur quitta. du 28. Mars aud. an ..... 10000 tt
a eux, par quitta. du 10. Auril ...... 4000.
a eux, par quitta. du 18 .... 6000.

1663-1665 – Réduction du projet et construction du collège, de la bibliothèque et de la place

163.
Louis Le Vau (vers 1612-1670) et collaborateur
Plan des fondations du collège Mazarin,
relevé paraphé suivant le toisé du 28 novembre 1664

Papier, graphite, plume et encres noire et brune, lavis, gris, jaune et rouge, 130 × 79 cm
Paris, Arch. nat., M//176, pièce 51

Commencés au mois d'août 1662, les travaux ont tout d'abord porté sur le comblement des fossés, la canalisation de l'aqueduc et l'établissement du mur du quai, préalables nécessaires à toute construction. Dès le début de l'année 1663, une première réforme du projet architectural a toutefois été effectuée par Le Vau, à la demande du conseil de la fondation. Le 11 février, Jean de Gomont annonce en effet en assemblée plénière qu'il faut « réduire les places et bastiments et mesnager extresmement touttes choses, affin que les despenses n'excèdent point les receptes » et « qu'il a desjà conféré de cette réduction […] avec monsieur Le Vau, qui a réformé son premier dessein, l'estendue des places et la quantité des bastiments[1] ».

La nature et l'ampleur de cette « réduction » précoce ne sont pas précisément connues, mais elles se déduisent des fondations alors construites, dont un grand plan de toisé, en date du 28 novembre 1664, offre une image détaillée. Afin de limiter les acquisitions foncières, Le Vau a choisi de diminuer la profondeur de la place publique sur le quai. Les deux ailes concaves, dont le plan initial formait presque un demi-cercle (cat. 156), adoptent désormais une courbure moindre, en segment d'arc, donnant à la place une forme approximativement ovale. Si le plan de l'église n'est pas modifié de manière significative, son implantation est avancée d'environ 10 mètres vers la Seine, ce qui a pour conséquence de restreindre d'autant le nombre de maisons privées à démolir à l'arrière, sur la rue de Seine. Conjointement à cette réduction de « l'estendue des places », l'architecte procède à une diminution de la « quantité des bastiments » : le collège, qui devait originellement s'étendre sur quatre ailes autour de la grande cour, se compose dès lors d'une seule aile le long de la rue Mazarine et d'un corps de logis double sur la cour d'honneur. Le Vau profite de cette occasion pour améliorer l'articulation spatiale de cette dernière, dont le plan étriqué en hexagone allongé est converti en un rectangle à pans coupés, beaucoup plus plastique, avec de larges avant-corps sur les longs côtés et des frontispices colossaux aux deux extrémités.

Le plan de toisé du 28 novembre 1664 montre l'état du chantier à cette date. Tous les terrassements sont achevés et la plupart des fondations ont été construites, mais peu de bâtiments sont encore sortis de terre. Le 3 janvier 1665, une séance spéciale du conseil de fondation, tenue en présence des représentants de la Sorbonne, est l'occasion de dresser un premier bilan des travaux. Jean de Gomont expose « que l'on a basty les 16 maisons [de rapport sur la rue Mazarine] ; que l'on a eslevé les deux pavillons jusques à l'entablement ; que l'on a fait les faces de la place, dont partye jusques à l'entablement et l'autre moins ; que l'on a fait le quay et l'esgoust, les fondations de l'église et celles du collège[2] ». Après l'interruption hivernale, les travaux reprennent avec vigueur au printemps 1665. Le 21 avril, il est annoncé que l'on va commencer à « eslever les murs de face et de refens de la demi-lune entre l'église et le pavillon de la bibliotecque », tandis que sur l'autre moitié de demi-lune on pose déjà la toiture et que « l'on travaille en tout le surplus de l'estendue du collège et qu'on eslève les murs sur les fondations qui on esté faites[3] ». Le 15 juin, le contrôleur des bâtiments du collège assure « que l'on y travaille continuellement, qu'il y a tous les jours plus de quatre cens ouvriers[4] ». En janvier 1666, le gros œuvre est en voie d'achèvement dans tous les bâtiments : « Monsieur de Gomont a dit […] que les ouvrages estoient fort advancés ; qu'il y avoit un pavillon entièrement couvert, le pourtour de la place aussy couvert à la réserve de peu de chose, tous les corps de logis du collège eslevés à leur haulteur, la plupart commancés de couvrir, mesme les offices entièrement couverts, de manière que présentement on travaille au-dedans et que tout sera achevé dans la fin de l'année 1667[5]. » Seule l'église reste donc à élever et c'est sur elle que se portent désormais toutes les attentions.

---

1. Arch. nat., MM//462, fol. 64v.
2. *Ibid.*, fol. 165v-166.
3. *Ibid.*, fol. 204v.
4. *Ibid.*, fol. 214.
5. *Ibid.*, fol. 239v-240.

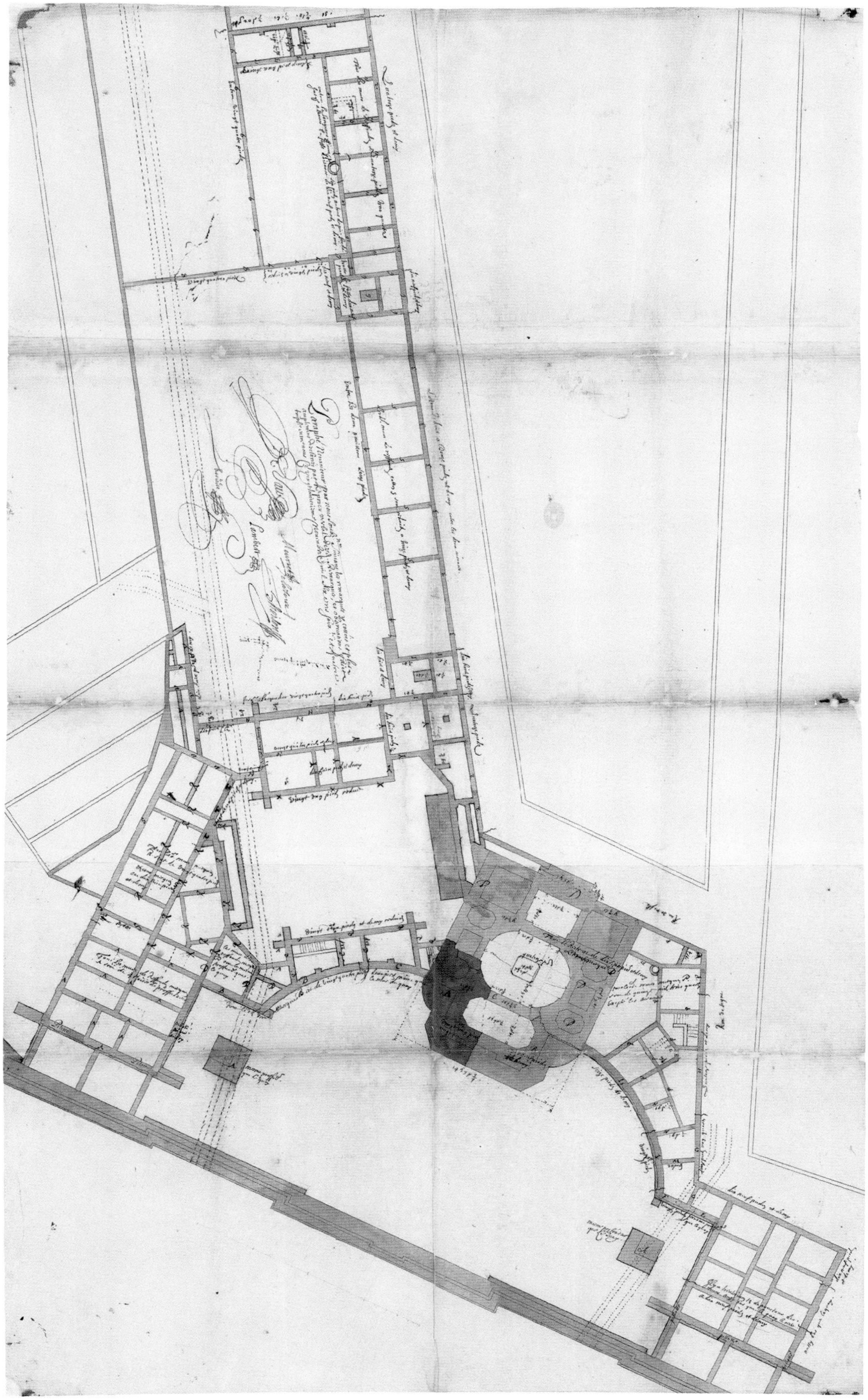

cat. 163

1665, septembre – Deuxième projet de l'église

164.
Louis Le Vau (vers 1612-1670) et collaborateur
Demi-plan du rez-de-chaussée de l'église,
dessin d'exécution daté et signé, septembre 1665

Papier, plume et encre noire, 91 × 136 cm
Paris, Arch. nat., M//176, pièce 38

165.
Louis Le Vau (vers 1612-1670) et François d'Orbay (1634-1697)
Élévation de l'église du collège Mazarin
suivant le deuxième projet, s.d. [1665]

Papier, plume et encre noire, lavis gris, pierre noire, 73 × 52,5 cm
Paris, Arch. nat., M//176, pièce 24

166.
Louis Le Vau (vers 1612-1670) et François d'Orbay (1634-1697)
Coupe longitudinale de l'église du collège Mazarin
suivant le deuxième projet, s.d. [1665]

Papier, plume et encre noire, pierre noire, lavis gris, 72 × 50,5 cm
Paris, Arch. nat., M//176, pièce 32

Pendant le printemps et l'été 1665, les travaux de construction battent leur plein dans tous les bâtiments à l'exception de l'église, ce qui suscite des questions récurrentes de la part du conseil de la fondation. Interrogé le 21 avril 1665 au sujet de l'activité sur le chantier, l'entrepreneur Siméon Lambert répond que « pour y mettre autant d'ouvriers qu'il s'en peult mettre, il est besoin que M. Le Vau donne ses résolutions pour l'église dud. collège et pour la haulteur des bastimens qui sont entre le pavillon des Arts et l'église » et, la semaine suivante, l'architecte promet « de leur donner dans le jour lesd. résolutions », mais le 30 juillet, on constate que la question n'a pas avancé et Le Vau explique « qu'il y avoit encore quelque chose à faire à ses résolutions[1] ». Il faut attendre le 12 septembre pour que l'architecte puisse enfin déclarer « qu'il venoit du bastiment du collège où, après avoir visité touttes choses, il avoit donné ses ordres pour la disposition de ce qui restoit à faire et nottament pour commancer l'eslévation de l'églize au-dessus du rez-de-chaussée[2] ».

---

1. Arch. nat., MM//462, fol. 204v, 208v et 223 ; cité par Ballon, 1999, p. 76.
2. Arch. nat., MM//462, fol. 226v ; cité par Ballon, 1999, p. 76.

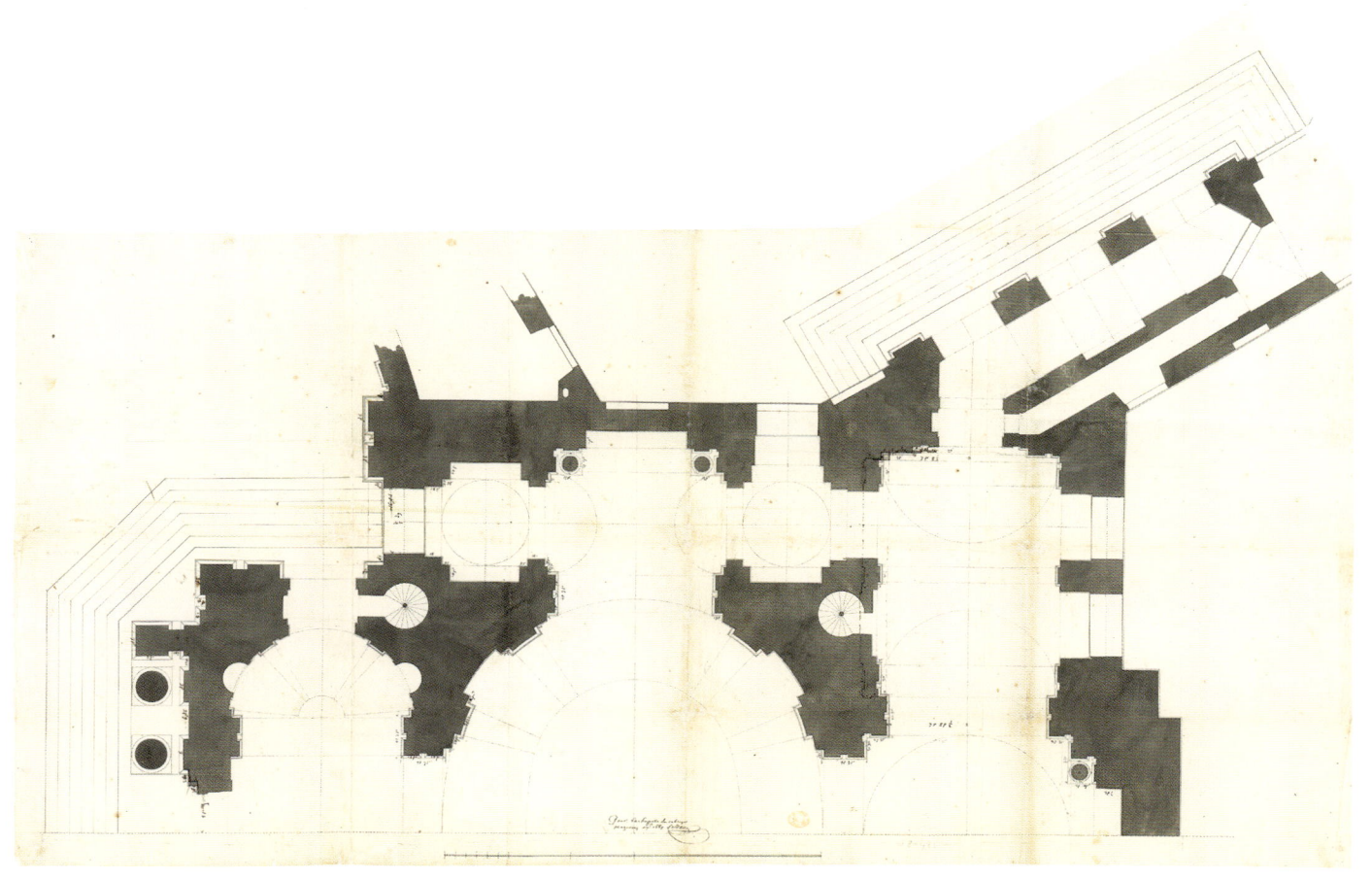

cat. 164

cat. 164, détail

Hilary Ballon a relevé que ces mois d'atermoiements, jusqu'à la fin de l'été 1665, coïncident avec la période du séjour du cavalier Bernin à Paris, où il avait été invité par Louis XIV pour concevoir le projet d'achèvement du Louvre. La présence de l'architecte romain et les critiques qui se déchaînent alors contre les projets antérieurs de Le Vau pour le Louvre auraient poussé le premier architecte du roi à réviser ses dessins de l'église du collège, située en vis-à-vis du palais sur la Seine. L'hypothèse est convaincante, mais il n'est pas possible pour autant d'en conclure que Le Vau a élaboré successivement pendant cette période les deuxième et troisième projets pour la chapelle, dont on conserve les dessins de présentation exécutés par François d'Orbay. Le deuxième projet a pour caractère distinctif un tambour et un dôme élancés, reposant sur une large voussure au pourtour du vaisseau central de l'église (cat. 165 et 166), comme c'était déjà le cas dans le projet contractuel de 1662. Le troisième projet en revanche présentera un tambour et une coupole de même dimension que le vaisseau central, la voussure intermédiaire étant supprimée (cat. 167 à 169). Or un document capital a été négligé pour établir la datation de ces projets : c'est un plan de la moitié orientale du rez-de-chaussée de l'église, daté et signé par Le Vau de septembre 1665[1] (cat. 164). L'inscription, de la main de l'architecte, « Pour la chappelle du colleige Mazariny, sep[tembre] 1665, Le Vau », et la présence de cotes précises sont décisives, car elles prouvent qu'il s'agit d'un dessin d'exécution, certainement le double de celui remis aux entrepreneurs juste avant la réunion du 12 septembre.

Le plan montre les modifications apportées au projet depuis 1662, dans le respect des fondations déjà construites : le perron sur le quai a été simplifié et le portail redessiné, avec un portique de quatre colonnes libres flanquées de deux colonnes carrées pour porter le fronton, en lieu et place des colonnes engagées initialement prévues ; le plan à pans coupés du vestibule ou narthex a laissé place à un berceau à deux absides en cul-de-four ; le grand ordre intérieur ne comporte plus de colonnes, mais se restreint aux pilastres colossaux autour du vaisseau ovale ; les chapelles funéraires disposées aux angles du massif adoptent un plan rectangulaire. Toutes ces dispositions correspondent au monument tel qu'il a été ensuite construit, à quelques détails près, notamment le passage de la sacristie dans le mur postérieur et l'articulation des pilastres du petit ordre dans le chœur des étudiants, qui est l'objet de corrections à l'encre brune (cat. 164, détail). L'aspect le plus intéressant de ce dessin est toutefois la représentation des voûtes, dont la projection apparaît en pointillé. Si le couvrement des espaces latéraux est à peu près conforme à l'exécution définitive[2], ce n'est pas le cas du vaisseau central, où apparaît clairement une grande voussure scandée de dosserets au pied du tambour. Cela prouve donc de manière certaine qu'en septembre 1665, Le Vau ne propose pas encore d'élargir le tambour à la dimension du vaisseau central de l'église.

La voussure et les dosserets figurés en pointillé sur le plan correspondent en fait aux dessins de présentation du deuxième projet de l'architecte pour l'église (cat. 165 et 166). La coupe longitudinale dessinée par D'Orbay comporte seulement une petite différence avec le plan d'exécution de septembre 1665 : le chœur est couvert d'une fausse-voûte surbaissée reposant sur un ordre attique, alors que le plan montre à cet emplacement la projection en pointillé d'une petite coupole circulaire, conforme à l'exécution. Cette coupole est toutefois esquissée à la pierre noire sur le dessin de présentation et il s'agit sans doute là d'une des modifications que Le Vau déclarait avoir encore « à faire à ses résolutions » le 30 juillet. Pour le reste, les coupes, l'élévation et le plan sont parfaitement concordants et correspondent donc au même état du projet, désormais datable de la fin de l'été 1665.

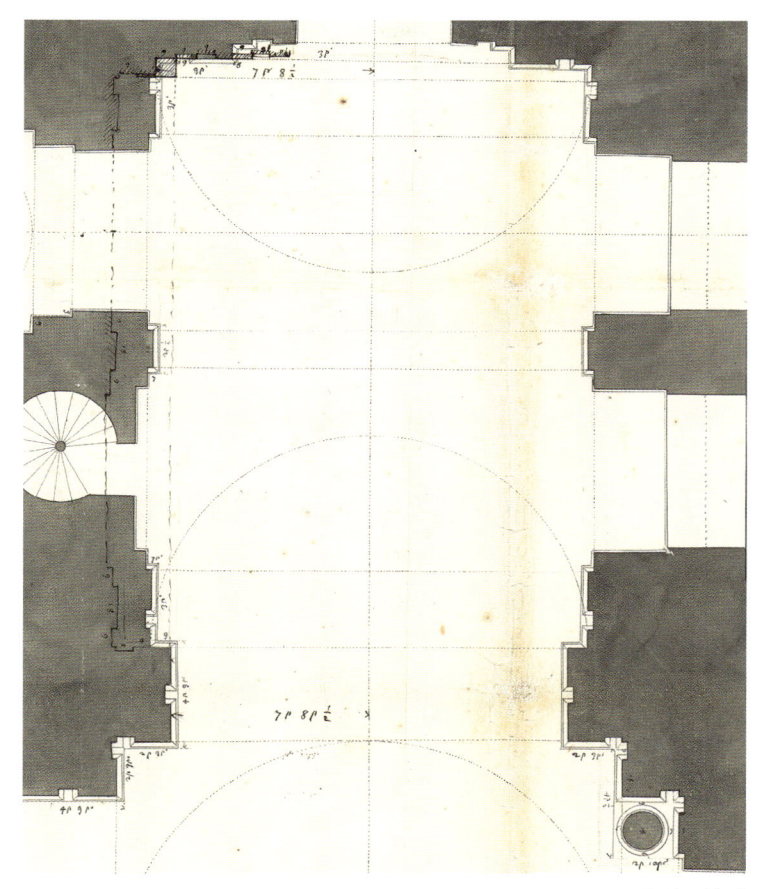

cat. 164, détail

---

1. Seul André Gutton a signalé l'intérêt de ce document ; Hautecœur et Gutton, 1962, p. 103.

2. Les pénétrations de baies ne sont pas figurées, sans doute par souci de simplification.

cat. 165

cat. 166

1668 – Troisième projet et achèvement de l'église

167.
Louis Le Vau (vers 1612-1670) et François d'Orbay (1634-1697)
Coupe longitudinale de l'église du collège Mazarin suivant le troisième projet, s.d. [1668]

Papier, graphite, plume et encre brune, 66 × 49 cm
Paris, Arch. nat., M//176, pièce 25

168.
Louis Le Vau (vers 1612-1670) et François d'Orbay (1634-1697)
Plan de l'église du collège Mazarin suivant le troisième projet, avec indication en rouge des maçonneries à bâtir au-dessus du niveau des voûtes, s.d. [1668]

Papier, graphite, plume et encre noire, lavis gris et rouge, 51 × 68 cm
Paris, Arch. nat., M//176, pièce 45

169.
Collaborateur anonyme de Louis Le Vau (vers 1612-1670)
Coupe transversale de la charpente du dôme de la chapelle, étude technique préalable à l'exécution, s.d. [1668]

Papier, plume et encre brune, 56 × 39 cm
Paris, Arch. nat., M//176, pièce 5 (recto)

Officiellement validé au mois de septembre 1665, le deuxième projet de Le Vau pour l'église a été exécuté pour tout le niveau inférieur de l'édifice. À l'extérieur, ce parti a été respecté jusqu'à la corniche et au fronton du grand ordre corinthien et, à l'intérieur, jusqu'aux voûtes des chapelles latérales et du chœur, c'est-à-dire tout sauf le tambour et le dôme. D'après les délibérations du conseil de fondation, ces travaux se sont étalés jusqu'en 1667. En janvier 1666, le bâtiment commence seulement à s'élever, mais il est « desjà commancé et les bazes des colomnes et pillastres posées[1] ». En juin 1667, on se plaint de la lenteur des travaux et Le Vau explique qu'il a fallu « attendre le beau temps pour travailler aux colomnes et aux ornemens d'architecture […] ; qu'il n'y avoit à présent que ces ouvrages et la voulte de la chappelle à quoy on puisse travailler ; […] qu'à l'esgard de la voûte, elle seroit achevée entièrement dans le mois d'octobre prochain[2] ». De fait, à la fin de l'année, on se préoccupe de protéger les voûtes achevées en les couvrant de toitures, mais « monsieur Le Vau a dit que cela ne se pouroit faire qu'au mois de mars » de l'année suivante[3].
L'année 1668 voit la construction entrer enfin dans sa dernière phase avec les parties hautes de l'église, dont les progrès sont attestés par deux mentions. Le 20 mai, Jean de Gomont « dict que ce qui est à faire maintenant pour l'église est d'eslever le dôme et le couvrir » et Le Vau lui « faict responce que ce dôme et la couverture seront achevez avant l'hiver[4] ». Le 20 décembre suivant, Gomont proteste contre la qualité des matériaux préparés par les charpentiers, notamment ceux qu'il a vus « montez sur la massonnerie du domme », c'est-à-dire sur la plateforme au-dessus du tambour. L'architecte lui rétorque qu'il « a faict en sorte que l'on ne monte plus de boys et que l'on n'assemble pas celuy qui est monté »,

4. *Ibid.*, fol. 291v-292.

fig. 49. Anonyme, élévation de l'église du collège Mazarin, relevé de l'état achevé, plume et lavis gris, XVIIe siècle, Paris, Bibl. nat. de Fr., Rés. HA-18 (16) [Robert de Cotte, 910]

1. Arch. nat., MM//462, fol. 240.
2. *Ibid.*, fol. 271-v.
3. *Ibid.*, fol. 275v.

Profil du dedans de l'église du college Mazarini

cat. 167

cat. 168

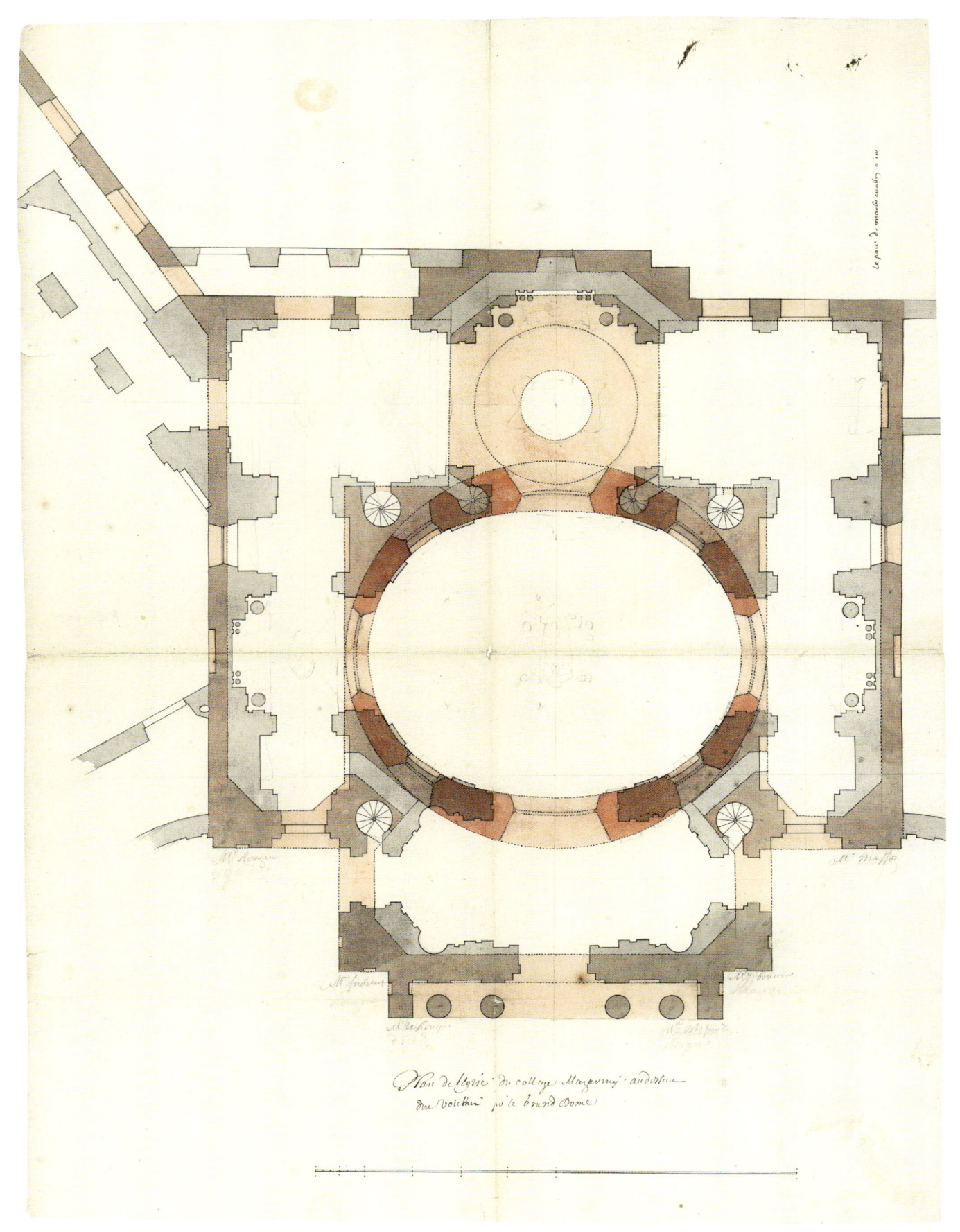

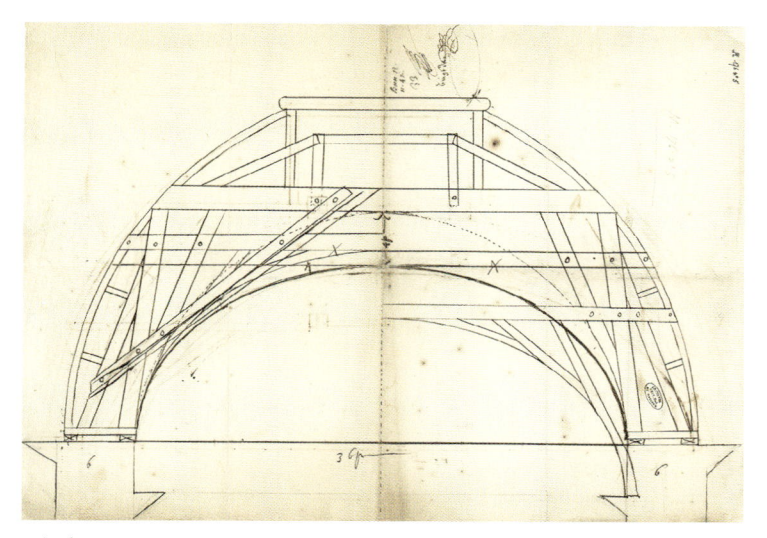

cat. 169

d'autant qu'il « estime qu'il y aura quelque chose à changer en la massonnerie du domme[1] ». Entre ces deux dates, les sept mois qui se sont écoulés ont donc dû être occupés par la construction du tambour de maçonnerie, puisque l'assemblage de la charpenterie n'est même pas encore commencé.

Dans le deuxième projet, on a vu que le tambour du dôme devait reposer sur une haute voussure de pierre appareillée (cat. 166). Le parti finalement mis en œuvre en 1668 est très différent, comme le montre un beau dessin technique titré par François d'Orbay : « Plan de l'église du collège Mazariny au-dessus des voûtes pour le grand dôme » (cat. 168). On y voit superposés le plan du rez-de-chaussée lavé de gris, tel qu'il a été bâti de 1665 à 1667, et le plan des massifs de maçonnerie situés au-dessus des voûtes, lavé de rouge[2]. Au centre, en rouge plus soutenu, le tambour apparaît dans sa configuration finale : son pourtour extérieur adopte un tracé presque circulaire, tandis que son périmètre intérieur correspond au plan du vaisseau ovale de l'église, à l'aplomb duquel il s'élève donc sans voussure intermédiaire. Un dessin de présentation, également dessiné et titré par D'Orbay : « Profil du dedans de l'église du collège Mazariny », représente une coupe longitudinale de l'église achevée suivant le même principe (cat. 167). Ce troisième et dernier état du projet correspond dans ses grandes lignes à l'exécution finale, hormis le détail de la corniche du second ordre extérieur et la forme des fenêtres diagonales à l'intérieur du tambour, fermées en platebande et non cintrées.

Dès lors, quelle peut être la « chose à changer en la massonnerie du domme » dont parle Le Vau le 20 décembre 1668 ? À ce stade de l'avancement des travaux, il ne saurait s'agir d'une modification majeure du projet, qui impliquerait une reconstruction partielle du tambour, exclue par l'état de la trésorerie de la fondation. La réponse est peut-être fournie par un dessin de charpenterie inédit, où se lisent certaines des ultimes hésitations de l'architecte. La feuille a l'originalité de présenter, sur ses deux faces, deux coupes différentes du dôme sans la lanterne, longitudinale d'un côté, transversale de l'autre (cat. 169). Leur confrontation et les quelques cotes qui y sont indiquées prouvent que c'est bien le troisième projet qui est ici à l'étude et que les dimensions du tambour et du dôme sont déjà arrêtées. La réflexion porte seulement sur le positionnement et le profil de la coupole, pour lesquels trois options sont envisagées : un premier tracé ovale, partant de la corniche de l'ordre intérieur du tambour ; un deuxième, également ovale, partant de la plateforme au sommet du tambour ; et un troisième, partant du même niveau, mais plus profond, en plein cintre sur le petit diamètre du vaisseau. C'est ce troisième tracé, seulement esquissé en pointillé par-dessus le dessin d'assemblage de la charpente, qui a finalement été retenu. À comparer les dessins de présentation du troisième projet (cat. 167) avec l'ouvrage exécuté, il semble en outre que le couronnement du tambour ait été un peu exhaussé, avec la corniche de l'ordre extérieur et le bandeau d'attique situé au-dessus de l'ordre intérieur, contribuant ainsi à dégager un peu le pied de la coupole. Sans doute est-ce là l'ultime modification demandée par Le Vau avant l'assemblage de la charpente du dôme.

La chronologie ainsi établie – projet contractuel de 1662 dont l'implantation est modifiée en 1663, deuxième version en septembre 1665, troisième en 1668 et achèvement en 1669 – modifie profondément la lecture que l'on peut donner de l'édifice du point de vue de l'histoire de l'art. Alors que Hilary Ballon a proposé de voir l'influence du cavalier Bernin dans l'église telle qu'elle a été bâtie, il faut reconnaître que seul le deuxième état du projet a été élaboré pendant son séjour à Paris. De fait, les dessins de 1665 montrent certains traits empruntés à la basilique Saint-Pierre du Vatican, notamment dans la disposition berninienne de la statuaire au-dessus du portail, témoignant bien d'un « moment romain » dans l'architecture parisienne. Le troisième projet, en revanche, est nettement postérieur au départ de l'architecte italien et doit être interprété dans le contexte artistique des Bâtiments du roi à la fin des années 1660. En 1667, les dessins de Bernin pour le Louvre ont en effet été écartés au profit du parti de la Colonnade, élaboré conjointement par Louis Le Vau, Claude Perrault et Charles Le Brun. L'année 1668 est précisément celle où est décidée la construction de la nouvelle façade méridionale du palais, qui fait face au collège Mazarin sur la Seine. Le troisième projet du dôme, avec son volume à la géométrie simplifiée et son décor de pilastres jumelés encadrant de hautes baies en plein cintre, apparaît dès lors en rapport avec les nouvelles élévations du Louvre dont il est le pendant et l'exact contemporain.

---

1. *Ibid.*, fol. 299-v.
2. La date de 1673, proposée par Hilary Ballon, correspond aux annotations au graphite relatives au décor sculpté, mais le plan lui-même peut être antérieur.

170.
François d'Orbay (1634-1697)
Élévation et dessin de détail de la grille de clôture prévue dans trois arcades de l'église, projet non exécuté, s.d. [après 1670]

A – Élévation générale, titrée de la main de D'Orbay : « Desseing de fermeture de trois arcades du dôme du collège Mazarin »

Papier, graphite, plume et encre noire, lavis gris, 34 × 43,3 cm
Paris, Arch. nat., M//176, pièce 16

B – Dessin à l'échelle d'un fleuron et demi de la frise

Papier, graphite, plume et encre noire, lavis gris, 15,5 × 20,3 cm
Paris, Arch. nat., M//176, pièce 16 bis

171.
François d'Orbay (1634-1697)
Plan et élévation des grilles dans le portail principal de l'église du collège, projet non exécuté, s.d. [après 1670]

Papier, plume et encre noire, lavis gris et sépia, 72 × 24,1 cm
Paris, Arch. nat., M//176, pièce 19

Jusqu'au mois de décembre 1668, le premier registre des délibérations du conseil de la fondation renseigne très précisément l'histoire du projet du collège Mazarin et de son exécution. Il s'interrompt au moment où la charpente du dôme, dernier ouvrage d'importance restant à construire, est sur le point d'être élevée et le registre suivant n'est malheureusement pas conservé, mais on peut présumer que la construction de l'église a été terminée en 1669, car les paiements aux entrepreneurs se tarissent alors. D'après les comptes du trésorier Simon Mariage, les versements aux maçons, montant à 30 000 livres en 1667 et 28 000 en 1668, tombent à 11 000 livres en 1669 et à 6 000 seulement en 1670[1]. De même, les charpentiers reçoivent 9 000 livres en 1668, 6 000 en 1669 et 3 500 en 1670. À compter du mois de septembre 1670, le contrôleur des bâtiments du collège, Meurtet de La Tour, perd sa rémunération, parce que les bâtiments sont « presque achevez » et que lui-même n'a « plus de fonctions[2] ». C'est donc que les travaux de gros œuvre doivent être à peu près terminés à cette date.

Le troisième registre des délibérations commence en janvier 1673, avec l'entrée en fonction de Joseph Foucault dans la charge de directeur du conseil de la fondation, et permet de suivre la suite des travaux du collège jusqu'en 1680. Pendant cette période sont exécutés les ouvrages de second œuvre et d'aménagement intérieur, ainsi que les décors de l'église, sous la conduite désormais de François

---
1. Arch. nat., S//6506 ; voir ci-dessus, cat. 162.
2. Bibl. de l'Institut, ms. 368, fol. 8.

cat. 170-a

d'Orbay, disciple et successeur de Le Vau. Pour ce qui est de la sculpture intérieure, l'architecte respecte le programme déjà établi du vivant de son maître. Les principaux éléments apparaissent en effet déjà dans les dessins de présentation du dernier projet, datables de 1668, à savoir les figures des Béatitudes aux écoinçons des grandes arcades et les bustes en médaillon des évangélistes dans le tambour du dôme. La coupole, entièrement nue, est confiée au peintre Charles de La Fosse, qui prépare des *modelli* pour son décor sous la conduite de Le Brun, mais la fresque n'a jamais été exécutée, par mesure d'économie.

La part d'invention attribuable à D'Orbay seul se limite donc à des ouvrages relativement secondaires, comme la serrurerie, pour laquelle plusieurs dessins sont conservés. Une élévation du portail de fer situé entre la cour d'honneur et la cour du collège se trouve ainsi à la Bibliothèque nationale, signée par D'Orbay avec l'indication qu'elle a été donnée pour exécution au serrurier Florent Fromentel le 22 septembre 1673[1]. Dans l'église, trois grilles ont de même été conçues par l'architecte pour fermer les « trois arcades du dôme », c'est-à-dire les grandes arcades faisant communiquer le vaisseau ovale avec le chœur du maître-autel et les deux chapelles latérales (cat. 170-a). L'élévation d'ensemble est accompagnée d'un petit dessin à l'échelle un, représentant un fleuron et demi de la frise fleur-de-lisée, qui constitue un rare exemple de dessin préparatoire à l'exécution de la main même de l'architecte concepteur (cat. 170-b). Ces grilles ne sont pas conservées et aucune vue intérieure de l'église ne les montre en place, mais elles ont certainement été fabriquées et posées, car les plans postérieurs indiquent bien leur emplacement, au moyen de pointillés en haut des marches dans les trois arcades[2]. Un autre dessin, conservé à la bibliothèque de l'Institut, est peut-être un relevé de l'ouvrage exécuté, car il présente quelques petites différences avec le modèle de D'Orbay[3]. L'architecte a également prévu de protéger le portail principal en faisant établir une grille basse entre les colonnes.

cat. 170-b

Représenté en plan et en élévation sur un beau dessin inédit, lavé de sépia (cat. 171), ce dispositif n'a en revanche pas dû être exécuté, car il porte au verso l'indication « Dessein d'une grille qui devoit être faite devant la grande porte de l'église du collège » et une autre grille a finalement été mise en place au pourtour du perron en 1738[4].

Tous les documents graphiques relatifs au collège Mazarin ou presque, depuis les esquisses et feuilles de présentation jusqu'aux dessins d'exécution, sont attribuables à la main de D'Orbay, mais la chronologie et les comptes rendus de chantier montrent que les décisions importantes ont été prises du vivant de Le Vau et sous son autorité. Plutôt que de poursuivre les vains débats d'attribution concernant ce monument, il faut au contraire reconnaître que sa genèse n'a été possible que par la collaboration du patron concepteur et de son assistant dessinateur : à eux deux, ils réunissaient les compétences et talents attendus de l'architecte, professionnel et artiste tout à la fois.

---

1. Bibl. nat. de Fr., Est., Rés. Ha-18 [Robert de Cotte, 2584].
2. Voir par exemple musée du Louvre, Arts graphiques, inv. 30299.
3. Bibl. de l'Institut, ms. 1606, fol. 38.

4. Arch. nat., N/III/Seine/710, pièces 11 et 22.

cat. 171

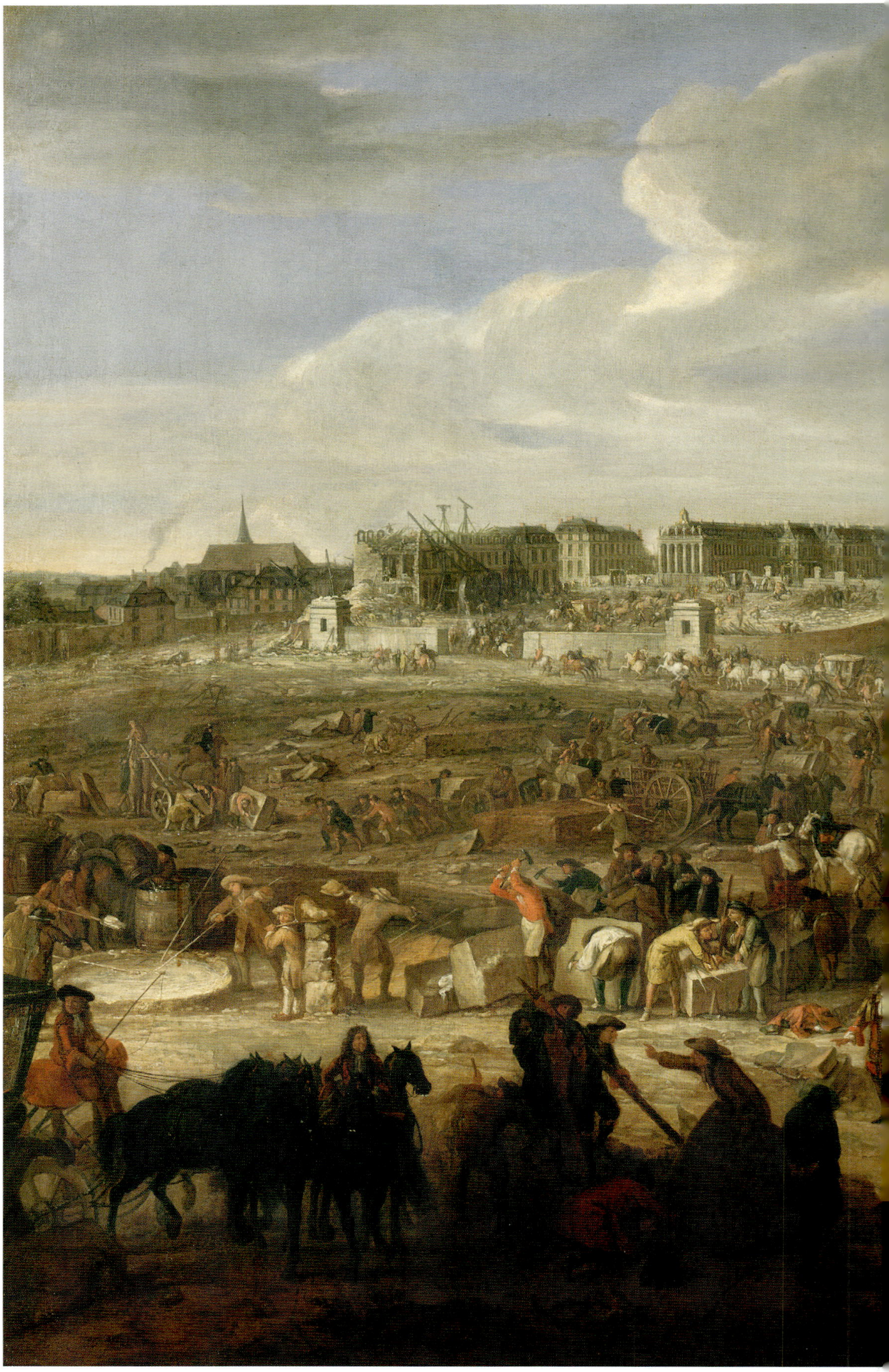

fig. 50. Adam-Frans Van der Meulen (attribué à),
Vue du chantier de Versailles,
huile sur toile, vers 1680,
Londres, Buckingham Palace

Bibliographie

Ouvrages antérieurs à 1800

Barbaro, 1556 (1567)
Barbaro (Daniele), *I dieci libri dell'architettura di M. Vitruvio tradotti e commentati*, Venise, 1556 (2ᵉ éd. révisée, Venise, 1567).

Blondel, 1675-1683
Blondel (François), *Cours d'architecture enseigné dans l'Académie royale d'architecture…*, Paris, 1675-1683, 3 t.

Chambray, 1650 (2005)
Fréart de Chambray (Roland), *Parallèle de l'architecture antique avec la moderne*, Paris, 1650 (Frédérique Lemerle et Milovan Stanić [éd.], Paris, 2005).

Chantelou (2001)
Fréart de Chantelou (Paul), *Journal de voyage du cavalier Bernin en France*, Milovan Stanić (éd.), Paris, 2001.

D'Aviler, 1691 (2002)
D'Aviler (Augustin Charles), *Cours d'architecture qui comprend les ordres de Vignole […] avec une ample explication par ordre alphabétique de tous les termes*, Paris, 1691, 2 vol. (fac-similé et présentation par Thierry Verdier, Montpellier, 2002).

Delamare, 1705-1738
Delamare (Nicolas), *Traité de la police*, Paris, 1705-1738, 4 vol.

Delorme, 1561 (1988)
Delorme (Philibert), *Nouvelles inventions pour bien bastir et à petits fraiz*, Paris, 1561 (fac-similé et présentation par Jean-Marie Pérouse de Montclos, Paris, 1988).

Delorme, 1567 (1988)
Delorme (Philibert), *Le premier tome de l'architecture*, Paris, 1567 (fac-similé et présentation par Jean-Marie Pérouse de Montclos, Paris, 1988).

Desgodetz, 1748
Desgodetz (Antoine), *Les loix des bâtimens suivant la coutume de Paris*, Martin Goupy (éd.), Paris, 1748.

Dezallier d'Argenville, 1787
Dezallier d'Argenville (Antoine Nicolas), *Vies des fameux architectes depuis la renaissance des arts, avec la description de leurs ouvrages*, Paris, 1787, 2 vol.

Fontana, 1590
Fontana (Domenico), *Della trasportatione dell'obelisco vaticano et delle fabriche di nostro signore papa Sisto V*, Rome, 1590.

Jombert, 1765
Jombert (Charles Antoine), *Répertoire des artistes ou recueil de compositions d'architecture et d'ornemens antiques et modernes de toute espèce*, Paris, 1765, 2 t.

Le Maire, 1685
Le Maire (Charles), *Paris ancien et nouveau*, Paris, 1685, 3 t.

Le Muet, 1623 (1981)
Le Muet (Pierre), *Manière de bastir pour toutes sortes de personnes*, Paris, 1623 (fac-similé et préface de Claude Mignot, Aix-en-Provence, 1981).

Marolles, 1666
Marolles (Michel de), *Catalogue de livres d'estampes et de figures en taille douce avec un dénombrement des pièces qui y sont contenues*, Paris, 1666.

Perrault, 1673
Perrault (Claude), *Les dix livres d'architecture de Vitruve corrigez et traduits nouvellement en françois, avec des notes et des figures*, Paris, 1673.

Quatremère de Quincy, 1788-1825
Quatremère de Quincy (Antoine Chrysostome), *Encyclopédie méthodique. Architecture*, Paris, 1788-1825, 3 vol.

Sauval, 1724
Sauval (Henri), *Histoire et recherches des antiquités de la ville de Paris*, Paris, 1724 [rédigé vers 1650-1660], 3 t.

Tarade, 1713
Tarade (Jacques), *Desseins de toutes les parties de l'église de Saint-Pierre de Rome, la première et la plus grande de toutes les églises du monde chrestien, levé exactement sur les lieux par Jacques Tarade, architecte et ingénieur ordinaire du roy, en l'année 1659*, Paris, 1713.

Ouvrages postérieurs à 1800

Ackerman, 1997
Ackerman (James), « Villard de Honnecourt's Drawings of Reims Cathedral : A Study in Architectural Representation », *Artibus et Historiae*, vol. 18, nº 35, 1997, p. 41-49.

Alaux, 1933
Alaux (Jean-Paul), *L'Académie de France à Rome, ses directeurs, ses pensionnaires*, Paris, 1933, 2 vol.

Aulanier, 1961 (1962)
Aulanier (Christiane), « L'Académie d'architecture au Louvre : documents inédits », *Bulletin de la Société de l'histoire de l'art français*, 1961 (1962), p. 215-224.

Babelon, 1962
Babelon (Jean-Pierre), « Documents inédits concernant Salomon de Brosse », *Bulletin de la Société de l'histoire de l'art français*, 1962, p. 141-156.

Babelon, 1965 (1991)
Babelon (Jean-Pierre), *Demeures parisiennes sous Henri IV et Louis XIII*, Paris, 1965 (3ᵉ éd. augmentée, 1991).

Babelon, 1985
Babelon (Jean-Pierre), « La maison du bourgeois gentilhomme. L'hôtel Salé, 5, rue de Thorigny à Paris », *Revue de l'art*, nº 68, 1985-1, p. 7-34.

Babelon, 1989
Babelon (Jean-Pierre), *Châteaux de France au siècle de la Renaissance*, Paris, 1989.

Babelon, 1992
Babelon (Jean-Pierre), « Deux châteaux de Maximilien et Philippe de Béthune : Rosny-sur-Seine et Selles-sur-Cher, œuvres probables de Jacques II Androuet du Cerceau », *XVIIᵉ siècle*, nº 174, 1992-1, p. 95-107.

Babelon et Mignot (dir.), 1998
Babelon (Jean-Pierre) et Mignot (Claude) [dir.], *François Mansart, le génie de l'architecture*, Paris, 1998.

Babelon, 2001
Babelon (Jean-Pierre), « Louis Le Vau et le collège Mazarin. Rome à Paris ? », communication à l'Académie des beaux-arts du 25 avril 2001, Paris, 2001.

Babelon (dir.), 2005
Babelon (Jean-Pierre) [dir.], *Le Palais de l'Institut. Du collège des Quatre-Nations à l'Institut de France*, Paris, 2005.

Bajou, 1998
Bajou (Thierry), *La peinture à Versailles. XVIIe siècle*, Paris, 1998.

Ballon, 1991
Ballon (Hillary), *The Paris of Henri IV. Architecture and urbanism*, Cambridge, Londres, 1991.

Ballon, 1999
Ballon (Hillary), *Louis Le Vau: Mazarin's Collège, Colbert's Revenge*, Princeton, 1999.

Barbiche, 1984
Barbiche (Bernard), « Henri IV et la surintendance des Bâtiments », *Bulletin monumental*, t. 142-1, 1984, p. 29-39.

Barnes, 2009
Barnes (Carl F.), *The Portfolio of Villard de Honnecourt: a new critical edition and color facsimile*, Farnham, 2009.

Barreau, 2004
Barreau (Joëlle), *Être architecte au XVIIe siècle : Libéral Bruand, architecte et ingénieur du roi*, thèse de doctorat, dir. Claude Mignot, Paris-IV Sorbonne, 2004.

Barreau, 2005
Barreau (Joëlle), « Le grand œuvre de Libéral Bruand 1670-1677 », dans *Peintures murales aux Invalides. L'œuvre révélé de Joseph Parrocel*, Dijon, 2005, p. 50-85.

Barroero, 1993
Barroero (Liliana), « "Il se rendit en Italie". Artisti stranieri a Roma nel Seicento », *Roma moderna e contemporanea*, I, 1993, p. 13-34.

Baudez, 2012
Baudez (Basile), *Architecture et tradition académique au temps des Lumières*, Rennes, 2012.

Baudez, à paraître
Baudez (Basile), *Inessential Colors: A History of Color in Architectural Representation*, à paraître.

Bayle, 2007
Bayle (Jeanne), « L'ancien archevêché de Toulouse jusqu'à Monseigneur Colbert », *Mémoires de la Société archéologique du Midi de la France*, t. LXVII, 2007, p. 181-199.

Beaumont-Maillet, 1979
Beaumont-Maillet (Laure), « Sainte-Anne-la-Royale, église des Théatins de Paris », *Procès-verbaux de la Commission du Vieux Paris*, 11 juin 1979, p. 10-23.

Becchi, Rousteau-Chambon et Sakarovitch (dir.), 2013
Becchi (Antonio), Rousteau-Chambon (Hélène) et Sakarovitch (Joël) [dir.], *Philippe de La Hire (1640-1718), entre architecture et sciences*, Paris, 2013.

Becchi, Carvais et Sakarovitch (dir.), 2014
Becchi (Antonio), Carvais (Robert) et Sakarovitch (Joël) [dir.], *L'histoire de la construction. Un méridien européen / Construction History. A European Meridian*, Paris, 2014 : http://www.histoireconstruction.fr/rapport2015/ (à paraître).

Berger, 1969
Berger (Robert William), *Antoine Le Pautre, a French Architect of the Era of Louis XIV*, New York, 1969.

Berger, 1993
Berger (Robert William), *The Palace of the Sun. The Louvre of Louis XIV*, Pennsylvania University, 1993.

Bernardi, 2011
Bernardi (Philippe), *Bâtir au Moyen Âge*, Paris, 2011.

Blunt, 1960
Blunt (Anthony), « Two unpublished drawings by Lemercier for the Pavillon de l'Horloge », *The Burlington Magazine*, 1960, no 682-683, p. 447-448.

Boyer, 1999
Boyer (Jean-Claude), « *La Mansarade* et autres estampes satiriques », *Les Cahiers de Maisons*, nos 27-28 [actes du colloque « Mansart et compagnie », dir. Claude Mignot, 27-28 novembre 1998], décembre 1999, p. 24-31.

Boudon, Hamon, Pressouyre, 1966
Boudon (Françoise), Hamon (Françoise), Pressouyre (Sylvia), « La chapelle Saint-Éloi des Orfèvres », dans *Bibliothèque d'Humanisme et Renaissance*, XXVIII, 1966, p. 427-438.

Bousquet, 1980
Bousquet (Jacques), *Recherches sur le séjour des peintres français à Rome au XVIIe siècle*, Montpellier, 1980.

Braham, 1967
Braham (Allan), *François Mansart's drawings for the Louvre*, thèse de l'Institut Courtauld, 1967.

Braham et Smith, 1973
Braham (Allan) et Smith (Peter), *François Mansart*, Londres, 1973 (*Studies in Architecture*, vol. XIII), 2 t.

Braham et Whiteley, 1964
Braham (Allan) et Whiteley (Mary), « Louis Le Vau's Projects for the Louvre and the Colonnade », *Gazette des Beaux-Arts*, 1964, p. 289-296 et 347-362.

Brault, 2001
Brault (Yoann), « Le Boulevard (1670-1789) : un désaveu de l'enceinte ? », dans Béatrice de Andia (dir.), *Les enceintes de Paris*, Paris, 2001, p. 116-124.

Brejon (dir.), 1999
Brejon (Arnaud) [dir.], *Musée des Beaux-Arts de Lille. Catalogue sommaire illustré des peintures. Volume I. Écoles étrangères*, Paris, 1999.

Bresc-Bautier et Fonkenell (dir.), 2016
Bresc-Bautier (Geneviève) et Fonkenell (Guillaume) [dir.], *Histoire du Louvre*, Paris, 2016, 3 vol.

Bresc-Bautier, 2016
Bresc-Bautier (Geneviève), « Les sculpteurs du roi sous Henri IV », dans Colette Nativel (dir.), *Henri IV, art et pouvoir*, Tours, Rennes, 2016, p. 107-127.

Brochard, 1938
Brochard (Louis), *Saint-Gervais, histoire du monument d'après de nombreux documents inédits*, Paris, 1938.

Brucculeri, 2007
Brucculeri (Antonio), *Louis Hautecœur et l'architecture classique en France : du dessein historique à l'action publique*, Paris, 2007.

Buffard, 1987
Buffard (Marie-Pierre), *Daniel Gittard, architecte de Louis XIV*, mémoire de maîtrise, Claude Mignot (dir.), Paris-IV Sorbonne, 1987.

Callebat (dir.), 1998
Callebat (Louis) [dir.], *Histoire de l'architecte*, Paris, 1998.

Callu et Leniaud (dir.), 2015
Callu (Agnès) et Leniaud (Jean-Michel) [dir.], *Le dessin d'architecture : œuvre/outil de l'architecte ?* [journée d'étude, Paris, École nationale des chartes, 2014], *Livraisons d'histoire de l'architecture*, no 30, 2015.

Cantone, 2003
Cantone (Rosalba), « I giardini della Villa Farnese di Caprarola : loro evoluzione, fortuna critica e prospettive di recupero », dans Frommel, Ricci et Tuttle (dir.), 2003, p. 118-143.

Carpeggiani et Patetta (dir.), 1989
Carpeggiani (Paolo) et Patetta (Luciano) [dir.], *Il disegno di architettura* [colloque, Milan, 1988], Milan, 1989.

Carpier, 1983
Carpier (Rose-Marie), *L'architecte parisien Gabriel Le Duc, XVIIe siècle*, mémoire de maîtrise, Antoine Schnapper et Claude Mignot (dir.), Paris-IV Sorbonne, 1983.

Carvais, 1995
Carvais (Robert), « La force du droit. Contribution à la définition de l'entrepreneur parisien du bâtiment au XVIIIe siècle », *Histoire, économie et société*, 1995, 14e année, no 2, p. 163-189.

Carvais, 2001
Carvais (Robert), *La Chambre royale des Bâtiments. Juridiction professionnelle et droit de la construction à Paris sous l'Ancien Régime*, thèse de doctorat, dir. Jean-Louis Harouel, Panthéon-Assas, 2001, 3 vol.

Carvais, 2009
Carvais (Robert), « Creating a Legal Field: Building Customs and Norms in Modern French Law », dans Karl-Eugen Kurrer, Werner Lorenz et Volker Wetzk (dir.), *Proceedings of the Third International Congress on Construction History*, Cottbus, 2009, p. 321-328.

Carvais, 2015
Carvais (Robert), « Mesurer le bâti parisien à l'époque moderne. Les enjeux juridiques et surtout économiques du toisé », *Histoire urbaine*, n° 43, 2015-2, p. 31-53.

Carvais et Nègre, 2015
Carvais (Robert) et Nègre (Valérie), « Parisian Surveyors (1690-1792): Founding an Expert Corps », dans Brian Bowen, Donald Friedman, Thomas Leslie et John Ochsendorf (dir.), *Proceedings of the Fifth International Congress on Construction History*, Chicago, 2015, vol. 1, p. 383-394.

Charon, 2008
Charon (Annie), « Un traité pour les maçons en usage de la fin du XVIIe siècle au début du XIXe siècle : l'*Architecture pratique* de Pierre Bullet », dans Jean-Philippe Garric, Valérie Nègre et Alice Thomine (dir.), *La construction savante*, Paris, 2008, p. 55-71.

Châtelet-Lange, 1961
Liliane Châtelet-Lange, « La grotte de Chilly-Mazarin », *Art de France*, n° 1, 1961, p. 314.

Châtelet-Lange, 1987
Châtelet-Lange (Liliane), « Jacques Gentillâtre et les châteaux des Thons et de Chauvirey », *Le Pays lorrain*, 2, 1987, p. 65-95.

Châtelet-Lange, 1988
Châtelet-Lange (Liliane), « L'architecte entre science et pratique : le cas de Jacques Gentillâtre », dans Jean Guillaume (dir.), *Les traités d'architecture de la Renaissance*, Paris, 1988, p. 397-406.

Châtelet-Lange, 1989
Châtelet-Lange (Liliane), « Jacques Gentillâtre. Montbéliard-Genève-Chalon-sur-Saône-Lyon », *Fondation Eugène Piot. Monuments et Mémoires*, 70, 1989, p. 71-138.

Chauleur et Louis (éd.), 1998
Chauleur (Andrée) et Louis (Pierre-Yves) [éd.], *François Mansart, les bâtiments. Marchés de travaux (1623-1665)*, Paris, 1998.

Chennevières, 1894
Chennevières (Philippe de), « Une collection de dessins, III », *L'artiste, journal de la littérature et des beaux arts*, nouvelle série, t. 8, octobre 1894, p. 252-273.

Ciprut, 1954 (1955)
Ciprut (Édouard-Jacques), « Œuvres inconnues de Clément Métezeau », « Deux œuvres de l'architecte Nicolas Lemercier » et « Marché entre François Mansart et M. de Puisieux pour le château de Berny », « Les architectes de l'ancienne église de la Merci », *Bulletin de la Société de l'histoire de l'art français*, 1954 (1955), p. 143-209.

Ciprut, 1962
Ciprut (Édouard-Jacques), « La construction du château de Chilly-Mazarin », *Bulletin de la Société de l'histoire de l'art français*, 1961 (1962), p. 205-209.

Ciprut, 1967-a
Ciprut (Édouard-Jacques), *Mathieu Jacquet, sculpteur d'Henri IV*, Paris, 1967.

Ciprut, 1967-b
Ciprut (Édouard-Jacques), « Notes sur un grand architecte parisien : Jean Androuet du Cerceau », *Bulletin de la Société de l'histoire du protestantisme français*, Paris, 1967, p. 149-201.

Clément, 1867
Clément (Pierre), *L'Italie en 1671. Relation d'un voyage du marquis de Seignelay suivie de lettres inédites à Vivonne, Duquesne, Tourville, Fénelon et précédée d'une étude historique*, Paris, 1867.

Clouzot, 1910
Clouzot (Henri), *Philibert de l'Orme*, Paris, 1910.

Cojannot, 1999
Cojannot (Alexandre), « L'apprentissage de François Mansart », *Les Cahiers de Maisons*, nos 27-28 [actes du colloque « Mansart et compagnie », dir. Claude Mignot, 27-28 novembre 1998], décembre 1999, p. 6-9.

Cojannot, 2002
Cojannot (Alexandre), « Le bas-relief à l'antique dans l'architecture parisienne du XVIIe siècle », *Studiolo*, n° 1, 2002, p. 20-40.

Cojannot, 2003-a
Cojannot (Alexandre), « Claude Perrault et le Louvre de Louis XIV. À propos de deux livres récents », *Bulletin monumental*, t. 161-3, 2003, p. 231-239.

Cojannot, 2003-b
Cojannot (Alexandre), « Antonio Maurizio Valperga, architecte du cardinal Mazarin à Paris », *Paris et Île-de-France. Mémoires publiés par la Fédération des sociétés historiques et archéologiques de Paris et de l'Île-de-France*, t. 54, 2003, p. 33-60.

Cojannot, 2006
Cojannot (Alexandre), « Le cardinal Mazarin et l'architecture française », dans Isabelle de Conihout et Patrick Michel (dir.), *Mazarin, les livres et les arts* [colloque, Paris, 2002], 2006, p. 90-110.

Cojannot, 2012
Cojannot (Alexandre), *Louis Le Vau et les nouvelles ambitions de l'architecture française (1612-1654)*, Paris, 2012.

Cojannot, 2014-a
Cojannot (Alexandre), « Du maître d'œuvre isolé à l'agence : l'architecte et ses collaborateurs en France au XVIIe siècle », *Perspective*, 2014-1, p. 121-128.

Cojannot, 2014-b
Cojannot (Alexandre), « Sans lieu ni maître d'ouvrage. La genèse du collège Mazarin à la lumière de dessins précoces de Louis Le Vau », dans Claude Mignot (dir.), 2014-2015, vol. 1, p. 63-72.

Cojannot, 2015
Cojannot (Alexandre), « En petit ou en grand : "modèles" et maquettes dans la pratique architecturale française du XVIIe siècle », dans Sabine Frommel (dir.), *Les maquettes d'architecture*, Paris, Rome, 2015, p. 199-218.

Cojannot et Faisant, 2016
Cojannot (Alexandre) et Faisant (Étienne), « Au château de Limours : Salomon de Brosse, François Mansart et André Le Nôtre », *Bulletin monumental*, n° 174-2, 2016, p. 165-186.

Cojannot, 2017
Cojannot (Alexandre), « Pierre Breau et les enjeux du dessin d'architecture au temps de Colbert », *Revue de l'art*, n° 195, 2017-1, p. 9-22.

Coope, 1972-a
Coope (Rosalys), *Salomon de Brosse and the Development of the Classical Style in French Architecture from 1565 to 1630*, Londres, 1972.

Coope, 1972-b
Coope (Rosalys), *Catalogue of the Drawings Collection of the Royal Institute of British Architects. Jacques Gentilhâtre*, Londres, 1972.

Coope, 1975
Coope (Rosalys), « L'œuvre de Salomon de Brosse à Henrichemont : à propos de trois dessins inédits », *Cahier d'archéologie et d'histoire du Berry*, 1975, n° 41, p. 21-25.

Cordey, 1933
Cordey (Jean), « Colbert, Le Vau et la construction du château de Vincennes au XVIIe siècle », *Gazette des Beaux-Arts*, 1933, p. 273-293.

Costa, 1994
Costa (Georges), « François Mansart à Toulouse », *Bulletin monumental*, t. 152, n° 4, 1994, p. 459-470.

Courtin, 2014
Courtin (Nicolas), « L'hôtel de ville de Troyes dans l'œuvre de l'architecte Pierre Cottart », dans *L'hôtel de ville de Troyes : histoire, architecture, ornementation et restauration*, Troyes, 2014, p. 37-52.

Decrossas, 2008
Decrossas (Michaël), *Le château de Saint-Cloud des Gondi aux Orléans : architecte et décors (1577-1785)*, thèse de l'École pratique des hautes études, Guy-Michel Leproux (dir.), 2008.

Delafosse, 1968-1969
Delafosse (Marcel), « Pour une histoire des chantiers : note sur la construction de la Grande Écurie de Versailles », *Bulletin de la Commission des antiquités et des arts de Seine-et-Oise*, vol. LX, 1968-1969, p. 79-82.

Deltheil, 1964
Deltheil (Jeanne), « La rue de la Ferronnerie », *La vie urbaine*, 1964-1, p. 63-76 et 1964-2, p. 98-112.

Dérens, 1995
Dérens (Isabelle), « Un siècle d'édiles parisiens : Jean Beausire et sa lignée », dans Dominique Massounie, Pauline Prévost-Marcilhacy et Daniel Rabreau (dir.), *Paris et ses fontaines de la Renaissance à nos jours*, Paris, 1995, p. 132-142.

Destailleur, 1863
Destailleur (Hippolyte), *Notices sur quelques artistes français, architectes, dessinateurs, graveurs du XVIe au XIXe siècle*, Paris, 1863.

Deutsch, 2015
Deutsch (Kristina), *Jean Marot, un graveur d'architecture à l'époque de Louis XIV*, Berlin, Boston, 2015.

Dhombres et Sakarovitch (dir.), 1994
Dhombres (Jean) et Sakarovitch (Joël) [dir.], *Desargues en son temps* [colloque, Lyon-Paris, 1991], Paris, 1994.

Dorival, 1976
Dorival (Bernard), *Philippe de Champaigne (1602-1674) : la vie, l'œuvre et le catalogue raisonné de l'œuvre*, Paris, 1976.

Douais, 1904
Douais (Célestin), *L'art à Toulouse. Matériaux pour servir à son histoire du XVe au XVIIIe siècle*, Paris, Toulouse, 1904.

Dubourg-Glatigny et Vérin (dir.), 2008
Dubourg-Glatigny (Pascal) et Vérin (Hélène) [dir.], *Réduire en art. La technologie de la Renaissance aux Lumières*, Paris, 2008.

Dulong, 1997
Dulong (Claude), « Un entrepreneur de Mazarin : Nicolas Messier », *Bulletin de la Société de l'histoire de Paris et de l'Île-de-France*, 1992-1994 (1997), p. 48-50.

Dumolin, 1929-1931
Dumolin (Maurice), *Études de topographie parisienne*, Paris, 1929-1931, 3 vol.

Duportal, 1918
Duportal (Jeanne), « Dessins de monuments du XIVe au XVIIIe siècle conservés à la bibliothèque de l'Institut », *Journal des savants*, 16e année, 1918, p. 200-208.

Duportal, 1919
Duportal (Jeanne), [Note relative à quatre dessins attribués à Jacques Ier Androuet du Cerceau], *Comptes rendus des séances de l'Académie des inscriptions et belles-lettres*, année 1919, p. 24-25.

Duthion, 2015
Duthion (Bénédicte), *Du collège des Jésuites au lycée Corneille. Rouen*, Rouen, 2015.

Erlande-Brandenburg, 1965
Erlande-Brandenburg (Alain), « Trois projets inédits de Le Vau pour le Louvre », *La Vie urbaine*, 1965-5, p. 12-22.

Erlande-Brandenburg et Jestaz, 1989
Erlande-Brandenburg (Alain) et Jestaz (Bertrand), *Le château de Vincennes*, Paris, 1989.

Feldmann, 1983
Feldmann (Dietrich), « Le Vau et l'architecture parisienne au XVIIe siècle », *Cahiers du Centre de recherches et d'études sur Paris et l'Île-de-France*, t. 1, 1983, p. 191-196.

Feldmann, 1992
Feldmann (Dietrich), « Jardins suspendus dans quelques hôtels parisiens du XVIIe siècle », *Bulletin de la Société de l'histoire de l'art français*, 1992 (1993), p. 1-20.

Felkay, 1985 (1987)
Felkay (Nicole), « Nouveaux documents sur l'Académie d'architecture sous Louis XIV », *Bulletin de la Société de l'histoire de Paris et de l'Île-de-France*, 1985 (1987), p. 275-286.

Féraut, 1990
Féraut (Marie-Agnès), « Charles Chamois, architecte parisien (vers 1610-après 1684) », *Bulletin monumental*, t. 148-II, 1990, p. 118-159.

Fonkenell, 2010
Fonkenell (Guillaume), *Le palais des Tuileries*, Arles, 2010.

Fonkenell, 2014
Fonkenell (Guillaume), « Les dessins pour la Colonnade du Louvre : questions de méthode », dans Claude Mignot (dir.), 2014-2015, vol. 1, p. 73-89.

Fonkenell, 2015
Fonkenell (Guillaume), « Les relevés du Louvre et des Tuileries sous l'Ancien Régime », *Livraisons d'histoire de l'architecture*, 30, 2015, p. 29-41.

Fossier, 1997
Fossier (François), *Les dessins du fonds Robert de Cotte de la Bibliothèque nationale de France. Architecture et décor*, Paris et Rome, 1997.

Francastel (dir.), 1969
Francastel (Pierre) [dir.], *L'urbanisme de Paris et l'Europe, 1600-1680* [colloque, Paris, 1966], Paris, 1969.

Franklin, 1860 (1901)
Franklin (Alfred), *Histoire de la bibliothèque Mazarine et du palais de l'Institut*, Paris, 1860 (rééd. 1901).

Franklin, 1862
Franklin (Alfred), *Recherches historiques sur le collège des Quatre-Nations*, Paris, 1862.

Frémontier-Murphy, 2002
Frémontier-Murphy (Camille), *Les instruments de mathématiques XVIe-XVIIIe siècle*, Paris, 2002.

Frommel, 1994
Frommel (Christoph Luitpold), « Sulla nascita del disegno architettonico », dans *Rinascimento. Da Brunelleschi a Michelangelo. La rappresentazione dell'architettura* (cat. exp. Venise, 1994), Henry Millon et Vittorio Magnano Lampugnani [dir.], Milan, 1994, p. 101-120.

Frommel, Ricci et Tuttle (dir.), 2003
Frommel (Christoph Liutpold), Ricci (Maurizio) et Tuttle (Richard J.) [dir.], *Vignola e i Farnesi* [colloque, Plaisance, 2002], Milan, 2003.

Frommel, 1998 (2002)
Frommel (Sabine), *Sebastiano Serlio architetto*, Milan, 1998 (trad. française, Paris, 2002).

Frommel (dir.), 2005 (2010)
Frommel (Sabine) [dir.], *Francesco Primaticcio architetto*, Milan, 2005 (trad. française, Paris, 2010).

Fuhring, 2003
Fuhring (Peter), « Jean Barbet's 'Livre d'architecture, d'autels et de cheminées' : Drawing and Design in Seventeenth Century France », *Burlington Magazine*, 1203, juin 2003, p. 421-430.

Fuhring, 2014-a
Fuhring (Peter), *Architecture et ornement : cent dessins*, Paris, galerie Paul Prouté, 2014.

Fuhring, 2014-b
Fuhring (Peter), « La circulation des modèles de plafonds à travers les estampes », dans Bénédicte Gady (dir.), *Peupler les cieux. Les plafonds parisiens du XVIIe siècle*, Paris, 2014, p. 112-127.

Gady, 1994 (2004)
Gady (Alexandre), *Le Marais : guide historique et architectural*, Paris, 1994 (3e éd. revue, 2004).

Gady (dir.), 1996
Gady (Alexandre) [dir.], *De la place Royale à la place des Vosges* [exposition, Paris, 1996], Paris, 1996.

Gady, 1999-a
Gady (Alexandre), « Les portes du Soleil », dans Geneviève Bresc-Bautier et Xavier Dectot (dir.), *Art ou politique ? Arcs, statues et colonnes de Paris*, Paris, 1999, p. 49-60.

Gady, 1999-b
Gady (Alexandre), « La pose de la première pierre de l'église Saint-Roch de Paris par Louis XIV (28 mars 1653) », *Études bourboniennes*, no 11, septembre 1999, p. 11-19.

Gady, 2001
Gady (Alexandre), « L'achèvement de l'enceinte bastionnée sous Louis XIII », dans Béatrice de Andia (dir.), *Les enceintes de Paris*, Paris, 2001, p. 100-107.

Gady, 2002 (2015)
Gady (Alexandre), *L'hôtel de Sully, au cœur du Marais*, Paris, 2002 (3e éd. révisée, 2015).

Gady, 2004
Gady (Alexandre), « De la maison professe des Jésuites au lycée Charlemagne. Topographie et architecture », dans *1804-2004. Le lycée Charlemagne au Marais*, Paris, 2004, p. 38-59.

Gady, 2005
Gady (Alexandre), *Jacques Lemercier, architecte et ingénieur du roi*, Paris, 2005.

Gady, 2008 (2011)
Gady (Alexandre), *Les hôtels particuliers de Paris du Moyen Âge à la Belle Époque*, Paris, 2008 (2e éd. corrigée, 2011).

Gady, 2010
Gady (Alexandre), « L'ordre ionique de Scamozzi en France au XVIIe siècle : de la diffusion à l'appropriation », dans Sabine Frommel et Flaminia Bardati (dir.), *La réception des modèles cinquecenteschi dans la théorie et les arts français du XVIIe siècle* [colloque, Paris, mai 2006], Genève, 2010, p. 297-314.

Gady (dir.), 2010
Gady (Alexandre) [dir.], *Jules Hardouin-Mansart, 1646-1708*, Paris, 2010.

Gady 2015
Gady (Alexandre), « Construire Saint-Roch », dans *La grâce de Saint-Roch*, Strasbourg, 2015, p. 41-62.

Galletti, 2012
Galletti (Sara), *Le palais du Luxembourg de Marie de Médicis, 1611-1631*, Paris, 2012.

Galletti, 2017
Galletti (Sara), « Un dessin inédit du plafond sculpté par Christophe Cochet dans la galerie Henri IV au palais du Luxembourg, 1629-1646 », *Revue de l'art*, n° 196, 2017-2, p. 61-68.

Gargiani, 1998
Gargiani (Roberto), *Idea e costruzione del Louvre. Parigi cruciale nella storia dell'architettura moderna europea*, Florence, 1998.

Garric, 2004
Garric (Jean-Philippe), *Recueils d'Italie. Les modèles italiens dans les livres d'architecture français*, Sprimont, 2004.

Geraghty, 1999
Geraghty (Anthony), « Introducing Thomas Laine, Draughtsman to Sir Christopher Wren », *Architectural History*, vol. 42, 1999, p. 240-245.

Geraghty, 2001
Geraghty (Anthony), « Edward Woodroofe: Sir Christopher Wren's first draughtsman », *The Burlington Magazine*, t. CXLIII, août 2001, p. 474-479.

Geraghty, 2007
Geraghty (Anthony), *The Architectural Drawings of Sir Christopher Wren at All Souls College, Oxford: a Complete Catalogue*, Londres, 2007.

Gerbino, 2010
Gerbino (Anthony), *François Blondel. Architecture, Erudition and the Scientific Revolution*, Abingdon, 2010.

Gerbino, 2016
Gerbino (Anthony), « Jacques Lemercier's *Scenografia* of Montjeu: Architectural Prints, Cartography and Landscape in 1620 », dans Hubertus Fischer, Volker R. Remmert et Joachim Wolschke-Bulmahn (dir.), *Gardens, Knowledge and the Sciences in the Early Modern Period*, Bâle, 2016, p. 135-152.

Germer, 1997 (2016)
Germer (Stefan), *Kunst-Macht-Diskurs: die intellektuelle Karriere des André Félibien im Frankreich von Louis XIV*, Munich, 1997 (trad. française, Paris, 2016).

Geymüller, 1887
Geymüller (Henry de), *Les Du Cerceau, leur vie et leur œuvre d'après de nouvelles recherches*, Paris, Londres, 1887.

Grodecki, 1985-1986
Grodecki (Catherine), *Documents du Minutier central des notaires de Paris. Histoire de l'art au XVIe siècle (1540-1600)*, Paris, 1985-1986, 2 vol.

Guiffrey (éd.), 1881-1901
Guiffrey (Jules) [éd.], *Comptes des Bâtiments du roi sous le règne de Louis XIV*, Paris, 1881-1901, 5 t.

Guiffrey et Montaiglon (éd.), 1887-1912
Guiffrey (Jules) et Montaiglon (Anatole de) [éd.], *Correspondance des directeurs de l'Académie de France à Rome avec les surintendants des Bâtiments*, Paris, 1887-1912, 18 vol.

Guillaume (dir.), 1992
Guillaume (Jean) [dir.], *L'emploi des ordres dans l'architecture de la Renaissance* [colloque, Tours, 1986], Paris, 1992.

Guillaume, 2009
Guillaume (Jean), « Le triomphe de l'architecte. Louis de Foix au phare de Cordouan », dans Guido Beltramini et Howard Burns (dir.), *L'architetto: ruolo, mito, volto*, Venise, Vicence, 2009, p. 193-197.

Guillaume et Fuhring (dir.), 2010
Guillaume (Jean) et Fuhring (Peter) [dir.], *Jacques Androuet du Cerceau, « un des plus grands architectes qui se soient jamais trouvés en France »*, Paris, 2010.

Guilmard, 1880
Guilmard (Désiré), *Les maîtres ornemanistes, dessinateurs, peintres, architectes, sculpteurs et graveurs*, Paris, 1880.

Haag, 1846-1859
Haag (Eugène et Émile), *La France protestante, ou vies des protestants français qui se sont fait un nom dans l'histoire*, Paris, 1846-1859, 10 vol.

Hamon, 2015
Hamon (Étienne), « Fantômes et revenants : les dessins français d'architecture gothique », *Livraisons d'histoire de l'architecture*, n° 30, 2015, p. 13-27.

Harris et Higgott, 1989
Harris (John) et Higgott (Gordon), *Inigo Jones : Complete Architectural Drawings*, New York, 1989.

Hart, 1998
Hart (Vaughan), « Serlio and the Representation of Architecture », dans Vaughan Hart et Peter Hick (dir.), *Paper Palaces. The Rise of the Renaissance Architectural Treatise*, New Haven et Londres, 1998, p. 170-185.

Hautecœur, 1927
Hautecœur (Louis), *Le Louvre et les Tuileries de Louis XIV*, Paris, 1927.

Hautecœur, 1943-1967
Hautecœur (Louis), *Histoire de l'architecture classique en France*, 1943-1967, 7 t. en 10 vol.

Hautecœur et Gutton, 1962
Hautecœur (Louis) et Gutton (André), *La chapelle du collège des Quatre-Nations, la coupole de l'Institut de France. 1662-1962 : le tricentenaire d'un bâtiment*, Paris, 1962.

Herluison, 1876
Herluison (Henri), *Actes d'état-civil d'artistes français, peintres, graveurs, architectes, etc., extraits des registres de l'hôtel de ville de Paris détruits dans l'incendie du 24 mai 1871*, Orléans, 1876.

Hermann, 1958
Hermann (Wolfgang), « Antoine Desgodets and the Académie royale d'architecture », *Art Bulletin*, vol. XL, mars 1958, p. 23-53.

Hermann, 1973
Hermann (Wolfgang), *The Theory of Claude Perrault*, Londres, 1973 (trad. française, *La théorie de Claude Perrault*, Bruxelles, Liège, 1980).

Hernu-Bélaud, 2014
Hernu-Bélaud (Juliette), « L'art de la variation bien tempérée : les dessins de Pierre Bullet pour le château d'Issy », dans Claude Mignot (dir.), 2014-2015, vol. I, p. 91-99.

Hernu-Bélaud, 2015
Hernu-Bélaud (Juliette), *De la planche à la page. Pierre Bullet et l'architecture en France sous Louis XIV*, thèse de doctorat, Alexandre Gady (dir.), université de Paris-Sorbonne, 2015.

Higgott, 2004
Higgott (Gordon), « The Revised Design for St Paul's Cathedral, 1685-1690: Wren, Hawksmoor and les Invalides », *The Burlington Magazine*, 146, 2004, p. 534-547.

Hilaire-Pérez, 2000
Hilaire-Pérez (Liliane), *L'invention technique au siècle des Lumières*, Paris, 2000.

I.F.F. Graveurs du XVIIe siècle
Bibliothèque nationale de France, département des Estampes et de la Photographie, *Inventaire du fonds français. Graveurs du XVIIe siècle*, Paris, 1939-2008, 14 t. parus.

James-Sarazin, 2016
James-Sarazin (Ariane), *Hyacinthe Rigaud (1659-1743)*, Dijon, 2016, 2 vol.

Jestaz, 1962
Jestaz (Bertrand), *Jules Hardouin-Mansart: l'œuvre personnelle, les méthodes de travail et les collaborateurs*, thèse de l'École nationale des chartes, 1962.

Jestaz, 1966
Jestaz (Bertrand), *Le Voyage d'Italie de Robert de Cotte. Étude, édition et catalogue des dessins*, Paris, Rome, 1966 (*Mélanges d'archéologie et d'histoire. Suppléments*, n° 5).

Jestaz, 1997
Jestaz (Bertrand), compte rendu de Fossier, 1997, *Bulletin monumental*, t. 155-4, 1997, p. 332-335.

Jestaz, 2008
Jestaz (Bertrand), *Jules Hardouin-Mansart*, Paris, 2008, 2 t.

Josephson, 1927
Josephson (Ragnar), « Quelques dessins de Claude Perrault pour le Louvre », *Gazette des Beaux-Arts*, 1927-2, p. 171-192.

Josephson, 1928
Josephson (Ragnar), « Les maquettes du Bernin pour le Louvre », *Gazette des Beaux-Arts*, 1928-1, p. 77-92.

Julien, 2006
Julien (Pascal), *Marbres, de carrières en palais, XVIe-XVIIIe siècle*, Manosque, 2006.

Kimball, 1949
Kimball (Fiske), *Le Style Louis XV: origine et évolution du rococo*, Paris, 1949.

Krakovitch, 1980
Krakovitch (Odile), *Greffiers des Bâtiments de Paris. Inventaire des procès-verbaux d'expertises. Règne de Louis XIII (1610-1643)*, Paris, 1980.

Krause, 1990
Krause (Katharina), « Zu Zeichnungen französischer Architekten um 1700 », *Zeitschrift für Kunstgeschichte*, t. 53-1, 1990, p. 59-88.

La Monneraye (éd.), 1981
La Monneray (Jean de) [éd.], *Terrier de la censive de l'Archevêché dans Paris, 1772*, t. II-1, Paris, 1981.

La Moureyre, 1990
La Moureyre (Françoise de), « Thomas Gobert (vers 1640-1708) : architecte des Bâtiments du roi et de Monsieur, ingénieur, inventeur… et sculpteur », *Gazette des Beaux-Arts*, t. CXVI, 1990, p. 67-93.

Lange, 1970
Lange (Augusta), « Disegni e documenti di Guarino Guarini. Catalogo dei disegni manoscritti », dans Vittorio Viale (dir.), *Guarino Guarini e l'internazionalità del Barocco*, Turin, 1970, vol. I, p. 91-346.

Langenskiöld, 1959
Langenskiöld (Eric), *Pierre Bullet. The Royal Architect*, Stockholm, 1959.

Lapauze, 1924
Lapauze (Henry), *Histoire de l'Académie de France à Rome*, Paris, 1924, 2 vol.

Laprade, 1960
Laprade (Albert), *François d'Orbay, architecte de Louis XIV*, Paris, 1960.

Le Bœuf (F.), 2001
Le Bœuf (François), « Mathurin Jousse, maître serrurier à La Flèche et théoricien d'architecture (vers 1575-1645) », *In Situ* [en ligne], n° 1, 2001 (mise en ligne le 30 juin 2014).

Le Bœuf (P.), 2001
Le Bœuf (Patrick), « La Bibliothèque de Mathurin Jousse : une tentative de reconstitution », *In Situ* [en ligne], n° 1, 2001 (mise en ligne le 30 juin 2014).

Lecomte, 2013
Lecomte (Laurent), *Religieuses dans la ville. L'architecture des Visitandines, XVIIe et XVIIIe siècles*, Paris, 2013.

Lemerle, 1997
Lemerle (Frédérique), « Fréart de Chambray ou les enjeux du *Parallèle* », *XVIIe siècle*, n° 196-3, 1997, p. 419-453.

Lemerle, 2008
Lemerle (Frédérique), « Les versions françaises de la *Regola* de Vignole au XVIIe siècle », *Monte artium. Journal of the Royal Library of Belgium*, 1, 2008, p. 101-121.

Le Moël, 1969
Le Moël (Michel), « Archives architecturales parisiennes en Suède », dans Francastel (dir.), 1969, p. 105-192.

Le Moël, 1990
Le Moël (Michel), *L'architecture privée à Paris au Grand Siècle*, Paris, 1990.

Lemonnier (éd.), 1911-1929
Lemonnier (Henry) [éd.], *Procès-verbaux de l'Académie royale d'architecture, 1671-1793*, Paris, 1911-1929, 10 vol.

Lemonnier, 1917
Lemonnier (Henry), « Les dessins originaux de Desgodetz pour les *Édifices antiques de Rome* (1676-1677) », *Revue archéologique*, 5e série, vol. VI, 1917, p. 213-230.

Lemonnier, 1921
Lemonnier (Henry), *Le Collège Mazarin et le Palais de l'Institut (XVIIe-XIXe siècles)*, Paris, 1921.

Leniaud et Perrot, 2007
Leniaud (Jean-Michel) et Perrot (Françoise), *La Sainte-Chapelle*, Paris, 2007.

Le Pas de Sécheval, 1991
Le Pas de Sécheval (Anne), « Les missions romaines de Paul Fréart de Chantelou en 1640 et 1641 : à propos des moulages d'antiques commandés par Sublet », *XVIIe siècle*, n° 172, 1991, p. 259-274.

Leproux, 1992
Leproux (Guy-Michel), « La participation de Clément Métezeau à la construction de la façade de l'église Saint-Gervais », *Documents d'histoire parisienne*, n° 1, 1992, p. 25-32.

Letrait, 1945-1948
Letrait (Jean-Jacques), « La communauté des maîtres maçons de Paris au XVIIe et au XVIIIe siècles », *Revue historique de droit français et étranger*, 4e série, t. XXIII, 1945, p. 215-266, et t. XXVI, 1948, p. 96-136.

Liserre, 2008
Liserre (Francesca Romana), *Grotte e ninfei nel '500. Il modello dei giardini di Caprarola*, Rome, 2008.

Loizeau, 1999
Loizeau (Emmanuelle), « La carrière de Clément II Métezeau. Documents inédits », *Bulletin de la Société de l'histoire de l'art français*, 1995-1997 (1999), p. 107-132.

Loizeau, 2009
Loizeau (Emmanuelle), *Louis et Clément Métezeau, architectes du Roi*, thèse de doctorat, Claude Mignot (dir.), université Paris-Sorbonne, 2009.

Loizeau, 2010
Loizeau (Emmanuelle), « L'entrée de Marie de Médicis à Paris en 1610 : un projet inabouti », *Documents d'histoire parisienne*, n° 11, 2010, p. 19-48.

Loizeau, 2013
Loizeau (Emmanuelle), « Le château de Chilly : questions d'attribution et de restitution », *Bulletin de la Société de l'histoire de l'art français*, Paris, 2013 (2014), p. 9-30.

Lotte, 1982
Lotte (René), *Construction d'un pont sous la Renaissance. Le Pont-Neuf de Toulouse*, Paris, 1982.

Lotz, 1956
Lotz (Wolfgang), « Das Raumbild in der italienischen Architekturzeichnung der Renaissance », *Mitteilungen des Kunsthistorischen Institutes in Florenz*, 1956, p. 193-226.

Lours, 2014
Lours (Mathieu), *Saint-Sulpice. L'église du Grand Siècle*, Paris, 2014.

Lours (dir.), 2016
Lours (Mathieu) [dir.], *Paris et ses églises du Grand Siècle aux Lumières*, Paris, 2016.

Maral, 2015
Maral (Alexandre), *François Girardon (1628-1715). Le sculpteur de Louis XIV*, Paris, 2015.

Mariette, 1853-1862
Abecedario de Pierre Jean Mariette et autres notes inédites de cet amateur sur les arts et les artistes, Philippe de Chennevières et Anatole de Montaiglon (éd.), Paris, 1853-1862, 6 vol.

Marder, 2000
Marder (Tod A.), *Bernin, sculpteur et architecte*, New York, Paris et Londres, 2000.

Marías, 2011
Marías (Fernando), « Vignola e la Spagna : disegni, incisioni, letture e traduzioni », dans Anna Maria Affanni et Paolo Portoghesi, *Studi su Jacopo Barozzi da Vignola* [colloque, Caprarola, 2008], Rome, 2011, p. 255-275.

Marie, 1972
Marie (Alfred et Jeanne), *Mansart à Versailles*, Paris, 1972, 2 vol.

Martínez Mindeguía, 2009
Martínez Mindeguía (Francisco), « Anatomía de un dibujo: el Palacio de Caprarola, de Lemercier », *Annali di architettura*, 21, 2009, p. 115-125.

Mauban, 1944
André Mauban, *Jean Marot architecte et graveur parisien*, Paris, 1944.

Mauclaire et Vigoureux, 1938
Mauclaire (Louis-Placide) et Vigoureux (Charles), *Nicolas François de Blondel, ingénieur et architecte du roi (1618-1686)*, Laon, 1938.

Medvedkova, 2007
Medvedkova (Olga), *Jean-Baptiste Alexandre Le Blond, architecte (1679-1719). De Paris à Saint-Petersbourg*, Paris, 2007.

Merz, 2008
Merz (Jörg Martin), *Pietro da Cortona and Roman Baroque Architecture*, New Haven et Londres, 2008.

Mesqui, 1986
Mesqui (Jean), *Le pont en France avant le temps des ingénieurs*, Paris, 1986.

Meunier, 2015
Meunier (Florian), *Martin et Pierre Chambiges, architectes des cathédrales flamboyantes*, Paris, 2015.

Michel, 2012
Michel (Christian), *L'Académie royale de peinture et de sculpture (1648-1793). La naissance de l'École française*, Genève, Paris 2012.

Mignot, 1991
Mignot (Claude), *Pierre Le Muet, architecte (1591-1669)*, thèse de doctorat, Jean Guillaume (dir.), Paris IV-Sorbonne, 1991 (à paraître en 2018 sous le titre *Pierre Le Muet et les langages de l'architecture française sous Louis XIII et Louis XIV*).

Mignot, 1994
Mignot (Claude), *Le Val-de-Grâce. L'ermitage d'une reine*, Paris, 1994.

Mignot, 1998-a
Mignot (Claude), « Architectes du Grand Siècle : un nouveau professionnalisme », dans Louis Callebat (dir.), *Histoire de l'architecte*, Paris, 1998, p. 107-127.

Mignot, 1998-b
Mignot (Claude), « Cabinets d'architectes du Grand Siècle », dans Olivier Bonfait, Véronique Gérard-Powell et Philippe Sénéchal (dir.), *Études d'histoire de l'art en l'honneur d'Antoine Schnapper*, Paris, 1998, p. 317-326.

Mignot, 2000
Mignot (Claude), « Palladio et l'architecture française du XVIIe siècle, une admiration critique », *Annali di architettura*, n° 12, 2000, p. 107-115.

Mignot, 2003
Mignot (Claude), « Vignola e vignolismo in Francia nel Sei e Settecento », dans Frommel, Ricci et Tuttle (dir.), 2003, p. 354-374.

Mignot, 2004
Mignot (Claude), « Vingt ans de recherches sur l'architecture française (1540-1708) », dans *Histoire de l'art*, n° 54, 2004-1, p. 3-12.

Mignot, 2005
Mignot (Claude), « Le château de Pont-en-Champagne : la "maison aux champs" de Claude Bouthillier, surintendant des finances de Louis XIII », *Monuments et mémoires de la fondation Eugène Piot*, t. 84, Paris, 2005, p. 173-212.

Mignot, 2006
Mignot (Claude), « La monographie d'architecte à l'époque moderne en France et en Italie : esquisse d'une historiographie comparée », *Perspective*, 2006-4, p. 629-636.

Mignot, 2009-a
Mignot (Claude), « Les bibliothèques d'architectes français au XVIIe siècle », dans Olga Medvedkova (dir.), *Bibliothèques d'architecture. Architectural libraries* [journées d'étude, Paris, 2005], Paris, 2009, p. 21-37.

Mignot, 2009-b
Mignot (Claude), « La figure de l'architecte en France à l'époque moderne (1540-1787) », dans Guido Beltramini et Howard Burns (dir.), *L'architetto : ruolo, mito, volto*, Venise, Vicence, 2009, p. 177-191.

Mignot, 2010-a
Mignot (Claude), « Les portes de l'invention : la fortune française des *Aggiunte* à la *Regola* de Vignole », dans *La réception de modèles cinquecenteschi dans la théorie et les arts français du XVIIe siècle* [colloque, Paris, mai 2006], Genève, 2010, p. 257-273.

Mignot, 2010-b
Mignot (Claude), « Les premières œuvres de Jean Marot, graveur d'architecture (1645-1659) », dans Peter Fuhring, Barbara Brejon de Lavergnée, Marianne Grivel, Séverine Lepape et Véronique Meyer (dir.), *L'estampe au Grand Siècle. Études offertes à Maxime Préaud*, Paris, 2010, p. 293-313.

Mignot (dir.), 2014-2015
Mignot (Claude) [dir.], *Le dessin d'architecture dans tous ses états*, vol. 1 : *Le dessin, instrument et témoin de l'invention architecturale* [9es rencontres internationales du Salon du dessin, Paris, 26-27 mai 2014], vol. 2 : *Le dessin d'architecture, document ou monument ?* [10es rencontres internationales du Salon du dessin, Paris, 25-26 mars 2015], Paris, 2014-2015.

Mignot, 2016-a
Mignot (Claude), « L'invention des combles brisés : de la légende à l'histoire », dans Monique Chatenet et Alexandre Gady (dir.), *Toits d'Europe. Formes, structures, décors et usages du toit à l'époque moderne (XVe-XVIIe siècle)*, Paris, 2016, p. 213-228.

Mignot, 2016-b
Mignot (Claude), *François Mansart, un architecte artiste au temps de Louis XIII et Louis XIV*, Paris, 2016.

Moisy, 1950
Moisy (Pierre), « L'architecte François Derand, jésuite lorrain », *Revue d'histoire de l'Église de France*, 1950, t. 36, n° 128, p. 149-167.

Moisy, 1961 (1962)
Moisy (Pierre), « Les projets d'église de Thomas Gobert », *Bulletin de la Société de l'histoire de l'art français*, 1961 (1962), p. 65-78.

Moisy, 1962
Moisy (Pierre), « Les projets de Thomas Gobert pour la chapelle de Versailles », *Gazette des Beaux-Arts*, 1962, t. LIX, p. 227-232.

Morgand (éd.), 1896
Morgand (Damascène) [éd.], *Catalogue de dessins et tableaux provenant de la collection de feu M. Hippolyte Destailleur*, Paris, 1896.

Neuman, 1994
Neuman (Robert), *Robert de Cotte and the Perfection of Architecture in Eighteenth-Century France*, University of Chicago, 1994.

Nexon, 1980
Nexon (Yannick), « L'hôtel Séguier : contribution à l'étude d'un hôtel parisien au XVIIe siècle », *Bulletin archéologique du Comité des travaux historiques et scientifiques*, 1980, n° 16, p. 143-177.

Oechslin, 2003
Oechslin (Werner), « Il Vignola, "l'Abbiccì degli architetti" », dans Frommel, Ricci et Tuttle (dir.), 2003, p. 375-395.

Pannier, 1911
Pannier (Jacques), *Un architecte français au commencement du XVIIe siècle. Salomon de Brosse*, Paris, 1911.

Patetta (dir.), 1989
Patetta (Luigi) [dir.], *Il disegno di architettura. Notizie su studi, ricerche, archivi e collezioni pubbliche e private* [colloque, Milan, 1988], Milan, 1989

Pauwels, 2010
Pauwels (Yves), « Hans Blum et les Français, 1550-1650 », *Scholion. Mitteilungsblatt der Stiftung Bibliothek Werner Oechslin*, 6, 2010, p. 77-88.

Pauwels, 2011
Pauwels (Yves), « Francine, Collot, Barbet : recueils de modèles ou exercices de style ? », dans Jean-Philippe Garric, Émilie d'Orgeix et Estelle Thibault (dir.), *Le livre et l'architecte* [colloque, Paris, 2008], Wavre, 2011, p. 167-171.

Pauwels, 2013
Pauwels (Yves), *L'architecture et le livre en France à la Renaissance. « Une magnifique décadence » ?*, Paris, 2013.

Pénicaut, 2004
Pénicaut (Emmanuel), *Faveur et pouvoir au tournant du Grand Siècle : Michel Chamillart, ministre et secrétaire d'État de la guerre de Louis XIV*, Paris, 2004.

Pericolo, 1999
Pericolo (Lorenzo), « L'or, le marbre et le jaspe. Jacques Le Mercier et l'église Sainte-Geneviève-du-Mont », *Revue de l'art*, n° 126, 1999-4, p. 73-82.

Pérouse de Montclos, 1982 (2013)
Pérouse de Montclos (Jean-Marie), *L'architecture à la française de la Renaissance à la Révolution*, Paris, 1982 (3e éd. revue, sous le titre *L'architecture à la française, du milieu du XVe siècle à la fin du XVIIIe siècle*, Paris, 2013).

Pérouse de Montclos, 2000
Pérouse de Montclos (Jean-Marie), *Philibert de l'Orme, architecte du roi (1514-1570)*, Paris, 2000.

Pérouse de Montclos, 2012
Pérouse de Montclos (Jean-Marie), *Ange-Jacques Gabriel. L'héritier d'une dynastie d'architectes*, Paris, 2012.

Petzet, 2000
Petzet (Michael), *Claude Perrault und die Architektur des Sonnenkönigs : der Louvre König Ludwigs XIV. und das Werk Claude Perraults*, Munich, Berlin, 2000.

Pevsner, 1940 (1999)
Pevsner (Nikolaus), *Academies of Art. Past and Present*, Londres, 1940 (trad. française, *Les Académies d'art*, Paris, 1999).

Picon, 1988-a
Picon (Antoine), *Claude Perrault (1613-1688) ou la curiosité d'un classique*, Paris, 1988.

Picon, 1988-b
Picon (Antoine), *Architectes et ingénieurs au siècle des Lumières*, Paris, 1988.

Pressouyre, 1965
Pressouyre (Sylvia), « Urbanisme et immeubles de rapport, rue de la Ferronnerie (1669) », *Bulletin monumental*, 123-1, p. 71-77.

Rambaud, 1964-1971
Rambaud (Mireille), *Documents du Minutier central concernant l'histoire de l'art (1700-1750)*, Paris, 1964-1971, 2 vol.

Rambaud, 1968
Rambaud (Mireille), « Une famille d'architectes : les Delespine », *Archives de l'art français*, t. XXIII, 1968, p. 1-63.

Recht, 1995
Recht (Roland), *Le dessin d'architecture. Origine et fonctions*, Paris, 1995.

Registres…, 1883-1986
Registres des délibérations du bureau de la Ville de Paris, 1883-1986, 20 t. en 22 vol. (t. XIV : 1605-1610, Léon Le Grand [éd.], Paris, 1908 ; t. XV : 1610-1614, Léon Le Grand [éd.], Paris, 1921).

Reuterswärd, 1962
Reuterswärd (Patrick), « A French Project for a Castle at Richmond », *The Burlington Magazine*, n° 717, 1962, p. 532-535.

Reuterswärd, 1965
Reuterswärd (Patrick), *The Two Churches of the Hôtel des Invalides : a history of their design*, Stockholm, 1965.

Reuterswärd, 1969
Reuterswärd (Patrick), « Autour de Saint-Ouen, Sceaux et Clagny », dans Francastel (dir.), 1969, p. 95-104.

Rivet, 2016
Rivet (Jean), *Choisy-le-Roi. Le château de la Grande Mademoiselle*, Paris, 2016.

Rocca, 2012
Rocca (Patrick), « French Silver Drawing Instruments », *Bulletin of the Scientific Instrument Society*, n° 114, 2012, p. 30-38.

Rousset-Charny, 2007
Rousset-Charny (Gérard), « Le château de Rosny, des Béthune, ducs de Sully, aux Talleyrand-Périgord », dans Cécile Dupont-Logié (dir.), *Entre Cour et Jardin. Marie-Caroline, duchesse de Berry*, Sceaux, musée de l'Île-de-France, 2007, p. 31-39.

Sakarovitch, 1998
Sakarovitch (Joël), *Épures d'architecture. De la coupe des pierres à la géométrie descriptive, XVIe-XIXe siècles*, Bâle, 1998.

Sakarovitch, 2010
Sakarovitch (Joël), « Le fascicule de coupe des pierres de Girard Desargues », dans *Encyclopédie des métiers : la maçonnerie et la taille de pierre*, t. 2, Paris, 2010, p. 121-147.

Schöller, 1993
Schöller (Wolfgang), *Die « Académie royale d'architecture », 1671-1793. Anatomie einer Institution*, Cologne, Weimar, Vienne, 1993.

Sénard, 2015
Sénard (Adriana), *Étienne Martellange (1569-1641) : un architecte « visiteur » de la Compagnie de Jésus à travers la France au temps de Henri IV et de Louis XIII*, thèse de doctorat, Pascal Julien et Claude Mignot (dir.), universités Toulouse II et Paris-Sorbonne, 2015.

Sevin, 1979
Sevin (Monique), « Catalogue des dessins d'architecture et d'ornements conservés dans le fonds O.A. de la Bibliothèque d'art et d'archéologie (fondation Jacques Doucet), à Paris », *Bulletin de la Société de l'histoire de l'art français*, 1977 (1979), p. 1-46.

Smith, 1969
Smith (Peter), « L'hôtel de La Bazinière », dans Francastel (dir.), 1969, p. 71-83.

Smith, 1993
Smith (Gil R.), *Architectural Diplomacy. Rome and Paris in the Late Baroque*, New York, 1993.

Sournia et Vayssettes, 1992
Sournia (Bernard) et Vayssettes (Jean-Louis), *Montpellier. La demeure classique*, Paris, 1992.

Stein, 1912
Stein (Henri), *Le Palais de justice et la Sainte-Chapelle de Paris, notice historique et archéologique*, Paris, 1912.

Strandberg, 1971-a
Strandberg (Runar), « Projets inédits pour la façade de Sainte-Geneviève et la place "quarré Ste-Geneviève" », *Bulletin de la Société de l'histoire de l'art français*, 1971 (1972), p. 45-59.

Strandberg, 1971-b
Strandberg (Runar), *Pierre Bullet et Jean-Baptiste Bullet de Chamblain à la lumière des dessins de la collection Tessin-Hårleman du Musée national de Stockholm,* chez l'auteur, 1970.

Thiveaud, 1970
Thiveaud (Jean-Marie), *Antoine Lepautre (1621-1679)*, thèse de l'École nationale des chartes, 1970.

Thoenes, 1983 (1998)
Thoenes (Christof), « La "Regola delli cinque ordini" del Vignola », *Römisches Jahrbuch für Kunstgeschichte*, 20, 1983, p. 345-376 (nouv. éd. Thoenes, 1998, p. 77-107).

Thoenes, 1985 (1998)
Thoenes (Christof), « Gli ordini architettonici, rinascita o invenzione ? », dans Marcello Fagiolo (dir.), *Roma e l'Antico nell'arte e nella cultura del Cinquecento* [colloque, Rome, 1982], Rome, 1985, p. 261-271 (nouv. éd. Thoenes, 1998, p. 125-133).

Thoenes, 1988
Thoenes (Christof), « La Regola delli cinque ordini del Vignola », dans Jean Guillaume (dir.), *Les traités d'architecture de la Renaissance*, Paris, 1988, p. 269-279.

Thoenes, 1998
Thoenes (Christof), *Sostegno e adornamento. Saggi sull'architettura del Rinascimento : disegni, ordini, magnificenza*, Milan, 1998.

Thomson, 1984
Thomson (David), *Renaissance Paris : architecture and growth, 1475-1600*, Berkeley, 1984.

Thomson, 1990
Thomson (David), « Baptiste Androuet du Cerceau, architecte de la cour de Henri III », *Bulletin monumental*, 1990, t. 148-1, p. 47-81.

Thuillier, 1987
Thuillier (Jacques), « Il se rendit en Italie… Notes sur le voyage à Rome des artistes français au XVIIe siècle », dans *Il se rendit en Italie. Études offertes à André Chastel*, Rome-Paris, 1987, p. 321-336.

Thuillier, 2000
Thuillier (Jacques), *Sébastien Bourdon, 1616-1671 : catalogue critique et chronologique de l'œuvre complet*, Paris, 2000.

Turner (dir.), 1996
Turner (Jane) [dir.], *The Dictionary of Art*, Londres, New York, 1996, 34 vol.

Tuttle, Adorni, Frommel et Thoenes (dir.), 2002
Tuttle (Richard J.), Adorni (Bruno), Frommel (Christoph Luitpold) et Thoenes (Christof) [dir.], *Jacopo Barozzi da Vignola* [exposition, Vignola, 30 mars-7 juillet 2002], Milan, 2002.

Verdier, 2002
Verdier (Thierry), « Architectes et décorateurs français dans la Rome de la fin du XVIIe siècle », *Studiolo*, 1, 2001, p. 41-63.

Verdier, 2003
Verdier (Thierry), *Augustin Charles d'Aviler, architecte du roi en Languedoc, 1653-1701*, Montpellier, 2003.

Vérin, 1993
Vérin (Hélène), *La gloire des ingénieurs. L'intelligence technique du XVIe au XVIIIe siècle*, Paris, 1993.

Vouhé, 2005
Vouhé (Grégory), « Les grands desseins de François Mansart pour le château de Blois: nouvelle chronologie », *Revue de l'art*, n° 148, 2005-2, p. 49-62.

Wittkower, 1949 (1996)
Wittkover (Rudolf), *Architectural Principles in the Age of Humanism*, Londres, 1949 (trad. française, Paris, 1996).

Catalogues d'exposition

Cat. exp. Champs-sur-Marne, 2000
Un château « bien basti »: Champs-en-Brie [exposition, Champs-sur-Marne, château de Champs, 2000], cat. par Jean-Claude Menou, Champs-sur-Marne, 2000.

Cat. exp. Dijon, 2013
En passant par la Bourgogne: dessins d'Étienne Martellange, un architecte itinérant au temps de Henri IV et de Louis XIII [exposition, Dijon, musée Magnin, 2000], Montreuil, 2013.

Cat. exp. Dunkerque-Valenciennes-Lille, 1980
La peinture française aux XVIIe et XVIIIe siècles [exposition, musée des Beaux-Arts de Dunkerque, musée des Beaux-Arts de Valenciennes, palais des Beaux-Arts de Lille, 1980], Dunkerque, 1980.

Cat. exp. Huston, 1966
Builders and humanists: the Renaissance popes as patrons of the arts [exposition, Houston, University of Saint-Thomas, 1966], Huston, 1966.

Cat. exp. Lille, 2000
Lille au XVIIe siècle: des Pays-Bas espagnols au Roi-Soleil [exposition, palais des Beaux-Arts de Lille et Hospice-Comtesse, 2000], Paris, Lille, 2000.

Cat. exp. Nantes et Toulouse, 1997
Visages du Grand Siècle. Le portrait français sous le règne de Louis XIV, 1660-1715 [exposition, Nantes, musée des Beaux-Arts, Toulouse, musée des Augustins, 1997], Emmanuel Coquery (dir.), Paris, 1997.

Cat. exp. Noyon, 1992
Jacques Sarazin, sculpteur du roi (1592-1661) [exposition, Noyon, musée du Noyonnais, 1992], cat. par Barbara Brejon de Lavergnée, Geneviève Bresc-Bautier et Françoise de La Moureyre, Paris, 1992.

Cat. exp. Oxford, 2001
Compass and Rule. Architecture as Mathematical Practice in England, 1500-1700 [exposition, Oxford, 2009], cat. par Anthony Gerbino et Stephen Johnston, avec la collaboration de Gordon Higgott, New Haven, Londres, 2009.

Cat. exp. Paris, 1950
Exposition Claude Audran à la Bibliothèque nationale. L'art décoratif français au musée de Stockholm, [exposition, Paris, Bibliothèque nationale, 1950], cat. par Carl David Moselius et Roger-Armand Weigert, Paris, 1950.

Cat. exp. Paris, 1972-a
Dessins d'architecture du XVe au XIXe siècle dans les collections du Louvre. XLIXe exposition du Cabinet des dessins [exposition, Paris, musée du Louvre, 1972], cat. par Geneviève Monnier, Paris, 1972.

Cat. exp. Paris, 1972-b
Le Marais, les Invalides, place Vendôme [exposition, Paris, Centre culturel suédois, 1972], cat. par Geneviève Monnier, Paris, 1972.

Cat. exp. Paris, 1983
Colbert, 1619-1683, [exposition, Paris, hôtel de la Monnaie, 1983], Paris, 1983.

Cat. exp. Paris, 1984
Le faubourg Saint-Germain. La rue Saint-Dominique. Hôtels et amateurs [exposition, Paris, musée Rodin, 1984], Béatrice de Andia (dir.), Paris, 1984.

Cat. exp. Paris, 1985
Versailles à Paris [exposition, Paris, Institut culturel suédois, 1985], Paris, 1985.

Cat. exp. Paris, 2015
Images du Grand Siècle: l'estampe française au temps de Louis XIV (1660-1715) [exposition, Paris, Bibliothèque nationale de France, 2015-2016], Rémi Mathis, Vanessa Selbach, Louis Marchesano et Peter Fuhring (dir.), Paris, 2015.

Cat. exp. Paris, 2016
Hubert Robert, 1733-1808. Un peintre visionnaire [exposition, Paris, musée du Louvre, 2016], Guillaume Faroult (dir.), Paris, 2016.

Cat. exp. Paris, 2017
L'architecte. Portraits et clichés [exposition, Paris, Cité de l'architecture et du patrimoine, 2017], Emmanuel Bréon (dir.), Paris, 2016.

Cat. exp. Stockholm, 1942
Arkitekturritningar, planer och teckningar ur Carl Johan Cronstedts Fullerösamling... [exposition, Stockholm, Nationalmuseum, 1942], cat. par Eric Langenskiöld et Carl David Moselius, Stockholm, 1942.

Cat. exp. Strasbourg, 1989
Les bâtisseurs des cathédrales gothiques [exposition, Strasbourg, musées de la Ville de Strasbourg, 1989], Roland Recht (dir.), Strasbourg, 1989.

Cat. exp. Stuttgart, 1993
Von Bernini bis Piranesi. Römische Architekturzeichnungen des Barock [exposition, Stuttgart, Staatsgalerie, 1989], cat. par Elisabeth Kieven, Stuttgart, 1993.

Cat. exp. Venise, 1994
Rinascimento. Da Brunelleschi a Michelangelo. La rappresentazione dell'architettura [exposition, Venise, palazzo Grassi, 1994], Henry Millon et Vittorio Magnano Lampugnani (dir.), Milan, 1994.

Cat. exp. Versailles, 1951
Dessins du musée national de Stockholm. Versailles et les maisons royales (Versailles, château de Versailles, juin-novembre 1951), cat. par Charles Mauricheau-Beaupré, Paris, 1951.

Cat. exp. Versailles, 2017
Pierre le Grand, un tsar en France, 1717 [exposition, Grand Trianon de Versailles, 2017], Gwenola Firmin, Francine-Dominique Liechtenhan et Thierry Sarmant (dir.), Paris, 2017.

Cat. exp. Vicence, 2016
Andrea Palladio. Il mistero del volto [exposition, Vicence, Palladio Museum, 2016-2017], Guido Beltramini (dir.), Milan, 2016.

Cat. exp. Wolfenbüttel, 1984
Architekt und Ingenieur. Baumeister in Krieg und Frieden [exposition, Wolfenbüttel, Herzog August Bibliothek, 1984], Ulrich Schütte (dir.), Wolfenbüttel, 1984.

Index

Alberti, Leon Battista, p. 19, 53, 81
Alexandre VII, pape, p. 105
Androuet du Cerceau, Baptiste, p. 55, 158, 272; cat. 63
Androuet du Cerceau, Jacques Iᵉʳ, p. 11, 20, 36, 55, 89, 144, 150, 151, 152, 154, 158, 272, 299; fig. 27, fig. 29
Androuet du Cerceau, Jacques II, p. 20, 55, 144, 171; cat. 64-66
Androuet du Cerceau, Jean, p. 55, 89, 92, 171; cat. 70, cat. 128
Anjou, voir Orléans, Philippe de Bourbon, duc d',
Anne d'Autriche, reine de France et de Navarre, p. 24, 26, 98, 196, 206, 260, 261, 273, 275
Arnoud, p. 287
Aubert de Fontenay, Pierre, p. 300
Aubert, Jean, p. 218
Aubery, Claude, p. 324
Aumont, Antoine, duc d', maréchal de France, p. 261
Aviler, Augustin Charles d', p. 11, 22, 30, 65, 67, 106, 108, 113, 115, 117, 119, 124, 128, 137, 217, 218, 263; cat. 34, cat. 60, cat. 111, cat. 112; fig. 23
Baillet, Charlotte, p. 92
Baillet, René, p. 92
Ballin, Claude, p. 26
Barbaro, Daniele, p. 81, 130
Barbet, Jean, p. 96
Barrois, Claude, p. 78
Beausire, Jean, p. 36, 217; cat. 110
Beauvais, Pierre de, p. 258
Bellefonds, Bernardin Gigault de, maréchal de France, p. 234
Bellegarde, Roger, duc de, p. 162
Benedetti, Elpidio, p. 207
Benoist, Charles, p. 39, 136
Bérain, Jean, p. 265
Bergeron, Antoine, cat. 153
Bernin, Gian Lorenzo Bernini, dit, p. 106, 115, 137, 138, 148, 204, 206, 208, 260, 329, 335; cat. 92, cat. 125
Bethmann, H., baron de, p. 88
Biard, Pierre, p. 92
Bion, Nicolas, cat. 28; fig. 14
Blondel, François, p. 11, 12, 22, 54, 65, 67, 86, 103, 106, 113, 116, 123, 124, 125, 126, 129, 130, 204, 209, 232, 244, 246; cat. 57, cat. 58, cat. 96 à 98
Blondel, Jacques François, p. 9, 41, 65, 204
Blondel, Nicolas, p. 136
Blondet, Étienne, p. 323
Blum, Hans, p. 58, 110; fig. 22
Boffrand, Germain, p. 46, 102, 121, 217
Boileau, Nicolas, p. 28, 230
Bonnart, Nicolas, p. 204
Bordier, Jacques, p. 198

Bornat, Jacques, p. 43
Bos, Jacob, p. 56; fig. 11
Bosse, Abraham, cat. 23
Bouillon, Henri de la Tour d'Auvergne, duc de, p. 271
Boullet, François, p. 184
Boullier de Bourges, Jean, p. 43, 46, 300
Bourdon, Sébastien, p. 73
Bouthillier, Claude, p. 98
Bouthillier, Léon, p. 182
Bramante, Donato, p. 56, 119, 144
Breau, Pierre, p. 283, 286; cat. 133, cat. 138 à 141
Bréquigni, Jean de, ou Brétigny, p. 92
Bricart, Jean, p. 234
Brice, Germain, p. 250, 265
Brosse, Paul de, p. 36
Brosse, Salomon de, p. 11, 12, 20, 36, 82, 88, 89, 90, 92, 94, 95, 102, 145, 158, 171, 264, 272; cat. 37, cat. 71 à 73, cat. 127
Bruand, François, cat. 136
Bruand, Libéral, p. 11, 36, 123, 129, 244, 246, 250, 287, 300; cat. 114
Bruand, Sébastien, p. 36
Brûlart de Puisieux, Pierre, p. 184
Brûlart de Sillery, Nicolas, p. 184
Brûlart de Sillery, Noël, p. 188
Bullant, Jean, p. 20, 35, 72, 81, 144, 236, 288
Bullet de Chamblain, Jean-Baptiste, p. 15; cat. 107
Bullet, Pierre, p. 11, 15, 22, 54, 119, 121, 127, 129, 136, 204, 220, 238, 250, 263, 269; cat. 22, cat. 26, cat. 56, cat. 96 à 98, cat. 106, cat. 107, cat. 115, cat. 126; fig. 42
Bullion, Claude de, p. 160
Buterne, Nicolas, p. 242
Butterfield, Michel, cat. 28
Buyster, Philippe de, p. 284
Carlier, Jean Guillaume, cat. 27
Cassini, Jean Dominique, p. 209
Cataneo, Pietro, p. 81
Catherine de Médicis, reine de France, p. 200
Cauchy, François, p. 218; cat. 133, cat. 140, cat. 141
Cayot, Nicolas, p. 267
Chambiges, Martin, p. 35
Chamillart, Michel, p. 46.
Chamois, Charles, p. 11, 22, 36, 43, 102; cat. 99, cat. 132
Champaigne, Philippe de, p. 21, 182; cat. 1; fig. 7
Champflour, Gérard de, p. 176
Charles IX, roi de France, p. 36, 150, 157
Chastelain, Isidore, cat. 141
Chastillon, Claude, p. 174
Chaulnes, Charles d'Albert d'Ailly, duc de, p. 119

Choizy, Jean, cat. 28a
Chuppin, Jean, p. 43
Chuppin, Simon, p. 218; cat. 145
Cléquin, Poncelet, cat. 152
Coin, Jean, p. 39
Colbert de Seignelay, Jean-Baptiste, p. 106, 123
Colbert de Villacerf, Édouard, p. 102, 129, 299, 303, 304; fig. 25
Colbert, Charles Édouard, p. 69
Colbert, Jean-Baptiste Michel, p. 242
Colbert, Jean-Baptiste, p. 54, 62, 106, 116, 117, 123, 124, 125, 127, 128, 129, 134, 136, 173, 200, 204, 206, 207, 208, 212, 227, 234, 259, 265, 278, 286, 290, 291, 292, 299, 302, 312, 313, 318, 319, 323, 324
Coligny, Louise de, princesse d'Orange, p. 153
Collot, Pierre, p. 92, 96
Condé, Louis II de Bourbon, prince de, dit le Grand Condé, p. 123
Conti, Louis-Armand de Bourbon, prince de, p. 99
Cordier, Nicolas, p. 108
Cortone, Pietro Berrettini da Cortona, dit, p. 207
Cosimo, Piero di, p. 19.
Cottart, Pierre, p. 12, 23, 71, 121, 127, 172, 180, 217; cat. 42, cat. 43, cat. 79, cat. 100, cat. 130
Cotte, Frémin de, p. 5; cat. 32
Cotte, Robert de, p. 12, 15, 30, 36, 50, 83, 106, 107, 127, 129, 172, 177, 192, 232, 243, 296; cat. 49, cat. 50, cat. 117, cat. 118, cat. 137
Coysevox, Antoine, p. 50, 238
Créqui, Charles III, duc de, p. 234
Cronstedt, Carl Johann, p. 154, 200, 220, 232, 286
Cronström, Daniel, p. 210, 265
Curabelle, Jacques, p. 54, 100; cat. 24; fig. 13
Curabelle, Marie, p. 100
Curtoni, Domenico, p. 121
Damman, Benjamin-Louis-Auguste, p. 71
Dariffon, Étienne, p. 69
De Rossi, Mattia, p. 265
Delamair, Antoine, p. 44
Delamair, Pierre Alexis, p. 22, 36, 283; cat. 10, cat. 11
Delespine, Nicolas II, p. 43, 46, 288
Delisle-Mansart, Pierre, p. 43, 217, 226
Delisle, Marie, p. 226
Delorme, Philibert, p. 11, 20, 35, 41, 53, 54, 56, 58, 59, 72, 81, 94, 132, 133, 144, 146, 158, 200, 286; fig. 2
Derand, François, p. 53, 58, 66, 90, 94, 180; cat. 19
Derbais, Jérôme, p. 238
Desargues, Girard, p. 54, 69; cat. 23
Desgodetz, Antoine, p. 11, 22, 106, 110, 119, 136, 299; cat. 48, cat. 148
Deshayes, Jean, p. 54; cat. 25

349

Destailleur, Hippolyte, p. 90
Dezallier d'Argenville, Antoine Nicolas, p. 41, 218, 204, 288
Dezallier, Antoine, cat. 2
Diane de Poitiers, duchesse de Valentinois, p. 158
Doyar, Étienne, p. 160
Drevet, Pierre, p. 62
Du Ry, Charles Ier, p. 36 ; cat. 35
Du Ry, Charles II, p. 36
Du Ry, Mathurin, p. 36
Du Ry, Samuel, p. 36
Dublet, Claude, p. 188
Dupérac, Étienne, p. 108
Dürer, Albrecht, p. 55
Édelinck, Gérard, p. 28 ; cat. 2, cat. 16 ; fig. 8
Effiat, Antoine de Ruzé, marquis d', p. 96, 176
Émery, Michel Particelli d', p. 267
Empoli, Jacopo da, p. 20
Enghien, Henri-Jules de Bourbon-Condé, duc d', p. 236
Errard, Charles, p. 115, 117
Falda, Giovanni Battista, p. 108
Farnèse, Alexandre, p. 108
Farnèse, Odoardo, p. 108
Félibien, André, p. 54, 107, 123, 124, 125, 130, 250 ; cat. 20, cat. 59
Félibien, Jean-François, p. 62
Félibien, Michel, p. 62
Feuillet, Guillaume, p. 30 ; cat. 90
Firens, Pierre Ier, p. 82
Flémal, Bertholet, p. 73
Fontana, Domenico, p. 19, 72, 92 ; fig. 17
Forbin-Maynier, Henri de, baron d'Oppède, voir Oppède
Foucault, Joseph, p. 337
Fouquet, Nicolas, p. 62, 102, 198, 300
Francart, François II, cat. 125
Francine, Alessandro Francini, dit, p. 20, 96
François Ier, roi de France, p. 36, 186, 198, 302
François, Simon, p. 78
Fréart de Chambray, Roland, p. 121, 134, 72 ; cat. 30
Fromentel, Florent, p. 337
Gabriel, Ange Jacques, p. 133, 227, 290
Gabriel, Jacques IV, p. 36, 206, 217, 259 ; cat. 103
Gabriel, Jacques V, p. 119
Gamard, Christophe, p. 275
Gaultier, Germain, p. 40
Gentillâtre, Jacques, p. 11, 53 ; cat. 17
Girard Jean, dit Vuiet, p. 46
Girard Jean, p. 41, 224, 225
Girardon, Cyprien, p. 136
Girardon, François, p. 136
Gittard, Daniel, p. 22, 36, 103, 123, 129, 236 ; cat. 131
Gobelin, Jean, p. 39
Gobert, Thomas, p. 5, 43, 217 ; cat. 105
Gombert, François Joseph, p. 95
Gombert, Thomas Joseph, cat. 38
Gomont, Jean de, p. 313, 314, 324, 326, 332 ; cat. 149
Gondi, Jean-François de, p. 260

Gonzagues, Louis de, duc de Nevers, p. 152
Goupy, Martin, p. 116
Gourville, Jean Hérault, baron de, p. 259
Guarini, Guarino, p. 204, 205
Guénégaud Du Plessis, Henri de, p. 255 ; cat. 14, cat. 121
Guérin, Gilles, p. 238, 284
Hanicle, Jean, p. 162
Hansy, Antoine de, cat. 124 ; fig. 44
Hardoin, Michel, p. 36, 79, 217
Hardouin-Mansart, Jules, p. 5, 11, 12, 15, 21, 23, 26, 30, 36, 37, 41, 43, 86, 118, 119, 128, 129, 132, 177, 192, 217, 220, 222, 225, 226, 238, 240, 242, 243, 244, 245, 246, 255, 291, 292, 299, 302, 310 ; cat. 15, cat. 16, cat. 104, cat. 108, cat. 109, cat. 116 à 118, cat. 121, cat. 133, cat. 137, cat. 142 à 145 ; fig. 6
Helvétius, Jean Adrien, p. 69
Henri IV, roi de France et de Navarre, p. 38, 39, 105, 153, 156, 157, 158, 160, 178, 196, 202, 238, 284
Hoefnagel, Joris, p. 108
Hogenberg, Frans, p. 108
Huillasme, Augustin, cat. 29
Huillasme, Gérard, cat. 29
Innocent X, pape, p. 62
Innocent XI, pape, p. 119
Jacquet, Mathieu, dit Grenoble, p. 36, 39 ; cat. 5
Jomard, François, p. 44
Jombert, Jean, cat. 41
Jones, Inigo, p. 15, 21
Joubert, Jean, p. 212
Jousse, Mathurin II, p. 58
Jousse, Mathurin, p. 53, 59, 66 ; cat. 18
La Bazinière, Macé Ier de, p. 190
La Boissière, Gilles Jodelet, sieur de, p. 136
La Fayette, Marie-Madeleine Pioche de La Vergne, comtesse de, p. 259
La Fosse, Charles de, p. 337
La Guiche, Marie de, comtesse de Ventadour, p. 274
La Hire, Philippe de, p. 58, 129, 132, 133, 209
La Joue, Jacques de, p. 44
La Reynie, Nicolas de, p. 127
La Rochefoucauld, François VI, duc de, p. 259
Labrouste, Henri, p. 88
Lafréri, Antoine, p. 56 ; fig. 11
Lallemant, Philippe, p. 28
Lambert, Pierre, p. 132
Lambert, Siméon, p. 320, 323, 328 ; cat. 152 à 154
Langlade, M. de, p. 259
Langlancé, Jean, p. 273
Langlois, François, cat. 40
Laqueilhe, Jean, cat. 7
Lasne, Michel, p. 20 ; fig. 3
Lassurance, Pierre Cailleteau, dit, p. 218
Le Blond, Jean II, p. 30
Le Blond, Jean-Baptiste Alexandre, p. 23, 204 ; cat. 4 ; fig. 9
Le Brun, Charles, p. 62, 125, 190, 204, 335, 337 ; cat. 93
Le Duc, Gabriel, p. 5, 22, 37, 106, 117, 212 ; cat. 9, cat. 45

Le Muet, Pierre, p. 11, 20, 36, 42, 48, 72, 84, 86, 110, 119 ; cat. 31, cat. 40
Le Nôtre, André, p. 22, 50, 102, 106, 119, 174, 236
Le Pautre, Adrien, p. 41
Le Pautre, Antoine, p. 11, 20, 36, 43, 72, 103, 123, 129, 217, 220, 255, 291 ; cat. 8, cat. 41, cat. 101, cat. 102, cat. 120 ; fig. 33
Le Pautre, Jean-François, p. 136
Le Pautre, Jean, dit le Jeune, p. 41
Le Pautre, Jean, p. 30, 41, 99
Le Pautre, Pierre, p. 46, 86, 94, 218, 238, 250 ; cat. 13 ; fig. 41
Le Pautre, Sébastien, p. 41
Le Peletier, Claude, p. 212
Le Roy, Marcel, p. 40
Le Vau, François, p. 11, 100, 106, 123, 126, 129 ; fig. 5
Le Vau, Louis, p. 5, 11, 17, 22, 36, 37, 48, 102, 103, 119, 121, 123, 128, 125, 137, 171, 172, 173, 204, 206, 207, 228, 234, 244, 265, 289, 293, 309, 310, 311, 318, 319, 324, 332, 335, 337 ; cat. 55, cat. 85-89, cat. 93, cat. 135, cat. 151, cat. 153, cat. 156-159, cat. 160-161, cat. 163-168
Le Vau, Louis, père, fig. 5
Leclerc, Sébastien, p. 28, 209, 232
Leibnitz, Gottfried Wilhelm, p. 210
Lemaistre, Pierre Ier, p. 78
Lemaistre, Pierre II, p. 46, 288
Lemercier, Jacques, p. 5, 11, 21, 26, 36, 37, 56, 66, 96, 100, 102, 105, 106, 119, 145, 166, 168, 171, 172, 192, 196, 206, 232, 275, 293, 304 ; cat. 1, cat. 44, cat. 74, cat. 75 à 79, cat. 123, cat. 129, cat. 134 ; fig. 7, fig. 43, fig. 45
Lemercier, Nicolas, p. 107
Lemercier, Pierre, p. 21.
Lemoyne, Charles, p. 44
Lemoyne, Jean-Louis, p. 50
Léon X, pape, p. 20
Leproust, Roland, p. 46 ; cat. 146
Lescot, Pierre, p. 20, 35, 144, 166, 178, 284
Levé, François, dit le Jeune, p. 36, 106
Levé, François, père, p. 36, 127, 323
Levé, Pierre, p. 46
Liberati, Giovanni Antonio, p. 108
Lobineau, Guy Alexis, p. 62
Longueville, Anne-Geneviève de Bourbon, duchesse de, p. 99
Louis XIII, roi de France et de Navarre, p. 16, 20, 80, 157, 160, 178, 182, 186, 197, 260
Louis XIV, roi de France et de Navarre, p. 14, 50, 106, 123, 125, 186, 207, 208, 222, 230, 238, 244, 260, 261, 310, 314, 329 ; cat. 14
Louvois, François Michel Le Tellier, marquis de, p. 86, 103, 129, 206, 228, 244, 245, 246, 288, 292
Lully, Jean-Baptiste, p. 26
Maderno, Carlo, p. 24, 107, 138
Mansart, Absalon, p. 39
Mansart, François, p. 5, 9, 11, 12, 15, 22, 41, 48, 79, 88, 94, 102, 103, 118, 171, 172, 173, 204, 207, 226, 236, 245, 246, 248, 259, 270, 283, 293, 302 ; cat. 2, cat. 6, cat. 7, cat. 36, cat. 80, cat. 81-84, cat. 91, cat. 122 ; fig. 36
Mansart, Jean, p. 39
Mariage, Simon, p. 310, 324, 336

Marie de Médicis, p. 105, 156, 164, 171, 303
Marie-Thérèse d'Autriche, reine de France et de Navarre, p. 129, 137
Mariette, Jean, p. 86, 224, 227
Mariette, Pierre II, p. 84
Mariette, Pierre Jean, p. 30, 86
Marolles, Michel de, p. 79
Marot, Jean, p. 42, 72, 91, 98, 99, 100, 164, 168, 190, 248, 302 ; cat. 37 ; fig. 32
Martellange, Étienne, p. 11, 58, 160, 166, 172, 174, 255 ; cat. 78, cat. 119 ; fig. 30
Mauroy, Séraphin de, p. 261
Mazarin, Armand Charles de La Porte de La Meilleraye, duc de, p. 312, 313, 314, 316, 319, 320, 323
Mazarin, Jules, p. 98, 99, 196, 204, 207, 309, 310, 313, 315, 320, 321, 322 ; cat. 149 ; fig. 48
Mazière, Jacques, p. 46
Menchikov, Alexandre Danilovitch, p. 30
Menessier, Bernard, p. 46, 59, 86 ; cat. 33
Ménestrier, Claude-François, s.j., p. 238
Mercier, Christophe, p. 152
Mercœur, Marie de Luxembourg, duchesse de, p. 158
Mesme, Jean Antoine de, p. 83
Messier, Nicolas, p. 261, 284
Métezeau, Clément, p. 38
Métezeau, Clément II, p. 36, 39, 96, 158, 171, 184 ; cat. 5 ; fig. 3
Métezeau, Louis, p. 20, 105, 145, 156, 157, 171
Métezeau, Thibaut, p. 38, 171
Meurtet de la Tour, Louis, p. 336
Mezerets, Michel de, p. 46
Michel-Ange, Michelangelo Buonarroti, dit, p. 19, 20, 82, 84, 86, 90, 92, 110, 138 ; fig. 43
Mignard, Nicolas, dit d'Avignon, p. 123
Mignard, Pierre II, p. 106, 123, 225
Mignard, Pierre, fig. 48
Misson, Hubert, p. 238
Monnard, Claude, p. 264
Monnicault, p. 202
Montespan, Françoise Athénaïs de Rochechouart de Mortemart, marquise de, p. 41, 222, 291
Montreuil, Eudes de, p. 20
Morin, Jean, fig. 7
Morolois, Samuel, p. 56
Mouret, Charles, cat. 6
Namur, Louis de, cat. 26
Nanteuil Robert, cat. 8
Noblet, Henri, p. 5, 36, 145 ; cat. 69
Noblet, Michel, p. 36, 106, 127, 323 ; cat. 152-154 ; fig. 21, fig. 31
Noblet, Perceval, p. 36, 160
Nyon, Urbain, p. 212
Ocfort, Ludwig Karl d', p. 136
Olier, Jean-Jacques, p. 275
Oppède, Forbin-Maynier, Henri de, baron d', cat. 43 ; fig. 20
Orbay, François d', p. 16, 22, 36, 106, 137, 173, 198, 217 ; cat. 53-54, cat. 88-89, cat. 93, cat. 104, cat. 135, cat. 147, cat. 150, cat. 156-158, cat. 165-168, cat. 170-171 ; fig. 10, fig. 25
Orbay, Jean d', p. 44

Orléans, Gaston de Bourbon, duc d', p. 26, 224, 302
Orléans, Philippe de Bourbon, duc d', p. 41, 196
Paget, Jacques, p. 78
Palladio, Andrea, p. 53, 81, 98, 121, 134, 220
Pardaillan, Auguste de, marquis de Termes, p. 300
Pardaillan, Roger de, marquis de Termes, p. 300
Particelli d'Émery, Michel, voir Émery
Paul IV, pape, p. 20
Paul V, pape, p. 107
Pérelle, Adam, fig. 19
Perrault, Charles, p. 28, 125, 136, 206, 209, 210, 231, 234 ; cat. 2
Perrault, Claude, p. 10, 11, 12, 19, 22, 30, 62, 125, 126, 137, 204, 231, 335 ; cat. 3, cat. 93-95 ; fig. 8
Perrin, Yon, p. 160
Peruzzi, Baldassarre, p. 146
Phélypeaux de La Vrillière, Louis, p. 267
Pie IV, pape, p. 110
Pierre Ier le Grand, tsar de Russie, p. 30, 77
Pierretz, Abraham, cat. 29 ; fig. 15
Pierretz, Antoine, dit le Jeune, cat. 29
Pierretz, Antoine, dit le Vieux, cat. 29
Pierretz, Gérard, cat. 29
Pierretz, Guillaume, cat. 29
Pierretz, Jean, cat. 29
Pierretz, Louis, cat. 29
Pierretz, Simon, cat. 29
Pierretz, Théodore, cat. 29
Pillon, Jean, p. 44
Pilon, Germain, p. 38
Pineau, Nicolas, p. 30
Poissant, Thibaut, p. 79
Potier, Bernard, p. 92
Primatice, Francesco Primaticcio, dit, p. 144
Prou, Jacques, p. 136
Quatremère de Quincy, Antoine Chrysostome, p. 44
Rabon, Pierre, fig. 4
Rainaldi, Carlo, p. 207
Ratabon, Antoine, p. 48 ; fig. 4
Ravaillac, François, p. 202
Richelieu, Armand Jean du Plessis, cardinal, duc de, p. 21, 24, 96, 171, 176, 177, 182, 260, 261
Rigaud, Hyacinthe, p. 21, 30 ; cat. 16 ; fig. 6
Rondé, Philippe, fig. 34
Rostaing, Charles, comte de, p. 100
Rousse, Jean, p. 261
Roussel, Jérôme, p. 50
Ruzé d'Effiat, Antoine de, voir Effiat
Saint-Simon, Louis de Rouvroy, duc de, p. 50, 296
Sallé, Claude, p. 78
Sangallo, Antonio da, p. 56, fig. 11
Sangallo, Francesco da, p. 19
Sangallo, Giuliano da, p. 19
Sanmicheli, Michele, p. 121
Sansovino, Jacopo, p. 19, 73, 121
Sarazin, Jacques, p. 26, 284
Savaria, Jean, p. 276
Savary, Claude, fig. 22

Scamozzi, Vincenzo, p. 19, 53, 81, 86, 100, 121, 134, 178, 180, 220, 238
Scellier, Pierre, p. 166
Séguier, Pierre, p. 162
Serlio, Sebastiano, p. 56, 80, 81, 144 ; cat. 61
Servien, Abel, p. 198
Silvestre, Israël, p. 302 ; fig. 19, fig. 47
Simonneau, Charles, p. 50
Sixte Quint, pape, p. 92, 105
Soufflot, Jacques Germain, p. 231, 290
Sublet de Noyers, François, p. 80, 178, 180
Sully, Maximilien de Béthune, duc de, p. 153
Tarade, Jacques, p. 106
Tavernier, Melchior, p. 82, 98
Tessin, Nicomède, dit le Jeune, p. 209, 210, 265
Thevet, André, p. 20
Thielement, Claude, p. 202
Thoison, Charles, p. 36, 320, 323 ; cat. 153-154
Tintoret, Jacopo Robusti, dit, p. 19, 73
Tricot, Claude, p. 44
Troy, François de, p. 50, 128
Tuby, Jean-Baptiste, p. 212
Valperga, Antonio Maurizio, p. 204, 313
Valvassori, Giovanni Andrea, p. 108
Van der Meulen, Adam Frans, fig. 1, fig. 50
Van Dyck, Antoine, p. 21, 50
Van Merle, Jacques, p. 100
Van Oost, Jacob, cat. 38
Vasari, Giorgio, p. 19
Vauban, Esme Le Prestre de, p. 136
Vauban, Sébastien Le Prestre, marquis de, p. 136, 180
Vendôme, César, duc de, p. 158
Vercelin, Jacques, p. 28
Veronèse, Paolo Caliari, dit, p. 19
Vignole, Jacopo Barozzi da Vignola, dit, p. 19, 20, 41, 46, 56, 72, 81, 83, 84, 108, 134, 194 ; cat. 31, cat. 33-34
Villamena, Francesco, p. 108
Villedo, Michel, p. 188, 313 ; cat. 152
Villeroy, Charles de Neufville de, sieur d'Alincourt, p. 107
Villeroy, Nicolas V de Neufville de, maréchal de France, p. 127, 261
Villiers, Anne de, p. 92
Villiers, David de, p. 72 ; cat. 36
Villiers, Mathurine de, p. 92
Vinci, Léonard de, p. 144
Viola, Giuseppe, p. 81
Vitruve, Marcus Vitruvius Pollio, dit, p. 28, 53, 71, 80, 130, 134, 143, 194, 209, 210, 232
Vivien, Joseph, p. 50
Vollant, Simon, p. 73
Volterra, Daniele da, p. 19
Voyer d'Argenson, René Ier de, p. 106
Vuez, Arnould de, p. 95
Warin, Jean, cat. 122
Weyen, Herman, p. 96
Wren, Christopher, p. 15

Crédits photographiques

Académie d'architecture / cliché Archives nationales, pôle image : cat. 19, cat. 20, cat. 23, cat. 33, cat. 57

Archives départementales, Haute-Garonne : cat. 7, cat. 112

Archives départementales, Puy-de-Dôme / cliché Archives nationales, pôle image : cat. 75

Archives nationales, pôle image : cat. 5, cat. 6, cat. 9, cat. 11, cat. 12, cat. 14, cat. 15, fig. 10, cat. 24, fig. 13, cat. 29, fig. 18, cat. 52, cat. 54, cat. 58, cat. 59, fig. 25, cat. 61a-c, fig. 26, cat. 74, cat. 77, cat. 80, cat. 82, cat. 88, cat. 89, cat. 96, cat. 98, cat. 102, fig. 40, cat. 103a, cat. 103b, cat. 104, cat. 105, cat. 108a, cat. 108b, cat. 110, cat. 111, cat. 117, cat. 118, cat. 120, cat. 123, cat. 124, cat. 126, cat. 127, cat. 128, cat. 129, cat. 130, cat. 131, cat. 132, cat. 133, cat. 136, cat. 137, cat. 138, cat. 139, cat. 140, cat. 142, cat. 143, cat. 144, cat. 145a, cat. 145b, cat. 146a, cat. 146b, cat. 147, cat. 148a, cat. 148b, cat. 149, cat. 151, cat. 152, cat. 153, cat. 154, cat. 156, cat. 157, cat. 158, cat. 159, cat. 160, cat. 161, cat. 162, cat. 163, cat. 164, cat. 165, cat. 166, cat. 167, cat. 168, cat. 169, cat. 170a, cat. 170b, cat. 171

Beaux-Arts de Paris, Dist. RMN-Grand Palais / image Beaux-arts de Paris : cat. 18, cat. 31, cat. 41 (p. 100), cat. 43, cat. 45 (p. 109, 110, 111), cat. 48, cat. 60, fig. 32

BHVP / Roger-Viollet : cat. 86 A, cat. 86 B, fig. 37

Bibliothèque nationale de France : cat. 8 (p. 34 et 41), cat. 16, cat. 17 (p. 55 et 58), cat. 32, fig. 19, cat. 41 (p. 99), cat. 44, cat. 49, cat. 50 (p. 119 et 120), cat. 63, fig. 30, fig. 31, cat. 70, cat. 76, cat. 78, fig. 33, cat. 81, fig. 35, cat. 83, cat. 84, fig. 36, cat. 91, cat. 109, fig. 41, cat. 119 a-d, cat. 121, cat. 122, fig. 43, cat. 141, cat. 155, fig. 49

Centre André Chastel / cliché Archives nationales, pôle image : cat. 22, cat. 30, cat. 34, cat. 37, fig. 40

Cherbourg-en-Cotentin, musée Thomas Henry : cat. 53

Coll. part. / cliché Archives nationales, pôle image : cat. 2, cat. 4, cat. 13 ; fig. 47

Digital image courtesy of the Getty's Open Content Program : fig. 11

Droits réservés : fig. 5, fig. 7, cat. 28a, cat. 28b, cat. 28d, cat. 42, fig. 34, fig. 29, fig. 44, cat. 150

Institut de France / cliché A. C. : fig. 22

Institut de France / cliché Archives nationales, pôle image : cat. 90

Institut national d'histoire de l'art, bibliothèque : fig. 15, fig. 17, cat. 39, cat. 71 (p. 164 et 165)

Musée des Beaux-Arts de Chartres : cat. 21

Musée Carnavalet / Roger-Viollet : fig. 14, cat. 69, cat. 94, cat. 113 (p. 217 et 243)

Musée d'Histoire de la Médecine – Paris / cliché Archives nationales, pôle image : cat. 3

Paris, Les Arts Décoratifs / Jean Tholance : cat. 46, cat. 47

RMN-Grand Palais (Institut de France) : fig. 24

RMN-Grand Palais (Institut de France) / Adrien Didierjean : cat. 51, cat. 55, cat. 56a, cat. 56b, cat. 67 (p. 142 et 156), cat. 62, fig. 27, cat. 64, cat. 65, fig. 28

RMN-Grand Palais / Jacques Quecq d'Henripret : cat. 38

RMN-Grand Palais / René-Gabriel Ojéda : cat. 27 (p. 70 et 73)

RMN-Grand Palais (Château de Versailles) : fig. 3, fig. 4

RMN-Grand Palais (Château de Versailles) / Gérard Blot : cat. 1, fig. 8, cat. 93

RMN-Grand Palais (domaine de Chantilly) / Harry Bréjat : fig. 48

RMN-Grand Palais (musée de la Renaissance, château d'Écouen) / René-Gabriel Ojéda : fig. 2

RMN-Grand Palais (musée du Louvre) / Michèle Bellot : cat. 92

RMN-Grand Palais (musée du Louvre) / Thierry Le Mage : fig. 9

RMN-Grand Palais (musée du Louvre) / Stéphane Maréchalle : fig. 6

RMN-Grand Palais (musée du Louvre) / Michel Urtado : cat. 35 (p. 88 et 89), cat. 36 (p. 91 et 93), cat. 73 (p. 168 et 169)

RMN-Grand Palais (musée du Louvre) / Martine Beck-Coppola : cat. 28c

Région Île-de-France, Laurent Kruszyk, ADAGP 2009 : fig. 12

Royal Collection Trust/© Her Majesty Queen Elizabeth II 2017 : fig. 1, fig. 50

Royaume-Uni, Drawing Matter : cat. 87

Société des amis du Vieux Verneuil : fig. 16

Stockholm, Nationalmuseum : fig. 20, fig. 21, fig. 23, cat. 66, cat. 68, cat. 72, cat. 79, cat. 85, cat. 95, cat. 97, cat. 100, fig. 38, fig. 39, cat. 101, cat. 106, cat. 107, cat. 114, cat. 115, fig. 42, cat. 116, cat. 125, cat. 134, cat. 135

Photogravure : Fotimprim, Paris

Achevé d'imprimer sur les presses de l'imprimerie PBTisk à Príbram en octobre 2017

Imprimé en République tchèque

Dépôt légal : novembre 2017